本书的出版得到

国家重点文物保护专项补助经费资助

云冈石窟山顶佛教寺院遗址发掘报告 上

云冈研究院
山西省考古研究院　编著
大同市考古研究所

文物出版社

图书在版编目（CIP）数据

云冈石窟山顶佛教寺院遗址发掘报告 / 云冈研究院,
山西省考古研究院, 大同市考古研究所编著. -- 北京：
文物出版社, 2021.12

ISBN 978-7-5010-7151-7

Ⅰ.①云… Ⅱ.①云… ②山… ③大… Ⅲ.①云冈石
窟—佛教—寺庙—宗教建筑—文化遗址—发掘报告—
2008-2012 Ⅳ.①K879.22

中国版本图书馆CIP数据核字（2021）第124054号

云冈石窟山顶佛教寺院遗址发掘报告

编　　著：云冈研究院
　　　　　山西省考古研究院
　　　　　大同市考古研究所
主　　编：张庆捷
副 主 编：刘建军　王雁卿

责任编辑：秦　彧　王霄凡　孙漪娜
封面设计：秦　彧
责任印制：张道奇

出版发行：文物出版社
社　　址：北京市东城区东直门内北小街2号楼
网　　址：http://www.wenwu.com
经　　销：新华书店
印　　刷：天津图文方嘉印刷有限公司
开　　本：889mm×1194mm　1/16
印　　张：59.5　插页：5
版　　次：2021年12月第1版
印　　次：2021年12月第1次印刷
书　　号：ISBN 978-7-5010-7151-7
定　　价：990.00元（全三册）

Excavation Report of Buddhist Temple Ruins at Hilltop of Yungang Grottoes (I)

by

Yungang Academy

Shanxi Provincial Institute of Archaeology

Datong Municipal Institute of Archaeology

Cultural Relics Press

序

对任何久远文明的追述，都离不开考古学。无论是埃及、两河流域，还是希腊、罗马，抑或印度、中国。尽管世间万物难免成住坏空，但历史记忆总会在时光磨痕中留存。

2002年，我到云冈石窟工作，面对偌大的皇家石窟群，造像奇美而题记稀少，洞窟完整而历史不清，遂立志编纂《云冈石窟编年史》。期间，发现云冈石窟就像一座无字的丰碑，仅靠只鳞片爪的记载无法窥得全貌，于是借助中国佛教史和大同地方史予以框定。这让我颇感失望与迷茫，深深地意识到考古证史、补史的迫切与重要，对云冈考古寄托了无限的期待。

回顾一百余年的云冈研究，从蓦然发现到声名远扬，石窟寺考古始终是支撑云冈学的栋梁。20世纪30年代末，日本东方文化研究所（现为京都大学人文科学研究所）组建的云冈石窟调查队进驻山寺，为了解历代寺院的建置情况，对昙曜五窟（第16~20窟）、第8窟和五华洞窟（第9~13窟）前，以及云冈山顶部分台地、龙王庙沟寺院遗址进行了小规模发掘。中华人民共和国成立后，云冈考古逐步深入。1972年和1987年，云冈石窟文物保管所在洞窟加固维修工程中，分别对五华洞窟前和龙王庙沟石窟窟前遗址进行了勘探发掘。1992~1993年，为了配合云冈石窟"八五"保护维修工程，山西省考古研究所、大同市博物馆、云冈石窟文物研究所组成联合考古队，对云冈石窟窟前地面进行了全面清理发掘，并对第3窟窟内及山顶东部佛教建筑遗址进行发掘。其中，第3窟遗址发掘被评为"1993年度全国十大考古新发现"。2008~2012年，为了配合云冈石窟山顶防渗水工程，山西省考古研究所、大同市考古研究所和云冈石窟研究院组成联合考古队，对云冈石窟中西部山顶进行了大规模的考古发掘，清理出北魏辽金佛教寺院遗址2座，荣获"2011年度全国十大考古新发现"。

遗憾的是，上述考古工作都未形成完整的考古报告，令我这个云冈石窟研究院院长心急如焚。

2010年年末，云冈石窟大景区建设基本竣工，随后研究院工作回归正常。于是，我坚决要求云冈山顶考古发掘的领队、原山西省考古研究所所长张庆捷先生及其团队在发掘完成后留下来，整理、完成考古报告。同时，组织研究院新老力量，一方面配合整理山顶考古发掘资料，另一方面对拖延多年的窟前考古报告正式展开编写工作。目前，上述两次重大考古发掘的报告编写工作终于进入尾声，这大约是我临近退休的最大安慰。

云冈石窟山顶考古发掘始于1940年。日本调查队在第3窟山顶挖了一条东西向的探沟，发现一处石板筑成的建筑基础和石雕狮头门枕石，以及有红色彩绘的白灰墙皮，还出土了筒瓦、波状纹板瓦、"传祚无穷"瓦当、"Y"形瓦钉等遗物，无疑属于北魏时期，可能是一座北魏寺庙遗址。同年，他们在云冈西部山顶的南部开了几条探沟，发现了三处建筑遗迹，包括长方形石板圈、一段石块路面、土坯砖砌筑的炕。出土遗物有板瓦、筒瓦、莲花纹瓦当、"传祚无穷"瓦当、绳纹砖、莲花建筑饰件、绿釉或无釉的滴水、灰陶盆和灰陶罐等，推测这里曾经有过一座北魏寺院建筑。

　　2008 年，云冈石窟联合考古队首先在西部山顶进行发掘，面积 2000 余平方米，发现东周、北魏、辽金、明清诸时期的遗址和灰坑，出土了一批石器、骨器、箭镞、陶器和瓷器碎片以及建筑材料等。表明早在距今 2700~2200 年，云冈山顶西坡已经出现人类居住生活点或军事设施，对于探讨云冈地区乃至大同早期历史，特别是史书中记载的"武州塞"颇具意义。2009~2010 年，联合考古队在云冈西部山顶进行第二次发掘，揭露面积 3600 平方米，发现了一处保存较完整的北魏辽金塔院式寺庙遗迹，出土了大量建筑构件。其中出土的北魏釉陶板瓦，约为层塔檐瓦，是我国迄今发现使用琉璃瓦的最早建筑。结合僧房中的土炕与火灶设置，我们推测属于北魏武州山石窟寺高级僧侣居住或译经场所。该寺院遗址中僧房环绕，塔在院中，建筑布局与北魏方山思远浮屠遗址近似，属于中国早期佛寺样式，大约采用的是中亚地区山居佛寺模式，是中国石窟寺考古之首见，对于研究中国古代佛教寺院的演变具有典型意义。

　　2011~2012 年，联合考古队对第 5、6 窟山顶区域进行发掘，面积近 5000 平方米，发现一处北魏辽金塔院式寺院遗址。北魏的夯土塔基呈方形，辽代的塔基为八角形，围绕北魏塔心夯土增补修葺而成。这样的做法，显然符合佛经所谓"建新不如修旧"，以示功德圆满的传统。可惜的是，在附近区域虽发现一些北魏陶瓦和三枚覆盆式方形砂岩柱础，但未发现可以确定的僧房遗址。在塔基之北，发掘出一处辽代的铸造工场，中央为铸钟坑遗址，四周环列化铁炉与风箱遗址，是目前国内发现最完整的宋辽时期冶铸遗址。

　　2008~2012 年云冈山顶考古发掘，是中国石窟寺考古的一项重要发现，也是云冈石窟考古发掘中规模最大、持续时间最长、成果最丰硕的一次。田野发掘完成后，考古资料的整理和报告的撰写工作随即展开。云冈石窟研究院各部门倾力配合，十多人的团队奋战数年，终成正果。全书共计 30 余万字，绘制线图及拓片近 3000 张，编排图版 500 余幅。同时，为了全面展示云冈石窟山顶历史面貌，报告中还收录了 1993 年云冈石窟山顶东端佛教建筑遗址的考古发掘简报（刘建军撰）。该遗址发掘面积约 360 平方米，塔基呈正方形，夯土台外包砌砂岩石片，并设斜坡踏道。出土遗物有菩萨、弟子、飞天、千佛等石雕造像，兽头门枕石及装饰残件，还有大量的北魏筒瓦、板瓦、"传祚无穷"瓦当、莲花建筑饰件等，同样属于一座北魏佛教寺院。

　　云冈石窟山顶佛教寺院遗址的考古发掘，极大地丰富了我们对中国古代早期皇家石窟寺的认识，同时对于云冈研究具有多方面的启迪意义。

　　一是武州塞问题。本报告附录中收录徐国栋《武州塞考》一文，其"武州塞应该为一面积较大的范围区域""云冈山顶发现的大面积遗存可能是武州塞的一个关口遗址"这样的结论基本正确。《史记索隐》引崔浩语"今平城直西百里有武州城"，即今山西省大同市左云县古城村。清《山西通志》云："左云县，秦武州塞地，汉为武州县治，隶雁门郡。"武州，亦作武周，宋《太平寰宇记》引隋《冀州图》云："武周山在郡西北，东西数百里，南北五十里。"今沿云冈峪西行，经左云、右玉至内蒙古和林格尔，一路山沟潜行，将近 200 公里，康熙皇帝谓之出塞暖道。其北山地，平缓而多途，非一处关防可以扼守。故《水经注》引《魏土地记》曰："平城西三十里，武州塞口者也。"就是说，云冈石窟所在的武州山崖，是从口外进入武州塞的最后一道关口，再向东三十里便到达大同城。换言之，它又是由大同出武州塞的第一座关口。

　　云冈石窟西崖山顶考古发掘出土遗物颇多，时代偏早，从仰韶、龙山时代到春秋战国以降。特别是发现一处西北—东南走向的建筑夯土，长 35.1、宽 2.2~6.1、高 0.44~1.22 米，根据地层和出土遗物判断，属于东周时期遗存。因此，可以初步确定为北魏之前古老的武州塞口遗址。

即便是今天，我们站在这片荒寂的山坡上，眼前是西来的武州川水（今名十里河）河谷，北侧是吴官屯煤矿所在的冲沟道路，山河大势，一览无余。如此控扼西、北两途的地理位置，令我们顿悟古人选址的军事意图。然而，必须指出的是，云冈关塞设置历经多代，直至明清，而且关城几经变迁。最初大约是赵武灵王筑赵长城时建立的武州塞口，然后是辽金时代的石佛寺堡，最后才是明清至今的云冈堡。前几年，我们在云冈上下城堡墙内发现有更加古老的夯土墙体，我曾提出大约是金代中后期北疆边防吃紧时所筑，结论正确与否，留待后贤验证。要之，北魏之后的每一次筑堡，都是对石窟寺的一次冲击或一场浩劫，直接导致了佛寺的衰落。

二是云冈十寺问题。史载北魏武州山共有名寺 10 座，今考古发掘证实者 3 座，在本报告中有详述。此外，第 3、20 窟顶部区域，虽未进行系统发掘，但自 1938 年以来屡有北魏瓦当发现，基本可以认定有北魏寺院遗址存在。这样，大致可以确定东西直线 1400 米的云冈崖顶区域，有过北魏佛寺 5 座。其与山下石窟具有表里一体关系，但具体哪些洞窟归属哪座寺院，今已无法确定。

云冈附近的石窟寺遗址。一是西方隔河的鲁班窑石窟（直线距离约 600 米），已经考古发掘证实，诚如《水经注》所述是北魏的尼寺。二是沿河西约 2 公里的吴官屯石窟，崖壁依然有相当规模的北魏窟龛造像。三是今天游客服务中心以北的山脊，清代以来名曰西梁，与云冈石窟东崖坡隔着一条山涧（旧称电站沟），1938 年在这里发现过大量北魏瓦当，2009 年拆除工人村民房，居民王福珍捡到两尊风化石像，后交云冈博物馆。我们相信这里也曾有过北魏佛寺建筑，但是由于中华人民共和国建立后矿工建房和政府大拆迁后覆土种树，恐怕将来再难进行考古发掘。

以云冈石窟为中心，东西约 4 公里河道旁的八处山崖佛寺遗存，应该都有过北魏山顶塔庙建筑，完全符合郦道元"山堂水殿，烟寺相望"的历史记述，无疑属于云冈十寺之列。

此外，云冈峪距云冈石窟较远的北魏佛寺遗迹还有 3 处。一是现存北魏雕刻遗迹的焦山寺石窟。二是无北魏造像存在，但有山崖坐禅窟的青瓷窑石窟（旧称老爷庙）。三是观音堂，清初重修碑认定创寺于北魏，2016 年有人在其东侧捡到半件北魏砂岩石灯，交付云冈博物馆。这 3 处北魏寺院遗迹，或有两处属于云冈十寺。

唐初道宣《释迦方志》云："魏氏北台恒安石窟，三十里内连次而列，高二十余丈，内受千人，终劫不朽。"就是说，北魏平城武州山石窟寺绵延三十里，分区而设，初唐依然。这里，若按"三十里内"为标准，则西端的焦山寺，或东段的青瓷窑、观音堂，必有一侧不在范围；若按石窟寺为标准，则观音堂应当排除在外。是非难辨，存疑将来。所幸，云冈学者困惑已久的"十寺"问题的研究粗有眉目。

三是辽金分界问题。从已知历史情形看，隋唐以后大同地区成为边疆，人口稀少；辽金时升格为西京，渐次繁华。云冈石窟又经历了一波"V"形的生命期。这样的历史性转折，自然会在云冈石窟考古发掘中有所体现。隋唐文化地层几乎不见，辽金遗存却丰富而多样。这就表明在辽金时期石窟寺曾经再度繁荣。

史载，辽代中期，一位皇太后发愿，武州山石窟寺进行了约半个世纪的重修，但到辽末"寺遭焚劫"；金代初年，元帅粘罕派兵南移河道，继而禀慧大师重建灵岩大阁。我个人推断，金代中期以后，由于来自蒙古高原的压力骤增，云冈山上山下建立军堡，石窟寺走向衰落。这样纷繁的历史变迁，需要考古学证实。然而，云冈山顶和窟前的考古发掘，由于辽金年代相近，地层紧密相连，出土器物形制相似度高，考古人员不能、不易或不敢贸然区分，往往统称辽金。

但是辽金不辨，必然导致云冈历史模糊不清，诸如洞窟维修和窟檐建设情况、山顶佛寺使用与废弃时间、窟前僧舍与寺庙建设起始时间等问题，都无法得到解决。正是因为这两个朝代云冈地区的历史景象大异，所以，亟需考古证实。我想，即便是本报告出版之后，对出土遗物的进一步甄别与研究，仍然是研究院肩负的一项重要课题和任务。

四是相关研究问题。中华人民共和国成立以来，随着城市建设与发展，大同市作为历史文化名城，其考古工作不断受到重视。相对而言，云冈石窟的考古工作更加系统和完备。因此，还有不少问题应当纳入综合考察。例如石窟寺的历代兴衰及其实证，大同煤炭的使用及其例证，云冈山顶各类灰坑遗物的研究，洞窟维修与佛像妆銮、色彩等等，将来都应专题研究。知识无限，学术无边，意义无量，同志仍需努力。

最后我想说，考古发掘是一项艰苦的工作，而文物整理、编写研究报告更是一项需要"锱铢必较"的严谨工作。《云冈石窟山顶佛教寺院遗址发掘报告》不仅是云冈考古的第一部完整报告，更是践行"努力建设中国特色、中国风格、中国气派的考古学"的重大成果。这里，我谨向张庆捷、刘建军、王雁卿等同志致以崇高的敬意，感谢大家为构建"云冈学"做出的贡献！

张　焯

二○二一年立春

目 录

（上）

（中）

（下）

插图目录

第一章　地理环境

云冈石窟位于山西省大同市区西部武州（周）山南麓，属于大同市云冈区云冈镇，东距大同市区约 16、距晋华宫煤矿正门约 2 千米，西南邻十里河（武州〔周〕川水），西北距吴官屯煤矿约 1.5 千米。

云冈石窟现为世界文化遗产，国家首批 5A 级旅游景区，创建于北魏，距今已有 1500 余年历史，是新疆以东最早出现的大型佛教石窟寺群。

云冈石窟古称"灵岩寺"，因位于武州山，又称"武州山石窟寺"或"武州山大石窟寺"[1]，明代以后，改称今名。云冈石窟依山而凿，坐北朝南，规模宏大，现存石窟寺遗迹东西绵延，如果加上青瓷窑石窟、鲁班窑石窟、吴官屯石窟、焦山寺石窟等，总长约 15 千米。再加上山顶的寺院，上下呼应，气势磅礴。北魏郦道元《水经注·漯水》记载："武周川水又东南流，水侧有石祇洹舍并诸窟室，比丘尼所居也。其水又东转迳灵岩南，凿石开山，因岩结构，真容巨壮，世法所稀，山堂水殿，烟寺相望，林渊锦镜，缀目新眺。"[2]文中"山堂水殿，烟寺相望"，大致勾勒出云冈石窟寺的布局，背山临水，有堂有殿，层次分明，远近寺院彼此相望，相映生辉。云冈石窟分东、中、西三部分，东部有第 1~4 窟，中部指第 5~13 窟，西部为第 14~45 窟。现地势东北高西南低，呈缓坡向西南延伸（图一）。除石窟外，山顶尚有龙王庙，还有多处北魏至辽金时期的佛教寺院遗址。明代又在这里修建上下军堡，山顶军堡为上城堡，至今犹在。下城堡位于石窟前方，与上城堡呼应，可惜于清代至民国年间，逐渐遭到破坏，现仅存部分墙基。

云冈石窟西面和南面是一条季节河，古为武州川水，今俗称十里河。由于河水越来越少，水位逐年下降。河水之南，现在是大同大型煤矿第九矿所在地。石窟山顶整体地势北高南低，南部边沿有十几米岩石裸露，越往北积土越厚，现为一片缓坡地。山顶保护范围东西约 2500、南北约 1500 米，四周建有围墙。石窟山顶的中部和西部有一个轮廓完整的明代军堡，坐北朝南，南面有两道墙，呈"八"字形向前展开。城堡周围分布着一些遗址，本报告的前两个佛寺遗址就位于云冈石窟山顶明代军堡东西两侧。遗址所在区域地势比较平整，军堡西部种植杏树林，东部主要是天然草地和小树林，由于自然冲刷和历史上的人类生产活动，文化堆积遭到一定程度的破坏。

云冈石窟南面，傍依十里河北岸，原有一条东西向大道，是大同到左云县、右玉县的主要公路，也是北魏时期由平城至北魏金陵的必经之路。在此路沿线散布着一些古代寺庙和遗址。2009 年，

---

［1］前一名称见《魏书》卷六《显祖纪》、卷七《高祖纪》，二者皆有"幸武州山石窟寺"的记载，后一名称见金代《大金西京武州山重修大石窟寺碑》。

［2］（北魏）郦道元注，（民国）杨守敬、熊会贞疏，段熙仲点校，陈桥驿复校：《水经注疏》卷十三《漯水》，江苏古籍出版社，1989 年，第 1155 页。

云冈石窟周边环境改造扩建后，将此路改线。从市区直达云冈石窟的一段，称为云冈旅游专线；原来通左云、右玉两县的公路不再从云冈石窟正门前通过，在东距云冈石窟2千米处改道向北，绕云冈石窟背后西行。

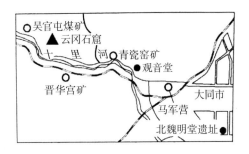

吴官屯煤矿

▲云冈石窟

十　里　河

青瓷窑矿

● 观音堂

晋华宫矿

马军营

大同市

北魏明堂遗址 ●

17

C
|

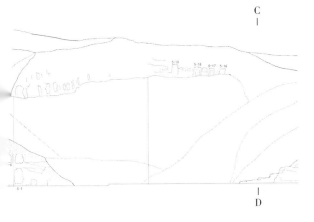

|
D

1

H: 1137 米
1985 国家高程基准

C

D

0   45 米

32   31   30 29   28 27   26 25 24 23 22   21   20   19   18

13   12   11   10   9   8   7   6   5

图一   云冈石窟立面图   0   22.5 米

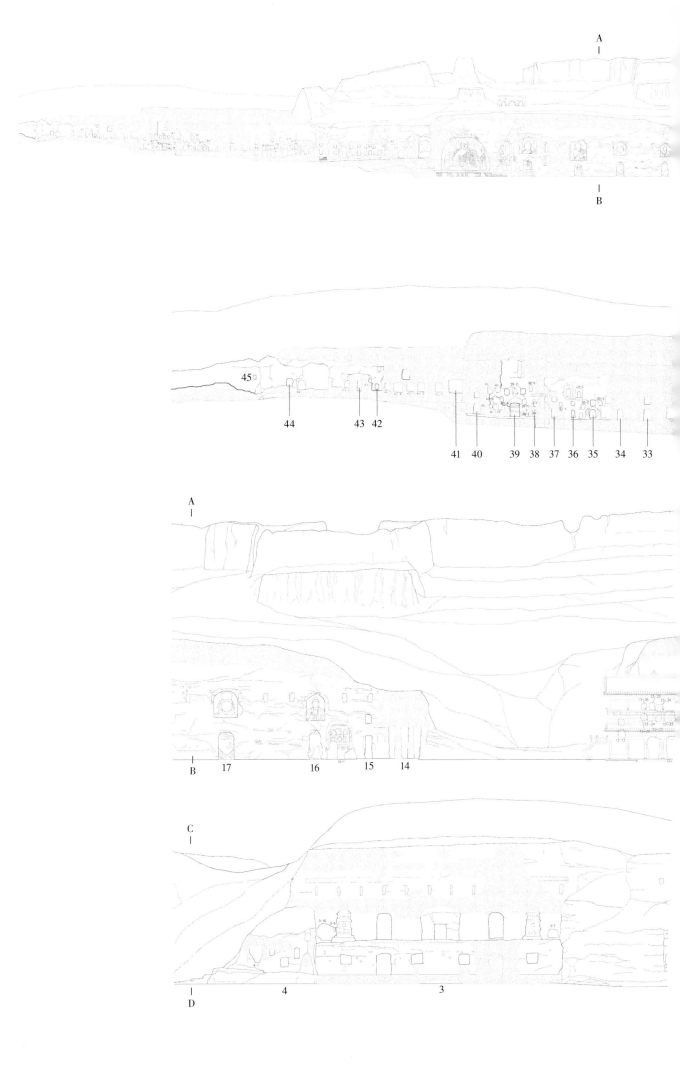

A

B

45

44   43 42

41 40   39 38 37 36 35   34   33

A

B   17   16   15   14

C

4   3

D

第二章 云冈石窟的开凿与
以往山顶遗址的考古发掘

北魏王朝建立伊始，就注意到佛教的作用，道武帝拓跋珪于天兴元年（398年）七月迁都平城（今山西省大同市）后，进一步倡导佛教。《魏书·释老志》记载："天兴元年，下诏曰：'夫佛法之兴，其来远矣。济益之功，冥及存没，神踪遗轨，信可依凭。其敕有司，于京城建饰容范，修整宫舍，令信向之徒，有所居止。'是岁，始作五级佛图、耆阇崛山及须弥山殿，加以缋饰。别构讲堂、禅堂及沙门座，莫不严具焉。"[1] 道武帝在推崇佛教"济益之功"的同年，开始建造塔、殿、堂等佛教寺院建筑。明元帝继位，萧规曹随，循道武帝政策，"又崇佛法，京邑四方，建立图像，仍令沙门敷导民俗"[2]。佛教和佛教艺术在北方得到空前发展，推广到北魏全境。

北魏太武帝继位后，初期继承了道武、明元二帝扶植佛教的政策，敬重沙门，史载："世祖初即位，亦遵太祖、太宗之业，每引高德沙门，与共谈论。于四月八日，舆诸佛像，行于广衢，帝亲御门楼，临观散花，以致礼敬。"[3]

太平真君六年（445年），太武帝怀疑佛教徒与卢水胡首领盖吴勾结，有不轨之心，下令灭佛，佛教遭到严厉打击。直到北魏文成帝即位，才放开对佛教的禁令，佛教得以复兴。据《魏书》记载："高宗践极，下诏曰：'夫为帝王者，必祗奉明灵，显彰仁道，其能惠著生民，济益群品者，虽在古昔，犹序其风烈。是以《春秋》嘉崇明之礼，祭典载功施之族。况释迦如来功济大千，惠流尘境，等生死者叹其达观，览文义者贵其妙明，助王政之禁律，益仁智之善性，排斥群邪，开演正觉。故前代已来，莫不崇尚，亦我国家常所尊事也。世祖太武皇帝，开广边荒，德泽遐及。沙门道士善行纯诚，惠始之伦，无远不至，风义相感，往往如林。夫山海之深，怪物多有，奸淫之徒，得容假托，讲寺之中，致有凶党。是以先朝因其瑕衅，戮其有罪。有司失旨，一切禁断。景穆皇帝每为慨然，值军国多事，未遑修复。朕承洪绪，君临万邦，思述先志，以隆斯道。今制诸州郡县，于众居之所，各听建佛图一区，任其财用，不制会限。其好乐道法，欲为沙门，不问长幼，出于良家，性行素笃，无诸嫌秽，乡里所明者，听其出家。率大州五十、小州四十人，其郡遥远台者十人。各当局分，皆足以化恶就善，播扬道教也。'天下承风，朝不及夕，往时所毁图寺，仍还修矣。佛像经论，皆复得显。"[4]

和平元年（460年），文成帝命著名僧人昙曜执掌佛教。史载："和平初，师贤卒。昙曜代之，更名沙门统。初昙曜以复佛法之明年，自中山被命赴京，值帝出，见于路，御马前衔曜衣，时

---

[1]（北齐）魏收：《魏书》卷一百一十四《释老志》，中华书局，1974年，第3030页。以下引用正史均为中华书局标点本，不再详注。
[2]（北齐）魏收：《魏书》卷一百一十四《释老志》，第3030页。
[3]（北齐）魏收：《魏书》卷一百一十四《释老志》，第3032页。
[4]（北齐）魏收：《魏书》卷一百一十四《释老志》，第3035、3036页。

以为马识善人。帝后奉以师礼。昙曜白帝，于京城西武州塞，凿山石壁，开窟五所，镌建佛像各一。高者七十尺，次六十尺，雕饰奇伟，冠于一世。"[1]昙曜即云冈石窟的规划者，他负责开凿的石窟统称为"昙曜五窟"（第 16~20 窟）。

《续高僧传》卷一《昙曜传》记载："以元魏和平年……住恒安石窟通乐寺，即魏帝之所建也。去恒安西北三十里，武周山谷北面石崖，就而镌之，建立佛寺，名曰灵岩，龛之大者，举高二十余丈，可受三千许人。面别镌像，穷诸巧丽；龛别异状，骇动人神。栉比相连，三十余里。东头僧寺，恒供千人。"[2]昙曜之后，皇室贵族继续开凿石窟（今第 1~15 窟），延续数十年。北魏迁都洛阳后，又陆续开凿一批小石窟，直到北魏灭亡，云冈石窟的开凿逐渐式微。

云冈石窟屡经劫难，或盛或衰，现仍存大小佛像五万九千余尊，时代从北魏至唐代，其余为辽金和明清时期。主要是石雕，后世增加少数泥塑。

云冈石窟山顶也有许多古代遗存。从 20 世纪起，云冈石窟山顶的北魏遗址便受到国内外学者的关注，如日本考古学者曾在山顶做过考古试掘，地点主要有三。一是 1938 年，在龙王庙沟侧做了小规模试掘。地层中包含辽代瓦片、铁器、兽面联珠纹瓦当和羽纹檐头板瓦[3]，说明沟北曾经存在一定规模的辽代寺院。二是 1940 年，在山顶明代军堡西侧的台地上，根据地表散布有大量北魏瓦片及绳纹陶片，开纵、横向探沟数条。发现石板平铺的路面、石板竖砌围成的遗迹和土坯砖砌筑的炕，出土北魏釉陶板瓦（带釉板瓦）、"传祚无穷"瓦当、陶莲花建筑饰件、陶盆、陶罐等遗物，"可知北魏时代确实于此建有寺院"[4]。发掘具体地点和面积不详。三是 1940 年，在明代城堡东部台地，即第 3 窟窟顶开东西向探沟 1 条，发现一道石筑基础、涂有朱红色的白灰墙壁以及雕成狮子头的长条石块。出土北魏瓦片、波状纹板瓦、"传祚无穷"瓦当及瓦钉，"建筑规模不大，但可确认在第 3 窟上方存在能够上溯至北魏时期的红墙建筑"[5]。

另外，我国学者也在山顶做过遗址的清理发掘。如 1993 年，东部围墙之外的山顶发现一个盗洞，内有北魏菩萨石像，云冈联合考古队对此地做了抢救性发掘，发现一处北魏佛教建筑遗址。

---

[1]（北齐）魏收：《魏书》卷一百一十四《释老志》，第 3037 页。

[2]（唐）道宣：《续高僧传》卷一，《大正新修大藏经》第五十册，新文丰出版公司，1983 年，第 425 页。

[3]〔日〕水野清一、长广敏雄：《云冈石窟》第十五卷《附录一：云冈发掘记二》，日本京都大学，1955 年，第 97 页。〔日〕冈村秀典：《云冈石窟——遗物篇》，京都大学人文科学研究所研究报告，（日本）朋友书店，2006 年，第 24 页。

[4]〔日〕水野清一、长广敏雄：《云冈石窟》第十五卷《附录一：云冈发掘记二》，日本京都大学，1955 年，第 97、98 页。〔日〕冈村秀典：《云冈石窟——遗物篇》，京都大学人文科学研究所研究报告，（日本）朋友书店，2006 年，第 34 页。

[5]〔日〕水野清一、长广敏雄：《云冈石窟》第十五卷《附录一：云冈发掘记二》，日本京都大学，1955 年，第 98 页。〔日〕冈村秀典：《云冈石窟——遗物篇》，京都大学人文科学研究所研究报告，（日本）朋友书店，2006 年，第 30 页。

第三章　2008~2012年山顶遗址发掘

第一节　发掘经过

2001年，云冈石窟申报世界文化遗产成功，为更好地保护云冈石窟，石窟的防渗水问题被提上议事日程，经过有关专家多次论证，通过云冈石窟窟顶防渗水工程方案，即在云冈石窟山顶距地面一定深度大面积铺垫一层防渗水材料，杜绝地下水渗入石窟。考古专家在通过防渗水工程方案的同时，向国家文物局建议，云冈石窟山顶存在许多遗址和遗迹，有些与云冈石窟的开凿及其以后云冈寺院的规模和布局大有关系，应当在防渗水工程开工之前，做好山顶遗址的考古调查和发掘工作。

2007年，山西省文物局和大同市文物局商定，由山西省考古研究所、云冈石窟研究院、大同市考古研究所组成云冈石窟联合考古队，由山西省考古研究所张庆捷担任领队，配合云冈石窟山顶防渗水工程，在云冈山顶做考古调查与发掘。

云冈石窟山上明代军堡南部"八"字形墙中部豁口以西到山顶西围墙，是窟顶防渗水工程的试验二区，东西约165、南北最长处约160米，面积2万多平方米。该区域个别地段已经做过小区域防渗水工程，这次考古发掘拟定从该区域开始。

云冈石窟山顶遗址发掘是国家文物局指定的考古项目，是云冈石窟山顶防渗水工程的先期项目，也是我们在世界文化遗产单位范围内做的第一个发掘项目。考古队组成后进驻云冈石窟，并于2008年春季组织了地面踏查和考古钻探，发现遗址、遗迹数十处。在此基础上，确定了2008年的几个试掘地点，并拿出较细致的发掘和安全保护预案，上报发掘申请。

2008年夏季，启动考古发掘。因不明山顶地层和遗迹分布埋藏情况，暂定避开石窟所在顶部区域，先选一个远离山顶南沿的地点布方试掘。根据调查结果，布置考古探方四处，由北而南，分别称为第1~4地点。

第1地点发现东周时期夯土1处、辽金时期灰坑1个，出土遗物有东周陶器、汉代陶器、汉代瓦片和辽金陶器，器形有东周陶豆、陶甑，汉代陶钵、陶盆、筒瓦等。第2地点发现东周时期灰坑50个、明清时期沟2条，出土遗物有东周陶器、骨器、石器、蚌器、铜器等，器形有陶鬲、陶釜、陶罐、陶豆、陶鼎、陶盆和铜镞、刀币等。第3地点发现东周时期夯土1处、辽金时期房址、明清时期沟1条、近现代灰坑1个，出土遗物有北魏瓦片、陶片等，器形有北魏带釉板瓦（釉陶板瓦）、灰陶筒瓦、瓦当、板瓦、陶罐、陶盆、陶壶，辽金陶罐、陶盆、黑、白瓷片等，房屋遗迹见于辽金地层，有火炕、烟道和排列整齐的辽代筒瓦等。第4地点发现明代夯土1处、明代灰坑6个，出土遗物有东周陶器、石器，北魏建筑材料、陶器，辽金陶器、瓷器，明代瓷器等，器形有东周陶罐、陶盆、陶豆、陶甑、石杵，北魏釉陶板瓦（带釉板瓦）、灰陶板瓦和筒瓦、陶莲花建筑饰件、陶盆，辽金陶罐、陶盆、瓷碗、瓷瓮以及明清瓷碟等。

2008年度东周遗迹的发现，对探讨云冈周围乃至大同早期历史有较大价值。北魏、辽金时期遗址的发现，同样是该年度发掘的重要收获。经过初步分析，山顶北魏、辽金时期遗址当与北魏云冈石窟的营建、布局以及辽代云冈石窟的修建活动有关，可以丰富对云冈石窟在各个历史阶段不同历史面貌的认识。

发掘结束后做了保护性回填。其过程是，先垫一层细土，夯实夯平，然后满铺一层膨润土，膨润土的作用是防止地表水向下渗透，经文物保护专家检测，确认达标后，上面再铺一层细土，然后夯实。每层细土厚20厘米，逐层夯实，填满为止。保护专业人员始终随队指导，保证回填后不再渗水。

2009年，考古队继续发掘，有了上一年经验，选址于前一年第3地点及其周围，扩大前一年的发掘范围。具体位置位于云冈石窟第35窟以西至第42窟之间。地面可见破碎的北魏瓦块。因该年度经费没有到位，一段时间后暂停发掘。

2010年，经费到位之后，继续上一年度发掘，在该地点布10米×10米探方29个，后因为塔基南部延伸出探方外，又整体南扩方7米，扩方后，发掘面积达到3600平方米。发掘工作从2010年5月18日至10月30日，历时5个多月，发掘出云冈石窟山顶明军堡西侧北魏佛教寺院建筑遗址。

这是一处佛教寺院遗址，地层分四层，自上而下依次为现代层、明清文化层、辽金文化层和北魏文化层。明清文化层有一些灰坑；辽金文化层有灰坑、小路遗迹和建筑遗迹；北魏文化层残存一组较完整的寺院建筑遗迹，具体有北房、西房、东房、南房、塔基和砖瓦窑遗迹。出土的遗物主要是北魏建筑材料，另外，该遗址还包括两间辽金时期房屋遗迹，出土辽金瓦片和瓷片，还有许多煤渣。北魏时期建筑遗迹出土"传祚无穷"瓦当和不少釉陶板瓦（带釉板瓦），也有部分北魏陶片，其中1件北魏陶器残片上有"西窟"戳印。另外发现一些小型石雕佛像和石塔残片。

发掘结束后，报告山西省文物局和国家文物局，又请国家文物局派专家到现场，召开专家论证会，检查田野发掘结果，认定遗址性质。同年秋冬，在上冻之前，考古队对遗址做了保护性的细沙隔离回填，保证遗址在冬季不受损害。

2011年，在钻探基础上研究决定，发掘明代军堡以东的1处遗址。该遗址面积较大，南部有土堆隆起，北部平坦，地面杂草丛生，草丛间有北魏或辽金砖瓦碎片。根据以往经验，此处应该是一处建筑遗址，与上一年度发掘的遗址性质相近，比较熟悉，容易发掘。发掘地点位于云冈石窟山顶军堡东部，具体在军堡东墙外南半部，范围约5000平方米，为区别于上一年度北魏寺院遗址，暂定名为2011年云冈石窟山顶东区佛教寺院遗址或东区第1地点。

发掘工作从2011年4月开始，布设10米×10米的探方48个，将最南部土堆完全置于探方之中。经发掘得知，该土堆系1座塔基，塔基揭露后，又向北发掘，发现辽金时期铸造遗址和水井、台基等遗迹。至同年10月，因天气寒冷，年度发掘结束，开始工地拍照。这次发掘发现塔基1座，平面呈八边形，塔基和踏道用片石垒砌而成。

在塔基北面发现辽金时期铸造遗址1处，包括铸造井台和30座化铁炉。铸造井台很特殊，为地穴式，周围环绕30座化铁炉。化铁炉平面呈圆角长方形，炉壁烧成黑色乳丁状。在化铁炉西侧，发现水井1口，井口呈圆形，井壁用片石和凿过的弧形石块垒砌而成，直径1.55米。另外，在整个遗址中，发现辽金时期灰坑 354 个，平面形状有圆形、长方形、方形、不规则形。出土遗物有辽金时期陶罐、瓷碗、瓷罐、板瓦、檐头板瓦、筒瓦、瓦当、脊兽残件等以及北魏时期"传祚无穷""万岁富贵"瓦当残片、陶片、柱础石、筒瓦、板瓦残片等。2011 年度发掘结束后，通过大同市文物局报告山西省文物局和国家文物局，召开专家论证会，得到充分肯定。然后根据遗址情况做了几处标志，最后对塔基做了保护性回填，对辽金时期铸造遗址和台基做一般性保护和回填。

2012 年，在继续发掘水井遗迹的同时，为寻找该寺院的围墙和其他建筑，又向北布 2 米 × 8 米探沟多条，未能找到其他建筑和围墙。同年，向国家文物局考古处汇报。因遗址比较重要，考古处要求暂停发掘，先做好保护工作。遵照考古处指示，历时 5 年的云冈石窟山顶遗址发掘落下了帷幕。

发掘工作结束之后，工作重心由野外转向室内。2016 年展开山顶考古资料整理工作，整理工作由山西省考古研究所与云冈石窟研究院联合进行。当年开始核对出土器物以及编号、拼对修复，其中，拼对修复工作耗时长、进度慢，历时约 15 个月。绘图和拍照耗费时间较长，历时三年多，同时测量器物和做器物卡片。期间整理出两篇山顶佛教寺院遗址的发掘简报，分别发表在《考古学报》2016 年第 4 期和 2019 年第 1 期。2016 年将北魏釉陶板瓦（带釉板瓦）、黑色陶瓦和辽代琉璃瓦等，送中国科学院上海光学精密机械研究所科技考古中心化验分析，希望了解它们的成分、烧制温度和制作工艺。化铁炉出土铁渣和燃料，由北京科技大学帮助提取并做分析和年代测定。

早在 1993 年，山顶东部一个北魏建筑遗址被盗掘，为防止连续被盗，云冈联合考古队清理了这个建筑遗址，出土大量重要材料，但资料一直没有正式发表，现将这次发掘资料纳入本书

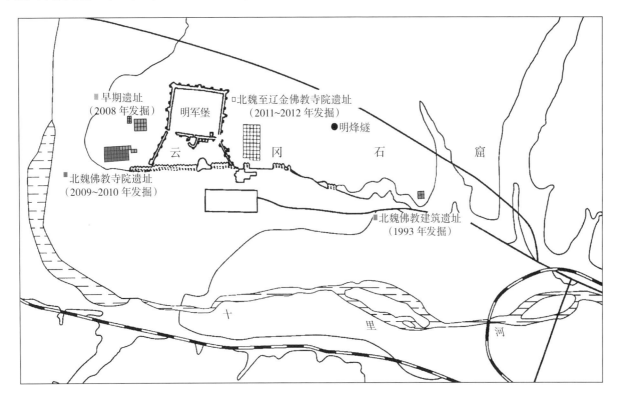

图二　云冈石窟山顶遗迹考古发掘位置关系图

一并发表。这几个遗址都位于山顶，为使读者清楚了解相互位置以及与各石窟的距离，也便于下文叙述，特地绘制一张山顶遗迹考古发掘位置关系图（图二）。

第二节　典型器物介绍

云冈石窟山顶佛教寺院遗址出土遗物主要是东周、北魏、辽金、明清时期的，另有少量新石器时代遗物。下面选取其中东周、北魏、辽金这三个时期出土数量最多、形制演变规律显著的典型器物进行型式分析。

一　东周时期

东周时期的遗迹主要分布在 2008 年发掘的四个地点，有夯土 2 处、沟 2 条、灰坑 50 个。出土器物有陶器、骨器、石器、蚌器、铜器、角器等。

第 2 地点出土器物最为丰富，多出土于灰坑中。根据灰坑间的叠压打破关系以及出土陶器特征，分为春秋晚期、战国早期和战国中晚期三个阶段，其中以战国早期出土器物最丰富，有陶器、石器、铜器、骨器、蚌器、角器。陶器有陶鬲、陶釜、陶甗、陶罐、陶盆、陶豆、陶甑、三足器、陶珠、陶饰件、圆陶片、陶支钉。铜器有铜镞。石器有石杵、石斧、石凿（锛）、石镰、石锥、石纺轮、圆形石片、石圭、圆柱形石器、石饰件。骨器有骨簪、骨锥、骨镞、骨管、骨铲、牙饰。蚌器有蚌镰。角器有鹿角和羊角。

第 2 地点战国早期出土的陶器数量较多，主要器形是陶鬲、陶罐和陶豆，下面对这三种主要器形进行分型分式。

（1）陶鬲

均为夹砂灰陶。侈口，折沿或卷沿，方圆唇，弧肩，弧腹，口沿内侧有凸棱，沿上饰凹弦纹。根据口沿变化分两型。

A 型　侈口。根据器表纹饰不同分三亚型。

Aa 型　器表饰交错绳纹和竖绳纹。如标本 T203H201：4。

Ab 型　器表肩部饰附加堆纹。如标本 T209H224：1。

Ac 型　器表饰纵向刻划纹。如标本 T204G201 ③：32。

B 型　敛口。如标本 T205H216：4。

（2）陶罐

有高领罐、矮领罐、无领罐和三足罐，其中 12 件为敞口或侈口，圆唇，鼓腹，器表饰交错绳纹。根据口部和领部变化分三型。

A 型　3 件。根据领部高低，肩部和有无纹饰变化，分两亚型。

Aa 型　高领，侈口。弧肩，带耳或不带耳，肩部和腹部饰细绳纹，颈下部绳纹抹掉。如标本 T203H201：3。

Ab 型　矮领，溜肩，素面。如标本 T206H210：3。

B 型　矮领，侈口。如标本 T205H205：48。

C 型　无领，侈口，宽折沿，弧腹饰附加堆纹。如标本 T204G201 ④：30。

三足罐 如标本 T209H224：2。

（3）陶豆

根据是否有器盖分为陶豆（无盖豆）、盖豆（带盖豆）。

陶豆（无盖豆），泥质灰陶。敞口，圆唇，弧腹，圆柱形柄，喇叭形底座。根据豆盘深浅分两型。

A 型 深盘，弧底，柄较矮。如标本 T205H205：42。

B 型 浅盘，平底，柄较高。如标本 T205H205：40。

二 北魏时期

北魏遗迹有 2009~2010 年发掘的 1 处比较完整的佛教寺院遗迹，包括塔基 1 座、房屋 20 间（套）、陶窑 2 座、灰坑 1 个。2011~2012 年发掘的北魏至辽金塔基 1 座、埋藏灰坑 1 个。1993 年发掘的 1 处佛教建筑遗址。

北魏遗物除出土于上述 3 处遗址外，2008 年第 3 地点、第 4 地点也有发现，主要有建筑材料、石雕造像和泥塑、生活生产用具三大类，其中，建筑材料和生活生产用具进行了型式分析。

（一）建筑材料

可分为陶质和石质两类。其中陶质建筑构件有釉陶板瓦、灰陶板瓦、灰陶筒瓦、瓦当、莲花建筑饰件及其他构件。石质建筑构件有柱础石、石柱、莲花建筑饰件。

1. 陶质建筑材料

板瓦，泥条盘筑。平面呈梯形，断面为弧形。分釉陶和灰陶两类。

（1）釉陶板瓦

胎质红色，其中多数凹面呈酱黄色，凸面局部呈酱黄色。少数釉色偏绿。凹面修整后施釉，凸面刮削平整且有流釉现象，宽端均施釉。根据端头装饰不同分三型。

A 型 宽端凹凸两面均有手指压痕，凸面手指压痕较深，凹面较浅。如标本 T510 ④：6。

B 型 宽端及窄端凹凸两面可见手指压痕，凸面手指压痕较深，凹面较浅。如标本 T510 ④：3。

C 型 窄端凹凸两面均有手指压痕。如标本 T510 ④：17。

（2）灰陶板瓦

泥质灰陶，宽端有手指按压痕迹，窄端齐切。凹面可见纵向木条痕及横向黏土条接痕，凸面有横向修整刮痕，多数残留有绳纹拍痕。两侧面半切，切痕自内向外，且有破面。凹面为布纹，根据凹面是否压光分两型。

A 型 凹面压光，两侧留有布纹。根据宽端装饰不同分两亚型。

Aa 型 宽端凹凸两面均有手指压痕，凸面手指压痕较深。如标本 T516 ④：25。

Ab 型 仅宽端凸面有手指压痕。如标本 T516 ④：20、T9301 ②：67。

B 型 凹面布纹，未压光。根据宽端装饰不同分两亚型。

Ba 型 宽端凹凸两面均有手指压痕，凸面手指压痕较深。个别凹面刷白色材料。如标本 T526 ④：31、T20607 ④：6。

Bb 型 宽端凸面有手指压痕。如标本 T526 ④：31、T20607 ④：1、T9304 ②：4。

（3）筒瓦

灰陶或红陶，瓦身平面近长方形，断面呈半圆形，瓦舌平面呈梯形。凹面有布纹，瓦舌前倾，近外缘处变薄，相对一端瓦身凹面削薄抹平，端头平齐。根据凸面是否压光分两型。

A 型　凸面压光，有纵向压光痕。1993 年发掘区出土的筒瓦施黑色材料，经过刮压表面黑色呈竖条状且光滑，似黑衣压光。或凸面经过刮压有黄色竖条纹，外表刷涂一层黄色材料。如标本 T515 ④：16、T9301 ②：64。

B 型　凸面未压光，可见横向修整刮痕。个别凸面刷白色材料。如标本 T507 ④：2、T9301 ②：65。

（4）瓦当

泥质灰陶，模制。以当面图案分，有"万岁富贵"瓦当、"传祚无穷"瓦当、兽面纹瓦当、兽面忍冬纹瓦当、莲花纹瓦当、莲花化生瓦当，其中仅发现 1 件兽面纹瓦当、1 件兽面忍冬纹瓦当、2 件莲花化生瓦当，未分型式。

1）"万岁富贵"瓦当

当面以"井"字形界格划分，"井"字中央饰大乳丁，在"井"字的上下左右四字平均摆布，字为隶书阳文，四角扇形区又各饰一个小乳丁。当面与边轮间、大小乳丁均饰有一周凸棱圆圈。根据瓦当边轮特征分两型。

A 型　边轮略高于当面且较窄。根据"富""贵"两字方向分两亚型。

Aa 型　"富""贵"从左至右读。如标本 T20807H2365：8。

Ab 型　"富""贵"从右至左读。如标本 T20603H2102：6。

B 型　边轮高窄，富""贵"均从左至右读。如标本 T20604 ②：1。

2）"传祚无穷"瓦当

当面以"井"字形界格划分当面，"井"字中央饰大乳丁，在"井"字上下左右四字平均摆布，字为隶书阳文。四角扇形区各饰一个小乳丁。当面与边轮、大小乳丁之间均饰有一周凸棱圆圈。中央大乳丁圆凸且高于边轮。根据瓦当边轮特征分两型。2009~2010 年发掘区仅见 A 型。

A 型　边轮略高于当面且较窄。如标本 T525 ④：1、T20503 ③：5。

B 型　边轮高宽。如标本 T20304 ①：1、T9301 ②：71。

3）莲花纹瓦当

当心大乳丁，外围莲瓣纹。根据莲瓣不同分三型。

A 型　复瓣双层莲花纹。根据莲瓣形态不同分两亚型。

Aa 型　莲瓣较小、饱满，当心为大乳丁，其外饰有一周联珠纹装饰。如标本 T524 ④：111。

Ab 型　莲瓣较大且凸出，当心为大乳丁。如标本 T529 ④：48。

B 型　复瓣单层莲花纹。如标本 T524 ④：43、T20504H2047：2。

C 型　单瓣双层莲花纹。如标本 T501Y502 ①：8。

（5）莲花建筑饰件

模制。圆形，平底，覆盆状，上部中央稍微凸起为圆形，内穿方孔至底部，外围雕一周复瓣双层莲花。根据莲瓣特征分两型。

A 型　莲瓣高凸，八组或六组或四组复瓣双层莲花。根据底部是否斜削分两亚型。

Aa 型　底部未斜削。如标本 T522 ④：6、T20504H2052：1、T9303 ②：3。

Ab 型　底部斜削呈倒角状。如标本 T508 ④：8、T20303H2002：2。

B 型　莲瓣扁平。如标本 T527 ④：8。

2. 石质建筑材料

莲花建筑饰件数量较多，均为双层莲瓣，根据莲瓣单、复分两型。

A 型　复瓣双层莲花。如标本 T502 ④：1。

B 型　单瓣双层莲花。如标本 T512 ④：4、T20306 ③：13。

（二）生活生产用具

有陶器、瓷器、铜器、铁器、石器等。

1. 陶器

器型有陶盆、陶罐、陶钵、陶碗、陶壶、釉陶壶、陶瓮、陶器盖、陶杯、陶灯、陶构件、陶纺轮，还有带文字陶片。

（1）陶盆

泥质灰陶，泥条盘筑，慢轮修整。根据口沿不同分两型。

A 型　口微敛，折沿，沿面圆鼓，沿外缘剔压一周凹槽，外端起凸棱。口沿与内壁相接处转折明显，有明显的凸棱。如标本 T516 ④：8。

B 型　口部内敛，折沿，沿面上斜且较宽，沿面近沿外缘处划一周凹槽，使外缘高于口沿，口沿与内壁相接处转折明显，有的器型呈明显的凸棱，与外壁相接处呈钝角。上腹外鼓，下腹斜收。根据唇部不同分三亚型。

Ba 型　方圆唇。如标本 T508 ④：21。

Bb 型　斜方唇。如标本 T515 ④：4。

Bc 型　圆唇。如标本 T514 ④：27。

（2）陶罐

泥条盘筑。据颈部长短分两型。

A 型　矮颈。如标本 T512 ④：2。

B 型　长颈。根据口部不同分两亚型。

Ba 型　平沿敞口。如标本 T515 ④：11。

Bb 型　盘口。如标本 T514 ④：26。

2. 石器

有石雕柱座、研磨器、磨石、石槽、石环、石夯、用途不明的。其中石雕柱座可分型式。

石雕柱座

根据形状不同分三型。

A 型　覆盆方形。上部为圆鼓覆盆形，大部分为素面，个别顶部雕刻复瓣团莲图案。下部为方形底座。如标本 T529 ④：23。

B 型　馒头形，顶部中央凿一圆孔，凿通或不及底。如标本 T514 ④：17。

C 型　方形或长方形，中央穿圆孔或方孔。如标本 T512 ④：9。

三　隋唐时期

云冈石窟山顶佛教寺院遗址没有发现隋唐时期遗迹,但出土了隋唐时期的遗物,有隋代五铢、唐代开元通宝铜钱、唐代瓷器等,瓷器集中出土于 2011~2012 年北魏至辽金佛教寺院遗址。

瓷器

出土瓷器按釉色分白釉、绿釉、复色釉、黄釉。器形有碗、盏、罐。其中对白釉碗、复色釉碗进行了型式分析。

（1）白釉碗

圆唇,弧腹,玉璧底。胎色灰白,上化妆土,内施满釉,外不及底。内底有垫珠痕。根据口唇部变化分三型。

A 型　敞口,圆唇。如标本 T20807G2001：13。

B 型　敞口,鼓圆唇。如标本 T20606H2268：6。

C 型　敛口,圆唇。如标本 T20404H2340：2。

（2）复色釉碗

弧腹,玉璧底。胎色泛灰,胎质较坚。内施白釉,外施酱釉,釉面光亮。内底存垫珠痕。根据口部不同分两型。

A 型　敞口,圆唇。如标本 T20806 ②：1。

B 型　侈口,圆唇外凸。如标本 T20605 ③：15。

四　辽金时期

辽金时期遗迹有 2009~2010 年发掘的房址 2 座,路 1 条,灰坑 1 个。2011~2012 年发掘的塔基 1 座、铸造遗址 1 处、化铁炉 30 个、水井 1 口、石砌夯土墙 1 处、台基 1 座、陶窑 1 座、沟 1 条、灰坑 124 个。此外 2008 年第 1 地点、第 4 地点也出土有辽金遗物。辽金时期遗物主要分建筑材料、生活生产用具两大类。

（一）建筑材料

为陶质建筑材料,有砖、板瓦、檐头板瓦、筒瓦、瓦当、压带条、平口条、脊兽、建筑残件、雀替、砖斗、建筑饰件等。

筒瓦,按材质不同分为琉璃和灰陶两类。

（1）灰陶筒瓦

泥质灰陶,泥条盘筑。瓦身平面长方形,断面半圆形,瓦舌平面梯形。凹面布纹,凸面修整。瓦舌短小呈斜坡状,瓦身与瓦舌凸面相接处内凹。根据侧面加工方式不同分两型。

A 型　侧面切痕三分之一或四分之一,破面未修整,与瓦舌相对一端倾斜打齐。如标本 T519 ③：4、T20706H2182：6。

B 型　侧面砍削或切割后瓦削,与瓦舌相对一端平齐。如标本 T20906 ②：15。

檐头板瓦,按材质不同分陶质和琉璃两类。瓦身泥条盘筑,端面手制。瓦身均残。瓦身凹面布纹，凸面简单修整，檐头板瓦端面与瓦身凸面夹角呈钝角，端面与瓦身相接的凹凸两面多有横向抹平痕迹。侧面多数切痕较小，破面未修整。

（2）琉璃檐头板瓦

均出土于 2011~2012 年发掘区。端面均残，黏土。露明部分施绿釉，施釉前通体刷一层化妆土。根据端面装饰不同分两型。

A 型　端面划出 6 道泥条，第 2 道和第 4 道泥条戳切，戳切密度较大，戳切工具为扁条形，为斜向垂直戳切，两泥条戳切方向相反。最下方的泥条以缠细绳的棒状物倾斜向上按压，残存七个凹坑，且因按压力度大使第 5 道泥条受到挤压。如标本 T20305 ③：11。

B 型　端面划出 6 道泥条，第 2 道和第 4 道泥条戳切，最下方的泥条以缠细绳的棒状物倾斜向上按压。第 5 道因第 6 道泥条按压力度大受到挤压呈波浪状。如标本 T20804J2001：11。

（3）陶质檐头板瓦

泥质灰陶。根据端面装饰不同分三型。

A 型　端面划出 5 道泥条。根据泥条装饰不同分四亚型。

Aa 型　第 2 道泥条被尖圆头工具戳切，最下方的泥条以缠细绳的棒状物倾斜向上按压，因按压幅度较大，使第 4 道泥条受到挤压呈波浪形。如标本 T20806 ②：5。

Ab 型　第 2 道和第 4 道泥条戳切，戳切工具为扁条形，为斜向倾斜戳切，切痕较深，两道泥条的戳切方向相反。最下方的泥条以缠细绳的棒状物倾斜向上按压，疏密有别，且因按压力度大使第 4 道泥条受到挤压。如标本 T20605H2095：7。

Ac 型　第 1 道泥条被尖圆头工具戳切，第 3 道和第 4 道泥条之间有尖头扁条形工具压印纹饰，最下方的泥条用手指按压成波浪状，凹坑排布较疏。如标本 T20605 炉 2029：1。

Ad 型　第 2 道泥条倾斜压印有旋涡状纹饰，第 4 道泥条以扁条形工具倾斜戳切。最下方的泥条以缠细绳的棒状物倾斜向上按压，凹坑排布较密。瓦身凹面有两道与筒瓦相扣的白灰痕。瓦身两侧面切痕较大，约二分之一。如标本 TG213001H2379：4。

B 型　端面划出 4 道泥条。根据泥条装饰不同分两亚型。

Ba 型　端面划出 4 道泥条，第 2 道泥条戳切，戳切工具为扁条形，为斜向略倾斜戳切。最下方的泥条以缠细绳的棒状物倾斜向上按压，凹坑较密。第 3 道泥条因第 4 道泥条按压幅度大受到挤压略呈波浪状。如标本 T20807 ③：9。

Bb 型　第 2 道和第 3 道泥条戳切，第 2 道泥条的戳切工具为带有三个尖圆头并列的工具，第 3 道泥条的戳切工具为带有两个尖圆头并列的工具，切痕倾斜且较深，两道泥条的戳切方向相反。最下方的泥条以缠细绳的棒状物倾斜向上按压。残存 2 个凹坑。如标本 T20603H2049：6。

C 型　端面划出 6 道泥条，第 2 道和第 4 道泥条戳切。根据泥条装饰不同分两亚型。

Ca 型　戳切工具为尖头扁条形，切痕竖直，较疏。最下方的泥条用手指按压成波浪状，凹坑较密，因按压幅度较大，使第 5 道泥条受到挤压亦呈波浪形。檐头板瓦端面与瓦身相接抹平的泥条略高于板瓦凹面。如标本 T20504H2040：1。

Cb 型　戳切工具为扁条形，为斜向倾斜按压，方向一致。第 5 道泥条细密，上有数条可划线，且因第 6 道泥条按压力度大使受到挤压，均呈波浪状，第 6 道泥条以缠细绳的棒状物倾斜向上按压。如标本 T21006 ①：10。

（4）瓦当

材质有琉璃和陶质两类。琉璃有莲花梵字瓦当、莲花纹瓦当，不分型式。辽金瓦当多数出土于 2011~2012 年发掘区，2009~2010 年发掘区仅见灰陶兽面纹瓦当与莲花纹瓦当。

灰陶瓦当，当面图案有兽面纹、兽首衔环、莲花化生、迦陵频伽、莲花纹、十字花卉纹。下面对兽面纹瓦当、莲花化生瓦当、莲花纹瓦当进行型式分析。

1）兽面纹瓦当

边轮低窄，当面当心凸起，兽面清晰，双目圆睁，额头上有抬头纹，双耳竖直，口角上有胡须，颌下有胡须外卷，呈八撇状。根据兽面不同形态分五型。

A 型　嘴闭合，獠牙外凸。兽面外饰一圈联珠纹，上部与筒瓦衔接处的联珠多被抹平。如标本 T20305 ③：36。

B 型　张嘴露牙，獠牙外凸。根据兽面形态不同分四亚型。

Ba 型　小圆眼，带眼眶，毛发细密。兽面外侧有两道细凸线，内饰一圈联珠纹，上部联珠及细凸线多被抹平。瓦当边轮低窄。如标本 T21006 ②：14。

Bb 型　无眼眶，毛发为一缕一缕。兽面外侧饰一圈联珠纹，联珠较大，且有被抹平痕迹。如标本 T20705 ②：24。

Bc 型　当面较模糊。仅以一横道表示下嘴唇，如标本 T20905 ②：12。

Bd 型　当面当心兽面凸起。兽面之外依次围绕一周与波状纹相配的凹形联珠纹圈、一周细凸棱圈、28 个联珠纹圈以及一周宽圈线。如标本 TG009H01：2。

C 型　嘴大张，牙齿多模糊。兽面外缘饰一周联珠纹，之外有一圈凸棱。头顶上部部分联珠及凸棱被抹平。如标本 T20705 ②：12。

D 型　张嘴露牙和舌头。兽面两侧鬃毛简化，以长条形示意。兽面外侧刻划有一道凹弦纹。如标本 T20506 ③：9。

E 型　瓦当较小，当面兽面凸起。眼睛圆睁，眉毛上翘，双耳竖直，鼻呈蒜头形，有鼻孔。嘴部模糊，张嘴露牙，口角上有胡须，颌下有胡须外卷。兽面外缘刻划一周凸棱。如标本 T20407 ①：3。

2）莲花纹瓦当

根据当面莲花图案不同分三型。

A 型　当面当心饰凸起圆乳丁与一周联珠纹共同形成花蕊，其外饰复瓣双层团莲，莲瓣刻划勾状茎叶，莲瓣外有两周细凸棱，之间饰一周联珠，凸棱部分被抹平。如标本 TG21503 ③：3。

B 型　当面当心饰凸起圆乳丁，其外饰单莲瓣纹及近"T"字形图案，莲瓣呈椭圆形，莲瓣外有一周凸棱，外饰一周联珠，联珠被压平。如标本 T20905 ②：11。

C 型　当面当心以凸起圆乳丁形成花蕊，其外饰单莲瓣纹及近"T"字形图案，莲瓣呈高凸的椭圆形，莲瓣外绕以一周较扁平凸棱。如标本 T20807G2001：15。

3）莲花化生瓦当

瓦当边缘较薄。边轮低宽，向下倾斜。根据当面童子形态不同分两型。

A 型　童子面庞圆润，五官模糊，双耳垂肩，仅露上半身，双手合十，帔帛从身后顺着双臂搭两肘上。外围饰一周凸起的短线纹，再外为一周联珠纹，联珠多被压平。如标本

T20305 ③：16。

B 型　童子面庞圆润，两耳垂肩，上半身立在中央，双手合十，帔帛从身后搭双臂于两肘间，外围残。如标本 T20405 ②：17。

（5）陶压带条

泥质灰陶，泥条盘筑。根据切割瓦的类型不同分两型。

A 型　由筒瓦切割而成，横剖面呈弧形，凹面窄凸面宽，凹面有布纹，凸面修整。两侧面切痕较小，破面未修整。一侧面残留有白灰痕，端面平直。如标本 T20806 ②：7。

B 型　由板瓦切割而成，横剖面近乎平直，凹凸两面近等宽，凹面有布纹，凸面修整。两侧面切痕较小，破面未修整。端面平直。如标本 T20806 ②：9。

（二）生活生产用具

出土遗物有陶器、瓷器、冶炼器物、石器、铁器、铜器、铜钱。

1. 陶器

多为泥质灰陶，少数泥质红陶。器形主要有陶盆、陶罐、陶甑、陶器盖等，多为日常生活用具。

陶盆，根据口沿不同分卷沿、平沿、敛口三类。

（1）卷沿陶盆

多为斜弧腹，个别弧腹，平底。口沿面部、器外壁及器内壁多饰数周横向暗纹，有的磨光，器底存切割线痕。根据口部与口沿内侧转折有无凸棱、腹部形制的差异分三型。

A 型　敞口或直口，口沿中部鼓起，外侧下卷，口部与口沿内侧转折有圆棱，外沿与器壁有大小不同的间隙。根据唇部和腹壁不同分三个亚型。

Aa 型　敞口或直口，圆唇，外沿与器壁有间隙。如标本 T20303 ③：8。

Ab 型　口直微敞，尖圆唇，口沿下器壁内凹一周，束颈较宽，上腹鼓，下腹弧收。如标本 T20906H2249：9。

Ac 型　敞口，口沿下卷，斜方唇，沿下与外壁略呈三角状。如标本 T519 ③：8、T20707H2237：3。

B 型　敞口或直口，口沿中部微鼓，外部略下翻，口沿内侧与器内壁圆滑转折无棱，外沿与器壁有大小不同的间隙。根据口沿和腹壁不同分三亚型。

Ba 型　大敞口，方唇或斜方唇，斜腹，平底。如标本 T21006H2278：1。

Bb 型　敞口，方唇内壁上腹有一周凹槽。折上腹，折痕明显。如标本 T21005H2277：16。

Bc 型　直口微敛，大卷沿，沿面圆鼓，外沿下卷，上腹微鼓，弧腹，大平底。如标本 T20303 ②：16。

C 型　敛口，圆唇，斜弧腹，平底。沿面窄，沿圆鼓下卷，口沿内侧与内壁转折无棱，沿下与外壁相接处划出小间隙。如标本 T509H507：1、T20403H2008：5。

（2）平沿陶盆

敞口或直口，个别敛口，斜腹，外壁腹中部内凹，平底，少数弧腹凹底。根据器内口沿下方凸棱不同，沿面外缘凹槽不同分三型。

A 型　内壁口沿下方有凸棱，口沿面较宽平。沿内侧或下方又剔压一周凹槽，呈双棱状。如标本 T20606H2202：8。

B 型　内壁口沿下方有凸棱，口沿面中央剜压一周凹槽，外侧微高，形成浅二层台。如标本 T519③：5、T20407②：6。

C 型　内壁口沿下方有一周或二周凸棱，口沿面外端剜压一周凹槽，外端略上折。如标本 T523③：29、T20607H2218：3。

（3）敛口陶盆

上腹鼓，下腹弧收，平底。根据唇部形制差异分三型，仅出土于 2011~2012 年发掘区。

A 型　外壁口沿下压印一周凹槽，肩部随口沿内敛，内唇尖圆。如标本 T21005H2277：5。

B 型　内唇部呈尖棱状。如标本 T20505③：3。

C 型　内外唇均为圆唇，唇内卷与内壁形成一周凹槽。束颈。如标本 T20705H2240：2。

（4）陶盏

泥质灰陶，轮制。敞口，圆唇，个别尖圆唇，弧腹。根据底部为平底和实足底分两型。

A 型　外壁底部略直呈实足底。如标本 T20305③：40。

B 型　平底。如标本 T20404H2340：1。

（5）陶器盖

泥质灰陶。根据器型不同分五型。

A 型　碗状。敞口，平沿，尖唇，弧腹，腹底部呈弧状，圜底。口沿内壁划一周凹弦纹，器壁上有指按的痕迹。如标本 T20405②：25。

B 型　覆碗状，盖顶平，中央圆形捉手残缺，折肩，弧腹，底部口微敛，平沿。外沿面、外壁及盖面饰数周横向暗纹，并磨光。如标本 T20303②：2。

C 型　覆盆状，呈圆形，器身矮。器盖平，斜肩，直腹壁，底部内沿上斜。如标本 T20303H2325：3。

D 型　呈 π 形。盖顶平，盖身略呈筒形较顶部窄，且向内斜收。如标本 T20507②：4。

E 型　盖顶平，呈圆形，器身向内斜收呈倒"八"字状。如标本 T20303②：24。

2. 瓷器

根据釉色分白釉、茶叶末釉、青釉、黑釉、酱釉。器型为碗、盘、盏、瓶、罐、钵、瓮、杯、洗。

白釉瓷器，因施化妆土，透明釉而呈白色，器型主要有碗、盏、盘、瓶、罐、钵、器盖，其中对碗、盏、盘、小瓷瓶进行型式分析。

（1）白釉碗

弧腹，高圈足。施化妆土，内施满釉，外不及底。采用垫珠间隔，多件仰烧法。根据口部变化分三型。

A 型　敞口。根据唇部不同分两亚型。

Aa 型　敞口，尖圆唇。如标本 T519③：25、TG21206H2276：2。

Ab 型　敞口，唇部加厚。根据唇部变化分两式。

Ab 型Ⅰ式　圆唇，带小平沿。唇下部与外壁处划凹弦纹一周。如标本 T20307③：16。

Ab 型Ⅱ式　唇部加厚，唇下压印一周凹弦纹。如标本 T519③：67、T21005H2277：52。

B 型　撇口。如标本 T523③：16、TG21309③：1。

C 型　直口微敛。如标本 TG21303③：1。

（2）白釉盏

弧腹或折腹，圈足。内施满釉，外不及底。采用垫珠间隔，多件仰烧法。根据口沿形制不同分三型。

A 型　敞口，圆唇，弧腹。如标本 T20607H2218：25。

B 型　敞口，圆唇，唇部加厚。如标本 T20406②：8。

C 型　撇口，尖圆唇，折腹。如标本 T20607②：24。

（3）白釉盘

圈足，足墙竖直略外撇，内高外低，足沿平切。内施满釉，外不及底，足沿不施釉。内底存垫珠痕，采用垫珠间隔，多件仰烧法。根据口沿与腹部形制不同分三型。

A 型　敞口，圆唇，折腹。如标本 TG21205①：1。

B 型　敞口，宽平沿，圆唇，弧腹。如标本 T21006②：8。

C 型　敛口，斜腹。如标本 TG21307H2286：1。

（4）白釉小瓷瓶

根据颈、腹部不同分两型。

A 型　侈口，圆唇，束颈，溜肩，鼓腹，平底。如标本 TG21205H2267：4。

B 型　长颈，溜肩，垂腹，圈足。如标本 T20507②：2。

茶叶末釉瓷，器型见有碗、盏、炉，仅对盏进行了分型。

（5）茶叶末釉盏

斜腹，平底。内施茶叶末釉，口沿和外壁不施釉。根据口部变化分两型。

A 型　敞口，圆唇。如标本 T20405③：10。

B 型　敛口，鼓腹，如标本 T20403③：32。

第四章　2008 年早期遗址发掘

2008 年主要发掘了四个地点，称为第 1 地点、第 2 地点、第 3 地点和第 4 地点（图三）。

第一节　第 1 地点

一　遗址位置

第 1 地点东距明军堡西墙（"八"字墙豁口）约 69 米，位于发掘区西北部，东距第 2 地点 T203 探方 5 米，南距第 3 地点 T304 探方 37 米。发掘区为略有起伏的缓坡地，北部和西部略高，呈坡状向东南延伸。地表种植杏树林，由于受生产活动和自然冲刷等因素影响，文化堆积破坏严重。

该地点布 5 米 ×5 米探方 6 个，面积 150 平方米。清理出东周时期夯土 1 处、汉代沟 1 条、辽金时期灰坑 1 个（图四；彩版一，1）。

二　地层堆积

遗址地层堆积分三层，现以 T105 和 T102 南壁剖面为例说明：

第①层：耕土层，黄褐色土，距地表深 0.1~0.2 米。结构疏松，土壤包含物有大量根系和少量石块、料姜石、细煤渣、白瓷片、陶片等。叠压于该层下有第②层、G101、③层、夯土和生土。

第②层：褐色土，距地表深 0.1~0.47、厚 0~0.35 米。结构较致密，土壤包含物有植物根系、料姜石、细煤渣、石粒、烧土块等，出土有少数明清时期瓷片。该层为明清时期文化层，T105 探方无此层。叠压于此层下有第③层、夯土、G101 和生土。

第③层：黄色花土，距地表深 0.1~1.02、厚 0~0.75 米。结构疏松，土壤包含物有大量料姜石、少量石块、黄土块和植物根系等，出土遗物有极少量陶片。该层为辽金时期文化层，T105 探方无此层。叠压于此层下有夯土和生土（图五；彩版一，2；彩版二，1）。

三　遗迹

（一）东周时期

1. 夯土

1 处。

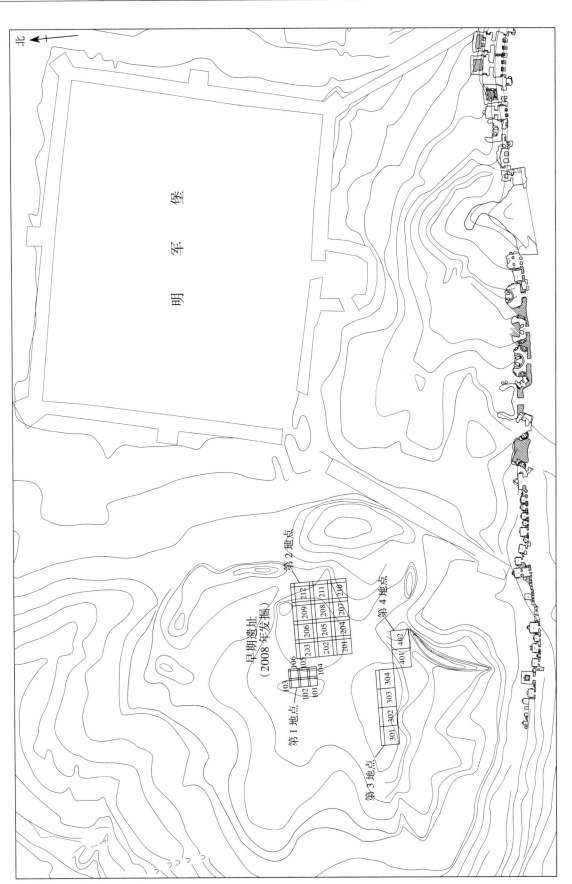

图三　2008 年牟山顶早期遗址发掘位置图

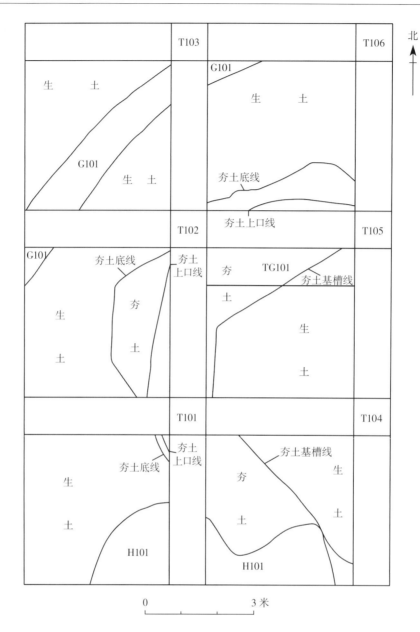

图四　2008 年早期遗址第 1 地点遗迹平面分布图

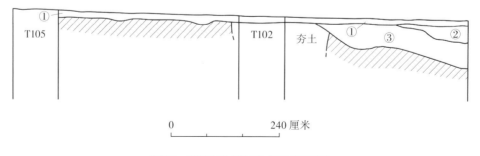

图五　T102 和 T105 南壁剖面图

（说明：第①层耕土层，第②层明清文化层，第③层辽金文化层）

位于 T101 东北部及东隔梁和北隔梁下、T102 中东部及东隔梁和关键柱下、T104 西北部及北隔梁下、T105 西北部及北隔梁下、T106 南部及东隔梁下，开口于第①层下，打破生土，被第③层和 H101 打破。夯土平面呈"〈"形，呈西北—东南向。南北长 12.5、宽 0.5~7.65、深 0.46~0.94 米（彩版二，2）。

为解决夯土时代问题，在 T105 北部布东西向 4 米 ×1 米探沟一条，编号 TG101。以 TG101 北壁剖面为例介绍（图六；彩版三，1）。夯土为黄褐色花土，土质纯净，土壤包含物有料姜石、碎石块、植物根系、碎陶片。该夯土从上到下共有 7 层夯层，第①~⑥层结构致密，第⑦层结构较致密，夯层厚 8~24、夯窝直径 10 厘米。根据夯土内出土的东周时期绳纹陶片推测，该夯土应该是东周时期遗存。

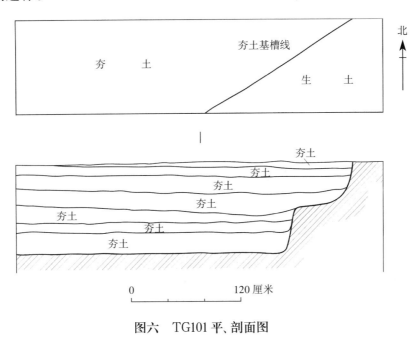

图六 TG101 平、剖面图

（二）汉代

沟

1 条。编号 G101。

（1）G101

位于 T102 西北部及北隔梁下、T103 中东部及东隔梁下、T106 西北部及北隔梁下，叠压于第③层下，打破生土。沟呈西南—东北走向，平面呈环状长条形。沟长 8.8、宽 1~1.15、深 0.3~0.45 米，距地表深 0.85~1.35、厚 0~0.5 米。沟内从上而下只有一层堆积，为灰黄色土，结构疏松，土壤包含物含有少量料姜石、碎石块和植物根系，出土遗物极少，仅有少量东周时期绳纹陶片、汉代抹断绳纹瓦片、汉代陶罐、陶盆残片（图七；彩版三，2）。

（三）辽金时期

灰坑

1 个。编号 H101（表一）。

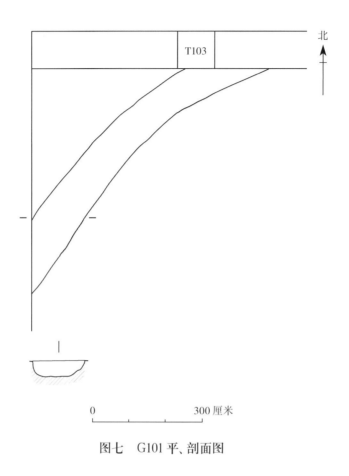

图七　G101 平、剖面图

表一　2008 年第 1 地点灰坑列表

编号	位置	层位关系	形状	尺寸（米）			打破关系	出土遗物	备注
				口径	深	底径			
H101	T101 东南部及东隔梁下、T104 南部偏西、T101 和 T104 南部未开方处	第③层下	不规则形，斜弧壁、底不平	6.7×0.8~2.2	0~1.28		打破夯土和生土	战国时期陶豆座 T101H101：1	
								战国时期陶甗	
								辽金时期瓷碗	

H101

　　位于 T101 东南部及东隔梁下、T104 南部偏西、T101 和 T104 南部未开方处，叠压于第③层下，打破夯土和生土。平面呈不规则形，斜弧壁，底呈不规则弧状。东西长 6.7、南北残宽 0.8~2.2、深 0~1.28 米。坑内填土自上而下堆积单纯，为黄褐色土，土质较纯，结构较致密，土壤包含物有少量料姜石、碎石块和植物根系等，出土遗物有战国时期陶豆、陶甗和辽金时期瓷碗（图八；彩版三，3）。

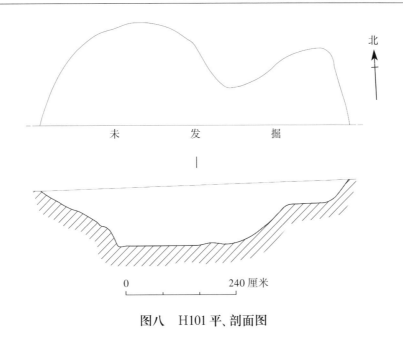

北

未　　　发　　　掘

0　　　　　　240厘米

图八　H101平、剖面图

四　遗物

（一）战国时期

1．陶器

陶器可辨器形有陶豆和陶甑。

（1）陶豆

6件。残存陶豆不同部位，有陶豆盘、豆柄、豆座。

陶豆盘　3件。泥质灰陶，轮制，素面。

标本T106③：1，残。口外侈，圆唇，弧腹，浅盘，内底平，缺柄和座。口径11.8、残高2.6厘米（图九，1；彩版四，1）。

陶豆柄　2件。泥质灰陶，轮制，素面。

标本T103③：1，残。圆柱形柄，中空。下部呈喇叭形。柱径3~4、残高5.2厘米（图九，2；彩版四，2）。

陶豆座　1件。

标本T101H101：1，残。泥质灰陶，轮制，素面。喇叭形底座。底径9.8、残高1.3厘米（图九，3；彩版四，3）。

（2）陶甑

2件。

甑底　2件。泥质灰陶，轮制。

标本T101③：2，残。斜弧壁，平底，底部有圆孔。器表和器底饰抹断的绳纹。底径15.2、孔径0.8~1、残高6.8厘米（图九，4；彩版四，4）。

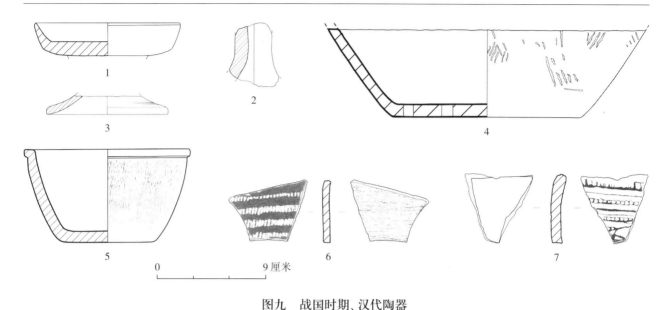

图九　战国时期、汉代陶器

1.豆盘 T106③：1　2.豆柄 T103③：1　3.豆座 T101H101：1　4.甑底 T101③：2　5.陶钵 T101③：1　6.陶罐上腹部 T103G101：1　7.陶盆下腹部 T106G101：2

（二）汉代

1.陶器

仅有少量陶器，可辨器形有陶钵、陶罐、陶盆。

（1）陶钵

1件。

标本 T101③：1，泥质灰陶，轮制。敞口，方唇，斜弧腹，平底。器表饰有竖向刻划纹并抹断。口径 13.6、底径 7.3、高 7.6 厘米（图九，5；彩版四，5）。

（2）陶盆

2件。腹部残片，泥质灰陶，轮制。

标本 T103G101：1，弧腹。器表饰有抹断绳纹和瓦楞纹。残长 1~5.7、厚 0.8~1、残高 5.7 厘米（图九，7）。

（3）陶罐

1件。

标本 T106G101：2，下腹部残片。斜弧腹。器表饰抹断绳纹和凹弦纹数周。残长 3.2~6.4、厚 0.6、残高 5 厘米（图九，6）。

（三）辽金时期

出土遗物有陶器、瓷器残片，可辨器形有陶盆、瓷碗。

1.陶器

（1）陶盆

1件。

标本 T102②：1，泥质灰陶，轮制。敞口，圆唇，弧腹，平底。器内从底部至内壁饰有十周旋转滚印凹形竖长条纹。口径 37.8、底径 25.6、高 11.7 厘米（图一〇；彩版四，6）。

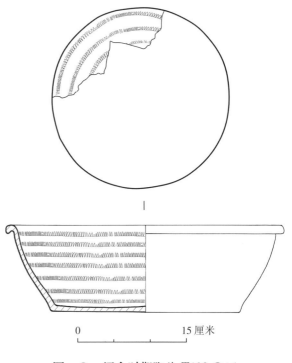

图一〇　辽金时期陶盆 T102 ②：1

第二节　第 2 地点

一　遗址位置

第 2 地点位于发掘区东北部，T203 西距离 T104、T105 探方 5 米，东南探方 T210 距离云冈明代军堡豁口约 24 米，南距 T402 探方约 27 米。该地点地势呈北高南低的缓坡状，由于距明代云冈明军堡较近，文化堆积遭到严重破坏。

该地点布 10 米 ×10 米探方 12 个，发掘面积为 1200 平方米。清理出东周时期灰坑 50 个，明清时期沟 2 条（图一一；彩版五，1、2）。

二　地层堆积

发掘区域位于云冈山顶明军堡西部，文化层基本覆盖整个发掘区。埋藏较浅，除去耕土层、自然堆积层即进入东周文化层。地层堆积简单，仅一层，遗迹单位多开口于第①层下。以 T203、T206、T209、T212 南壁剖面为例介绍如下（图一二；彩版六，1、2；彩版七，1、2）。

第①层：耕土层，深灰色土，距地表厚 0.1~0.4 米。结构致密，土壤包含物有沙粒、碎石块，土中有一些植物根系，出土少量白瓷片。

该遗址中的各遗迹单位叠压和打破关系多，且有多处晚期遗迹单位，出土遗物中多数为东周时期遗物，如陶器、骨角器、石器等，其他时代遗物有瓷片、陶片等。遗址东距云冈石窟山顶明军堡仅百米，因此层位叠压、灰坑打破关系复杂，可能与明代修筑军堡有关。

三　遗迹

遗迹主要有灰坑 50 个和沟 2 条。根据灰坑之间的叠压打破关系以及出土陶器特征，分为春秋晚期、战国早期和战国中晚期三个阶段，其中春秋晚期灰坑 20 个，战国早期灰坑 19 个，战国中晚期灰坑 11 个。

（一）春秋晚期

遗迹有灰坑 20 个。按其平面形状分为长方形、圆形、椭圆形和不规则形灰坑（表二）。该时期陶器表面饰绳纹最多，素面仅见陶鼎盖、陶豆、陶盆。陶鬲和陶釜的口径大于腹径，陶豆为浅平盘，陶盖豆也较浅。

图一一　2008 年早期遗址第 2 地点遗迹平面分布图

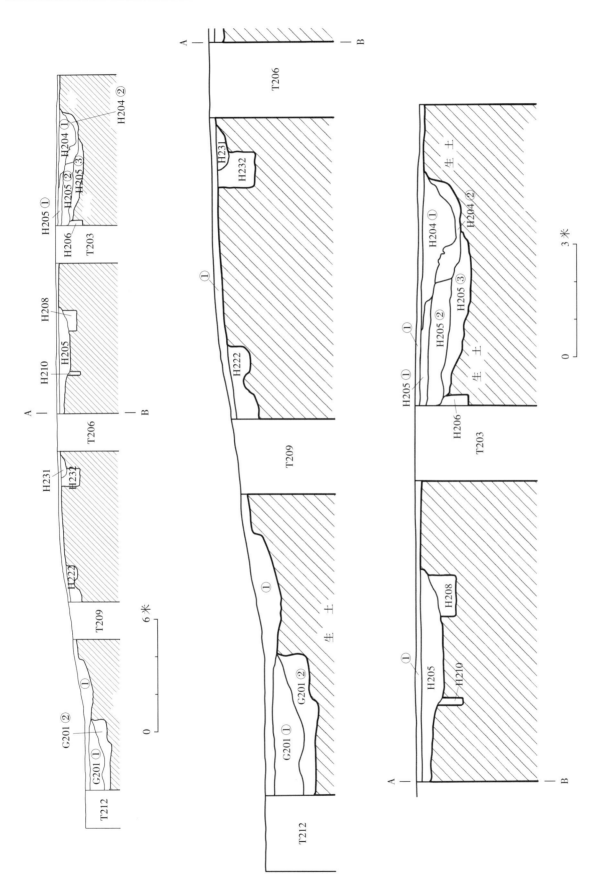

图一二　T203、T206、T209、T212 南壁剖面图

表二　2008 年第 2 地点春秋晚期灰坑列表

编号	位置	层位关系	形状	尺寸（米）			打破关系	出土遗物	备注
				口径	深	底径			
H203	T203 东北部、东隔梁和北隔梁及关键柱下和 T206 西北部及北隔梁下	第①层下	不规则形、斜弧壁、底不平	8.4 × 5.4	0.7		打破生土，被 H202 打破	陶釜 T203H203：7、8	
								陶鼎盖 T206H203：9	
								陶钵 T203H203：8	
								骨镞 T206H203：1	
								骨铲 T206H203：5	
								鹿角 T206H203：6	
								A 型蚌镰 T206H203：2、3、4	
H206	T203 东南部及东隔梁下、T202 北隔梁和关键柱下	第①层下	不规则形，圆形部分剖面呈袋状，平底。梯形部分呈斜直壁，底平	3.36 × 0.6–1.44	0.84~1.36	1.52	打破生土，被 H205 叠压和打破	陶豆	
								陶鬲	
								陶罐	
H207	T204 西北部	第①层下	不规则形，圆形部分剖面呈袋状，平底，圆角长条形部分呈斜弧壁，底不平	3.08 × 0.34–1.71	0.36~1.16	1.84	被 H205 打破且打破生土	铜刀币 T204H207：1	
								磨石 T204H207：2	
H208	T206 南部偏西，部分叠压于 T205 北隔梁下	第①层下	半圆形、直壁、平底	1.2	0.3~0.6		打破生土，被 H205 叠压和打破	无遗物	
H209	T206 中南部及东隔梁下、T209 西北部	第①层下	不规则形、斜弧壁、底不平	10.26 × 4.6	0.3~1.4		打破 H211、H212、H213、H238 和生土，被 H205、H210 打破	陶鬲 T206H209：7	
								陶釜 T206H209：6	
								陶盆 T206H209：5	
								陶支钉 T206H209：4	
								石纺轮 T206H209：2	
								骨锥 T206H209：3	
								A 型蚌镰 T206H209：1	
H211（B型）	T206 中南部	H209 下	圆形、直壁、平底	1.6	0.77~1.17		打破生土，被 H209 叠压和打破	陶片	
								A 型蚌镰 T206H211：1	
H212	T206 西南部	H209 下	长方形、直壁、平底	1.3 × 1.2	0.6		打破 H213 和生土，被 H209 叠压和打破	陶豆	
								陶罐	

续表二

编号	位置	层位关系	形状	尺寸（米）			打破关系	出土遗物	备注
				口径	深	底径			
H213（B型）	T206 西南部	H209 下	圆形、直壁、平底	1.2	0.58~1.05		打破生土，被 H209 和 H212 叠压和打破	陶片	
								兽骨残块	
H214	T206 东北部及东隔梁和北隔梁下	第①层下	不规则形、斜弧壁、弧形底不平	4.6×2	0.4~0.9		打破 H215 和生土	陶盆 T206H214：3	
								陶支钉 T206H214：1、2	
H215（B型）	T206 东部偏北及东隔梁下	第①层下	圆形、直壁、平底	1.9	1.1		打破生土，被 H214 打破	羊角 T206H215：1	
H217（B型）	T205 北部偏东及东隔梁下	H205 下	圆形、袋状、平底	1.35	0.5	1.45	打破生土，被 H205 叠压和打破	无遗物	
H221（A型）	T205 中部偏东	H205 之下	圆形、袋状、平底	1.3	0.48	1.4	打破生土，被 H205、H218 和 H220 叠压和打破	陶罐	
								陶支钉	
H232（B型）	T209 西南部及 T208 北隔梁下	第①层下	圆形、直壁、平底	1.44	0.75		打破生土，被 H228、H231 打破	陶片	
								残石刀 T209H232：1	
H234（B型）	T204 东北部	H205 之下	圆形、袋状、平底	1.12	0.6	1.2	打破生土，被 H205、G201 打破	无遗物	
H237（B型）	T209 东北部及北隔梁下	第①层下	圆形、直壁、平底	1.34	0.28~0.86		打破生土，被 H235、H236 打破	陶片	
H238	T209 西北部及北隔梁下、T206 东隔梁和关键柱下	第①层下	不规则形、斜弧壁、底凹凸不平	5.8×2.4	1.36		打破 H209 和生土，被 H236 打破	陶鬲 T209H238：3	
								陶盖豆 T209H238：2	
								陶支钉 T209H238：1	
H240	T204 中北部	第①层下	椭圆形、斜壁、底不平	2.1×1.35	0.3~0.6		打破生土，被 H205 打破	陶片	
H245	T208 西中部	H243 下	长方形、直壁、平底	2.1×1.75	1.2		打破生土，被 H243 和 H244 打破	陶鬲 T208H245：7、9	
								陶釜 T208H245：8、10	
								陶盆 T208H245：2	
								陶罐 T208H245：6	
								陶豆 T208H245：3、4	
								陶支钉	
H248（B型）	T209 中部偏西	第①层下	圆形、直壁、平底	1.25	0.25~0.83		打破生土，被 H247 打破	陶片	
								陶纺轮 T209H248：1	
H249（B型）	T209 西北部	第①层下	圆形、直壁、平底	1.2	0.4~0.65		打破生土，被 H247 打破	陶片	

1. 长方形灰坑

2个。

（1）H245

位于T208西中部，开口于H243下，打破生土，被H243和H244打破。平面呈圆角长方形，直壁，平底。东西长2.1、南北宽1.75、深1.2米。坑内填土为灰黑色土，结构疏松，土壤包含物有小砾石、料姜石、草木灰、植物根系等，出土遗物有陶鬲、陶釜、陶罐、陶盆、陶豆、陶支钉（图一三，1；彩版八，1）。

（2）H212

位于T206西南部，开口于H209下，打破H213和生土，被H209叠压和打破。平面呈长方形，直壁，平底。东西长1.3、南北宽1.2、深0.6米。坑内填土为灰黄色土，结构疏松，土壤包含物有草木灰、料姜石、碎石块、红烧土块等，出土遗物有陶豆、陶罐等（图一三，2；彩版八，2）。

2. 圆形灰坑

11个。以其剖面形状不同分为A、B型。

A型　3个。剖面呈袋状，其中有遗物的1个，无遗物的2个，无遗物的不在本处描述，相关信息见灰坑表。

（1）H221

位于T205中部偏东，开口于H205之下，打破生土，被H205、H218和H220叠压和打破。

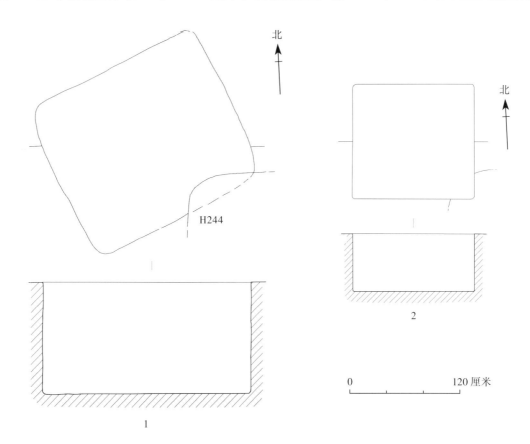

图一三　春秋晚期长方形灰坑平、剖面图

1. H245　2. H212

平面呈圆形，剖面呈袋状，平底。口径 1.3、底径 1.4、深 0.48 米。坑内填土为深灰色土，结构疏松，土壤包含物有少量的小砾石、植物根系等，出土遗物有陶罐、陶支钉（图一四，1；彩版八，3）。

　　B 型　8 个。剖面呈长方形，其中有遗物的 7 个，无遗物的 1 个，无遗物的不在本处描述，相关信息见灰坑表。

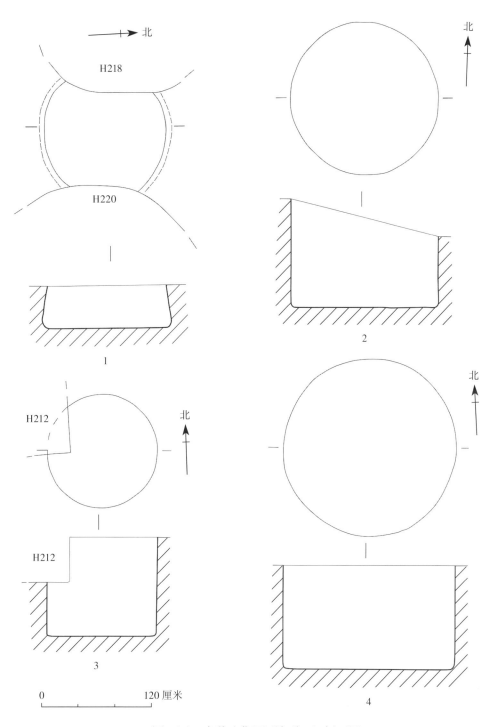

图一四　春秋晚期圆形灰坑平、剖面图

1. A 型 H221　2~4. B 型 H211、H213、H215

（2）H211

位于 T206 中南部，开口于 H209 下，打破生土，被 H209 叠压和打破。平面形状呈圆形，直壁，平底。口径 1.6、深 0.77~1.17 米。坑内填土为草木灰土，结构疏松，土壤包含物有草木灰、小砾石、红烧土块、兽骨等，出土遗物有陶片、蚌镰等（图一四，2；彩版八，4）。

（3）H213

位于 T206 西南部，开口于 H209 下，打破生土，被 H209 和 H212 叠压和打破。平面呈圆形，直壁，平底。口径 1.2、深 0.58~1.05 米。坑内填土为灰黄色土，结构疏松，土壤包含物有小砾石、料姜石、砂岩片石、兽骨、植物根系等，出土遗物有陶鬲、陶罐和一块部分饰红彩的兽骨残块（图一四，3；彩版八，5）。

（4）H215

位于 T206 东部偏北及东隔梁下，开口于第①层下，打破生土，被 H214 打破。平面呈圆形，直壁，平底。口径 1.9、深 1.1 米。坑内填土为浅灰色土，结构疏松，土壤比较纯净，包含物有料姜石、砾石、植物根系等，出土遗物有羊角（图一四，4；彩版八，6）。

（5）H232

位于 T209 西南部及 T208 北隔梁下，开口于第①层下，打破生土，被 H228、H231 打破。平面呈圆形，直壁，平底。坑壁加工光滑，坑底平坦。口径 1.44、深 0.75 米。坑内填土为黄灰土，结构较致密，土壤包含物有小料姜石、小石子、木炭粒等，出土少量碎陶片，均为泥质灰陶，器形不可辨识，另出土 1 件残石刀（图一五，1；彩版九，1）。

（6）H237

位于 T209 东北部及北隔梁下，开口于第①层下，打破生土，被 H235、H236 打破。平面呈圆形，直壁，平底。口径 1.34、深 0.28~0.86 米。坑内填土为浅灰色土，结构疏松，土壤包含物有黄土块、小砾石、草木灰、砂岩片石等，出土遗物有陶罐、陶盆、陶豆（图一五，2；彩版九，2）。

（7）H248

位于 T209 中部偏西，开口于第①层下，打破生土，被 H247 打破。平面呈圆形，直壁，平底。口径 1.25、深 0.25~0.83 米。坑内填土为浅黄色土，结构较致密，土壤包含物有黄土块、碎石块、料姜石等，出土遗物有陶片、陶纺轮（图一五，3；彩版九，3）。

（8）H249

位于 T209 西北部，开口于第①层下，打破生土，被 H247 打破。平面呈圆形，直壁，平底。口径 1.2、深 0.4~0.65 米。坑内填土为浅灰色土，结构疏松，土壤包含物有黄土块、小砾石、料姜石、植物根系等，出土遗物有陶片、陶罐（图一五，4；彩版九，4）。

3. 椭圆形灰坑

1 个。

H240

位于 T204 中北部，开口于第①层下，打破生土，被 H205 打破。平面呈椭圆形，坑壁呈斜坡，加工粗糙，坑底凹凸不平。坑口南北长 2.1、东西宽 1.35、深 0.3~0.6 米。坑内填土为灰褐色土，结构疏松，土壤包含物有少量料姜石块、碎炭粒、砂石块等，出土遗物有少量陶片，可辨器形有陶豆盘、陶罐、陶盆等（图一六，1）。

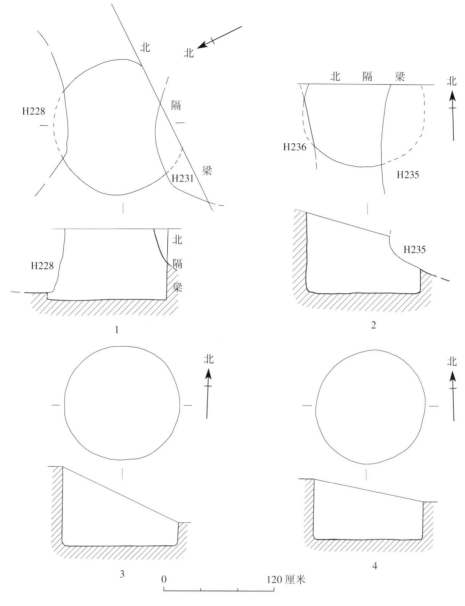

图一五　春秋晚期 B 型圆形灰坑平、剖面图

1. H232　2. H237　3. H248　4. H249

4．不规则形灰坑

6 个。

（1）H206

位于 T203 东南部及东隔梁下、T202 北隔梁和关键柱下，开口于第①层下，打破生土，被 H205 叠压和打破。平面为不规则形，圆形坑剖面呈袋状，平底。圆形坑东南部和梯形坑相连，呈西北—东南走向，西北窄，东南宽，斜直壁，平底，西北下一个 0.16 米深的台阶进入圆形坑底部，圆形和梯形坑壁加工规整光滑。圆形坑口径 1.44、底径 1.52、深 1.29~1.36 米，梯形坑长 1.92、宽 0.62~0.96、深 0.84~1.04 米。坑内填土堆积一致，为灰黄土，结构疏松，土壤包含物有料姜石、石块、红烧土块、木炭粒、植物根系等，出土遗物有红陶片、绳纹陶片、兽骨等，可辨器形有陶豆、

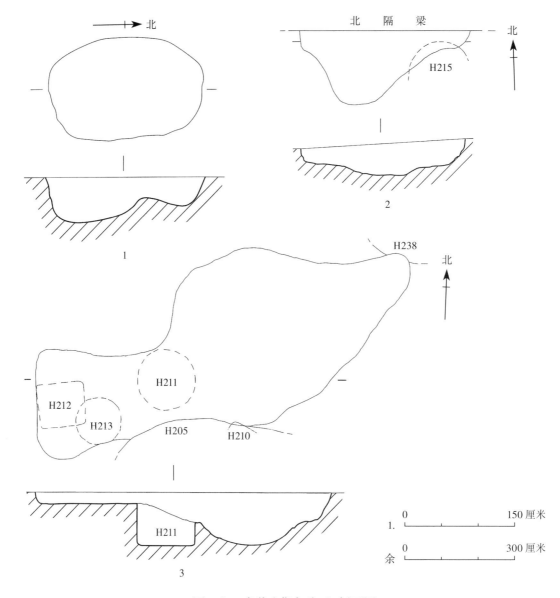

图一六　春秋晚期灰坑平、剖面图

1. 椭圆形 H240　2、3. 不规则形 H214、H209

陶鬲、陶罐等（图一七，1；彩版九，5）。

（2）H207

位于 T204 西北部，开口于第①层下，被 H205 打破且打破生土。平面为不规则形，圆形坑剖面呈袋状，坑壁加工规整光滑，坑底有一层约 0.05 米厚的黄土和料姜石铺垫，结构较致密、平坦。圆形坑北部和东南—西北走向的长条形坑相连，斜弧壁，底部凹凸不平，坑底北部下一个 0.44 米深的台阶进入圆形坑坑底。圆形坑口径 1.74、底径 1.84、深 1~1.16 米。长条形坑长 1.54、宽 0.34、深 0.38~0.56 米。圆形坑内填土有四层堆积。第①层：黄褐色土，结构致密，厚 0.2~0.4 米，土壤包含物有少量陶片、碎石块，出土残铜刀币 1 件和磨石 1 件。第②层：灰色土，结构疏松，厚 0.1~0.2 米，土壤包含物有少量陶片及砂石块等。第③层：黄色土，结构较致密，厚 0.2~0.4 米，土壤包

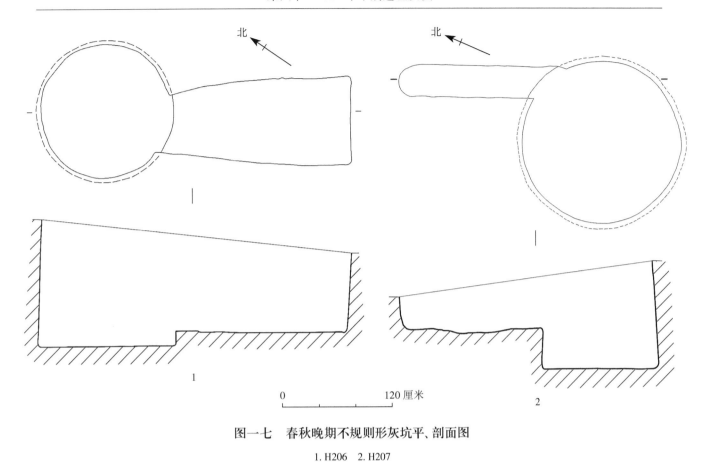

图一七　春秋晚期不规则形灰坑平、剖面图

1. H206　2. H207

含物有少量陶片及灰色碎小土块。第④层：灰色土，结构疏松，厚0.1~0.2米，土壤包含物有少量陶片、一副动物头骨和残蚌壳片等。此灰坑最初应为储藏坑，后废弃成为垃圾坑（图一七，2；彩版九，6）。

（3）H214

位于T206东北部及东隔梁和北隔梁下，开口于第①层下，打破H215和生土。平面呈不规则形，斜弧壁，底呈不规则弧状高低不平。东西长4.6、南北残宽2、深0.4~0.9米。坑内填土为浅灰色土，结构疏松，土壤包含物有片石、料姜石、红烧土块、植物根系等，出土遗物有陶支钉、陶盆等（图一六，2；彩版一〇，1）。

（4）H209

位于T206中南部及东隔梁下、T209西北部，开口于第①层下，打破H211、H212、H213、H238和生土，被H205、H210打破。平面呈不规则形，斜弧壁，底呈不规则状，凹凸不平。东西长10.26、南北宽4.6、深0.3~1.4米。坑内填土为浅灰色土，结构疏松，土壤包含物有小砾石、料姜石、砂岩片石、草木灰、植物根系等，出土遗物有陶豆、陶鬲、陶釜、陶罐、陶盆、石纺轮、蚌镰和兽骨等（图一六，3；彩版一〇，2）。

（5）H238

位于T209西北部及北隔梁下、T206东隔梁和关键柱下，开口于第①层下，打破H209和生土，被H236打破。平面呈不规则形，斜弧壁，底呈不规则弧状凹凸不平。东西长5.8、南北宽2.4、深1.36米。坑内填土为深灰色土，结构疏松，土壤包含物有草木灰、小砾石、砂岩片石、硬土

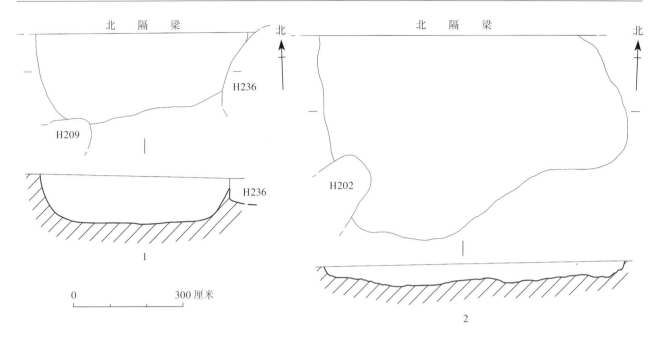

图一八　春秋晚期不规则形灰坑平、剖面图

1. H238　2. H203

块等，出土遗物有陶盖豆、陶鬲、陶支钉等（图一八，1；彩版一〇，3）。

（6）H203

位于 T203 东北部、东隔梁和北隔梁及关键柱下和 T206 西北部及北隔梁下，开口于第①层下，打破生土，被 H202 打破。平面呈不规则形，斜弧壁，底呈不规则弧状，凹凸不平。东西长 8.4、南北残宽 5.4、深 0.6 米。坑内填土为深灰色土，结构疏松，土壤包含物有料姜石、黄土块、砂岩片石、小砾石、植物根系等，出土遗物有陶豆、陶罐、陶盆、蚌器、蚌镰等（图一八，2；彩版一〇，4）。

（二）战国早期

遗迹有灰坑 19 个。按其平面形状分为长方形、圆形、椭圆形和不规则形（表三），已不见圆形袋状灰坑。该时期陶器表面饰绳纹，陶鬲肩部素面或饰附加堆纹和刻划纹，陶鬲和陶釜的口径小于腹径，陶豆和陶盖豆也加高，陶罐器表饰绳纹和抹断凹弦纹。

1. 长方形

2 个。

（1）H210

位于 T206 南部偏东及 T205 北隔梁下，开口于 H205 和 H209 下，打破生土，被 H205 和 H209 叠压和打破。平面呈长方形，直壁，平底。南北长 1.2、东西宽 1、深 0.56~0.76 米。坑内填土为浅灰色土，结构疏松，土壤包含物有砂岩石块、料姜石、红烧土块、草木灰、植物根系等，出土遗物有陶鬲、陶罐等（图一九，1；彩版一〇，5）。

（2）H244

位于 T208 中部偏西，开口于第①层下，打破 H245 和生土，被 H243 打破。平面呈圆角长方形，

表三　2008 年第 2 地点战国早期灰坑列表

编号	位置	层位关系	形状	尺寸（米）			打破关系	出土遗物	备注
				口径	深	底径			
H201	T203 南部偏西及西部未开方处	第①层下	不规则形、斜弧壁、底不平	6.75 × 3.1	0.4	6.65 × 2.95	打破 H202 和生土	Aa 型陶鬲 T203H201：4、5 陶鬲足 T203H201：1 Aa 型陶罐 T203H201：4、5	
H202	T203 中部	第①层下	不规则形、直壁、底不平	4.85 × 1.85	0.4～0.6	4.65 × 1.6	打破 H203 和生土，被 H201 打破	骨簪 T205H202：1	
H205	T205 整个探方及东隔梁和北隔梁及关键柱下、T201 东北部及东隔梁和北隔梁及关键柱下、T202 中东部及东隔梁和北隔梁及关键柱下、T203 东南部及东隔梁下、T204 西北部及北隔梁下、T206 东南部及东隔梁下	第①层下	不规则形、弧壁、底不平	16.85 × 15.45	1.6		打破 H206~H210、H216~H221、H229、H230、H234、H240 和生土，被 H204、H241 和 G201 打破	Aa 型陶鬲 T205H205：46 Ab 型陶鬲 T205H205：59 陶釜 T202H205：60 陶甑 T202H205：53、62、68 B 型陶罐 T205H205：48~52、64 陶盆 T202H205：54~56、58、63 A 型平盘豆 T205H205：41~44，B 型平盘豆 T205H205：40，豆盖 T202H205：45 甗 T202H205：47 陶环 T205H205：39 陶支钉 T202H205：6、25 陶饰件 T202H205：26、35 圆形陶片 T205H205：24 A 型石杵 T205H205：15、21、33 B 型石杵 T205H205：17 石圭 石斧 T202H205：16 石凿（锛）T202H205：14 石镰 T205H205：36 石纺轮 T205H205：37 圆形石片 T205H205：19 石圭 T205H205：13、27 石圆柱体器 T205H205：34 骨簪 T203H205③：7、10	

续表三

编号	位置	层位关系	形状	尺寸（米）			打破关系	出土遗物	备注
				口径	深	底径			
H205								骨锥 T203H205 ② : 5、11、18	
								牙饰 T203H205 ③ : 3	
								骨铲 T205H205 : 28、32	
								骨料	
								鹿角 T205H205 : 9、31	
								羊角 T205H205 : 20、29、30	
								A 型蚌镰 T203H205 ② : 4、 T205H205 : 12、23	
								蚌器 T203H205 ③ : 8、22	
								铜镞 T202H205 : 1	
H210	T206 南部偏东及 T205 北隔梁下	H205 和 H209 下	长方形、直壁、平底	1.2× 1	0.56~ 0.76		打破生土，被 H205 和 H209 叠压和打破	Ab 型陶鬲 T206H210 : 2	
								Ab 型陶罐 T206H210 : 3	
								B 型陶罐 T206H210 : 1	
H216	T205 西中部及 T202 东隔梁下	H205 下	不规则形、斜弧壁、弧形底	4.55× 2.8	0.5~ 0.55		打破生土，被 H205 和 H218 打破	B 型陶鬲 T205H216 : 4	
								素面鬲 T205H216 : 4	
								陶釜 T205H216 : 3	
								石纺轮 T205H216 : 1	
								骨锥 T205H216 : 2	
H218	T205 中部偏西	H205 下	圆形、弧壁、圜底	1.9	1.1		打破 H219、H221 和生土，被 H205、H216 叠压和打破	无遗物	
H219	T205 北中部	H205 下	圆形、斜弧壁、弧形底	1.1× 1.45	0.5		打破生土，被 H205、H218 打破和叠压	无遗物	
H220	T205 东中部	H205 下	圆形、直壁、平底	2.2	0.45		打破 H221、H229 和生土，被 H205 叠压和打破	无遗物	
H223	T209 东南部	第①层下	圆形、直壁、平底	1.2	0.6		打破生土，被 H222 打破	Ab 型陶鬲 T209H223 : 1	
H224	T209 东部及东隔梁下	第①层下	不规则形、斜弧壁、底不平	4.15× 2.6	0.8		打破生土	Ab 型陶鬲 T209H224 : 1	
								D 型陶罐 T209H224 : 2	

续表三

编号	位置	层位关系	形状	尺寸（米）			打破关系	出土遗物	备注
				口径	深	底径			
H226	T208 东北部及东隔梁、北隔梁和关键柱下	第①层下	不规则形、斜弧壁、平底	2.32×1.6	1.45		打破生土	石锥 T208H226：2 骨锥 角器 T208H226：1 鹿角 T208H226：3、4	
H229	T205 东部偏南	H205 下	椭圆形、斜弧壁、平底	2.1	0.3	1.7	打破生土，被 H205 和 H220 叠压和打破	无遗物	
H230	T205 南部偏西	H205 下	圆形、斜弧壁、平底	1.8	0.75	1.2	打破生土，被 H205 打破	无遗物	
H233	T207 东南部及东隔梁下向T横贯T210 中南部及东隔梁下	第①层下	不规则形、斜弧壁、底不平	13.75×0.85~4.9	0.15~1.4	8.65×4	打破生土，被 G201 和 G202 打破	陶鬲足 T210H233：11 B 型平盘豆 T210H233：9 陶盒盖 T207H233：8 三足器 T210H233：10 陶支钉 T207H233：6、T210H233：1 C 型石杵 T207H233：7 石饰件 T210H233 ①：2 A 型骨镞 T210H233 ①：5 骨管 T210H233 ①：3 B 型蚌镰 T207H233：4	
H235	T209 的东北部及东隔梁和北隔梁下	第①层下	不规则形	2.15×1.8	0.4		打破 H237 和生土	无遗物	
H236	T209 北部偏东及北隔梁下	第①层下	椭圆形、斜弧壁、底不平	2.85×2~2.4	0.6		打破 H237、H238 和生土	陶片 A 型骨镞 T209H236：2 B 型骨镞 T209H236：1	
H242	T204 西部偏南、T201 东隔梁下	第①层下	不规则形、斜弧壁、底不平	1.35×1.1	0.5		打破生土，被 H241 打破	无遗物	
H243	T208 西中部及 T205 东隔梁下	第①层下	不规则形、斜弧壁、底不平	5.2×4.3	0.44		打破 H244、H245 和生土，被 H231 和 G201 打破	陶釜 T208H243：12、13 陶珠 T208H243：2 陶支钉 T208H243：4、9 骨簪 T208H243：3 A 型蚌镰 T208H243：1 B 型蚌镰 T208H243：6	
H244	T208 中部偏西	第①层下	长方形、直壁、平底	1.6×1.5	0.36		打破 H245 和生土，被 H243 打破	Aa 型陶鬲 T208H244：3 鹿角 T208H244：1	

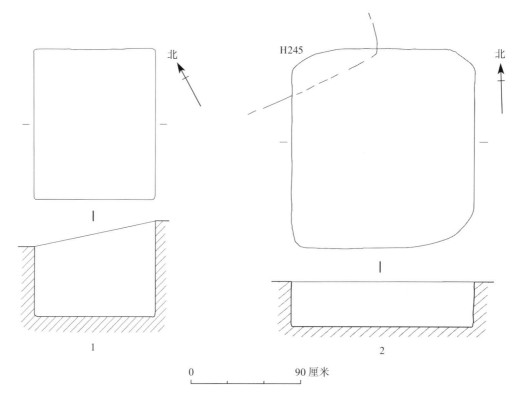

图一九　战国早期长方形灰坑平、剖面图

1. H210　2. H244

直壁，平底。南北长1.6、东西宽1.5、深0.36米。坑内填土为黑灰色，结构较疏松，土壤包含物有草木灰、料姜石、碎石块、植物根系等，出土遗物有陶片、陶足、兽骨、鹿角等（图一九，2；彩版一〇，6）。

2. 圆形灰坑

5个。其中有遗物的1个，无遗物的4个，无遗物的不在本处描述，相关信息见灰坑表。

（1）H223

位于T209东南部，开口于第①层下，打破生土，被H222打破。平面为圆形，直壁，平底。坑壁加工光滑，坑底平坦。口径1.2、深0.6米。坑内填土为灰黄土，结构较致密，土壤包含物有料姜石、木炭粒等，出土遗物较少，基本都是碎陶片，多为泥质灰陶，可辨器形有陶鬲（图二〇，1；彩版一一，1）。

3. 椭圆形灰坑

2个。其中有遗物的1个，无遗物的1个，无遗物的不在本处描述，相关信息见灰坑表。

H236

位于T209北部偏东及北隔梁下，开口于第①层下，打破H237、H238和生土。平面呈椭圆形，斜弧壁，底高低不平。南北长2.85、东西宽2~2.4、深0.6米。坑内填土为浅灰色土，结构较疏松，土壤包含物有少许砂岩块，出土遗物有陶罐、骨镞等（图二〇，2；彩版一一，2）。

4. 不规则形灰坑

10个。其中有遗物的8个，无遗物的2个，无遗物的不在本处描述，相关信息见灰坑表。

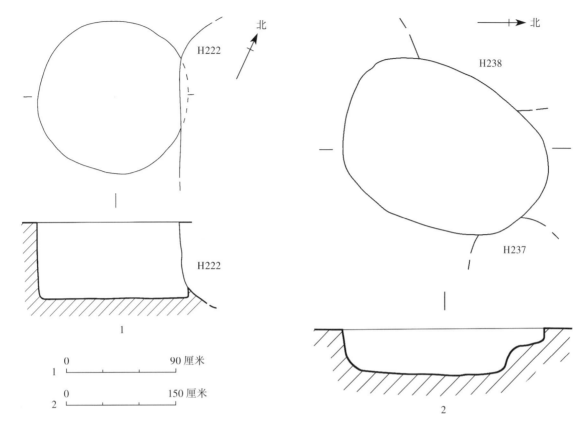

图二〇　战国早期灰坑平、剖面图

1. 圆形 H233　2. 椭圆形 H236

（1）H201

位于 T203 中南部偏西及西部未开方处，开口于第①层下，打破 H202 和生土。平面呈不规则形，斜弧壁，底呈不规则状，高低不平。坑口长 7.75、宽 3.1 米，坑底长 6.65、宽 2.95、深 0.4 米。坑内填土为灰黄色花土，结构较疏松，土壤包含物有部分带褐色土块和料姜石，出土遗物有陶鬲、附环形耳陶罐等（图二一，1；彩版一一，3）。

（2）H202

位于 T203 中部，开口于第①层下，打破 H203 和生土，被 H201 打破。平面呈不规则形，壁面略直，近底部略倾斜，坑底加工粗糙，凹凸不平，坑壁坡度不大，西南低东北高。坑口长 4.85、宽 1.85 米，坑底长 4.65、宽 1.6、深 0.4~0.6 米。坑内填土为黄褐色花土，结构疏松，内夹浅灰色土带，土壤包含物有料姜石小颗粒等，出土遗物有少量陶片和骨簪（图二一，2；彩版一一，4）。

（3）H205

位于 T205 整个探方及东隔梁和北隔梁及关键柱下、T201 东北部、东隔梁和北隔梁及关键柱下、T202 中东部、东隔梁和北隔梁及关键柱下、T203 东南部及东隔梁下、T204 西北部及北隔梁下、T206 东南部及东隔梁下，开口于第①层下，打破 H206~H210、H216~H221、H229、H230、H234、H240 和生土，被 H204、H241 和 G201 打破。平面呈不规则形，弧壁，底部呈不规则状，凹凸不平。南北长 16.85、东西宽 15.45、深 1.5 米。坑内填土自上而下分为三层。第①

层：灰色土，深 0.6 米，结构较致密。第②层：灰褐色土，深 0.6 米，结构疏松。第③层：浅灰色土，深 0.4 米，结构疏松。坑内填土出土遗物基本相同，土壤包含物有木炭屑、草木灰、料姜石、砂岩片石、兽骨、小砾石、植物根系等，出土遗物有陶罐、陶鬲、陶甑、陶豆、陶纺轮、陶支钉、陶环、铜镞、石斧、石圆形器、石杵、石圭、骨镞、骨簪、骨锥、骨饰等（图二一，3；彩版一一，5）。

　　（4）H216

　　位于 T205 西中部及 T202 东隔梁下，开口于 H205 下，打破生土，被 H205 和 H218 打破。平面呈不规则形，斜弧壁，底呈不规则弧状。南北长 5.55、东西宽 4.15、深 0.35~0.6 米。坑内填土为灰褐色土，结构疏松，土壤包含物有木炭屑、兽骨、小砾石、料姜石、植物根系等，出

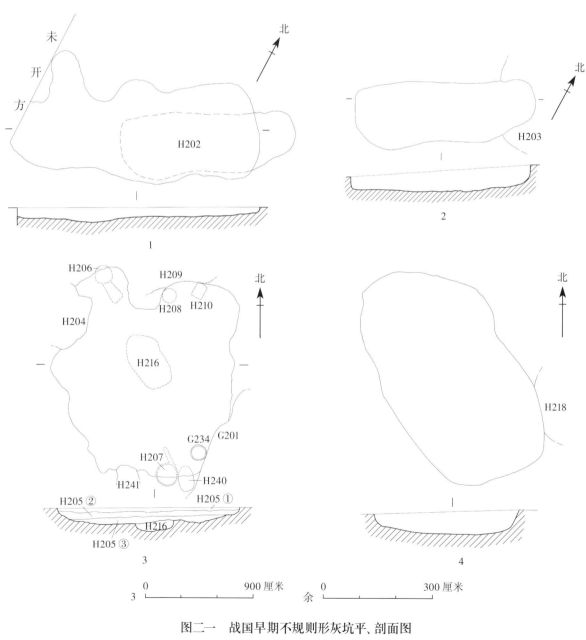

图二一　战国早期不规则形灰坑平、剖面图

1. H201　2. H202　3. H205　4. H216

土遗物有少量陶片，可辨器形有陶釜、陶鬲、石纺轮等（图二一，4；彩版一一，6）。

（5）H224

位于 T209 东部及东隔梁下，开口于第①层下，打破生土。平面呈不规则形，斜弧壁，底呈不规则弧状，高低不平。南北长 4.15、东西宽 2.6、深 0.75 米。坑内填土为深灰色土，结构疏松，土壤包含物有草木灰、黄土块、料姜石、小砾石、植物根系等，出土遗物有陶罐、陶鬲等（图二二，1；彩版一二，1）。

（6）H226

位于 T208 东北部及东隔梁、北隔梁和关键柱下，开口于第①层下，打破生土。平面呈不规则形，斜弧壁，平底。南北长 2.32、东西宽 1.6、深 1.45 米。坑内填土自上而下分为两层。第①层：灰黑色土，厚 0.25~0.7 米，结构疏松，土壤包含物有草木灰、料姜石、小砾石、兽骨、植物根系等，出土遗物有鹿角、陶片等，可辨器形有陶罐、陶盆、陶豆等。第②层：灰黑色、黄花土杂乱形成的花土，厚 0.75~1.2 米，结构疏松，土壤包含物有兽骨、草木灰、料姜石、小砾石、植物根系等，出土遗物有陶罐、骨锥、石锥、鹿角等（图二二，2；彩版一二，2）。

（7）H243

位于 T208 西中部及 T205 东隔梁下，开口于第①层下，打破 H244、H245 和生土，被 H231 和 G201 打破。平面呈不规则形，斜弧壁，底呈不规则状，凹凸不平。东西长 5.2、南北宽 4.3、深 0.44 米。坑内填土为灰黑色土，结构疏松，土壤包含物有草木灰、硬土块、料姜石、小砾石等，

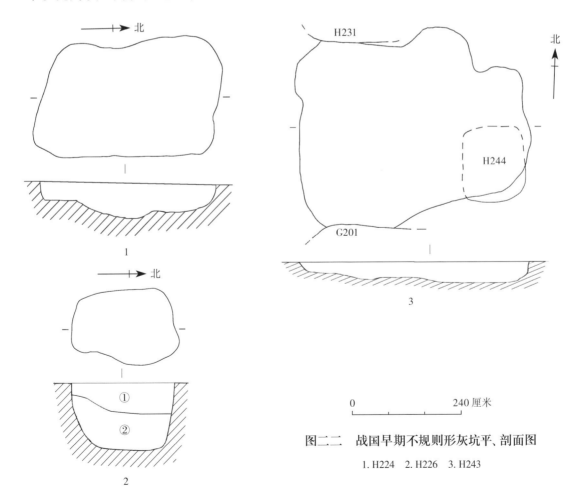

图二二　战国早期不规则形灰坑平、剖面图

1. H224　2. H226　3. H243

出土遗物有陶釜、陶珠、骨簪、蚌镰等（图二二，3；彩版一二，3）。

（8）H233

位于 T207 东南部及东隔梁下向东横贯 T210 中南部及东隔梁下，开口于第①层下，打破生土，北部被 G201、G202 打破。平面呈不规则形，斜弧壁，底呈不规则状。坑壁与坑底加工粗糙、凹凸不平。坑口东西残长 13.75、南北残宽 0.85~4.9 米，坑底东西残长 8.65、南北残宽 4、深 0.15~1.4 米。坑内填土自上而下分为两层。第①层：填土为灰黄花土，结构较致密，土壤包含物有大量料姜石、石子及褐色土块等，出土遗物有陶鬲、三足器、陶豆、陶盒盖、陶支钉、石杵、石饰件、骨镞、骨管、蚌器以及大量陶片等。第②层仅在 H233 西北部有一小部分，填土为红灰色花土，结构较疏松，土壤包含物有大块料姜石、少量石子、木炭屑等，出土遗物有少量灰陶片，可辨器形有陶鬲（图二三；彩版一二，4）。

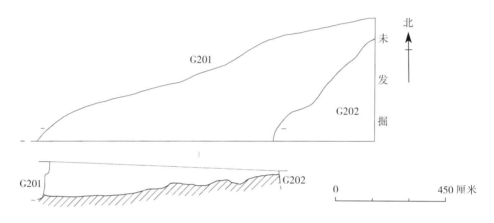

图二三　战国早期不规则形灰坑 H233 平、剖面图

（三）战 国 中 晚 期

遗迹有灰坑 11 个。按平面形状分为方形、圆形、椭圆形和不规则形（表四），不见圆形袋状坑。该时期有出土陶罐 1 件，高领，素面，肩部饰凹弦纹，不见陶鬲和陶釜。

1．长方形灰坑

1 个。无遗物出土。

2．圆形灰坑

1 个。

H239

位于 T208 东中部及东隔梁下，开口于第①层下，打破生土。平面呈圆形，斜弧壁，圜底。直径 1.7、深 0.35 米。坑内填土为灰褐色土，结构疏松，土壤包含物有草木灰、料姜石、碎石块、植物根系等，出土遗物有陶片、陶支钉（图二四，1；彩版一二，5）。

3．椭圆形灰坑

1 个。

H227

位于 T208 北中部及北隔梁下，开口于第①层下，打破 H231 和生土，被 H225 打破。平面呈椭圆形，直壁，平底。南北长 2.25、东西宽 2.05、深 0.6~1.05 米。坑内填土为黑褐色土，结

表四　2008 年第 2 地点战国中晚期灰坑列表

编号	位置	层位关系	形状	尺寸（米）			打破关系	出土遗物	备注
				口径	深	底径			
H204	T202 北部偏西及北隔梁下、T203 南部偏西	第①层下	不规则形、斜弧壁、底不平	5.9 × 5.85	1.2		打破 H205 和生土	陶罐 T203H204：10 / 彩陶罐 T202H204：6 / 陶纺轮 T203H204：7 / 骨簪 T202H204：4 / 蚌镰 / 骨锥 T203H204：1~3 / 石斧 T202H204：5 / 石纺轮 T202H204：8 / 羊角 T203H204：9	
H222	T209 东南部及东隔梁下、T208 北隔梁下	第①层下	不规则形、斜弧壁、弧状底高低不平	2.7 × 2.62	0.75		打破 H223 和生土	骨器 T209H222：1	
H225	T208 北部偏东	第①层下	长方形	2.05 × 1.65	0.5~0.6		打破 H227 和生土	无遗物	
H227	T208 北中部及北隔梁下	第①层下	椭圆形、直壁、平底	2.25 × 2.05	0.6~1.05		打破 H231 和生土，被 H225 打破	陶纺轮 T208H227：1 / 石耳 T208H227：2	
H228	T209 西南部	第①层下	不规则形、斜弧壁或直壁、底不平	3.2 × 2.94	0.85		打破 H232 和生土	陶罐 T209H228：1 / 骨锥	
H231	T208 西北部及北隔梁下、T205 东隔梁和关键柱下，T209 西南部	第①层下	不规则形、斜弧壁、底不平	3.2 × 3.1	0.45~0.82		打破 H243 和生土，被 H227 打破	陶支钉 T208H231：1 / 鹿角 T208H231：2	
H239	T208 东中部及东隔梁下	第①层下	圆形、斜弧壁、圜底	1.7	0.35		打破生土	陶支钉	
H241	T204 西中部、T201 东隔梁下	第①层下	不规则形、斜弧壁、平底	2.35 × 0.45	0.65		打破 H205、H242 和生土	无遗物	
H246	T208 中部偏南	第①层下	不规则形、斜弧壁、底不平	3.4 × 2.68	0.5		打破生土，被 G201 打破	"T"字形骨器 T208H246：1	
H247	T209 中部偏西	第②层下	不规则形、斜弧壁、底不平	5.3 × 4.34	0.95		打破 H248、H249 和生土	陶支钉 / A 型蚌镰 T209H247：1	
H250	T211 西中部偏南	第①层下	不规则形、弧壁、平底	3.85 × 0.8~1.25	0.9	3.1 × 0.65~0.9	打破生土，被 G201 打破	无遗物	

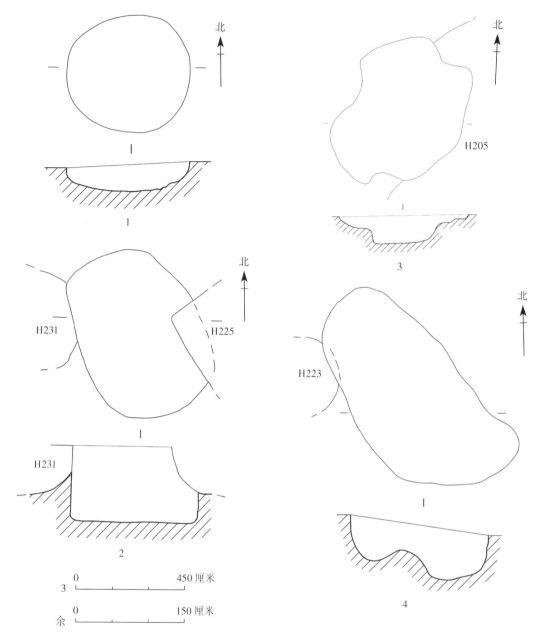

图二四　战国中晚期灰坑平、剖面图

1. 圆形 H239　2. 椭圆形 H227　3、4. 不规则形 H204、H222

构疏松，土壤包含物有兽骨、木炭屑、草木灰、硬土块、小砾石、植物根系等，出土遗物有陶罐、陶鬲、陶纺轮、石耳（图二四，2；彩版一二，6）。

4. 不规则形灰坑

8个。其中有遗物的6个，无遗物的2个，无遗物的不在本处描述，相关信息见灰坑表。

（1）H204

位于 T202 北部偏西及北隔梁下、T203 南部偏西，开口于第①层下，打破 H205 和生土。平面呈不规则形，斜弧壁，底呈不规则状，高低不平。南北长 5.9、东西宽 5.85、深 1.2 米。坑内填土为黄褐色土，结构疏松，土壤包含物有片石、草木灰、小砾石、料姜石、植物根系等，出土遗物有陶罐、彩陶片、骨簪、骨锥、蚌镰、石斧等（图二四，3；彩版一三，1）。

（2）H222

位于T209东南部及东隔梁下、T208北隔梁下，开口于第①层下，打破H223和生土。平面呈不规则形，斜弧壁，底呈不规则弧状，高低不平。东西长2.7、南北宽2.62、深0.75米。坑内填土为浅灰色土，结构疏松，土壤包含物有红烧土块、草木灰、小砾石、植物根系等，出土遗物有碎陶片和骨料（图二四，4；彩版一三，2）。

（3）H228

位于T209西南部，开口于第①层下，打破H232和生土。平面呈不规则形，斜弧壁或直壁，底部呈不规则状，凹凸不平。南北长3.2、东西宽2.94、深0.85米。坑内填土为浅灰色土，结构较致密，土壤包含物有草木灰、硬土块、料姜石、小砾石、植物根系等，出土遗物有陶罐、骨锥（图二五，1；彩版一三，3）。

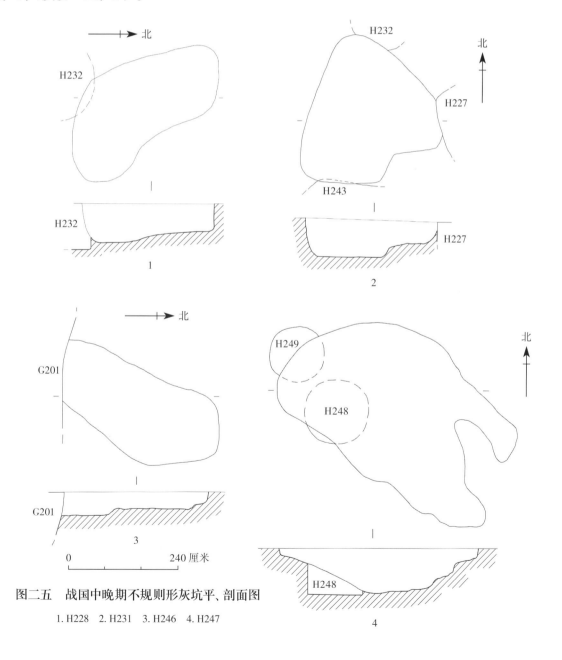

图二五　战国中晚期不规则形灰坑平、剖面图

1. H228　2. H231　3. H246　4. H247

（4）H231

位于 T208 西北部及北隔梁下、T205 东隔梁和关键柱下，T209 西南部，开口于第①层下，打破 H243、H232 和生土，被 H227 打破。平面呈不规则形，斜弧壁，底呈不规则状，凹凸不平。南北长 3.2、东西宽 3.1、深 0.45~0.82 米。坑内填土为黑灰色，结构疏松，土壤包含物有砂岩片石、料姜石、小砾石、草木灰、兽骨、植物根系等，出土遗物有陶片、陶支钉和鹿角（图二五，2；彩版一三，4）。

（5）H246

位于 T208 中部偏南，开口于第①层下，打破生土，被 G201 打破。平面呈不规则形，斜弧壁，底呈不规则状，凹凸不平。南北长 3.4、东西宽 2.68、深 0.5 米。坑内填土为灰褐色土，结构疏松，土壤包含物有草木灰、料姜石、小砾石、红烧土块、植物根系等，出土遗物有陶片、骨簪等（图二五，3；彩版一三，5）。

（6）H247

位于 T209 中部偏西，开口于第①层下，打破 H248、H249 和生土。平面呈不规则形，斜弧壁，底呈不规则弧状，凹凸不平。东西长 5.3、南北宽 4.34、深 0.95 米。坑内填土为浅灰色土，结构疏松，土壤包含物有料姜石、红烧土块、草木灰、小砾石等，出土遗物有陶片、陶支钉、蚌镰（图二五，4；彩版一三，6）。

（四）明清时期

沟

2 条。编号为 G201、G202。

（1）G201

分布在 T204 东部、T207 大部、T208 南部、T210 中北部、T211 东南部及 T212 东北部（图二六；彩版一四，1、2），分布范围广、面积大。开口于第①层下，距地表深度 0.1~0.5 米，打破 H205、H233、H243、H246、H250，被近代扰乱坑打破。沟平面呈不规则形，斜弧壁、底不甚规整，无加工痕迹。沟长 10~29.2、宽 11.45~23.1、深 1.25~2.7 米。G201 内填土自上而下分五层，分别为 G201①~G201⑤。

G201①层：叠压在探方第①层下，土色呈灰黄色，厚 0.05~0.75 米。结构疏松，土壤包含物有大量细煤渣及细小石块，出土一定数量的陶片、瓷片、筒瓦，陶器有陶环、陶支钉、陶纺轮、陶豆、陶罐、黑釉瓮，纹饰有绳纹、斜方格纹等，瓷器有青瓷、白瓷、青花瓷等，完整器有青瓷小碗，另出土一些动物骨骼。

G201②层：叠压在 G201①下，土色为黄褐色，厚 0.2~0.65 米。结构疏松，土壤包含物有大量细煤渣及细小石块，出土遗物中陶器有陶鬲、陶罐、陶支钉等，纹饰有绳纹、斜方格纹等，陶质有泥质灰陶、夹砂黑陶等，瓷器有白瓷、褐色瓷、青花瓷等，另出土一些动物骨骼。

G201③层：叠压在 G201②下，土色为灰黄色，厚 0.25~0.7 米。结构较致密，土壤包含物有大量料姜石，出土遗物有瓦当残块、石刀、石球，陶器有陶纺轮（网坠）、陶支钉、陶珠、陶鬲、陶豆、陶罐等，纹饰有绳纹、斜方格纹等，陶质有泥质灰陶、泥质红陶、夹砂黑陶等。还出土一些动物骨骼。

G201④层：叠压在 G201③下，北部为红色土，厚 0.05~0.9 米。结构较致密，土壤包含物

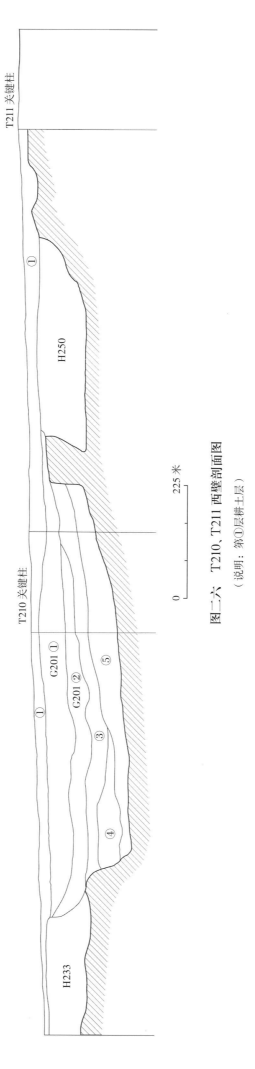

图二六 T210、T211 西壁剖面图

（说明：第①层耕土层）

有大量结晶石粒，南部略呈黄灰色土，结构疏松，土壤包含物有大量细煤渣、料姜石，并在靠近 H233 处出土大型石块，出土遗物陶器有陶支钉、陶鬲、陶罐、陶豆，纹饰有绳纹、附加堆纹等，陶质有泥质灰陶、夹砂黑陶，还有蚌镰、石环、动物骨骼等。

G201 ⑤层：叠压在 G201 ④下，土色呈灰色，厚 0.05~0.15 米。结构较致密，土壤包含物有大量细煤渣，出土遗物有陶鬲、陶豆、陶罐、陶支钉、不明陶构件、黑釉瓷器、蚌器及动物骨骼等。

（2）G202

位于 T210 东南部及东隔梁下和南部未开方处，开口于第①层下，打破 H233 和生土，距地表深 0.15~0.4 米。该沟呈东北—西南走向，因清理面积有限，平面形状不确定，沟壁呈弧壁，局部为直壁，底部凹凸不平，无明显加工痕迹。已知东西长 4.1、南北宽 4.1、深 0.9~1.65 米。G202 内填土自上而下分两层，分别为 G202 ①、G202 ②层。

G202 ①层：叠压在第①层下，为灰褐色花土，厚 0~0.6 米。结构较致密，土壤包含物有白色硬土块、淤积砂土残块、料姜石块、小碎石和兽骨等，出土遗物有陶片、陶支钉、陶环、瓷片、明清时期瓷碗、石环等。

G202 ②层：叠压在 G202 ①下，浅灰色淤积土，厚 0~1.5 米。土质较密，土壤包含物有料姜石、小石粒和细煤渣等，出土遗物有陶支钉、陶片、瓷片等，其中有明清时期瓷碗。

根据 G201 和 G202 出土青花瓷片判断，G201 和 G202 时代较晚，因地理位置上 G201 和 G202 东距明代云冈堡不到 30 米，且沟内扰乱大，沟壁、底不规整，故推测此沟为当时修筑明军堡的取土沟。

四　遗物

（一）新石器时代

陶器

（1）彩陶罐残片

1 件。仰韶晚期遗物。

标本 T202H204：6，泥质橘黄陶，泥条盘筑而成。侈口，圆唇，肩部饰有褐色图案。口径 9.6、残高 8.3、厚 0.6~0.8 厘米（图二七，1；彩版一五，1）。

（2）陶环

3 件。龙山时期遗物。皆残，泥质灰陶，环状。

标本 T205H205：39，残长 5.6、宽 1、厚 0.2~0.6 厘米（图二七，2）。

标本 T210G201 ①：1，残长 6、宽 1.1、厚 0.2~0.7 厘米（图二七，3）。

标本 T210G202 ①：1，截面呈弧边三角形。残长 4.7、宽 1.2、厚 1 厘米（图二七，4）。

（二）春秋晚期

出土遗物有陶器、铜器、石器、骨器、蚌器、角器。

1. 陶器

22 件。13 件残，8 件完整或修复完整。有陶鬲、陶釜、陶罐、陶盆、陶豆、鼎盖、陶钵、陶支钉。

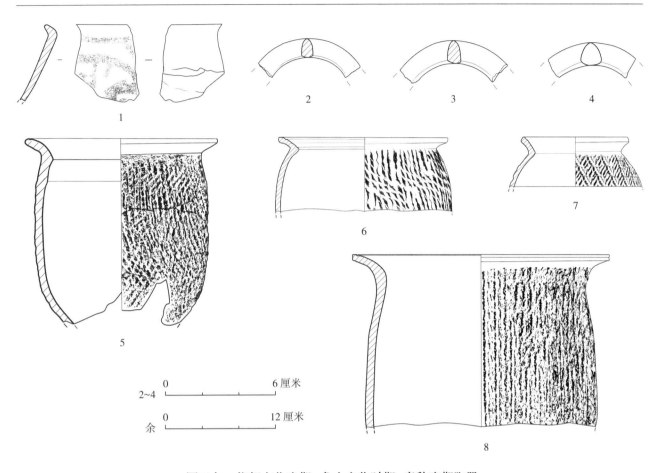

图二七   仰韶文化晚期、龙山文化时期、春秋晚期陶器

1. 彩陶罐 T202H204：6   2~4. 陶环 T205H205：39、T210G201 ① ：1、T210G202 ① ：1   5~8. 陶鬲 T206H209：7、T209H238：3、
T208H245：7、T208H245：9

（1）陶鬲

4 件。皆残。侈口，圆唇，弧腹，表面饰绳纹。

标本 T206H209：7，夹砂灰陶。侈口，宽折沿，圆唇，弧腹。口沿内侧有凸棱一周，沿上饰一周凹弦纹，器表饰交错绳纹。口径 21.3、残高 19.6 厘米（图二七，5；彩版一五，2）。

标本 T209H238：3，夹砂灰陶。侈口，折沿，圆唇，弧腹。口沿内侧有凸棱一周，沿上有一周凹弦纹，器表饰交错绳纹。口径 18.5、残高 7.8 厘米（图二七，6；彩版一五，3）。

标本 T208H245：7，夹砂灰陶。侈口，折沿，圆唇，弧肩。器表饰交错绳纹。口径 11.7、残高 5.3 厘米（图二七，7；彩版一五，4）。

标本 T208H245：9，夹砂红褐陶。侈口，圆唇，弧腹。沿上和唇部各有一周凹弦纹，器表饰粗绳纹。口径 28.2、残高 18.6 厘米（图二七，8；彩版一五，5）。

（2）陶釜

4 件。2 件残，2 件修复完整。夹砂灰陶。弧腹，圜底。

标本 T206H209：6，侈口，宽折沿，方圆唇，筒形腹，圜底。口沿内侧有一周凸棱，唇上和沿上各有一周凹弦纹，沿下和颈部绳纹抹平，器表通体饰竖向粗绳纹至圜底。口径 29.7、腹径 27、高 35.1 厘米（图二八，1；彩版一六，1）。

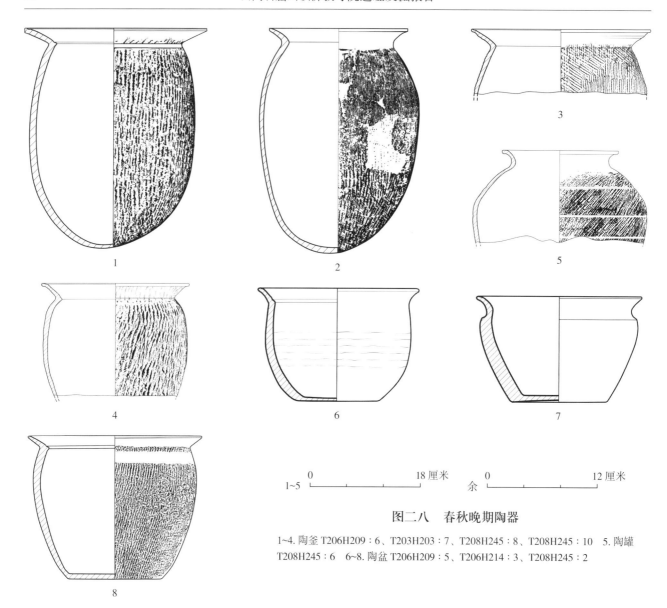

图二八　春秋晚期陶器

1~4. 陶釜 T206H209：6、T203H203：7、T208H245：8、T208H245：10　5. 陶罐
T208H245：6　6~8. 陶盆 T206H209：5、T206H214：3、T208H245：2

　　标本 T203H203：7，上部夹细砂，下部夹粗砂。侈口，卷沿，圆唇，筒形腹，圜底。颈
部绳纹抹平，上部饰细绳纹，下部饰粗绳纹，圜底上饰交叉粗绳纹。口径 22.5、腹径 26.3、高
35.7 厘米（图二八，2；彩版一六，2）。

　　标本 T208H245：8，残。侈口，宽折沿，圆唇，弧腹。沿上饰一周凹弦纹，器表饰交错绳纹。
口径 29.3、残高 10 厘米（图二八，3）。

　　标本 T208H245：10，残。侈口，宽折沿，圆唇，弧腹。口沿内侧有凸棱一周，沿上饰一周
凹弦纹，器表饰粗绳纹。口径 24.2、残高 18.2 厘米（图二八，4；彩版一六，3）。

　　（3）陶罐

　　1 件。

　　标本 T208H245：6，残。泥质灰陶。侈口，宽折沿，圆唇，矮颈，弧肩，筒形腹内收。
肩和腹部残存三周抹断凹弦纹，器表饰斜向绳纹。口径 18.9、腹径 28.5、残高 14.8 厘米（图
二八，5；彩版一五，6）。

（4）陶盆

3 件。泥质灰陶。折沿，腹略鼓。

标本 T206H209：5，用宽 1 厘米左右的泥条盘筑而成，素面，侈口，折沿，圆唇，束颈，腹部略弧收，平底。沿上饰有两周凹弦纹。口径 17.6、腹径 16、底径 9.2、高 12 厘米（图二八，6；彩版一六，4）。

标本 T206H214：3，用宽 1 厘米左右的泥条盘筑而成，素面，侈口，折沿，圆唇，束颈，上腹略外弧收，底略内凹。口径 18、腹径 17.2、底径 10.4、高 11.4 厘米（图二八，7；彩版一六，5）。

标本 T208H245：2，用宽 1 厘米左右的泥条盘筑而成，侈口，折沿，圆唇，束颈，腹略弧收，平底。口沿内侧有一周凹弦纹，颈部下绳纹抹平，器表饰细绳纹，腹部有零星的刮痕。口径 18.8、腹径 18、底径 10.4、高 15.5 厘米（图二八，8；彩版一六，6）。

陶豆　3 件。根据器形可以分为平盘豆和陶盖豆。

（5）平盘豆

2 件。皆残。泥质灰陶。

标本 T208H245：3，敞口，圆唇，折腹斜内收，浅盘，底略呈弧状，圆柱形柄残。磨光，盘底内外均有压痕。口径 14.7、残高 5.5 厘米（图二九，1；彩版一七，1）。

标本 T208H245：4，敞口，圆唇，折腹斜内收，浅盘，内壁中部呈凹弧形，圆柱形柄较高，

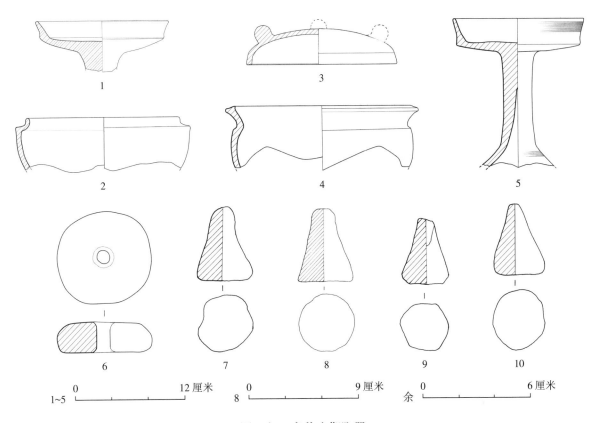

图二九　春秋晚期陶器

1、5. 平盘豆 T208H245：3、T208H245：4　2. 陶盖豆 T209H238：2　3. 陶鼎盖 T206H203：9　4. 陶钵 T203H203：8　6. 陶纺轮 T209H248：1　7~10. 陶支钉 T206H209：4、T206H214：1、T206H214：2、T209H238：1

喇叭形底座。通体磨光，盘底内外壁均有压痕。口径 14.4、残高 16 厘米（图二九，5；彩版一七，2）。

　　（6）陶盖豆

　　1 件。

　　标本 T209H238：2，残。泥质灰陶。子母口，敛口，深腹内收。器表磨光。口径 16.8、残高 5.6 厘米（图二九，2）。

　　（7）陶鼎盖

　　1 件。

　　标本 T206H203：9，残。灰陶，轮制。口外撇，盖面圆弧，肩部有一圆形纽。素面。口径 16.4、高 3.7 厘米（图二九，3；彩版一七，3）。

　　（8）陶钵

　　1 件。

　　标本 T203H203：8，残。泥质灰陶。侈口，折沿，圆唇，束颈，腹略鼓，下腹内收。素面。口径 20.8、腹径 19.8、残高 7 厘米（图二九，4；彩版一七，4）。

　　（9）陶纺轮

　　1 件。

　　标本 T209H248：1，泥质灰陶，捏制。器形呈圆形，中间穿孔。轮径 5.3、厚 1.6、孔径 0.8~1.2 厘米（图二九，6；彩版一七，5）。

　　（10）陶支钉

　　4 件。1 件残，3 件完整。泥质灰陶，捏制，大小相近。

　　标本 T206H209：4，圆锥柱状，底部呈椭圆形。底径 2.7~3.2、高 4 厘米（图二九，7）。

　　标本 T206H214：1，圆锥柱状，底部呈圆形。底径 4.7、高 5.9 厘米（图二九，8）。

　　标本 T206H214：2，尖部残，圆锥柱状，底部呈椭圆形。底径 2.1~2.7、残高 3.6 厘米（图二九，9）。

　　标本 T209H238：1，圆锥柱状，底部呈椭圆形。底径 2.9~3.2、高 3.9 厘米（图二九，10）。

　　2．铜器

　　铜钱

　　铜刀币　1 枚。

　　标本 T204H207：1，残。灰色泛绿，模制。形制呈刀状，弧背，凹刃，刀首斜直略宽，窄把，尾部残缺。刀身及柄两面均有略微高出刀面的外郭，刀把正、背两面均有纵凸纹二道。残长 14.2、刀身长 10.2、刀把长 4、厚 0.1~0.2 厘米（图三〇，1；彩版一七，6）。

　　3．石器

　　3 件。1 件残，2 件完整。有石刀、磨石和石纺轮。

　　（1）石刀

　　1 件。

　　标本 T209H232：1，残。石灰岩质地，颜色呈暗灰色。平面呈不规则形，双面刃，刃部锋利，钻孔。磨光。残长 5.7、宽 5、厚 0~0.4、孔径 0.5 厘米（图三〇，4）。

　　（2）石纺轮

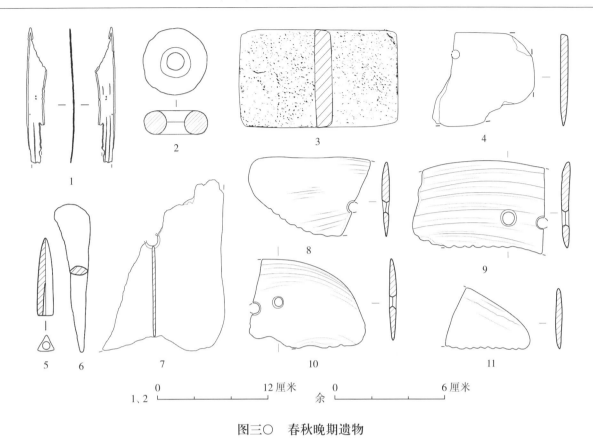

图三〇　春秋晚期遗物

1. 铜刀币 T204H207：1　2. 石纺轮 T206H209：2　3. 磨石 T204H207：2　4. 石刀 T209H232：1　5. 骨镞 T206H203：1　6. 骨锥 T206H209：3
7. 骨铲 T206H203：5　8~11. 蚌镰 T206H203：2、T206H203：3、T206H203：4、T206H209：1

1 件。

标本 T206H209：2，灰色砂岩，制作粗糙。平面呈圆形，中间有孔。磨制。直径 7、厚 2.6、
内孔径 1.8、外孔径 3.4 厘米（图三〇，2）。

（3）磨石

1 件。

标本 T204H207：2，灰色砂岩。平面呈长方形，长边为直边，短边略弧。磨制。长 8.6、宽 5.2、
厚 1 厘米（图三〇，3）。

4. 骨器

3 件。有骨锥、骨镞、骨铲。

（1）骨锥

1 件。

标本 T206H209：3，残。扁锥形。利用未劈裂的趾骨制成，尖部削制呈锥尖，锥尖残，尾
部关节头削平。通体磨光。残长 7.9、最宽处 0~2、厚 0~1.3 厘米（图三〇，6）。

（2）骨镞

1 件。

标本 T206H203：1，残。等腰三角形状镞头，镞尖尖锐，无铤，内钻空，通体磨光。长 4.2、
宽 0.2~0.9、孔径 0.4、孔深 1.7 厘米（图三〇，5；彩版一八，1）。

（3）骨铲

1件。

标本 T206H203：5，残。平面呈不规则形，正反两面磨光，单面刃，骨身中上部残留半个圆孔。残长 0~9.2、残宽 1.2~6.6、厚 0~0.2、孔径 0.6~0.8 厘米（图三〇，7；彩版一八，2）。

5．蚌器

5件。可辨认为蚌镰。

蚌镰

5件。根据刃部有无锯齿分为 A、B 型，本地点仅见 A 型。

A 型　5件。皆残。刃部呈锯齿状。

标本 T206H203：2，平面呈不规则三角形，残存一个小孔，双面刃，残留九个锯齿，呈弧状。残长 6.7、宽 1~4、厚 0.2~0.4、孔径 0.5 厘米（图三〇，8）。

标本 T206H203：3，平面略呈长方形、上部磨成弧形，器表有一个完整孔及一残孔，下部双面刃呈锯齿状，残存七个锯齿。左侧孔径 0.7~0.9、右侧孔径 0.6~0.7 厘米。残长 7.3、宽 4.5、厚 0~0.4 厘米（图三〇，9；彩版一八，3）。

标本 T206H203：4，残存平面呈不规整三角形，器表上部呈弧形，下部双面刃呈锯齿状，刃部残损严重，现保留两个锯齿。左侧孔径 0.6~0.7、右侧孔径 0.5~0.6 厘米。残长 6.3、宽 4.7、厚 0.2~0.3 厘米（图三〇，10）。

标本 T206H209：1，残存平面呈不规则三角形，上部呈弧形，下部双面刃残存九个锯齿。残长 4.7、宽 3.3、厚 0.1~0.3 厘米（图三〇，11）。

标本 T206H211：1，残存平面呈不规则形，上部呈弧形，下面双面刃基本磨平，有 1 个锯齿痕。残长 5.5、宽 4.5、厚 0.2~0.5 厘米（图三一，1）。

6．角器

2件。鹿角和羊角各 1件。

（1）鹿角

1件。

标本 T206H203：6，保留鹿角及分枝，分枝端头残，下部保留有角根，没有明显的加工痕迹。残长 16.8、直径 1~3.5 厘米（图三一，2）。

（2）羊角

1件。

标本 T206H215：1，保留较完整的独角，下端保留有角根，角底有切割痕迹。长 14.1、宽 0.2~5 厘米（图三一，3）。

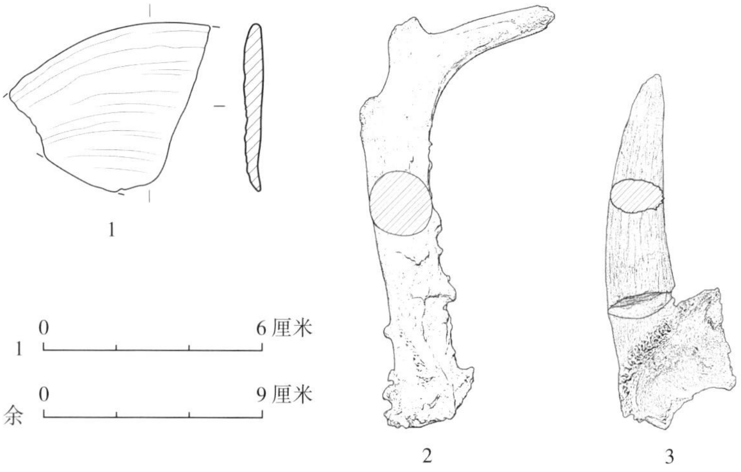

图三一　春秋晚期遗物

1. 蚌镰 T206H211：1　2. 鹿角 T206H203：6　3. 羊角 T206H215：1

（三）战国早期

出土遗物有陶器、石器、铜器、骨器、蚌器、角器。

1. 陶器

72 件。多数为残片，修复完整器 10 件，有陶鬲、陶釜、陶甗、陶罐、陶盆、陶豆、陶甑、三足器、陶珠、陶饰件、圆陶片、陶支钉。

（1）陶鬲

16 件。其中修复完整器 1 件，鬲足 4 件。根据口沿变化分两型，A 型侈口，B 型敛口。

A 型　11 件。7 件残，修复完整器 1 件。根据器表纹饰不同分三亚型。

Aa 型　6 件。5 件残，修复完整器 1 件。器表饰交错绳纹和竖绳纹。

标本 T203H201：4，残。夹砂灰陶。侈口，折沿，方唇，弧腹。口沿内侧有凸棱一周，沿上饰一周凹弦纹，腹饰粗绳纹。口径 14.8、残高 4.1 厘米（图三二，1；彩版一八，4）。

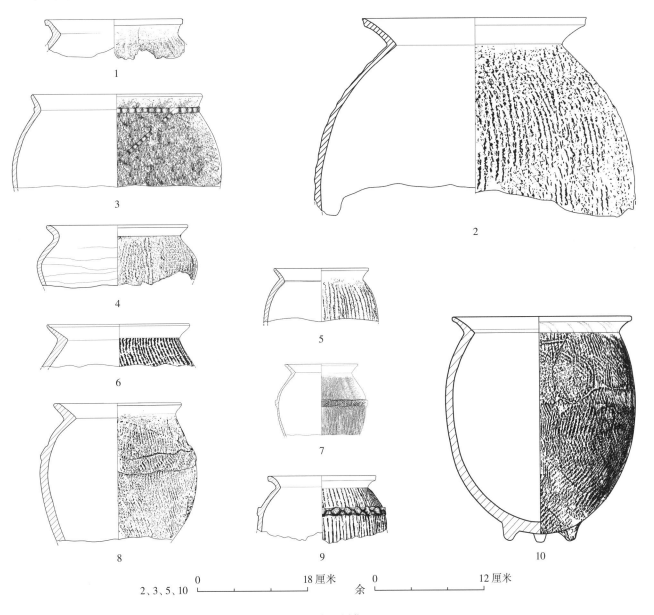

1、2、4~6、10. Aa 型陶鬲 T203H201：4、T203H201：5、T202H205：46、T204G201 ④：25、T204G201 ④：26、T208H244：3　3、7~9. Ab 型陶鬲 T209H224：1、T206H210：2、T205H205：59、T209H223：1

图三二　战国早期陶鬲

标本 T203H201：5，残。夹砂灰陶。侈口，卷沿，方唇，弧腹。口沿内侧有凸棱一周，沿上和唇部各有一周凹弦纹，腹饰交错绳纹。口径 36.9、残高 32.1 厘米（图三二，2）。

标本 T202H205：46，残。夹砂灰陶。用 1 厘米左右宽的泥条盘筑而成，侈口，折沿，圆唇，弧腹。器表饰绳纹。口径 15.6、残高 6.6 厘米（图三二，4）。

标本 T204G201 ④：25，残。夹砂灰陶。侈口，折沿，弧肩。口沿内侧有凸棱一周，器表饰粗绳纹。口径 15.6、残高 8.7 厘米（图三二，5）。

标本 T204G201 ④：26，残。夹砂灰陶。侈口，折沿，圆唇，弧肩。沿上有一周凹弦纹，器表饰纵向绳纹。口径 15.7、残高 4.6 厘米（图三二，6；彩版一八，5）。

标本 T208H244：3，夹砂灰陶。侈口，宽折沿，圆唇，弧腹，实足跟。沿上饰有两周凹弦纹，沿下和颈部饰绳纹基本抹平，腹以下饰交叉绳纹。口径 29.8、腹径 31.5、高 35.8 厘米（图三二，10；彩版一八，6）。

Ab 型　4 件。皆为残片。器表肩部饰附加堆纹。

标本 T209H224：1，夹砂灰陶。侈口，折沿，圆唇，弧腹内收。肩部和腹饰绳纹和交错附加堆纹，附加堆纹宽 1.2、厚 0.5 厘米。口径 28.5、残高 15 厘米（图三二，3；彩版一九，1）。

标本 T206H210：2，夹砂灰陶。侈口，折沿，圆唇，弧腹内收。器表饰绳纹，腹饰一周附加堆纹，附加堆纹宽 0.8、厚 0.2 厘米。口径 8.2、残高 7.8 厘米（图三二，7；彩版一九，2）。

标本 T205H205：59，夹砂灰褐陶。侈口，折沿，圆唇，弧腹内收。肩部有一周附加堆纹，附加堆纹宽 2、厚 0.5 厘米，器表上部饰竖向细绳纹，下部饰交错细绳纹。口径 14、残高 14.8 厘米（图三二，8；彩版一九，3）。

标本 T209H223：1，夹砂灰陶。侈口，折沿，弧腹。肩部饰一周附加堆纹，附加堆纹宽 1.5、厚 0.6 厘米，器表饰绳纹。口径 11.9、残高 7.2 厘米（图三二，9；彩版一九，4）。

Ac 型　1 件。

标本 T204G201 ③：32，残。夹砂灰陶。侈口，折沿，圆唇，弧腹。口沿内侧和沿上各有一周凹弦纹，器表饰纵向刻划纹。口径 14.2、残高 9.6 厘米（图三三，2；彩版一九，5）。

B 型　1 件。

标本 T205H216：4，残。夹砂灰陶。敛口，圆唇。唇下饰有两周凹弦纹，素面。口径 26.2、残高 13.5 厘米（图三三，1；彩版一九，6）。

鬲足　4 件。皆为残片。

标本 T203H201：1，夹砂灰陶。实足，足尖残，裆部较高。器表饰交错绳纹。残宽 12、残高 9.2 厘米（图三三，3；彩版二〇，1）。

标本 T210H233：11，夹细砂灰陶。袋足，足尖残，裆部较高。表面饰细绳纹。残宽 9.7、残高 15 厘米（图三三，4；彩版二〇，2）。

标本 T207G201 ④：22，夹砂灰陶。实足，裆部较高。器面饰粗绳纹，裆部饰交错细绳纹。残宽 8.6、残高 8.8 厘米（图三三，5）。

标本 T204G201 ④：23，夹砂灰陶。实足，裆部较高。器表饰粗绳纹和交错绳纹。残宽 15.5、残高 13 厘米（图三三，6；彩版二〇，3）。

（2）陶釜

5 件。4 件残，1 件修复完整。夹砂灰陶。

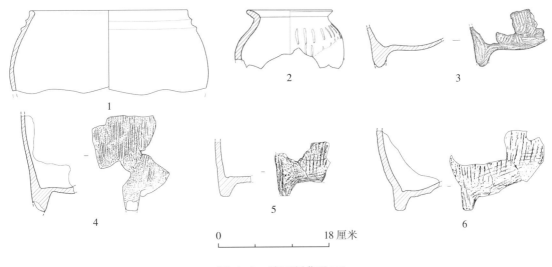

图三三　战国早期陶鬲

1. B 型陶鬲 T205H216：4　2. Ac 型陶鬲 T204G201 ③：32　3~6. 鬲足 T203H201：1、T210H233：11、T207G201 ④：22、T204G201 ④：23

标本 T202H205：60，残。侈口，折沿，圆方唇，颈下绳纹抹平，弧腹，圜底。口沿内侧有一周凸棱，沿上有一周凹弦纹，器表饰竖绳纹。口径 27.9、残高 8.5 厘米（图三四，1；彩版二一，1）。

标本 T208H243：12，残。侈口，折沿，方唇，弧腹，圜底。沿上和唇部各饰有一周凹弦纹，口沿内侧有凸棱一周，器表饰交错粗绳纹。口径 27.3、残高 15.6 厘米（图三四，2；彩版二一，2）。

标本 T208H243：13，残。侈口，卷沿，圆唇，弧腹，圜底。沿下和颈部绳纹抹平，器表饰交错粗绳纹。口径 26.1、残高 8.4 厘米（图三四，4；彩版二一，3）。

标本 T204G201 ④：24，残。折沿，圆方唇，弧腹，圜底。口沿内侧有一周凸棱，沿上有一周凹弦纹，器表饰竖绳纹。口径 24.4、残高 10.8 厘米（图三四，5）。

标本 T205H216：3，用 1.5~2 厘米宽的泥条盘筑而成，侈口，宽折沿，尖圆唇，弧腹，圜底。沿上饰有一周凹弦纹，沿下和颈部饰绳纹基本抹平，中上部饰粗竖绳纹，下部和圜底饰交叉粗绳纹。口径 24.8、腹径 28、高 33.9 厘米（图三四，8；彩版二一，4）。

（3）陶甑

3 件。皆为残片。泥质灰陶。侈口，折沿，圆唇，弧腹。

标本 T202H205：53，口内侧有一周凹弦纹，沿下绳纹抹平，残存器表饰竖向绳纹，腹部有五周抹断凹弦纹。口径 26.4、残高 14.1 厘米（图三四，3；彩版二○，4）。

标本 T205H205：62，口沿内侧有一周凹弦纹，沿下绳纹抹平，残存器表饰竖向绳纹，腹部有两周抹断凹弦纹。口径 26.2、残高 8.2 厘米（图三四，6；彩版二○，5）。

标本 T202H205：68，沿上有一周凹弦纹，器表饰绳纹，腹部有三周抹平绳纹的弦纹。口径 26.8、残高 14.2 厘米（图三四，7；彩版二○，6）。

（4）陶罐

13 件。皆残，有高领罐、矮领罐、无领罐和三足罐，根据领部变化分 A、B、C 型，另 1 件仅存底部三足。

A 型　3 件。根据领部高低，肩部和有无纹饰变化，分两亚型。

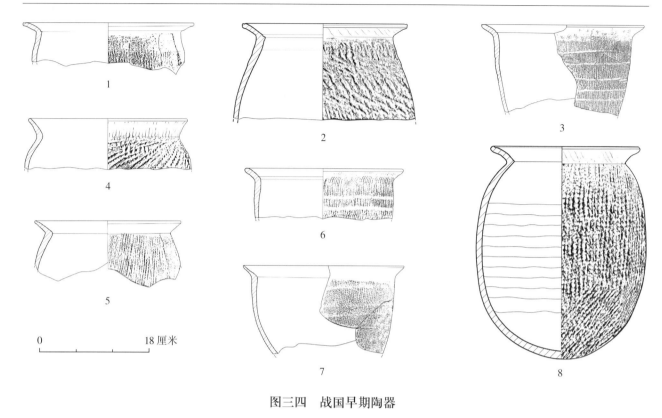

图三四　战国早期陶器

1、2、4、5、8. 陶釜 T202H205：60、T208H243：12、T208H243：13、T204G201 ④：24、T205H216：3　3、6、7. 陶甗 T202H205：53、T205H205：62、T202H205：68

　　Aa 型　2 件。高领，弧肩，带耳或不带耳，细绳纹。

　　标本 T203H201：3，夹细砂灰陶。侈口，圆唇，弧肩，鼓腹。残存带单耳，颈下部绳纹抹掉，肩和腹部饰细绳纹。口径 15、腹径 27、残高 11 厘米（图三五，1；彩版二二，1）。

　　标本 T203H201：2，夹细砂灰陶。侈口，圆唇，弧肩。颈下部绳纹抹掉，器表饰绳纹。口径 13.2、腹径 19.2、残高 8.8 厘米（图三五，2）。

　　Ab 型　1 件。矮领，溜肩，带耳，素面。

　　标本 T206H210：3，夹细砂灰陶。侈口，折沿，圆唇，溜肩，弧腹内收。腹部有耳痕迹，素面。口径 8.2、残高 8.7 厘米（图三五，3；彩版二二，2）。

　　B 型　8 件。矮领。

　　标本 T205H205：48，泥质灰陶。侈口，折沿，圆唇，弧肩，鼓腹内收。肩和腹部有八周抹断凹弦纹，器表饰交错绳纹。口径 19、腹径 31、残高 19.6 厘米（图三五，4；彩版二二，3）。

　　标本 T202H205：49，泥质灰陶。侈口，折沿，尖圆唇。唇上有一周凹弦纹，沿下和颈下部绳纹被抹平，肩部饰绳纹。口径 15.5、高 6.5 厘米（图三五，5；彩版二二，4）。

　　标本 T202H205：50，夹细砂灰陶。侈口，卷沿，圆唇，广肩。肩部有三周抹断凹弦纹，残存器表饰交错绳纹。口径 20.2、残高 7.6 厘米（图三五，6；彩版二二，5）。

　　标本 T202H205：51，夹细砂灰陶。敞口，卷沿，方圆唇，广肩。肩部有一周抹断凹弦纹，残存器表饰竖向绳纹。口径 17、残高 7.3 厘米（图三五，7；彩版二二，6）。

　　标本 T202H205：52，夹细砂灰陶。侈口，卷沿，圆唇，弧肩。沿上有一周凹弦纹，肩部有一周抹断凹弦纹，残存器表饰竖向绳纹。口径 18.1、残高 8.6 厘米（图三五，8）。

　　标本 T202H205：64，夹细砂灰陶。侈口，卷沿，圆唇，广肩。肩部饰交错绳纹，并有三周抹断弦纹。口径 13、残高 10.8 厘米（图三六，1；彩版二三，1）。

　　标本 T206H210：1，泥质灰陶。侈口，卷沿，方圆唇，弧肩，鼓腹。肩部有三周抹断弦纹，器表饰绳纹。口径 21.4、腹径 36.8、残高 14.3 厘米（图三六，2；彩版二三，2）。

　　标本 T204G201 ④：27，泥质灰陶。侈口，沿略下折，尖唇。颈部绳纹抹平。口径 14.4、残高 3 厘米（图三六，3）。

　　C 型　1 件。无领。弧腹饰附加堆纹。

　　标本 T204G201 ④：30，残。泥质灰陶。侈口，宽折沿，圆唇，弧腹内收。口沿内侧有凸棱一周，腹部有一周附加堆纹，附加堆纹宽 2、厚 0.5 厘米，器表饰交错绳纹。口径 33.6、残高 14.1 厘米（图三六，4）。

　　三足陶罐　1 件。

　　标本 T209H224：2，残。夹细砂灰陶，手制。仅存下腹部和三足，平底，实足，足尖残。下腹饰细绳纹。底径 10.4、残高 5.2 厘米（图三六，5；彩版二一，5）。

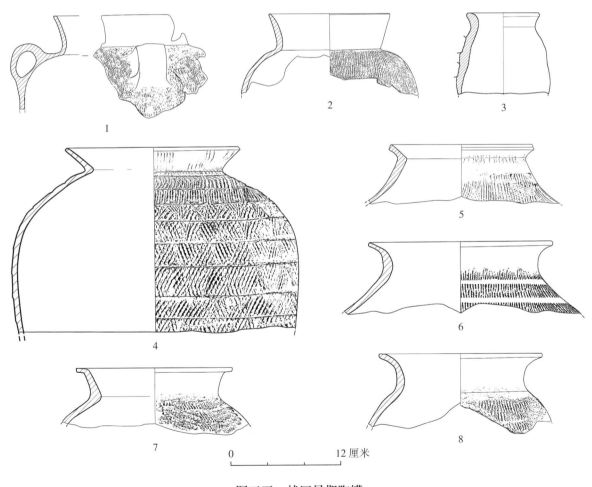

图三五　战国早期陶罐

1、2. Aa 型 T203H201：3、T203H201：2　3. Ab 型 T206H210：3　4～8. B 型 T205H205：48、T202H205：49、T202H205：50、T202H205：51、T202H205：52

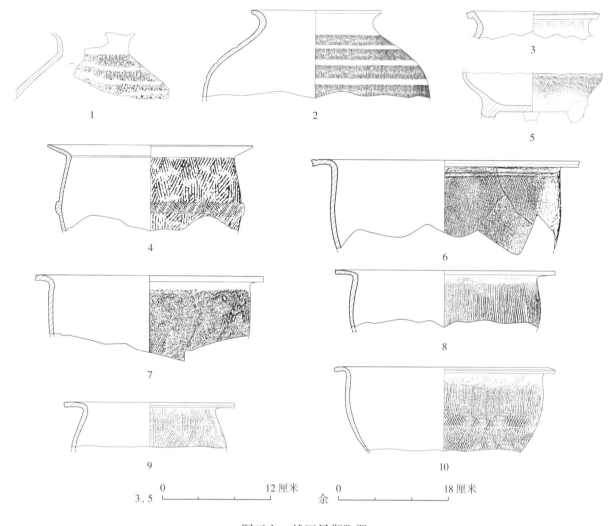

图三六　战国早期陶器

1~3. B 型陶罐 T202H205：64、T206H210：1、T204G201 ④：27　4. C 型陶罐 T204G201 ④：30　5. 三足陶罐 T209H224：2　6~10. 陶盆 T202H205：54、T202H205：55、T205H205：58、T205H205：63、T205H205：56

　　（5）陶盆

　　5 件。皆残。泥质灰陶。

　　标本 T202H205：54，侈口，平沿，方唇，弧腹内收。沿上和唇部各有一周凹弦纹，器表饰交错绳纹。口径 43.5、残高 15 厘米（图三六，6；彩版二三，3）。

　　标本 T202H205：55，侈口，沿略上折，方唇，弧腹。沿上和唇部各饰一周凹弦纹，沿下绳纹抹平，腹饰斜绳纹。口径 37.5、残高 14 厘米（图三六，7；彩版二三，4）。

　　标本 T205H205：58，侈口，平沿，方唇，弧腹内收。沿上饰一周凹弦纹，器表饰绳纹，沿下绳纹抹平。口径 35.7、残高 9.3 厘米（图三六，8；彩版二三，5）。

　　标本 T205H205：63，侈口，平沿，方唇，弧腹。沿上和唇部各有一周凹弦纹，器表饰交错绳纹，沿下绳纹抹平。口径 28.5、残高 7.2 厘米（图三六，9；彩版二三，6）。

　　标本 T205H205：56，侈口，沿略下折，方唇，弧腹内收。沿上和唇部各有一周凹弦纹，腹饰绳纹。口径 36.4、残高 13.5 厘米（图三六，10）。

陶豆　7件。根据器形可分为陶盖豆（带盖豆）、陶豆（无盖豆）。

（6）陶盖豆

1件。泥质灰陶。

标本T202H205：45，残。子母口，敛口，深腹内收。器表磨光。口径14.4、残高8.3厘米（图三七，2；彩版二四，2）。

（7）陶豆

6件。1件残，修复完整5件。泥质灰陶。根据豆盘深浅分A、B型。

A型　4件。1件残，3件修复完整。深盘，弧底，柄较矮。

标本T205H205：42，敞口，圆唇，深盘为弧壁、圜底，圆柱形柄较低，喇叭形底座较小。口径12.8、底径6.5、高9.6厘米（图三七，3；彩版二五，1）。

标本T205H205：43，敞口，圆唇，弧腹，深盘内外平底，圆柱形柄较低，喇叭形底座较大。口径11.8、底径9.6、高11.4厘米（图三七，7；彩版二五，2）。

标本T205H205：44，残。敞口，圆唇，腹略外斜，盘深为弧壁，平底中间略凸起，圆柱形柄残，有磨痕。口径12.6、残高5.2厘米（图三七，5）。

标本T205H205：41，直口，圆唇，弧腹，深盘内为斜壁、平底，圆柱形柄较高呈螺旋状，柄上留有刷痕，喇叭形底座较大。盘内斜壁有凸弦纹，平底刻有"十"字。口径12.6、底径8.5、高12.9厘米（图三七，6）。

B型　2件。浅盘，平底，柄较高。

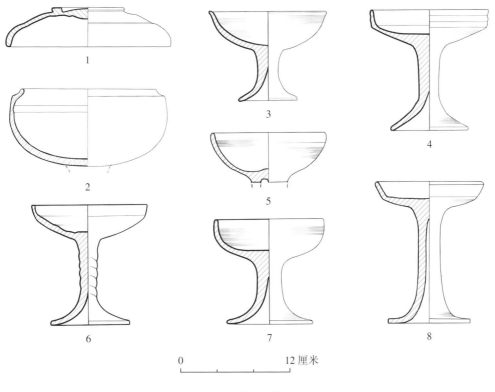

图三七　战国早期陶器

1. 陶盒盖 T207H233：8　2. 陶盖豆 T202H205：45　3、5~7. A型陶豆 T205H205：42、T205H205：44、T205H205：41、T205H205：43
4、8. B型陶平盘豆 T205H205：40、T210H233：9

标本 T205H205：40，敞口，圆唇，折腹斜内收，浅盘内为弧底，圆柱形柄较低，喇叭形底座较大。盘底内壁和唇下有瓦楞纹。口径 13.4、底径 8.6、高 13 厘米（图三七，4；彩版二五，3）。

标本 T210H233：9，敞口，折腹斜内收，浅盘内为平底，圆柱形柄较高，喇叭形底座较大。盘底内外壁均有压痕，通体磨光。口径 12、底径 9.2、高 15 厘米（图三七，8；彩版二五，4）。

（8）陶盒盖

1 件。

标本 T207H233：8，轮制。敞口，圆唇，上部有一圈足状捉手较大，足上有磨痕，中部呈弧形向上凸起，斜弧壁，肩部有一圈凹弦纹，器表磨光，施黑色陶衣，内壁中部呈弧形向下凸起，外有一周凸弦纹。圈足径 7.9、底径 17.8、高 4.1 厘米（图三七，1；彩版二四，1）。

（9）三足器

1 件。

标本 T210H233：10，泥质灰陶。敞口，圆唇，斜弧壁，小平底。内壁下部有四周凹弦纹，器底外壁底部和足部留有刮削痕迹。口径 12.9、高 7.2 厘米（图三八，1；彩版二四，3）。

（10）陶甑

1 件。

标本 T202H205：47，残。夹砂灰陶。器表上腹饰竖向绳纹，下部饰交错绳纹，中间用一周附加堆纹隔开，近底部绳纹抹平，平底，底部中心有一圆孔，孔四周残存有六条近柳叶形气孔，

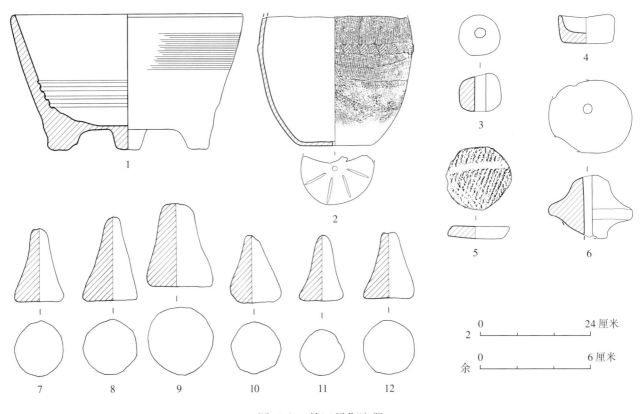

图三八　战国早期陶器

1. 三足器 T210H233：10　2. 陶甑 T202H205：47　3. 陶珠 T208H243：2　4、6. 陶饰件 T202H205：26、T205H205：35　5. 圆陶片 T205H205：24　7～12. 陶支钉 T202H205：6、T202H205：25、T207H233：6、T210H233：1、T208H243：4、T208H243：9

附加堆纹宽 2、厚 0.4 厘米，孔径 1、气孔长 5~5.6、宽 0.4~0.6 厘米，甑腹径 34.4、底径 16、残高 27.6 厘米（图三八，2；彩版二四，4）。

（11）陶珠

1 件。

标本 T208H243∶2，泥质灰陶，捏制，制作粗糙。球形，中间穿孔。直径 2.3、高 1.5~2.1、孔径 0.6 厘米（图三八，3）。

（12）陶饰件

2 件。泥质灰陶，捏制。

标本 T202H205∶26，圆形，内有一凹槽。凹槽深 0.7、壁厚 0.2 厘米，平面直径 3.2、高 1.5 厘米（图三八，4）。

标本 T205H205∶35，残。椭圆形，上下各有一圆柱，两柱间穿孔，素面。直径 3.9~4.6、高 3.1~3.4、孔径 0.4 厘米（图三八，6）。

（13）圆形陶片

1 件。

标本 T205H205∶24，泥质灰陶。边缘打制呈圆形，表面饰交错细绳纹及抹断凹弦纹，里面为素面，截面呈长条形弧状。直径 3.3~3.7、厚 0.7 厘米（图三八，5）。

（14）陶支钉

16 件。多数完整。泥质灰陶，捏制，大小相近。

标本 T210H233∶1，圆锥柱状，底部基本呈圆形。底径 2.8、高 3.7 厘米（图三八，10）。

标本 T202H205∶6，圆锥柱状，底部呈椭圆形。底径 2.7~3、高 4 厘米（图三八，7）。

标本 T202H205∶25，圆锥柱状，底部呈圆形。底径 3、高 4.5 厘米（图三八，8；彩版二四，5）。

标本 T207H233∶6，圆锥柱状，底部基本呈圆形。底径 3.7、高 4.5 厘米（图三八，9）。

标本 T208H243∶4，圆锥柱状，底部呈圆形。底径 2.4、高 3.5 厘米（图三八，11）。

标本 T208H243∶9，圆锥柱状，底部呈圆形。底径 2.9、高 3.5 厘米（图三八，12）。

2．铜器

铜镞

1 件。

标本 T202H205∶1，残。灰色泛绿，模制。形制整体呈锥尖状，镞尖残，铤部呈圆柱状，柱身外凸三扉棱。通长 5.4、镞头残长 3、铤长 2.4、直径 0.3~0.8、扉棱长 2.1、宽 0~0.2 厘米（图三九，1；彩版二四，6）。

3．石器

16 件。多为残件。均为生产工具，器形有石杵、石斧、石凿（锛）、石镰、石锥、石纺轮、圆形石片、石圭、圆柱形石器、石饰件。

（1）石杵

5 件。皆残。根据杵柄形状和柄部变化分 A、B、C 型。

A 型　3 件。砂岩，磨制。细圆柄，杵头大。

标本 T205H205∶21，颜色呈灰黄色。杵头柄头大于柄身。杵头高 5.1、直径 5.2、柄身直径 2.4、残高 1.2、总残高 6.3 厘米（图三九，2；彩版二六，1）。

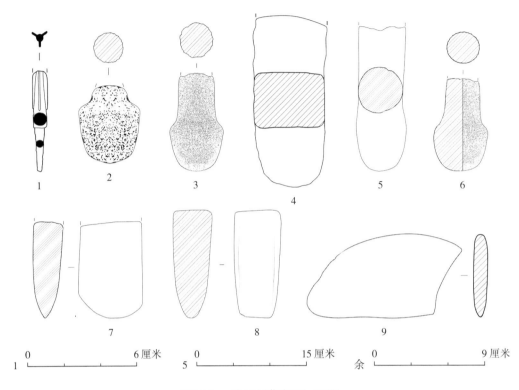

图三九　战国早期铜器、石器

1. 铜镞 T202H205：1　2、3、6. A 型石杵 T205H205：21、T205H205：33、T205H205：15　4. B 型石杵 T207H233：7　5. C 型石杵
T205H205：17　7. 石斧 T202H205：16　8. 石凿（锛）T202H205：14　9. 石镰 T205H205：36

　　标本 T205H205：33，颜色呈灰白色。杵头大于柄身。杵头高 4、直径 4.5、柄身直径 2.7、残高 3.9、
总残高 7.9 厘米（图三九，3；彩版二六，2）。

　　标本 T205H205：15，颜色呈灰色。杵头大于柄身。杵头直径 4.6、高 3.6、柄身直径 2.8、残高 4、
总残高 7.6 厘米（图三九，6；彩版二六，3）。

　　B 型　1 件。

　　标本 T207H233：7，灰色砂岩。制作较粗糙，柄身呈圆角长方形，杵头小于柄身，呈弧形。
宽 5.6~6、厚 4.6~5、残高 13.7 厘米（图三九，4；彩版二六，4）。

　　C 型　1 件。

　　标本 T205H205：17，粗圆柄。颜色呈灰黄色，杵头略大于柄身。磨制。杵头直径 6.7、高 8.2、
柄身直径 6.2、残高 11、总残高 19.2 厘米（图三九，5；彩版二六，5）。

　　（2）石斧

　　1 件。

　　标本 T202H205：16，残。砂岩，颜色呈青灰色。形制呈梯形，上窄下宽，双面呈弧形。磨制。
残高 7.5、宽 5.2~5.5、厚 0.1~2.5 厘米（图三九，7；彩版二六，6）。

　　（3）石凿（锛）

　　1 件。

　　标本 T202H205：14，石灰岩，颜色呈青灰色，形制呈倒梯形，上宽下窄，双面刃较钝。磨制。

高 8.4、宽 2.8~3.6、厚 0.8~3.1 厘米（图三九，8；彩版二六，7）。

（4）石镰

1 件。

标本 T205H205：36，残。灰色砂岩。上部形制呈弧形，下部双面刃基本呈直线，刃较锋利。磨制。残长 12.4、宽 6.5、厚 0~1.2 厘米（图三九，9；彩版二六，8）。

（5）石锥

1 件。

标本 T208H226：2，锥尖残。砂岩。形制呈长方形柱状，顶端基本呈长方形，中上部制作粗糙，下部磨光呈圆形。残长 8.6、上部长 1.6~3.1、宽 3.3、下部直径 1.5 厘米（图四〇，1；彩版二六，9）。

（6）石纺轮

2 件。

标本 T205H205：37，残。砂岩，颜色呈灰色。残存平面呈半圆形，中间有孔。磨制。直径 5.5、厚 0.5、孔径 0.6~0.8 厘米（图四〇，2；彩版二七，1）。

标本 T205H216：1，砂岩，颜色呈灰黄色。用石片打制而成，制作粗糙。平面基本呈圆形，中间有一圆孔。直径约 8.7~9.6、厚 1.6~3.4、内孔径 0.7~0.9、外孔径 2.6~2.8 厘米（图四〇，8；彩版二七，2）。

（7）石圭

2 件。皆残。

标本 T205H205：27，细砂岩，青灰色。平面基本呈长方形，弧边。磨光。残长 4.1、宽 2~2.3、厚 0.4 厘米（图四〇，3；彩版二七，3）。

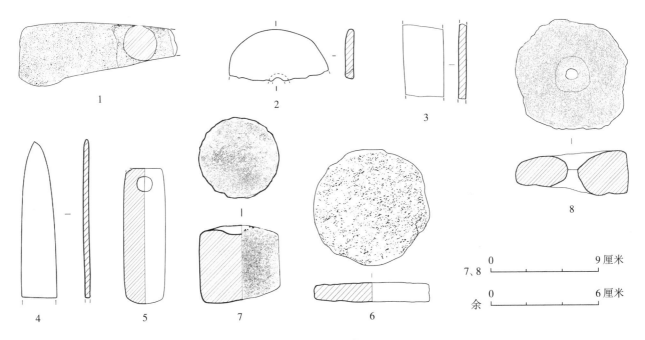

图四〇　战国早期石器

1. 石锥 T208H226：2　2、8. 石纺轮 T205H205：37、T205H216：1　3、4. 石圭 T205H205：27、T205H205：13　5. 石饰件 T210H233①：2　6. 圆形石片 T205H205：19　7. 圆柱体石器 T205H205：34

标本 T205H205：13，泥岩，青灰色。平面呈匕首形，弧边收呈尖状。通体磨光。残长8.5、宽2、厚0.3厘米（图四〇，4；彩版二七，4）。

（8）石饰件

1件。

标本 T210H233 ①：2，砂岩，灰色。平面呈长方形，弧边，上端近边缘处有一钻孔。磨光。高7.3、宽2.4、厚2.2~2.4、孔径0.9厘米（图四〇，5；彩版二七，5）。

（9）圆柱体石器

1件。

标本 T205H205：34，残。砂岩，磨光。呈圆柱体，顶端台面略内凹，凹槽直径3厘米。直径6.6、深0.7、通高4.2~5.9厘米（图四〇，7；彩版二七，6）。

（10）圆形石片

1件。

标本 T205H205：19，砂岩，颜色呈灰色。打制而成，边缘制作粗糙，平面基本呈圆形。直径6~6.5、厚0.8~1厘米（图四〇，6；彩版二七，7）。

4．骨器

15件。其中有骨簪、骨锥、骨镞、骨管、骨铲、牙饰。

（1）骨簪

4件。皆残。

标本 T205H202：1，残存簪身及尖部，呈细圆柱状，簪尖圆钝，通体磨光。残长8.4、直径0.6~0.9厘米（图四一，1）。

标本 T203H205 ③：7，圆柱形，骨质细密，截面呈扁圆形，通体磨光。残长5.3、直径0.7厘米（图四一，2）。

标本 T205H205：10，簪尖残，圆锥形，通体有切割痕迹，上部切断，近尖部磨光。残长16.8、宽0.2~1.5厘米（图四一，3；彩版二八，1）。

标本 T208H243：3，扁圆形簪身，簪尖尖锐。通体磨光。残长5.4、宽0.1~0.6、厚0.2厘米（图四一，4）。

（2）骨锥

4件。1件残，3件完整。

标本 T203H205 ②：5，扁锥形，利用未劈裂的趾骨制成，尖部削制呈锥尖，尾部留削平关节头。通体磨光。长8.5、宽0~0.9、厚0.6厘米（图四一，5；彩版二八，2）。

标本 T205H205：11，扁锥形，利用劈裂的趾骨制成，锥尖极尖，关节头有明显的切割痕迹。通体磨光。长10、宽0~2.8、厚0~0.8厘米（图四一，6）。

标本 T204H205：18，残。三角锥状，利用劈裂的趾骨制成，截面呈三角形，器表有切割、磨光痕迹，锥尖削磨成圆尖状，尖部残。残长9.3、宽0~1.4、厚0.2~0.7厘米（图四一，7）。

标本 T205H216：2，扁圆形，利用未劈裂的趾骨制成，尖部削制呈锥尖，通体磨光，尾部留关节头。长7.7、宽0~2.3、厚0~1.1厘米（图四一，8）。

（3）骨镞

3件。根据有无箭铤分 A、B 型。

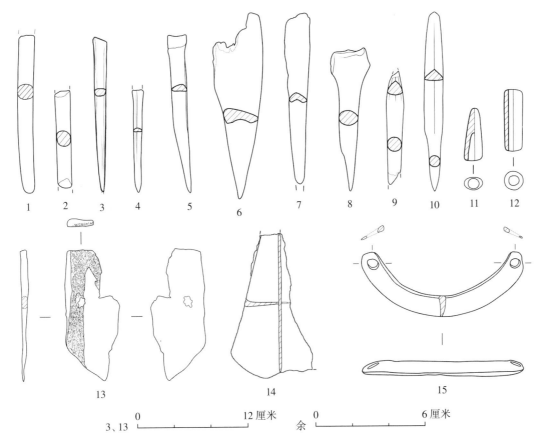

图四一　战国早期骨器

1~4. 骨簪 T205H202：1、T203H205 ③：7、T205H205：10、T208H243：3　5~8. 骨锥 T203H205 ②：5、T205H205：11、T204H205：18、
T205H216：2　9、10. A 型骨镞 T210H233 ①：5、T209H236：2　11. B 型骨镞 T209H236：1　12. 骨管 T210H233 ①：3　13、14. 骨铲
T205H205：28、T205H205：32　15. 牙饰件 T203H205 ③：3

　　A 型　2 件。有箭铤。

　　标本 T210H233 ①：5，残。三角状镞头，镞尖残缺，有铤，圆柱状尾身下部残。通体磨光。
镞头残长 1.6、直径 0.8~1、残高 6.1 厘米（图四一，9）。

　　标本 T209H236：2，等腰三角形状镞头，有铤，箭尾削成尖圆形。通体磨光。镞头长 6.6、
尾径 0~0.6、底径 1.2、边长 0.8~1、高 9.7 厘米（图四一，10；彩版二八，3）。

　　B 型　1 件。

　　标本 T209H236：1，无箭铤。扁圆形镞头，镞尖圆钝，无铤，下部内钻空。一侧有明显的
刮削痕迹。直径 0.4~1、高 3、孔径 0.6 厘米（图四一，11；彩版二八，4）。

　　（4）骨管

　　1 件。

　　标本 T210H233 ①：3，圆柱状，外壁有明显的加工痕迹，内空。通体磨光。长 3.3、直径 1.1、
孔径 0.6 厘米（图四一，12）。

　　（5）骨铲

　　2 件。

标本 T205H205：28，残。平面呈不规则形，残留"梅花"状图案钻孔，上端有切割痕迹，下端斜面为弧刃。通体磨光。残长 14、残宽 2.8~5.8、厚 0.2~0.7 厘米，"梅花"图案长 1.3、宽 0.8 厘米（图四一，13；彩版二七，8）。

标本 T205H205：32，残。平面呈不规则形，正反两面磨光，单面刃。残长 6.5~8、残宽 1.2~4.7、厚 0~0.4 厘米（图四一，14）。

（6）牙饰件

1 件。

标本 T203H205③：3，象牙质，白色微泛黄，磨制。形似璜，圆弧状，两端钻孔。孔径 0.4~0.6 厘米。加工痕迹清晰，应是项饰。直径 9、宽 1、厚 0.1~0.3 厘米（图四一，15；彩版二七，9）。

5．蚌器

8 件。皆残。可辨认的有蚌镰和蚌器残片。

（1）蚌镰

6 件。根据刃部有无锯齿分为 A、B 型。

A 型　4 件。刃部呈锯齿状。

标本 T203H205②：4，残片平面呈不规则长方形。表面有蚌片脱落痕迹，上部呈弧形，双面刃部呈锯齿形，保留十二个锯齿，表面残留两个钻孔，左侧孔径 0.6~0.9、右侧孔径 0.7~1.1 厘米。

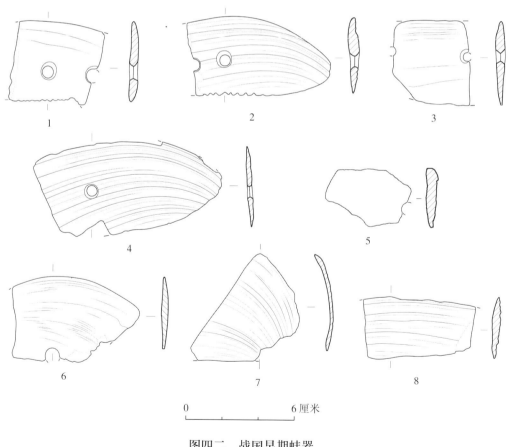

0　　　　　　6厘米

图四二　战国早期蚌器

1~4. A 型蚌镰 T203H205②：4、T205H205：12、T205H205：23、T208H243：1　5、6. B 型蚌镰 T207H233：4、T208H243：6　7、8. 蚌器 T203H205③：8、T205H205：22

残长 4.3~4.9、宽 4~4.4、厚 0.1~0.5 厘米（图四二，1）。

标本 T205H205：12，平面呈镰刀状。双面刃呈锯齿状，保留十个锯齿，表面残留两孔，左侧孔径 0.6、右侧孔径 0.6~0.8 厘米。残长 7.2~7.9、宽 0.8~4.1、厚 0.2~0.6 厘米（图四二，2；彩版二九，1）。

标本 T205H205：23，残片平面呈不规则方形。表面有蚌片脱落痕迹，双面刃呈锯齿状，保留两个锯齿，表面残留两孔，左侧孔径 0.4、右侧孔径 0.5~0.8 厘米。残长 2.8~4.3、宽 4.6、厚 0.1~0.5 厘米（图四二，3）。

标本 T208H243：1，残存平面似刀形。上部呈弧形，下部双面刃基本被磨平，残留两个锯齿痕迹，表面有孔，孔径 0.6~0.7 厘米。残长 10.3、宽 4.4、厚 0.1~0.3 厘米（图四二，4；彩版二九，2）。

B 型 2 件。皆残。刃部无齿。

标本 T207H233：4，残片平面略呈不规则状。残片中部残留一个钻孔，孔径 0.6 厘米。残长 4.7、宽 1.2~3.2、厚 0.1~0.6 厘米（图四二，5）。

标本 T208H243：6，平面呈不规则形。上部呈弧形，下部残缺，残片中部残留一个钻孔，孔径 0.8 厘米。残长 7.2、宽 4.6、厚 0.3 厘米（图四二，6）。

（2）残蚌器

2 件。皆残。

标本 T203H205③：8，平面呈不规则矩形。上部呈弧形，刃部残损，右下角蚌片脱落。残长 6、宽 5.7、厚 0.4 厘米（图四二，7）。

标本 T205H205：22，平面呈不规则形，右上部呈弧形，下部基本呈直线。残长 6、残宽 2.1~3.5、厚 0.2~0.4 厘米（图四二，8）。

6. 角器

9 件。有残角器 1 件、鹿角 5 件、羊角 3 件。

（1）残角器

1 件。

标本 T208H226：1，残。器身呈扁三角形，呈圆锥状，尖部残，上部磨圆。残长 8.8、宽 0.1~1.5、厚 0.2~1.4 厘米（图四三，1；彩版二八，5）。

（2）鹿角

5 件。

标本 T205H205：9，保留分枝，分枝端头残，下端有明显的切割痕迹，鹿角内部钻空。残长 20、厚 1.4~7.6 厘米（图四三，2；彩版二八，6）。

标本 T204H205：31，保留形制呈独角状，上端残，下端保留有角根。残长 17.7、宽 2~3.4 厘米（图四三，3）。

标本 T208H226：3，保留分枝，分枝端头残，没有明显的加工痕迹，下端保留有角根。残长 24.2、直径 1~4.8 厘米（图四三，4；彩版二八，7）。

标本 T208H226：4，形制似戈，保留一侧分枝，分枝端头残，角底端有明显切割痕迹，左上侧保留有未切断痕迹。残长 7.8、宽 1.8~6.3、厚 1.3 厘米（图四三，5）。

标本 T208H244：1，残。形制呈角柱状，没有分枝，似角锥，上部有明显削制痕迹，下端

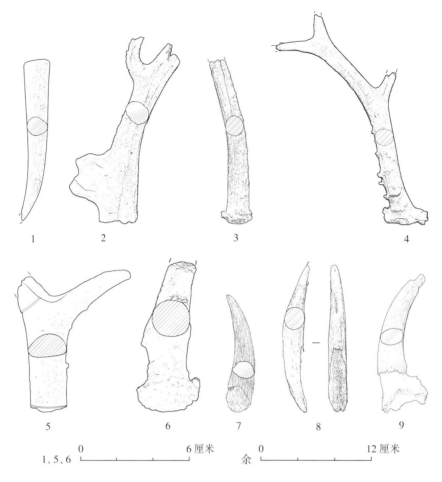

图四三　战国早期角器

1. 角器 T208H226：1　　2~6. 鹿角 T205H205：9、T204H205：31、T208H226：3、T208H226：4、T208H244：1　　7~9. 羊角 T205H205：20、
T205H205：29、T204H205：30

保留有角根。残长 8、直径 1.2~3.6 厘米（图四三，6）。

（3）羊角

3 件。

标本 T205H205：20，保留独角，角尖和下端残，没有明显的加工痕迹。残长 13、宽 0.3~2.9
厘米（图四三，7；彩版二八，8）。

标本 T205H205：29，保留较完整的弧状角，表面有明显的削制痕迹。残长 15.9、宽 0.5~2.4
厘米（图四三，8）。

标本 T204H205：30，保留较完整的独角，角尖残，下部保留有角根，没有明显的加工痕迹。
残长 15、宽 0.9~5 厘米（图四三，9；彩版二八，9）。

（四）战国中晚期

出土遗物有陶器、石器、骨器、蚌镰、角器。

1. 陶器

26 件。多数残，少数修复完整或完整。有陶罐、陶纺轮、陶珠、圆陶片、陶支钉。

（1）陶罐

1 件。

标本 T203H204：10，残。泥质灰陶。侈口，圆唇，弧肩。肩部饰三周凹弦纹，口部内壁和肩部外壁磨光。口径 10.8、腹径 21.2、残高 9.3 厘米（图四四，1；彩版二九，3）。

（2）陶纺轮

4 件。1 件残，3 件完整。泥质灰陶，器形均呈圆形，中间穿孔。

标本 T203H204：7，用废弃陶片制作而成。器形呈圆形，中间穿孔，器表饰粗绳纹。直径 4~4.2、厚 0.5~0.7、孔径 0.5~0.9 厘米（图四四，2）。

标本 T208H227：1，捏制。器形呈圆形，中间穿孔。直径 3.8、厚 1.4、孔径 0.9 厘米（图四四，3；彩版二九，4）。

标本 T212G201①：4，器表饰粗绳纹。直径 5~5.2、厚 0.5~0.9、孔径 0.7~1 厘米（图四四，4；

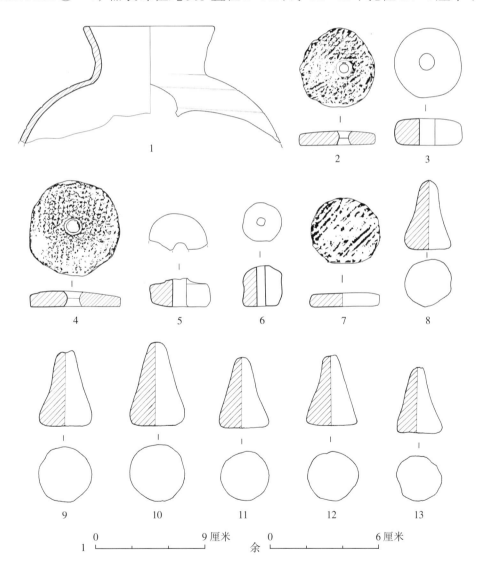

图四四　战国中晚期陶器

1. 陶罐 T203H204：10　2~5. 陶纺轮 T203H204：7、T208H227：1、T212G201①：4、T210G201③：7　6. 陶珠 T207G201③：14　7. 圆陶片 T201①：3　8~13. 陶支钉 T208H231：1、T204G201⑤：18、T207G201①：2、T207G201④：16、T209①：1、T212①：1

彩版二九，5）。

标本 T210G201 ③：7，捏制。器形呈圆形，中间穿孔。残径 3.3、厚 1~1.5、孔径 0.7 厘米（图四四，5）。

（3）陶珠

1 件。

标本 T207G201 ③：14，泥质灰陶，捏制。中间穿孔。直径 1.8~2.2、孔径 0.5 厘米（图四四，6；彩版二九，6）。

（4）圆形陶片

1 件。

标本 T201 ①：3，泥质灰陶。边缘打制成圆形，表面饰细绳纹，里面为素面，截面呈长条形弧状。直径 3.5~3.8、厚 0.7 厘米（图四四，7；彩版二九，7）。

（5）陶支钉

19 件。多数完整。泥质灰陶，捏制，大小相近。

标本 T208H231：1，圆锥柱状，底部呈圆形。底径 2.6、高 3.8 厘米（图四四，8；彩版二九，8）。

标本 T204G201 ⑤：18，圆锥柱状，底部呈圆形。底径 3、高 4 厘米（图四四，9）。

标本 T207G201 ①：2，圆锥柱状，底部基本呈圆形。底径 3、高 4.5 厘米（图四四，10）。

标本 T207G201 ④：16，圆锥柱状，底部基本呈圆形。底径 2.7、高 3.8 厘米（图四四，11）。

标本 T209 ①：1，圆柱锥状，底部呈椭圆形。底径 2.6~2.9、高 3.8 厘米（图四四，12）。

标本 T212 ①：1，圆锥柱状，底部呈椭圆形。底径 2.4~2.6、高 3.5 厘米（图四四，13）。

2. 石器

11 件。多数为残片，极少数完整，多为生产工具，有石斧、石刀、石纺轮、石耳、石匕、石环、石球、石核。

（1）石斧

2 件。皆残。

标本 T202H204：5，砂岩，颜色呈黑色。制作粗糙，形制呈梯形，上窄下宽，双面刀刃呈弧形，刃部略钝。磨制。残长 7.9、宽 5~5.3、厚 1~3.2 厘米（图四五，1；彩版三〇，1）。

标本 2008DY 采集：1，砂岩，颜色呈灰色。形制呈长条形，双面刃呈弧形，刃部略钝。残长 9.7、宽 5.6~6.2、厚 0.5~3 厘米（图四五，2）。

（2）石刀

1 件。

标本 T210G201 ③：12，砂岩，颜色呈灰色。形制残存长条形，上部有一条脊线，下部双面刃，刃部锋利，磨光。残留一孔，孔径 0.6~0.8 厘米。残长 7、宽 5.4、厚 0~0.8 厘米（图四五，3；彩版三〇，2）。

（3）石纺轮

2 件。皆残。

标本 T202H204：8，砂岩，颜色呈灰褐色。残存平面呈扇形，中间残留钻孔痕迹。磨制。直径 8.6、厚 0.8、孔径 1~1.4 厘米（图四五，4）。

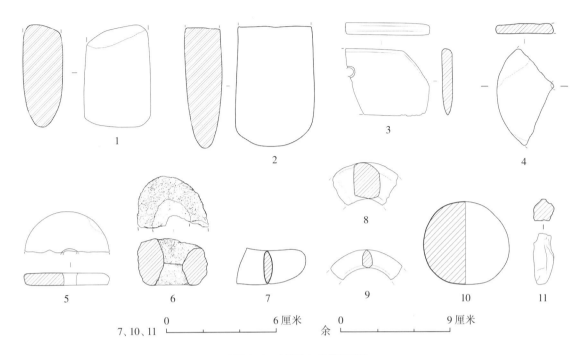

图四五　战国中晚期石器

1、2. 石斧 T202H204：5、2008DY 采集：1　3. 石刀 T210G201 ③：12　4、5. 石纺轮 T202H204：8、T201 ①：4　6. 石耳 T208H227：2　7. 石匕 T210 ①：1　8、9. 石环 T210G202 ②：2、T204G201 ④：15　10. 石球 T212G201 ③：13　11. 石核 T210 ①：2

　　标本 T201 ①：4，石灰岩，颜色呈灰白色。残存平面呈半圆形，表面磨光，中间有孔。直径7、厚1、孔径 0.8 厘米（图四五，5；彩版二九，9）。

　　（4）石耳

　　1件。

　　标本 T208H227：2，残。砂岩，灰色。上部和下部及外缘制作粗糙，内侧规则，平面基本呈半圆形。残长 5.8、宽 3.6~3.8、厚 3.5 厘米（图四五，6；彩版三〇，3）。

　　（5）石匕

　　1件。

　　标本 T210 ①：1，残。砂岩，灰色。残存形制呈不规则长方形，下弧略大于上弧，双面刃，刃部较锋利。磨制。残长 3.8、宽 1.8、厚 0.5 厘米（图四五，7；彩版三〇，4）。

　　（6）石环

　　2件。皆残。砂岩，呈青灰色。表面经过打磨，环状。

　　标本 T210G202 ②：2，平面呈弧形，外缘弧边略大，上、下面和内弧磨光规整，外弧制作较粗糙，存截面呈不规则长方形。残长 5.3、宽3、厚 0~2.1 厘米（图四五，8）。

　　标本 T204G201 ④：15，平面呈弧边三角形，外缘弧边略大，残存截面呈树叶形。磨光。残长 5.8、宽 1.4、厚 0~0.7 厘米（图四五，9；彩版三〇，5）。

　　（7）石球

　　1件。

　　标本 T212G201 ③：13，砂岩，灰色。圆球状。磨光。直径 4.5~4.8 厘米（图四五，10；彩版三〇，6）。

（8）石核

1件。

标本T210①：2，玛瑙质地，黄白色。形状似枣核，有打制、剥制痕迹。长2.8、宽0.5~1.3、厚1.4厘米（图四五，11；彩版三一，1）。

3．骨器

7件。2件残，5件完整。其中有骨簪、"T"字形骨器、骨锥等。

（1）骨簪

2件。

标本T202H204：4，残存簪身及簪尖，呈细圆柱状，尖部圆钝，一侧削平。通体磨光。残长9.2、直径0.8厘米（图四六，1）。

标本T209H228：1，扁圆形，利用未劈裂的趾骨制成，尖部削制呈尖形，簪尖尖锐。通体磨光。长15、厚0.9厘米（图四六，2；彩版三一，2）。

（2）骨锥

3件。

标本T203H204：1，三角锥状，利用劈裂的趾骨制成，截面呈三角形，器表有切割、磨光痕迹，锥尖削磨成圆尖状，尾部关节头切断。长12、宽0~2.8、厚0~1.9厘米（图四六，4；彩版三一，4）。

标本T203H204：2，扁锥体，利用劈裂的趾骨制成，通体磨光，锥尖磨尖，尾端保留完整的关节头。长9.2、宽0.1~1.3、厚0~1厘米（图四六，5；彩版三一，5）。

标本T203H204：3，三角锥状，利用劈裂的趾骨制成，器表有切割、磨光痕迹，锥尖磨成圆尖状。长13、宽0~3.6、厚0~2.4厘米（图四六，6）。

（3）"T"字形骨器

1件。

标本T208H246：1，残。呈"T"字状，顶部呈扁圆形，器身呈圆柱状，下部残缺。通体磨光。残长13.9、器身直径1.2、顶部直径2厘米（图四六，3；彩版三一，3）。

（4）不知名骨器

1件。

标本T209H222：1，残。为大型动物肢骨劈裂后残留，可见骨腔、骨壁和关节，有磨光痕迹。残长10.7、宽4.3、厚0.4~3.5厘米（图四六，7）。

4．蚌器

5件。皆残。可辨认的有蚌镰和残蚌器。

（1）蚌镰

4件。皆残，根据刃部有无锯齿分为A、B型。

A型　2件。刃部呈锯齿状。

标本T209H247：1，残片平面呈不规则方形。上部磨平，截面呈弧状，下部双面刃呈锯齿状，残留五个锯齿，器表有一个残孔，孔径0.5~0.7厘米。残长5.7、宽5、厚0.2~0.7厘米（图四六，8；彩版三一，6）。

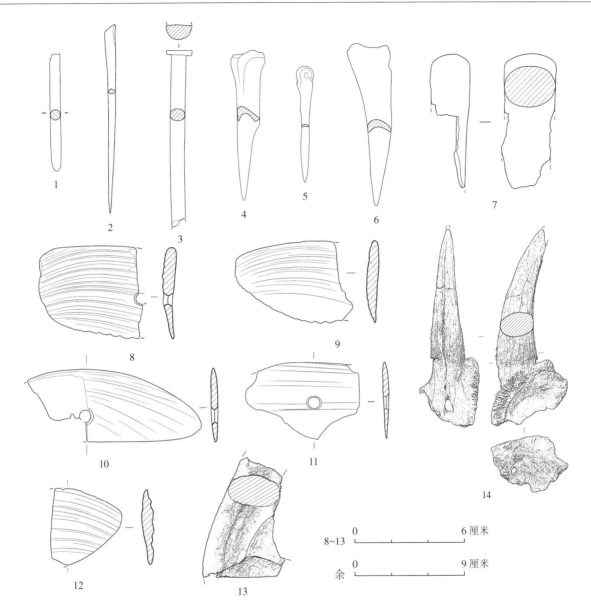

图四六　战国中晚期遗物

1、2. 骨簪 T202H204：4、T209H228：1　3."T"字形骨器 T208H246：1　4～6. 骨锥 T203H204：1、T203H204：2、T203H204：3　7. 骨器 T209H222：1　8、9. A 型蚌镰 T209H247：1、G201④：20　10、11. B 型蚌镰 T202①：1、T204G201⑤：19　12. 蚌器 T207G201④：21　13. 鹿角 T208H231：2　14. 羊角 T203H204：9

　　标本 G201④：20，残存平面呈不规则形。上部呈弧形，下部表面蚌片脱落，刃部残留有九个锯齿痕迹。残长 6.4、宽 4.2、厚 0.1～0.6 厘米（图四六，9）。

　　B 型　2 件。刃部无齿。

　　标本 T202①：1，残存平面呈镰刀形。器表蚌片脱落，上部呈弧形，下部双面刃基本呈直线，残片中间钻孔，孔径 0.6～0.8 厘米。残长 9.7、宽 0.3～4、厚 0.1～0.4 厘米（图四六，10；彩版三一，7）。

　　标本 T204G201⑤：19，平面呈不规则形。器表蚌片脱落，上部呈弧形，下部残缺，残片中部残留一钻孔，孔径0.6~0.9厘米。残长6.2、残宽4、厚0.1~0.3厘米（图四六，11；彩版三一，8）。

（2）残蚌器

1件。

标本T207G201④：21，残存平面呈三角形。上部呈弧形，下部表面蚌片脱落，刃部残。残长3.9、宽4、厚0.1~0.6厘米（图四六，12）。

5．角器

2件。鹿角和羊角各1件。

（1）鹿角

1件。

标本T208H231：2，残。鹿角上端和下端有明显的切割痕迹。残长6.5、宽2.4~4.5厘米（图四六，13）。

（2）羊角

1件。

标本T203H204：9，保留形制呈独角状，尖部残，下端保留有角根。长15.5、宽0.2~6.7厘米（图四六，14；彩版三一，9）。

（五）明清时期

明清时期出土遗物有白釉褐彩碗、白釉碟和铜钱。

1．瓷器

2件。分别为碗和碟。

（1）白釉褐彩碗

1件。

标本T207G201①：8，细瓷，轮制。敞口，圆唇，斜弧腹，近底部平折，圈足，足墙外撇，内外齐平，足沿平切。胎色泛灰，胎质稍坚，夹细小砂砾，内施满釉，外施釉不均近1/2，施化妆土，内壁上部绘两周黑色纹，近底部绘黑色纹一周，内底残留有三处垫砂痕。口径15.8、底径5.9、高4.9厘米（图四七，1；彩版三〇，7）。

（2）白釉碟

1件。

标本T207①：1，细瓷，轮制。卷沿，圆唇，弧腹，圈足，外墙竖直，内墙外斜。胎色泛灰，胎质稍坚，夹细小砂砾，内施满釉，外不及底，釉色黄白，内壁施化妆土，外壁沿下施化妆土，内底有两处垫砂痕。口径8.7、底径3.9、高2.1厘米（图四七，2；彩版三〇，8）。

2．铜器

铜钱

道光通宝 1枚。

标本T201①：2，正面铸阳文"道光通宝"四字，对读，之外为凸起的一周外郭，中部为方孔，钱背左右为满文，内郭和外郭凸起。直径2.4、穿宽0.7、厚0.15厘米（图四七，3；彩版三〇，9）。

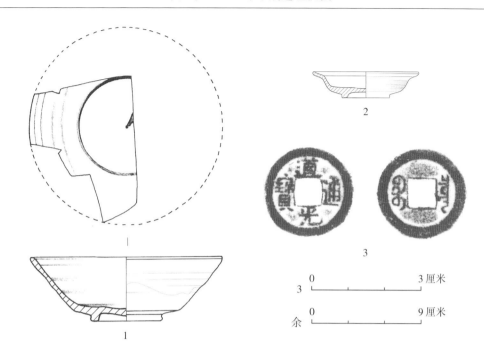

图四七　明清时期遗物

1. 白釉褐彩碗 T207G201 ①：8　2. 白釉碟 T207 ①：1　3. 道光通宝 T201 ①：2

第三节　第 3 地点

一　遗址位置

　　该地点位于发掘区西南部，南部紧靠 2010 年发掘探方 T523、T526、T529，西部靠 T520，北距离第 1 地点 T101 探方约 37 米，东南紧靠 T401，东距明代军堡约 60 米。遗址区为略有起伏的缓坡地，地势为南部略高于北部，呈斜坡状向东北延伸，原为杏树林，当初修建明代军堡、在周围大量取土，对文化层堆积造成一定破坏。

　　该区域布 10 米 × 10 米探方 4 个，发掘面积 400 平方米。清理出东周时期夯土 1 处，明清时期沟 1 条，近现代灰坑 1 个（图四八；彩版三二，1）。

二　地层堆积

　　遗址地层堆积只有两层。现以 T301 西壁剖面为例说明（本探方缺第②和第③层）（图四九；彩版三二，2）。

　　第①层：耕土层，黄褐色耕土，距地表深 0.1~0.15 米。结构疏松，土壤包含物有大量的植物根系和少量的细煤渣、石块、料姜石、瓷片、陶片、瓦片等。叠压于此层下的有第④层和夯土。

　　第④层：黄褐色花土，距地表深 0.15~1.3，厚 0~1.15 米。结构疏松，土壤包含物有少量硬土块、砂岩片石、料姜石、木炭粒等，出土遗物有瓦片、陶建筑饰件、瓦当残块、陶片等，可辨器形

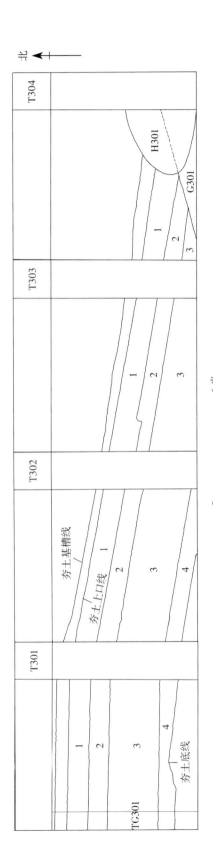

图四八　2008 年早期遗址第 3 地点遗迹平面分布图

（说明：1. 浅红褐色夯土，2. 灰褐色夯土，3. 黄褐色夯土，4. 红褐色夯土）

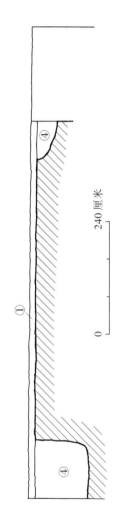

图四九　T301 西壁剖面图

（说明：第①层耕土层，第④层北魏文化层）

有北魏灰陶板瓦、筒瓦、"传祚无穷"瓦当、陶莲花建筑饰件、陶罐、陶盆、陶钵、陶瓮等。该层为北魏文化层。叠压于此层下的有夯土和生土。

三　遗迹

东周时期

1. 夯土

1处。

位于T301绝大部分及东隔梁下、T302大部分及东隔梁下和南部未开方处、T303中南部及东隔梁下和南部未开方处、T304西南部及南部未开方处，开口于第①层下，打破生土，被H301、G301、第②~④层打破。夯土平面呈长方形，西北—东南走向，现揭露夯土长35.1、宽2.2~6.1、高0.44~1.22米。夯土由北向南分四种土色，1. 浅红褐色夯土，2. 灰褐色夯土，3. 黄褐色夯土，4. 红褐色夯土。

为解决夯土时代和各夯土之间的叠压和打破关系，在T301西部布南北向8米×1米探沟一条，编号为TG301。现以TG301东壁剖面为例说明（图五〇；彩版三三）。

1. 浅红褐色夯土

结构致密，土质较纯净，土壤包含物有料姜石、碎石粒、植物根系等，夯土中间夹有极少量陶片。夯土宽1.14~1.7、深0.68~1.3米，共有十层，每层厚0.06~0.24米。夯层表面有圆形夯窝，直径6~10厘米不等，深0.3厘米。

2. 灰褐色夯土

结构致密，土质较纯净，土壤包含物有料姜石、碎石片、植物根系等，夯土中间夹杂少量东周碎绳纹陶片。夯土宽0.7~1.05、深0.52~1.02米，夯土共有八层，每层厚0.05~0.25米。夯层表面有圆形夯窝，直径6~10、深0.04厘米。

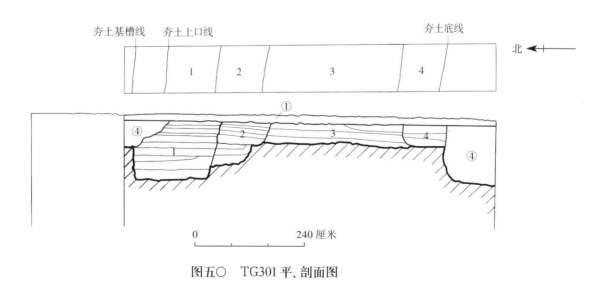

图五〇　TG301平、剖面图

（说明：第①层耕土层，第④层北魏文化层，1. 浅红褐色夯土，2. 灰褐色夯土，3. 黄褐色夯土，4. 红褐色夯土）

3. 黄褐色夯土

结构致密，土质较纯净，土壤包含物有小石粒、料姜石、植物根系等，夯土中间夹杂极少量碎陶片。夯土宽 2.74~3.3、深 0.44~0.52 米，夯土共有四层，每层厚 0.06~0.2 米。夯层表面有圆形夯窝，直径 6~10、深 0.5 厘米。

4. 红褐色夯土

结构致密，土质较纯净，土壤包含物有小石粒、料姜石、植物根系，夯土中间夹杂着少量碎陶片。夯土宽 0.6~1.06、深 0.44 米，夯土共有三层，每层厚 0.06~0.2 米。夯层表面看不出夯窝。

以解剖情况来看，以上四种夯土筑法顺序，先筑黄褐色夯土，其次是灰褐色夯土和红褐色夯土，最后浅红褐色夯土。根据出土陶片看，该夯土为东周时期遗存。

（二）明清时期

沟

1 条。编号 G301。

G301

该沟和 2010 年发掘北魏佛教寺院遗址中东部 G501 为同一条，见 2010 年 G501。

（三）近现代

灰坑

1 个。编号 H301。

H301

位于 T304 东南部及东隔梁下，开口于第①层下，打破 G301、夯土以及生土。平面呈不规则形，无遗物出土。

四　遗物

（一）战国时期

出土遗物皆为残片，有陶器和蚌器，可辨器形有陶釜、陶罐、陶豆、蚌镰等。

1. 陶器

4 件。均残，有陶釜、陶罐和陶豆。

（1）**陶釜**

1 件。

标本 T301 ②夯土②：1，夹砂灰陶，轮制。侈口，宽折沿，圆唇，束颈，弧腹。器表饰粗绳纹。口径 28.6、腹径 27、残高 8 厘米（图五一，1；彩版三四，1）。

（2）**陶罐**

1 件。

标本 T304G301：2，残。泥质灰陶，轮制。侈口，尖圆唇，束颈，广肩，弧壁。肩部饰三周抹断凹弦纹，器表唇下和肩部饰绳纹。口径 30.8、残高 5.4 厘米（图五一，2；彩版三四，2）。

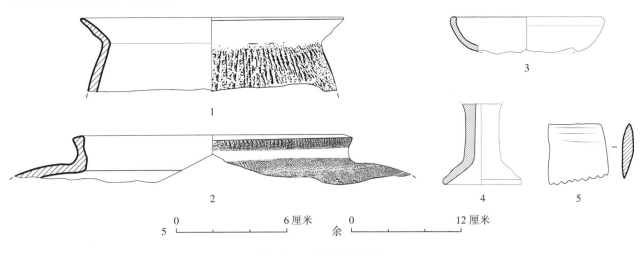

图五一　战国时期遗物

1. 陶釜 T301②夯土②：1　2. 陶罐 T304G301：2　3. 豆盘 T303②：3　4. 豆座 T303②：4　5. 蚌镰 T304④：1

（3）陶豆

2 件。均残，残存有陶豆盘和陶豆座。

陶豆盘　1 件。

标本 T303②：3，泥质灰陶，轮制。直口，圆唇，腹略外斜，豆较深为斜弧壁。素面。口径 16.5、腹径 16.9、残高 3.8 厘米（图五一，3；彩版三四，3）。

陶豆座　1 件。

标本 T303②：4，泥质灰陶，轮制。圆柱形柄较矮，喇叭形底座。素面。底径 8.8、残高 8.7 厘米（图五一，4；彩版三四，4）。

2. 蚌器

1 件蚌镰。

蚌镰

1 件。

标本 T304④：1，残存平面呈四边形。双面刃部呈锯齿形，残存有八个锯齿。残长 2.8~3.3、宽 2.7~3.3、厚 0~0.7 厘米（图五一，5；彩版三四，5）。

（二）汉代

出土遗物皆为残片，有筒瓦残片和陶盆腹部残片。

1. 建筑材料

2 件筒瓦。

筒瓦

2 件。泥质灰陶。

标本 T302②：1，凸面饰粗绳纹，凹面有布纹。残长 6.4、残宽 5.4、厚 1~1.5 厘米（图五二，1）。

标本 T304G301：1，凸面饰粗绳纹，上部绳纹抹平，凹面有布纹。残长 3~7.2、残宽 6.7、厚 0.8~2.1 厘米（图五二，2；彩版三四，6）。

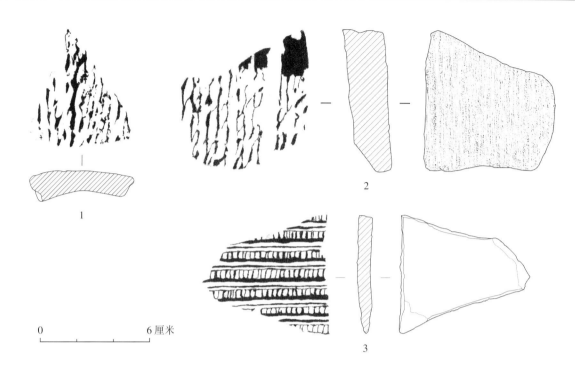

图五二　汉代遗物

1. 筒瓦 T302 ② : 1　2. 筒瓦 T304G301 : 1　3. 陶罐腹部 T303 ② : 2

2. 陶器

1件。

陶罐

1件。

标本 T303 ② : 2，陶罐腹部残片。泥质灰陶，轮制。器壁呈弧形，器表饰绳纹，有六周凹弦纹隔断。残长 7、残宽 6.4、厚 0.8 厘米（图五二，3）。

（三）北魏时期

出土遗物有建筑材料和陶器。

1. 陶质建筑材料

22件。有板瓦、筒瓦、压带条、瓦当、陶莲花建筑饰件。

（1）板瓦

拼对完整者 10 件。泥质灰陶，用 4~6 厘米宽的泥条盘筑，有的制作规整，有的较粗糙。平面呈梯形，上宽下窄，断面呈弧状，凸面有陶拍痕迹，凹面存布纹。宽端距边沿 4~6 厘米处逐渐变薄，形成斜坡。两侧面切痕为 1/2、1/3 或 1/5，破面未修整。

标本 T301 ④ : 18，宽端凹凸两面均有手指压痕，呈波浪状。长 51、宽 24.4~31.2、厚 0.4~2.2 厘米（图五三，1；彩版三五，1、2）。

标本 T301 ④ : 23，宽端凸面有手指压纹，呈波浪状。长 52.2、宽 31.6~32.2、厚 0.4~2.8 厘米（图五三，2）。

（2）筒瓦

拼对完整者9件。泥质灰陶。制作较规整，平面近长方形，断面呈半圆形，凸面有的有陶拍痕迹和削痕，凹面有布纹。瓦舌前倾，平面呈梯形。两侧面切痕为1/2或1/3，破面未修整，底端距边缘约2厘米变薄。

标本T301④：19，通长51.2、瓦身长46、瓦径17.8~19.4、厚0.8~2.4、瓦舌长5.2、舌径11.5~13.8、厚0.9~1.6厘米（图五三，3；彩版三五，3、4）。

标本T301④：20，通长52.4、瓦身长48.4、瓦径16~17.5、厚0.7~2.5、瓦舌长4、舌径9.6~15.6、厚0.9~1.6厘米（图五三，4）。

（3）压带条

1件。

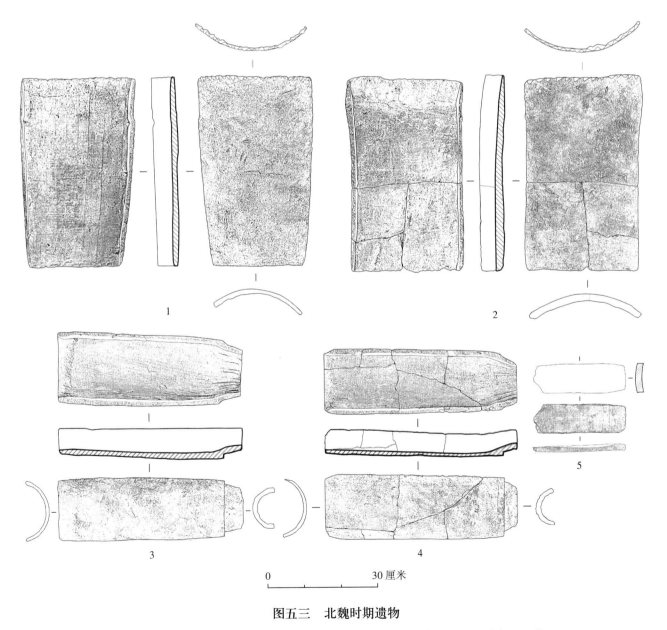

图五三　北魏时期遗物

1、2.板瓦T301④：18、T301④：23　3、4.筒瓦T301④：19、T301④：20　5.压带条T301④：15

标本 T301 ④：15，上部残。灰陶，泥条盘筑。制作较规整，平面呈长方形，断面呈弧形，凸面有横向刮痕，凹面有布纹。两侧面切痕为 1/2，破面未做修整。残长 25.6、宽 7.6、厚 0.8~1.8 厘米（图五三，5；彩版三五，5、6）。

（4）瓦当

1 件。

标本 T301 ④：14，残。泥质灰陶，模制。边轮内饰一周凸弦纹，当面以"井"字格分隔成九格，中部为凸起的大乳丁，乳丁四周分布"□祚无穷"四字，隶书体。四字间有四个小乳丁，乳丁外饰一周凸弦纹。直径 15.1、边轮宽 0.8~1.4、厚 1.7~3.2、中心大圆形乳丁直径 3.7、四角小乳丁直径 0.6~1.1 厘米（图五四，1；彩版三六，1）。

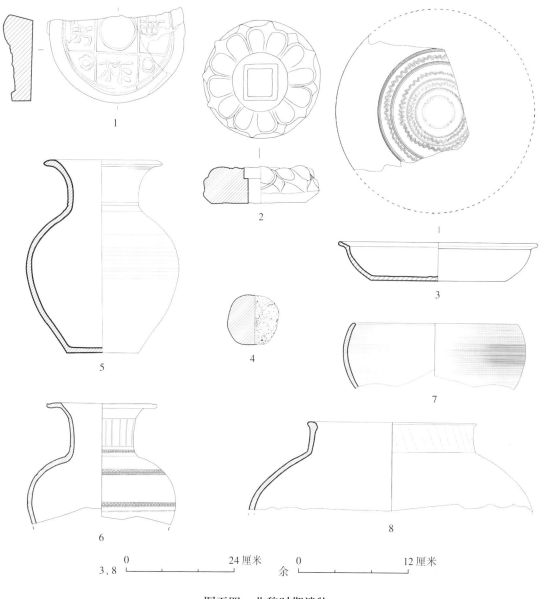

图五四　北魏时期遗物

1. 瓦当 T301 ④：14　2. 陶莲花建筑饰件 T301 ④：13　3. 陶盆 T301 ④：12　4. 陶球 T301 ④：25　5、6. 陶罐 T304 ④：1、T301 ④：26　7. 陶钵 T301 ④：28　8. 陶瓮 T301 ④：27

（5）陶莲花建筑饰件

1件。

标本T301④：13，泥质灰陶，模制。圆形，平底，底部外周斜削呈倒角状。中央凸起的圆形区域内穿方孔，方孔剖面呈倒"凸"字形，外围较中央稍高，雕一周莲瓣，为六组复瓣双层莲瓣。直径12.7、高4、方孔上径3.8、下径2.9厘米（图五四，2；彩版三六，2）。

2．陶器

6件。有陶盆、陶球、陶罐、陶钵、陶瓮。

（1）陶盆

1件。

标本T301④：12，泥质灰陶，轮制。口沿上斜，圆唇，弧腹，平底。盆内底部饰四线凹弦纹带五周，凹弦纹间划四线水波纹带三周。口径43.2、底径28.5、高8.1厘米（图五四，3；彩版三六，3）。

（2）陶罐

3件。

标本T304④：1，泥质灰陶，泥条盘筑。侈口，窄沿略下折，圆唇，鼓腹，平底。颈下部饰三周凹弦纹，肩部饰数周横向暗纹，腹饰一周凹弦纹。口径12.8、腹径16.9、底径7.4、高20.4厘米（图五四，5；彩版三六，5）。

标本T301④：26，残。泥质灰陶，泥条盘筑。侈口，宽沿略下折，圆唇，鼓腹内收。口沿和颈内壁上部有横向暗纹，器表颈部上下各有一周凹弦纹，中间饰有竖暗纹，肩和腹部磨光，颈下、肩及腹部各有一周绚索纹带，纹带上下各有两周凹弦纹。口径12、腹径16.2、残高12.7厘米（图五四，6）。

标本T303②：1，仅存上腹部，泥质灰陶。弧腹，器表滚印三周忍冬纹带。长18.2、宽8、厚1.6厘米（图五五）。

（3）陶钵

1件。

标本T301④：28，泥质灰陶，轮制。方唇，敛口，鼓腹内收，器表磨光，饰数周横向暗纹，内壁也有数周横向暗纹。口径18、腹径19.8、残高6.8厘米（图五四，7）。

（4）陶瓮

1件。

标本T301④：27，残。泥质灰陶，泥条盘筑。侈口，圆唇，内沿壁上有一周凹棱，矮颈，溜肩。

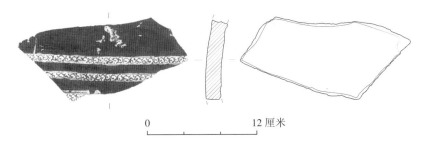

0　　　　　　　　12厘米

图五五　北魏时期陶罐上腹部 T303②：1

口部变形，沿上有磨痕，颈部饰斜向竖状暗纹数条。口径 36.8、残高 18.4 厘米（图五四，8）。

（5）**陶球**

1 件。

标本 T301④：25，泥质灰陶，捏制。呈不规整球形。直径 5.3~5.7 厘米（图五四，4；彩版三六，4）。

第四节　第 4 地点

一　遗址位置

该地点位于发掘区东南部，西距离 2010 年发掘区 T529 探方 10 米，北距 T104 探方约 47 米。遗址为缓坡地面，由于长期受到风雨侵蚀，遗址的文化堆积遭到一定破坏。

该区布 10 米 × 10 米探方 2 个，发掘面积 200 平方米。清理出明清时期夯土 1 处，明清时期灰坑 6 个（图五六；彩版三七，1）。

二　地层堆积

遗址地势呈缓坡向东南延伸。地层堆积只有一层。现以 T401 东壁剖面为例说明（图五七；彩版三七，2）。

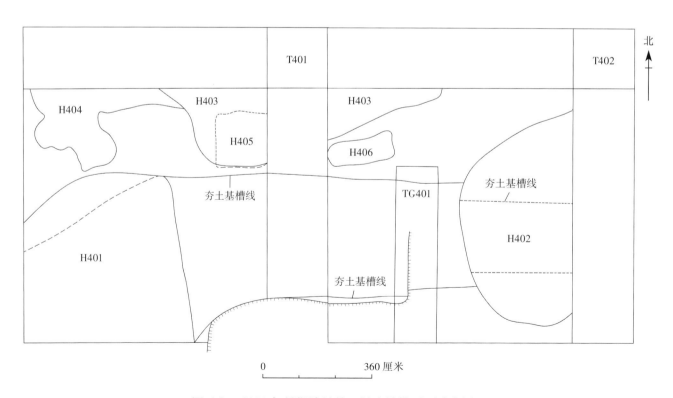

图五六　2008 年早期遗址第 4 地点遗迹平面分布图

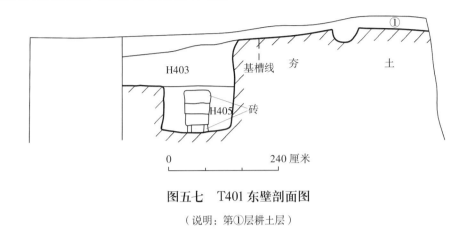

图五七　T401 东壁剖面图

（说明：第①层耕土层）

第①层：耕土层，黄褐色土，距地表深0.15~0.4米。结构疏松，土壤包含物有植物根系、料姜石、碎石块、瓷片、瓦片等。叠压于此层下有 H403、夯土和生土。

三　遗迹

明清时期

1.夯土

1处。

位于 T401 中南部及东隔梁下和南部、西部未开方处、T402 中南部和东隔梁下，开口于第①层下，打破生土，被 H401 和 H402 打破。夯土呈东西走向，在 T401 西部拐向西南，平面呈弧边长方形。东西长 18、南北宽 2.15~5.25、深 3.2~3.6 米。

为解决夯土时代问题，在 T402 西壁向东 2.25 米处布南北向 6 米 × 1.3 米探沟一条，编号为 TG401。现以 TG401 西壁剖面为例介绍（图五八；彩版三八，1）。

从解剖情况来看，夯面看不出夯窝，夯土现存 26 层夯层，从上到下可分为三部分。上部夯土 20 层，每层厚 0.05~0.16、深 1.7~2.13 米，为黄色花土，结构致密，土壤包含物有小石块、料姜石和植物根系等。中部垫土一层，厚 0.16~0.85、深 1.84~2.63 米，为黄色花土，结构疏松，土壤包含物有料姜石、小石块和植物根系等。下部夯土 5 层，厚 0~0.25、深 1.84~3.22 米，为黄色花土，结构致密，土壤包含物有料姜石、小砾石、植物根系等，出土遗物有瓷片和陶片，可辨器形有瓷碗、瓷盏、陶盆。根据出土瓷片看，该夯土为明清时期遗存。

2.灰坑

6个。按平面形状分为长方形和不规则形灰坑，长方形灰坑 1 个，不规则形灰坑 5 个（表五）。

（1）**长方形灰坑**

1个。

H405

位于 T401 东北部及东隔梁下，开口叠压在 H403 之下。平面呈长方形，坑壁加工较平整，可见加工痕迹。坑口东西残长 1.8、南北宽 1.8、深 1.02 米。坑底东西残长 1.8、南北宽 1.7 米。

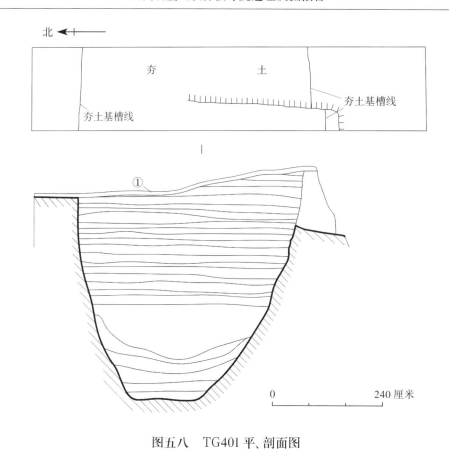

图五八　TG401 平、剖面图

坑内堆积厚约 1 米的黄灰褐色土，结构疏松，出土遗物有少量陶片。填土底部有一些烧土和炭屑。坑内东壁下方发现五块砖，砖长 38 厘米，根据砖的垒砌形状，疑似灶的烧火口（图五九，1；彩版三九，2）。

（2）不规则形灰坑

5 个。

H401

位于 T401 西南部及南部和西部未开方处，开口于第①层下，打破夯土和生土。已知平面形状呈不规则形，斜弧壁，平底。东西长 5.55、南北宽 5.35、深 2.25~2.65 米。坑内填土自上而下分为三层。第①层：黄灰色花土，厚 1.1~1.2 米，结构较致密，土壤包含物有砂岩残块、小砾石、细煤渣、植物根系等，出土遗物有少量陶片、瓷片，可辨器形有瓷碗。第②层：灰黄色花土，厚 0.8~0.9 米，结构较致密，土壤包含物有砂岩石块、小砾石、料姜石、兽骨、植物根系等，出土遗物有少量绳纹陶片、瓷片等，可辨器形有瓷碗。第③层：灰褐色土，厚 0.35~0.6 米，结构较致密，土壤包含物有细煤渣、木炭屑、草木灰、料姜石、小砾石、兽骨等，出土遗物有少量北魏筒瓦、釉陶板瓦（带釉板瓦）、陶莲花建筑饰件、陶盆、瓷碗等（图六〇；彩版三八，2）。

H402

位于 T402 东部及东隔梁下，开口于第①层下，打破夯土。平面呈不规则形，斜弧壁，坑底呈不规则状，凹凸不平。南北长 6.75、东西残宽 3.65、深 1.7~2.3 米。坑内填土自上而下分为三层。第①层：黄花土，厚 0.2~0.8 米，结构较致密，土壤包含物有细煤渣、小砾石、植物根系等，出

表五 2008 年第 4 地点明清时期灰坑列表

编号	位置	层位关系	形状	尺寸（米）			打破关系	出土遗物	备注
				口径	深	底径			
H401	T401 西南部及南部和西部未开方处	第①层下	不规则形、斜弧壁、平底	5.55×5.35	2.25~2.65		打破夯土和生土	北魏釉陶板瓦 T401H401 ③：3	
								北魏筒瓦	
								北魏陶莲花饰件 T401H401 ①：1	
								北魏陶盆 T401H401 ①：8	
								辽金瓷碗 T401H401 ①：2	
								明清瓷碟 T401H401：3	
H402	T402 东部及东隔梁下	第①层下	不规则形、斜弧壁、底不平	6.75×3.65	1.7~2.3		打破夯土	战国时期陶罐 T402H402 ③：1	
								战国时期陶盆 T402H402 ②：5	
								战国时期陶豆座 T402H402 ③：2	
								北魏筒瓦 T402H402 ①：2	
								板瓦	
								辽金陶盆 T402H402 ②：4	
								辽金陶瓮 T402H402 ①：1	
								瓷碗	
								石饰件	
H403	T401 东北部及东隔梁和北隔梁下 T402 西北部及北隔梁下	第①层下	不规则形、斜弧壁、弧形底	9.35×2.5	0.95		打破 H404、H405 和生土	瓷碗	
H404	T401 西北部及北隔梁下	第①层下	不规则形、斜弧壁、弧形底	5×2.6	0.6~0.66		打破生土，被 H403 打破	筒瓦	
								陶盆	
								战国时期甑底残片 T401H404：1	
								瓷碗	
H405	T401 东北部及东隔梁下	H403 之下	长方形	1.8×1.8	1.02	1.8×1.7	叠压 H403 下，打破生土	砖块	
								战国时期豆盘 T401H405：1	
								少量陶片	
H406	T402 西部偏北	第①层下	不规则形、斜弧壁、弧形底	2.1×0.7~0.98	0.4~0.63		打破生土	陶盆	
								瓷碗	

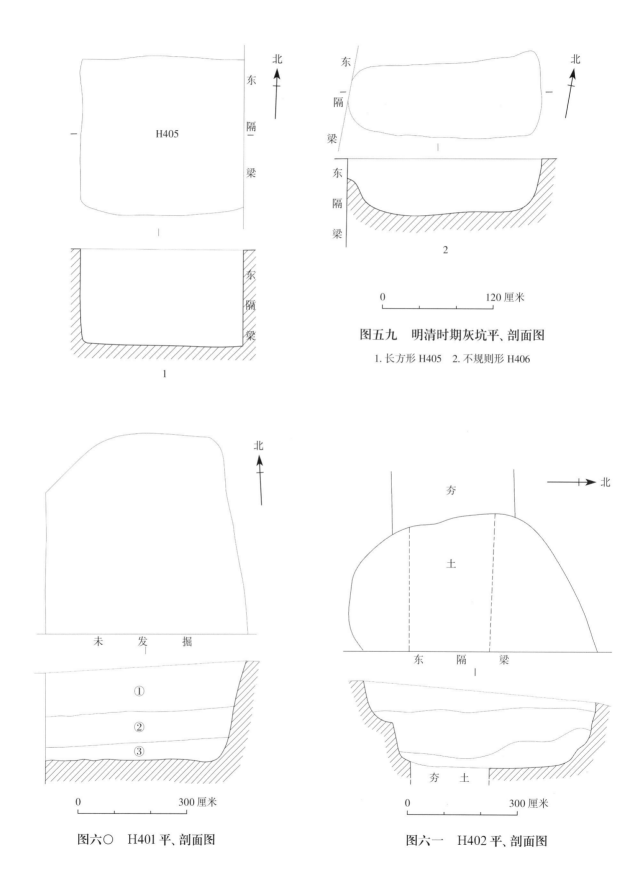

图五九　明清时期灰坑平、剖面图

1. 长方形 H405　2. 不规则形 H406

图六〇　H401 平、剖面图

图六一　H402 平、剖面图

土遗物有少量碎陶片、筒瓦，可辨器形有陶豆。第②层：黄褐色土质，厚 0.5~1.2 米，结构较致密，土壤包含物有黄土块、料姜石、碎石块、细煤渣、兽骨、植物根系等，出土遗物仅有少量的陶片，可辨器形有陶罐。第③层：灰黄土，厚 0.2~0.7 米，结构疏松，土壤包含物有夯土块、砖块、兽骨、小砾石、料姜石等，出土遗物有筒瓦、板瓦、陶盆、瓷碗、石饰件等（图六一；彩版三八，3）。

H403

位于 T401 东北部及东隔梁和北隔梁下、T402 西北部及北隔梁下，开口于第①层下，打破 H404、H405 和生土。平面呈不规则形，斜弧壁，底呈不规则弧状。东西长 9.35、南北宽 2.5、深 0.95 米。坑内填土为浅褐色土，结构疏松，土壤包含物有细煤渣、碎石块、料姜石、兽骨等，出土遗物有少量陶片、瓷片，可辨器形有瓷碗（图六二，1；彩版三九，1）。

H404

位于 T401 西北部及北隔梁下，开口于第①层下，打破生土，被 H403 打破。平面呈不规则形，斜弧壁，底呈不规则弧状。东西长 5、南北宽 2.6、深 0.6~0.66 米。坑内填土为灰褐色土，结构疏松，土壤包含物有细煤渣、料姜石、植物根系、砂岩石块、兽骨等，出土遗物有筒瓦、陶盆、瓷碗等（图六二，2）。

H406

位于 T402 西部偏北，开口于第①层下，打破生土。平面呈不规则形，斜弧壁，底呈不规则弧状。东西长 2.1、南北宽 0.72~0.92、深 0.4~0.63 米。坑内填土为灰黄色土，结构疏松，土壤包含物有细煤渣、小砾石、料姜石、植物根系等，出土遗物有少量陶片、瓷片，可辨器形有陶盆、瓷碗（图五九，2；彩版三九，3）。

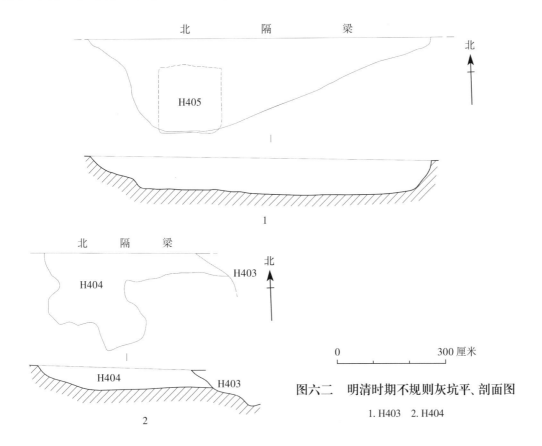

图六二　明清时期不规则灰坑平、剖面图

1. H403　　2. H404

四　遗物

（一）战国时期

出土遗物有陶器和石器。

1. 陶器

7件。皆为残片，有陶罐、陶盆、陶豆、陶甑。

（1）陶罐

1件。

标本 T402H402 ③：1，夹砂灰褐陶。敞口，沿外下斜，圆唇，广肩。沿下和肩部饰绳纹。口径 26.4、残高 5.2 厘米（图六三，1；彩版四〇，1）。

（2）陶盆

1件。

标本 T402H402 ②：5，泥质灰陶。侈口，平沿，圆唇，弧壁。腹部有一周抹断凹弦纹，器表饰绳纹。口径 21.2、残高 5.6 厘米（图六三，2；彩版四〇，2）。

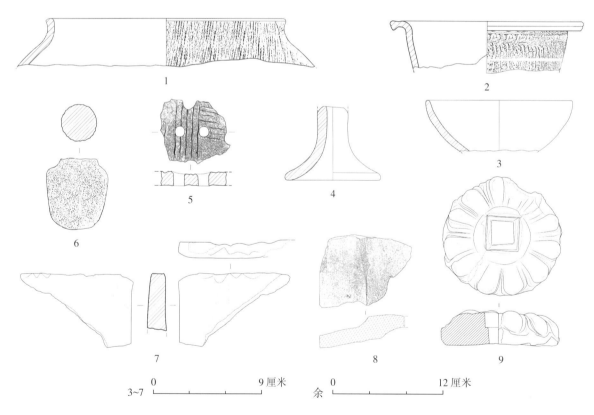

图六三　战国、北魏时期遗物

1. 陶罐 T402H402 ③：1　2. 陶盆 T402H402 ②：5　3. 豆盘 T401H405：1　4. 豆座 T402H402 ③：2　5. 甑底 T401H404：1　6. 石杵 T402TG401 夯土②：1　7. 釉陶板瓦 T401H401 ③：3　8. 筒瓦 T402H402 ①：2　9. 莲花建筑饰件 T401H401 ①：1

（3）陶豆

2 件。均残。泥质灰陶，轮制。

标本 T401H405：1，仅存豆盘。敞口，圆唇，豆盘较深，弧壁。口径 12.1、残高 4 厘米（图六三，3）。

标本 T402H402③：2，仅存豆座。圆柱形柄，喇叭形底座，顶端被磨过。底径 7.8、残高 5.8 厘米（图六三，4）。

（4）陶甑

2 件。甑底残片。夹细砂灰陶。

标本 T401H404：1，平底。平面呈不规则形，残存有六个孔。底外壁饰有绳纹。残长 3~5.4、残宽 2~4.7、厚 0.9、孔径 0.8 厘米（图六三，5）。

2．石器

1 件。

石杵

1 件。

标本 T402TG401 夯土②：1，残。砂岩，灰色泛白。杵头大柄身细，杵头下部残，杵头和柄身磨光。杵头高 5、直径 3~5.1、柄身残高 0.6、直径 3、总残高 5.6 厘米（图六三，6）。

（二）北 魏 时 期

出土遗物均为建筑材料、陶器，皆残。

1．陶质建筑材料

8 件。有釉陶板瓦、灰陶筒瓦、陶莲花建筑饰件。

（1）釉陶板瓦

6 件。泥质红陶。

标本 T401H401③：3，釉陶板瓦左下角残片。凹面磨光饰较薄的黄绿色釉，凸面有流釉。下端较薄，上端较厚，断面呈弧形，切割面经过修整。凹面和凸面均有指压痕迹，存八个指压纹，呈波浪状。残长 9.1、残宽 5.8、厚 0~1.5 厘米（图六三，7；彩版四〇，3）。

（2）筒瓦

1 件。

标本 T402H402①：2，残。泥质灰陶。瓦舌前倾，近边缘处变薄，凹面有布纹。残长 9.5、残宽 0~7.3、厚 1.2~2.4 厘米（图六三，8）。

（3）陶莲花建筑饰件

1 件。

标本 T401H401①：1，残。泥质灰陶，模制。圆形，平底，底部外周斜削呈倒角状。中央凸起的圆形区域内穿方孔，方孔剖面呈倒"凸"字形，外围较中央稍高，雕一周莲瓣，为六组复瓣双层莲花。底径 13、高 3.5~4、方孔上径 3.8、下径 2.4~2.7、厚 0.4~0.7 厘米（图六三，9；彩版四〇，4）。

2．陶器

1 件。

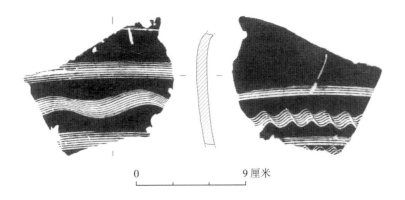

0 9厘米

图六四 北魏时期陶盆腹部 T401H401 ①：8

陶盆

1件。陶盆腹部残片。

标本 T401H401 ①：8，残。泥质灰陶，轮制。弧腹，壁残存有两个钻孔，孔径 0.4 厘米。内壁饰两周凹弦纹带夹一周六线水波纹带，外壁饰两周凹弦纹带，中间有一周七线水波纹带。残长 12、残宽 11.4、厚 0.6~0.9 厘米（图六四）。

（三）辽金时期

出土遗物有陶器和瓷器。

1. 陶器

2件。有陶罐、陶盆。

（1）陶罐

1件。

标本 T402 ②夯土①：1，残。泥质灰陶。侈口，沿外翻，尖圆唇，矮颈。口径 20.4、残高 5 厘米（图六五，1；彩版四〇，5）。

（2）陶盆

1件。

标本 T402H402 ②：4，残。泥质灰陶，轮制。敞口，卷沿，圆唇，弧腹内收。沿上和内壁饰有平行暗纹数周。口径 20.4、残高 3.2 厘米（图六五，2）。

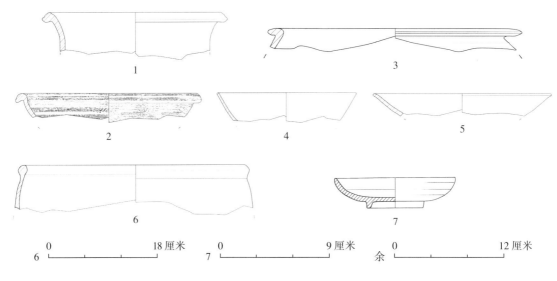

1

3

2

4

5

6

7

0 18厘米   0 9厘米   0 12厘米

6   7   余

图六五 辽金、明清时期遗物

1.陶罐 T402 ②夯土①：1 2.陶盆 T402H402 ②：4 3.白釉盆 T402 ②夯土①：2 4、5.黑釉碗 T401H401 ①：2、T402 ②夯土①：3 6.茶叶末釉瓷瓮 T402H402 ①：1 7.白釉碟 T401H401：3

2．瓷器

4 件。有瓷盆、碗、瓮。

（1）白釉盆

1 件。

标本 T402 ②夯土①：2，残。釉色灰白，轮制。敛口，平沿下斜，尖圆唇，广肩。口径 27.6、残高 2.6 厘米（图六五，3；彩版四〇，6）。

（2）黑釉碗

2 件。

标本 T402 ②夯土①：3，残。细瓷，釉色灰白。敛口，圆唇，斜弧腹内收。口径 19.4、残高 2.5 厘米（图六五，5）。

标本 T401H401 ①：2，残。细瓷，黑釉，轮制。尖圆唇，斜弧壁内收。口径 15.2、残高 3.2 厘米（图六五，4；彩版四〇，7）。

（3）茶叶末釉瓷瓮

1 件。

标本 T402H402 ①：1，残。粗瓷，茶叶末釉，轮制。敛口，圆唇，弧腹内收。口径 38.2、残高 8 厘米（图六五，6；彩版四〇，8）。

（四）明清时期

出土遗物极少，有瓷器 1 件。

瓷器

白釉碟

1 件。

标本 T401H401：3，细瓷，釉色灰白，轮制。敞口，圆唇，斜弧腹，圈足，外墙竖直，内墙外斜。胎色泛灰，胎质坚硬，夹细小砂粒，内施满釉，外不及底，流釉，内底有一周凸弦纹和六处垫砂痕。口径 10、足径 4.6、高 2.4 厘米（图六五，7；彩版四〇，9）。

第五节　几点认识

一　遗址与年代

2008 年云冈石窟山顶发掘选了四个地点，从发掘结果来看，北部多东周时期遗迹、遗物，南部多北魏、明清时期遗迹、遗物。遗迹包括夯土台、灰坑等，与遗迹分布相应，北部多出东周器物，南部多出北魏、辽金或明清器物。涉及的时代有新石器时代、东周、汉代、北魏、辽金和明清时期，其中东周时期遗迹数量多，遗迹间相互间打破关系复杂，出土遗物数量也较多，说明东周时期云冈山顶存在着相对较大的聚落。但是汉代器物较少，数量远逊于东周时期，反映出汉代本地人口较少，聚落规模不如东周时期的历史事实。

二　文化因素分析

云冈石窟山顶东周遗址是大同乃至雁北地区东周时期的一处重要遗址，本次发掘既有新石器时期的器物，亦有春秋战国时期北方文化的典型器物。大同地属雁门关以北，处于草原文化与农耕文化交界地带。春秋时期大同处于晋、燕等国的势力之外，被林胡控制；战国时期，初为代郡，后并入赵地。

做过考古工作的东周时期遗址，在大同地区寥寥可数，足见云冈山顶发现的东周时期遗址重要性，但可以比较的地点也很有限。具体到 2 号地点，除 G201 ④、H201、H205 外，其余遗迹单位出土陶器（片）不足以按单位比较。因此，选取以下几种有代表性的器物，对其源流作初步比较。

（1）宽沿筒形腹釜

主要流行于春秋晚期，可追溯到河北燕下都第 13 号遗址 F1∶12 弦纹沿釜，陈光先生将其年代定为春秋晚期晚段（公元前 570~ 前 476 年）[1]，与本文年代把握大体一致。

（2）双耳罐

出现于战国早期，除云冈山顶发现 3 件外，侯马晋国遗址还有 9 件，即铸铜遗址 3 件[2]、北坞古城 1 件[3]、牛村古城南墓地 2 件[4]、下平望墓地 3 件[5]，另外还有三汲古城 1 件[6]。从目前发现来看，双耳罐在晋国都城侯马晋国遗址中发现较多，该遗址中的牛村古城南、下平望 5 座墓葬中，每座墓随葬 1 件，反映出使用双耳罐的族群也曾在晋国都城活动。

（3）素面鬲

标本 T205H216∶4，仅此一件残片，出现于战国早期。与内蒙古乌兰察布市凉城毛庆沟遗址 H3∶2、准格尔旗黑麻介遗址 C ∶1 相似[7]。

（4）"T"字形骨器

标本 T208H246∶1，整体呈"T"字形，顶部呈扁圆形，器身呈圆柱状，与朔州平鲁井坪楼烦战国墓出土丁字形骨器相似[8]。

以上四种器物，来自四种考古学文化，反映了大同地区文化的多元特点，既受到以赵文化为代表的晋文化影响，也受到燕文化影响，还受到楼烦等北地民族文化的影响。

本年度发掘的器物中，类型丰富，不仅有陶器，还有骨器、石器、蚌器等，就其使用年代上看，从新石器时代一直延伸至北魏辽金时期。此处遗址地处偏远，位于草原文化与农耕文化交界地带，多种文化交流的结果，构成本地的文化特征。

[1]陈光：《东周燕文化分期论》，《北京文博》，1987 年第 4 期。

[2]山西省考古研究所：《侯马铸铜遗址》，文物出版社，1993 年。

[3]山西省考古研究所：《侯马北坞古城勘探发掘简报》，《三晋考古（第一辑）》，山西人民出版社，1994 年。

[4]山西省考古研究所侯马工作站：《侯马牛村古城南墓葬发掘报告》附表一 "牛村古城南东周墓葬登记表"，见《晋都新田》，山西人民出版社，1996 年。

[5]山西省考古研究所侯马工作站：《侯马下平望墓地发掘报告》，《三晋考古（第一辑）》，山西人民出版社，1994 年。

[6]原报告称为 "小陶罂"，见河北省文物研究所：《河北平山三汲古城调查与墓葬发掘》，《考古学集刊·5》，中国社会科学出版社，1987 年。

[7]曹建恩：《内蒙古中南部地区商周时期的陶鬲》，见故宫博物院：《中国陶鬲谱系研究》，故宫出版社，2014 年。

[8]支配勇等：《平鲁井坪楼烦墓》，《文物季刊》1992 年第 1 期。

三　遗址价值

　　该年度发掘的云冈山顶的新石器时代陶片和东周时期遗迹，是本地区先秦考古的一次新发现，证明云冈窟顶早在新石器时代就有人类活动。出土的大量遗迹现象及器物表明，至少在东周时期，云冈地区就有人长期在该地居住并从事生产等活动。所以此次发掘，丰富了云冈地区的历史文化面貌，对研究本区域的文化流变特别是对研究本地区先秦"武周塞"的位置有重要的参考价值。

　　第 3 地点、第 4 地点位置与 2009~2010 年北魏佛教寺院遗址邻接，出土遗物特征相同，应属于同一个遗迹。

第五章　2009~2010 年北魏佛教寺院遗址发掘

第一节　遗址位置

遗址位于大同市云冈区云冈镇云冈石窟山顶明代军堡西部，2016 年简报发表时，称之为西区佛寺遗址。它东距明代军堡"八"字墙约 70 米。如以石窟位置定位，遗址东部边沿位于云冈石窟第 39 窟上，西部边沿过了第 45 窟 30 米处，南沿距窟崖边的距离是 20~30 米，北部延伸到山顶杏林（图六六）。遗址塔基中心点地理坐标为：北纬 40°06′38.3″，东经 113°07′15.0″，海拔 1173 ± 5 米。遗址原为略有起伏的缓坡地，种植有树木，后来由于明代修建云冈军堡和历史上人类生产活动，导致文化堆积遭到破坏。

图六六　2009~2010 年北魏佛教寺院遗址与石窟关系示意图

该区发掘10米×10米探方29个，为了把塔基南部，包括塔基踏道和窑前工作面清理完整，南部探方统一向南扩方7米，发掘面积共3460平方米。清理出北魏时期佛教寺院遗址1处，辽金时期房址1座，明清时期灰坑10余个（图六七；彩版四一，1、2；彩版四二，1）。

第二节　地层堆积

遗址地势东北高西南低，呈缓坡向西南延伸。地层堆积相对简单：第①层为现代土层，第②层为明清文化层，第③层为辽金文化层，第④层为北魏文化层。这是就遗址整体而言，具体到每一探方，地层分布并不均匀，部分探方第①层下就是第③层或第④层，第②层或第③层在许多探方缺失。现以T517~T520东壁剖面，T508、T512、T516、T520南壁剖面和T501、T505、T509、T513、T517、T521、T524、T527北壁剖面为例介绍：

一　T517~T520东壁剖面

这是纵贯遗址中部的一条剖面，呈南北向，地层如下：

第①层：耕土层，黄褐色土，距地表深0.1~0.3米。结构疏松，土壤包含物有大量植物根系、少量细煤渣、砂岩石块、料姜石、瓷片、瓦片、塑料制品等。叠压于此层下的有近现代坑、第②、③层、F1、方形塔基。

第②层：黄色粉砂土，距地表深0.15~0.6、厚0~0.45米。结构较致密、较纯净，土壤包含物有少量细煤渣、小砾石、植物根系等，出土遗物有瓦片、瓷片、陶片等。该层部分探方有缺失，为明清文化层。叠压于此层下的有第③层和F1。

第③层：黄褐色花土，距地表深0.13~1.35、厚0~0.7米。结构较致密，土壤包含物有细煤渣、料姜石、小砾石、草拌泥块、瓦片、白灰皮碎块等，出土遗物有板瓦、筒瓦碎片、陶片、瓷片、石刻佛像残件、石研磨器等，可辨器形有陶罐、陶盆、陶器盖等。该层在部分探方不存在，为辽金文化层。叠压于此层下的有第④层、F1和塔基。

第④层：黄褐色花土，距地表深0.35~0.45、厚0.2~0.35米。结构较疏松，土壤包含物有少量硬土块、料姜石、碎石块、木炭屑，出土遗物有瓦片、文字瓦当残片、莲花纹瓦当残片、陶莲花建筑饰件、石雕柱座、石质建筑材料、少量陶片等，可辨器形有陶罐、陶盆、陶钵等。此层为北魏文化层（图六八；彩版四二，2）。

二　T508、T512、T516、T520南壁剖面

这是遗址北部的一条剖面，呈东西向，地层如下：

第①层：耕土层，黄褐色土，距地表深0.1~0.35米。结构疏松，土壤包含物有大量植物根系、料姜石、砂岩石块、细煤渣、瓷片、瓦片、炉渣等。叠压于此层下的有第②、③、④层、F4~F7墙体，被现代坑打破。

第②层：黄色粉砂土，距地表深0.35~0.65、厚0~0.45米。结构较致密、较纯，土壤包含物有较多的植物根系、少量小砾石、砂岩石块、细煤渣等，出土遗物有瓦片、陶片、瓷片等。该

层为明代文化层，部分探方不存在。叠压于此层下的有第③、④层、F6、F7墙体。

第③层：黄褐色花土，距地表深 0.15~1.35、厚 0~1.15 米。结构较致密，土壤包含物有炭块和细煤渣、料姜石、瓦片、硬土块、草拌泥块等，出土遗物有瓦片、陶片等，可辨器形有筒瓦、陶罐、陶盆等。该层为辽金文化层，部分探方缺失。叠压于此层下的有第④层、F1，F1 打破 F7~F9。

第④层：黄褐色花土，距地表深 0.3~1.2、厚 0~1 米。结构疏松，土壤包含物有少量硬土块、草拌泥块、料姜石、石块、木炭、白灰皮碎块、烧土粒等，出土遗物有大量北魏瓦片、文字瓦当残块、陶莲花建筑饰件、石雕柱座、塔檐残件、石雕造像、陶片等。可辨器形有灰陶板瓦、筒瓦、釉陶板瓦（带釉板瓦）、陶罐、陶盆、陶壶、陶钵等。此层为北魏文化层。发现的遗迹有 F3~F7（图六九；彩版四三，1）。

三　T501、T505、T509、T513、T517、T521、T524、T527 北壁剖面

这是横穿遗址南部的一条剖面，呈东西向，地层如下：

第①层：耕土层，黄褐色土，距地表深 0.1~0.4 米。结构疏松，土壤包含物有细煤渣、料姜石、碎石块、植物根系、兽骨等，出土遗物有瓦片、陶片、瓷片等，可辨器形有筒瓦、板瓦、陶盆、瓷碗等。叠压于此层下的有现代坑、H507、H511、H514、H510、G501、第②、③、④层、F21 墙体和塔基。

第②层：黄色粉砂土，距地表深 0.12~0.95、厚 0~0.65 米。结构较致密，较纯净，土壤包含物有植物根系、细煤渣、小砾石等，出土遗物有瓦片、陶片、瓷片等，可辨器形有筒瓦、板瓦、"传祚无穷" 瓦当、陶罐、陶盆、瓷罐等。T501、T505、T509 探方无此层，该层为明清时期。叠压于此层下的有 H516、第③、④层、F21 墙体和塔基。

第③层：黄褐色花土，距地表深 0.12~0.7、厚 0~0.4 米。结构致密，土壤包含物有料姜石、白灰皮碎块、小砾石、细煤渣、植物根系等，出土遗物有瓦片、陶片、瓦当残块、瓷片等，可辨器形有筒瓦、灰陶板瓦、"传祚无穷" 瓦当、陶罐、陶盆、瓷碗等。T501、T505、T509、T521、T527 无此层，该层为辽金时期。叠压于此层下的为第④层和生土。

第④层：黄褐色花土，距地表深 0.45~1.3、厚 0~0.65 米。结构疏松，土壤包含物有料姜石、碎石块、植物根系、木炭屑、硬土块、白灰块等，出土遗物有瓦片、陶片、瓦当残块、石雕残件等，可辨器形有筒瓦、板瓦、"传祚无穷" 瓦当、莲花化生瓦当、陶莲花建筑饰件、石质莲花建筑饰件、陶罐、陶盆、陶钵等。该层为北魏文化层。叠压在该层下的有 F21 和塔基使用时期的活动面（图七〇；彩版四三，2）。

第三节　遗迹

发掘伊始就在表层现代耕土层之下，清理出东北—西南走向的两列排列较为整齐的土坑，并在发掘区域的北部转折向东延续，在发掘区域西部也清理出南北向排列的 4 个长方形土坑。开口于第①层下，打破第②、③、④层。土坑平面呈不规则长方形，壁近直，平底。长 1.3~1.8、宽 0.6~1.35、深 0.6~1.5 米。坑内填土为黄色砂土，结构疏松，较为纯净，有少量瓦片残块、"传

祚无穷"瓦当碎块等。应为近现代灰坑,用途不明,不作详述。

一　北魏时期

北魏时期遗迹是一处比较完整的佛教寺院遗迹,包括房屋 20 间(套)、陶窑 2 座、塔基 1 座、灰坑 1 个(图七一;彩版四四)。

(一)房址

北魏时期房屋遗迹共 20 间(套),分别为北房 13 间(套)、西房 2 间(套)、南房 2 间、东房 3 间(套)。皆为地面起夯土墙的建筑,有单间和套间之分。平面形状有方形和长方形两种,有的房前设置等距离的柱础石,应是附带廊柱,可见是前廊后室。有的房前不见廊柱柱础石,表明没有前廊(彩版四五)。

1. 北房

北房 13 间(套),分单间和套间两种。位于遗址北中部,由西向东,分别为 F3~F15。坐北朝南,方向 191°。东西长 61~62.5、南北宽 10~10.6 米。中部 F8~F11 被 F1、F2(辽金)叠压,未能完全清理。东部被 G501 打破。

房前地面有一排柱础石,共 12 个,编号柱础石 1~ 柱础石 12,房屋前墙边缘至柱础石中心点距离为 1.8~2.1 米,表明北房带着前廊。前廊柱础石直径 0.51~0.55 米,柱础石中间柱洞直径 0.08~0.11、深约 0.06 米。前廊柱础石之南有用筒瓦和长条石垒砌的小墙两处:一处用筒瓦垒砌的小墙被 F1 院墙叠压,长 1.2、宽 0.18、高 0.1 米。小墙之南地面上铺有石板,顺着柱础断断续续东西向延伸,长 15、宽 0.75 米,当为散水。另一处小墙位于 F13、F14 前柱础石之南,用长条石和筒瓦砌成,长 4.4、宽 0.12~0.15、高 0.2 米。

房后有使用时期的护坡和活动面,护坡长 62.5、高 0.3~0.5 米,活动面厚 0~5 厘米。门道面向西南。北房各房间面积不等,形式有别,以下分别介绍。

(1) F3

F3 是北房中面积最大的单间房。位于西头第 1 间,叠压于第①、④层下,打破生土。

房间平面形状呈长方形,南北长 3.25、东西宽 4.85 米(不包含墙体,以下相同)。墙体夯土筑成,夯层厚 0.1~0.13 米。墙高 0.17~0.75 米,墙厚 0.6~0.85 米。房内有火炕(暖炕)、烧火口、烧火灰坑、烟道、小柱础石、门道等。火炕位于房内西北部,南北向,平面呈长方形,长 2、宽 1.5、高 0.65~0.75 米,由片石和泥垒砌而成。烧火口位于火炕南侧,用三块石板叠砌,立面呈长方形,嵌入炕壁延伸入炕内,烧火口长 0.8、宽 0.3、高 0.25 米,石板长 45、宽 25、厚 4~6 厘米。烧火灰坑位于炕的南端地面,烧火口之下,平面接近长方形,长 1、宽 0.8、深 0.1~0.2 米。烟道位于火炕的西北角,平面呈圆形,直径 0.3、高 0.7 米。火炕东南部地面上有一个小柱础石,编号小柱础石 1,方座覆盆式,砂岩。底座边长 0.35、厚 0.05、覆盆直径 0.35、柱洞直径 0.05、深 0.1、通高 0.1 米。柱础高出地面 0.05 米。门道位于西南部,长 0.85、宽 1、高 0.05~0.08 米。门面向西南,方向 192°。房内墙壁和炕立面抹草拌泥,外抹白灰,草拌泥厚 1.5 厘米左右,白灰墙皮厚 0.3 厘米左右。房内有一层黄褐色活动面,厚 2~5 厘米,结构较致密,四周略高,中间稍低。

房前地面有一个前廊柱础石，编号柱础石 1，为方座覆盆式，砂岩。柱础石 1 底座边长 0.55、厚 0.12、覆盆直径 0.51、柱洞直径 0.11、深 0.06、通高 0.26 米。柱础石 1 中心点至柱础石 2 中心点直线距离 4.9 米，距南墙 1.8 米，该柱础石南 0.65 米处，是片石铺砌成的散水。

房后有使用时期的护坡和活动面，护坡高 0.2 米，活动面呈东北—西南走向，厚 0~8 厘米。房后活动面高出房内地面 0.25 米，房内地面高出廊内地面 0.1 米（图七二；彩版四六，1）。

房前、房后和房内填土基本相同，为黄褐色花土，结构疏松，土壤包含物有陶片、草拌泥块、硬土块、料姜石、木炭块或木炭粒、白灰墙皮碎块、植物根系等。该房址内外出土遗物有瓦片、陶片等，可辨器形有灰陶板瓦、筒瓦、陶罐、陶盆、陶钵等。

（2）F4

北房最小的单间房。位于 F3 东部、F5 西部，叠压于第①、④层下，打破生土。

房址平面接近于正方形，房间南北长 3.4、东西宽 3.25 米。墙体是夯土墙，夯层厚 0.12 米。

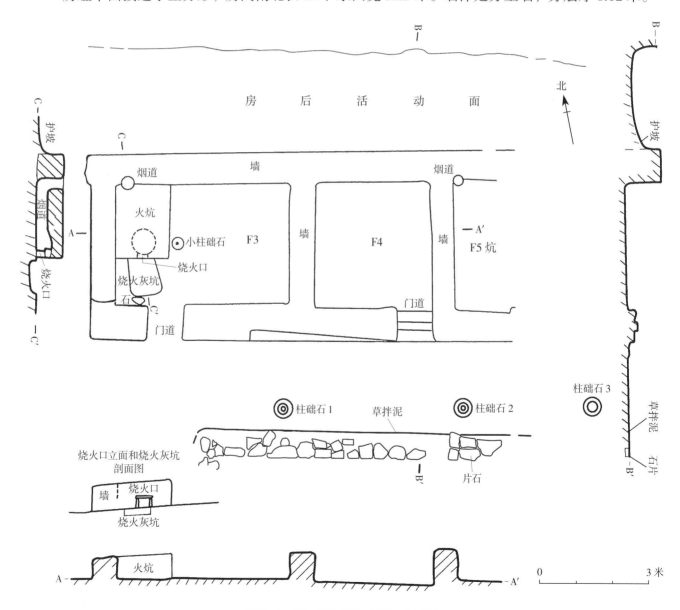

图七二　F3、F4 平面、剖面、立面图

墙高 0.2~1、厚 0.6~0.9 米。房内墙壁内抹草拌泥，外抹白灰，草拌泥厚 1~1.5 厘米，白灰墙皮厚 0.2~0.4 厘米。前后墙外壁抹草拌泥。房内有一层黄褐色活动面，厚 5 厘米左右，结构较致密，四周略高，中间稍低。门道位于房间东南部，长 0.8、宽 1、高 0.2 米。门道中间有门槛，东西长 1、宽 0.2、高 0.07 米。门槛内外各有一个台阶，房内台阶高 0.15、房外台阶高 0.1 米。门面向西南，方向 192°。

房前地面有 2 个前廊柱础石，柱础石 1 和柱础石 2。柱础石 1 位于房前西南部，柱础石 2 位于房前东南部。柱础石 1 已见前述，柱础石 2 为方座覆盆式，砂岩，底座边长 0.55、厚 0.12、覆盆直径 0.51、柱洞直径 0.11、深 0.06、通高 0.26 米。两柱础中心点直线距离为 4.9 米。南墙距柱础石 1 和柱础石 2 中心点直线距离为 1.8 米。柱础石 1 和柱础石 2 中心点向南 0.65 米，有一条片石铺砌的散水。

房后有使用时期的护坡和活动面，护坡高 0.2~0.3 米，活动面呈东北—西南走向，厚 0~6 厘米。房后活动面高出房内地面 0.3 米，房内地面高出前廊地面 0.1 米。

房前、房内和房后填土基本相同，为黄褐色花土，结构疏松，土壤包含物有料姜石、硬土块、草拌泥块、木炭粒或屑、白灰墙皮碎块、植物根系等，出土遗物有大量的瓦片、少量的陶片、石雕柱座等。可辨器形有灰陶板瓦、筒瓦、陶罐、陶盆等。

（3）F5

F5 位于 F4 东部、F6 西部，叠压于第①、④层下，打破生土。

房址平面近方形，单间，房间南北长 3.55、东西宽 3.6 米（图七三；彩版四六，2）。房址墙体是夯土，夯层厚 0.12 米。墙高 0.25~0.9、厚 0.6~0.9 米。F5 和 F4 共用一面墙，F5 和 F6 共用一面墙；房内有火炕、烧火口、烟道、石砌地面和门道等。火炕位于房内西北，南北向，平面呈长方形，紧贴房北墙和西墙，长 2.4、宽 1.4、高 0.75 米。火炕由片石和泥垒砌而成，表面抹一层草拌泥，草拌泥厚 0.8~1.5 厘米。烧火口位于火炕南侧，立面呈长方形，嵌入炕壁延伸入炕内。烧火口高 0.38、宽 0.3 米，底部距离地面 0.05 米。火炕片石长 30~55、宽 22~41、厚 8~15 厘米，外抹草拌泥，草拌泥厚 0~1.5 厘米。石砌地面位于火炕南侧。片石呈不规则状。片石长 15~75、厚 5~12 厘米。烟道位于火炕西北角，平面呈圆形，直径 0.28 米。房内墙壁内抹草拌泥，外抹白灰，草拌泥厚 0.8~1.5 厘米，白灰厚 0.3~0.4 厘米。房后墙体外侧抹草拌泥，草拌泥层厚 0.8~1.5 厘米。房内地面有一层黄褐色活动面，厚 2~4 厘米，结构致密，四周略高，中间稍低。门道位于房址东南部，方向 192°。门道长 0.75、宽 1.15、高 0.25 米。门道中间有门槛，东西长 0.85、宽 0.2、高 0.07 米。门槛东西两侧各有一个门框柱坑，东侧柱坑嵌入墙体 0.1 米。柱坑表面呈正方形，直壁平底，长宽各为 0.2、深 0.4 米。门槛西侧柱坑表面呈长方形，直壁平底，南北长 0.43、东西宽 0.2、深 0.45 米。东西两个柱坑内填土一致，均为黄褐色砂土，结构疏松，无遗物出土。

门槛内外各有一个台阶，房内台阶高 0.05、房外台阶高 0.08 米。房内地面经过门道向南略带斜坡延伸到前廊内，前廊活动面呈东西走向。房前有两个前廊柱础石，柱础石 2 和柱础石 3，柱础石 2 位于房前西南，柱础石 3 位于房前东南；柱础石 2 已见前述，柱础石 3 为方座覆盆式，砂岩，底座边长 0.6、厚 0.13、覆盆直径 0.55、柱洞直径 0.1、深 0.06、通高 0.27 米。柱础石 2 和柱础石 3 中心点直线距离为 3.5 米，南墙边缘距离柱础石 2 和柱础石 3 中心点直线距离为 1.75 米。柱础石 2 和柱础石 3 中心点向南 0.6 米处，有一条西北—东南走向的黄色草拌泥痕迹，草拌

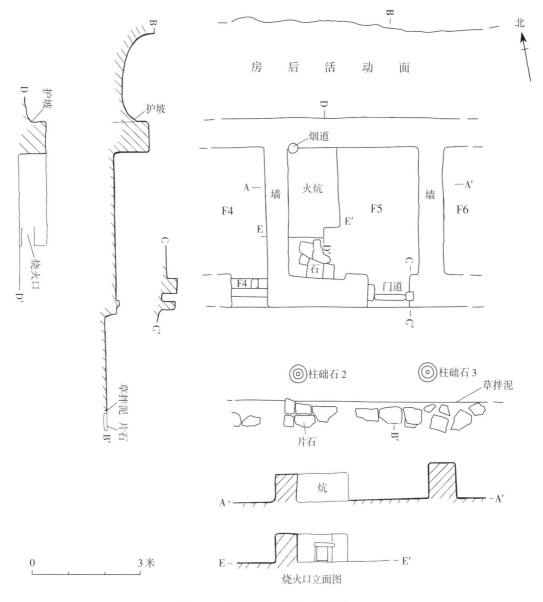

图七三　F5 平面、剖面、立面图

泥厚 1~1.5 厘米，草拌泥之南是片石铺砌的散水，散水片石长 25~50、宽 15~40 厘米。

　　房后有使用时期的护坡和房后活动面，护坡高 0.2~0.35 米，活动面呈西北—东南走向，厚 0~6 厘米。房后活动面高出房内地面 0.3 米，房内地面高出前廊地面 0.2 米。

　　房前、房内和房后填土基本相同，为黄褐色花土，结构疏松，土壤包含物有料姜石、硬土块、草拌泥块、木炭粒或屑、白灰墙皮碎块、植物根系等，出土遗物有较多的瓦片、少量的陶片以及石雕柱座、砖块等，可辨器形有灰陶板瓦、筒瓦、陶罐、陶盆、陶钵等。

　　（4）F6

　　F6 是北房中房间较多的套间。位于 F5 东部，F7 的西部，叠压于第①、②、④层下部，打破生土（图七四；彩版四七，1）。

　　房间结构为里外间，东西并列，西部为里间，其中外间又分为南北里外间。西部里间平面

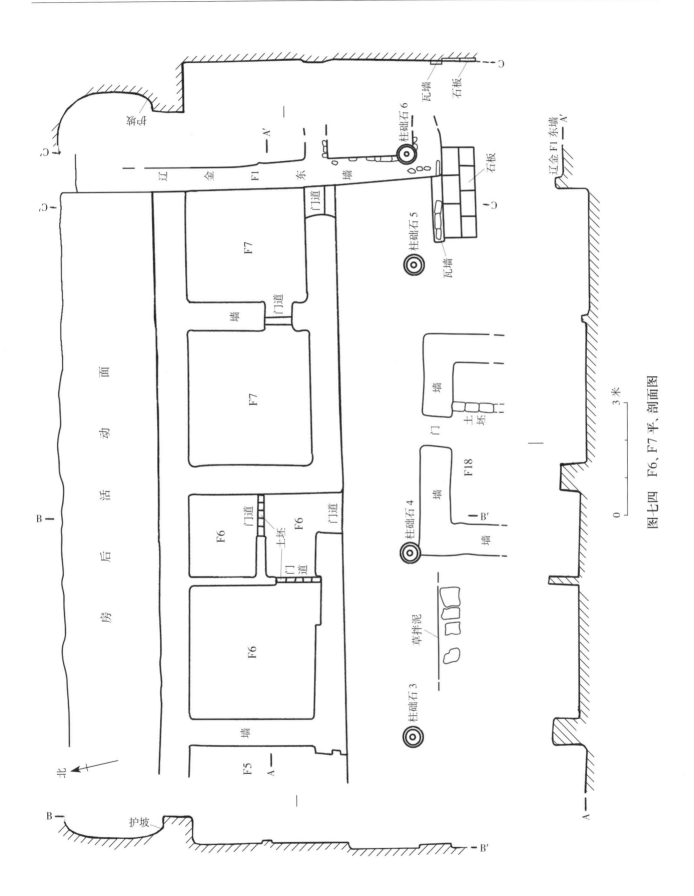

图七四　F6、F7 平、剖面图

近方形，房间南北长3.5、东西宽3.6米。门道位于东南部，长0.18、宽1.25、高0.3~0.6米。东部里间平面呈长方形，南北长1.85、东西宽2.2米。门道位于东南部，平面长0.18、宽1.1、高0.07米。东部外间平面呈长方形，南北长1.35、东西宽2.2米。主门道位于外间东南部，长0.8、宽1.05、高0.25~0.3米。门面向西南，方向192°。主墙是夯土墙，夯层厚0.1~0.13米。墙高0.25~0.8、厚0.7~0.85米。隔墙是用褐色土坯垒砌而成，土坯长26、宽16、厚6厘米。隔墙高0.7~0.8、厚0.25~0.3米。墙壁均内抹草拌泥，外抹白灰，南北墙外壁也抹草拌泥和白灰墙皮，草拌泥厚1~5厘米，白灰墙皮厚0.1~0.3厘米。里间墙壁中南部靠下发现两处涂有朱红颜色（彩版四七，2），一处面积为5厘米×8厘米，另一处6厘米×9厘米，距房内地面高约0.15~0.2米，像是墙围。房内有一层黄褐色活动面，厚0~6厘米，结构致密，四周略高，中间稍低。

房前地面上有两个前廊柱础石，柱础石3和柱础石4，柱础石3位于主门道西南部，柱础石4位于主门道东南部，柱础石3已见前述，柱础石4为方座覆盆式，砂岩，底座边长0.55、厚0.12、覆盆直径0.51、柱洞直径0.11、深0.06、通高0.26米。柱础石3中心点至柱础石4中心点直线距离4.9米，距南墙1.8米。柱础之南是用片石铺砌而成的散水。

房后有护坡和活动面，护坡高0.45米左右，用草拌泥、瓦片、片石垒砌而成。活动面呈东北—西南走向，厚0~8厘米，高出房内地面0.05米，房内地面高出廊内地面0.15米。

房前、房后和房内的填土基本相同，为黄褐色花土，结构疏松，土壤包含物有小石块、料姜石、硬土块、木炭屑、白灰墙皮块等，出土遗物有大量瓦片、少量陶片及屋脊构件、铁钉等，可辨器形有灰陶板瓦、筒瓦、陶钵、陶罐等。

（5）F7

F7是北房中面积较大的套间。位于F6东部、F8西部，叠压于第①~④层下部，打破生土，东部被F1打破。

房间平面呈长方形，里外间结构，坐北朝南，东西并列。西部是里间，南北长3.3、东西宽3.65米。门道位于东南部，与东部外间相连。门道长0.75、宽0.75、高0.4~0.55米。门道内有门槛，长0.75、宽0.2、高0.1~0.2米。里间地面高于外间地面0.1米。外间南北长3.3、东西残宽3米，主门道位于外间东南处，面向南，门道长0.85、宽0.8、高0.4~0.5米。门道有门槛，长0.85、宽0.55、高0.07米。门槛高出外间和廊内地面0.07米。房间主墙是夯土墙，夯层厚0.12米左右。墙高0.5~1.25、厚0.75~0.85米。墙壁内抹草拌泥，外抹白灰，草拌泥厚1.2~5厘米，白灰墙皮厚0.2~0.5厘米。南北墙外壁抹草拌泥。房内有一层黄褐色活动面，厚1~6厘米，结构致密，四周略高，中间稍低。

房前有两个前廊柱础石，柱础石5和柱础石6。柱础石5位于主门道西南部，柱础石6位于门道东南部，被F1辽金院墙叠压。柱础石5中心点距柱础石6中心点直线距离2.95米。柱础石5已见前述，柱础石6为方座覆盆式，砂岩，底座边长0.55、厚0.12、覆盆直径0.51、柱洞直径0.11、深0.06、通高0.26米。距南墙2.1米。柱础石5东南部有用筒瓦垒砌的小墙，东部被F1辽金院墙叠压，小墙长1.2、宽0.18、高0.1米。小墙之南地面上平铺石板，石板长0.55~0.9、宽0.42~0.5米，当为散水。

房后有墙体护坡和活动面，墙体护坡是用草拌泥、片石、瓦片垒砌而成，护坡高0.3米左右；活动面呈东北—西南走向，厚0~10厘米。

房前、房后和房内填土基本相同，为黄褐色花土，结构疏松，土壤包含物有少量料姜石、石块、硬土块、木炭粒、白灰墙皮碎块、植物根系等，出土遗物有较多的瓦片、文字瓦当残片、石构件残块等，可辨器形有灰陶板瓦、筒瓦、"传祚无穷"瓦当、陶罐等。

　　（6）F8、F9、F10

　　F8、F9和F10被辽金F1和F2叠压和打破，F8、F9、F10和F11西部房内未做清理。根据北魏房址前廊柱础石的排列规律，在F1和F2院内地面下发现有三个柱础石，由西向东，分别为柱础石6、柱础石7和柱础石8，下面分别介绍。

　　F8前面有两个前廊柱础石，编号为柱础石6和柱础石7，柱础石6位于房前西南部，柱础石7位于房前东南部。柱础石6已见前述，柱础石7为方座覆盆式，砂岩，底座边长0.6、厚0.13、覆盆直径0.55、柱洞直径0.11、深0.06、通高0.27米。柱础石6和柱础石5中心点直线距离为2.95米，柱础石6中心点向南0.95米处地面上平铺石板两行，呈东西走向，石板长55~90、宽42~50厘米，当为散水。柱础石6和柱础石7中心点直线距离为4.1米。

　　F9房前地面有两个前廊柱础石，编号为柱础石7和柱础石8，柱础石7位于房前西南部，柱础石8位于房前东南部。柱础石8为方座覆盆式，砂岩，底座边长0.55、厚0.12、覆盆直径0.5、柱洞直径0.1、深0.06、通高0.26米。柱础石7和柱础石6中心点直线距离为4.1米，柱础石7和柱础石8中心点直线距离为4.07米。

　　F10房前地面有一个前廊柱础石，编号为柱础石8，柱础石8位于房前西南部，房前东南部应还有一个柱础石，被近现代坑破坏。

　　（7）F11

　　F11位于F10东部、F12西部，叠压于第①~④层下，打破生土，被近代灰坑和辽金房址F2东墙叠压和打破（图七五；彩版四八，1）。

　　F11残存平面呈长方形，仅存东墙和北墙局部，单间，南北残长3.35、东西残宽1.5米。北墙和东墙均为夯土墙，夯层厚0.1~0.12米。墙体高0.6~0.9、厚0.45~0.55米。F11东墙和F12共用一面墙，墙体表面先抹一层草拌泥，外抹白灰，草拌泥层厚0.8~1.4厘米，白灰层厚0~0.3厘米。房后墙体外侧抹草拌泥，草拌泥层厚0.8~1.5厘米。

　　房内有一层黄褐色的活动面，厚0~6厘米，结构致密，中间较为平坦，四周略高。门道和东墙西南侧被破坏。房内地面呈坡状延伸至房外前廊内，房前地面所对应的前廊柱础石为柱础石9，位于房前东南，柱础石9为方座覆盆式，砂岩，底座边长0.55、厚0.12米，覆盆直径0.5、柱洞直径0.1、深0.06、通高0.26米。柱础石9和柱础石8中心点直线距离为8.2米，柱础石9和柱础石10中心点直线距离为4.4米，柱础石9中心点距离房屋南墙边缘为2.85米。

　　房后有使用时期的护坡和活动面，护坡高0.4米，护坡是用草拌泥、瓦片和片石垒砌而成，活动面呈西北—东南走向，厚0~7厘米，房后活动面高出房内活动面0.25米，前廊地面高出房内地面0.05米。

　　房前、房后和房内的填土基本相同，为黄褐色花土，结构疏松，土壤包含物有小石块、料姜石、草拌泥块、硬土块、木炭粒或屑、白灰墙皮块等，出土有瓦片、陶片及屋脊构件等，可辨器形有灰陶板瓦、筒瓦、"传祚无穷"瓦当、陶钵、陶罐、陶盆等。

　　（8）F12

　　F12位于F11东部、F13西部，叠压于第①~④层下，打破生土，被现代坑打破。

　　房址平面为正方形，单间，南北长3.35、东西宽3.55米。北墙、东墙和西墙均为夯土墙，

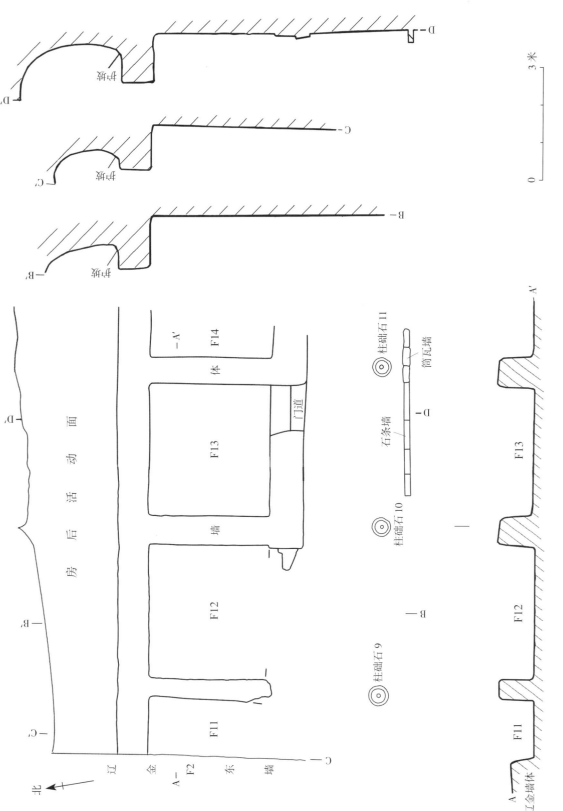

图七五　F11~F13 平、剖面图

南墙残损严重，仅残存东南角，墙体夯层厚0.12米。墙高0~1.4、厚0.2~0.95米。F12西墙和F11共用一面墙，F12东墙和F13共用一面墙，房内墙体先抹一层草拌泥，外抹白灰，草拌泥厚1~2厘米，白灰厚0.1~0.2厘米。房后墙体外壁抹草拌泥，草拌泥厚1~2厘米。房内有一层黄褐色活动面，厚3厘米，结构致密，房内地面较为平坦并略带坡状延伸至前廊内，前廊内活动面呈东西走向。房间门道被破坏，结构不详。

房前地面上有两个前廊柱础石，分别为柱础石9和柱础石10，柱础石9位于房前西南部，柱础石10位于房前东南部。柱础石10为方座覆盆式，砂岩，底座边长0.55、厚0.12、覆盆直径0.51、柱洞直径0.11、深0.06、通高0.26米。柱础石9和柱础石10中心点直线距离为4.4米，房址南墙边缘距离柱础9和柱础10直线距离为2.1米。

房后有使用时期的护坡和活动面，护坡是用草拌泥、瓦片和片石等垒砌，护坡高0.2~0.35米，活动面呈西北—东南走向，厚0~5厘米，房后活动面高出房内活动面0.3米，房前活动面低于房内活动面0.05米。

房前、房后和房内外填土基本相同，为黄褐色土，结构疏松，土壤包含物含有小石块、植物根系、料姜石、硬土块、草拌泥块等，出土遗物有大量的陶片、少量"传祚无穷"瓦当残片、陶片等，可辨器形有灰陶板瓦、筒瓦、陶盆、陶钵等。

（9）F13

F13位于F12东部、F14西部，叠压于第①~④层下，打破生土，被近现代坑打破（图七五；彩版四八，2）。

房间平面接近正方形，单间，南北长3.3、东西宽3.4米。房间墙体是夯土墙，夯层厚0.11米。墙高0.5~1.2、宽0.65~0.85米。F13和F12共用一面墙，F13和F14共用一面墙，屋内墙壁内抹一层草拌泥，外抹白灰，草拌泥层厚0.5~1.4厘米，白灰层厚0.1~0.3厘米，房后墙体外壁抹草拌泥，草拌泥层厚0.8~1.5厘米。房内有一层黄褐色活动面，厚5厘米，结构致密，平整光滑，四周略高；门道位于房间东南部，方向192°。门道长0.9、东西宽1.2、高0.5~0.6米。门道中间有门槛，东西长0.85、宽0.2、高0.05米。门槛前有一台阶，台阶高0.1米。房内地面经过门道略带斜坡延伸至前廊内，前廊内活动面呈东西走向。

房前地面上有两个前廊柱础石，分别为柱础石10和柱础石11，柱础石10位于房前西南侧，柱础石11位于房前东南侧，柱础石11底座边长0.55、厚0.12、覆盆直径0.51、柱洞直径0.11、深0.06、通高0.26米。柱础石10和柱础石11中心点直线距离为4.25米，南墙边缘至柱础石10和柱础石11中心点直线距离为2.05米。柱础石10和柱础石11中心点向南0.65米处，有一条西北—东南走向的墙体，由石条和泥垒砌，石条长50~80、高15、厚15厘米，墙体长4.4、宽0.15、高0.3~0.45米。

房后有使用时期的护坡和活动面，护坡是用片石、瓦片等建筑材料和泥垒砌而成，护坡高0.2~0.4米。房后活动面呈西北—东南走向，厚0~4厘米。活动面高出房内地面0.5米，屋内地面高出前廊活动面0.15米。

房前和房内填土基本相同，为黄褐色花土，结构疏松，土壤包含物有木炭屑、白灰块、硬土块、草拌泥块、石块、植物根系等，出土遗物有大量北魏时期的筒瓦、板瓦残块、陶片等，可辨器形有灰陶板瓦、筒瓦、陶罐、陶盆等。

（10）F14

F14 是北房中最小的套间。位于 F13 东部、F15 西部，叠压于第③、④层下，打破生土，被近现代坑打破（图七六）。

房间平面呈长方形，为里外间，坐北朝南，东西并列。里间靠东，南北长 3.3、东西宽 2.1 米。里间门道位于西南，长 0.7、宽 0.8、高 0.5 米。外间靠西，南北长 3.35、东西宽 3.4 米。门道位于东南，长 0.9、宽 1.2~1.25、高 0.6~0.7 米。门面向西南，方向 192°。墙体为夯土所筑，夯层厚 0.11~0.13 米。墙残高 0.6~1.1、厚 0.5~0.95 米。里间南墙壁有一个掏进去的灶，编号为 Z1，一半在墙内，一半在墙外。Z1 平面呈圆形，直径 0.4、高 0.5 米，青灰色烧结面厚 1 厘米，红烧土厚 0~5 厘米。房内墙壁内抹草拌泥，外抹白灰，草拌泥厚 1~2 厘米，白灰墙皮厚 0.1~0.3 厘米。南北墙外壁仅抹草拌泥。

房前地面有两个前廊柱础石，柱础石 11 和柱础石 12。柱础石 11 位于门道前西南，柱础石 12 位于门道前东南，为方座覆盆式，砂岩，底座边长 0.55、厚 0.12、覆盆直径 0.51、柱洞直径 0.11、深 0.06、通高 0.26 米。两柱础石中心点直线距离 3.65 米，距南墙 2 米。柱础石 12 中心点向南 0.5 米处，有用片石铺砌的散水。

房后有使用时期的护坡和活动面，护坡高 0.4 米左右，用草拌泥、片石、瓦片垒砌。

房前、房后和房内填土基本相同，为黄褐色花土，结构疏松，土壤包含物有料姜石、草拌泥块、木炭块、白灰墙皮或碎块、植物根系等，出土遗物有大量瓦片、少量陶片和石雕柱座等，可辨器形有灰陶板瓦、筒瓦、柱座、陶盆等。

（11）F15

F15 位于 T14 东部，叠压于第①~④层下，打破生土，被近现代坑和 G501 打破。

由于破坏严重，F15 残存平面呈不规则形，只存西墙和南北墙局部，单间，南北长 3.3、东西残宽 0.25~1.05 米，墙体是夯土墙，夯层厚 0.12 米。墙高 0.8~1.2、宽 0.5~0.9 米。F15 和 F14 共用一面墙，房内墙体先抹一层草拌泥，后抹白灰，草拌泥层厚 1~1.5 厘米，白灰层厚 0.2~0.5 厘米。北墙外侧抹一层草拌泥，草拌泥层厚 1~1.5 厘米。室内有一层黄褐色活动面，结构致密，平整光滑，四周略高，厚 5 厘米左右，活动面局部被高温烧烤，局部成黑灰色。

因破坏严重，房址门道和房前结构不详。

房后有使用时期的护坡和活动面，护坡是用草拌泥、碎石堆砌而成，高 0.2~0.4 米。活动面为褐色花土经过处理，结构致密，厚 6 厘米，房后活动面高出房内地面 0.4 米。

房后和房内填土基本相同，黄褐色花土，结构疏松，土壤包含物有木炭屑、白灰块、硬土块、草拌泥块、石块、植物根系等，出土遗物有大量北魏时期的筒瓦、灰陶板瓦残块、陶片等，可辨器形有灰陶板瓦、筒瓦、陶罐、陶盆等。

2. 南房

南房 2 间，皆为单间。位于遗址西南部，为 F16 和 F17，东西长 7.1、南北宽 4.15~4.3 米，坐北朝南，一东一西。东部和南部被破坏，门道面向西南。

（1）F16

F16 是小单间房。位于南房西部，东邻 F17，叠压于第①、④层下，打破生土。

房址平面近方形，南北长 3、东西宽 2.9 米。东墙、西墙、北墙为夯土墙，夯层厚 0.1~0.12 米。南墙用片石、瓦片垒砌而成，高 0~0.35、墙厚 0.8~1 米。壁上抹草拌泥，厚 0.8~1.5 厘米（图七七；彩版四九，1）。房内有一层黄褐色的活动面，厚 0~8 厘米，质地较硬，结构致密，四周

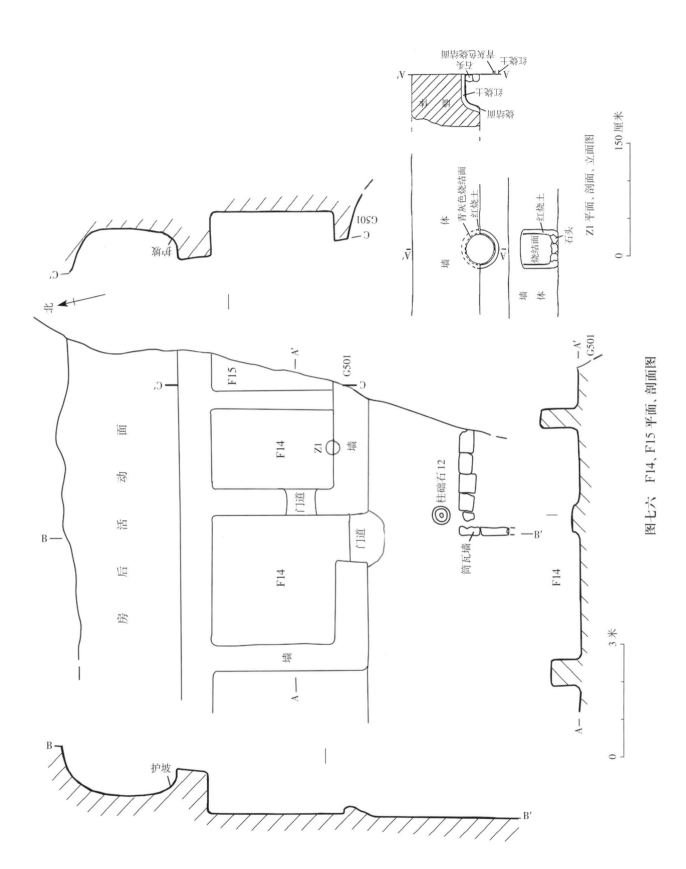

图七六　F14、F15 平面、剖面图

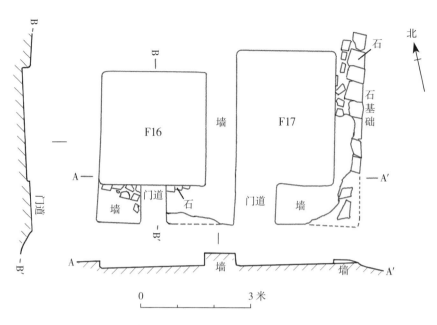

图七七　F16、F17平、剖面图

略高，中间稍低。门道位于房间的中部，长1、宽0.7、高0~0.35米。门面向西南，方向191°。

房内填土为黄褐色花土，结构疏松，土壤包含物有料姜石、小砾石、硬土块、草拌泥块、木炭碎块、片石、植物根系等，出土遗物有筒瓦、板瓦、釉陶板瓦（带釉板瓦）残片、石雕柱座、陶片等，可辨器形有釉陶板瓦（带釉板瓦）、灰陶板瓦、筒瓦、石雕柱座、陶盆、陶罐等。

（2）F17

F17是大单间房。位于南房东部，西邻F16，叠压于第①、④层下部，打破生土。

房间平面呈长方形，南北长3.5、东西宽2.7米。西墙和北墙是夯土墙，夯层厚约0.11米。东墙和南墙破坏严重，只存墙基。墙基由石板垒砌而成，高0~0.3、厚0.7~1米。房内壁抹草拌泥，外抹白灰，草拌泥厚1~2厘米，白灰墙皮厚0.2~0.4厘米。屋内有一层黄褐色活动面，厚1~8厘米，质地较硬，结构致密，四周略高，中间略低0~0.06米。门道位于房间西南部，长1、宽1.1、高0~0.3米。门面向西南，方向192°。房内活动面呈水平形状，从门道向南延伸至门前。

房内填土为黄褐色花土，结构疏松，土壤包含物有料姜石、石粒、木炭块、草拌泥块、白灰皮碎块、植物根系等，出土遗物有瓦片、釉陶板瓦（带釉板瓦）残片、陶片等，可辨器形有釉陶板瓦（带釉板瓦）、灰陶板瓦、筒瓦、陶罐、陶盆等。

3．西房

西房一排2间（套），分单间F19和套间F18。位于遗址中部偏西，一南一北。南北长13.4、宽8.25米，被H509打破，南部破坏至生土。一个门道面向东南，另一个门道向北。

房前有前廊柱础石14，东墙距柱础石14中心点2米，表明西房前有廊。房后有使用时期墙体的护坡和活动面，护坡长11.4、高0.15米，活动面厚0~8厘米。

（1）F18

F18是套间。位于西房南部，北靠F19，叠压于第①、③、④层下部，打破生土，被H509打破，南部被破坏至生土。

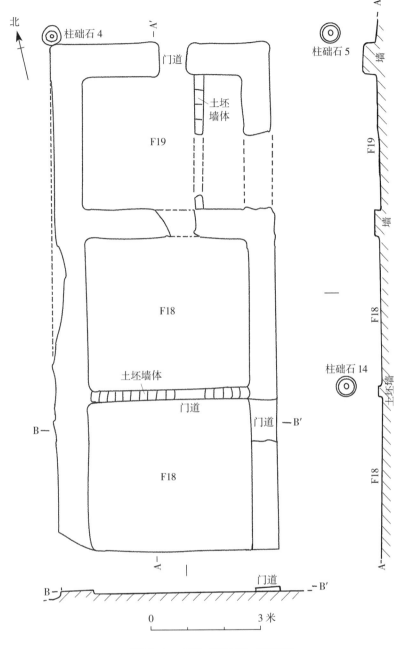

图七八　F18、F19 平、剖面图

　　平面呈长方形，里外间南北并列（图七八；彩版四九，2）。北部是里间，东西长 4.4、南北宽 4 米。里间门道位于隔墙东南部，和外间相通。门道长 0.3、宽 0.8 米。门道之间，有一道 0.07米高的门槛。外间在南部，东西长 4.4、南北宽 4 米。主门道位于房间东北部，长 0.7、宽 1.1 米。主墙是夯土墙，夯层厚 0.1~0.12 米。墙高 0~0.13、厚 0.7~0.9 米。隔墙是用褐色和黄色土坯垒砌而成，土坯长 30、宽 25、厚 13 厘米。房内壁和前墙外壁抹草拌泥，草拌泥厚约 1.5 厘米。房内有一层黄褐色活动面，厚 2~7 厘米，质地较硬，结构致密，四周略高，中间稍低，深 0~6 厘米。主门道面向东南，方向 259°。

　　房内地面呈水平状向东延伸至前廊内，廊内活动面呈东北—西南走向。房前地面有一个前廊柱础石14，柱础石14位于门道东北，为方座覆盆式，砂岩，底座边长0.55、厚0.12米，覆盆直径0.5、柱洞直径0.1、深0.06、通高0.26米。柱础石14中心点距东墙边缘2米。房内地面高出房后地面0.15米。

房后有使用时期墙体护坡和活动面，护坡是用草拌泥、瓦片、片石垒砌而成，高0.15米左右。活动面呈东北—西南走向，厚0~6厘米。

房前、房后和房内填土基本相同，为黄褐色花土，结构疏松，土壤包含物有料姜石、小砾石、木炭渣、草拌泥植物根系等，出土遗物有瓦片、文字瓦当残片、陶片等，可辨器形有灰陶板瓦、筒瓦、"传祚无穷"瓦当、陶钵、陶盆等。

（2）F19

F19是单间房。位于西房北部，南邻F18，叠压于第①、④层下部，打破生土，被近现代坑和H509打破。

房间平面呈长方形，东西长4.4、南北宽3.5米。房内东部有一道土坯垒砌的南北向小墙，中南部被H509打破，北段残长1.6、南段残长0.35、高0.5、厚0.23米。土坯长40、宽17、厚13厘米。主墙为夯土筑成，夯层厚0.1~0.13米。墙高0.05~0.5、厚0.75~0.85米。门道位于房间北部，长0.85、宽0.75、高0.35~0.5米。房内壁抹草拌泥，外有抹白灰的痕迹，东墙也抹草拌泥，草拌泥厚1.5~3厘米，白灰墙皮厚度不详。房内有一层褐色活动面，厚3~8厘米，结构致密，四周略高，中间稍低，厚0~0.07米。门道面向东北，方向12°。

房后有墙体护坡和活动面，护坡用草拌泥和瓦片垒砌，高0.15米。活动面呈东北—西南走向，厚0~8厘米。

房前、房后和房内填土基本相同，为黄褐色花土，结构疏松，土壤包含物有小砾石、料姜石、草拌泥块、硬土块、木炭粒等，出土遗物有瓦片、文字瓦当残片、釉陶板瓦（带釉板瓦）残片、陶片等，可辨器形有釉陶板瓦（带釉板瓦）、灰陶板瓦、筒瓦、"传祚无穷"瓦当、陶罐、陶盆等。

4．东房

东房一排3间（套），分单间和套间，为F20、F21、F22。位于遗址东部，南北并列。南北长18.2、宽4.7~8.75米，西北部被G501打破，东南部被H510打破，门道面向西北。

（1）F20

F20位于东房南部，单间，北靠F21，叠压于第①、④层下部，打破生土，被H510打破。

房间平面呈长方形，东西残长2.25~3.15、南北宽2.2米。西墙存有墙基，用片石垒砌而成，北墙是夯土，夯层厚0.1~0.12米。墙高0~0.15、厚0.6~1米。房间内壁和外壁抹草拌泥，厚1~1.5厘米。因南墙破坏严重，仅存部分片石砌的墙基，门道方向和尺寸不详（图七九；彩版五○，1）。房内有一层黄褐色活动面，厚2~6厘米，结构致密。

房内地面和房前地面同在一个平面上。房外和房内填土基本相同，为黄褐色花土，结构疏松，土壤包含物有料姜石、小石粒、木炭粒、草拌泥块等，出土遗物有瓦片、文字瓦当残片及少量的陶片等。可辨器形有筒瓦、灰陶板瓦、"传祚无穷"瓦当、陶盆等。

（2）F21

F21是套间，位于东房中部，北靠F22，南邻F20，叠压于第①、③、④层下部，打破生土，被G501、H510、H516打破。

房间平面呈长方形，南北并列两间，里间东西长3.3、南北宽3.55米。门道位于南部中间，

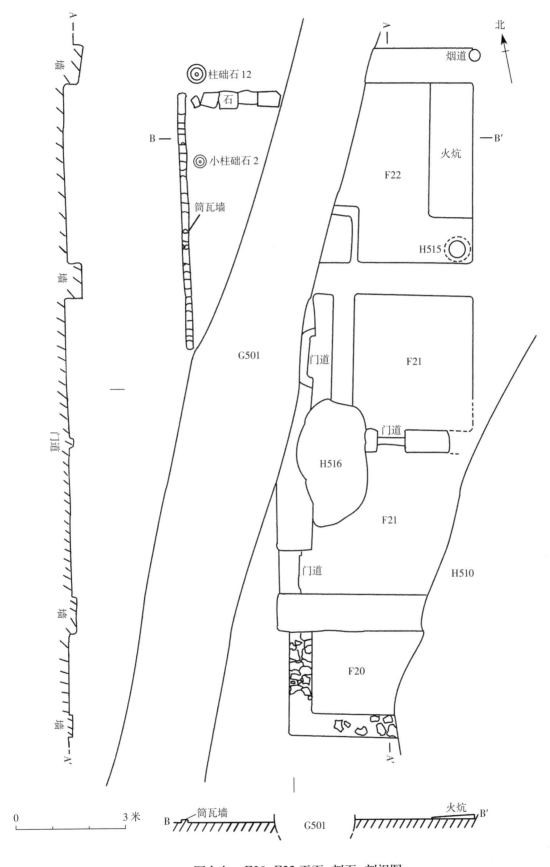

图七九　F20~F22 平面、剖面、剖视图

长 0.6、宽 0.8、高 0.25 米。有门槛，长 0.8、宽 0.2、高 0.1 米。外间东西残长 3.25~3.95、南北宽 3.75
米。主门道位于西南部，长 0.95、宽 1.15、高 0.04 米。门道有门槛，长 1.15、宽 0.5~0.55、高 0.04
米。主墙夯筑，夯层厚 0.1~0.12 米。墙高 0.5、厚 1 米。房内壁先抹草拌泥，外抹白灰，草拌泥
厚约 1.5 厘米，白灰墙皮厚 0.2 厘米左右。西墙外壁也抹草拌泥。房内有一层黄褐色活动面，厚
1~6 厘米，结构致密，中间稍低，四周略高。主门道位于西南部，方向 101°。

房内地面和房前地面同在一个平面上。房外和房内填土基本相同，为黄褐色花土，结构疏松，
土壤包含物有料姜石、小石块、木炭粒、草拌泥块、硬土块等，出土较多瓦片、文字瓦当残片、
石雕菩萨造像、陶片等，可辨器形有灰陶板瓦、筒瓦、"传祚无穷"瓦当、石雕菩萨造像、陶盆等。

（3）F22

F22 位于东房北部，南邻 F21，叠压于第①~④层下，打破生土，被 G501 打破。

F22 残存平面呈不规则长方形，由火炕、烟道和隔墙组成，房子的东南角有一圆形坑（H515），
东西残宽 3~4.25、南北长 4.75 米。

房间墙体为夯土所筑，夯层厚 0.11 米。墙高 0.35~0.5、厚 0.98 米。F22 和 F21 共用一面墙，
房内墙体先抹一层草拌泥，后抹白灰，草拌泥层厚 1~1.5 厘米，白灰层厚 0.2 厘米。火炕位于房
址东北部，平面呈长方形，南北向，南北长 3.6、东西宽 1.2、高 0.02~0.3 米，由于残损严重，
火炕结构不详。烟道位于房址墙内东北角、火炕东北侧，嵌入墙体，平面呈圆形，直径 0.3 米，
烟道中心距离火炕 0.75 米。隔墙位于房间南侧，把 F22 隔出一个小房间，房间残存平面为长方形，
东西残长 0.6~0.9、南北宽 1.2 米。隔墙是夯土墙，夯层厚 0.08 米，墙南北长 1.5、东西宽 0.75、
厚 0.18~0.25 米，房址被 G501 打破，门道结构和方向不详。房内有一层黄褐色活动面，结构致密，平整光滑，活动面厚 5 厘米。

房前地面有一个小柱础石，编号小柱础石 2，小柱础石 2 位于房前西部，为方座覆盆式，砂岩，底座边长 0.25、厚 0.05、覆盆直径 0.25、柱洞直径 0.04、深 0.09、通高 0.09 米。小柱础石 2 东距 F22 西墙约 2 米，西距筒瓦小墙边缘 0.4 米。小柱础石 2 中心点之西北 0.17 米处，有东北—西南走向的筒瓦垒砌小墙，长 6.8、宽 0.2、高 0.1 米。

H515

位于 T528 东隔梁下，F22 东南部，开口于第④层下部，打破生土。平面呈圆形，剖面呈罐形，口大底小，腹径大于口径，坑壁上部又略外斜，中部坑壁外弧，坑壁下部内收，平底。口径 0.4、腹径 0.64、底径 0.2、深 0.7 米。坑内填土为灰土，结构疏松，土壤包含物以草木灰为主，含少量烧土粒、小石块等，出土遗物有少量陶片，可辨器形有陶钵、陶盆（图八〇；彩版五〇，2）。

房外和房内填土基本相同，为黄褐色花土，结构疏松，土壤包含物有料姜石、小石块、木炭粒、草拌泥块、硬土块等，出土遗物有较多瓦片、文字瓦当残片、陶莲花建筑饰件和陶片等，可辨器形有灰陶板瓦、筒瓦、"传祚无穷"瓦当、石菩萨造像、陶莲花建筑饰件、陶罐、陶盆等。

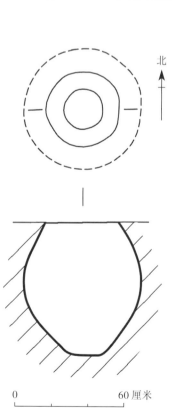

北

0　　　　60 厘米

图八〇　H515 平、剖面图

（二）塔基

1 座。编号 2010 塔基 1。

2010 塔基 1

北魏时期塔基，位于遗址南部靠东探方 T517、T518、T521、T522、T524 和向南扩方部分（图八一；彩版五一，1），塔基北部有辽金时期的活动面和小路。塔基南部有一条踏道，塔基北缘至北房柱础石直线距离 12 米，塔基西缘至西房前墙直线距离 11.4 米，塔基东缘至东房前墙直线距离 9.85 米。

塔基叠压于第①、②、③层下和第④层下部，打破生土，部分被近现代坑打破。塔基坐北朝南，方向 191°，与北房方向相同。塔基平面方形，南北长 14.5、东西宽 14.4、高 0.35~0.75 米。踏道位于塔基南部正中间，平面呈长方形，北高南低，长 5.3、宽 1.9、高 0~0.3 米。因靠近石窟顶部崖壁，没有完全清理出来。

塔基主体为夯土，由三部分组成，第一部分是塔基中部的细砂土，质地较纯，结构致密，长 12.25、宽 11.25 米。第二部分是塔基外围的夯土，呈回字形，每边宽约 0.9~2.6 米，夯层厚约 0.13 米，夯窝有圆形和长方形圆角两种：圆形夯窝直径 10、深 2.5 厘米。长方形圆角夯窝长 10、宽 7.5、深 1.5 厘米。第三部分是包砌塔基夯土四周的片石墙，墙宽约 0.21~0.35 米，起着保护塔基的作用。南边和西边的片石已经被破坏，但北边东半部及东边的片石保存不错。片石长 18~52、宽

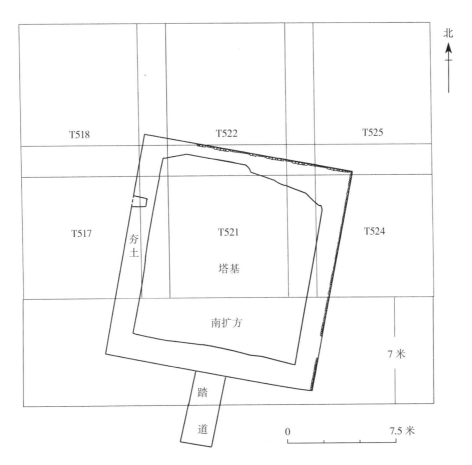

图八一 2010 塔基 1 探方位置图

21~35、厚 0~7 厘米。

　　塔基上有建筑时期的柱洞七排 40 个，编号为 D1~D40，柱洞排列基本有序，每排 5~8 个柱洞，呈东北西南走向。柱洞平面形状有长方形、圆形、方形、椭圆形、不规则形，其中，长方形 29 个，口径长 0.5~0.85、宽 0.35~0.7、深 0.4~0.75 米。圆形 7 个，口径 0.45~0.75、深 0.4~0.8 米。椭圆

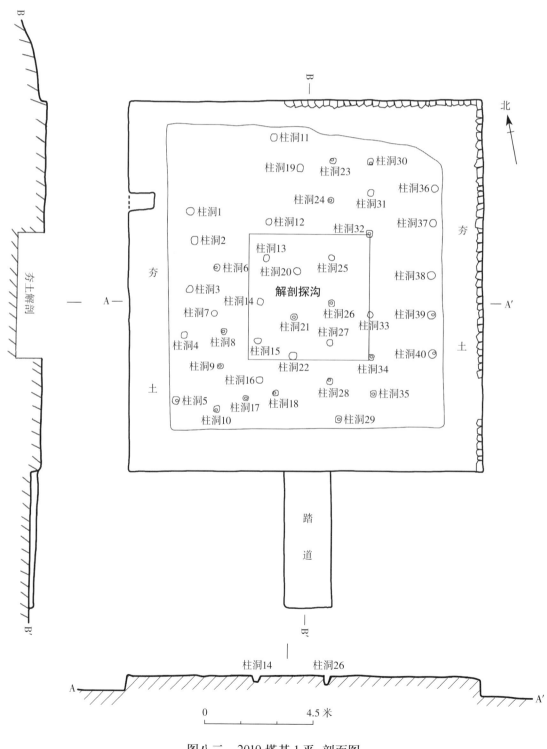

图八二　2010 塔基 1 平、剖面图

形2个，口径0.55~0.75、深0.8~0.9米。方形1个，口径0.5、深0.5米。不规则形1个，口径0.55~0.63、深0.7米。这些柱洞底部不见柱础石或垫石（图八二）。经过解剖，塔基中部未发现地宫或埋藏坑遗迹。

塔基中部解剖以东壁地层夯土堆积为例，解剖沟长5、宽5米。沟内夯土层有七层。第①层：黄褐色花土，厚0.07~0.2米，结构致密。第②层：杂土，厚0.36~0.42米，土壤包含物杂质较多，有白灰砂石、鹅卵石等，结构致密。第③层：黄褐色花土，厚0.05~0.1米，结构致密。第④层：黄褐色花土，厚0~0.15米，结构致密。第⑤层：黄褐色花土，厚0.05~0.18米，结构致密。第⑥层：黄褐色花土，厚0.12~0.18米，结构致密。第⑦层：黄褐色花土，厚0~0.11米，结构致密。以下为自然砂石淤积层（图八三；彩版五一，2）。

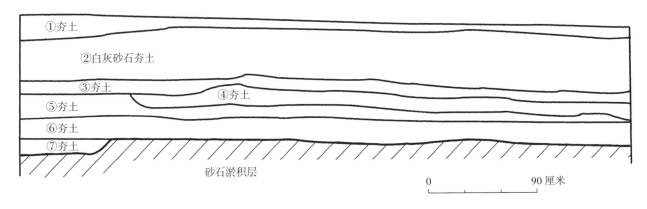

图八三　2010塔基1解剖沟东壁剖面图

塔基的西南部和东南部地面上各有一个柱础石，编号为柱础石13和柱础石15，均为方座覆盆式，砂岩。柱础石13位于T513东南部，开口于第④层下，打破地面硬土。柱础石13底座边长0.85、厚0.14、覆盆直径0.75、柱洞直径0.14、深0.05、通高0.29米。紧靠柱础石13东南部，有一堵东北—西南走向的小墙，用褐色土坯垒砌而成，墙体东西两侧各抹2厘米厚的草拌泥，土坯墙和塔基的方向相同。土坯墙长2.6、宽0.25、高0.07米。土坯长45、宽21厘米，厚不详。柱础石15位于T524南扩方处，开口于第④层，打破地面硬土，底座边长0.85、厚0.14、覆盆直径0.75、柱洞直径0.14、深0.05、通高0.29米。柱础石13中心点至塔基西边缘直线距离8.65米。柱础石15中心点至塔基东边缘直线距离8.1米。

（三）陶窑

2座。编号为Y501、Y502。

陶窑遗迹位于发掘区西南部T501内，共2座陶窑，东西并列。西为Y501，东为Y502（图八四；彩版五二，1）。均为东北—西南走向，从生土表面向下挖成，然后用草拌泥土坯垒砌窑室周壁，窑壁面抹一层草拌泥。陶窑由窑前工作面、窑门、火膛口、火膛、窑床、烟道等组成。平面呈椭圆袋形，窑门面向西南。现以T501南壁剖面为例：

第①层：耕土层，黄褐色土，深0.1~0.2米。结构疏松，土壤包含物有较多植物根系、少量碎玻璃片、铁丝、砖块、石头、料姜石、瓷片、陶片等。叠压于此层下的有Y501、Y502窑前

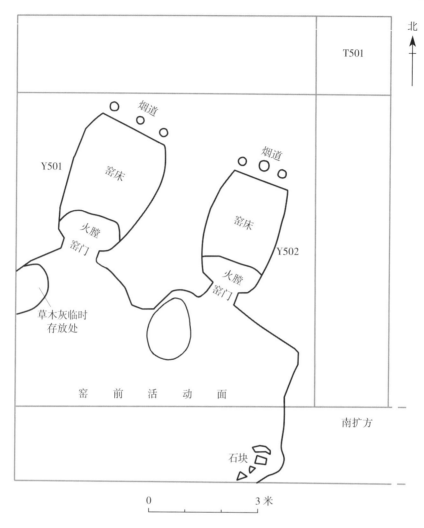

图八四　Y501、Y502 探方平面图

堆积和生土。

（1）Y501

Y501 窑室比 Y502 稍大，Y501 窑前场地低于 Y502 窑前场地 0.2 米，窑前有使用时期的活动面。窑室和窑前填土内含有瓦片、陶片、文字瓦当等。

Y501 窑前活动面呈不规则形，灰褐色土，结构致密。东北深，西南浅，东西长 6.8~7.45、南北宽 4.40~5.3、深 0.45~0.8 米。

Y501 位于 T501 内西南部及南部扩方处，窑门西南部有一个椭圆形坑，坑内有大量草木灰、木炭块屑等，坑长 1.3、宽 0.9、深 0.1~0.25 米。窑前壁较规整，底部不平。窑前地面上有一层踩踏的灰褐色活动面，结构较致密，靠近窑门处厚 10 厘米，向南逐渐变薄（图八五；彩版五二，2）。

窑门位于窑前活动面偏西，顶部残，呈拱门状，窑门西窄东宽，长 0.35~0.5、宽 0.75、高 0.76~0.8 米。门底部有一火膛口，呈"凹"字形，长 0.8、宽 0.5、高 0~0.08 米。

火膛呈喇叭形，东西两侧延伸较深，平底，东西两壁和窑门内壁烧结面呈青灰色，壁面有窑汗，

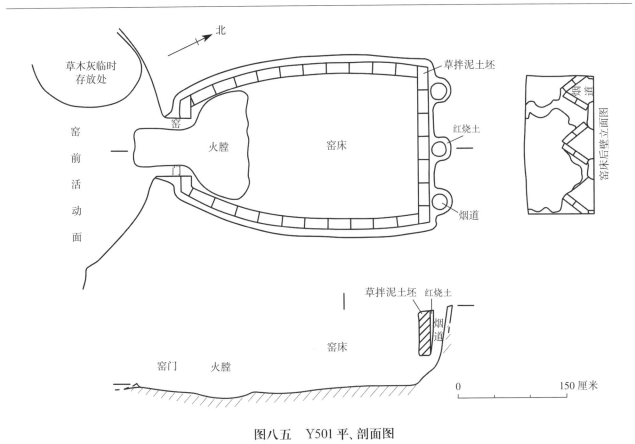

图八五　Y501 平、剖面图

呈乳丁状。南北长 0.6~0.8、东西宽 0.55~1.5、深 0~0.08 米。底部有厚约 10 厘米的灰黑色木炭和木炭屑、烧土块以及青灰色碎粒堆积。

窑床平面呈长方形，顶部残，直壁，底部北高南低，窑壁烧成约 0.1 米厚的青灰色面，内为 0~1 厘米厚的红烧土，窑床南北长 2.4、东西宽 1.9、深 0.94~1.07 米。窑床北壁底部有三条烟道，呈等腰三角形，高 0.38 米。中间和左侧烟道较宽，右侧烟道较窄，左侧间距 0.58 米，右侧间距 0.52 米，左侧烟道直径 0.24 米，中间和右侧烟道直径 0.2 米。

（2）Y502

Y502 为东北—西南走向，从生土表面向下挖穴，然后窑室周壁和窑门用草拌泥土坯垒砌而成，外抹一层 0.6 厘米厚的草拌泥，土坯长 32、宽 13、厚 8 厘米。陶窑由窑前工作面、窑门、火膛口、火膛、窑床、烟道等部分组成（图八六；彩版五二，3）。

窑前工作面呈不规则形。东北深西南浅，南北长 4.4~5.3、东西宽 4、深 0.45~0.8 米。色泽发黑，不见煤炭碎屑。窑门西南部有一个椭圆形坑，坑内有大量草木灰、木炭块等，长径 1.88、短径 1.34、深 0.15~0.2 米。窑前壁面较规整，底部不平。窑前地面上有一层踩踏过的灰褐色土，结构致密，靠近窑门处厚达 8 厘米，向南逐渐变薄。

窑门位于窑前工作面偏西，顶部已残，呈拱门状，窑门壁西宽东窄，长 0.4~0.68、宽 0.7~0.9、高 0.6~0.7 米。窑门底部有一火膛口，呈“凹”字形，长 0.26、宽 0.2、深 0.1~0.12 米。

火膛整体呈喇叭形，东西两侧延伸较深，底部平直，东西两壁和窑门内壁烧结面呈青灰色，壁面上有窑汗，呈乳丁状。火膛南北长 0.6~0.7、东西宽 1.2~1.6、深 0.2 米，火膛底部有一层

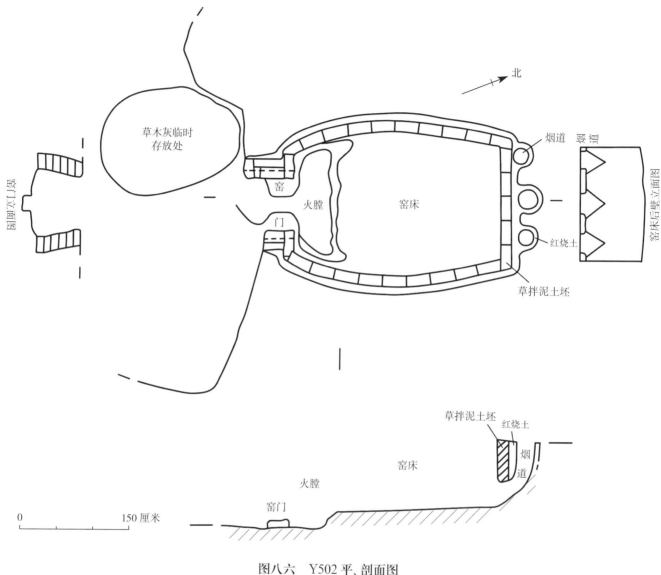

图八六　Y502 平、剖面图

约 20 厘米厚的灰黑色草木灰和木炭屑堆积。

窑床平面接近长方形，顶部已残，直壁，底部北高南低，窑壁烧成约 14 厘米厚的青灰色面，内为 0~10 厘米厚的红烧土。窑床南北长 2.1~2.2、东西宽 1.5~1.9、深 0.68~0.8 米。窑床北壁底部有三条烟道，呈等腰三角形，高 0.3 米。中间主烟道较宽，左右烟道较窄，左侧间距为 0.24 米，右侧间距为 0.34 米，主烟道直径为 0.26 米，左右烟道直径为 0.2 米。

窑室和窑前土壤分两层。第①层：黄褐色花土，厚 0~0.65 米，结构疏松，土壤包含物有青灰色草拌泥土坯块、红烧土块或粒、木炭碎块、小石块、料姜石、植物根系等，出土遗物有较多的瓦片、少量陶片、文字瓦当残片等，可辨器形有灰陶板瓦、筒瓦、"传祚无穷"瓦当、陶罐、陶盆等。第②层：灰褐色土，厚 0~0.7 米，结构疏松，土壤包含物以草木灰为主，较多的青灰色土坯碎粒、烧土碎粒、木炭粒、料姜石、小石块等，出土遗物有瓦片、文字瓦当残片、陶片等，可辨器形有灰陶板瓦、筒瓦、陶构件、"传祚无穷"瓦当、陶罐、陶盆等。

二　辽金时期

辽金遗迹包括房址 2 座，路 1 条，灰坑 1 个（图八七）。

（一）房址

2 座。编号 F1、F2。

F1、F2 东西并排，位于发掘区北中部偏东。东西长 15.4、南北宽 11.9 米，平面形状为长方形和北宽南窄的梯形（图八八；彩版五三，1）。房屋填土内含有瓦片、陶片和片石，值得注意

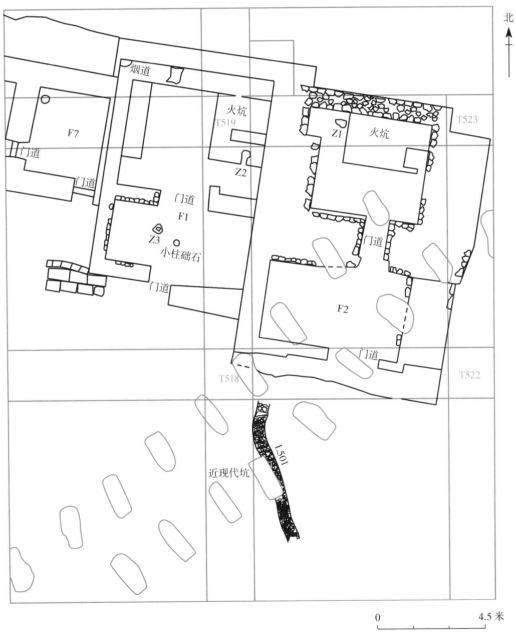

图八七　辽金时期遗迹平面分布图

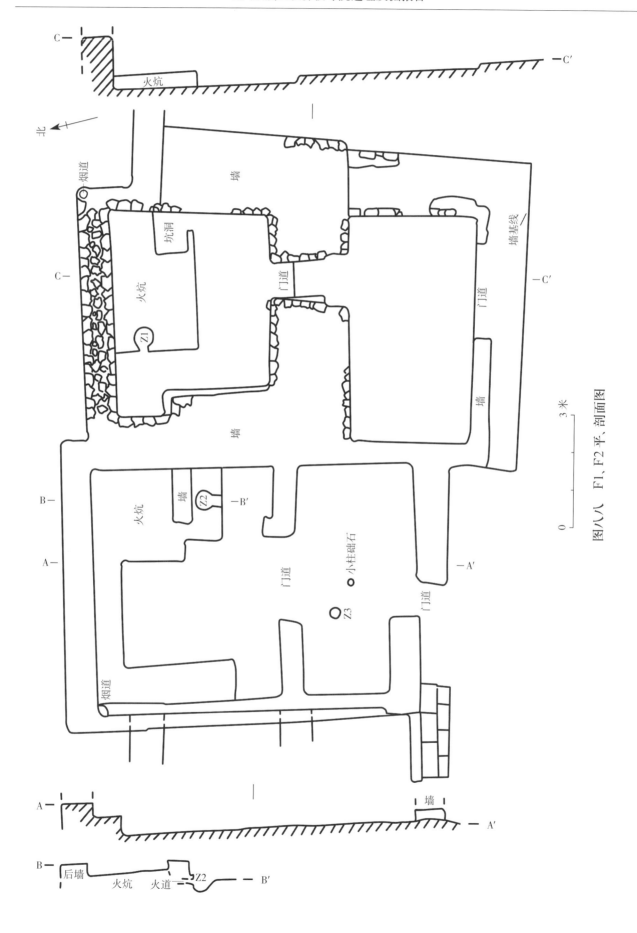

图八八　F1、F2平、剖面图

的是，辽金屋内地面有许多煤渣，而在北魏房址不见。

（1）F1

F1 靠西，叠压于第①～③层下，打破第④层和 F7~F9。

房址平面呈长方形，房间南北长 5、东西宽 6.1 米，墙体分别用土坯、片石和残瓦片垒砌而成，墙厚 0.6~2、高 0.35~1.05 米。房内壁抹草拌泥，并且贴有零散瓦片，外抹白灰墙皮。

房内有灶台、火炕和土台。灶台位于房内东部偏南，长 1.9、宽 0.85、高 0.2 米。灶口直径 0.35~0.7、深 0.35 米。灶内有草拌泥，厚 1 厘米，烧结面呈红褐色。灶接近底部有一个圆形火道，向北延伸至火炕内，直径 0.15 米。房内西北角有一个用板瓦垒砌的烟囱，平面呈椭圆形，口径 0.2~0.3、高 0.4 米。灶台北部是火炕，长 2.5、宽 2.4、高 0.5 米。灶台与火炕之间有一堵东西走向的小墙，长 1.45、宽 0.5、高 0.4 米。土台位于房间西北部，与火炕相连，土台长 3.75、宽 0.75~1.1、高 0.5 米。火炕、墙、土台皆用土坯砖垒砌而成，面上抹一层草拌泥，厚 1~2.5 厘米。土坯砖长 45、宽 13、厚 20 厘米。房内有一层褐色活动面，厚 5 厘米，结构较致密，四周略高，中间稍低，深 0~0.05 米。门向西南，方向 190°。门道长 0.6、宽 2.2、高 0.4 米。

院西窄东宽，东西长 6、南北宽 2.35~3.15 米，院墙厚 0.7~1、高 0.25~0.37 米。院内有小柱础石，柱础石位于北部偏西，直径 0.25 米，略高出活动面 0.01 米。院内活动面和地面硬土厚 15 厘米，呈水平状到大门外，然后略带斜坡向南延伸。院中部偏西地面上有 Z3，口径 0.2、深 0.05 米，外围红烧土厚 2.5 厘米，大门门道长 0.85、宽 0.95、高 0.37 米。

房内和院内填土为黄褐色花土，结构疏松，土壤包含物有不少碎炭块、石块或石粒、植物根系等，出土遗物有瓦片、陶片等，可辨器形有筒瓦、檐头板瓦、陶罐、陶盆、瓷碗等。

（2）F2

F2 靠东，叠压于第①～③层下，打破第④层、F9、F10 和 F11，又被近现代坑打破。

房间平面呈梯形，北宽南窄，房间南北长 4.3、东西宽 4.4~5.45 米。墙高 0.4~1.7、厚 0.8~2.2 米。墙体内壁用片石垒砌，南墙外壁用残瓦片垒砌。墙内贴有碎瓦片，内抹草拌泥，外抹白灰，草拌泥厚 1~3 厘米，白灰皮厚 0.2~0.4 厘米。南墙和东墙外壁抹草拌泥。

房内遗迹有火炕、灶和炕洞，火炕位于房内北东部，长 3.7、宽 2.3、高 0.35 米，炕面用片石铺砌。灶位于火炕西侧偏北，平面呈椭圆形，北侧长 0.5~0.65、南侧长 1.2~1.4、宽 0.65、口径 0.55~0.65、深 0.3 米。灶面和炕面高度相同，为 0.35 米。底部有一个 0.2 米的方形烟道向火炕内东部延伸。烟囱在房内东北角墙内，高 1.25 米，平面呈圆形，直径 0.2 米，烟囱外围有 1 厘米厚的褐色土。炕洞位于炕的东南部，平面呈长方形，半封闭状，东南部有一个缺口。炕洞长 1.1、宽 0.8、高 0.35 米。缺口长 0.45、宽 0.15、高 0.35 米。房内有一层褐色活动面，厚 5 厘米，活动面下有 10 厘米厚地面硬土，结构致密，四周略高，中间稍低，深 0~0.06 米。门向西南，方向 195°。门道内有一个 0.2 米高的台阶，水平状向南延伸至院内。门道长 2.1、宽 0.9~1.4、高 0.65 米。

院内平面形状呈长方形，长 5.9、宽 3.45 米。大门在院的东南部，长 1.3、宽 2.45、高 0.15 米。院墙高 0.15~0.45、厚 0.6~1.75 米。院内活动面和地面硬土厚 15 厘米，夹杂着不少炭屑，呈水平状到大门外，然后略带斜坡向南延伸。

房内和房外填土基本相同，为黄褐色花土，结构疏松，土壤包含物有细煤渣、硬土块、草拌泥块、小碎石、白灰墙皮碎块、植物根系等，出土遗物有瓦片、陶片、石釜残片等，可辨器形有筒瓦、檐头板瓦、陶罐、陶盆、瓷碗、石釜等。

（二）路

1 条。编号 L501。

L501

位于 F2 院外西南部。叠压于第③层下，打破第④层，被近现代坑和第②层打破。

平面呈弧线长条形，东北—东南走向，长 6、宽 0.5 米。路面用小卵石、瓦片、小片石铺砌而成，东西两侧用竖砌瓦片砌成路牙，路面高出东西两侧活动面 1 厘米。小卵石直径 5~10 厘米，瓦片长 15~30、厚 2 厘米。片石长 15~30 厘米。

小路是筑在 F2 院外西南部活动面上的，南部略带斜坡向上延伸，被第②层破坏（图八九；彩版五三，2）。

（三）灰坑

1 个。编号 H516。

H516

位于 T527 北中部及北隔梁下，开口于第②层下，打破第④层、F21 以及生土，被 G501 打破。平面呈不规则形，壁近直，下部稍内收，口大底小，平底。口径 1.4~3.3、底径 1.4~3.2、深 1~1.1 米。坑内填土自上而下基本相同，为黑褐色土，结构疏松，土壤包含物有烧土块或料姜石、石块等，出土遗物有瓦片、陶片等，可辨器形有灰陶板瓦、筒瓦、陶盆、陶罐等（图九〇；彩版五三，3）。

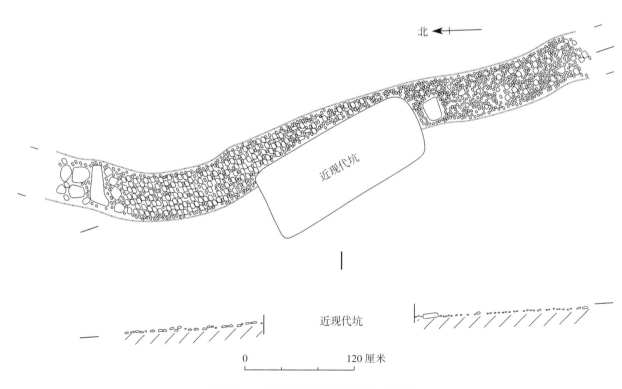

北 ←

近现代坑

近现代坑

0   120 厘米

图八九　辽金时期小路遗迹平、剖面图

三　明清时期

（一）沟

1条。

G501

位于遗址东部，东北—西南走向。叠压于第①层下，打破第②~④层、H516、F15、F21、F22、筒瓦墙及生土。

平面呈长条形，斜弧壁，下部内收。长40、沟宽7~9.5、深2.5~3米。沟内填土从上到下基本相同，为黄色粉砂土，结构疏松，土壤包含物有细煤渣、料姜石、小石块或粒、植物根系等，出土遗物有汉代抹断绳纹瓦片、北魏忍冬纹陶片、明清青花瓷片等，可辨器形有汉代的抹断绳纹灰陶板瓦、北魏忍冬纹陶盆和明清青花瓷碗等。

（二）灰坑

14个。

1. 圆形灰坑

1个。

H512

位于T516北部偏东，开口于第①层下，打破生土。平面呈圆形，直壁，平底。直径1、深0.4米。坑内填土为灰褐色土，结构疏松，土壤包含物有细煤渣、料姜石、碎石块、植物根系等，出土遗物有筒瓦、板瓦、陶罐（图九一，1）。

2. 长方形灰坑

1个。

H502

位于T503东南部，开口于第①层下，打破生土，被H501打破。平面接近于长方形，壁近直，近底部呈弧状内收，平底。长2.1、宽1.08、深0.7米。坑内填土从上到下基本相同，为灰褐色土，结构较疏松，土壤包含物有石块、料姜石、植物根系等，出土遗物有筒瓦、板瓦、陶罐、瓷碗等（图九一，4）。

3. 不规则形灰坑

12个。

（1）H501

位于T503内及北隔梁和东隔梁下、T502北隔梁下，开口于第①层下，打破H502、H503和生土。平面呈不规则形，壁面呈不规则弧状，坑底凹凸不平。坑口长4.15~9.6、宽3.7~9.65、深0.5米。坑内填土为黄褐色土，结构较致密，土壤包含物有石块、料姜石、植物根系、细煤渣、兽骨等，出土遗物有筒瓦、板瓦、"传祚无穷"瓦当、陶罐、瓷碗等（图九一，3）。

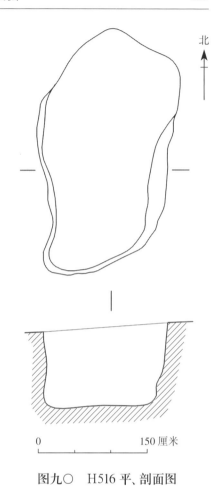

北

0　　　　　　　　150厘米

图九〇　H516平、剖面图

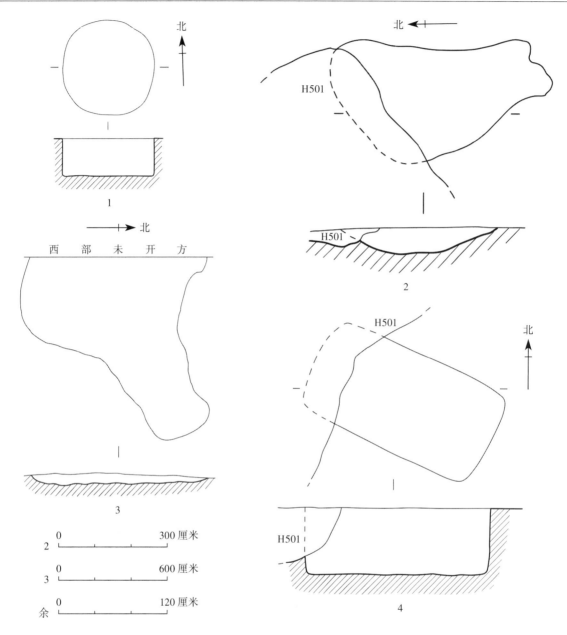

图九一　明清时期灰坑平、剖面图

1. H512　2. H503　3. H501　4. H502

（2）H503

位于 T503 东部偏南及东隔梁下、T507 西南部，开口于第①层下，打破生土，被 H501 打破。平面呈不规则形，斜壁，弧底，凹凸不平。南北残长 5.8、东西残宽 3、深 0~0.7 米。坑内填土为灰褐色土，结构较致密，土壤包含物有石块、料姜石、植物根系、细煤渣等，出土遗物有瓦片、陶盆、瓷碗（图九一，2）。

（3）H504

位于 T506 东部偏北及东隔梁和北隔梁下、T507 东南部、T510 西北部，开口于第①层下，打破第②、④、F17 和生土。平面呈不规则形，剖面呈不规则弧状，底部凹凸不平。南北长 0.95~8.8、东西宽 2.2~8、深 0~0.4 米。坑内填土自上而下基本相同，为黄褐色花土，结构疏松，土壤包含物有石块、细煤渣、红土块、料姜石、植物根系等，出土遗物有筒瓦、板瓦、"传祚无穷"瓦当、陶盆、瓷碗等（图九二，1）。

（4）H505

位于 T508 西南部、T507 北隔梁下、T504 北中部及东隔梁下，开口于第①层下，打破生土。平面呈不规则形，斜弧壁，底呈不规则弧状。东西长 10、南北宽 1.3~4.7、深 0~0.5 米。坑内填土为灰褐色土，结构疏松，土壤包含物有硬土块、红烧土块、细煤渣、碎石块、料姜石、植物根系等，出土遗物有筒瓦、板瓦等（图九二，2）。

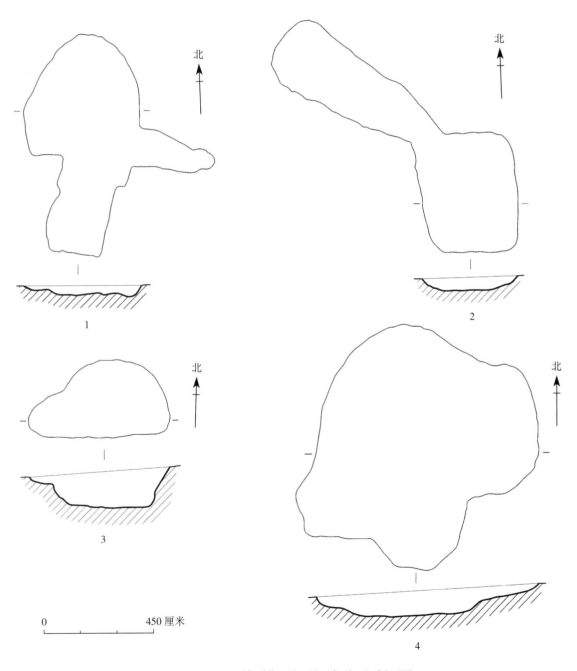

图九二　明清时期不规则形灰坑平、剖面图

1. H504　2. H505　3. H506　4. H507

（5）H506

位于T509西南部及南部扩方处，开口于第①层下，打破生土。平面呈不规则形，壁面呈不规则弧状，底部略微平坦。东西长5.7、南北宽3.1、深1.5米。坑内填土为黄色粉砂土，结构疏松，土壤包含物有细煤渣、白灰块、料姜石、小砾石、植物根系等，出土遗物有筒瓦、板瓦、陶盆、瓷碗（图九二，3）。

（6）H507

位于T509中北部偏东及北隔梁、东隔梁下、T510南部偏东及东隔梁下。开口于第①层下，打破第②、④层以及生土。平面呈不规则形，口大底小，斜弧壁，坑壁下部内收，底不平。口长径10.9、短径6.65、深0.98米。坑内填土自上而下基本相同，为黄色粉砂土，结构疏松，土壤包含物有细煤渣、料姜石、石块或小石粒、植物根系等，出土遗物有北魏瓦片、釉陶板瓦片、明清瓷碗等（图九二，4）。

（7）H508

位于T511东南部及东隔梁下、T515西南部，开口于第①层下，打破生土。平面呈不规则形，斜弧壁，底呈不规则弧状不平。东西长6.9、南北宽1.1~2.8、深0.75米。坑内填土为浅褐色砂土，结构疏松，土壤包含物有细煤渣、木炭屑、石块、料姜石、植物根系等，出土遗物有筒瓦、板瓦、陶罐、瓷片等（图九三，6）。

（8）H509

位于T514东北部及北隔梁下、T515东南部及东隔梁下、T519西南部。开口于第①层下，打破第②~④层、F18、F19及生土。平面接近于"T"形，斜弧壁，底不平。口径南北长1.65~10.35、东西宽1.35~8.55、深0.15~0.6米。坑内填土自上而下基本相同，为黄褐色土，结构疏松，土壤包含物有细煤渣、料姜石、石块、硬土块、植物根系等，出土遗物有北魏瓦片、陶片、瓷碗等（图九三，2）。

（9）H510

位于T527东南部及东隔梁下和南扩方区域，T528东隔梁下南部，开口于第①层下，打破F20、F21和生土。平面呈不规则形，斜弧壁，底呈不规则弧状。南北长24.4、东西宽10.55、深2米。坑内填土为浅褐色粉砂土，结构疏松，土壤包含物有细煤渣、料姜石、碎石块、木炭灰、植物根系等，出土遗物有筒瓦、板瓦、陶盆、瓷罐等（图九三，3）。

（10）H511

位于T517东中部及北隔梁下和南扩方处，开口于第①层下，打破生土。平面呈不规则形，斜弧壁，弧底，凹凸不平。南北长10.75、东西宽4.95、深0.75米。坑内填土为黄褐色粉砂土，结构疏松，土壤包含物有细煤渣、小砾石、料姜石、碎石块、植物根系等，出土遗物有筒瓦、板瓦、"传祚无穷"瓦当、陶罐、陶盆、瓷碗等（图九三，4）。

（11）H513

位于T520西北部及T516东隔梁下，开口于第①层下，打破生土。平面呈不规则形，斜弧壁，底高低不平。东西长6.1、南北宽3、深0.2~0.35米。坑内填土为浅褐色土，结构疏松，土壤包含物有细煤渣、硬土块、料姜石、碎石块、白灰粒等，出土遗物有筒瓦、板瓦、陶罐、陶盆等（图九三，5）。

（12）H514

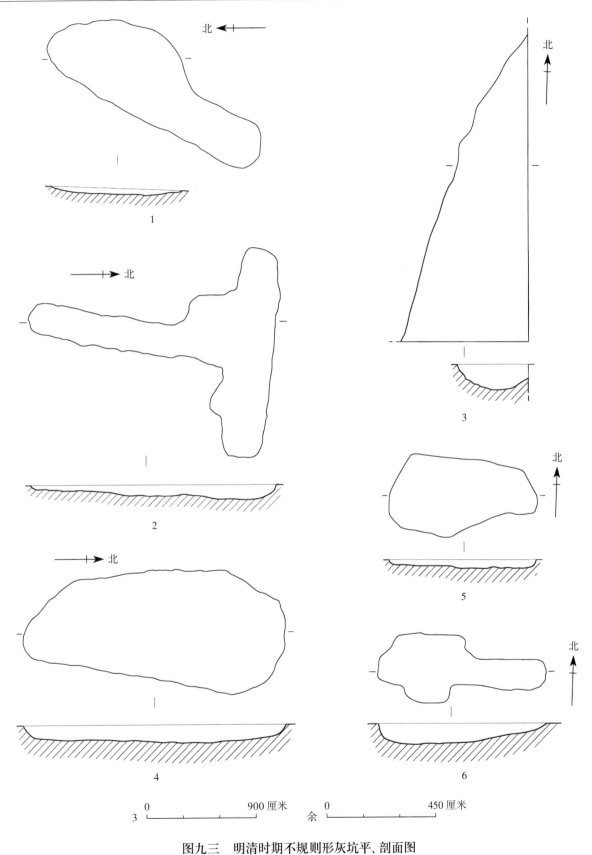

图九三 明清时期不规则形灰坑平、剖面图

1. H514 2. H509 3. H510 4. H511 5. H513 6. H508

位于 T524 北部偏东及北隔梁下、T525 东南部及东隔梁下，开口于第①层下，打破第②、③层和生土。平面呈不规则形，斜弧壁，坑底呈不规则弧状。南北长 9.75、东西宽 1.8~3.45、深 0.35 米。坑内填土为红褐色砂土，结构疏松，土壤包含物有细煤渣、石块、硬土块、料姜石、植物根系等，出土遗物有筒瓦、板瓦、陶罐、瓷罐等（图九三，1）。

第四节 遗物

一 东周时期

1. 陶器
出土遗物仅见 1 件陶支钉。

陶支钉

1 件。

标本 T529 ④：24，泥质灰陶。捏制。圆锥体形，顶部不平，底部较平。上径 1.2、底径 3.2、高 4.4 厘米（图九四，1；彩版五四，1）。

2. 铜器
半两铜钱 1 枚。

铜钱

"半两" 1 枚。

标本 T524 ③：13，圆形方穿，无郭，"半两"两字分列左右，右"半"左"两"。直径 2.4、穿宽 0.7、肉厚 0.15 厘米（图九四，2；彩版五四，2）。

二 北魏时期

出土遗物主要有建筑材料、石雕造像、生活生产用具三大类。

（一）建筑材料

标本 515 件，分陶质和石质两类。其中陶质建筑构件有釉陶板瓦 19 件、灰陶板瓦 130 件、灰陶筒瓦 187 件、瓦当 126 件、莲花建筑饰件 37 件、其他构件 7 件。石质建筑构件有柱础石 1 件、石柱 1 件、莲花建筑饰件 7 件。

1. 陶质建筑材料
有板瓦、筒瓦、瓦当、莲花建筑饰件及其他构件。

板瓦有 149 件。泥条盘筑，平面呈梯形，断面为弧形。分釉陶和灰陶两类。

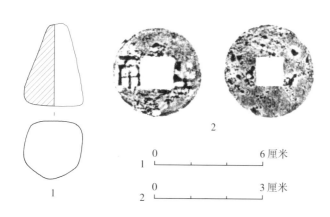

图九四 东周时期出土遗物

1.陶支钉 T529 ④：24 2.半两 T524 ③：13

（1）**釉陶板瓦**

19件。胎质红色，其中17件凹面呈酱黄色，凸面局部呈酱黄色。2件釉色偏绿。凹面修整后施釉，凸面刮削平整且有流釉现象，宽端均施釉。根据端头装饰不同分三型。

A型　9件。宽端凹凸两面均有手指压痕，凸面手指压痕较深，凹面较浅。

标本T510④：6，凸面距窄端10厘米处有一道横向凹线，窄端端头平齐，两侧面经两次切割。两端头及侧面均施釉，凸面从窄端向宽端流釉，并经涂刷。长45.6、宽32.4、厚1.6厘米（图九五，1）。

标本T511④：65，凹面一侧可见布纹接痕，凸面距宽端约13厘米内施釉，以下流釉。窄端端头平齐，施釉。两侧面切割后，再次向凹凸两面斜切，施釉。长46.2、宽30.9、厚1.5厘米（图九五，2；彩版五四，3）。

标本T507④：15，凸面局部施釉。窄端削薄，端头平齐，施釉。两侧面切割后，再次向凹凸两面斜切，施釉。长45.3、宽30、厚1.8厘米（图九五，3；彩版五四，4）。

标本T511④：63，凹面及凸面局部釉色呈绿黄色。窄端端头平齐，均施釉。两侧面切割后，向凹凸两面再次斜切，施釉。长45.4、宽31、厚1.6厘米（图九五，4）。

标本T502④：10，残，均施釉。两侧面切割后，向凹凸两面再次斜切，施釉。残长36、宽30.3、厚1.1厘米（图九五，5）。

标本T510④：7，凸面距窄端13~14厘米有一道横向凹槽，窄端略削薄，施釉。两侧面切割后，再次向凹凸两面斜切，施釉。长46.5、宽32、厚2厘米（图九五，6）。

标本T510④：8，凸面有横向修整刮痕，距窄端10.5厘米有一道较深横向凹槽。窄端变薄呈尖状，未施釉。两侧面全切后，一侧面向凹凸两面再次斜切，另一侧面仅向凹面切割，两侧面不完全施釉。长47.1、宽31.7、厚2厘米（图九五，7）。

标本T510④：22，凹面修整后施釉，凸面修整。窄端端头平齐，施釉。两侧面切割后，向凹凸两面再次斜切，施釉。长45.3、宽29.4、厚1.6厘米（图九五，8）。

标本T510④：47，凸面距窄端11厘米处有一道横向凹槽，窄端局部向外斜切，两侧面经两次切割。两端头及侧面均施釉。长45.8、宽34、厚1.9厘米（图九五，9）。

B型　4件。宽端及窄端凹凸两面可见手指压痕，凸面手指压痕较深，凹面较浅。

标本T510④：3，凸面距窄端11.3厘米有一道横向凹槽，窄端施釉。两侧面切割后，再次向凹凸两面斜切，施釉。长46、宽32、厚1.7厘米（图九六，1；彩版五四，5）。

标本T510④：34，凸面距窄端12.5厘米有一道横向凹槽，窄端施釉。一侧面切割后，再次向凹面斜切，另一侧面切割后，向凹凸两面均斜切，施釉。长46.5、宽29.5、厚1.6厘米（图九六，2；彩版五四，6）。

标本T510④：1，凹面施绿黄釉，凸面距窄端8厘米有一道横向凹槽，宽端手指压痕，凸面较深，凹面密集。窄端施釉。一侧面切割后，再次向凹面斜切，另一侧面切割后，向凹凸两面斜切，施釉。长47.8、宽32、厚2厘米（图九六，3；彩版五五，1）。

标本T510④：36，凸面距窄端11.2厘米有一道横向凹槽，宽端凸面手指压痕较深且密集，窄端施釉。两侧面切割后，再次向凹凸两面均斜切，施釉。长46.3、宽32、厚1.5厘米（图九六，4）。

C型　1件。窄端凹凸两面均有手指压痕。

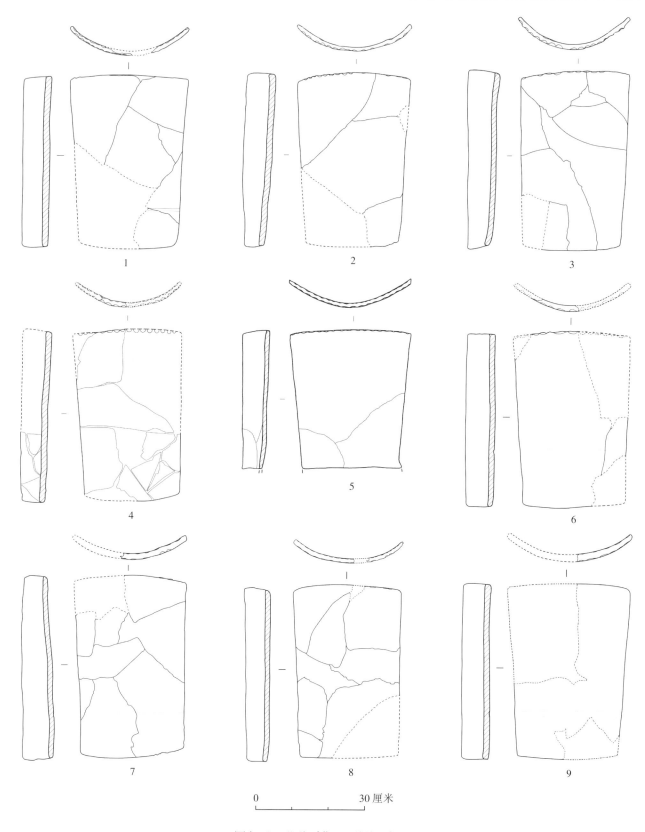

图九五　北魏时期 A 型釉陶板瓦

1. T510④：6　2. T511④：65　3. T507④：15　4. T511④：63　5. T502④：10　6. T510④：7　7. T510④：8　8. T510④：22
9. T510④：47

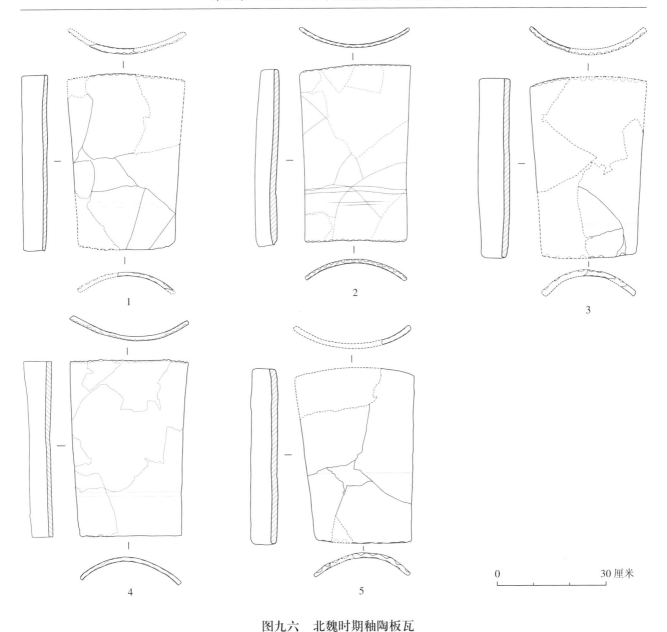

图九六　北魏时期釉陶板瓦

1~4. B 型 T510④：3、T510④：34、T510④：1、T510④：36　5. C 型 T510④：17

标本 T510④：17，凸面距窄端 19 厘米有一道横向凹槽，手指压痕凸面较深，两侧面切割后，向凹面斜切。两端头及侧面均施釉。长 46.4、宽 32.7、厚 1.9 厘米（图九六，5；彩版五五，2）。

另有 5 件因残缺类型不明，其中 2 件窄端残，3 件宽端残。

标本 T510④：32，窄端残。宽端凹凸两面均有手指压痕，凸面较深，呈波浪状。凸面残留有绳纹拍痕。两侧面切割后修整，局部可见向凹凸两面斜切的痕迹。宽端及侧面均施釉。残长 29、宽 27、厚 1.4 厘米（图九七，1）。

标本 T510④：33，窄端残。宽端凸面有较浅的手指压痕，施釉。两侧面切割后，再次向凹凸两面斜切，两侧边局部施釉。残长 32.3、宽 30.8、厚 1.8 厘米（图九七，2）。

标本 T510④：35，宽端残。窄端凸面有手指压痕，施釉。凸面距窄端 6 厘米有一道横向凹槽，

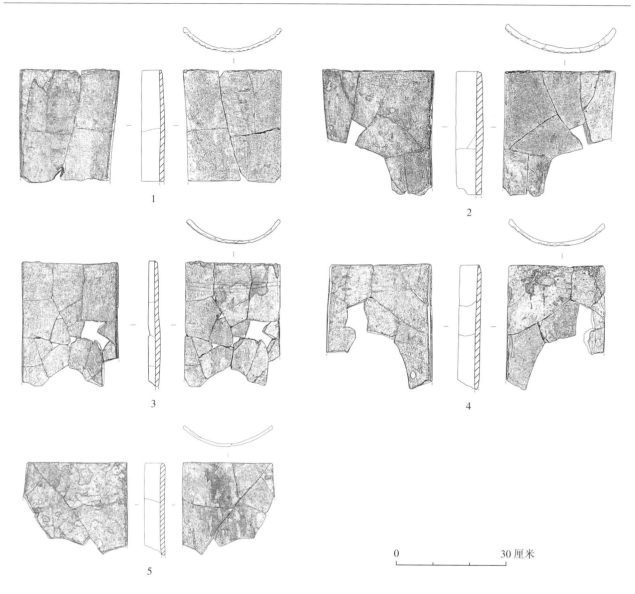

0 　　　　　　　　　　30厘米

图九七　北魏时期釉陶板瓦

1. T510④：32　2. T510④：33　3. T510④：35　4. T510④：31　5. T510④：28

两侧面切割后，再次向凹凸两面斜切，窄端施釉。残长33.4、宽27.3、厚1.5厘米（图九七，3）。

　　标本T510④：31，宽端残。窄端凸面有手指压痕，窄端凹面向外斜切，施釉。一侧面切割后，再次向凹面斜切，另一侧面切割后，向凹凸两面均斜切，施釉。残长32.9、宽28、厚1.5厘米（图九七，4）。

　　标本T510④：28，宽端残。窄端凹面斜切，施釉。凸面可见横向划痕。两侧面切割后，再次向凹面斜切，施釉。残长23.6、宽26.3、厚1.3厘米（图九七，5）。

　　（2）灰陶板瓦

　　130件。泥质灰陶。根据凹面是否压光分两型。

　　A型　19件。凹面压光，两侧留有布纹。凹面距宽端4~6厘米以内布纹被抹平，且变薄，可见纵向木条痕及横向黏土条接痕，凸面有横向修整刮痕，多数残留有绳纹拍痕。宽端有手指压痕，呈波浪状。窄端齐切。板瓦两侧均有自内向外的切割痕，破面未修整。根据宽端装饰不同分两亚型。

Aa 型　12 件。宽端凹凸两面均有手指压痕，凸面手指压痕较深。

标本 T516④：25，宽端凸面共十四个手指按压凹坑。两侧面切痕较小，约为板瓦厚度的 1/5，破面未修整。长 51、宽 31、厚 2 厘米（图九八，1；彩版五五，3）。

标本 T516④：4，两侧面切痕较小，破面未修整。长 53、宽 33、厚 2 厘米（图九八，2；彩版五五，4）。

标本 T516④：93，凹面宽端凹线之下有两条不完整线条。宽端凸面残存十八个较浅手指按压凹坑。两侧面切痕约为板瓦厚度的 1/3，破面未修整。长 49、宽 31.6、厚 1.8 厘米（图九八，3）。

标本 T528④：29，残。有磨光痕迹。两侧面切痕较大约为板瓦厚度的 1/2~2/3，破面未修整。长 46.3、宽 30.5、厚 2 厘米（图九八，4）。

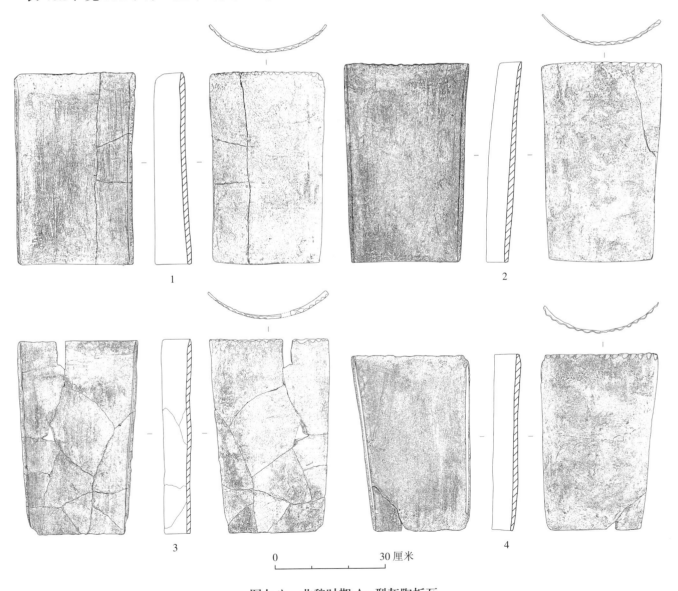

0　　　　　30厘米

图九八　北魏时期 Aa 型灰陶板瓦

1. T516④：25　2. T516④：4　3. T516④：93　4. T528④：29

Ab 型　5 件。仅宽端凸面有手指压痕。

标本 T516④：20，残。凹面距窄端 1 厘米处有一条横向凹线。两侧面切痕约为板瓦厚度的 1/3，破面未修整。长 49.5、宽 31、厚 1.5 厘米（图九九，1）。

标本 T516④：56，残。凹面纵向木条痕宽 3 厘米，共十一条。两侧面切痕约为板瓦厚度的 1/5，破面未修整。长 51、宽 30、厚 1.5 厘米（图九九，2）。

标本 T516④：70，距凹面宽端第一条凹线 2 厘米内有两条交错横线。凹面纵向木条痕宽 2~2.8 厘米，共十一条。两侧面切痕约为板瓦厚度的 1/3，破面未修整。长 50.4、宽 28、厚 1.8 厘米（图九九，3；彩版五五，5）。

另有 2 件宽端残，装饰不辨。

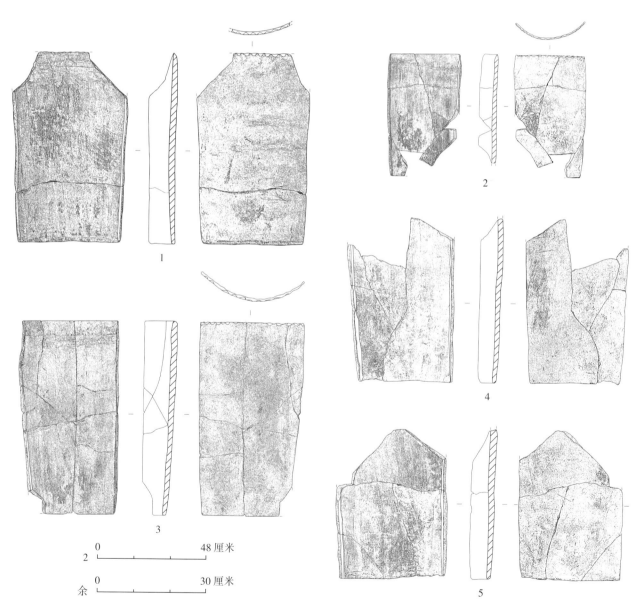

0　　　　　　　48 厘米
2

0　　　　　　　30 厘米
余

图九九　北魏时期灰陶板瓦

1~3. Ab 型 T516④：20、T516④：56、T516④：70　4、5. A 型宽端不明 T516④：19、T516④：18

标本 T516④：19，一侧面切痕约为板瓦厚度的 1/4，破面未修整；另一侧面较薄（1.3 厘米），且无切痕。残长 43、宽 28、厚 1.5 厘米（图九九，4）。

标本 T516④：18，残。两侧面切痕约为板瓦厚度的 1/3，破面未修整。残长 38.4、宽 27.2、厚 2.1 厘米（图九九，5）。

B 型　111 件。凹面布纹，未压光。凹面距宽端约 2.5~8.5 厘米以内布纹被抹平，且变薄，可见纵向木条痕及横向黏土条接痕；凸面有横向修整刮痕，多数残留有绳纹拍痕。宽端有手指压痕，呈波浪状。窄端齐切。板瓦两侧均有自内向外的切割痕，破面未修整。根据宽端装饰不同分两亚型。

Ba 型　65 件。宽端凹凸两面均有手指压痕，凸面手指压痕较深。个别凹面刷白色材料。

标本 T526④：31，凹面距窄端 8.5 厘米有一手指划坑（5.5 厘米 ×2 厘米），压在布纹上。两侧面切痕约为板瓦厚度的 1/3，破面未修整。长 50.6、宽 29.3、厚 1.2 厘米（图一〇〇，1；彩版五五，6）。

标本 T524④：1，凹面横向黏土条接痕宽约 3.3 厘米。宽端凸面残存十一个凹坑。两侧面切痕约为板瓦厚度的 1/3，破面未修整。长 53.5、宽 34、厚 2 厘米（图一〇〇，2）。

标本 T512④：28，凹面纵向木条痕，共十二条，宽 2~3.4 厘米。靠近一侧面有三个纵向排列小凹坑。宽端凸面共十个凹坑，凸面有横向修整刮痕。两侧面切痕，靠近窄端较小，靠近宽端的切痕约为板瓦厚度的 1/3，破面未修整。长 51、宽 32.5、厚 1.5 厘米（图一〇〇，3）。

标本 T515④：3，凹面有三个凹坑及纵向木条痕，宽 2~6.2 厘米，共十条。宽端凸面 1.5~3 厘米有刮痕。两侧面切痕约为板瓦厚度的 1/2，破面未修整。长 51、宽 33、厚 1.4 厘米（图一〇〇，4）。

标本 T512④：38，凹面刷白色材料，有横向黏土条接痕及细密的纵向木条痕，宽 2 厘米，共十四条。宽端变薄。凸面有 9 组双线划痕。两侧面切痕约为板瓦厚度的 1/5，破面未修整。长 51、宽 32、厚 2 厘米（图一〇〇，5；彩版五六，1）。

标本 T526④：29，凹面刷白色材料，有纵向木条痕。凸面有横向修整刮痕，残留有绳纹拍痕。一侧面切痕约为板瓦厚度的 1/3，另一侧面切痕较小，约为板瓦厚度的 1/5，破面未修整。长 47.3、宽 31.5、厚 1.5 厘米（图一〇〇，6；彩版五六，2）。

Bb 型　44 件。宽端凸面有手指压痕。

标本 T529④：34，凹面有纵向木条痕及黏土条接痕，凸面有横向修整刮痕。两侧面切痕约为板瓦厚度的 1/3~1/2，破面未修整。长 52.5、宽 32.5、厚 2.3 厘米（图一〇一，1；彩版五六，4、5）。

标本 T512④：14，残。距宽端凹面 2 厘米有两条凹线。凹面有两条布纹接痕。窄端残。两侧面切痕约为板瓦厚度的 1/3，破面未修整。残长 49、残宽 33、厚 1.8 厘米（图一〇一，2）。

标本 T512④：26，残。凹面有纵向木条痕，宽 3.2~6 厘米。距窄端 19.5 厘米处有一横向凹坑（1.3 厘米 ×9.8 厘米），内有布纹。两侧面切痕约为板瓦厚度的 1/5，破面未修整。长 53.3、宽 32.5、厚 2 厘米（图一〇一，3；彩版五六，3）。

标本 T517④：17，残。凹面有两条布纹接痕，布纹接痕上残留六个凹坑。凸面有不同方向的刮平痕迹。两侧面切痕约为板瓦厚度的 1/3~1/2，破面未修整。长 51.5、残宽 32、厚 1.8 厘米（图一〇一，4）。

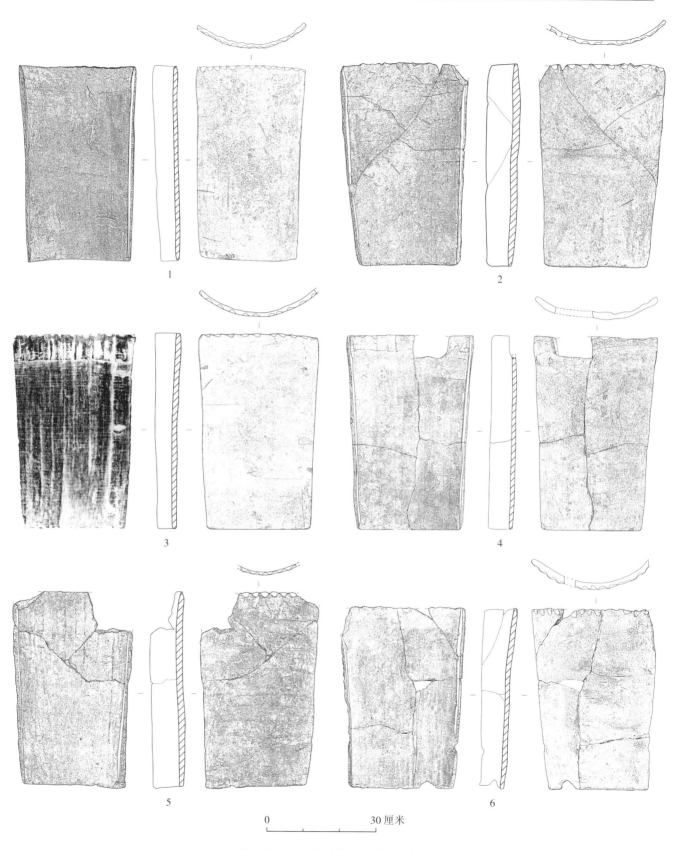

0　　　　　　　　30厘米

图一〇〇　北魏时期 Ba 型灰陶板瓦

1. T526 ④：31　2. T524 ④：1　3. T512 ④：28　4. T515 ④：3　5. T512 ④：38　6. T526 ④：29

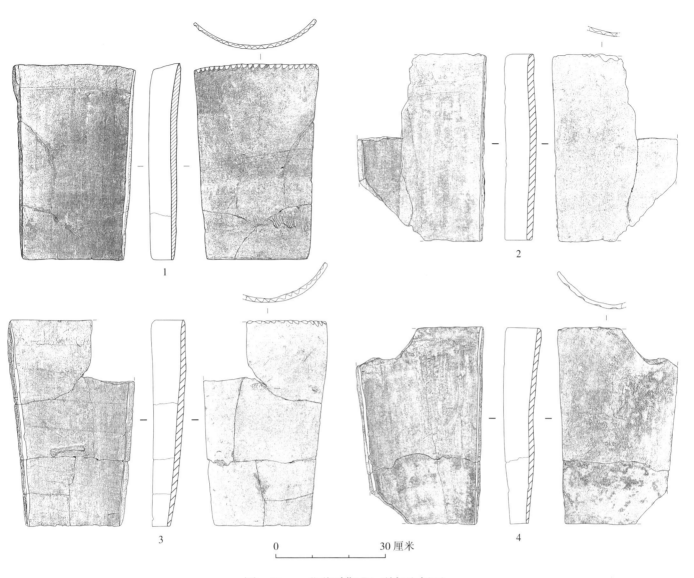

图一〇一　北魏时期 Bb 型灰陶板瓦

1. T529 ④：34　2. T512 ④：14　3. T512 ④：26　4. T517 ④：17

另有 2 件宽端残，装饰不明。

标本 T526 ③：8，残。凹面距窄端 12 厘米处有一横向凹坑（1 厘米 ×9 厘米），内有布纹。两侧面切痕约为板瓦厚度的 1/4，破面未修整。残长 37.2、残宽 30、厚 1.8 厘米（图一〇二，1）。

标本 T519 ④：41，残。凹面有两条布纹接痕及横向黏土条接痕，宽 3.6~4.5 厘米。两侧面切痕约为板瓦厚度的 1/4，破面未修整。长 48、宽 30、厚 2 厘米（图一〇二，2）。

（3）筒瓦

187 件。泥质灰陶，泥条盘筑。瓦身平面近长方形，断面呈半圆形，瓦舌平面呈梯形。凹面有布纹，瓦舌前倾，近外缘处变薄，相对一端瓦身凹面削薄抹平，端头平齐。根据凸面是否压光分两型。

A 型　38 件。凸面压光，有纵向压光痕。

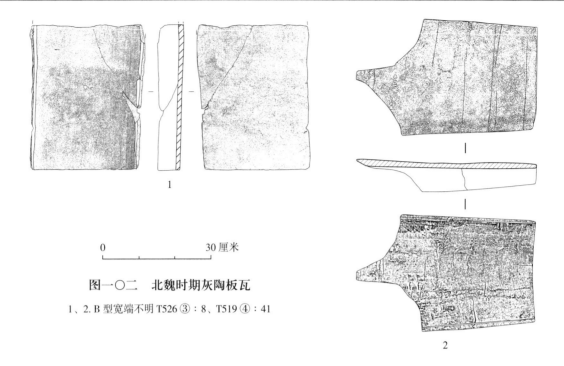

0　　　　　30 厘米

图一〇二　北魏时期灰陶板瓦

1、2. B 型宽端不明 T526 ③：8、T519 ④：41

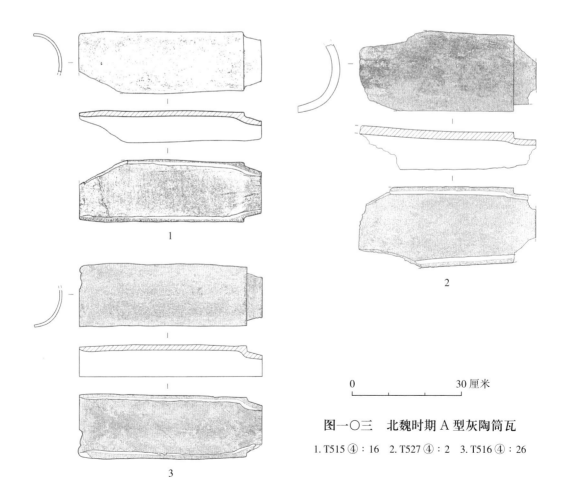

0　　　　　30 厘米

图一〇三　北魏时期 A 型灰陶筒瓦

1. T515 ④：16　2. T527 ④：2　3. T516 ④：26

　　标本 T515④：16，残。凹面布纹，两侧面切痕约为筒瓦厚度的 1/2~2/3，破面未修整，切痕位于凹面一侧。瓦身长 45.3、瓦径 16.3、厚 1.5、瓦舌长 4.7、厚 1.3 厘米（图一〇三，1）。

　　标本 T527④：2，残。两侧面切痕约为筒瓦厚度的 1/2，破面未修整，切痕位于凹面一侧。瓦舌相对一端残。瓦身残长 41、瓦径 21、厚 2、瓦舌长 5.8、厚 1.3 厘米（图一〇三，2）。

　　标本 T516④：26，凹面布纹，两侧面切痕约为板瓦厚度的 1/3，破面未修整，切痕位于凹面一侧。瓦身长 45.6、瓦径 16.3、厚 1.5、瓦舌长 4.4、厚 1.5 厘米（图一〇三，3；彩版五七，1、2）。

　　B 型　149 件。凸面未压光，可见横向修整刮痕。个别凸面刷白色材料。

　　标本 T507④：2，残。凸面可见纵向压刮痕，与瓦舌相对一端瓦身凹凸两面均有与瓦当的黏接痕，两侧面全切。瓦身残长 48、瓦径 16.6、厚 2、瓦舌残长 3.7、厚 1 厘米（图一〇四，1）。

　　标本 T527④：20，残。与瓦舌相对一端瓦身凹凸两面均有与瓦当的黏接痕，两侧面全切。瓦身残长 42.3、瓦径 17、厚 1.5、瓦舌长 4.5、厚 1 厘米（图一〇四，2；彩版五七，3、4）。

　　标本 T512④：39，残。与瓦舌相对一端瓦身凹凸两面均有与瓦当的黏接痕，两侧面全切。凸面可见绳纹拍痕。瓦身残长 43、瓦径 17.5、厚 2.5、瓦舌残长 4.3、厚 1.5 厘米（图一〇四，3）。

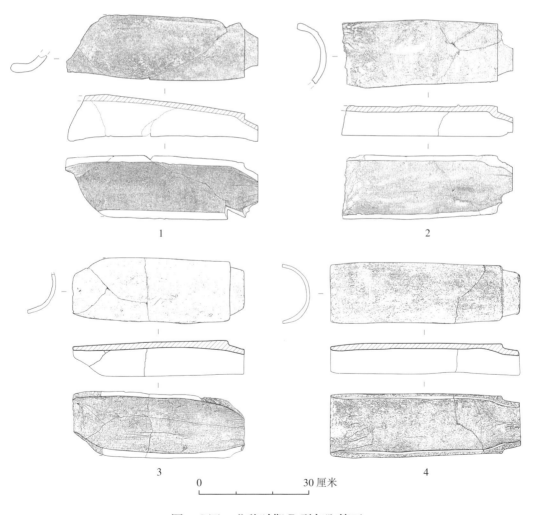

1

2

3

4

0　　　　　　　　30 厘米

图一〇四　北魏时期 B 型灰陶筒瓦

1. T507④：2　2. T527④：20　3. T512④：39　4. T514④：2

　　标本 T514④：2，凸面刮削后刷白色材料。凹面布纹模糊，两侧面切痕约为板瓦厚度的1/3，破面未修整，切痕位于凹面一侧。瓦舌相对一端瓦身凹面两侧略向外撇，削薄抹平，端头平齐。瓦身长 46.5、瓦径 16.4、厚 1.5、瓦舌长 5、厚 1.4 厘米（图一〇四，4；彩版五七，5、6）。

　　（4）瓦当

　　共 126 件。泥质灰陶，模制。以当面图案分"传祚无穷"瓦当、兽面忍冬纹瓦当、莲花纹瓦当、莲花化生瓦当四类。

　　1）"传祚无穷"瓦当

　　107 件，其中瓦身完整的 2 件。本发掘区仅见边轮略高于当面且较窄的 A 型"传祚无穷"瓦当。瓦当圆形，当心大乳丁加凸弦纹。"井"字分隔，当心四面为"传祚无穷"四字，四角小乳丁加一周凸弦纹，边轮内饰一周凸弦纹。瓦当正面"祚"字右侧间格外有 1 处范伤。

　　标本 T525④：1，瓦当与筒瓦相接，夹角呈 101°，瓦当、筒瓦均完整。筒瓦凹面布纹，凸面刮削平整，近瓦当一端有手抹加固痕迹，侧缘削平。瓦当直径 15.3、大乳丁径 3.4、小乳丁径0.7、边轮宽 1.5、厚 1.8 厘米。筒瓦瓦身长 46.5、瓦舌长 4、瓦径 16.7、厚 1.5 厘米（图一〇五，

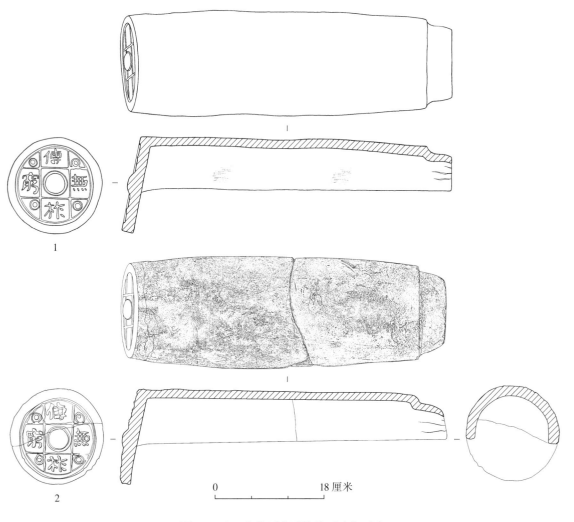

0　　　　　　　　　18 厘米

图一〇五　北魏时期"传祚无穷"瓦当

1. T525④：1　2. T518④：7

1；彩版五八，1）。

标本 T518④：7，瓦当与筒瓦钝角连接，夹角呈100°，瓦当、筒瓦均完整。筒瓦凹面布纹，凸面刮削平整，残留绳纹，近瓦当一端有手抹加固痕迹，侧缘削平，下缘接瓦当处被削薄，上缘接瓦舌处（凹面）坡度较缓，瓦肩呈坡状，较窄。瓦当直径15.2、大乳丁径3.3、小乳丁径0.7、边轮宽1.5、厚1.8厘米。筒瓦瓦身长46、瓦舌长4、瓦径18.3、厚1.5厘米（图一〇五，2；彩版五八，2）。

标本 T519④：25，瓦当完整，残存筒瓦。筒瓦凹面布纹，凸面刮削平整，近瓦当一端有手抹加固痕迹，侧缘削平。瓦当直径14.4、大乳丁径3.3、小乳丁径0.7、边轮宽1.6、厚1.9厘米。筒瓦残长24.5、厚1.3厘米（图一〇六，1；彩版五八，3）。

标本 T501Y502②：7，完整。质地粗糙。瓦当直径14.3、大乳丁径3.1、小乳丁径0.7、边轮宽1.6、厚1.7厘米（图一〇六，2；彩版五八，4）。

标本 T528④：6，完整，范伤较小，当面左侧有纵线，背面有刻划线。瓦当直径14.5、大

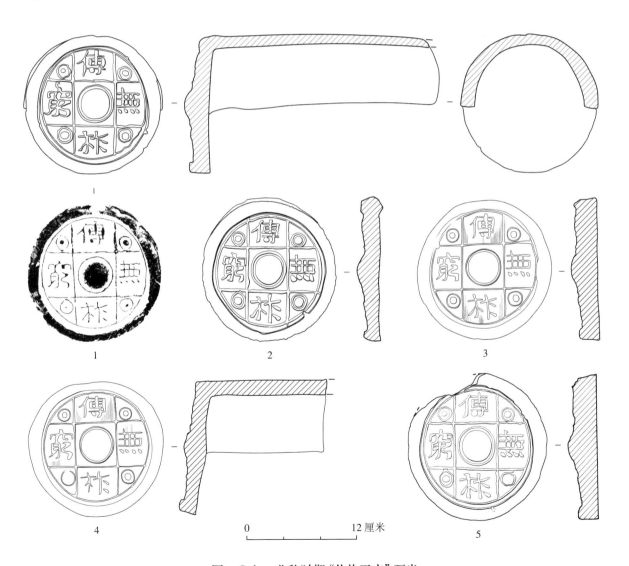

图一〇六　北魏时期"传祚无穷"瓦当

1. T519④：25　2. T501Y502②：7　3. T528④：6　4. T524南扩方④：17　5. T518④：9

乳丁径 3.3、小乳丁径 0.7、边轮宽 1.2、厚 2.1 厘米（图一〇六，3；彩版五八，5）。

标本 T524 南扩方④：17，瓦当完整，范伤较小，残存筒瓦。筒瓦素面，凹面布纹，凸面刮削平整，近瓦当一端有手抹加固痕迹，两侧边全切。瓦当直径 14.6、大乳丁径 3.3、小乳丁径 0.7、边轮宽 1.4、厚 2.1 厘米。筒瓦残长 12.4、瓦径 16、厚 1.5 厘米（图一〇六，4；彩版五八，6）。

标本 T518④：9，少部分边轮残缺，背面残存少许筒瓦，并有少量刻划线。瓦当直径 15.4、大乳丁径 3.1、小乳丁径 0.7、边轮宽 1.6、厚 2 厘米（图一〇六，5；彩版五九，1）。

标本 T511④：4，瓦当完整，残存筒瓦。筒瓦凹面布纹，凸面刮削平整，近瓦当一端有手抹加固痕迹，两侧边全切。瓦当正面与筒瓦衔接处边轮及"传"字顶部被抹平，背面手抹加固痕迹。瓦当直径 14.9、大乳丁径 3.3、小乳丁径 0.6、边轮宽 1.9、厚 2 厘米。筒瓦残长 14.6、瓦径 15.6、厚 1.5 厘米（图一〇七，1；彩版五九，2）。

标本 T507④：7，瓦当完整，已经变形，与筒瓦锐角连接，背面与筒瓦相接处半圈有刻划线及手抹加固痕迹。筒瓦变形且残，凹面布纹，凸面刮削，两侧边全切。瓦当直径 14.5、大乳丁径 3.3、小乳丁径 0.7、边轮宽 1.6、厚 1.9 厘米。筒瓦残长 10.8、厚 1.4 厘米（图一〇七，2；彩版五九，3）。

标本 T517 南扩方④：10，瓦当完整，当面模糊不清。残存筒瓦，筒瓦凹面布纹，凸面刮削平整，近瓦当一端有手抹加固痕迹，残存的一侧边半切。瓦当直径 15、大乳丁径 3.2、小乳丁径 0.7、边轮宽 2、厚 1.9 厘米。筒瓦残长 16、瓦径 16、厚 1.2 厘米（图一〇七，3；彩版五九，4）。

标本 T511④：21，瓦当完整。背面与筒瓦相接的半圈有刻划线，并有手抹加固痕迹。瓦当

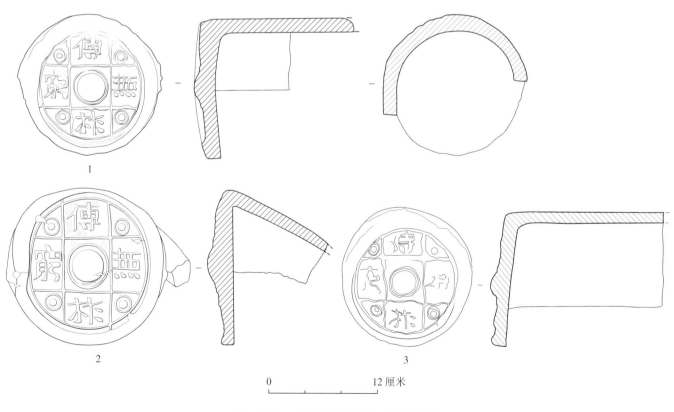

图一〇七　北魏时期"传祚无穷"瓦当

1. T511④：4　2. T507④：7　3. T517 南扩方④：10

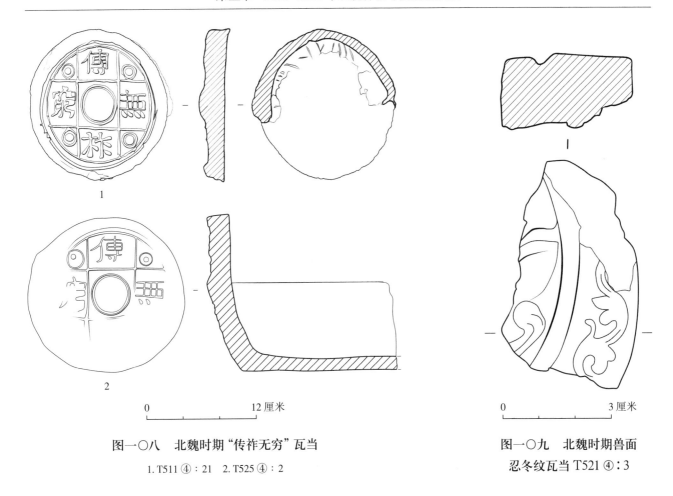

图一〇八　北魏时期"传祚无穷"瓦当
1. T511 ④：21　2. T525 ④：2

图一〇九　北魏时期兽面
忍冬纹瓦当 T521 ④：3

直径15、大乳丁径3.3、小乳丁径0.8、边轮宽1.7、厚2.8厘米（图一〇八，1；彩版五九，5）。

标本 T525 ④：2，瓦当完整，筒瓦残缺。当面倒置与筒瓦相接，衔接之处的边轮和"祚"字被抹掉，"无""穷"两字部分被抹平。筒瓦凹面布纹，凸面刮削平整，且有少量绳纹残留，近瓦当一端有手抹加固痕迹，两侧边全切。瓦当直径16.8、大乳丁径3.2、小乳丁径0.7、边轮宽0.9、厚1.8厘米。筒瓦残长17.2、瓦径17.8、厚1.6厘米（图一〇八，2；彩版五九，6）。

2）兽面忍冬纹瓦当

1件。

标本 T521 ④：3，仅存右侧局部，为 A 型兽面纹瓦当。当面仅见兽耳及卷曲的毛发，边轮凸起，上面装饰波状忍冬纹。复原直径19、厚1.9厘米（图一〇九；彩版六〇，1）。

3）莲花纹瓦当

16件。根据莲瓣不同分三型。

A 型　10件。复瓣双层莲花纹。又根据莲瓣形态不同分两亚型。

Aa 型　9件。莲瓣较小且饱满，当心为大乳丁，其外饰有一周联珠纹装饰。

标本 T524 ④：111，瓦当圆形，与筒瓦钝角连接，瓦身残。当心大乳丁，外围饰一周联珠纹和8组复莲瓣，复莲瓣周围有边缘线，复莲瓣内两花瓣之间有分隔线，瓣间为倒"个"字形。筒瓦凹面布纹，凸面刮削平整，近瓦当一端有手抹加固痕迹，两侧面切割后，再次向凹凸两面斜切。直径14、厚1.5、乳丁直径3、边轮宽1.7、瓦身残长9、厚1.3厘米（图一一〇，1；彩版六〇，

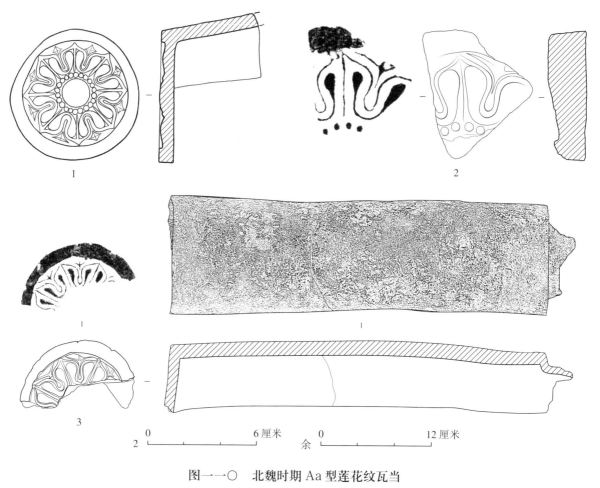

图一一〇　北魏时期 Aa 型莲花纹瓦当

1. T524 ④：111　　2. T517 ④：26　　3. T524 南扩方④：2

2）。

标本 T517 ④：26，残。当心外围残存 1 组复莲瓣及部分联珠纹，复莲瓣周围有边缘线，复瓣内两莲瓣之间有分隔线，瓣间为倒"个"字形。当面有黏土接合痕迹，背面平整，有手抹加固痕迹。复原直径 12.4、厚 2 厘米（图一一〇，2）。

标本 T524 南扩方④：2，瓦当残。与筒瓦连接呈 97° 夹角。瓦当存三个复莲瓣，复莲瓣周围有边缘线，复瓣内两莲瓣之间有分隔线，瓣间为倒"个"字形。正面间瓣与莲瓣之间有少量范伤，当面有黏土接合痕迹，背面手抹加固痕迹。筒瓦凹面布纹，凸面刮削平整，近瓦当一端有手抹加固痕迹，两侧面切割后，再次向凹凸两面斜切。上缘接瓦舌（凹面）坡度较缓，瓦肩较平。瓦当复原直径 13.2、厚 1.3 厘米。筒瓦身长 40.5、瓦舌长 3.4、瓦径 12.3~13、厚 1.5 厘米（图一一〇，3；彩版六〇，3）。

标本 T519 ③：38，残存三个复莲瓣，复瓣内两莲瓣之间有分隔线，瓣间为倒"个"字形。复原直径 12.5、厚 1.5 厘米（图一一一，1）。

标本 T511 ④：27，残存 1 个复莲瓣，复瓣内两莲瓣之间有分隔线，瓣间为倒"个"字形。复原直径 12.4、厚 1.6 厘米（图一一一，2）。

Ab 型　1 件。

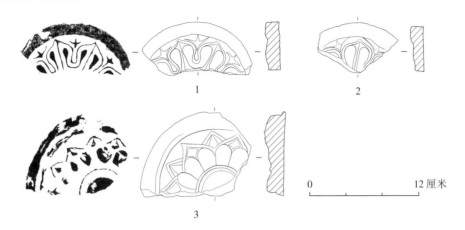

图一一一　北魏时期 A 型莲花纹瓦当

1、2. Aa 型 T519 ③：38、T511 ④：27　3. Ab 型 T529 ④：48

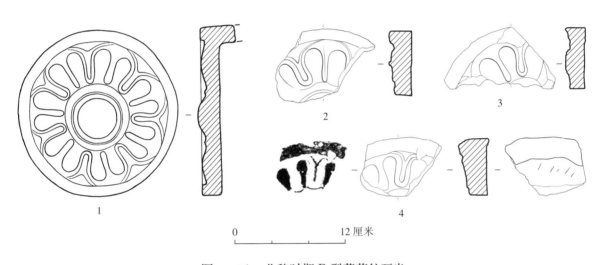

图一一二　北魏时期 B 型莲花纹瓦当

1. T524 ④：43　2. T504 ④：8　3. T507 ④：8　4. T521H516：19

标本 T529 ④：48，莲瓣较大且凸出，当心为大乳丁。残存两个半复莲瓣，3/4 当心，当心大乳丁，外有一周凸弦纹。外侧的大莲瓣内有两个凸起小莲瓣及一个棱形装饰。背面刻划线，有手抹加固痕迹。复原直径 15.6、厚 2 厘米（图一一一，3；彩版六○，4）。

B 型　5 件。复瓣单层莲花纹。

标本 T524 ④：43，当心饰一乳丁，乳丁外有一周凸弦纹，外侧由七组复瓣组成，莲瓣周围有边缘线，莲瓣肥大。筒瓦残存少许，凹面布纹，凸面刮削平整，近瓦当一端有手抹加固痕迹，两侧面切割后，再次向凹凸两面斜切。瓦当直径 17、厚 2.2、边轮宽 1.2、乳丁直径 3.8 厘米（图一一二，1；彩版六○，5）。

标本 T504 ④：8，残存 1 个半复瓣莲瓣纹。复原直径 17、厚 2.4 厘米（图一一二，2）。

标本 T507 ④：8，残存 1 个半复瓣莲瓣纹，莲瓣肥大，周围有边缘线。背面刻划线，有手抹加固痕迹。复原直径 19.6、厚 2 厘米（图一一二，3）。

标本 T521H516：19，残存 1 个半复瓣莲瓣纹，莲瓣肥大，周围有边缘线。当面有黏土接合痕迹，背面刻划线。复原直径 16.4、厚 2.8 厘米（图一一二，4）。

标本 T513③：5，瓦当复原直径 17、厚 2.3、边轮宽 1.3 厘米。

C 型　1 件。

标本 T501Y502①：8，单瓣双层莲花纹。边轮高窄，当心为大乳丁，外围为莲瓣，残存五个莲瓣，莲瓣较肥，下层残存五个瓣尖。瓦当复原直径 14.5、瓦当厚 2、乳丁直径 3.3、边轮宽 2 厘米（图一一三；彩版六〇，6）。

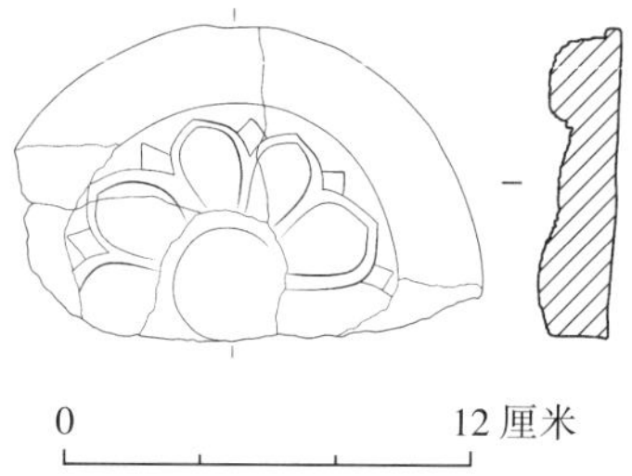

4）莲花化生瓦当

2 件。

标本 T517 南扩方④：68，当心为双手合十的化生童子，童子面部稍残，帔帛自身后覆双肩绕进两肘。外围有 11 组复瓣双层莲瓣，莲瓣周围有边缘线，复瓣之内两莲瓣间有分隔线。瓦当背面有贯穿线将筒瓦半圆与另一半分开，上部有刻划线，且有黏土接合痕迹。直径 14.2、厚 2.8、边轮宽 1.4~2 厘米（图一一四，1；彩版六一，1）。

标本 T524 南扩方④：28，残。当心为双手合十的化生童子，帔帛自身后覆双肩绕进两肘。外侧残存 4 组复瓣莲瓣，莲瓣周围有边缘线，复瓣之内两莲瓣间有分隔线。当面有黏土接合痕迹，背面有贯穿线将筒瓦半圆与另一半分开，上部有黏土接合痕迹。复原直径 15.2、厚 2.5 厘米（图一一四，2；彩版六一，2）。

（5）莲花建筑饰件

37 件。模制，圆形，平底，覆盆状。上部中央稍微凸起为圆形，内穿方孔至底部，外围雕一周复瓣双层莲花。根据莲瓣数量及莲瓣特征分两型。

A 型　36 件。莲瓣高凸，又根据底部是否斜削分两亚型。

Aa 型　22 件。底部未斜削，八组或六组复瓣双层莲花。

标本 T522④：6，八组复瓣双层莲花。中央方孔剖面呈倒梯形，方孔周围饰一周联珠纹带和一周凹弦纹，联珠纹带由 20 颗小圆珠组成。相邻两组复莲瓣的两个瓣根之间装饰一枚凸起圆珠，上下层的每个瓣尖之间削成弧状。直径 14、厚 3.9、孔边长（上）3、（下）2.5 厘米（图一一五，1；彩版六一，3）。

标本 T517 南扩方④：24，六组复瓣双层莲花。中央方孔剖面呈倒"凸"字形。复莲瓣中有两组莲瓣破损严重，三个瓣肉一侧有一道较粗的凸棱，上下层的每个瓣尖之间削成弧状。直径

図一一三　北魏时期 C 型莲花纹瓦当 T501Y502①：8

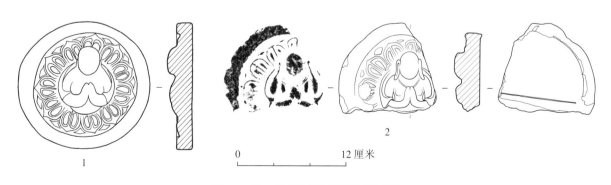

图一一四　北魏时期莲花化生瓦当

1. T517 南扩方④：68　2. T524 南扩方④：28

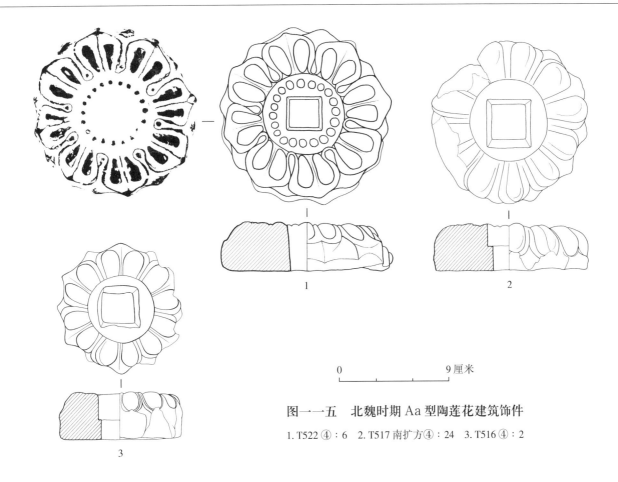

图一一五 北魏时期 Aa 型陶莲花建筑饰件

1. T522 ④：6　2. T517 南扩方④：24　3. T516 ④：2

13、厚 3.8、孔边长（上）3.7、（下）3 厘米（图一一五，2；彩版六一，4）。

标本 T516 ④：2，较小，六组复瓣双层莲花。中央方孔剖面呈倒"凸"字形，方孔周围饰一周联珠纹带和凹弦纹，但联珠纹磨损严重，残存 5 颗清晰可辨的小圆珠。直径 10.5、厚 4、孔边长（上）3.5、（下）2.7 厘米（图一一五，3；彩版六一，5）。

Ab 型　14 件。底部斜削呈倒角状，八组、六组或四组复瓣双层莲花。

标本 T508 ④：8，六组复瓣双层莲花瓣肉圆润突出，中央方孔剖面呈倒"凸"字形。底部外周斜削呈倒角状，使双层瓣尖翘出。其中两个瓣肉受挤压。器表面及底部残留红色颜料。直径 12.8、厚 3.8、孔边长（上）3.8、（下）2.5 厘米（图一一六，1；彩版六二，1）。

标本 T528 ③：11，八组复瓣双层莲花。中央方孔剖面呈倒梯形，方孔周围饰一周联珠纹带和一周凹弦纹，联珠纹带由 20 颗小圆珠组成。相邻两组复莲瓣的两个瓣根之间装饰一枚凸起圆珠，上下层的每个瓣尖之间削成弧状，底部外周斜削呈倒角状，使双层瓣尖翘出。直径 10.6、厚 3.0、孔边长（上）2.3、（下）1.8 厘米（图一一六，2；彩版六一，6）。

标本 T518 ④：4，六组复瓣双层莲花。中央方孔剖面呈倒"凸"字形。莲瓣的瓣肉挤压痕迹明显，其中 10 个瓣肉一侧有一道凸棱，两个瓣肉有一周凸棱。直径 12.9、厚 3.7、孔边长（上）3.8、（下）3 厘米（图一一六，4；彩版六二，2）。

标本 2010DY 采：1，四组复瓣双层莲花。中央方孔下部较上部略小，方孔外围较高，莲瓣的瓣肉圆润突出，瓣尖之间及底部外周无任何修整痕迹。直径 10.6、厚 3.2、孔边长（上）3、（下）2.7 厘米（图一一六，3；彩版六二，3）。

0 —————————— 9厘米

图一一六　北魏时期陶莲花建筑饰件

1~4. Ab 型 T508 ④：8、T528 ③：11、2010DY 采：1、T518 ④：4　5. B 型 T527 ④：8

B 型　1 件。莲瓣扁平。

标本 T527 ④：8，残，夹砂。八组复瓣双层莲花，顶面中间高凸，中央方孔剖面呈倒梯形，方孔周围饰一周联珠纹带和一周凸弦棱，联珠纹带残存 7 颗。八组复莲瓣上层残存四组复瓣，下层残存五个瓣尖，上下层的每个瓣尖之间削成弧状。联珠和复瓣的瓣肉都十分扁平。直径 13.7、厚 4.2、孔边长（上）3、（下）2.4 厘米（图一一六，5；彩版六二，4）。

（6）其他构件

7 件。

1）带退台陶构件

2 件。夹砂灰陶，手制，平面呈不规长方形，背面内凹，低侧边封闭。

　　标本 T501 ②：14，两长边一边齐平，另一边距低侧边 12.5 厘米处有阶梯状退台，退台进深 4.3 厘米。退台的两短边，一高一低。正面靠近低侧边上部有凸出平面的圆孔。背面凹槽内有手指抹平痕迹。长 33.3、宽 16.2、厚 6.4、背面凹槽深 4、边缘宽 2.5 厘米（图一一七，1；彩版六三，1、2）。

　　标本 T516 ④：75，两长边一边齐平，另一边距低侧边 9.5 厘米处有阶梯状退台，退台进深 5 厘米。退台的两短边，一高一低。正面靠近低侧边上部有凸出平面的圆孔。背面凹槽内有手指抹平痕迹。长 27.2、宽 17.3、厚 6.5、背面凹槽深 4、边缘宽 2.4 厘米（图一一七，2；彩版

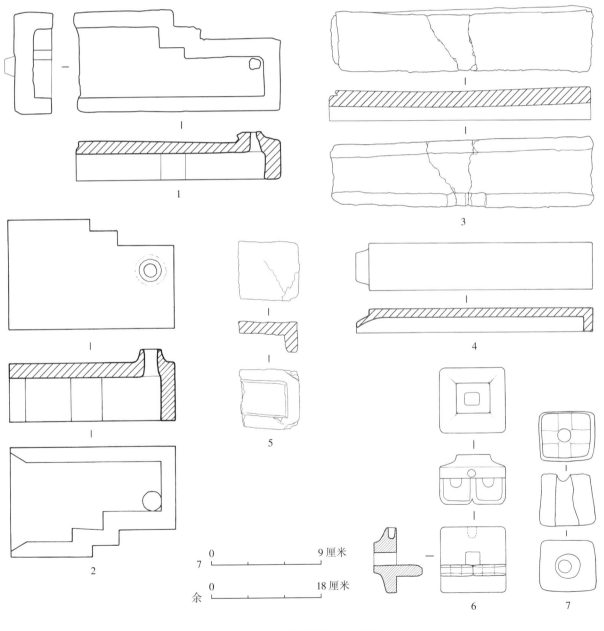

图一一七　北魏时期其他构建

1、2.带退台陶构件 T501 ②：14、T516 ④：75　　3~5.带瓦舌陶构件 T516 ④：74、T511 ④：50、T519 ④：81　　6.覆斗形陶构件 T508 ④：4　　7.方柱形陶构件 T516 ④：92

六三，3、4）。

2）带瓦舌陶构件

3件。泥质灰陶，手制或模制，平面呈长方形，背面呈长方形槽状，槽底有手指修整痕。

标本T516④：74，构件一端开口，另一端呈筒瓦舌状。舌状的凹面底部几乎与槽底相平，且与槽底呈缓上坡状。舌底部粗糙，其他面稍加修整。长41、宽11、高5.5、槽内宽6.3、深3.6、舌长1.2厘米（图一一七，3；彩版六三，5、6）。

标本T511④：50，构件一端封闭，另一端呈筒瓦舌状。舌与槽底呈缓上坡状。左右外侧面、上部外面和底部制作粗糙，凹槽内有手指上下摸的痕迹。通长38.7、宽7.5、高4.5、槽内长36、宽4、高2.4、瓦舌长1.8厘米（图一一七，4；彩版六三，7、8）。

标本T519④：81，残。泥质灰陶，含砂量大，青灰色，模制，呈长条形槽状，残余一封闭端。残长10.7、宽10.1、高4.7、槽内宽5.4、深3厘米（图一一七，5）。

3）覆斗形陶构件

1件。

标本T508④：4，灰陶质，模制，由上下两部分组成。上部为覆斗形，顶部正中开一小方孔相通，方孔下部即为覆斗底部，覆斗底边一侧正中有一圆孔。下部紧挨方孔一侧边有一组相同的方形构件并列，且与覆斗底部垂直连接，两个圆角方形构件，好似一对双耳，其靠近覆斗底部各有一大半圆形小孔。覆斗上部长5.5、宽4.8、下部长11、宽10、高3.5厘米。中部方孔倒梯形，上口长2.5、宽2、下口长2.3、宽1.7厘米。方形构件长5.5、高4、厚2厘米。圆孔直径2、深1.6厘米（图一一七，6；彩版六四，1）。

4）方柱形陶构件

1件。

标本T516④：92，残。为上小下大的方柱体，磨光，中部穿圆孔，圆孔上小下大，顶面残，四角残留方形断面。残高4.3、底部长4.8、宽4、顶部长4、宽3.8、顶部孔径1.2、底部孔径2厘米（图一一七，7；彩版六四，2）。

2. 石质建筑材料

9件。

（1）不规则柱础石

1件。

标本T525④：27，分上下两部分，上部似覆盆状，下部为方形底座，顶面磨光，其他面仅有凿痕，方形底座较规整，一角残，方形底座底部中央有一未穿透的圆孔。覆盆直径10.5、高2.2、底座长17.6、高5.5、孔径4.3、深2.1厘米（图一一八，1；彩版六四，4、5）。

0　　　　　　　　18厘米

图一一八　北魏时期石质建筑材料

1.不规则柱础石 T525④：27　2.石柱 T527④：7

（2）石柱

1 件。

标本 T527 ④：7，方形柱体，上小下大，柱体四面比较光滑。顶面中央有圆形浅坑，柱上端相邻两侧各有一长方形凹槽，下部残断。残高 29.4、顶面边长 6.5、底面边长 7.3、正面槽长 9.7、宽 3、深 1.5、侧面槽长 8.7、宽 2.6、深 0.6 厘米（图一一八，2；彩版六四，3）。

（3）**莲花建筑饰件**

7 件。雕刻。均为双层莲瓣莲花，中央方孔剖面呈倒梯形，个别为方形，上下层每个瓣尖之间削成三角形，器底凿痕清晰可见。根据莲瓣单、复分两型。

A 型　2 件。复瓣双层莲花。

标本 T502 ④：1，残。复瓣之间结构清晰。外围雕六组复瓣双层的莲花，莲瓣宽肥。直径 13.2、厚 4.7、孔边长（上）3.2、（下）2.8 厘米（图一一九，1；彩版六五，1）。

标本 T508 ④：24，五组复瓣双层莲花，莲瓣宽肥，底部内凹，凿痕清晰，呈放射状。直径 12.2、厚 4.3、孔边长（上）2.8、（下）2.5 厘米（图一一九，2；彩版六五，2）。

B 型　5 件。单瓣双层莲花。

标本 T512 ④：4，外围较中央稍低，周围雕八个单瓣双层莲花。器底凿痕清晰可见。直径 11.2、厚 4.5、孔边长（上）3.3、（下）2.5 厘米（图一二〇，1；彩版六五，3）。

标本 T508 ④：23，七个单瓣双层莲花。直径 11、厚 5.7、孔边长（上）3、（下）2.3 厘米（图一二〇，3；彩版六五，4）。

标本 T517 ④：11，九个单瓣双层莲花。直径 11、厚 4.3、孔边长（上）3.3、（下）2.5 厘米（图一二〇，2；彩版六五，5）。

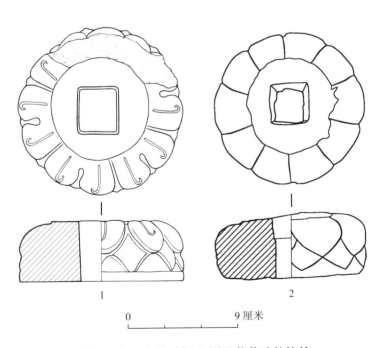

0　　　　　　　9 厘米

图一一九　北魏时期 A 型石莲花建筑饰件

1. T502 ④：1　2. T508 ④：24

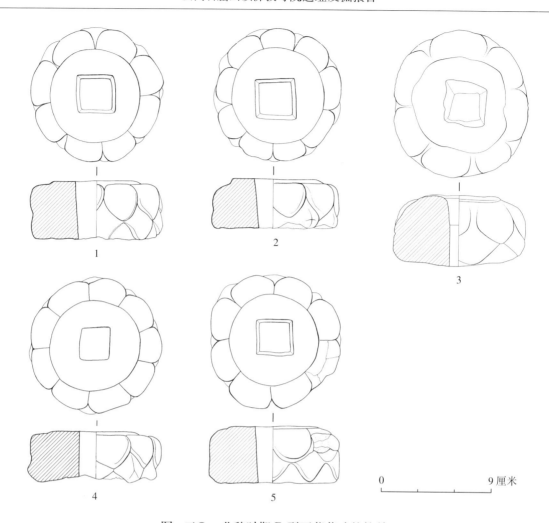

图一二〇　北魏时期 B 型石莲花建筑饰件

1. T512④：4　2. T517④：11　3. T508④：23　4. T527④：14　5. T512④：31

标本 T527④：14，中央方孔剖面呈方形，九个单瓣双层莲花。直径 11、厚 4.3、孔边长（上）2.4、（下）2.4 厘米（图一二〇，4；彩版六五，6）。

标本 T512④：31，八个单瓣双层莲花。直径 11、厚 4.3、孔边长（上）3.3、（下）2.5 厘米（图一二〇，5）。

（二）石雕造像

25 件。砂岩。有单体造像、造像塔、造像龛、装饰及其他残件。

1. 单体造像

10 件。有交脚菩萨、胁侍菩萨、背光等。

（1）交脚菩萨

1 件。

标本 T528G501：25，仅存造像左腿局部，腿部的衣纹呈宽阶梯状，每一个梯面又阴刻一条阴线，小腿部衣纹则较为细密，线条呈“V”字形排列。腿间为下垂的衣褶。残宽 13.5、残高 7.2、

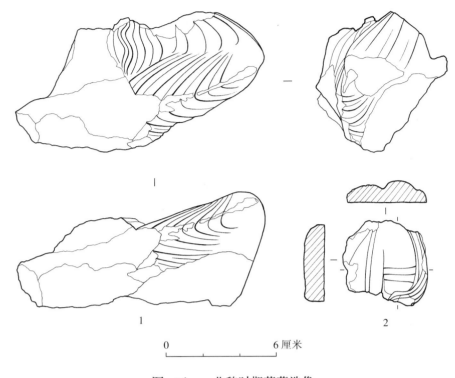

图一二一　北魏时期菩萨造像

1. 交脚菩萨 T528G501∶25　2. 供养菩萨 T525 ②∶16

厚 5 厘米（图一二一，1；彩版六六，1）。

（2）供养菩萨

1 件。

标本 T525 ②∶16，残存菩萨上半身左侧，斜披络腋，胸部有阴线刻，左臂戴钏，帔帛沿肩臂绕进肘部。残高 4.6、宽 4.6、厚 1.2 厘米（图一二一，2；彩版六七，1）。

（3）胁侍菩萨

3 件。

标本 T522 ④∶4，正背两面都有雕刻。正面残存主尊部分背光和左侧菩萨立像，菩萨存下半身，跣足立于仰莲座上，下裙紧贴双腿，腿部衣纹呈双"V"字形，十字交叉的帔帛仅存下角。莲座圆雕残存 7 瓣单莲花，仰莲状。背面位于主尊背光对应的位置凸出，有一供养天人像，残存上身局部，佩项圈、臂钏、腕钏，双手合十，右臂残存从身后披的帔帛绕进肘部，其余部位素面，打磨光滑。残高 11.5、残宽 10.5、厚 1.6~2.4、底座残高 4、厚 4 厘米（图一二二，1；彩版六六，5、6）。

标本 T525 ④∶9，正背两面都有雕刻。正面残存主尊很小部分背光和右侧菩萨立像。菩萨仅存下半身局部，大裙紧贴双腿，衣纹清晰，呈双"V"字形，十字交叉的帔帛仅存下角。背面位于主尊背光对应的位置凸出，残存帔帛一角，其余部位均为素面，比较光滑。残高 7.6、宽 8.6、厚 3 厘米（图一二二，2；彩版六六，3、4）。

标本 T524 南扩方④∶11，仅存覆莲座，平面近似椭圆形，座侧面刻有九组复瓣双层莲花，座上面残存右脚，五趾雕刻清晰。座底有莲座的柱状向下延伸。残高 6、长径 6.7、短径 4.2、座

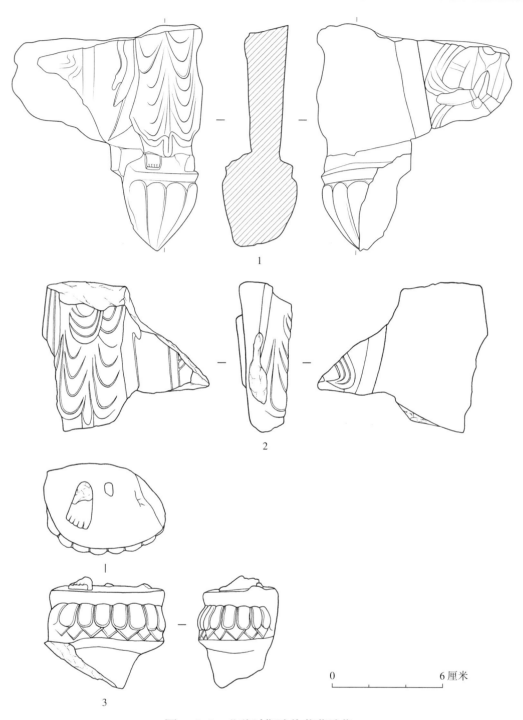

图一二二　北魏时期胁侍菩萨造像

1. T522④：4　2. T525④：9　3. T524 南扩方④：11

高 2.6 厘米（图一二二，3；彩版六六，2）。

（4）背光

5 件。

标本 T522②：22，正背面均有雕刻。正面应为造像一侧的局部背光，中间有一条竖向弧状的联珠纹（残存 11 颗小圆珠）饰带，将其分左右两部分。右侧为纵向的结跏趺坐佛像，残存两身，一身较完整，另一身下半身残缺，高肉髻，著通肩式袈裟，双手作禅定印，饰圆形头光及舟形背光。左侧为火焰纹。背面左侧有一身供养天人残像，似胡跪，高束发髻，有圆形头光，五官清晰，双手捧莲蕾，披巾搭于手腕下垂。其下角残留一逆发夜叉头部。左侧残存方座及部分背光。残高 10、宽 7.2、厚 2.4 厘米（图一二三，1；彩版六七，5、6）。

标本 T519④：39，正背两面均有雕刻，正面残存一段两组双阴刻的头光，内有两尊供养天人，上部供养天人仅残存下半身，胡跪于莲台之上，下部供养天有桃形头光，头束髻，面部模糊不清，身披帔帛，双手捧物。头光右侧残存一小段身光，身光内有雕刻不明。背面残存浮雕的头光与身光。残长 8、宽 1.5~4.2、厚 2.8 厘米（图一二三，2；彩版六七，3、4）。

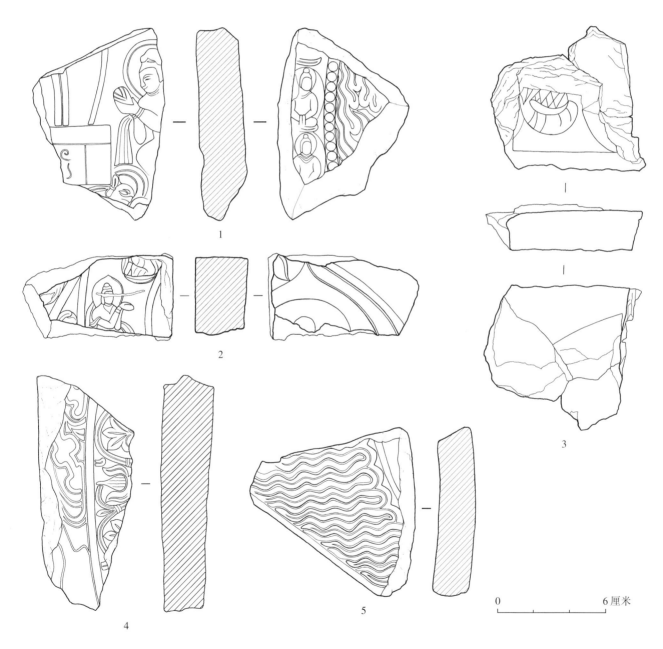

0 　　　　　　　　6 厘米

图一二三　北魏时期背光

1. T522②：22　2. T519④：39　3. T524④：30　4. T525④：42　5. T522②：23

标本 T524④：30，一面有雕刻，图像不明。另一面残。残长 8、宽 7.5、厚 2.2 厘米（图一二三，3）。

标本 T525④：42，正面有雕刻，背面素面磨光。正面以宽 0.4 厘米的一条竖向弧状凸起的棱线分左右两部分。左侧为缠枝波状忍冬纹图案，用莲花与 4 叶忍冬装饰。右侧为火焰纹，岩块状的根部伸出多缕火焰。残宽 5、高 12.3、厚 2.2~2.7 厘米（图一二三，4；彩版六八，1）。

标本 T522②：23，正面有雕刻，背面素面磨光。正面有一条竖向稍微弯曲凸起的棱线，内侧仅存一角，似头光部分。外侧为 "U" 形火焰纹，根部有硕大的瘤节。残高 9、残宽 8.5、厚 2 厘米（图一二三，5；彩版六七，2）。

2. 造像塔

4 件。均为残件。

（1）塔刹残件

1 件。

标本 T517 南扩方④：84，上部为圆柱体，下部为方形体底座，侧面呈倒梯形。圆柱体上雕相轮五层，相轮直径、厚度大致相同，直径 6.2、轮厚 0.7 厘米，相轮间的距离相等约 1.1 厘米。上端的一层相轮已经残缺，顶部残存一个方形卯口的凹槽，长 3.8、宽 2.2、深 2.2 厘米，现残存方形榫头构件。下部的阶梯形承花之内雕童子半身像，高 2.1 厘米，光头，面相丰圆，颈戴项圈，双臂饰臂钏，斜披络腋，背后饰圆形头光。部分承花的角部残缺。塔刹通高 12.5、底座高 3.6、宽与厚均为 6.4 厘米（图一二四，1；彩版六八，2）。

（2）塔檐残件

2 件。

标本 T522④：5，残存塔檐翼角。翼角正面残存正身瓦 2 垄，瓦头呈圆形，侧面残存正身瓦 1 垄，垂脊由 3 垄筒瓦并列垒砌而成，角部呈 "品" 字形排列，中间长且高，两侧短而微低，其檐下无椽飞雕刻。打磨光滑。残长 5.3、残宽 4.4、高 2.8 厘米（图一二四，2；彩版六八，3）。

标本 T521 南扩方④：10，残存塔檐翼角，翼角两侧面瓦顶各有筒、板瓦 2 垄，垂脊由 3 垄筒瓦并列垒砌而成，呈 "品" 字形排列，中间长，两侧短，顶、侧、底三面雕刻细腻。残长 4.8、残宽 4、檐高 2.4 厘米（图一二四，3；彩版六八，4）。

（3）须弥塔座

1 件。

标本 T515④：9，平面呈方形，立面为叠涩束腰形，整体雕刻细腻。顶部有长方形凹槽，凹槽内有凿痕。中间的枋枭低矮，正面中央束腰部高浮雕一博山炉。长 27.3、宽 26.8、高 11.8、长方形凹槽长 18.6、宽 16.1、深 3.4 厘米（图一二四，4；彩版六八，5）。

3. 造像龛

2 件。

（1）双面造像龛

1 件。

标本 T515④：55，残。正、背面均有雕刻，皆为圆拱尖楣龛，上窄下宽。正面龛内雕有结跏趺坐佛，头部、右肩均残损，双手作禅定印，仅雕出坐像轮廓。龛楣为素面，右侧楣尾外翻上卷。背面龛的下部已经残缺，龛内仅存两像头部，均残。应为二佛并坐造像题材。通高 16.5、宽

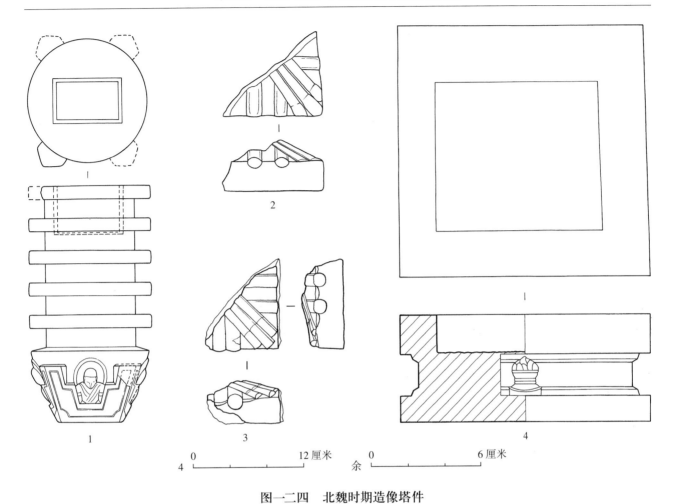

图一二四 北魏时期造像塔件

1. 塔刹残件 T517 南扩方④：84   2、3. 塔檐残件 T522 ④：5、T521 南扩方④：10   4. 须弥塔座 T515 ④：9

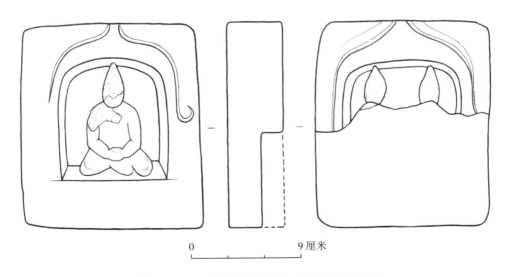

图一二五 北魏时期双面造像龛 T515 ④：55

14.3、厚 4.5 厘米，正面龛高 11.5、宽 10、深 1.4 厘米，背面龛残高 8.4、宽 10.5、深 1.2 厘米（图一二五；彩版七〇，1、2）。

（2）浅浮雕石板

1 件。

标本 T512 ④：64，平面近长方形，上窄下宽，正面雕饰精美，背面凹凸不平。正面中部为一圆拱尖楣龛，龛楣饰忍冬纹，楣尾外卷上翻。龛内图像由上而下：上面有一鼠形动物图案，

0　　　　　　　　　9 厘米

图一二六　北魏时期浅浮雕石板 T512 ④：64

头左尾右，双尖耳直立向上。中部内容不详。下面有一动物轮廓，种属不详，头左尾右，双圆耳直立向上，头部及身躯背部刻出轮廓；最下为一立鸟，头左尾右，尖喙，眼部十分明显，尾羽呈方形下垂，形象逼真，三只不同的禽兽均朝向左侧一方。龛外左上隅有一狗，头向右，眼部明显，双耳斜立，尾上卷，俯卧。龛外左侧中部有一直立人，面部清晰，头束发髻，身穿"V"领的上衣，系腰带，下身穿灯笼裤（袴裤），右手执棒状物，左手张开伸向龛侧。人下有一狗，头向右，双耳直立，眼部明显，尾巴上卷，四脚站立，作行走状。龛顶右上隅有一狐形动物（鼠），头向左，双耳直立，嘴叼一物，尾巴向右自然伸展，俯卧。其下有一人，呈跪姿，面部清晰，头戴尖顶帽，身穿"V"领上衣，右手上捧一钵，左手执一带柄器。龛外右侧中部有一人，向龛侧胡跪，束发髻，身穿"V"领上衣，腰系带，腰带中部似有带扣，右手执一件带柄方扇形法器，伸向龛内鼠形动物之中。龛外右下角有一雄狮，左耳向上，双目圆睁，阔口大张，颈部须髯发达下垂，前腿直立，后腿卧地，尾巴直立上扬。石板中尖楣的上方钻有一圆孔，似为便于悬挂所致。高45.6、上宽34、下宽37、厚3、孔外径2.0、内径1.0、龛高32.5、宽18.9、龛顶距石板上端5.2厘米（图一二六；彩版六九）。

4. 石龟

1件。

标本T512④：16，外表粗糙，具轮廓，龟背呈盔形，且比较光滑，龟头微抬。长12.8、宽8.6、高7.2、背长5.3、宽4.9厘米（图一二七，1；彩版六八，6）。

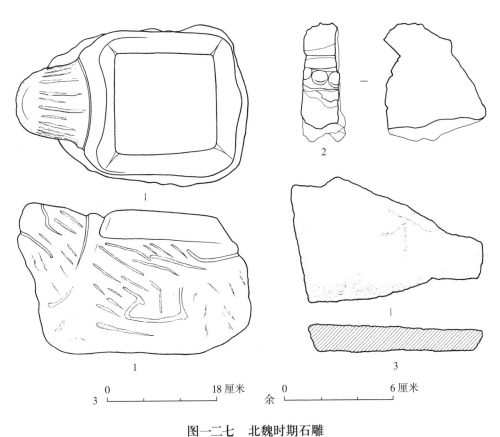

图一二七　北魏时期石雕

1. 石龟 T512④：16　2. 装饰纹带 T518②：13　3. 石板 T512④：47

5．装饰纹带

1件。

标本 T518②：13，仅存小部分装饰纹带，雕有联珠纹。残长 5.8、宽 2、残厚 5.2 厘米（图一二七，2；彩版七〇，3）。

6．其他残件

7件。

（1）石板

1件。

标本 T512④：47，残。呈不规则形，薄厚均匀，表面粗糙，上阴刻一"大"字。长 30、宽 20.2、厚 4.3 厘米（图一二七，3；彩版七〇，4）。

（2）其他不辨识物

6件。

标本 T508④：10，平面残呈方形，上下两面有凹坑，一侧有凹进的短线凿痕，一侧磨平。残长 7.5、残宽 7.7、残厚 5.1 厘米，坑 1 长 3、宽 2.6、深 1.5 厘米，坑 2 长 2.5、宽 3.5、深 1 厘米（图一二八，1）。

标本 T524④：31，中间厚边缘薄，边缘残呈弧形，两面磨平。残高 4.8、宽 8.6、厚 3 厘米

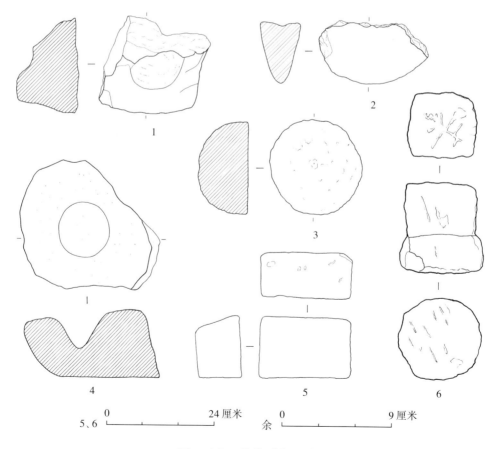

图一二八　北魏时期石雕

1. T508④：10　2. T524④：31　3. T516④：53　4. T526③：34　5. T529④：17　6. T515④：1

（图一二八，2）。

标本T516④：53，平面呈圆形，上面隆起呈半球形，底面磨平。直径7.2、高4.3厘米（图一二八，3；彩版七〇，5）。

标本T529④：17，平面呈长方形，上窄下宽，一侧壁直，一侧壁斜直，表面光滑。长19.8、宽13.2、高10厘米（图一二八，5；彩版七〇，6）。

标本T515④：1，上部为长方体，下部为圆柱形，粗糙未完成，有凿痕。圆形直径18、高8、方形长14.4、高5.6厘米（图一二八，6；彩版七〇，7）。

标本T526③：34，平面不规整，制作粗糙，表面有凿痕，中间有一圆坑。长11.7、宽10、高5.5、圆坑直径4、深2.7厘米（图一二八，4；彩版七〇，8）。

（三）生活生产用具

标本131件，其中陶器83件、瓷器9件、铜器5件、铁器13件、石器21件。

1. 陶器

器形主要有陶盆、陶罐、陶钵、陶碗、陶壶、釉陶壶、陶瓮、陶器盖、陶杯、陶灯、陶构件、陶纺轮、带文字陶片等。

（1）陶盆

21件。泥质灰陶。有3件为陶盆残片，无法分型。

陶盆残片　3件。

标本T529④：117，仅存上腹部弧状残片。外壁施黑陶衣。内壁饰两组2线凹弦纹夹3线水波纹，外壁划两组凹弦纹，中间夹两组交错的3线水波纹，上组4~5线凹弦纹，可能是弦纹交接处，下组3线凹弦纹。残长10、残高4.8、厚0.6厘米（图一二九，1；彩版七一，1）。

标本T510④：211，仅存盆底残片。盆底图案模印而成。中央为乳丁外绕两周凸弦纹，外围为一周双层复莲瓣，瓣肉微凸，瓣尖被修整抹平，存抹痕。残长5.4、残宽5.1、厚0.6厘米（图一二九，2；彩版七一，2）。

标本T524④：122，仅存盆底残片。盆底图案模印而成。中央一周凸弦纹内印一似动物图案。外绕一周莲瓣、涡卷纹，莲瓣呈单层复莲瓣，每瓣呈弧边三角形，一周复原有8瓣，瓣尖之间的倒三角形位置压印一个小三角形。涡卷纹呈横向"S"状相连续，每个涡卷四角各有一小圆点。中央图案外围略高，两周凸弦纹内划一周6线水波纹。残长10.3、残宽7.4、厚0.9厘米（图一二九，3；彩版七一，3）。

陶盆，泥质灰陶，泥条盘筑，慢轮修整。根据口沿不同分A、B两型。

A型　4件。口微敛，折沿，沿面圆鼓，沿外缘剔压一周凹槽，外端起凸棱。口沿与内壁相接处转折明显，有明显的凸棱。平底。

标本T516④：8，圆唇，弧腹。盆内壁饰两周凹弦纹夹6线水波纹带三组，从近盆底处到腹部至近口沿处三组水波纹依次由密集变得疏朗。口径29.2、底径12、高9.6厘米（图一三〇，1；彩版七一，4）。

标本T503④：2，圆唇，上腹鼓，平底，底包壁。器壁残存钻孔三个，盆内壁饰两周单线宽凹弦纹夹忍冬纹带三组，盆内底中部有一周宽凸弦纹。口径27.3、底径14.4、高9.8、孔径0.5~0.7厘米（图一三〇，2；彩版七一，5）。

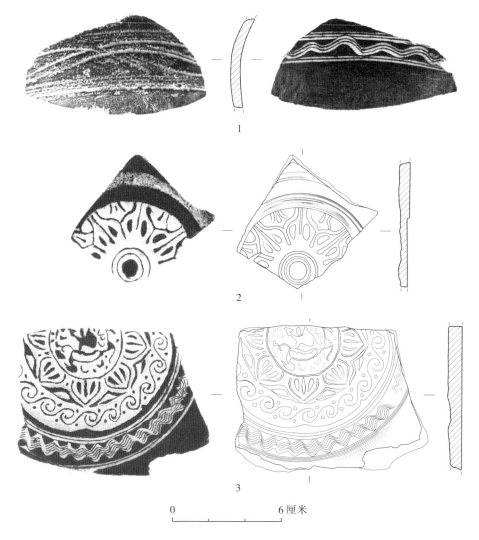

图一二九　北魏时期陶盆
1. T529④：117　2. T510④：211　3. T524④：122

　　标本 T511④：2，圆唇，上腹鼓。器壁有锔钉孔十对及单独一个，共 21 个。口径 32.4、底径 16.8、高 12、孔径 0.5~0.8 厘米（图一三〇，3；彩版七一，6）。

　　标本 T508④：1，圆唇，上腹部略鼓，弧腹，平底，壁包底。内壁在口沿下有两周凹弦纹，盆内壁横向磨光，腹部饰两周凸弦纹夹 6 线水波纹带一组，近盆底部饰一周凸弦纹。口径 23.6、底径 12.4、高 8.4 厘米（图一三〇，4；彩版七二，1）。

　　B 型　14 件。口部内敛，折沿，沿面上斜且较宽，沿面近沿外缘处划一周凹槽，使外缘高于口沿，口沿与内壁相接处转折明显，有的器型呈明显的凸棱，与外壁相接处呈钝角。上腹外鼓，下腹斜收，平底。根据唇部不同分为 Ba、Bb、Bc 三亚型。

　　Ba 型　9 件。方圆唇。

　　标本 T508④：21，弧腹，平底，壁包底。口径 25.2、底径 11.6、高 11.6 厘米（图一三一，1；彩版七二，2）。

　　标本 T529④：2，上腹部略鼓，斜腹，平底，底包壁。器壁有两对锔钉孔，口沿面横向磨光。

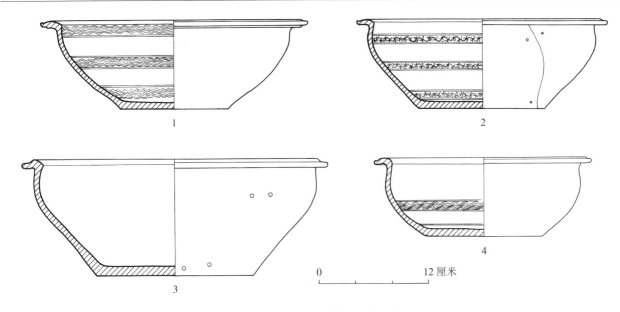

图一三〇　北魏时期 A 型陶盆

1. T516④：8　2. T503④：2　3. T511④：2　4. T508④：1

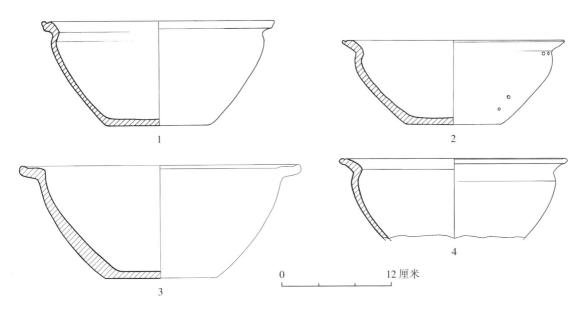

图一三一　北魏时期 Ba 型陶盆

1. T508④：21　2. T529④：2　3. T501Y501②：1　4. T508④：27

口径 24.4、底径 10.8、高 9.4 厘米（图一三一，2；彩版七二，3）。

标本 T501Y501②：1，弧腹，平底。制作粗糙。口径 30.4、底径 12、高 12.4 厘米（图一三一，3；彩版七二，5）。

标本 T508④：27，腹部略鼓，底部残损，口沿面划两周凹弦纹。复原口径 24.8、残高 8.8 厘米（图一三一，4；彩版七二，4）。

标本 T519④：16，弧腹，平底，底包壁处可见衔接痕。器壁有八个锔钉孔，内壁通体横向

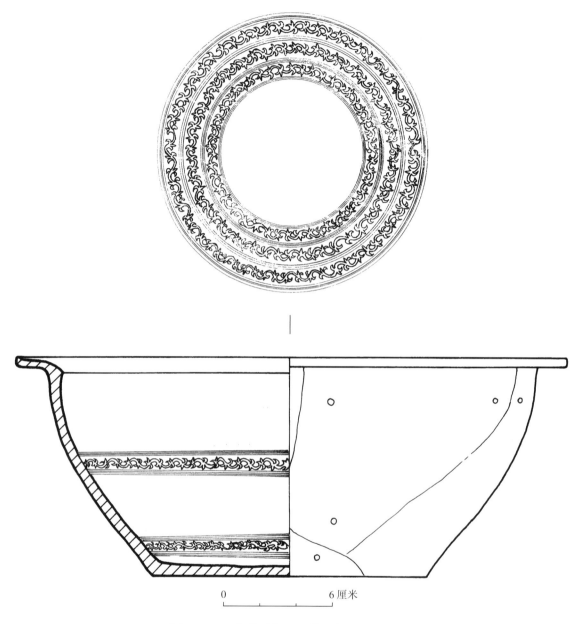

图一三二　北魏时期 Ba 型陶盆 T519 ④：16

磨光，腹部和近底部及底部饰两周凸弦纹夹忍冬纹带五组。口径 30、底径 15.2、高 11.6 厘米（图一三二；彩版七二，6）。

标本 T519 ③：15，弧腹，平底，壁包底。盆内壁有从器底中央向腹壁旋转滚印三行小方格纹带十二周。口径 42、底径 16.8、高 16.8 厘米（图一三三，1；彩版七三，1）。

标本 T512 ④：71，上腹部略鼓，弧斜腹，平底。外壁划凹弦纹夹水波纹，凹弦纹上周 3 线，下两周各 3 线，水波纹为 3 线，较为随意，不规整。内壁口沿处由上往下依次饰 6 线水波纹、6 线凹弦纹各一周，从腹底部旋转滚印上升的三行小方格纹带六周，底部残，纹样不清。口径 45、底径 17.4、高 19.8 厘米（图一三三，2；彩版七三，2）。

标本 T512 ④：11，弧腹，平底，底包壁。器壁残存四个锔钉孔，内壁、口沿及沿下横向磨光，

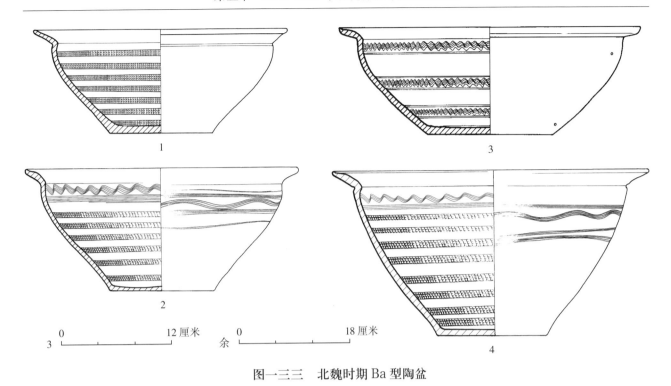

图一三三 北魏时期 Ba 型陶盆
1. T519③：15 2. T512④：71 3. T512④：11 4. T515④：59

口沿下、腹部、腹底部、内底饰两周凸弦纹夹 5 线水波纹带三组。口径 34、底径 14、高 11.6、孔径 0.5 厘米（图一三三，3；彩版七三，3）。

标本 T515④：59，圆唇，上腹部略鼓，弧腹，平底，底包壁。内壁口沿下由上往下依次饰 4 线水波纹一周、4 线凹弦纹一周、从内底旋转滚印上升的三行小方格纹带九周，外壁划 3 线凹弦纹夹 4 线水波纹带一组，之下划 4 线凹弦纹一周，器壁有两对锔钉孔。口径 52.8、底径 18.4、高 26.4、孔径 0.3 厘米（图一三三，4；彩版七三，4）。

Bb 型 4 件。斜方唇。

标本 T515④：4，上腹鼓，下腹斜收，平底。沿面有不完整的凹弦纹。盆内壁从上腹部起逆时针旋转滚印小方形凹点带夹波状忍冬纹带七周，波状藤蔓也由方形凹点带组成。纹带上下各为一周小凹方点平行线，外壁肩部部也滚印两周同样的纹带。器壁存五对锔钉孔，有磨光痕迹。口径 67.9、底径 26.8、高 39.2、孔径 0.5~0.6 厘米（图一三四；彩版七三，5）。

标本 T501Y501②：3，上腹鼓，平底。唇部有一周凹槽，外壁和内壁沿上施陶衣，口沿横向磨光，外壁上部饰 4 线凹弦纹两周夹 4 线水波纹带一周，内壁从内底中央旋转上升腹壁滚印九周绚索纹，其中器底为三周。器壁存三对锔钉孔。口径 37.6、底径 16、高 15.7、孔径 0.3~0.4 厘米（图一三五，1；彩版七三，6）。

标本 T516④：9，弧腹，平底，底包壁。口沿横向磨光，口沿外与器壁相接处划凹弦纹两周。盆内壁口沿下划 6 线凹弦纹，之下划 7 线水波纹各一周，从底部中央旋转上升腹壁划 6 线凹弦纹带六周。口径 40.4、底径 15.5、高 18.2 厘米（图一三五，2；彩版七四，1）。

标本 T515④：2，弧腹，平底。唇部压一周凹槽，内壁沿下有凸棱一周。内壁从器底中央向腹壁旋转滚印上升六行小方格纹带八周，外壁腹上部滚印六行小方格纹带两周，器壁存十一

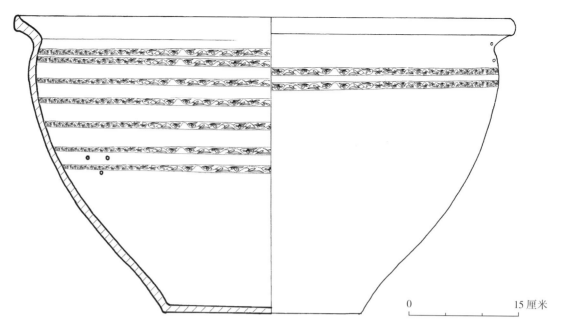

图一三四　北魏时期 Bb 型陶盆 T515 ④：4

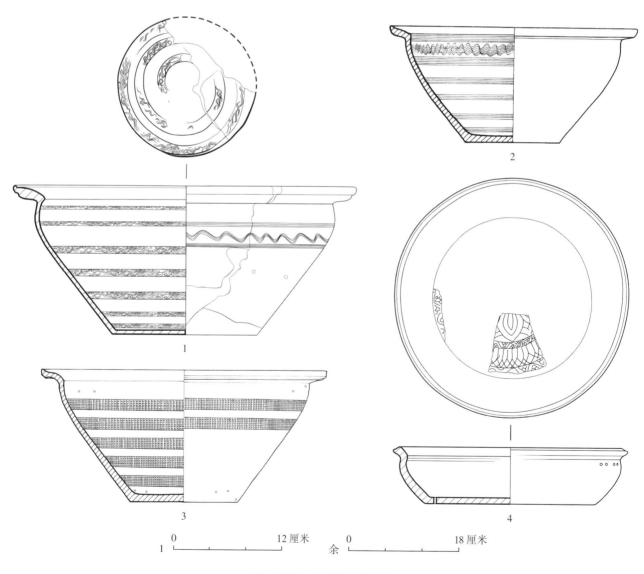

图一三五　北魏时期陶盆

1~3. Bb 型 T501Y501 ②：3、T516 ④：9、T515 ④：2　4. Bc 型 T514 ④：27

个铜钉孔。口径 47.1、底径 17.6、高 20.8、孔径 0.6 厘米（图一三五，3；彩版七四，2）。

Bc 型　1 件。圆唇。

标本 T514④：27，圆唇，敛口，口沿面上斜后又呈圆鼓状，外端有一周凹槽。上腹鼓，大平底。内底残，据残留纹样可辨，从中央依次为单瓣双层团莲、波状三圆纹、双层单莲瓣纹、波状三圆纹，每条纹带用凹弦纹相隔，残存五个铜钉孔。口径 38.4、底径 27.9、高 9 厘米（图一三五，4；彩版七四，3）。

（2）陶罐

32 件。泥条盘筑。据颈部长短分两型，其中有 7 件仅存罐体，口沿、颈部残缺。另有 11 件仅存罐体残片，饰不同纹饰，未分型。

A 型　5 件。矮颈。

标本 T512④：2，泥质灰陶。盘口内壁侈，束颈，口部至肩部一侧捏制环形耳，鼓腹，平底。肩部饰一周凹弦纹。口径 14、底径 11、高 13.6 厘米（图一三六，1；彩版七四，4）。

标本 T512④：1，泥质灰陶。盘口，圆唇，束颈，鼓腹，平底。口沿外侧修整呈凹状，肩腹部饰三周凹弦纹，肩部饰纵向折线暗纹，内壁口沿横向磨光，器口部外侧有一处残留贴附的泥条，相对此处的肩部残损，是否有耳不可知。口径 15、底径 11.5、高 14.2 厘米（图一三六，2；彩版七四，5）。

标本 T529④：86，夹砂灰陶。盘口，矮颈，一侧口部至肩部捏制环形耳，圆肩，腹部与底部残缺。外壁口沿下端压印一周戳印纹，肩部耳下有两周三角形戳印纹。口径 12.4、残高 9 厘米（图一三六，3；彩版七四，6）。

标本 T508④：2，泥质灰陶。盘口内壁侈，方唇，束颈，鼓腹下部斜收，平底。口沿外侧、颈下部各有一周凹弦纹，肩和腹部各饰两周凹弦纹，内壁下部存数周旋坯痕。口径 14.4、腹径

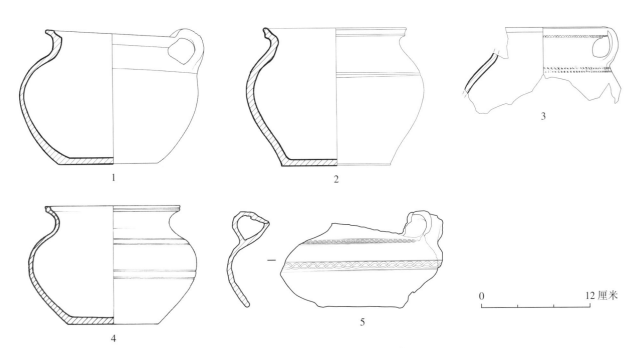

图一三六　北魏时期 A 型陶罐

1. T512④：2　2. T512④：1　3. T529④：86　4. T508④：2　5. T512④：73

18、底径9.5、高12.2厘米（图一三六，4；彩版七五，1）。

标本T512④：73，泥质灰陶。口部、底部残缺，口部至肩部残存环形耳，鼓腹，肩与腹部饰两周凹弦纹夹绹索纹带各一组。残高10厘米（图一三六，5；彩版七五，2）。

B型　9件。长颈。泥质灰陶，泥条盘筑。有平沿敞口、盘口两亚型。

Ba型　7件。平沿敞口。

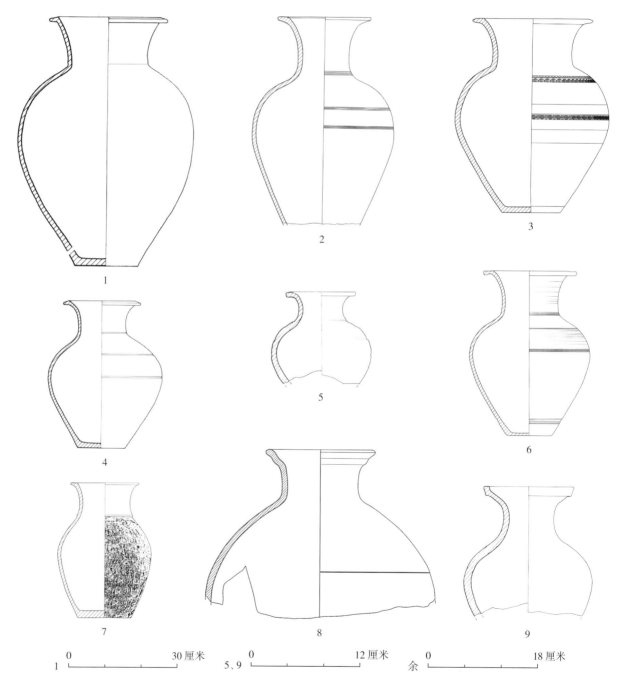

图一三七　北魏时期B型陶罐

1～7. Ba型 T515④：11、T528④：48、T504④：24、T512④：3、T512④：53、T515④：48、T523③：27　8、9. Bb型 T514④：26、T508④：19

标本 T515 ④：11，侈口，宽平沿略下折，圆唇，斜弧颈，腹上鼓下斜收，平底。罐底向上 1.2 厘米处有一钻孔。素面。口径 31.8、底径 17、高 65、孔径 1.5 厘米（图一三七，1；彩版七五，3）。

标本 T528 ④：48，宽平沿，方唇，斜弧颈，鼓腹，底缺失，存底包壁痕迹。颈部有一钻孔，颈肩、肩、腹部各饰一周 4 线凹弦纹带。口径 15.4、残高 33 厘米（图一三七，2；彩版七五，4）。

标本 T504 ④：24，侈口，平沿，外沿下折，圆唇，斜弧颈，圆肩，上腹鼓，平底，底包壁。肩和腹部各饰一周绹索纹带，不规整。口径 19.6、底径 9.5、高 31 厘米（图一三七，3；彩版七五，5）。

标本 T512 ④：3，侈口，平沿略下斜，圆唇，弧颈，鼓腹，平底，壁包底。口沿、颈内壁上部、颈外壁下部、肩腹部磨光。颈、肩、腹部各划一周凹弦纹，外壁下腹部有横向修整痕。口径 12.8、底径 8、高 23.3 厘米（图一三七，4；彩版七五，6）。

标本 T512 ④：53，平沿，圆唇，圆弧颈，溜肩，鼓腹，底残缺。肩部有磨光痕迹，颈下部和肩部各饰有一周凹弦纹。口径 7.8、残高 9.6 厘米（图一三七，5；彩版七六，3）。

标本 T515 ④：48，侈口，平沿略下折，圆唇，斜弧颈，鼓腹，平底。口沿和颈内壁及外壁横向磨光，颈肩部划四周凹弦纹，肩部划两周凹弦纹，肩腹部划三周凹弦纹，近腹底部划三周又宽又深的凹弦纹。口径 15.6、底径 7.4、高 26.2 厘米（图一三七，6；彩版七六，1）。

标本 T523 ③：27，敞口，窄平沿，沿外缘微上折，方圆唇，弧颈，溜肩，鼓腹，平底。颈肩部饰一周凸弦纹和一周浅凹弦纹，颈部之下通体饰竖向暗纹。口径 11.2、底径 8.7、高 21.4 厘米（图一三七，7；彩版七六，2）。

Bb 型　2 件。盘口。

标本 T514 ④：26，胎质疏松。盘口，方唇，肩部饰一周凹弦纹，底部残。口径 17.8、残高 26 厘米（图一三七，8；彩版七六，4）。

标本 T508 ④：19，残。盘口内壁侈，方唇，溜肩，鼓腹，底缺失。外壁饰横向暗纹。口径 9.92、腹径 14、残高 13.6 厘米（图一三七，9；彩版七六，5）。

特殊口部陶罐　2 件。

标本 T515 ④：61，口颈缺，残存的最上颈肩部有被磨过的痕迹。上腹鼓，下腹弧收，平底，底包壁。肩腹部饰两周 4 线和 5 线细凹弦纹夹 5 线细水波纹。腹径 45、底径 19、残高 53.7 厘米（图一三八，1）。

标本 T511 ④：73，口颈部残损后磨平，直颈，圆肩，鼓腹下斜收，平底。颈部、颈肩部滚印忍冬纹带，之下划两周或一周凹弦纹。肩部饰凹弦纹夹忍冬纹带，之上划两周凹弦纹，之下划一周凹弦纹。上腹部饰凹弦纹夹忍冬纹饰带，之上划三周、之下划两周凹弦纹，不规整。器壁横向磨光。口径 6.5、腹径 14.5、底径 6.4、高 17.2 厘米（图一三八，2；彩版七六，6）。

口部残缺陶罐　5 件。

标本 T525 ④：40，口颈部残缺，溜肩，鼓腹，平底，底包壁。肩部饰网状暗纹，颈肩处划六周凹弦纹，腹部饰折线状暗纹。腹径 25.1、底径 13.4、残高 28.6 厘米（图一三九，1；彩版七七，1）。

标本 T501Y501 ②：25，口颈部、底部残缺，圆肩，上腹鼓。肩腹部由一周凹弦纹分隔开，肩部饰网状暗纹，腹部饰纵向暗纹。腹径 22.3、残高 24 厘米（图一三九，2；彩版七七，2）。

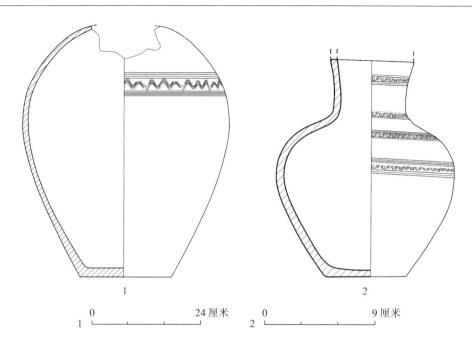

图一三八　北魏时期特殊口部陶罐
1. T515④：61　2. T511④：73

标本 T508④：29，胎质疏松。圆肩，上腹鼓，下腹斜收，平底，壁包底。肩部、肩腹部饰三周凹弦纹夹两周绚索纹两组，肩部有横向磨光痕迹，腹部饰竖向暗纹。腹径 31、底径 12.2、残高 35.2 厘米（图一三九，3）。

标本 T511④：86，残存部分颈部，可辨为长颈罐。溜肩，上腹微鼓，斜直腹下微收，底包壁。罐内壁满是制器时手压印的坑，凹凸不平。腹径 24.2、底径 16.4、残高 51.4 厘米（图一三九，4）。

标本 T501Y501②：24，口部残缺。直颈，圆肩，上腹鼓，下腹斜收，底包壁。施很薄一层白陶衣，肩颈部先饰网格状暗纹，后在肩部划两周 10 线凹弦纹夹一周 10 线细水波纹，腹部存修整的横向暗纹，近底部有一焗钉孔。腹径 38.4、底径 13.2、残高 47.6 厘米（图一三九，5；彩版七七，3）。

有纹饰的陶罐残片　11 件。

标本 T504④：26，腹部残片，剖面呈弧状。上下存两组纹饰。上组 3 线水波纹，之上划一周凹弦纹。下组凹弦纹夹 3 线水波纹，上为一周凹弦纹，下面为两周凹弦纹。残长 10.1、残高 9.8、厚 0.8 厘米（图一四〇，1；彩版七七，4）。

标本 T504④：27，肩部残片，剖面呈弧状。肩颈部与肩部饰两组纹饰。均为凹弦纹夹 3 线水波纹，外壁横向磨光。其纹样装饰顺序：上组纹样是先划下两周凹弦纹，再划水波纹，之后再划上两周凹弦纹。下周纹样的顺序是先划一周凹弦纹，再划水波纹，之后上下再划一周凹弦纹。内壁颈部残存颈部与颈肩部相接的泥条。残长 10.3、残高 6.6、厚 0.6 厘米（图一四〇，2；彩版七七，5）。

标本 T529④：116，肩部残片，弧状。颈肩部残存一周凹弦纹，肩部饰两周凹弦纹夹 6 线细水波纹，外壁磨光。残长 6、残高 4.4、厚 0.4 厘米（图一四〇，3；彩版七七，6）。

标本 T502④：15，肩部残片，弧状。肩部凹弦纹夹 8 线细水波纹，上凹弦纹为三周，下凹

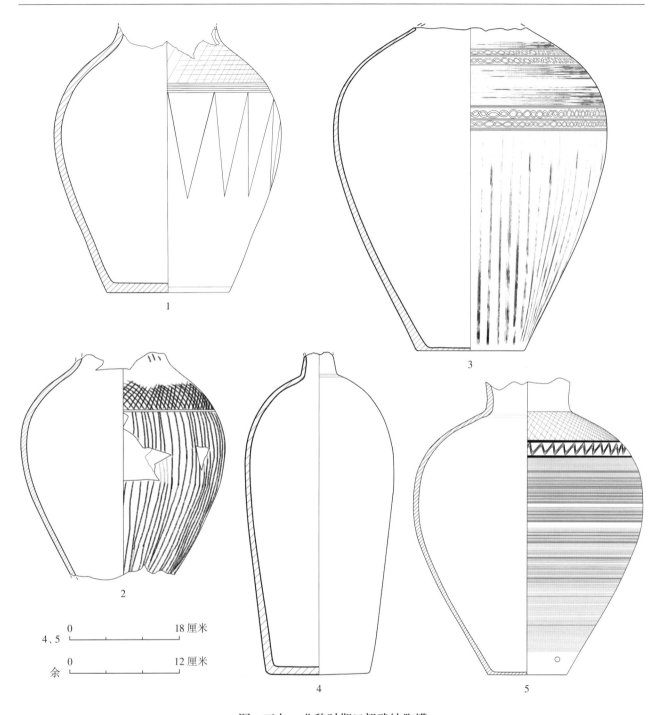

图一三九　北魏时期口部残缺陶罐

1. T525 ④：40　2. T501Y501 ②：25　3. T508 ④：29　4. T511 ④：86　5. T501Y501 ②：24

弦纹为一周。后于肩部饰折线状暗纹。残长 8.8、残高 6、厚 1.2 厘米（图一四〇，4；彩版七八，1）。

标本 T529 ④：114，残片，剖面呈弧状。仅存 7 线水波纹一周。残长 5、残高 3.3、厚 0.7 厘米（图一四〇，5；彩版七八，2）。

标本 T529 ④：115，残片，剖面呈弧状。上下各一周凹弦纹夹一周绚索纹，外壁磨光。残长 8.1、残高 4.7、厚 0.6 厘米（图一四〇，6；彩版七八，3）。

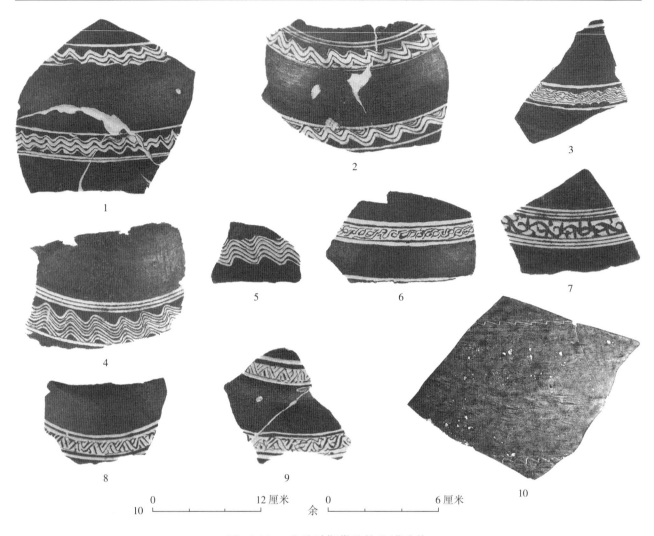

图一四〇　北魏时期带纹饰陶罐残片

1. T504 ④：26　2. T504 ④：27　3. T529 ④：116　4. T502 ④：15　5. T529 ④：114　6. T529 ④：115　7. T508 ④：30　8. T508 ④：31
9. T508 ④：32　10. T529 ④：118

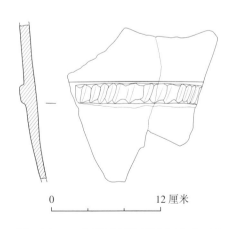

图一四一　北魏时期陶罐 T508 ④：33

标本 T508 ④：30，残片，剖面呈弧状。上下各三周凹弦纹夹一周波状忍冬纹带，外壁磨光。残长 7.4、残高 5.2、厚 0.6 厘米（图一四〇，7；彩版七八，4）。

标本 T508 ④：31，肩部残片，剖面呈弧状。两周凹弦纹夹一周三角纹带，外壁横向磨光。残长 6.7、残高 4.6、厚 0.5 厘米（图一四〇，8；彩版七八，5）。

标本 T508 ④：32，颈肩部残片。颈下部两周凹弦纹夹一周三角纹带，肩部两周凹弦纹夹一周三角纹带，肩部横向磨光。残长 7.1、颈残高 4.3、厚 0.4 厘米（图一四〇，9；彩版七八，6）。

标本 T529 ④：118，大罐腹部残片。存两周水波纹，外壁有横向磨光痕迹。最大片残长 26.2、残高 20.4、厚 0.9

厘米（图一四〇，10）。

标本 T508 ④：33，大罐腹部残片。外壁饰一周附加堆纹，泥条上用工具削挖呈纵向三角槽。残长 16、残高 16.4、厚 0.7、附加堆纹厚 1.8 厘米（图一四一）。

（3）陶钵

13 件。泥质灰陶。均为敛口，方圆唇，鼓腹，圜底。

标本 T516 ④：1，外壁有横向磨光痕迹。口径 17、腹径 18.4、高 9.8 厘米（图一四二，1；彩版七九，1）。

标本 T504 ④：5，内壁、底部有磨光痕迹，外壁和内壁可见慢轮修整痕迹。口径 13.8、腹径 14.5、高 6.8 厘米（图一四二，2；彩版七九，2）。

标本 T508 ④：26，外壁有横向磨光痕迹。口径 15.5、腹径 17.3、高 9.7 厘米（图一四二，3；彩版七九，3）。

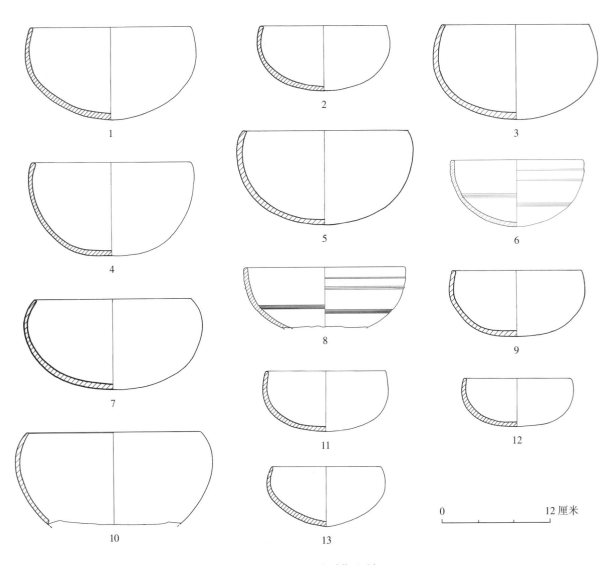

图一四二　北魏时期陶钵

1. T516 ④：1　2. T504 ④：5　3. T508 ④：26　4. T501Y501 ②：2　5. T512 ④：54　6. T514 ④：1　7. T529 ④：111
8. T514 ④：34　9. T508 ④：28　10. T504 ④：28　11. T503 ④：1　12. T504 ④：7　13. T504 ④：3

标本T501Y501②：2，外壁有横向磨光痕迹，器壁存两个锔钉孔。口径16.9、腹径17.8、高9.8、孔径0.2厘米（图一四二，4；彩版七九，4）。

标本T512④：54，外壁有横向磨光痕迹。口径17.4、腹径18.7、高9.8厘米（图一四二，5；彩版七九，5）。

标本T514④：1，口微敞，外壁口沿饰凹弦纹并变薄，类子母口。上腹部饰一周凸弦纹，腹底部划三周凹弦纹，内壁腹部划三周凹弦纹，内外壁有横向暗纹磨光痕迹。口径14.6、腹径14.4、高7.1厘米（图一四二，6；彩版八〇，1）。

标本T529④：111，外壁有横向磨光痕迹。口径17、腹径19.5、高9.5厘米（图一四二，7；彩版七九，6）。

标本T514④：34，口微敞，外壁口沿饰凹弦纹并变薄，类子母口。上腹部饰一周凸弦纹，腹底部划三周凹弦纹，内壁腹部划三周凹弦纹，内外壁饰横向暗纹磨光痕迹。复原口径17.3、残高6.3厘米（图一四二，8）。

标本T508④：28，外壁有横向磨光痕迹。口径14、腹径14.8、高7厘米（图一四二，9；彩版八〇，2）。

标本T504④：28，灰陶较浅。口部较薄。口径18.8、腹径21.6、高9.7厘米（图一四二，10；彩版八〇，3）。

标本T503④：1，外壁有横向磨光痕迹，内壁有慢轮修整痕迹。口径12.6、腹径13.5、高6.2厘米（图一四二，11；彩版八〇，4）。

标本T504④：7，胎质略粗。外壁和内壁可见慢轮修整痕迹。口径11.4、腹径12.2、高5厘米（图一四二，12；彩版八〇，5）。

标本T504④：3，外壁有横向磨光痕迹，圜底外磨痕较重。口径11.6、腹径12.8、高6.2厘米（图一四二，13）。

（4）陶碗

1件。

标本T504④：1，泥质灰陶。直口微敛，圆唇，弧腹，实足底。外壁上部饰三周凸弦纹，外底饰一周凹弦纹，内腹底部也饰一周凹弦纹，内外壁饰满横向暗纹进行磨光。口径10.6、底径7、高4.3厘米（图一四三，7；彩版八〇，6）。

（5）陶瓮

1件。

标本T527④：9，残。泥质灰陶，泥条盘筑。侈口，圆唇，直颈，口部加厚，溜肩，弧腹。颈下部有一周压痕，颈肩部存三周忍冬纹带，间距不等。口径57、腹径78、残高18.4厘米（图一四三，1；彩版八一，4）。

（6）陶壶

2件。均为残件，泥质灰陶。

标本T511④：72，口部残。细颈，圆肩，鼓腹，平底。颈下部、肩部、肩腹部饰两周凸弦纹夹忍冬纹带五组，下腹部饰竖向暗纹，外壁整体磨光，颈部有一钻孔，内壁可见颈与肩相接的泥条痕迹。残高21.3、腹径18.5、底径7.2厘米（图一四三，3；彩版八一，1）。

标本T512④：56，存肩腹部。鼓腹，颈肩部有六个钻孔与颈部相接，肩、腹部饰凸弦纹

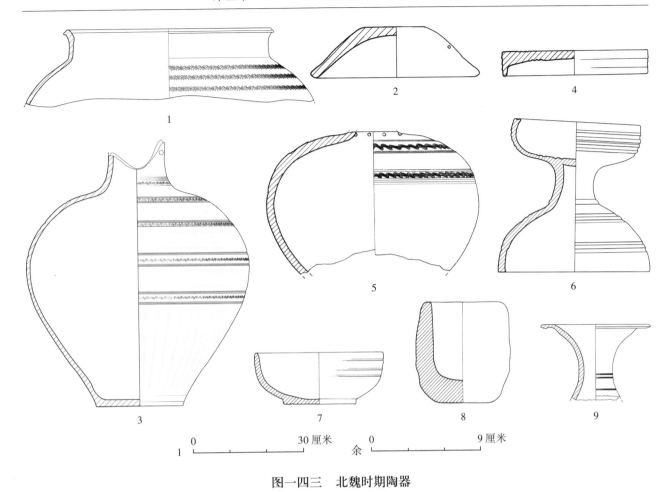

图一四三　北魏时期陶器

1.陶瓮 T527④：9　2、4.陶器盖 T528④：4、T504④：2　3、5.陶壶 T511④：72、T512④：56　6.陶灯 T511④：83　7.陶碗 T504④：1　8.陶杯 T508④：3　9.釉陶壶 T504④：25

夹水波纹带两组，外壁有磨光痕迹。内壁可见颈部与肩部泥条相接工艺痕迹。腹径 17.3、残高 11.1、孔径 0.5~0.8 厘米（图一四三，5；彩版八一，2）。

（7）釉陶壶

1件。

标本 T504④：25，残，仅存口颈部。平沿，细颈。施酱釉。口径 9、残高 5.9 厘米（图一四三，9；彩版八一，3）。

（8）陶器盖

2件。泥质灰陶。

标本 T528④：4，覆盆状。器盖顶部平，斜弧腹外撇，底部口沿平，尖唇，器壁近盖顶有两个相对称的钻孔。顶面直径 13.3、底径 5、高 3.8、孔径 0.4 厘米（图一四三，2；彩版八一，5）。

标本 T504④：2，呈圆形，盖顶平，器壁直且又薄又矮。器顶面饰三周凹弦纹，器内顶部也饰三周凹弦纹。顶面直径 11.8、底径 11.2、高 1.9 厘米（图一四三，4；彩版八一，6）。

（9）陶杯

1件。

标本 T508④：3，泥质灰陶，捏制。整体呈直筒形，直口，方圆唇，平底，制作粗糙，内外壁全是手捏痕迹。口径 6.4、底径 4.2、高 7.8 厘米（图一四三，8；彩版八二，1）。

（10）陶灯

1 件。

标本 T511 ④：83，泥质灰陶。呈豆型，灯盘口微敛，方唇，圆腹，内底平。灯柄弧状，较短。底座呈覆碗形，斜弧腹，底座内部至柄部为空心。灯盘内壁有红色颜料，内底饰四周凹弦纹。外壁上部饰有四周凸弦纹，柄底端饰一周凸弦纹，底座外壁饰四周凹弦纹。底座外壁磨光。口径 10.2、通高 11.9、底座 12.2 厘米（图一四三，6；彩版八二，2）。

（11）陶构件

1 件。

标本 T511 ④：84，由灰色砖块磨制而成的长方体小砖块，六面均磨制光滑，其中两面染有红色颜料。长 2.4、宽 2.3、高 3.6 厘米（图一四四，1；彩版八二，3）。

（12）陶纺轮

4 件。

标本 T511 ④：12，泥质灰陶。方圆形。用一块陶器壁磨制而成，还残留有方格纹带，边缘有磨过的痕迹，中央偏侧有一钻孔，孔略斜向，钻孔旁边有一未钻通的小孔。直径 9.4、孔径 0.6、小孔径 0.3、厚 0.9 厘米（图一四四，2；彩版八二，4）。

标本 T512 ④：55，泥质灰陶。圆形，磨制，中央厚边缘薄，中间有一方孔。直径 5.7、孔径 1.0、

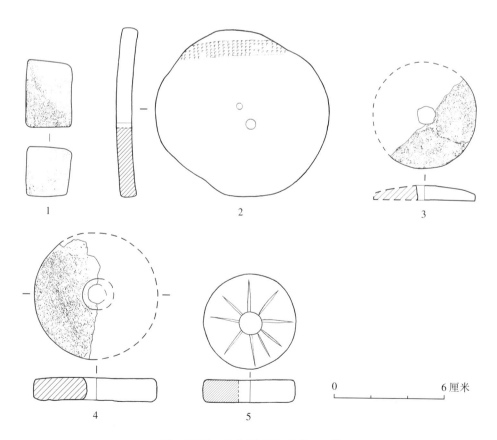

图一四四　北魏时期陶构件、纺轮

1. 陶构件 T511 ④：84　2~5. 陶纺轮 T511 ④：12、T512 ④：55、T517 南扩方④：92、T524 ③：15

厚 0.8 厘米（图一四四，3）。

标本 T517 南扩方④：92，夹砂灰陶。平面呈圆形，磨制，中间有圆孔，孔剖面呈"X"型。直径 6.9、孔外径 1.5、内径 0.5、厚 1.1 厘米（图一四四，4；彩版八二，5）。

标本 T524③：15，泥质灰陶。平面呈圆形，磨制，中间有一圆孔，表面呈放射状对称阴刻竖线八条，背面有不对称的阴刻竖线两条。直径 5、孔径 1.2、厚 1.1 厘米（图一四四，5；彩版八二，6）。

（13）带文字陶片

3 件。泥质灰陶。

标本 T504④：6，器物外壁纵向阴刻"九生"文字。残长 7.8、残宽 4.2、厚 0.6 厘米（图一四五，1；彩版八三，2）。

标本 T527④：1，属陶瓮肩部残片，呈不规则长方形。内外壁磨光，外壁施白色陶衣，薄厚不匀，有横向刷痕。陶片左侧中部戳印一长方框，框内纵向书"西窟"两字。文字上部有两周 4 行方格纹，内夹 4 线水波纹。纹样是刚施陶衣后滚印和划的，方格纹与水波纹间聚积着稍厚的白色陶衣。文字下面有两周 4 行方格纹，之下有水波纹。残高 24.8、残长 28.8、厚 1.4、方框高 4.6、宽 3.4 厘米（图一四五，2；彩版八三，1）。

标本 T529④：25，磨光，饰横向暗纹，外壁阴刻"九？"字，在文字之下残留一段水波纹。残高 13、残宽 11.1、厚 1 厘米（图一四五，3；彩版八三，3）。

2．瓷器

本遗址北魏时期瓷器釉色有青釉，器形有碗、器底。

青釉瓷 14 件。器形有碗、器底 9 件。另有 5 件残片，器形不明，有的可能与上述青釉碗为

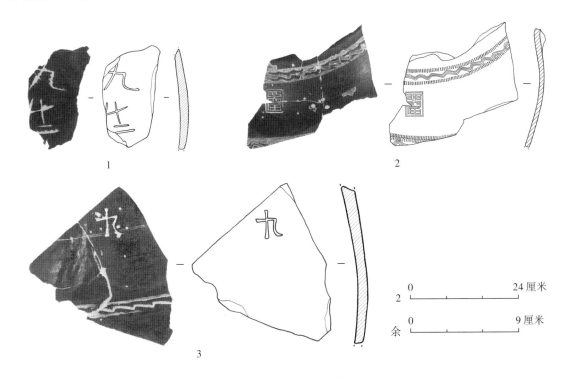

1　　　　　　　　　　　　　2

3

0　　　　　　24 厘米
2

0　　　　　　9 厘米
余

图一四五　北魏时期带字陶片

1. T504④：6　2. T527④：1　3. T529④：25

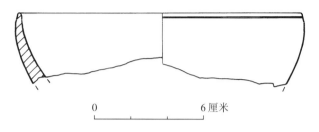

图一四六　北魏时期青釉碗 T512 ④：57

一个器物。胎色灰白，釉色青黄或青绿，有大小不一的冰裂纹。仅有 1 件残片外壁施釉，内壁无釉，其余均为内外壁施釉。

（1）青釉碗

6 件。青釉碗均仅具口沿部分，口微敛较薄，圆唇。残片大小薄厚不同，釉色稍有区别。胎色灰白，胎体较紧密。内外施釉，釉面清亮，有冰裂纹。因残存面积较小，多数无法复原口径（彩版八四，1）

标本 T512 ④：57，口沿较薄，弧腹，口沿外壁饰凹弦纹一周。釉色豆青。口径 15.8、壁厚 0.8 厘米（图一四六；彩版八四，3）。

标本 T514 ③：1，釉色发黄，口沿内外无釉。残长 8.1、残宽 5.4、壁厚 0.7 厘米。

标本 T504 ④：29，口沿外饰一周较深的凹弦纹，浅灰胎夹有白点，釉色青黄。残长 3.3、残宽 5、壁厚 0.5 厘米。

标本 T512 ④：74，口沿外压印一周较浅的凹弦纹，釉色青黄。残长 3.2、残宽 3.5、壁厚 0.5 厘米。

标本 T512 ④：75，唇略厚。胎质疏松，釉色青绿，冰裂纹细小。残长 3.5、残宽 3.1、壁厚 0.6 厘米。

标本 T512 ④：76，釉色青绿。残长 2.9、残宽 2.1~3.1、壁厚 0.4 厘米。

（2）青釉瓷器底

3 件。均为残片，应为一件器物。

标本 T504 ④：30，下腹斜直，平底。灰胎细密较坚，施化妆土，内外施釉。釉色青绿，有细小冰裂纹，有积釉流釉现象。残高 5.3、底径复原 15 厘米（彩版八四，2）。

3．铜器

5 件。

（1）铜器

2 件。

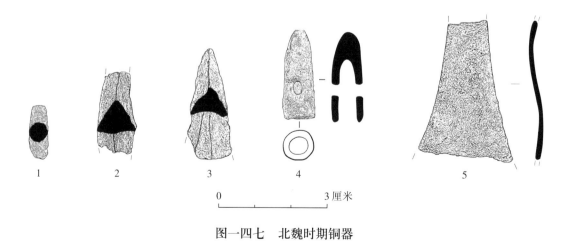

图一四七　北魏时期铜器

1. 铜器 T528 ④：24　2~4. 铜镞 T525 ④：48、T525 ③：5、T517 ③：5　5. 圆柱状铜器 T514 ②：33

标本T528④：24，圆柱体状，不规整。长1.4、直径0.5厘米（图一四七，1）。

标本T514②：33，波浪形片状，两端残，平面呈梯形。残长3.8、宽2.5厘米（图一四七，5；彩版八四，3）。

（2）铜镞

3件。

标本T525④：48，残断，三棱形。残长2.2厘米（图一四七，2）。

标本T525③：5，存镞头，三棱内凹形。残长2.8厘米（图一四七，3；彩版八四，4）。

标本T517③：5，三棱圆锥体，下部圆筒形，中空，近尾端部两边对称钻孔。长2.3、底径0.8厘米（图一四七，4；彩版八四，5）。

4. 铁器

13件。

（1）铁钉

2件。

标本T502④：14，四棱锥体。长18、底边长1.4厘米（图一四八，1；彩版八五，1）。

标本T524③：10，四棱体，呈弯钩状。长16.6、边长0.7厘米（图一四八，2；彩版八五，2）。

（2）铁犁铧

4件。

标本T518③：12，残。仅存三角形犁头，底部平，顶部微隆。残长8.2、两翼残长5.6、最宽10.6厘米（图一四九，1；彩版

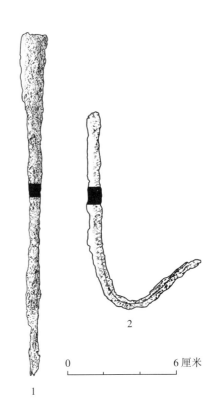

图一四八　北魏时期铁钉

1. T502④：14　2. T524③：10

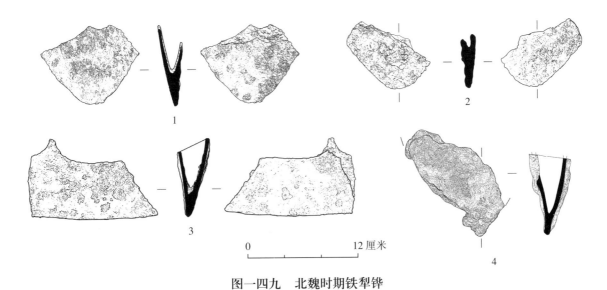

图一四九　北魏时期铁犁铧

1. T518③：12　2. T529④：49　3. T528④：22　4. T528④：11

八五，3）。

标本 T529④：49，残。仅存三角形犁头，顶部中央起突脊。残长5.7、两翼残长5.22厘米（图一四九，2）。

标本 T528④：22，残。存犁铧冠一侧，应呈"V"字形，夹角圆弧。翼残长14、宽8.6、厚3.5厘米（图一四九，3）。

标本 T528④：11，残。仅存三角形犁头，顶部中央起脊。残长8.5、两翼残长8.9厘米（图一四九，4）。

（3）铁犁铧镜

4件。正面凹弧面光，背面凸弧。

标本 T528④：21，残。呈四边形，残存相交的两边缘，两边缘一边呈直边，一边为凹弧形，相交呈尖头状且于背面加厚呈斜坡状。背面存两条凸筋和一个三角鼻。残长9.4、宽12.6、厚1、边厚0.6、鼻高2.9厘米（图一五〇，1；彩版八五，4）。

标本 T528④：59，残。呈四边形，残存相交的两边缘，两边缘一边呈直边，一边为凹弧形，相交呈尖头状且于背面加厚呈斜坡状。背面存一条凸筋和一个三角鼻。残长14、宽14.8、厚0.6、边厚0.5、鼻高1.8厘米（图一五〇，2；彩版八五，5）。

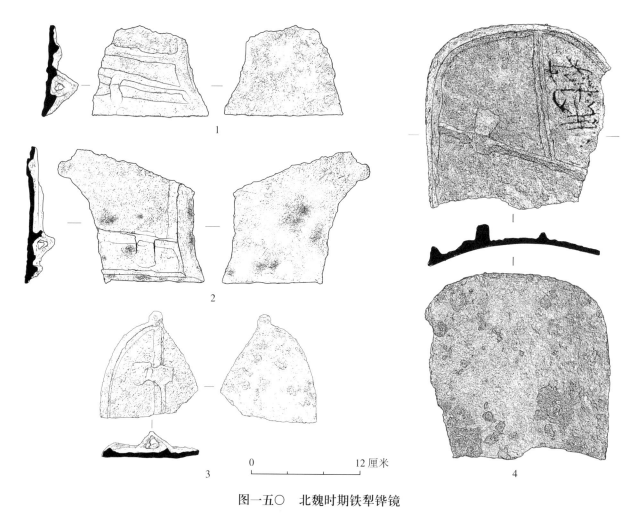

0　　　　　　　　　　　　　　12厘米

图一五〇　北魏时期铁犁铧镜

1. T528④：21　2. T528④：59　3. T518③：13　4. T528③：14

标本 T518③：13，残。呈三角形，一侧边缘呈弧形且背面加厚呈斜坡状，背面存一个三角形鼻，鼻间有一条凸筋。残长 11.1、宽 10.4、厚 0.9、边厚 0.5、鼻高 1.76 厘米（图一五〇，3；彩版八五，6）。

标本 T528③：14，残。呈四边形，存相交的两边缘，两边缘一边呈直边，一边为圆弧形，相交呈圆弧状且于背面加厚呈斜坡状。背面存两条相交的凸筋和一个三角鼻，凸筋相交之处，圆弧边内的区域铸二字，字形不辨。残长 19、宽 18.9、厚 0.6、边厚 0.7、鼻高 1.8 厘米（图一五〇，4；彩版八五，7）。

（4）不知名铁器

3 件。

标本 T528③：9，直口，上腹斜直，下腹弧收，圜底。口沿内壁有两周凸弦纹，外壁部分饰菱形网状纹带，纹带一端有一条竖向弧线。圜底外中央有圆形突起，残断，足情况不明，器

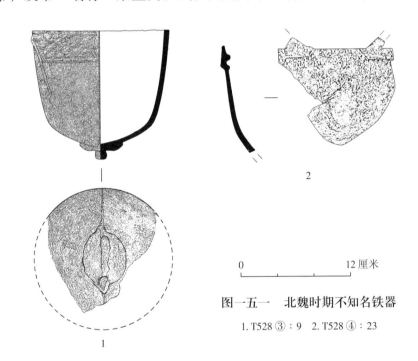

图一五一　北魏时期不知名铁器
1. T528③：9　2. T528④：23

形可能是釜。口径 14.7、圜底圆径 11、残高 13.5 厘米（图一五一，1；彩版八五，8）。

标本 T528④：23，直口，下腹弧收。口沿内壁有两周凸弦纹，外壁口沿有两处相隔较近的地方加厚且向上，残断，不知是否是耳，器形可能是釜。口径 19.7、残高 11.2 厘米（图一五一，2；彩版八五，9）。

标本 T517 南扩方④：93，圆弧形残片，器形不明。胎体有空隙，外壁磨光黑亮，内壁微糙。长 6.5、宽 4、厚 1.0 厘米。

5．石器

21 件。有石雕柱座、研磨器、磨石、石槽、石环、石夯等。

（1）石雕柱座

15 件。根据形状不同分三型。

A 型　6 件。覆盆方形。上部为圆鼓覆盆形，大部分为素面，有的顶部雕刻同心圆或复瓣团

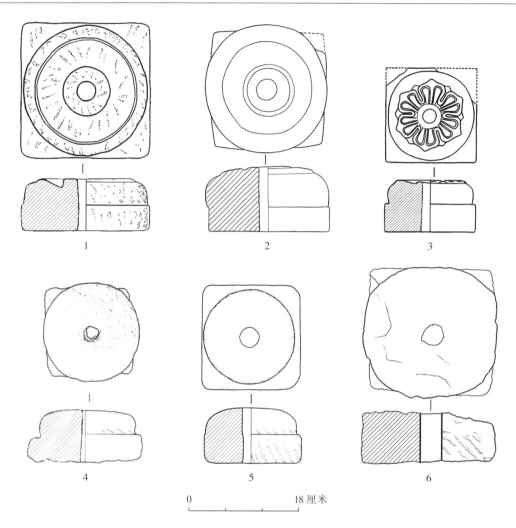

图一五二　北魏时期 A 型石雕柱座

1. T529④：23　2. T515④：49　3. T529④：22　4. T529④：64　5. T504④：4　6. T529④：18

莲图案，下部为方形底座。顶面中央凿一个圆孔。

　　标本 T529④：23，顶面中央圆孔外周有两周同心圆平面，雕刻粗糙。边长 21.5、孔径 2.8、高 8.8 厘米（图一五二，1；彩版八六，1）。

　　标本 T515④：49，顶面中央圆孔外周有两周同心圆平面。边长 18.2、孔径 2.8、高 9.8 厘米（图一五二，2；彩版八六，2）。

　　标本 T529④：22，顶面中央圆孔外雕一周复瓣双层团莲纹。表面打磨比较光滑，残留红色颜料。边长 14.4、鼓径 12.7、孔径 2.5、高 8 厘米（图一五二，3；彩版八六，3）。

　　标本 T529④：64，边长 19.0、孔径 2.1、高 8.4 厘米（图一五二，4；彩版八六，4）。

　　标本 T504④：4，覆盆雕刻细腻，比较规整，方形底座侧面及底部有凿痕。柱础径 14.5、高 4.2 厘米，底座边长 15.6、孔径 3、高 4.5 厘米（图一五二，5；彩版八六，5）。

　　标本 T529④：18，覆盆上部破损，柱础径 21.6、高 3.6 厘米，底座边长 21.6、孔径 3.5、高 6 厘米（图一五二，6；彩版八六，6）。

　　B 型　6 件。馒头形，顶部中央凿一圆孔，凿通或不及底。

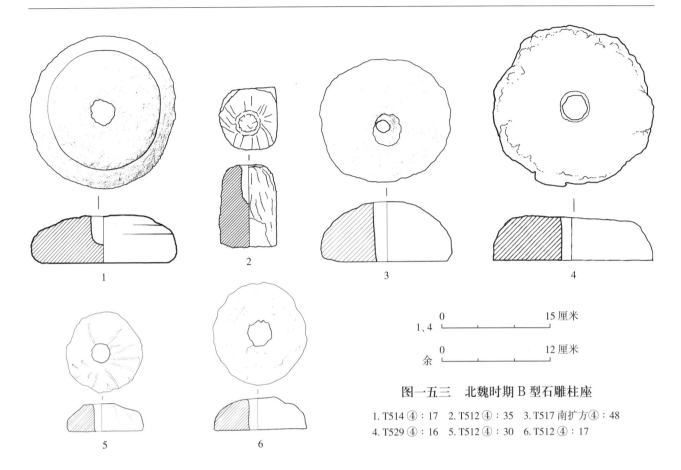

1、4 ├─────────────────┤ 0　　　　　　15 厘米

余 ├─────────────────┤ 0　　　　　　12 厘米

图一五三　北魏时期 B 型石雕柱座
1. T514④：17　2. T512④：35　3. T517 南扩方④：48
4. T529④：16　5. T512④：30　6. T512④：17

标本 T514④：17，顶面中央圆孔外周突出一圆形平面，圆孔不及底。底径 22、深 5、孔径 3.2、高 6.4 厘米（图一五三，1；彩版八七，1）。

标本 T512④：35，分上下两部分，上部约呈馒头形，下部约为长方体，除下部长方体的两个侧面打磨光滑，其他面及底部留有凿痕，顶面中央凿孔不到底。长方形边长 5.7、孔径 2.5、孔深 4.3 厘米，直径 4、通高 9 厘米（图一五三，2；彩版八七，2）。

标本 T517 南扩方④：48，中央穿圆孔略呈梯形。底径 14.3、孔径 1.6、高 6.8 厘米（图一五三，3；彩版八七，3）。

标本 T529④：16，中央穿圆孔。底径 20.5、孔径 3.2、高 5.8 厘米（图一五三，4；彩版八七，4）。

标本 T512④：30，中央凿穿圆孔，表面凿痕呈放射状。直径 8.5、边缘厚 1.3、孔径 2.2、高 3 厘米（图一五三，5；彩版八七，5）。

标本 T512④：17，中央穿圆孔，表面边缘有损坏。直径 10、边缘厚 0.5、孔径 2.5、高 3 厘米（图一五三，6；彩版八七，6）。

C 型　3 件。方形或长方形，中央穿圆孔或方孔。

标本 T512④：9，呈长方形石块，周边磨光，中央穿方形竖孔。长 17.3、宽 15.2、孔边长 4、高 8 厘米（图一五四，1；彩版八七，9）。

标本 T512④：10，顶面磨平，中央穿圆孔。边长 14.8、孔径 3.2、高 5.3 厘米（图一五四，2；彩版八七，7）。

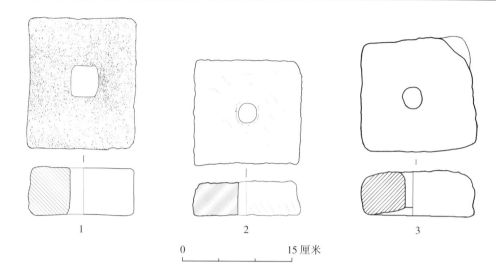

图一五四　北魏时期 C 型石雕柱座

1. T512④：9　2. T512④：10　3. T527④：3

标本 T527④：3，边长 16、孔径 3.2、高 6.2 厘米（图一五四，3；彩版八七，8）。

（2）石研磨器

1 件。

标本 T519④：50，平面呈不规则圆形，顶面打磨平滑，中央圆形圜底研磨坑留有朱红色，坑壁较光滑。直径 18、孔径 5、深 2.5、高 4 厘米（图一五五，1；彩版八八，1）。

（3）磨石

1 件。

标本 T529④：112，平面呈长方形，顶面中间低、两端高，呈凹弧形，表面十分光滑。其他面较规整，有凿痕。长 16.5 厘米（图一五一，2；彩版八八，2）。

（4）石槽

1 件。

标本 T514④：6，平面呈长方形，剖面呈斗形，凹槽内四壁有斜向凿痕，内底有竖向凿痕，外壁比较光滑。长 17.7、宽 9.4、高 4.8、凹槽长 14.2、宽 6.8、深 2.1 厘米（图一五五，3；彩版八八，3）。

（5）石环

1 件。

标本 T515④：10，平面呈圆形，中央凿上下贯通的大孔，正面及侧面磨光，底面有放射状凿痕。直径 23.5、孔径 7.5、高 3 厘米（图一五五，4；彩版八八，4）。

（6）石夯

1 件。

标本 T514③：5，平面呈不规则形，剖面呈倒梯形，上宽下窄，顶面中间凿一圆孔，已残损，打磨光滑。长 9.2、宽 11、厚 11.2、高 21、口径 4、深 6.5 厘米（图一五五，5；彩版八八，5）。

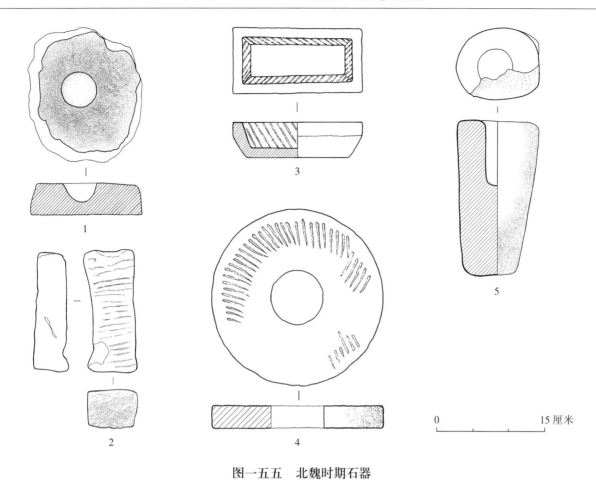

图一五五　北魏时期石器

1.石研磨器 T519 ④：50　2.磨石 T529 ④：112　3.石槽 T514 ④：6　4.石环 T515 ④：10　5.石夯 T514 ③：5

（7）不知名石器

1件。

标本 T519 ②：2，残。顶面、底面磨制光滑，顶面残留红色颜料痕迹。残长 11、宽 6.4、高 4 厘米（彩版八八，6）。

三　辽金时期

（一）建筑材料

1. 陶质建筑材料

共出土陶质建筑材料 17 件，有檐头板瓦 5 件、灰陶筒瓦 7 件、瓦当 5 件。

（1）檐头板瓦

5件。泥质灰陶。外表粗糙，平面呈梯形，断面呈弧状。瓦身凹面布纹，凸面简单修整。端面划出 6 道泥条，第 2、4 道泥条戳切，较宽疏，最下方泥条用手指按压成波浪状。仅有 Ca 型。

标本 T523 ③：1，长 39.2、宽 25、端面高 4.8、厚 1.6 厘米（图一五六，1；彩版八九，1）。

标本 T529 ③：1，瓦残长 12.8、端面高 4.6 厘米（图一五六，2）。

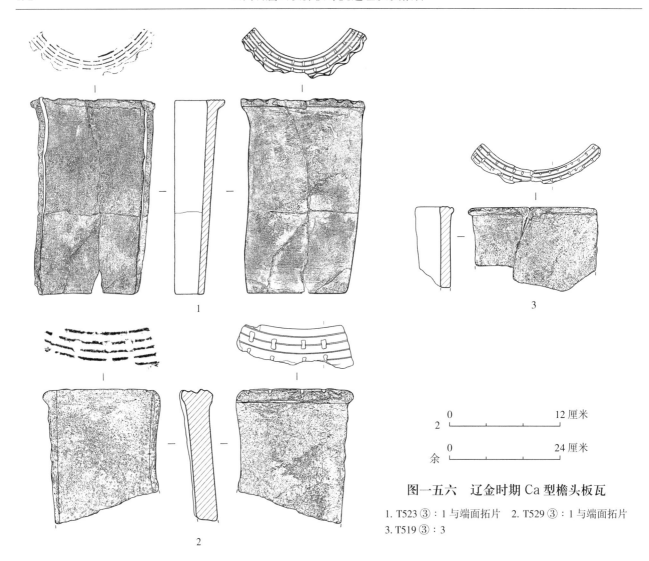

图一五六　辽金时期 Ca 型檐头板瓦

1. T523 ③：1 与端面拓片　2. T529 ③：1 与端面拓片
3. T519 ③：3

标本 T519 ③：3，残长 16.8、宽 28、端面残高 3.8 厘米（图一五六，3；彩版八九，2）。

（2）筒瓦

7 件。泥质灰陶，泥条盘筑。瓦身平面长方形，断面半圆形，瓦舌平面梯形。凹面布纹，瓦舌前倾且较短，近外缘处变薄，瓦身与瓦舌相接处瓦身向内收缩，形成一个凸棱。根据凸面是否磨光分两型。

A 型　1 件。

标本 T519 ③：4，凸面压光，有板压刮痕。凸面距瓦舌内侧 5 厘米瓦身有一道横向凹线，凹面相对位置有泥条接痕。两侧面切痕靠近瓦舌处较大，其余约 1/3，破面未修整。瓦舌相对一端瓦身凹面距端头 2 厘米处有一道横向凹线，以内削薄且凹凸不平，端头平齐。长 35.8、瓦径 17.2、厚 3.8、瓦舌长 2.4、厚 2.3 厘米（图一五七，1；彩版八九，3）。

B 型　6 件。

标本 T523 ③：8，残。凸面刮削平整，两侧面切痕 1/2，破面未修整，切痕位于凹面一侧。瓦舌相对一端残。残长 38、瓦径 22、厚 5、瓦舌长 4、厚 2.4 厘米（图一五七，2；彩版八九，4）。

（3）瓦当

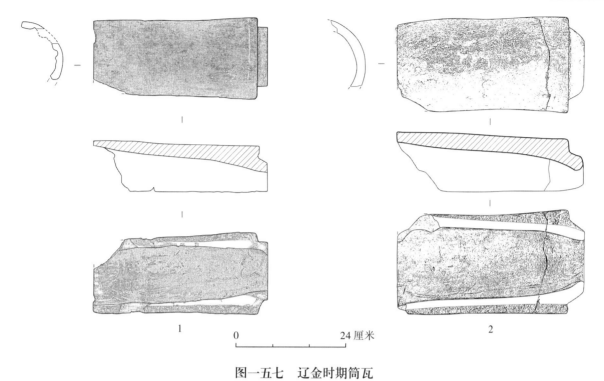

图一五七　辽金时期筒瓦

1. A 型 T519③：4　　2. B 型 T523③：8

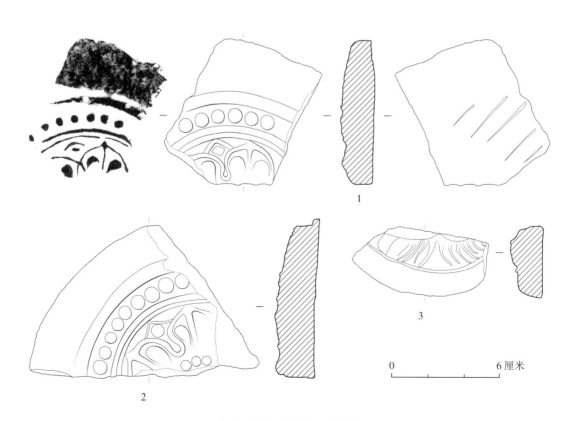

图一五八　辽金时期瓦当

1、2. A 型莲花纹瓦当 T522③：8、T525②：14　　3. 兽面纹瓦当 T524③：29

5 件。分莲花纹瓦当和兽面纹瓦当。

1）莲花纹瓦当

4 件。均残。泥质灰陶。边轮低平，当心可见联珠纹，之外为复瓣双层莲瓣，残存两组，外围两道凸棱，中间饰一周联珠纹。均属于 A 型。

标本 T522③：8，复原直径 19、厚 1.7、边轮宽 2.6 厘米（图一五八，1）。

标本 T525②：14，复原直径 17、厚 2.2、边轮宽 2.2 厘米（图一五八，2；彩版八九，5）。

2）兽面纹瓦当

1 件。

标本 T524③：29，残。泥质灰陶，模制。仅存颔下八撇状胡须，边轮低平。复原直径 12、厚 1.8 厘米（图一五八，3；彩版八九，6）。

（二）生活生产用具

标本 50 件，其中陶器 29 件、瓷器 12 件、铜钱 3 枚、铁器 3 件、石器 3 件。

1. 陶器

均为泥质灰陶。器形主要有陶盆、陶罐、陶甑、陶器盖等，多为日常生活生产用具。

陶盆 16 件。根据口沿不同分卷沿、平沿、敛口三类，此处见卷沿陶盆、平沿陶盆两类。

（1）卷沿陶盆

8 件。泥质灰陶，泥条盘筑。根据口部与口沿内侧转折有无棱、腹部形制的差异分三型。此处见 A、C 两型。

A 型　6 件。口沿中部鼓起，外侧下翻，口部与口沿内侧转折有棱，外沿与器壁有大小不同的间隙。根据口沿和腹壁不同分三个亚型，此处见 Ac 型。

Ac 型　6 件。敞口，口沿下翻，斜方唇，沿下与外壁略呈三角状。

标本 T519③：8，敞口，沿较宽，方圆唇，斜弧腹，平底。内壁口沿、腹部饰横向暗纹，有磨光痕迹，器壁有十二个钻孔。口径 56.6、底径 26、高 17.7、孔径 0.5 厘米（图一五九，1；彩版九〇，1）。

标本 T522③：2，口略直，沿较宽，方唇，斜弧腹，平底。内壁口沿、腹部、底部饰横向暗纹，器壁有两个钻孔。口径 36.8、底径 16.8、高 11.2、孔径 0.6 厘米（图一五九，2；彩版九〇，2）。

标本 T526③：2，沿较宽，方唇，斜弧腹，平底。内壁施陶衣，口沿、腹部、底部饰横向暗纹，有磨光痕迹，器壁有一个钻孔。口径 42.4、底径 20、高 12.3、孔径 0.5 厘米（图一五九，3；彩版九〇，3）。

标本 T519③：9，敛口，圆唇，弧腹，平底。内底有修整刮痕。口径 35、底径 18.6、高 10.2 厘米（图一五九，4；彩版九〇，4）。

标本 T519③：6，直口，圆唇，斜腹，平底。内壁饰数周暗纹，器壁存七个锔钉孔，器底有一个孔。口径 57、底径 29、高 18、孔径 0.9 厘米（图一五九，5；彩版九〇，5）。

标本 T519③：11，口略直，圆唇，弧腹，平底。内壁口部下有一浅凹槽。口径 35.2、底径 21.3、高 9.7 厘米（图一五九，6；彩版九〇，6）。

C 型　2 件。沿面窄，沿圆鼓下卷，沿下与外壁相接处划出小间隙。

标本 T509H507：1，敛口，尖圆唇，弧腹，平底，器底有修整刮痕。内壁口沿和底部饰数

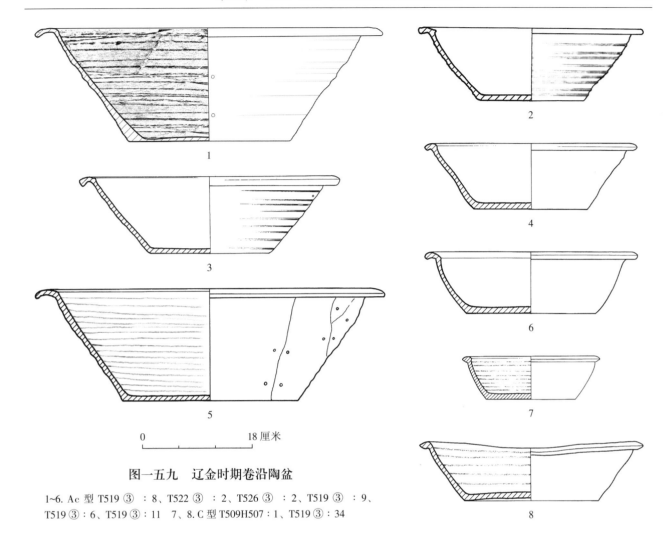

图一五九　辽金时期卷沿陶盆

1~6. Ac 型 T519 ③：8、T522 ③：2、T526 ③：2、T519 ③：9、
T519 ③：6、T519 ③：11　7、8. C 型 T509H507：1、T519 ③：34

周间隔不等的横向暗纹，有磨光痕迹。口径 23.4、底径 15.2、高 7 厘米（图一五九，7；彩版九一，1）。

　　标本 T519 ③：34，敞口，尖圆唇，斜弧腹，底略内凹。内壁饰数周旋转暗纹。口径 36.8、底径 22.1、高 8.3 厘米（图一五九，8；彩版九一，2）。

　　（2）平沿陶盆

　　8 件。泥质灰陶，泥条盘筑。根据器内口沿下方有无凸棱、沿面外缘有无凹槽不同分三型，此处见 B、C 型。

　　B 型　7 件。内壁口沿下方有凸棱，口沿面中央剔出一周凹槽，外侧微上折，形成二层台。

　　标本 T519 ③：5，敛口，圆唇，斜腹，平底。盆内壁口下压印一周凹槽，之下滚印圆圈夹竖单线纹八周，有的已模糊不清，器壁存八个钻孔。口径 36、底径 12.9、高 11.9 厘米（图一六〇，1；彩版九一，3）。

　　标本 T519 ③：10，圆唇，斜腹，平底。盆内有旋转滚印的圆圈夹草叶纹带八周，其中器底两周，器壁上有两个钻孔。口径 37.8、底径 13、高 11.5 厘米（图一六〇，2；彩版九一，4）。

　　标本 T522 ③：1，敛口，圆唇，斜腹，平底。器内由内底中央到壁有旋转滚印上升的十周菱形纹带。口径 56、底径 24.5、高 22.2 厘米（图一六一；彩版九一，5）。

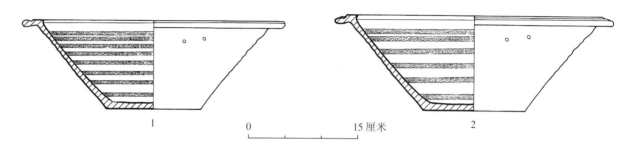

图一六〇　辽金时期 B 型平沿陶盆

1. T519 ③：5　　2. T519 ③：10

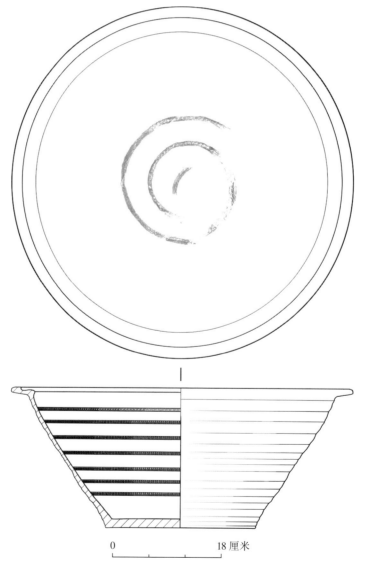

图一六一　辽金时期 B 型平沿陶盆 T522 ③：1

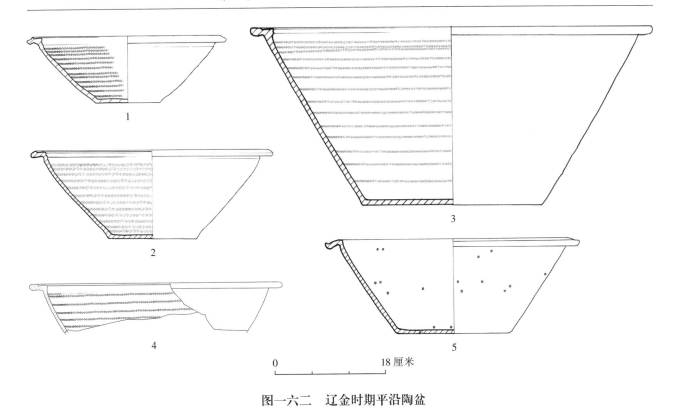

图一六二　辽金时期平沿陶盆

1~4. B 型 T519 ③：7、T526 ③：36、T523 ③：5、T526 ③：12　5. C 型 T523 ③：29

标本 T519 ③：7，敛口，圆唇，斜腹，平底。腹部有十二周到十三周菱形纹带，间距不等，内底存两周菱形纹带，存三个锔钉孔。口径 32.8、底径 11.9、高 11.9 厘米（图一六二，1；彩版九一，6）。

标本 T526 ③：36，敛口，圆唇，斜腹，平底。内壁滚印菱形纹带十二周，内底存两周菱形纹带。口径 39.7、底径 14.3、高 14.2 厘米（图一六二，2；彩版九二，1）。

标本 T523 ③：5，敛口，圆唇，斜腹，平底。内壁滚印菱形纹带十四周。口径 66.6、底径 29.7、高 28.5 厘米（图一六二，3；彩版九二，2）。

标本 T526 ③：12，仅存残片，内壁滚印菱形纹带。残高 7.7 厘米（图一六二，4）。

C 型　1 件。

标本 T523 ③：29，敞口，沿下斜，斜腹，平底。口沿内侧与内壁相接处近似直角，口沿下方内壁无凸棱装饰，沿外端唇部上折，器壁存十九个钻孔。口径 42、底径 18.4、高 14.8 厘米（图一六二，5；彩版九二，3）。

（3）陶罐

9 件。泥质灰陶，轮制。器型各不相同。

标本 T519 ③：1，带盖罐。罐直口，宽平沿，圆唇，矮颈，上腹鼓，平底。肩部饰两周凹弦纹，器底部有修整痕。口径 16.4、腹径 29、底径 12、高 27 厘米。器盖标本 T519 ③：2，呈碗状（图一六三，1），口略侈，沿略上斜，尖唇，弧腹，底内凹。外壁沿下留有一周指压痕迹，器壁和凹底处也留有按压的指纹痕迹。碗内底中部模印有一个阳刻八瓣莲花纹，莲花纹内外各饰两周凸弦纹，中央一个小圆点乳凸脐，腹壁上饰一组对称阳刻的莲花纹和荷花纹，花纹之间有花草

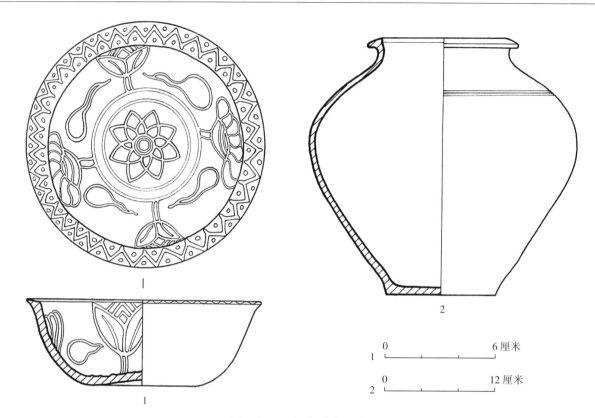

图一六三　辽金时期陶罐

1. 陶罐盖 T519 ③：2　　2. 陶罐 T519 ③：1

缠枝纹饰，沿上饰阳刻锯齿纹一周，每个齿内外各饰小圆点。口径13.5、底径7、高4.7厘米（图一六三，2；彩版九二，4、5）。

标本T523③：6，直口，口沿向上凸起，圆唇，折肩，鼓腹，平底。折肩处有一周凸棱。口径7.1、腹径12.1、底径5.9、高8.4厘米（图一六四，1；彩版九二，6）。

标本T523③：10，残。大口筒形罐。口微敛外壁加厚，平沿，直颈，弧腹。口径27.8、腹径28.2、残高14.6厘米（图一六四，2；彩版九三，1）。

标本T519③：26，残。大圆唇，卷沿，沿外卷于颈部形成一周凹槽，圆肩，鼓腹。肩部划一周细线。口径23.4、腹径43、残高19.2厘米（图一六四，3；彩版九三，2）。

标本T523③：15，残。侈口，尖圆唇，弧颈，鼓腹。颈肩部压印一周凹槽。口径16.6、腹径25.7、残高12.2厘米（图一六四，4；彩版九三，3）。

标本T523③：12，残。敛口，由唇部到颈部有呈阶梯状的凸棱四周，肩部有桥形耳，上腹鼓。口径13.7、腹径24.8、残高16厘米（图一六四，5；彩版九三，4）。

标本T523③：9，侈口，平沿，尖唇，矮颈，鼓腹。外壁饰数周暗纹。口径16.2、腹径25.4、残高14.7厘米（图一六四，6；彩版九三，5）。

标本T519③：66，残。沿内卷与内壁形成一周凹槽，大圆唇，溜肩，鼓腹。器外饰横向暗纹。口径30.2、腹径53.7、残高18.3厘米（图一六四，7；彩版九三，6）。

标本T519③：65，底部残。沿内卷与内壁形成一周凹槽，大圆唇，溜肩，鼓腹。器外饰横

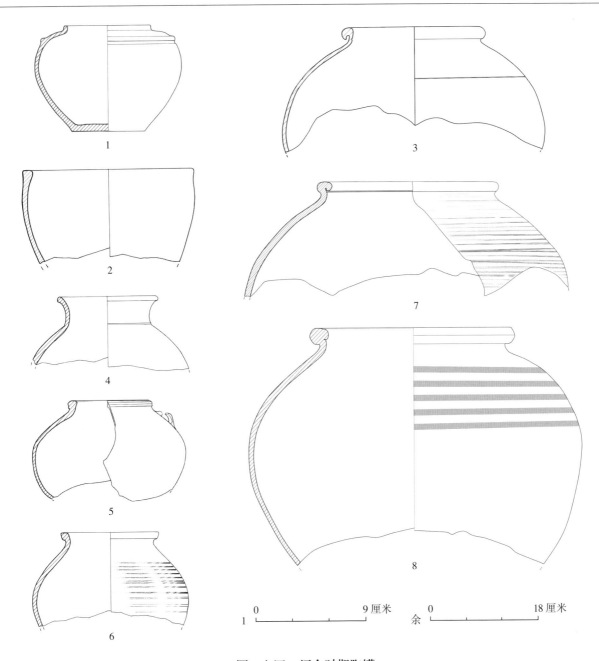

图一六四 辽金时期陶罐

1. T523③：6 2. T523③：10 3. T519③：26 4. T523③：15 5. T523③：12 6. T523③：9 7. T519③：66 8. T519③：65

向暗纹。口径 33.8、腹径 54.8、残高 37.7 厘米（图一六四，8；彩版九四，1）。

（4）陶器盖

2 件。泥质灰陶。

标本 T522③：9，覆碗形，顶部残，圆折腹，腹底下斜，底部平，子母口。底径 13.4、残高 4.5 厘米（图一六五，1；彩版九四，2）。

标本 T523③：11，覆碗形，顶部残，斜肩，直腹，下部外撇。盖沿外侧压印一周凹槽。底部口径 16.5、残高 8.4 厘米（图一六五，2；彩版九四，3）。

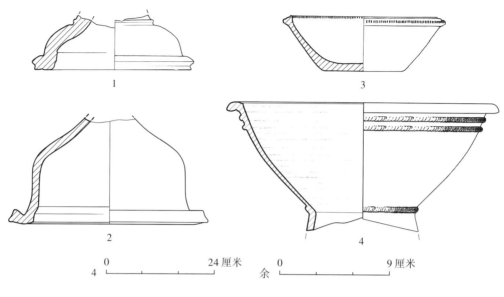

图一六五　辽金时期陶器

1、2.陶器盖 T522③：9、T523③：11　3.花口陶碗 T528③：1　4.陶甑 T522③：10

（5）花口陶碗

1件。

标本 T528③：1，泥质灰陶，轮制。敞口，口沿较宽，口沿内外侧各压印一周栉齿纹，中间划两周凹弦纹，斜腹，平底。口径13.3、底径6.4、高4.3厘米（图一六五，3；彩版九四，4）。

（6）陶甑

1件。

标本 T522③：10，泥质灰陶，轮制。仅存器体上部，呈盆状，中空。敞口，沿外卷，弧壁，下部收成直筒状略外撇，下部残。器身外表饰三周附加堆纹，口沿下两周，直筒上部一周，其间留旋坯痕。内壁饰横向暗纹。口径59、下部直筒口径25.6、残高27.3、壁厚0.8（近底）厘米。附加堆纹宽1、凸出外壁高0.5厘米（图一六五，4；彩版九四，5）。

2. 瓷器

12件。根据釉色分白釉、青釉、茶叶末釉、酱釉、绿釉。此处见白釉、茶叶末釉、酱釉、绿釉，器形有碗、盏、罐、行炉等。

白釉瓷器5件。因施化妆土，透明釉而呈白色，器形主要有碗、行炉。

（1）白釉碗

4件。根据口部变化不同分三型，此处见 A、B 两型。

A 型　2件。敞口。根据唇部变化又分两亚型。

Aa 型　1件。敞口，尖圆唇。

标本 T519③：25，残。花口，弧腹，圈足，足墙直，足沿圆。胎色泛灰白，胎质较坚。釉色清白，内施满釉，外不及底。口径16.9、底径6.3、高3.7厘米（图一六六，1；彩版九五，1）。

Ab 型　1件。敞口，唇部加厚。根据唇部不同分两式，此处见 Ab 型Ⅱ式。

Ab 型Ⅱ式　1件。

标本 T519③：67，敞口，圆唇外凸，唇部加厚，唇下压印一周浅凹槽，弧腹，圈足，足墙

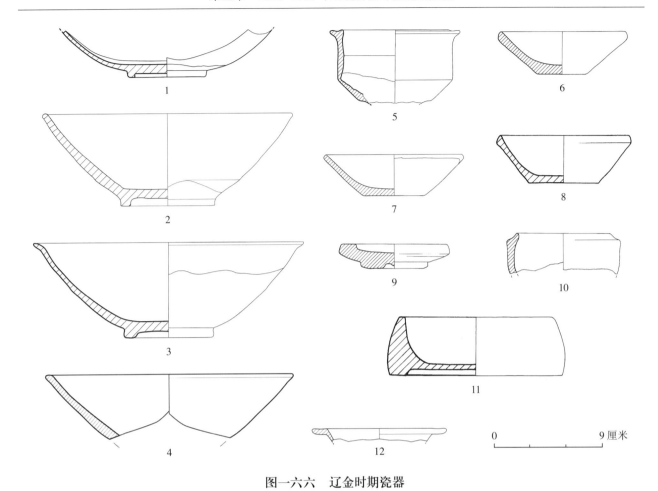

图一六六　辽金时期瓷器

1. Aa 型白釉碗 T519③：25　2. Ab 型Ⅱ式白釉碗 T519③：67　3、4. B 型白釉碗 T523③：16、T523③：14　5. 白釉行炉 T526③：30
6~8. 茶叶末釉盏 T517H511：82、T526②：38、T525③：3　9. 绿釉碗底 T523③：28　10. 素烧罐 T520③：15　11. 酱釉洗 T522②：6
12. 绿釉平沿器 T511③：74

较直，削足不规整。胎色灰白，胎质坚实，夹细小黑砂和气孔。施化妆土，釉色黄白，内施满釉，外不及底。内底存一处垫珠间隔，多件仰烧法。口径 20.3、底径 7.7、高 7.3 厘米（图一六六，2；彩版九五，2）。

B 型　2 件。撇口，圈足。

标本 T523③：16，圆唇，弧腹，圈足，足墙外撇，外高内低，足沿微圆。胎色灰白，夹有黑白砂粒，胎质稍坚。施化妆土，釉色黄白，内施满釉，外施釉仅至口沿下部，外壁有流釉现象及旋坯痕。口径 22.1、底径 7.5、高 7.6 厘米（图一六六，3；彩版九五，3）。

标本 T523③：14，仅余口沿部残片。口径 20.3、残高 5.4 厘米（图一六六，4；彩版九五，4）。

（2）白釉行炉

1 件。

标本 T526③：30，直口，平沿，沿面内凹，折腹，柄足残。胎色白，胎质细腻坚致。釉色牙白，外壁残存部分施满釉，内壁腹下部无釉。口径 10.6、残高 5.8 厘米（图一六六，5；彩版九五，5）。

茶叶末釉瓷器 3 件。器形有盏。

（3）茶叶末釉盏

3 件。

标本 T517H511：82，敞口，圆唇，浅弧腹，平底。胎色泛灰，胎质稍疏，夹黑白砂粒。内施茶叶末釉，外不施釉，内底有一处垫珠痕。口径 10.7、底径 4、高 3.4 厘米（图一六六，6；彩版九六，1）。

标本 T526②：38，敞口，圆唇，浅弧腹，平底。胎色灰白，胎质稍坚，夹黑白砂粒及小气孔。内施茶叶末釉，外不施釉，内底可见一处垫珠痕。口径 11.4、足径 5、高 3.3 厘米（图一六六，7；彩版九六，2）。

标本 T525③：3，敞口，圆唇，浅弧腹，平底。胎色泛灰，胎质稍疏，夹黑白砂粒。内施茶叶末釉，外不施釉，内底有一处垫珠痕。口径 11.2、底径 6、高 3.9 厘米（图一六六，8）。

绿釉瓷器 2 件。器形有碗、平沿器。

（4）绿釉碗底

1 件。

标本 T523③：28，残。内腹底有一周凸棱，内底残存两个突起的珠痕。玉环底，底心有乳凸。胎色黄白。内施绿釉，外壁部分施釉，底不施釉。破口有使用的磨痕。残口径 9.1、残高 2、底径 5.5、底足环宽 1.9 厘米（图一六六，9；彩版九六，4）。

（5）绿釉平沿器

1 件。

标本 T511③：74，仅存平沿器口部分。敞口，平沿。胎色白，胎质略细较坚密，内外施绿釉，有玻璃质感。口径 11、沿宽 1.2、残高 0.9 厘米（图一六六，12；彩版九六，3）。

酱釉瓷器 1 件。器形有洗。

（6）酱釉洗

1 件。

标本 T522②：6，敛口，方唇，弧腹，大圈足凹底。胎色泛黄，胎质稍疏，夹黑色砂粒。内施酱釉，外不及底，口沿不施釉。口径 12.8、底径 14.3、高 4.6 厘米（图一六六，11；彩版九六，5）。

素烧器 1 件。器形有罐。

（7）素烧罐

1 件。

标本 T520③：15，敛口，子母口，圆唇，直壁。胎色灰白，胎质疏松，夹黑白砂和小气孔。无釉，素胎。口径 7.8、残高 3.2、壁厚 0.7 厘米（图一六六，10；彩版九六，6）。

3. 铜器

有铜钱 3 枚。

铜钱

3 枚。均为开元通宝。

开元通宝　3 件。圆形方穿，正面铸"开元通宝"四字，楷书，对读。背面锈蚀。

标本 T523③：19，直径 2.5、穿宽 0.6、肉厚 0.2 厘米（图一六七，1；彩版九七，1）。

标本 T519①：3，字迹清晰。直径 2.4、穿宽 0.7、肉厚 0.2 厘米（图一六七，2；彩版九七，2）。

标本 T519②：1，字迹清晰。直径 2.5、穿宽 0.6、肉厚 0.2 厘米（图一六七，3；彩版九七，3）。

4．铁器

3 件。

（1）铁铃

1 件。

标本 T518③：1，铸造。现存铃纽和铃身上半部分，纽呈桥形，纽下一侧还残存一椭圆形孔。铃身残长 7.4、高 5.5、纽高 1.7、宽 2.7、纽孔径 1.2、纽下孔径 1.1 厘米（图一六八，3；彩版九八，1）。

（2）铁釜

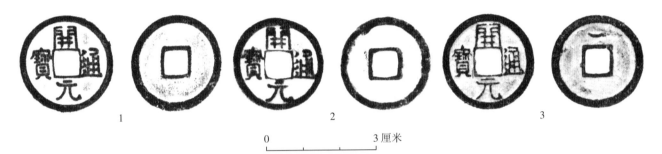

0　　　　　　　3 厘米

图一六七　唐代开元通宝

1. T523③：19　2. T519①：3　3. T519②：1

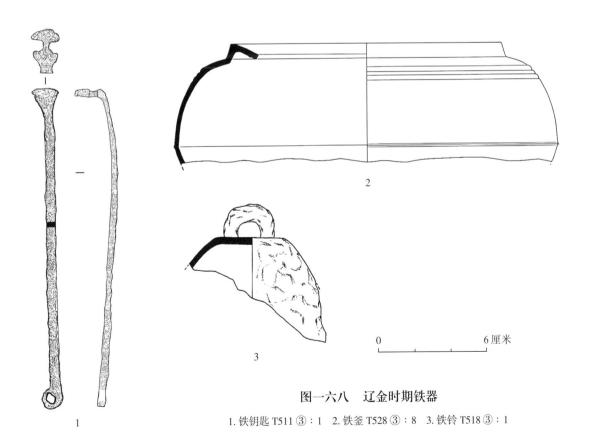

0　　　　　　　6 厘米

图一六八　辽金时期铁器

1. 铁钥匙 T511③：1　2. 铁釜 T528③：8　3. 铁铃 T518③：1

1件。

标本T528③：8，残。敛口，沿内折略下斜，弧肩，腹部微折。肩外壁饰四周凸弦纹，腹部有一周范线。口径15、残高6.3厘米（图一六八，2；彩版九八，2）。

（3）铁钥匙

1件。

标本T511③：1，呈四棱体状，一端呈圆圈状，另一端与圈相丁弯折，呈工字形，端头呈半圆形。长16.9、宽0.6、厚0.4、圈内径0.4、外径1.1厘米（图一六八，1；彩版九八，3）。

5．石器

3件。有石釜2件、石罐1件。

（1）石釜

2件。

标本T523③：7，灰砂岩，质地疏松。敛口，沿上斜，沿面内凹呈弧状，弧腹，圜底。口部及沿外缘划弦纹一周，外壁满是黑色烟炱痕。口径31.5、高12.5厘米（图一六九，1；彩版九八，4）。

标本T526③：35，器形同上，体型小，内外壁满是黑色烟炱痕。口径15.9、残高4厘米（图一六九，2）。

（2）石罐

1件。

标本T518③：29，灰砂岩，颗粒较细，质感松。直口微敞，短颈，溜肩，圆腹，底残。肩部有两周凹弦纹，外壁满是黑色烟炱痕。口径12.1、腹径17.7、残高9.3厘米（图一六九，3；彩版九八，5）。

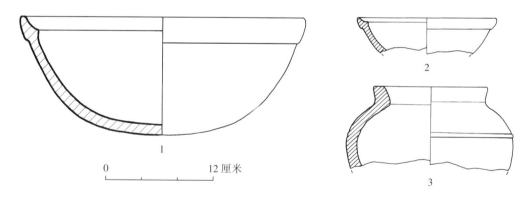

0　　　　　　12厘米

图一六九　辽金时期石器

1、2. 石釜 T523③：7、T526③：35　3. 石罐 T518③：29

四　明清时期

生活生产用具

标本6件，其中陶器1件、瓷器4件、铜钱1件。

1. 陶器

1件。

（1）陶器足

1件。

标本T518H512：1，仅剩一足，捏制。长方形体，略外撇。足长3.9、宽5.2厘米（图一七〇，1；彩版九九，1）。

2. 瓷器

4件。器形有碗、碟，有白釉碗2件、白釉碟1件、白釉褐彩碗2件。

（1）白釉碗

1件。

标本T517①：1，细瓷，轮制。敞口，尖圆唇，斜弧腹，外壁近底处切削，圈足，足墙外高内低，削足不规整。灰红色胎，胎体坚实，夹细黑砂，有细小气孔。施化妆土，内施满釉，外不及底，釉色牙白。内底心有乳凸，采用垫砂间隔，多件仰烧法。口径14.4、底径6.5、高5.2厘米（图一七〇，2；彩版九九，2）。

（2）白釉碟

1件。

标本T524H513：109，细瓷，轮制。侈口，尖圆唇，浅弧腹，圈足，足墙外撇，内高外低，足沿平切，削足规整。胎色泛红，胎体坚硬，施化妆土，釉色黄白，内施满釉，外不及底。采

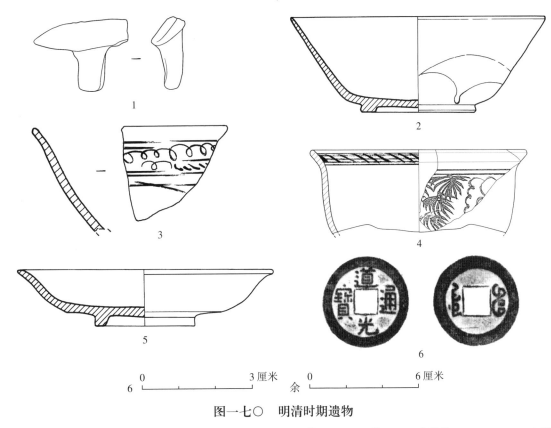

图一七〇　明清时期遗物

1.陶器足 T518H512：1　2.白釉碗 T517①：1　3、4.白釉褐彩碗 T528③：39、T514②：2　5.白釉碟 T524H513：109　6.道光通宝 T527H515：39

用垫砂间隔，多件仰烧法。口径 14、足径 5.4、高 3 厘米（图一七○，5；彩版九九，3）。

（3）白釉褐彩碗

2 件。

标本 T528 ③：39，残。侈口，圆唇，弧腹。胎色土黄，胎质较坚，夹细小黑砂和气孔，内施满釉，外不及底，釉色黄白。内壁近口沿处用褐彩绘弦纹四周，外壁存弦纹夹圈线纹。口径 17、残高 5.2、壁厚 0.5 厘米（图一七○，3；彩版九九，4）。

标本 T514 ②：2，残。侈口，圆唇，弧腹。胎色黄红，胎质较坚。内外满釉，釉色黄白。内壁口沿处用褐彩绘菱格纹，外壁器腹存水草纹。口径 11.9、残高 4.4、壁厚 0.4 厘米（图一七○，4；彩版九九，5）。

3．铜器

铜钱

1 枚。

道光通宝　1 枚。

标本 T527H515：39，隶书。直径 2.4、穿宽 0.6、肉厚 0.2 厘米（图一七○，6；彩版九九，6）。

第五节　几点认识

一　遗址收获

该遗址为云冈石窟山顶第一个经过大规模科学发掘、较为完整的佛教寺院遗址，没有发现院墙遗迹，只发现塔基、北房、西房、东房、南房、陶窑遗迹等，似乎以房间标示了院落范围。

出土遗物主要是北魏建筑材料，碎瓦最多，据初步统计，板瓦碎块大约为 70000 余块，筒瓦碎块约为 30000 余块，板瓦中包括不少釉陶板瓦（带釉板瓦）。1940 年，这里也曾出土少量釉陶板瓦[1]。2008 年，大同操场城北魏 3 号遗址古井内也出土过几块带釉砖块，夯土台出土过小块釉陶板瓦碎块[2]，这次云冈山顶遗址出土的釉陶板瓦（带釉板瓦），是数量较大的一次发现，尽管带釉瓦仅见于板瓦，没见釉陶筒瓦和釉陶瓦当，也能说明釉陶瓦（带釉瓦）已在使用，为北朝釉陶瓦（带釉瓦）的使用时间和范围提供了可靠证据。另外，在北魏陶片中，有一片北魏陶器上有"西窟"戳印，透露出早在北魏时期已经对窟群做过划分。

二　遗址性质

这是一处北魏佛教寺院遗址，原来有塔有院，塔在院中，周围是僧房，是中国佛教寺院早期的特征。类似塔院结构的建筑，也见于巴基斯坦的塔赫特巴希寺院遗址，为犍陀罗典型遗址；

［1］〔日〕水野清一、长广敏雄：《云冈石窟》第十五卷《附录一：云冈发掘记·西部台上北魏寺院址发掘》，京都大学人文科学研究所，1955 年。〔日〕冈村秀典：《云冈石窟——遗物篇》，京都大学人文科学研究所研究报告，（日本）朋友书店，2006 年。

［2］正式报告尚未发表，参见徐国栋、林海慧：《北魏平城时期的板瓦和筒瓦》，《华夏考古》2014 年第 4 期。

另一个是克什米尔的赛度谢里夫一号佛教遗址，约建于公元 1 世纪[1]，俱是塔院结合。"浮屠居中建造，僧房周匝设置，这应是天竺僧伽蓝中国化的最初尝试"[2]。

三 遗址时代

就其时代分析，这里已在使用带釉板瓦，大同操场城北魏宫殿遗址和方山永固陵遗址常见的压光黑瓦和瓦当[3]在这里数量不多，多是灰色陶瓦和瓦当。瓦当种类也少，以文字瓦当为主，不见北魏太和年间常用的兽面纹瓦当，塔基内也没有河北定州北魏太和五年塔基中[4]的埋藏坑和石函。综合考虑，它的初建时代可能早于定州北魏寺院遗址。北魏迁都洛阳后，此地逐渐衰败，辽金时期有人利用此遗址局部再次建房。

四 遗址功能

该北魏遗址中的北房和西房均为前廊后室结构，有的房间存在火炕，有使用痕迹，可见房间用途是居住。就出土器物分析，遗址存在数量不多的小型佛像残片，存量较多的是日用陶器残片，也说明这里是生活遗址，不是瞻仰参拜诸佛的礼佛区。另外，有的房间墙壁下部涂有朱红颜色，这种墙壁下部涂朱红的遗迹，以前曾在大同操场城北魏皇宫遗址和方山永固陵前的陵寝遗址房屋墙体上发现过[5]，说明房间装饰等级较高。结合以上三个方面综合考虑，该遗址是僧侣的生活区或者译经和藏经场所。

五 塔基形制

塔基遗迹是目前我国发现的早期塔基之一，塔基平面呈方形。平面为方形的塔的遗迹遗物留存很多，如云冈石窟诸窟内，雕刻有成百的石塔，低的有三层塔，高的有九层塔，平面基本上是方形[6]。方山永固陵南端山下，也有一座北魏塔基（思远浮屠），平面还是方形。原存于山西朔县崇福寺弥陀殿的北魏平城曹天度所造九层石塔，平面也是方形[7]，甚至大同市博物馆所藏出土北魏小型石塔，平面亦为方形，互相参证，可证明平面方形的塔流行于北魏平城时期。该塔基边长约 14 米，夯土筑成，推知它本身高度不可能太高。洛阳北魏永宁寺遗址出土后，塔基边长约 100 米[8]，先后有几位专家对此做过复原研究，如杨鸿勋认为"塔复原高 49 丈，合

[1]李崇峰：《从犍陀罗到平城：以寺院布局为中心》，《犍陀罗与中国》，文物出版社，2019 年，第 367~375 页。
[2]李崇峰：《从犍陀罗到平城：以寺院布局为中心》，《犍陀罗与中国》，文物出版社，2019 年，第 383 页。
[3]山西省考古研究所、大同市考古研究所、大同市博物馆、山西大学考古系：《大同操场城北魏建筑遗址发掘报告》，《考古学报》2005 年第 4 期。
[4]河北省文化局文物工作队：《河北定县出土北魏石函》，《考古》1966 年第 5 期。
[5]正式报告有待发表。
[6]张华：《云冈石窟浮雕塔形浅议》，《文物世界》2003 年第 4 期。
[7]史树青：《北魏曹天度造千佛石塔》，《文物》1980 年第 1 期。
[8]中国社会科学院考古研究所：《北魏洛阳永宁寺 1979~1994 年考古发掘报告》，中国大百科全书出版社，1996 年。钱国祥：《北朝佛寺木塔的比较研究》，《中原文物》2017 年第 4 期。

133.7 米，加塔刹高 54 丈许，约为 147 米。"[1]另一位研究者钟晓青则认为"洛阳永宁寺的塔身高 45 丈，约合今天 123 米……塔身高阔比在 4.5:1 左右。"[2]由二位研究结果可见，塔基边长和塔高之比，约为 1:1.5 左右。以此推之，本塔基边长 14 米，高度应在 20 米左右。塔基中没发现埋藏坑和埋藏物，说明塔基建造时间较早。塔是该遗址中主要的建筑，在该遗址范围，出土不少带釉板瓦，带釉瓦应该用于高级建筑，本遗址最高级建筑是塔，因此推测带釉瓦的使用建筑应该就是这座塔。

六　遗址价值

该遗址是云冈石窟寺院的重要组成部分，它的发现印证了《水经注》描写的云冈石窟当年"山堂水殿，烟寺相望"的雄宏气象，有助于了解北魏前期云冈寺院山上和山下一体的布局和范围，也有助于研究中国古代佛教寺院结构的演变。

---

[1] 杨鸿勋：《关于北魏洛阳永宁寺塔复原草图的说明》，《文物》1992 年第 9 期。
[2] 钟晓青：《北魏洛阳永宁寺塔复原探讨》，《文物》1998 年第 5 期。

第六章　2011~2012 年北魏辽金佛教寺院遗址发掘

第一节　遗址位置

　　遗址位于大同市云冈区云冈石窟山顶，具体在云冈山顶明代军堡"八"字墙东侧与龙王沟西侧之间，山下对应的是云冈石窟第 5 窟和第 6 窟（图一七一；彩版一○○），地理坐标为：北纬 40°06′37.7″，东经 113°07′31.9″。第 5、6 窟山顶遗址为北高南低的缓坡地，由于修建明代云冈上堡等原因，堆积破坏严重。

　　2011~2012 年，联合考古队对该遗址做考古发掘。2011 年 5~11 月，对遗址南部做发掘。布 10 米 ×10 米探方 45 个，10 米 ×8 米探方 3 个（彩版一○一，彩版一○二，1），发掘面积 4740 平方米。发掘出北魏时期塔基 1 座、埋藏坑 1 个；辽金时期塔基 1 座、铸造井台 1 处、化铁炉 30 个、石砌夯土墙 1 处、水井 1 口、台基 1 座、沟 1 条、灰坑 160 个；明清时期灰坑 129 个（图一七二、一七三；彩版一○二，2，彩版一○三，彩版一○四，1）。2012 年，又在遗址

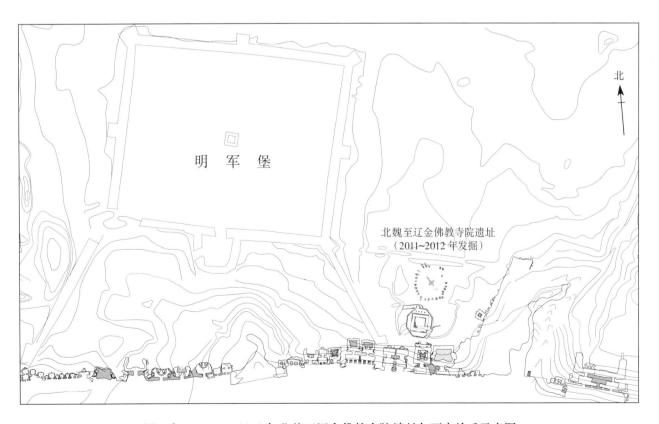

图一七一　2011~2012 年北魏至辽金佛教寺院遗址与石窟关系示意图

北部发掘多条探沟（图一七四），寻找墙基和其他建筑基址，仅发现 1 座陶窑、1 座古代墓葬和一些灰坑（彩版一〇四，2），没有发现寺院建筑遗迹。

第二节　地层堆积

遗址地势北部平坦，中南部呈斜坡状延伸至第 5、6 窟窟顶崖壁，东南部呈陡坡状延伸至龙王沟断崖，中部高出地表 4.6 米。地层堆积相对简单：第①层为耕土层，第②层为明清文化层，第③层为辽金文化层，第④层为北魏文化层。这是就遗址整体而言，具体到每个探方，地层分布不均匀，部分探方第①层下就是第③层，第④层分布在 T20607 及邻方的一少部分，许多探方无此层。以 T20204~T20207 北壁剖面、T20105、T20205、T20305、T20405、T20505、T20605、T20705 东壁剖面、T20603~T20607 南壁剖面、T20805 北壁剖面、T20607 西壁剖面为例说明。

一　T20204~T20207 北壁剖面

这是南部横穿塔基的剖面，东西向，具体地层如下：

第①层：耕土层，黄褐色土，深 0.05~0.8 米。结构疏松，土壤包含物有大量植物根系和少量细煤渣、砂岩石块、料姜石、砖瓦碎片、瓷片等。叠压于此层下的有第②层和北魏夯土塔基。

第②层：黄色粉砂土，深 0.35~2.2、厚 0~2.05 米。结构较疏松，土壤包含物有较多大小不等的砂岩片石、少量炭块、砖瓦碎块等，出土遗物有瓦片、瓷片、陶片、琉璃筒瓦残片、瓦当残片等，可辨器形有陶罐、陶盆、陶瓮、瓷碗、瓷罐等。为明清时期文化层。叠压于此层下的有第③层、辽金八边形石砌塔基及踏道、石砌夯土墙、中部北魏夯土塔基。

第③层：黄褐色花土，深 0.65~2.6、厚 0~2 米。结构疏松，土壤包含物有少量细煤渣、砂岩石块或片石、烧土粒等，此层主要分布在八边形石砌塔基周围，出土遗物有筒板瓦残片、兽面纹瓦当、文字瓦当残片、建筑构件残片、石质和陶质莲花建筑饰件残块等，可辨器形有北魏"传祚无穷"瓦当、"万岁富贵"瓦当、石质和陶莲花建筑饰件，辽金时期筒瓦、檐头板瓦、兽面纹瓦当、陶罐、陶盆、瓷碗、瓷罐、瓷瓮等。此层为辽金时期。叠压于此层下的有八边形石砌塔基底部活动面（图一七五；彩版一〇五，1）。

二　T20105、T20205、T20305、T20405、T20505、T20605、T20705 东壁剖面

这是纵贯遗址中部的剖面，呈南北向，地层如下：

第①层：耕土层，黄褐色土，距地表深 0.05~0.8 米。结构疏松，土壤包含物有大量植物根系，少量细煤渣、砂岩石块、料姜石、瓷片、玻璃碎片、砖瓦碎块等。叠压于此层下的有第②层和北魏夯土塔基。

第②层：黄色粉砂土层，距地表深 0.15~2、厚 0~1.8 米。结构疏松，土壤包含物有较多大小不等的砂岩石块和植物根系、少量细煤渣、料姜石、小砾石、碎砖瓦块、瓷片、陶片、瓦当残块等，出土遗物有筒瓦、板瓦残片、琉璃筒瓦残片、兽面纹瓦当残片、"传祚无穷""万岁富贵"瓦当残片、屋脊构件残片、陶罐、陶盆、瓷碗、瓷罐、瓷瓮等。塔基上部夯土缺少第②层，

该层为明清文化层。叠压于此层下的有 H2050、H2095、第③层、辽金八边形石砌塔基、踏道和中部北魏方形石砌夯土塔基。

第③层：黄褐色花土，距地表深 0.55~2.95、厚 0~2.15 米。结构较致密，土壤包含物有少量炭块、小砾石、料姜石、烧土块、筒瓦、板瓦残片、陶片、瓷片等，出土遗物有筒板瓦残片、檐头板瓦残片、兽面纹瓦当、"万岁富贵"瓦当、坩埚、陶莲花建筑饰件、石莲花建筑饰件、陶罐、陶盆、双耳罐、陶瓮、瓷碗、瓷罐、瓷瓮等，可辨器形有北魏"万岁富贵"瓦当、石质和陶莲花建筑饰件、辽金时期筒瓦、檐头板瓦、兽面纹瓦当、陶罐、陶盆、双耳罐、陶瓮、坩埚、瓷碗、瓷罐、瓷瓮等。此层主要分布在塔基周围及以北，为辽金文化层。叠压于此层下的有 H2347、炉 2023、八边形石砌塔基和踏道底部活动面（图一七六；彩版一〇五，2，彩版一〇六，1）。

三　T20603~T20607 南壁剖面

这是横穿遗址偏北部的一个剖面，呈东西向，地层如下：

第①层：耕土层，黄褐色土，厚 0.08~0.4 米。结构疏松，土壤包含物有较多的植物根系、少量碎石块、细煤渣、料姜石、大小不等的砖块、瓷片、瓦片陶片、琉璃筒瓦残片、兽面纹瓦当残片等。叠压在此层下的有 H2028、H2046、H2049、H2073、第②、③层。

第②层：黄色粉砂土，距地表深 0.1~0.5、厚 0~0.5 米。结构较致密，土壤包含物有较多的植物根系、少量碎石块、硬土块、细煤渣、料姜石、兽骨、大小不等的碎砖块等，出土遗物有筒瓦、板瓦、琉璃筒瓦残片、檐头板瓦残片、兽面纹瓦当、屋脊构件、陶罐、陶盆、瓷碗、瓷罐等。T20603 无此层，该层为明清文化层。叠压于此层下的有 H2072、H2177、炉 2011 和第③层。

第③层：黄褐色花土，距地表深 0.3~0.8、厚 0~0.4 米。结构较致密，土壤包含物有硬土块、小砾石、料姜石、细煤渣、砂岩片石、兽骨等，出土遗物有筒瓦、板瓦、琉璃筒瓦、"万岁富贵"瓦当、兽面纹瓦当、瓷碗、瓷罐、陶罐、陶盆等，可辨器形有北魏"传祚无穷"瓦当，辽金时期筒瓦、板瓦、琉璃筒瓦、兽面纹瓦当、屋脊构件、陶罐、陶盆、瓷碗、瓷罐等。该层为辽金时期文化层。叠压于此层下的有 H2101、H2145、H2080、H2124、H2268、铸造井台、第④层和生土。

第④层：黄褐色花土，距地表深 0.65~0.7、厚 0.1~0.35 米。结构致密，土壤包含物有砂岩片石、小砾石、料姜石、木炭屑、硬土块、兽骨等，出土遗物有大量的板瓦和筒瓦残片、"传祚无穷"瓦当、"万岁富贵"瓦当、陶罐、陶盆、石莲花建筑饰件等。T20603、T20604、T20605 无此层，该层为北魏文化层。叠压于此层下的有柱础石和活动面（图一七七；彩版一〇六，2）。

四　T20805 北壁剖面

这是北中部一个探方的剖面，地层如下：

第①层：耕土层，黄褐色土，距地表深 0.05~0.25 米。结构疏松，土壤包含物有细煤渣、砖瓦碎块、残片、陶片、瓷片等，为耕土层。叠压于此层下的有第②层。

第②层：黄色粉砂土，距地表深 0.1~0.55、厚 0.05~0.35 米。含砂量较大，结构较致密，土壤包含物有细煤渣、石灰粒等，出土遗物有瓦片、檐头板瓦残片、兽面纹瓦当、陶片、瓷碗等。该层为明清时期。叠压于此层下的有 H2275、第③层、台基。

第③层：黄褐色花土，距地表深 0.35~0.7、厚 0~0.25 米。结构疏松，土壤包含物有碎石块、细煤渣、石灰粒等，出土遗物有筒板瓦残片、檐头板瓦残片、琉璃瓦残片、兽面纹瓦当残片、陶盆、瓷碗等。该层为辽金时期文化层。叠压于此层下的有 G2001、台基（图一七八；彩版一○七，1）。

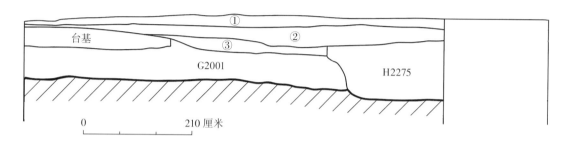

图一七八　T20805 北壁剖面图

（说明：第①层：耕土层，第②层：明清文化层，第③层：辽金文化层）

五　T20607 西壁剖面

这是遗址中部东头一个探方的剖面，地层如下：

第①层：耕土层，黄褐色土，距地表深 0.1~0.35 米。结构疏松，土壤包含物有植物根系和少量砂岩石块、小砾石、料姜石、细煤渣等，出土遗物有陶片、瓷片、筒板瓦残片、砖块、瓦当残块等。此层为现代扰土层。叠压于此层下的有 H2188、第②层和 H2204。

第②层：黄色粉砂土，距地表深 0.15~0.45、厚 0~0.25 米。结构疏松，土壤包含物有砂岩石块和小砾石、筒瓦、板瓦残片等，出土遗物有筒板瓦残片、瓦当残片、陶盆、瓷碗等。此层为明清时期文化层。叠压于此层下的有 H2190、H2204 和第②层。

第③层：黄褐色花土，距地表深 0.45~0.55、厚 0~0.25 米。结构较致密，土壤包含物有砂岩石块、细煤渣、兽骨等，出土遗物有各种瓦片、瓦当残片、陶片以及瓷片等，可辨器形有筒瓦、板瓦、兽面纹瓦当、陶罐、陶盆、瓷碗等。此层为辽金时期文化层。叠压于此层下的有第④层。

第④层：黄褐色花土，距地表深 0.65~0.75、厚 0~0.25 米。结构致密，土壤包含物有砂岩石块、小砾石、兽骨等，出土遗物有大量的陶片、瓦片、瓦当、建筑构件等，可辨器形有北魏板瓦、筒瓦、"万

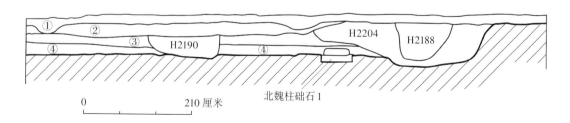

北魏柱础石 1

图一七九　T20607 西壁剖面图

（说明：第①层：耕土层，第②层：清明文化层，第③层：辽金文化层，第④层，北魏文化层）

岁富贵"瓦当、石莲花建筑饰件、陶盆等。此层为北魏时期文化层。此层下有柱础石和活动面（图一七九；彩版一〇七，2）。

第三节　遗迹

一　北魏时期

（一）塔基

1 座。编号 2011 塔基 1。

2011 塔基 1

位于遗址南部偏东的 T20205、T20207、T20206、T20305 和 T20306 之间，开口于第①、②层下，叠压于第①~③层下，被辽金八边形塔基包围，打破生土。原为一座土丘，经发掘，是一座北魏至辽金时期的塔基和部分残损塔身。该塔分内外两部分，内部是北魏修建的塔基和塔身，外部是辽金补建的正八边形塔基，后又被现代墓打破。现依时代叙述，先叙述北魏塔基和塔身（图一八〇）。

北魏塔基平面近方形，由塔基和塔身两部分组成。塔基位于塔正中，南北长 14、东西宽 13.3、高 2.05~3.3 米，方向为北偏东 7°。塔基近乎方形，边缘用大小不等的砂岩片石和泥包砌而成。片石大小厚薄不等，长 10~18、宽 10~22、厚 0~8 厘米，光滑的侧面朝外，外表整齐，内面不整齐。北魏塔基北边、西边北部和东南角，砌石保存较好，宽 0.14~0.34、高 2.25~3 米。

塔基上部之中央耸立着夯土所筑的塔身。塔身平面呈方形，长 9、宽 9、高 0~1.3 米。塔身四周包砌着大小不等的砂岩片石，形成片石墙体，所用片石均为当地自然石片，片石长 20~60、宽 15~40、厚 0~5 厘米。石墙体宽 0.24~0.6 米。片石之间犬牙交错，用泥浆黏连。现存砌石墙体高度 0~1.1 米，外壁面抹有厚约 2 厘米草拌泥。塔身砌石内为夯土，结构致密，南北长 6.9~7.8、东西宽 6.9~7.8、高 0.15~1.5 米，夯层厚 0.1~0.12 米。现存塔身顶端距地表为 5.58 米。塔身西部砌石保存较好，高 0~0.56 米。

塔基砌石与塔身之间都是坚硬的夯土，夯土为灰黄色，掺杂有碎石块，表面破坏，不见踩踏痕迹。塔身四周空间较大，南北两侧各宽 2.5、西侧宽 2.4、东侧宽 1.9 米。踏道位于塔基东南部，平面近长方形，西高东低，长 4.7、宽 2.4、高 0~0.7 米，由夯土所筑（彩版一〇八，1、2）。

（二）柱础石

3 个。

塔基东北部地表发现 3 个柱础石（柱础石 1~ 柱础石 3），呈"厂"字形放置，均属原位置，未经移动，被北魏文化层覆盖。

1. 柱础石 1

位于 T20607 西北部、T20606 东梁下北部，方座覆盆式。底座边长 0.6、厚 0.12 米，覆盆直

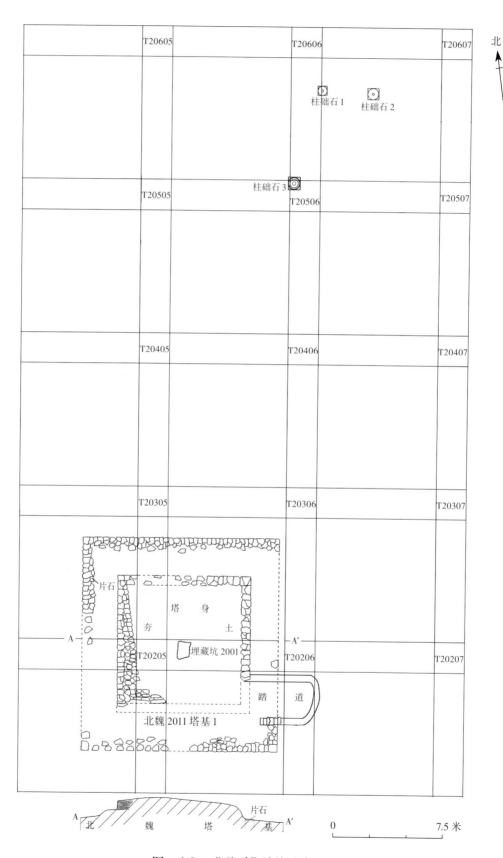

图一八〇　北魏时期遗迹分布图

径为 0.54、覆盆高 0.11、孔径 0.11、深 0.1 米，通高 0.23 米。柱础石 1 至柱础石 2 中心点东西向距离为 3.38 米（图一八一，1）。

2. 柱础石 2

位于 T20607 北中部偏西，方座覆盆式。底座边长 0.67、厚 0.16 米，覆盆直径为 0.63、高 0.1、孔径 0.12、深 0.1 米，通高 0.26 米。柱础石 2 至柱础石 3 中心点东北—西南向距离为 6.35 米（图一八一，2）。

3. 柱础石 3

位于 T20506 北梁下中部、关键柱下西北部，T20606 东南角及梁下，方座覆盆式。底座边长 0.85、厚 0.15 米，覆盆直径为 0.75、高 0.1、孔径 0.12、深 0.1 米，通高 0.25 米。柱础石 3 至柱础石 1 中心点南北向直线距离为 7.9 米（图一八一，3；彩版一〇九，1）。

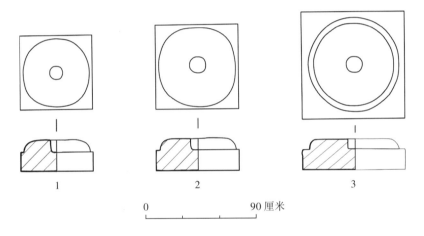

0　　　　　　　90 厘米

图一八一　北魏时期柱础石平、剖面图

（三）埋藏坑

1 个。

埋藏坑 2001

位于 T20206 北隔梁西北部，开口于第①层，打破北魏夯土塔身。

平面呈长方形，东西壁为斜直壁，南北略向内倾斜至坑底，平底。坑口南北长 1.18、东西宽 0.96、坑底南北长 0.94、东西宽 0.84、深 0.6 米。坑内填土为褐色土，结构较致密，土壤包含物有夯土块、白灰墙皮饰彩残块、木炭屑、碎石块等，出土遗物有北魏时期的泥塑造像残块。经统计，该坑出土泥塑造像残块 36 件（图一八二；彩版一〇九，2）。

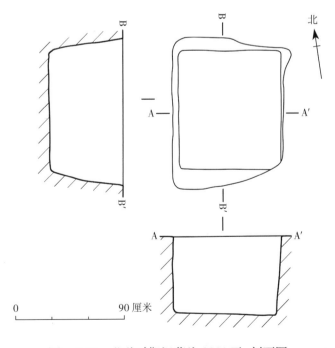

0　　　　　　　90 厘米

图一八二　北魏时期埋藏坑 2001 平、剖面图

二　辽金时期

（一）塔基

1 座。编号 2011 塔基 2。

2011 塔基 2

辽金塔基只是本塔基外围，叠压于第①～③层下，辽金塔基打破并包围北魏塔基，被现代墓打破。

辽金塔基上窄下宽，平面呈八边形，底部南北长 22.4、东西宽 21.8 米，上部南北长 21.7、东西宽 20.6 米，略有收分。下部每边长 9、上部每边长 8.2~8.3、砌石高 0.2~3.1 米。辽金塔基宽窄不等，东部最宽处 4.6 米，最窄处 1.15 米。北部最宽处 4.1 米（加上踏道宽 6.8 米），最窄处 1.05 米。西部最宽处 3.6 米，最窄处 1.05 米。南部最宽处 4.2 米（包括加固墙在内），最窄处 0.7 米（图一八三；彩版一一〇，1、2；彩版一一一，1、2）。

辽金塔基围绕北魏方形塔基建造而成，辽金塔基由砌石与填充物两部分组成。砌石在外，填充物在内。砌石宽 0.15~0.3 米，砌石内的填充物是砂岩片石和石块，其中包含北魏覆盆式柱础石残块、莲花瓣柱础石残块、长方形莲花残石饰件等。修建八边形石砌塔基时，间隔约 0.4 米厚的片石和石块之上，则呈扇形平摆着一层木料，木料长 1.5~2.5、径 0.05~0.1、间距 0.5~0.6 米，起着拉筋作用（图一八四；彩版一一二，1）。

塔基东南壁塌毁，出现一个豁口，长 4.65 米，为加固补葺豁口，紧贴豁口，在外又筑一道东北—西南走向的石墙，东北顶住塔基东侧石砌夯土墙，西南拐回顶住塔基。该墙长 9.9、宽 0.3~1.9、高 0.2~0.3 米（彩版一一二，2）。

踏道位于塔基北部，西南—东北向，上窄下宽，平面呈长方形梯形，西南低，东北高，叠压于第①～③层下。踏道东西长 16.3、南北宽 2.9~3、高 0~2.6 米，方向为北偏东 7°。塔基边缘和踏道用砂岩石块垒砌而成，石块长 0.3~0.75、宽 0.2~0.5、厚 0.1~0.2 米。踏道两侧各有一道包石砌筑，砌石宽 0.1~0.22 米。两道砌石之间是夯土。

塔基北部偏西处有一段向北延伸的砌石路，当是建筑时期往塔基上运输材料的临时道路，塔建成后废弃，被使用时期东西走向上塔的踏道包住（彩版一一二，3）。

（二）铸造遗迹

铸造遗址位于塔基东北，包括铸造井台遗迹 1 处、化铁炉 30 个（图一八五；彩版一一三，1、2）。

1. 铸造井台

1 处。位于发掘区中南部偏东，具体在 T20606 南部偏东、T20506 东部、T20507 西北部之间，叠压于第③层下，打破 H2271、H2176、第④层和生土，被 H2183、H2231 打破。铸造井台内堆积分三层。

第①层：浅灰褐色土，厚 0.8~1.25 米。结构较致密，土壤包含物有较多的细煤渣和少量砂岩石块、小砾石、红烧土块、锈蚀铁渣等。

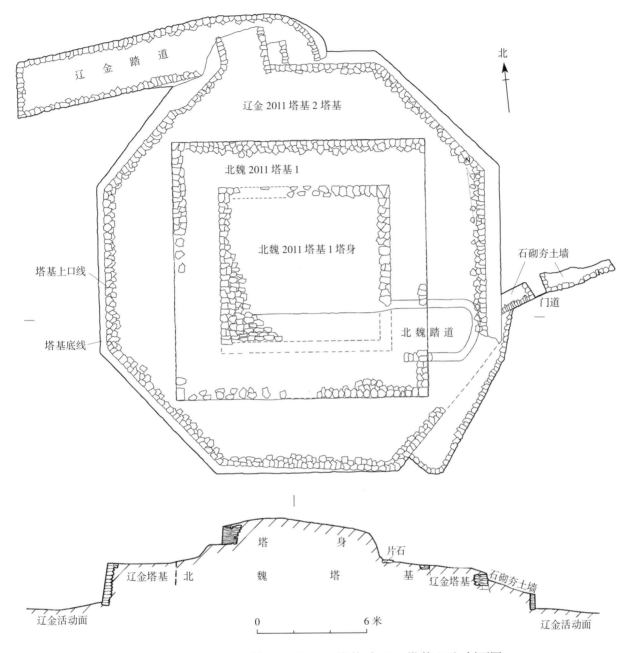

图一八三 辽金时期(包括北魏2011塔基1)2011塔基2平、剖面图

第②层：红褐色土，厚0.05~0.52米。结构较疏松，土壤包含物有较多砂岩片石烧成蓝色块状物和少量细煤渣、红烧土块、锈蚀铁渣等。

第③层：灰褐色土，厚0.35~1.98米。结构较致密，土壤包含物有较多细煤渣或炭屑、烧成蓝色砂岩片石、红烧土块等，出土遗物有筒瓦、板瓦、琉璃筒瓦、陶盆、瓷碗、坩埚等（图一八六）。

铸造井台遗迹由近方形井坑、圆形工作台、筒瓦扣制通气道和路组成（彩版一一四，1）。铸造井坑平面近方形，纵剖面近梯形，上口东西长3.6、南北宽3.4米，下口东西长3.3、南北宽3.22、深2.06~2.7米。井坑四壁抹有1.2米高的草拌泥，厚0~1.5厘米，均烤成红色。铸造井坑

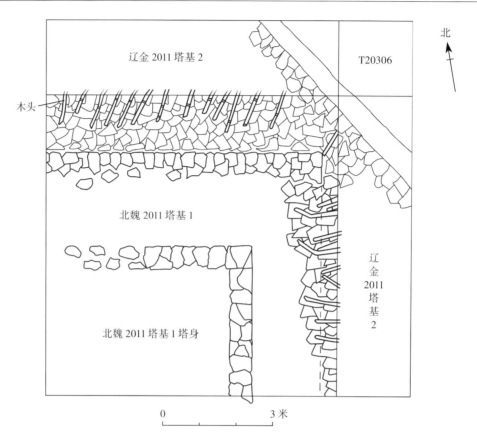

图一八四　T20306 辽金时期 2011 塔基 2 摆放木杆拉筋示意图

内底部为圆形工作台，平面呈圆形，分内外两圈。外径 2.2、内径 1.94、高 0.24 米。其中边缘宽 0.14、凸起高 0.08 米。圆形工作台面、凸起面和立面均抹厚 0.3 厘米的白灰，表面呈褐色。工作台是用土坯砖夹泥垒砌而成，土坯长 22、宽 13、厚 5 厘米。工作台中有一用土坯砖垒砌成的圆形内圈，口小腹大，内收平底。底部平面呈方形，外高出平台 0.4、外径 1.04、内径 0.5~0.54、内深 0.7、底边长 0.4 米（彩版一一四，2；彩版一一五，1、2）。

出气孔位于圆形内圈底部四角，立面呈长方形，与外部筒瓦扣制的通气道相接，高 0.2、宽 0.15 米。井台外圈对称置有四条通气道，均用筒瓦相扣而成。西南部和东北部的通气道呈 94° 角延伸出地面，上部脱落，西南部高 2、东北部高 2.3 米。东南部的通气道呈 15° 斜坡向上延伸至 3.6 米处被损毁，西北部的通气道呈 33° 斜坡向上延伸至 6.2 米处时，两筒瓦呈直立相扣状，高 0.45 米，并高出地面约 0.05 米。筒瓦通长 31.5、舌长 1.5、宽 20、厚 2、筒瓦内径 16 厘米。

上下铸造井台的路位于铸造井台西北和东南两端，西北的路呈斜坡向下延伸至铸造井台，再下一个 0.48 米高的台阶进入铸造井地面，路长 5.15、宽 0.9~1.1 米。东南的路呈斜坡向下直接进入铸造井地面，路长 5.4、宽 1.05~1.3 米（图一八七）。

2. 化铁炉

30 座（炉 2001~ 炉 2030）。位于发掘区中部偏东，平面布局以铸造井台为中心，基本上呈圆形环状排列，多数化铁炉体中心至铸造井台中心点直线距离为 10.75~12 米，少数距离不等。化铁炉平面呈长方形，由炉室、炉膛、送风道和鼓风设施组成。炉室平面呈长方形，用砂岩片

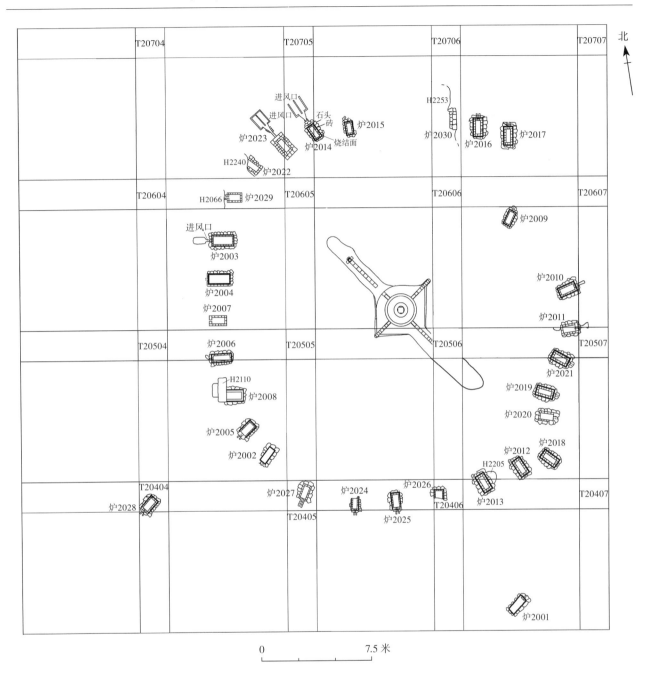

图一八五　辽金时期铸造遗迹平面分布图

石和泥包砌而成，底部砖砌平台内收宽 0.1~0.12 米，应为放置炉条。炉膛位于炉室下部，平面
呈长方形，平底，是用长条形整砖或半砖和泥垒砌而成，顺砌砖二至三层高。进风口立面呈长
方形，其中炉 2023 和炉 2003 进风口位于炉膛西北壁第二层砌砖上中部，炉 2001 位于炉膛东北
壁第二层砌砖上中部。送风道在炉膛外侧，平面呈漏斗形或长条形，用半砖或草拌泥垒砌而成，
呈斜坡向下延伸入炉膛。鼓风设施在送风道前，平面呈长方形。

　　化铁炉内堆积为深灰色土，结构疏松，土壤包含物有砂岩石块、细煤渣、炭灰、锈蚀铁渣、
烧裂的石块、硬土块等，出土遗物有北魏水波纹陶片、辽金时期瓦片、坩埚残片、辽金时期瓷碗、
板瓦、筒瓦、坩埚等。

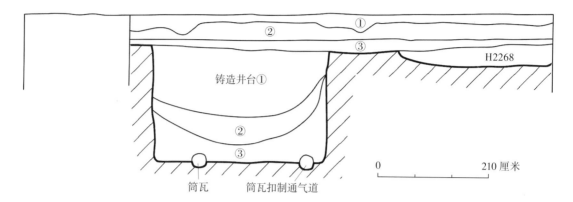

图一八六　T20606 南壁剖面图

（说明：第①层：耕土层，第②层：清明文化层，第③层：辽金文化层）

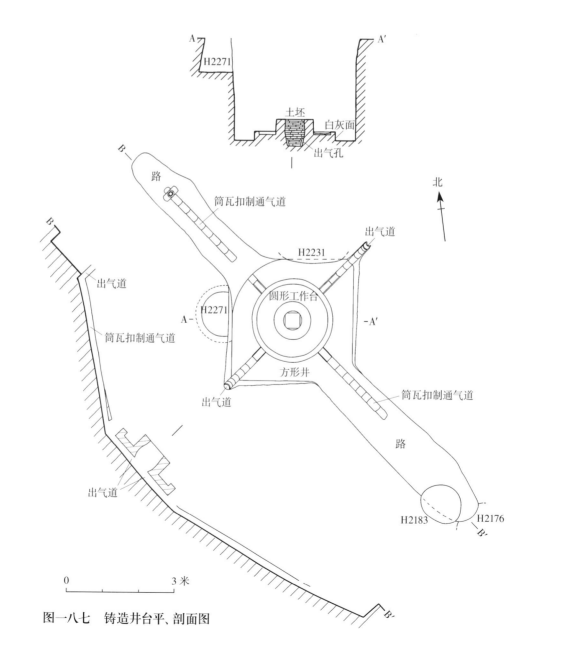

图一八七　铸造井台平、剖面图

（1）炉 2001

位于 T20407 南部偏西，叠压于第②层下，打破生土。方向为西南—东北。炉室四壁均匀抹一层厚约 2 厘米的草拌泥，炉室上部破坏，四壁有厚 0~8 厘米的黑色乳丁烧结面。炉体通长 1.62、宽 1.02、高 0.4~0.56 米，炉室长 1.2、宽 0.55、深 0.28~0.36 米。片石长 6~39、宽 5~15、厚 0~16 厘米。炉膛长 1、宽 0.35、深 0.5~0.12 米。砖长 24、宽 12、厚 6 厘米。进风口高 0.06、宽 0.10 米。送风道位于炉膛西北部，平面呈长条形，呈斜坡状向下延伸入炉膛内，长 0.54、宽 0.1、高 0~0.06 米，送风道与炉膛底部进风口夹角为 4°（图一八八；彩版一一六，1）。

（2）炉 2002

位于 T20505 东南部，叠压于第②、③层下，打破生土，被 H2067 打破。方向为西南—东北。该炉用砖石垒砌而成，炉室用石砌，炉膛用砖砌。炉室壁面有 0~4 厘米厚的黑色乳丁状烧结面，底部有厚 10~18 厘米的烧裂石块。炉体长 1.44、宽 0.96、高 0.45~0.56 米，炉室长 0.98、宽 0.56、深 0.28~0.38 米。片石长 8~34、宽 4~18、厚 0~11 厘米。炉膛位于炉室底部，用三层横砖垒砌而成，长 0.9、宽 0.4、深 0.18 米。砖长 24、宽 12、厚 6 厘米。进风口位于炉膛西南壁一层砖之处，平面呈长条形，宽 0.08、高 0.12 米。送风道位于炉西南部，平面呈长条形，长 0.3、宽 0.08、高 0~0.12 米，与炉膛底部进风口夹角为 14°，落差 0.14 米（图一八九；彩版一一六，2）。

（3）炉 2003

位于 T20605 北中部偏西，叠压于第②、③层下，打破生土。方向为东西向。炉室壁面抹一层厚约 2 厘米的草拌泥，四壁因高温烧烤形成厚 0~5 厘米的黑色乳丁状烧结面，底部有厚约 15 厘米的烧裂石块。炉体长 2.2、宽 1.12、高 0.64 米，炉室长 1.45、宽 0.72、深 0.48~0.5 米。片石长 12~34、宽 12~20、厚

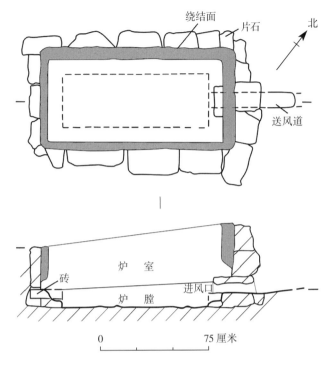

图一八八　炉 2001 平、剖面图

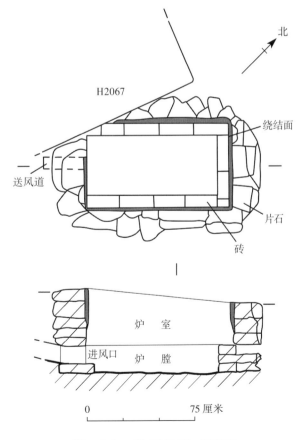

图一八九　炉 2002 平、剖面图

0~6 厘米。炉膛长 1.24、宽 0.6、深 0.12~0.2 米。砖长 24、宽 12、厚 5 厘米。进风口高、宽各 0.1 米。送风道位于炉膛西部，平面呈长条形，长 0.5、宽 0.08、高 0~0.1 米，送风道与炉膛底部进风口夹角为 20°。鼓风器遗迹位于送风道西部，平面呈方形，中部开口，直壁，平底。鼓风器地面是经人工处理的硬土，结构致密。鼓风器遗迹长 0.78、宽 0.4、深 0.04~0.08、口宽 0.1、深 0.04 米（图一九〇；彩版一一七，1）。

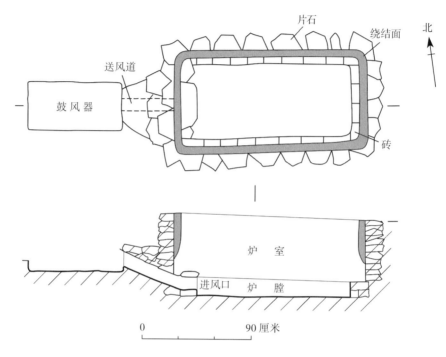

图一九〇　炉 2003 平、剖面图

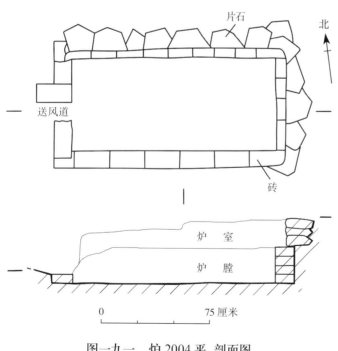

图一九一　炉 2004 平、剖面图

（4）炉 2004

位于 T20605 中部，叠压于第②、③下，打破生土。方向为东西向。该炉残损严重，仅余炉膛部分，炉室西侧和南侧完全破坏，炉用砖石垒砌而成，炉室用石垒砌，炉膛用砖垒砌。炉体残长 1.9、残宽 1.02、高 0.18~0.44 米，炉室残长 1.52、残宽 0.77、深 0~0.18 米。片石长 8~22、宽 6~18、厚 0~7 厘米。炉膛位于炉室底部，用四层平砖垒砌而成，西部仅残存一层，长 1.4、宽 0.6~0.62、深 0.18~0.24 米。砖长 24、宽 12、厚 6 厘米。进风口位于炉膛西壁一层砖之处，平面呈正方形，宽、高各 0.12 米。送风道位于炉西部，平面呈长方形，残长 0.24、宽 0.12、高 0.12 米（图一九一；彩版一一六，3）。

（5）炉2005

位于T20505东南部，叠压于第②、③层下，打破生土，方向为西南—东北。该炉用砖石垒砌而成，炉室用石砌，炉膛用砖砌。炉室壁面有0~6厘米厚的黑色乳丁状烧结面，底部有厚约20厘米的烧裂石块。炉体长1.24、宽0.92、高0.26~0.46米，炉室长0.94、宽0.52、深0.06~0.3米。片石长12~40、宽8~20、厚0~8厘米。炉膛位于炉室底部，用三层横砖垒砌而成，长0.82、宽0.4、深0.18米。砖长24、宽12、厚6厘米。进风口位于炉膛西南壁一层砖之处，平面呈长方形，宽0.08、高0.1米。送风道位于炉膛西南部，平面呈长条形，长0.42、宽0.08~0.12、高0~0.1米，与炉膛底部进风口夹角为14°，落差0.18米（图一九二；彩版一一七，2）。

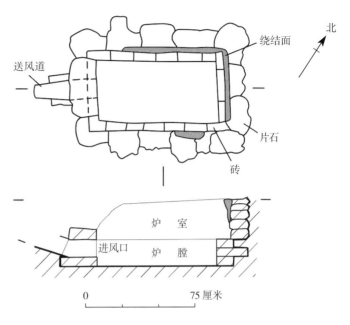

图一九二　炉2005平、剖面图

（6）炉2006

位于T20505北部及北隔梁下，叠压于第②、③层下，打破生土，方向为西南—东北。该炉用砖石垒砌而成，炉室用石砌，炉膛用砖砌。炉室壁面有0~6厘米厚的黑色乳丁状烧结面，底部有厚7~17厘米的烧裂石块。炉体长1.64、宽1.06、高0.44~0.48米，炉室长1、宽0.6、深0.22~0.32米。片石长22~66、宽20~40、厚0~14厘米。炉膛位于炉室底部，用两层横砖垒砌而成，长0.86、宽0.4、深0.12~0.18米。砖长24、宽12、厚6厘米。进风口位于炉膛西壁一层砖之处，平面呈长方形，宽0.12、高0.1米。送风道位于炉膛西部，平面呈漏斗形，

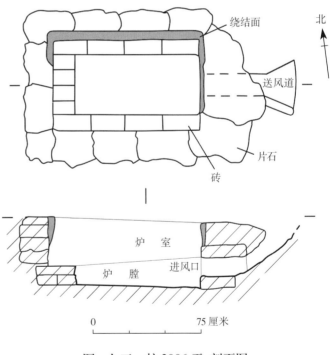

图一九三　炉2006平、剖面图

东宽西窄，长0.64、宽0.13~0.32、高0~0.1米，与炉膛底部进风口夹角为19°，落差0.28米（图一九三；彩版一一八，1）。

（7）炉2007

位于T20605南部，叠压于第②、③层下，打破生土，方向为东西向。该炉残损严重，仅余炉膛部分，炉膛用两层横砖垒砌而成，西部仅残存一层横砖。炉体残长1.14、宽0.72、高0.06~0.12

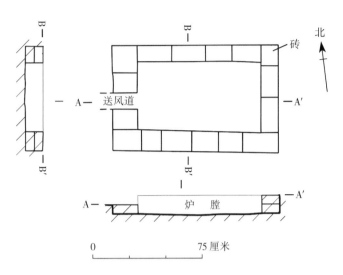

图一九四　炉2007平、剖面图

米，炉室长0.84、宽0.44、深0.12米。砖长14~24、宽12、厚6厘米。进风口位于炉膛西壁一层砖之处，宽0.1米，高度不详。送风道位于炉西部，平面呈长条形，残长0.17、宽0.1米，高度不详（图一九四；彩版一一八，2）。

（8）炉2008

位于T20505中部，叠压于第②、③层下，打破生土，被H2110打破，方向为东西向。该炉用砖石垒砌而成，炉室用石砌，炉膛用砖砌。炉室壁面有0~6厘米厚的黑色乳丁状烧结面，底部有厚6~10厘米的烧裂块。炉体残长1.3、宽1.12、高0.38米，炉室残长1、宽0.56、深0.18米。片石长10~34、宽6~28、厚0~12厘米。炉膛位于炉室底部，用三层横砖垒砌而成，残长0.96、宽0.4、深0.18米。砖长24、宽12、厚6厘米。炉体被H2110打破，进风口、送风道等设施不详（图一九五；彩版一一八，3）。

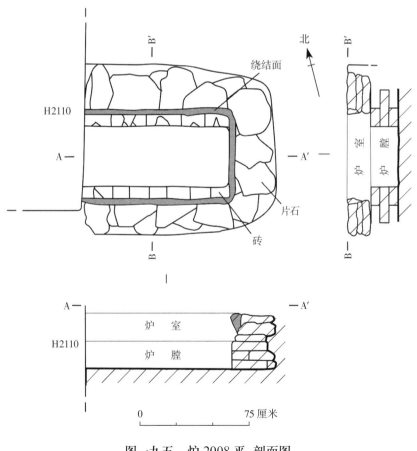

图一九五　炉2008平、剖面图

（9）**炉 2009**

位于 T20607 北部偏西，叠压于第②层下，打破生土。方向为东北—西南。该炉用砖石垒砌而成，炉室用石砌，炉膛用砖砌。炉室壁面有 0~6 厘米厚的黑色乳丁状烧结面，底部有厚 10 厘米的烧裂石块，炉体长 1.98、宽 1.2、高 0.6~0.72 米，炉室长 1.04、宽 0.5、深 0.35~0.38 米。片石长 8~30、宽 4~24、厚 0~12 厘米。炉膛位于炉室底部，用三层横砖垒砌而成，长 0.88、宽 0.3、深 0.2~0.3 米。砖长 24、宽 12、厚 6 厘米。进风口位于炉膛东北部两层砖之处，平面呈长方形，宽、高各 0.1 米。送风道位于炉膛东北部，平面呈长条形，长 0.69、宽 0.1、高 0.08~0.12 米，与炉膛底部进风口夹角为 6°，落差 0.15 米（图一九六；彩版一一八，4）。

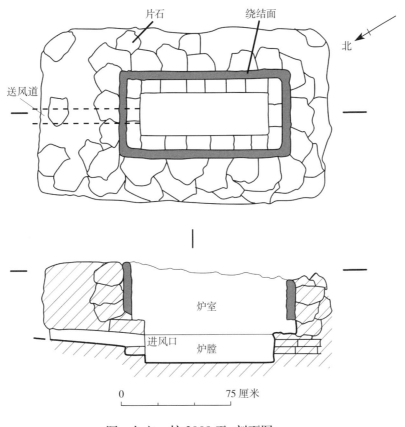

图一九六　炉 2009 平、剖面图

（10）**炉 2010**

位于 T20607 东南部及东隔梁下，叠压于第②层下，打破生土，被 H2177 打破。方向为西南—东北。该炉用砖石垒砌而成，炉室用石砌，炉膛用砖砌。炉室壁面有 4~8 厘米厚的黑色乳丁状烧结面。炉体长 2.02、宽 1.18、高 0.5 米，炉室长 1.18、宽 0.6、深 0.24~0.3 米。片石长 11~30、宽 9~24、厚 0~18 厘米。炉膛位于炉室底部，用三层横砖垒砌而成，长 0.95、宽 0.35、深 0.2 米。砖长 24、宽 12、厚 6 厘米。进风口位于炉膛东北部两层砖之处，平面呈长方形，宽 0.08、高 0.05 米。送风道位于炉膛东北部，平面呈漏斗形，长 0.78、宽 0.08~0.2、高 0.05~0.08 米，与炉膛底部进风口夹角为 19°，落差 0.24 米（图一九七；彩版一一九，1）。

（11）**炉 2011**

位于 T20507 东北部和 T20607 东南部，叠压于第②层下，打破 H2177 和生土。方向为东西向。

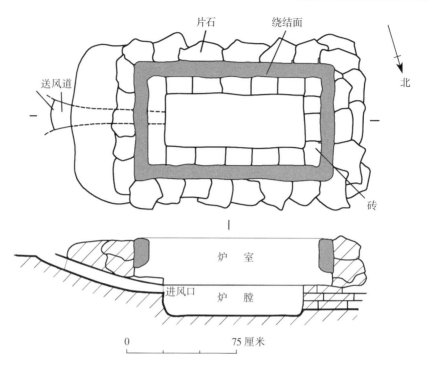

图一九七　炉 2010 平、剖面图

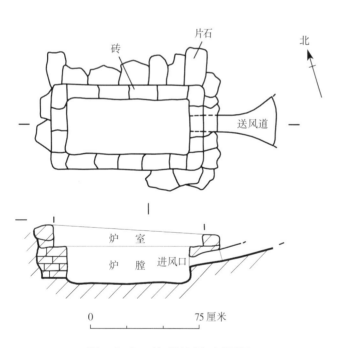

图一九八　炉 2011 平、剖面图

该炉用砖石垒砌而成，炉室用石砌，炉膛用砖砌。炉室壁面有 0~3 厘米厚的黑色乳丁状烧结面。炉体长 1.28、宽 0.94、高 0.32~0.38 米，炉室长 1.02、宽 0.56、深 0.08~0.14 米。片石长 10~34、宽 8~28、厚 0~10 厘米。炉膛位于炉室底部，用四层横砖垒砌而成，长 0.82、宽 0.37、深 0.24 米。砖长 24、宽 12、厚 6 厘米。进风口位于炉膛东壁两层砖之处，平面呈长方形，宽 0.1、高 0.06 米。送风道位于炉东部，平面呈漏斗形，长 0.6、宽 0.1~0.32、高 0~0.08 米，与炉膛底部进风口夹角为 13°，落差 0.18 米（图一九八；彩版一一九，3）。

（12）炉 2012

位于 T20507 中南部，叠压于第②层下，打破生土。方向为东南—西北。该炉用砖石垒砌而成，炉室用石砌，炉膛用砖砌。炉室壁面有 0~6 厘米厚的黑色乳丁状烧结面，底部有厚 7~12 厘米的烧裂石块。炉体长 1.52、宽 1.04、高 0.56~0.60 米，炉室长 1.08、宽 0.54、深 0.42~0.46 米。片石长 10~30、宽 6~24、厚 0~8 厘米。炉膛用两层横砖垒砌而成，长 0.92、宽 0.42、深 0.1~0.14 米，砖长 24、宽 12、厚 5 厘米。进风口位于炉膛东南壁一层砖之处，平面呈长方形，宽 0.12、高 0.08 米。送风道位于炉东南部，平面呈长条形，长 0.3、宽 0.12、高 0.08 米（图一九九；彩版一一九，2）。

（13）炉 2013

位于 T20407 北隔梁西北部和 T20507 西南部，叠压于第②、③层下，打破 H2205 和生土。方向为东南—西北。该炉用砖石垒砌而成，炉室用石砌，炉膛用砖砌。炉室壁面均有 0~6 厘米厚的黑色乳丁状烧结面，底部有厚 4~6 厘米的烧裂石块。炉体长 1.44、宽 1.06、高 0.32~0.52 米，炉室长 0.94、宽 0.58、深 0.2~0.4 米。片石长 10~28、宽 6~16、厚 0~6 厘米。炉膛用两层横砖垒砌而成，长 0.82、宽 0.42、深 0.14 米。砖长 24、宽 12、厚 6 厘米。进风口位于炉膛东南壁一层砖之处，平面呈长方形，宽 0.12、高 0.08 米。送风道位于炉东南部，平面呈长条形，长 0.22、宽 0.12、高 0.08 米（图二〇〇；彩版一一九，4）。

（14）炉 2014

位于 T20705 东隔梁下和 T20706 西南部，打破第②、③层下，打破生土。方向为西北—东南。该炉用砖石垒砌而成，炉室用石砌，炉膛用砖砌。炉室四壁均有 0~6 厘米厚的黑色乳丁状烧结面，底部有厚 7~16 厘米的烧裂石块。炉体长 1.72、宽 0.9、高 0.56 米，炉室长 1.05、宽 0.44、深 0.28~0.38 米。片石长 10~28、宽 6~18、厚 0~8 厘米。炉膛用三层横砖垒砌而成，长 0.84、宽 0.32、深 0.18~0.22 米。砖长 24、宽 12、厚 6 厘米。进风口位于炉膛西北壁两层砖之处，平面呈长方形，宽 0.06、高 0.1 米。送风道位于炉西北部，平面呈漏斗形，东南窄西北宽，长 1.04、宽 0.06~0.4、高 0.06~0.08 米，与炉膛底部进风口夹角为 11°，落差 0.40 米。

鼓风器遗迹位于送风道西北部。平面呈两个并列长方形，直壁，平底，中部开口和送风道相连，两个鼓风器同时往炉膛内送风，周边隔断皆由宽 8 厘米的草拌泥硬土筑成，鼓风器壁外围地面是经过人工处理的夯土，结构致密。两个鼓风器遗迹

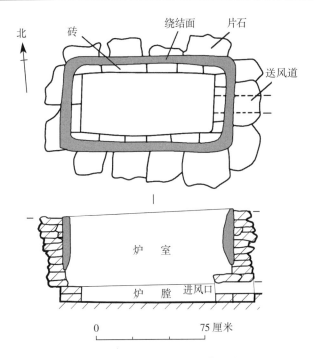

图一九九　炉 2012 平、剖面图

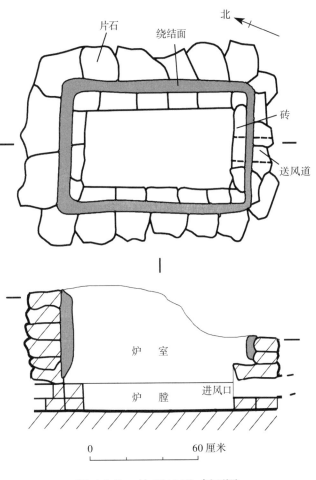

图二〇〇　炉 2013 平、剖面图

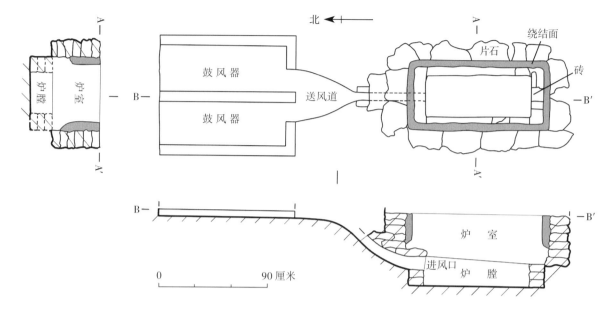

图二〇一　炉 2014 平、剖面图

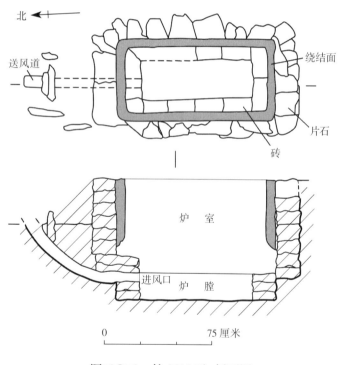

图二〇二　炉 2015 平、剖面图

规格相同，长 1.05、宽 0.36、深 0~0.06 米，口宽 0.16 米（图二〇一；彩版一二〇，1）。

（15）**炉 2015**

位于 T20706 西中部偏南，叠压于第②层下，打破生土，被 H2221 打破。方向为西南—东北。该炉用砖石垒砌而成，炉室用石砌，炉膛用砖砌。炉室壁面抹一层厚约 2 厘米的草拌泥，壁面因高温烧烤形成厚 0~6 厘米的黑色乳丁状烧结面，底部有厚约 15 厘米的烧裂石块。炉体长 1.75、宽 0.97、高 0.8 米，炉室长 0.97、宽 0.43、深 0.5~0.62 米。片石长 8~36、宽 9~22、厚 0~8 厘米。炉膛用三层横砖垒砌而成，长 0.76、宽 0.26、深 0.18 米。砖长 24、宽 12、厚 5 厘米。进风口位于炉膛北壁两层砖之处，平面呈长方形，高 0.06、宽 0.08 米。通风口位于炉北部，

平面呈长条形，长 0.78、高 0.06~0.12、宽 0.06~0.08 米，与炉膛底部进风口夹角为 14°，落差约 0.38 米（图二〇二；彩版一二〇，2）。

（16）**炉 2016**

位于 T20707 西部偏南，叠压于第②层下，打破生土，被 H2228 打破。方向为南北向。该炉用砖石垒砌而成，炉室用石砌，炉膛用砖砌。炉室壁面有 0~8 厘米厚的黑色乳丁状烧结面，底部有厚 18 厘米的烧裂石块。炉体残长 1.54、宽 0.88~1.12、高 0.22~0.56 米，炉室长 1、宽 0.4~0.48、

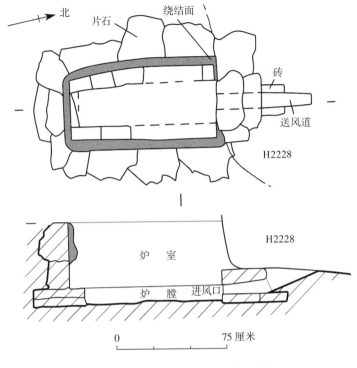

图二〇三 炉2016平、剖面图

深0.1~0.44米。片石长11~38、宽8~26、厚0~18厘米。炉膛位于炉室底部，用两层横砖垒砌而成，长0.9、宽0.22~0.36、高0.12米。砖长24、宽12、厚6厘米。进风口位于炉膛北壁一层砖之处，平面呈长方形，宽0.12、高0.06米。送风道位于炉北部，平面呈长条形，长0.65、宽0.06~0.12、高0~0.16米，与炉膛底部进风口夹角为17°，落差0.16米（图二〇三；彩版一二一，1）。

（17）炉2017

位于T20707中部偏南，叠压于第②层下，打破生土，被H2251打破。方向为南北向。该炉用砖石垒砌而成，炉室用石砌，炉膛用砖砌。炉室壁面有0~6厘米厚的黑色乳丁状烧结面，底部有厚8~16厘米的烧裂石块。炉体残长1.62、宽1.12、高0.28~0.62米，炉室长1.1、宽0.52、深0.08~0.48米。片石长20~36、宽14~26、厚0~30厘米。炉膛位于炉室底部，用两层横砖垒砌而成，长0.98、宽0.3、深0.12~0.18米。砖长24、宽12、高6厘米。进风口位于炉室北壁一层砖之处，平面呈长方形，宽0.1、高0.12米。送风道位于炉北部，平面呈长条形，长0.56、宽0.1、高0~0.16米，与炉膛底部进风口夹角为16°，落差0.16米（图二〇四；彩版一二一，2）。

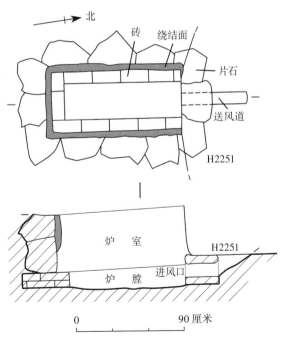

图二〇四 炉2017平、剖面图

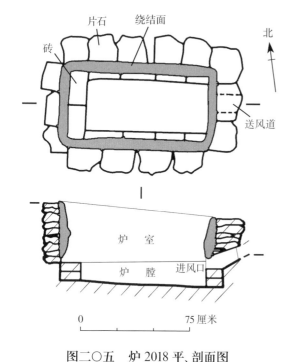

图二〇五　炉 2018 平、剖面图

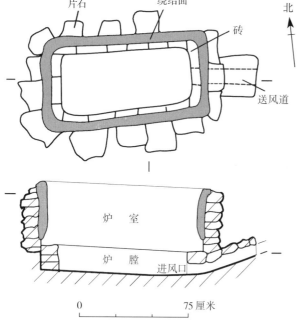

图二〇六　炉 2019 平、剖面图

（18）炉 2018

位于 T20507 东南，叠压于第②、③层下，打破生土，被 H2063 打破。方向为东南—西北。该炉用砖石垒砌而成，炉室用石砌，炉膛用砖砌。炉室壁面有 0~6 厘米厚的黑色乳丁状烧结面，底部有厚 6 厘米的烧裂石块。炉体长 1.37、宽 0.92、高 0.46~0.52 米，炉室长 0.96、宽 0.45、深 0.26~0.4 米。片石长 8~26、宽 6~16、厚 0~6 厘米。炉膛位于炉室底部，用两层横砖垒砌而成，长 0.82、宽 0.36、深 0.12~0.2 米。砖长 24、宽 12、厚 5 厘米。进风口位于炉膛东南壁两层砖之处，平面呈长方形，宽 0.12、高 0.08 米。送风道位于炉东南部，平面呈长条形，长 0.24、宽 0.12、高 0.06~0.08 米，与炉膛底部进风口夹角为 22°，落差为 0.1 米（图二〇五；彩版一二一，3）。

（19）炉 2019

位于 T20507 东北部，叠压于第②层下，打破生土。方向为东南—西北。该炉用砖石垒砌而成，炉室用石砌，炉膛用砖砌。炉室壁面有 0~6 厘米厚的黑色乳丁状烧结面，底部有厚 4~10 厘米的烧裂石块。炉体长 1.64、宽 0.94、高 0.52~0.58 米，炉室长 1.06、宽 0.46~0.52、深 0.4~0.42 米。片石长 12~24、宽 6~16、厚 0~6 厘米。炉膛位于炉室底部，用三层横砖垒砌而成，长 0.88、宽 0.42、高 0.16 米。砖长 24、宽 12、厚 5 厘米。进风口位于炉膛东南壁最低处，平面呈长方形，宽 0.12、高 0.06 米。送风道位于炉东南部，平面呈长条形，长 0.45、宽 0.12、高 0.06~0.08 米，与炉膛底部进风口夹角为 19°，落差为 0.13 米（图二〇六；彩版一二二，1）。

（20）炉 2020

位于 T20507 中部偏东，叠压于第②、③层下，打破生土。方向为东南—西北。该炉用砖石垒砌而成，炉室用石砌，炉膛用砖砌。炉室面壁有 0~6 厘米厚的黑色乳丁状烧结面，底部有厚约 6~8 厘米的烧裂石块。炉体长 1.5、宽 0.96、高 0.38~0.42 米，炉室长 0.98、宽 0.58、深 0.32~0.36 米。片石长 14~32、宽 10~20、厚 0~6 厘米。炉膛位于炉室底部，用两层横砖垒砌而成，长 0.86、宽 0.4、深 0.12~0.24 米。砖长 24、宽 12、厚 6 厘米。进风口位于炉膛东南壁两层砖之处，平面呈正方形，宽、高各 0.12 米。送风道位于炉东南部，平面呈长条形，长 0.34、宽 0.12、高 0.1~0.12 米（图二〇七；彩版一二二，2）。

（21）炉 2021

位于 T20507 东北部及东隔梁和北隔梁下，叠压于第②层下，打破生土。方向为东南—西北。该炉用砖石垒砌而成，炉室用石砌，炉膛用砖砌。炉室四壁均有 6~8 厘米厚的黑色乳丁状烧结面，底部有厚 0~8 厘米的烧裂石块。炉体长 1.76、宽 1.22、高 0.56 米，炉室长 1.06、宽 0.52、深 0.32~0.36 米。片石长 14~32、宽 6~20、厚 0~18 厘米。炉膛用三层横砖垒砌而成，长 0.9、宽 0.36、深 0.14~0.16 米。砖长 24、宽 12、厚 5 厘米。进风口位于炉膛东南壁三层砖之处，平面呈长方形，宽 0.08、高 0.1 米。送风道位于炉东南部，平面呈漏斗形，东南宽西北窄，

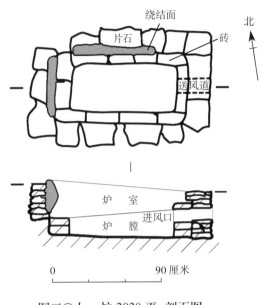

图二〇七 炉 2020 平、剖面图

长 1.12、宽 0.08~0.46、高 0.1~0.14 米，与炉膛底部进风口夹角为 14°，落差 0.4 米。

鼓风器遗迹位于送风道东南部。平面呈两个并列长方形，直壁，平底，中部开口和送风道相连，两个鼓风器同时往炉膛内送风，周边隔断皆由宽 0.08 米的草拌泥硬土筑成，鼓风器壁外围地面是经过人工处理的夯土，结构致密，炉体鼓风器遗迹东南部残缺，北部鼓风器遗迹残长 0.58~0.8 米，南部鼓风器遗迹残长 0.44~0.56、宽 0.32、深 0~0.1、口宽 0.08 米（图二〇八；彩版一二三，1）。

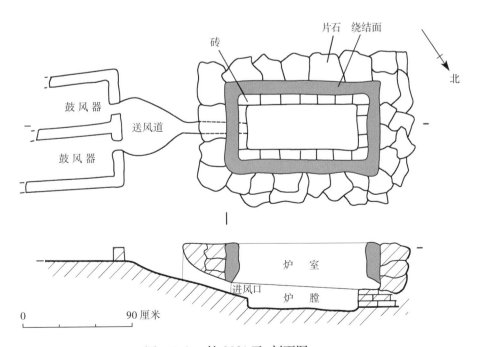

图二〇八 炉 2021 平、剖面图

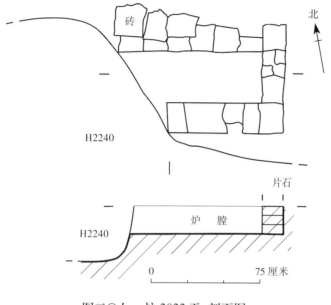

图二〇九　炉 2022 平、剖面图

（22）炉 2022

位于 T20705 东南部，叠压于第②、③层下，打破生土，被 H2240 打破。方向为西北—东南。该炉平面呈长方形，残损严重，仅存炉膛东南部，炉膛用三层横砖垒砌而成。炉体残长 0.78~1.14、宽 0.78、高 0.18 米，炉膛残长 0.78~1、宽 0.34、深 0.18 米。砖长 6~24、宽 6~12、厚 6 厘米。进风口、送风道等设施不详（图二〇九；彩版一二二，3）。

（23）炉 2023

位于 T20705 东南部及东隔梁下南部，叠压于第③层下部。方向为东南—西北。炉室四壁烧结面均已脱落，底部暴露烧裂的石块。炉体残长 1.46、宽 1、高 0.34~0.36

米，炉室长 1.06、宽 0.6、深 0.06~0.16 米。片石长 12~28、宽 12~22、厚 0~7 厘米，仅存两层砌石。炉膛长 0.88、宽 0.4、深 0.18~0.24 米。砖长 24、宽 12、厚 6 厘米。进风口宽 0.16、高 0.1 米。送风道在炉膛西北部，平面呈漏斗形，东南窄西北宽，长 1.32、宽 0.16~0.36、高 0.1~0.12 米，与炉膛底部进风口夹角为 8°。

鼓风器遗迹位于送风道西北部。平面呈两个并列长方形，直壁，平底，中部开口和送风道相连，两个鼓风器同时往炉膛内送风，周边隔断皆由宽 5 厘米的草拌泥硬土筑成，鼓风器壁外围地面是经过人工处理的夯土，结构致密。两个鼓风器遗迹规格相同，长 1、宽 0.36、高 0.04~0.14、口宽 0.16 米（图二一〇；彩版一二三，2）。

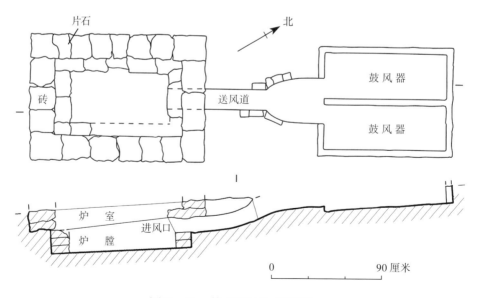

图二一〇　炉 2023 平、剖面图

（24）炉 2024

位于 T20406 西北部及北隔梁下，叠压于第②、③层下，打破生土，被 H2118 打破。南北走向。该炉用砖石垒砌而成，炉室用石垒砌，炉膛用砖垒砌。炉平面呈长方形，炉北部破坏严重，壁面有 0~0.06 米厚的黑色乳丁状烧结面。炉体残长 0.97~1.32、残宽 0.84、高 0.32 米，炉室残长 0.72~0.92、残宽 0.6、深 0~0.14 米。片石长 22~68、宽 12~24、厚 0~10 厘米。炉膛位于炉室底部，用两层横砖垒砌而成，残长 0.67~0.87、宽 0.33~0.36、深 0.18 米。砖长 24、宽 12、厚 6 厘米。进风口位于炉膛南壁两层砖之处，平面呈长方形，宽 0.12、高 0.08 米。送风道位于炉西部，平面呈长条形，长 0.5、宽 0.12、高 0~0.08 米，与炉膛底部进风口夹角为 9°（图二——；彩版一二四，1）。

（25）炉 2025

位于 T20406 北部偏东及北隔梁下，叠压于第②、③层下，打破生土。东南—西北走向。该炉用砖石垒砌而成，炉室用片石垒砌，炉膛用砖垒砌。炉平面呈长方形，壁面有 0~0.06 米厚的黑色乳丁状烧结面，底部有厚约 0~0.06 米为烧裂的石块。炉体残长 1.46、宽 1.08、高 0.28~0.32 米，炉室长 1、宽 0.54、深 0.06~0.2 米。片石长 12~30、宽 8~18、厚 0~10 厘米。炉膛位于炉室底部，用两层横砖垒砌而成，长 0.9、宽 0.36、高 0.12 米。砖长 24、宽 12、厚 6 厘米。进风口位于炉膛东南壁两层砖之处，平面呈长方形，宽 0.1、高 0.12 米。送风道位于炉东南部，平面呈长条形，长 0.52、宽 0.1、高 0~0.12 米，与炉膛底部进风口夹角为 12°（图二一二；彩版一二四，2）。

（26）炉 2026

位于 T20406 北隔梁东部及关键柱下，叠压于第②、③层下，打破生土，被 H2346 打破。方向为南北向。该炉用砖石垒砌而成，炉室用片石垒砌，炉膛用砖垒砌。炉平面呈长方形，炉南部破坏严重，壁面有 0~5 厘米厚的黑色乳丁状烧结面，底部有厚 6~10 厘米的烧裂石块。炉

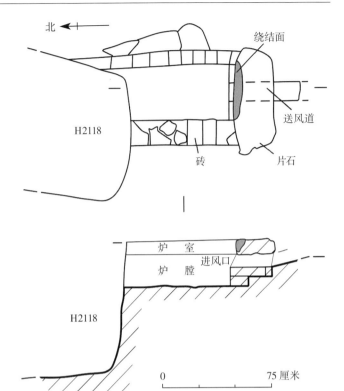

图二—— 炉 2024 平、剖面图

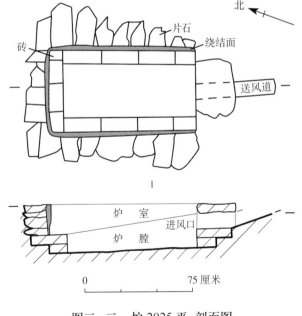

图二一二 炉 2025 平、剖面图

体残长 0.7、残宽 0.92、高 0.4 米，炉室残长 0.5、宽 0.54、深 0.28 米。片石长 8~22、宽 4~18、厚 0~10 厘米。炉膛位于炉室底部，用两层横砖垒砌而成，残长 0.4、宽 0.35、深 0.12 米。砖长 24、宽 12、厚 6 厘米，炉体破坏严重，进风口、通风道等遗迹不详（图二一三；彩版一二四，3）。

（27）炉 2027

位于 T20405 关键柱下，叠压于第②、③层下，打破生土。方向为西南—东北。该炉用砖石垒砌而成，炉室用片石垒砌，炉膛用砖垒砌。炉平面呈长方形，炉室南部破坏严重，壁面有 0~5 厘米厚的黑色乳丁状烧结面，底部有厚 0~11 厘米的烧裂石块。炉体残长 1.24、宽 0.96、高 0.2~0.42 米，炉室残长 1.02、宽 0.52、深 0~0.24 米。片石长 14~32、宽 4~16、厚 0~12 厘米。炉膛位于炉室底部，用三层横砖垒砌而成，长 0.86、宽 0.34、深 0.19 米。砖长 24、宽 12、厚 6 厘米。进风口位于炉膛西南壁一层砖之处，平面呈正方形，宽、高各 0.12 米。送风道位于炉西南部，东西两侧用竖砖垒砌延伸至炉膛，平面呈长条形，长 0.56、宽 0.1、高 0.11 米，与炉膛底部进风口夹角为 18°，落差为 0.3 米（图二一四；彩版一二五，1）。

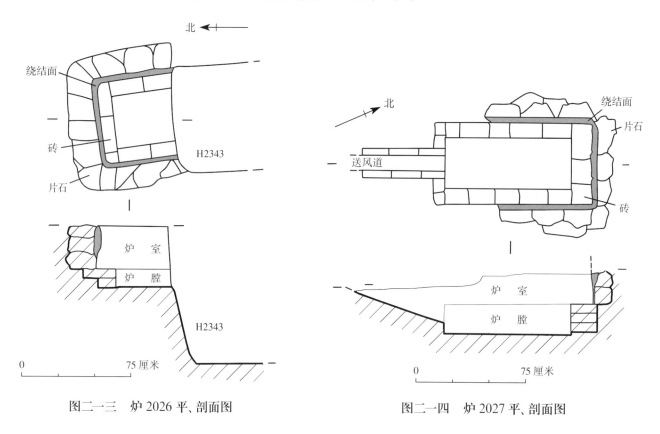

图二一三　炉 2026 平、剖面图　　　图二一四　炉 2027 平、剖面图

（28）炉 2028

位于 T20404 关键柱和东隔梁下，叠压于第②、③层下，打破 H2329、H2330 和生土。方向为西南—东北。该炉用砖石垒砌而成，炉室用石砌，炉膛用砖砌。炉室壁面有 0~6 厘米厚的黑色乳丁状烧结面，底部有厚 16~20 厘米的烧裂石块。炉体长 1.48、宽 0.94、高 0.58~0.62 米，炉室长 1.16、宽 0.6、深 0.42~0.5 米。片石长 18~50、宽 6~20、厚 0~8 厘米。炉膛位于炉室底部，用两层横砖垒砌而成，长 0.98、宽 0.4、深 0.12 米。砖长 24、宽 12、厚 6 厘米。进风口位于炉膛西南壁一层砖之处，平面呈长方形，宽 0.1、高 0.08 米。送风道位于炉西南部，平面呈长条形，

长 0.34、宽 0.1、高 0.08 米（图二一五；彩版一二五，2）。

（29）炉 2029

位于 T20605 北隔梁下中部，叠压于第②层下，打破生土，被 H2066 打破。方向为东西向。该炉残损严重，仅余炉膛部分，炉膛用五层横砖垒砌而成。炉体残长 1.42、宽 0.62、高 0.3 米，炉膛长 0.82、宽 0.4、深 0.3 米。砖长 16~17、宽 12、厚 6 厘米。进风口位于炉膛西部一层砖之处，平面呈正方形，宽 0.1、高 0.1 米。送风道位于炉西部，平面呈长条形，长 0.62、宽 0.1~0.12、高 0.1~0.14 米，与炉膛底部进风口夹角为 8°，落差 0.14 米（图二一六；彩版一二五，3）。

（30）炉 2030

位于 T20706 东隔梁下中部，叠压于第②层下，打破生土，被 H2253 打破。方向为南北向。该炉残损严重，仅余炉体东部，炉用砖石垒砌而成，炉室用石砌，炉膛用砖砌。炉室壁面烧结面均已脱落，暴露出烧裂的石块。炉体残长 1.54、残宽 0.63、高 0.63 米，炉室长 1.08、残宽 0.3、深 0.46 米。片石长 8~42、宽 9~25、厚 4~26 厘米。炉膛用三层横砖垒砌而成，长 0.96、残宽 0.22、深 0.16 米。砖长 5~24、宽 6~12、厚 6 厘米。进风口、通风道等设施不详（图二一七；彩版一二五，4）。

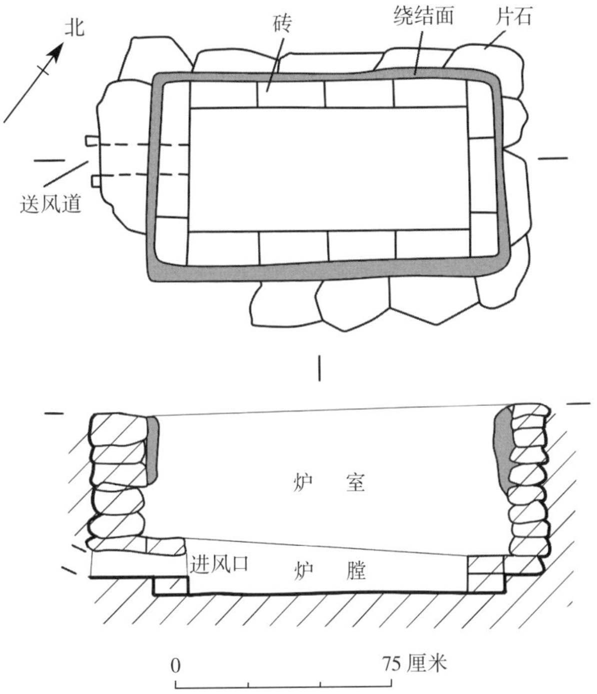

（三）石砌夯土墙

1 处。

图二一五　炉 2028 平、剖面图

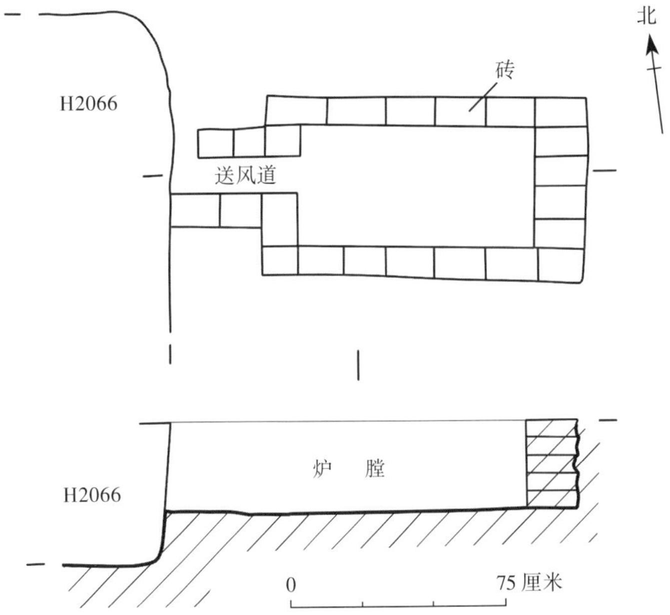

图二一六　炉 2029 平、剖面图

位于 T20207 西北部及北隔梁下，叠压于第②、③层下，石墙呈西南—东北向。

墙体边缘是用大小不等的砂岩片石和泥包砌而成，砌石内为夯土，结构致密，长 6.6、宽 0.6~1、高 0~0.8 米。石墙西南部紧靠塔基 2，南部与加固塔基基础的东南壁紧紧相连。片石长 15~35、宽 15~25、厚 0~8 厘米。石墙西部有一门道，北宽南窄，平面呈梯形，门道东西两侧壁面抹有 1.5 厘米厚的草拌泥，门道长 1、宽 0.75~0.85、高 0.6 米。门道北和门道内活动面高于门道南活动面 0.15 米，方向为北偏东 13°（图二一八；彩版一二六，1）。

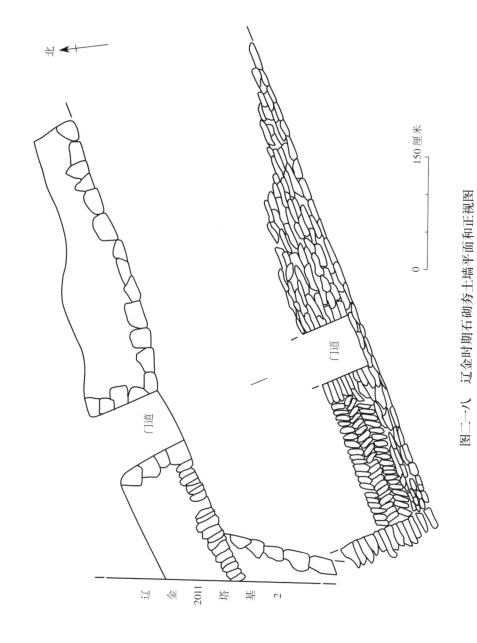

图二一八　辽金时期石砌夯土墙平面和正视图

图二一七　炉2030平、剖面图

（四）井

1 口。编号 J2001。

J2001

位于 T20804 南部偏西，T20704 北隔梁下中部偏西，叠压于第②层下，打破生土及基岩，被 H2273、H2274 和现代泄洪沟打破。

井从表面向下挖至基岩直至见水，为安全起见，发掘终止。井由井壁砌石和井框两部分组成，井口平面呈圆形，剖面呈袋状，口径 1.48、底径 2.2、深 12.7 米。井框平面呈圆形，直壁，直径 4.1、深 10.4 米。井壁砌石厚 0.22~0.58 米，井壁用人工特意凿成的内侧弧形砂岩长条石和砂岩片石相互交替叠压垒砌而成，内弧形条石长约 40、宽 32~64、厚 25 厘米，片石长 65、宽 22~58、厚 0~12 厘米。两层内弧形长条石作为一个间隔，隔断间部分为片石，隔段间的砌石高度约 0.65~0.9 米，砌石深 10.4 米。井壁砌石之下，则开凿于基岩中，直壁，壁面上有凿痕。井壁砌石外的环状井框与井壁砌石呈同心圆，井壁外至井框中间填充片石、石块和砂土。井内堆积为红褐色砂土，结构疏松，土壤包含物有细煤渣、炭渣、铁锈渣、砂岩石块、料姜石、鹅卵石等，出土遗物有筒瓦残片、板瓦残片、琉璃筒瓦、琉璃莲花瓦当、琉璃板瓦、檐头板瓦残片、兽面纹瓦当残片、琉璃压带条残片、沟纹砖、脊兽首、"传祚无穷"瓦当残片、"万岁富贵"瓦当残片、瓷片、陶片等，可辨器形有北魏"传祚无穷"瓦当、"万岁富贵"瓦当，辽金时期筒瓦、檐头板瓦、兽面纹瓦当、琉璃筒瓦、琉璃瓦当、琉璃压带条、陶罐、陶盆、瓷碗等，井壁砌石外的环形井框堆积为灰褐色砂土，结构疏松，土壤包含物有细煤渣、炭渣、砂岩石块、料姜石、鹅卵石等，出土遗物有板瓦残片、筒瓦残片、釉陶筒瓦残片、脊兽首、兽面纹瓦当残片、琉璃筒瓦残片、屋脊构件、陶片、瓷片等，可辨器形有辽金板瓦、筒瓦、兽面纹瓦当、琉璃筒瓦、垂兽、屋脊构件、瓷碗等（图二一九；彩版一二六，2）。

（五）台基

1 座。编号 2011 台基 1。

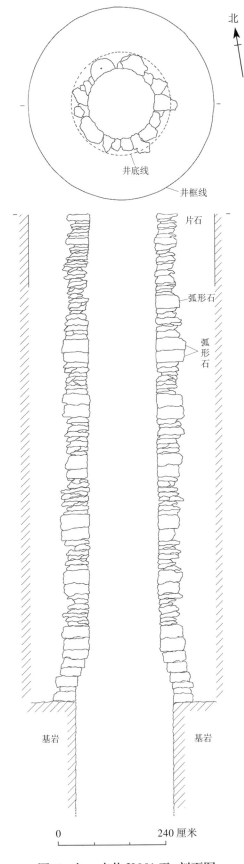

图二一九　水井 J2001 平、剖面图

2011 台基 1

台基位于发掘区北部略偏西、T20804 东隔梁下北部及关键柱下、T20805 西北部及北隔梁下、T20905 西南部，叠压于第②、③层下，打破 G2001 和生土，被现代泄洪沟打破。

台基筑于处理硬土之上，结构较致密。台基仅存东南角部分，台基呈直角边缘竖砖顺砌两层，西南部向南延伸。东缘存长条砖、方砖平铺，两侧为两列竖砖相错而砌，缘内长条砖平铺，南缘存方砖 7 块平铺，外侧为两列竖向相错而砌，西南部向南延伸内侧则为纵向长条砖平铺。台基南北残长 5.95、残宽 4.05 米，方向为北偏东 7°。垒砌台基的砖分为两种，一种为长条砖，一种为方形砖。长条砖背面饰有 7 条沟纹，砖长 39、宽 19.5、厚 7.5 厘米。方砖背面饰 13 条沟纹，砖长 39、宽 39、厚 7.5 厘米（图二二〇；彩版一二七，1）。

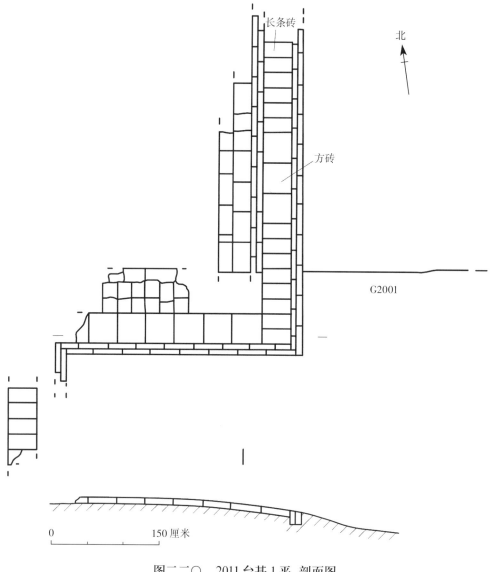

图二二〇　2011 台基 1 平、剖面图

（六）陶窑

1 座，编号 Y2001。陶窑位于 TG214001 内，地层堆积有三层。以 TG214001 北壁为例说明：

第①层：耕土层，黄褐色土，深0.1~0.35米。结构疏松，土壤包含物有大量植物根系、少量细煤渣、砂岩石块和片石、料姜石、砖块、瓦片、陶片、瓷片、兽骨等。叠压于此层下的有第②层、石墙和生土。

第②层：分为两个亚层，分别为第②a和②b层。第②a层是明军堡废弃后的堆积层，第②b层是建筑明军堡时的堆积层。

第②a层：黄色花土，深0.2~0.45、厚0~0.5米。结构较致密，土壤包含物有大量夯土碎块或粒、植物根系、少量细煤渣、料姜石、砂岩石块、小砾石等，出土遗物有陶盆、瓷碗。为明军堡废弃后的文化层。叠压于此层下的有第②b和Y2001。

第②b层：浅褐色花土，深0.6~1.05、厚0~0.6米。结构较疏松，土壤包含物有细煤渣、砂岩石块、料姜石、砾石、木炭粒、兽骨、植物根系等，出土遗物有板瓦、筒瓦、琉璃筒瓦、琉璃瓦片、屋脊构件、沟纹砖块、陶罐、陶盆、瓷碗等。为明军堡建筑时期文化层。叠压于此层下的有第③层、Y2001和生土。

第③层：灰褐色土，深0.55~1、厚0~0.4米。结构疏松，土壤包含物有较多细煤渣、少量砂岩石块、砖块、砾石、植物根系等，出土遗物有北魏时期筒瓦、板瓦，辽金时期板瓦、筒瓦、沟纹砖、瓷碗等。为辽金时期文化层。叠压于此层下的有Y2001和生土（图二二一）。

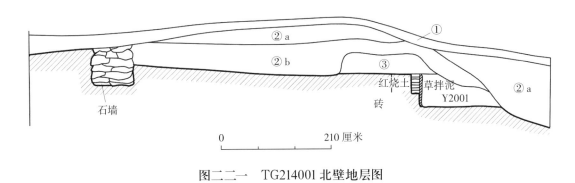

图二二一　TG214001北壁地层图

（第①层：耕土层）

Y2001

位于发掘区西北部TG214001东部，叠压于③层下，打破生土。西距明堡东外墙约20、东距龙王沟约80米。

陶窑坐北朝南，由窑门、火膛、火道、窑床、烟道组成。先从地表向下挖成，然后用长条整砖或半砖和泥垒砌成窑室周壁，砌砖方法为平顺砌或竖砌，长条整砖有两种规格，一种长29.5、宽15.5、厚5厘米。另外一种长24、宽15、厚5厘米。窑门和火膛壁面保留有0.05米厚的草拌泥，窑室砌砖外围有0~0.35厘米厚的红烧土。该窑被破坏严重，仅存窑门和窑室西部三分之一。

窑门位于窑室南部，外窄内宽、平面呈梯形，地面上铺长条整砖和方砖，方砖长36、宽35、厚5厘米。窑门长1.32、残宽0.42~0.52、残高0.3~0.45米。窑门西部外侧用长条整砖、半砖、砂岩片石和泥平顺垒砌。

火膛位于窑门内，外窄内宽。平面呈半圆形，直壁、平底。东西残长1.58、宽1.16、残高0.45~0.5米。火道位于火膛西北部，外窄内宽，平面呈倒瓶形，残长0.74、宽0.1~0.34、高0.14米。

　　窑床在火道之上，平面呈长方形，直壁、平底，因一直高温烧烤、地面抹有 2~10 厘米厚的草拌泥，已经烧成红色。窑床东西残长 1.7、宽 1.08、残高 0.5 米。窑床北壁有一条烟道，北窄南宽，平面呈刀形，直壁、平底，东西长 0.7~1.2、宽 0.55、残高 0.54 米（图二二二；彩版一二七，2）。

　　陶窑内堆积有两层，第①层：黄色粉砂土，厚 0.3~0.55 米，结构疏松，土壤包含物有硬土块、碎砖块、砂岩石块、小砾石、细煤渣、清灰色烧结面块、兽骨、植物根系等，出土遗物有板瓦、筒瓦、沟纹砖、陶盆、瓷碗等。第②层：灰土，厚 0~0.15 米，主要分布在火膛及附近，结构疏松，土壤包含物有青灰色烧结面块、细煤渣、硬土块、碎砂岩石块或小片石、料姜石、植物根系等，出土遗物有板瓦、筒瓦、沟纹砖残块、陶片、瓷片等，可辨器形有板瓦、筒瓦、沟纹砖、陶盆、瓷碗等。

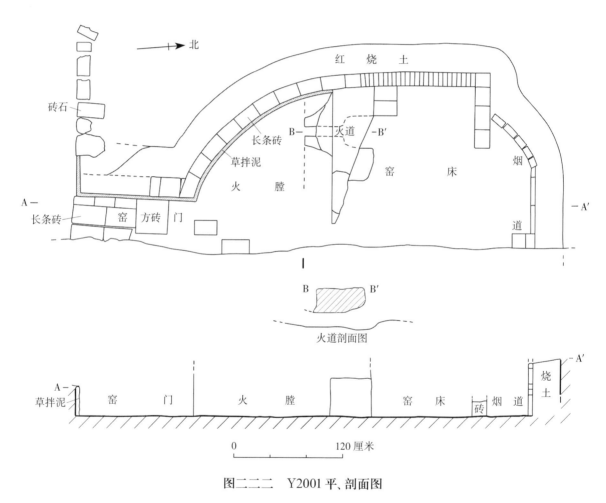

图二二二　Y2001 平、剖面图

（七）沟

　　1 条。编号 G2001。

　　G2001

　　位于 T20804 北部及北隔梁、东隔梁和关键柱下、T20803 东隔梁及关键柱下、T20805 北部及北隔梁下、东隔梁和关键柱下、T20806 北部及北隔梁下、东隔梁和关键柱下、T20807 北部及北隔梁、东隔梁和关键柱下，开口于第②和第③层下，打破 H2321、H2365 和生土，被

H2275、H2246、H2303、H2315、H2316、H2317、H2363、台基和现代沟打破。

平面呈不规则长条形，斜弧壁，底呈不规则状。东西长38.25、南北宽0.9~5、深0.15~1米。沟内填土为黑褐色砂土，结构疏松，土壤包含物有细煤渣、砖块、兽骨、硬土块、木炭屑、石块、植物根系等，出土遗物有筒瓦、板瓦、琉璃筒瓦、沟纹砖、兽面纹瓦当、檐头板瓦残块、屋脊构件、陶盆、陶瓮、陶罐、瓷碗、瓷罐等（图二二三；彩版一二八，1）。

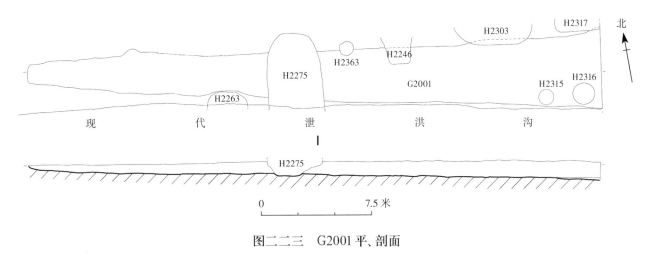

图二二三 G2001平、剖面

（八）灰坑

共160个，平面分几种形状，下面分别介绍（表六）。

1．长方形灰坑

22个，其中有遗物的20个，无遗物的2个，无遗物的不在本处描述，相关信息见灰坑表。

（1）H2013

位于T20403中部偏西，开口于第③层下，打破生土。平面呈圆角长方形，直壁，平底。长1.58、宽1.46、深0.85米。坑内填土为黄褐色砂土，结构疏松，土壤包含物有细煤渣、木炭屑、料姜石、植物根系等，出土遗物有筒瓦、板瓦、石莲花建筑饰件、陶罐、陶盆等（图二二四，1；彩版一二八，2）。

（2）H2040

位于T20504西南部，部分叠压于T20503东隔梁下，开口于第③层下，打破生土。平面形状呈长方形，东西壁为直壁，南北壁呈袋状直壁延伸至底部，平底。坑口长1.15、宽0.85、坑底长1.15、宽1.2、深0.52米。坑内堆积自上而下基本相同，为灰褐色土，结构疏松，土壤包含物有细煤渣、硬土块、植物根系、石块等，出土遗物有筒瓦、板瓦、檐头板瓦、陶罐、陶盆等（图二二四，2；彩版一二八，3）。

（3）H2061

位于T20504西中部，T20503东隔梁下，开口于第③层下，打破生土，被H2335和H2060打破。平面呈圆角长方形，斜直壁，平底。坑口长2.16、宽0.7、深0.8米。坑内填土自上而下基本相同，为浅褐色土，结构疏松，土壤包含物有硬土块、石粒、料姜石、细煤渣、白灰粒等，出土遗物有筒瓦、板瓦、琉璃筒瓦、檐头板瓦残块、兽面纹瓦当、陶罐、陶盆、瓷碗等（图二二四，3；彩版一二九，1）。

表六　2011 年辽金时期灰坑列表

编号	位置	层位关系	形状	尺寸（米）			打破关系	出土遗物件数	出土遗物	备注
				口径	深	底径				
H2007	T20403 西南部	第③层下	圆形、直壁、平底	1.1	0.92		打破生土	瓦片 139 件，陶片 6 件		
H2008	T20403 南部及 T20303 北隔梁下	第③层下	不规则形、直壁或斜壁外撇、平底	2.28×1.62	0.9		打破生土	瓦片 40 件，陶片 6 件	辽金 C 型卷沿陶盆 T20403H2008：5 / 辽金陶罐 T20303H2008：3 / 辽金素烧碗 T20403H2008：4	
H2009	T20403 东部偏北	第③层下	圆形、直壁、平底	1.12	1.16		打破 H2011 和生土	瓦片 176 件，陶片 3 件		
H2010	T20403 东部偏南及东隔梁下	第③层下	不规则形、斜壁、平底	2.22×1.73	0.72		打破生土	瓦片 30 件，陶片 16 件	隋唐陶盏 T20403H2010：3 / 辽金 C 型敛口陶盆 T20403H2010：1	
H2011	T20403 东部偏北及东隔梁下	第③层下	圆形、直壁、平底	1.15	1.35		打破生土，被 H2009 打破	瓦片 20 件，陶片 10 件		
H2012	T20403 东南部及东隔梁下，T20303 北隔梁和关键柱下	第③层下	不规则形、斜弧壁、平底	2.82×2.78	0.6		打破生土	瓦片 40 件，陶片 6 件	北魏石质莲花建筑饰件 T20403H2012：1	
H2013	T20403 中部偏西	第③层下	圆角长方形、直壁、平底	1.58×1.46	0.85		打破生土	瓦片 40 件，陶片 6 件	北魏石质莲花建筑饰件 T20403H2013：2	
H2014	T20403 西南部	第③层下	圆形、剖面呈袋状、平底	1.05	0.93	1.11	打破生土	瓦片 11 件，陶片 11 件，瓷片 13 件		
H2016	T20403 东隔梁下北部	第③层下	椭圆形、剖面呈袋状、平底	2.04×1.52	1.1	2.26×1.7	打破生土	瓦片 95 件，陶片 17 件，瓷片 6 件，陶纺轮 1 件	辽金素烧碗 T20403H2016：1	
H2018	T20403 东北部	第③层下	圆形、直壁、平底	1.38	0.88		打破生土	瓦片 27 件，陶片 5 件，瓷片 2 件		
H2019	T20403 北部偏东及北隔梁下	第③层下	椭圆形、直壁、平底	2.1×1.15	1.18		打破生土	瓦片 51 件，陶片 14 件		
H2022	T20503 南部偏西	第③层下	圆形，斜直壁，平底	1.18	0.28	0.98	打破生土	陶片 4 件		
H2023	T20404 中部偏南	第③层下	圆形	0.94	0.24		打破生土	无遗物		

续表六

编号	位置	层位关系	形状	尺寸（米）			打破关系	出土遗物件数	出土遗物	备注
				口径	深	底径				
H2024	T20404西北部及北隔梁下	第③层下	椭圆形、斜弧壁、弧形底	1.39×1.32	0.58~0.64		打破生土	瓦片23件，陶片11件，瓷片5件		
H2025	T20404北部偏东及北隔梁下	第③层下	不规则形、斜弧壁、平底	1.88×1.84	0.42~0.47		打破生土	瓦片9件，陶片3件，瓷片2件	辽金陶盏、盆、盏T20404H2025：2、3、6	
H2037	T20504南部偏西	第③层下	圆形、剖面呈袋状、平底	1.15	0.76	1.34	打破生土，被H2043打破	瓦片280件，陶片45件，瓷片3件，瓦当残块3件		
H2038	T20604北部偏东	第③层下	不规则形、斜弧壁、弧形底	1.56×1.2	0.3		打破H2135和生土	瓦片210件，瓦当残块3件，陶片23件，瓷片11件	北魏Ab型"万岁富贵"瓦当T20604H2038：5	
H2039	T20604东北部及东隔梁下	第③层下	不规则形、斜弧壁、弧形底	2.6×2.3	0.5		打破H2135和生土	瓦片354块，陶片20块，瓷片6块，瓦当残块3块		
H2040	T20504西南部，部分叠压于T20503东隔梁下	第③层下	长方形、直壁、平底	1.15×0.85	0.52	1.15×1.2	打破生土	瓦片50块，陶片27块，檐头板瓦2块	辽金C型陶质檐头板瓦T20504H2040：1	
H2043	T20504东南部	第③层下	不规则形、斜弧壁、弧形底	3.15×0.75~1.58	0.5		打破H2037和生土	瓦片440件，陶片45件，瓷片20件，瓦当残块1件	辽金B型平沿陶盆T20504H2043：1	
H2044	T20504中部偏东	第③层下	不规则形、斜弧壁、弧形底	2.76×2.16	0.56		打破H2047、H2054和生土	瓦片193件，檐头板瓦残块1件，陶片154件，瓷片16件	辽金陶碗T20504H2044：3	
H2047	T20504中部偏北	第③层下	圆形、斜弧壁、圜底	1.75	0.8		打破生土，被H2044打破	瓦片57件，陶盆102件，瓷片21件，瓦当残块1件，兽角1件，檐头板瓦2件	东周时期鹿角器T20504H2047：3　北魏莲花纹瓦当T20504H2047：2　辽金C型平沿陶盆T20504H2047：9	

续表六

编号	位置	层位关系	形状	尺寸（米）			打破关系	出土遗物件数	出土遗物	备注
				口径	深	底径				
H2051	T20504 中部偏西	第③层下	近圆形、斜弧壁、弧形底	2.74×2.5	0.46		打破H2052、H2053、H2054 和生土	瓦片206件，陶片144件，瓷片4件，瓦当残块2件，檐头板瓦残块5件	辽金 Ac 型卷沿陶盆 T20504H2051：5、8 辽金陶罐 T20504H2051：1 辽金酱釉盏 T20504H2051：12	出土可复原陶盆2件，瓷盏1件
H2052	T20504 南部偏西	第③层下	圆形、剖面呈袋状、斜直壁、平底	0.98	0.7	1.2	打破 H2053 和生土，被 H2051 打破	瓦片51件，莲花建筑饰件1件，陶片25件，瓷片15件	北魏 Aa 型陶质莲花建筑饰件 T20504H2052：1	
H2053	T20504 南部偏西	第③层下	圆形袋状、斜直壁、平底	0.62	0.56	1	打破生土，被 H2051 和 H2052 打破	瓦片15件，陶片42件，瓷片2件，檐头板瓦残块3件	北魏陶罐 T20504H2053：2	
H2054	T20504 中部偏西	第③层下	圆形、剖面呈袋状、斜直壁、平底	0.8	0.66	1	打破生土，被 H2044 和 H2051 打破	瓦片52件，陶片20件，瓷片3件		
H2058	T20504 西部偏南	第③层下	不规则形、直壁、弧形底	1.02×0.95	0.46		打破生土	瓦片48件，陶片10件，瓷片3件	辽金 B 型陶盏 T20504H2058：1	出土可复原陶盏1件
H2059	T20504 西北部及 T20503 东隔梁下	第③层下	椭圆形、弧壁、弧形底	1.98×0.75	0.2		打破生土，被 H2335 打破	瓦片7件，陶片6件		
H2060	T20504 西南部及 T20503 东隔梁下	第③层下	椭圆形、直壁、平底	1.42×1.32	0.7		打破 H2061 和生土，被 H2335 打破	瓦片133件，瓦当残块1件，陶片20件，瓷片6件		

续表六

编号	位置	层位关系	形状	尺寸（米）			打破关系	出土遗物件数	出土遗物	备注
				口径	深	底径				
H2061	T20504西中部，T20503东隔梁下	第③层下	圆角长方形、斜直壁、平底	2.16×0.7	0.8		打破生土，被H2335、H2060打破	瓦片135件，陶片45件，瓷片13件，瓦当残块2件		
H2063	T20407东北部及北隔梁下，T20507东南部及东隔梁下	第③层下	不规则形、斜弧壁、弧形底凹凸不平	0.8~8.1×0.9~3.5	0.7		打破H2337、炉2018和生土，被H2084和H2242打破	瓦片243件，陶片55件，瓷片21件，瓦当残块1件，釉瓦残块6件	辽金素烧碗T20507H2063：3	
H2064	T20407东部及北隔梁、东隔梁和关键柱下	第③层下	不规则形、斜弧壁、弧形底凹凸不平	8.35×0~0.95	0.15~0.4		打破生土	瓦片24件，陶片3件		
H2065	T20704中部偏西	第③层下	圆角长方形、斜弧壁、平底	2.27×1.6	0.36~0.56	2.15×1.44	打破生土	瓦片130件，陶片31件，瓷片14件，石夯1件，瓦当残块2件，莲花饰件1件	北魏石质莲花建筑饰件T20704H2065：4 / 辽金Aa型卷沿陶盆T20704H2065：5	
H2069	T20504南侧偏西	第③层下	圆形	0.75	0.2		打破生土	无遗物		
H2070	T20504西北部	第③层下	圆形、直壁、平底	0.67	0.16		打破生土	瓦片6件，陶片18件，瓷片1件		
H2080	T20604南部偏西，T20504北隔梁下	第③层下	不规则形、直壁、平底	3.8×2.35	0.46		打破H2134、H2081、H2099和生土，被H2046打破	瓦片66件，陶片28件，瓷片16件，骨簪1件	东周时期骨器T20604H2080：2	
H2081	T20604西南部	第③层下	圆形、直壁、平底	1.22	0.8		打破H2082、H2134和生土，被H2080打破	瓦片115件，陶片49件，瓷片14件，		
H2082	T20604西南部	第③层下	圆形、直壁、平底	0.44~0.66×0.78~0.98	0.52		打破生土，被H2045、H2081和H2134打破	瓦片50件，陶片6件		

续表六

编号	位置	层位关系	形状	尺寸（米）口径	深	底径	打破关系	出土遗物件数	出土遗物	备注
H2089	T20603中南部	第③层下	不规则形、斜弧壁、弧形底、凹凸不平	7.2×3.9	0.6		打破H2090、H2091、H2101、H2102、H2126、H2143和生土，被H2033、H2071、H2056、H2042、H2032、H2049打破	瓦片2240件，瓦当残块3件，檐头板瓦6件，釉瓦2件，屋脊构件9件，陶片25件，瓷片9件	辽金A型白釉盏T20603H2089：7	
H2090	T20603西部靠南及西部未开方处	第③层下	圆袋状	0.9	0.2	0.98	打破生土，被H2071、H208打破	无遗物		
H2091	T20603中部偏西	第③层下	长方形	0.7×0.45	0.3		打破生土，被H2089打破	无遗物		
H2093	T20604东南部及东隔梁下	第③层下	圆角长方形、直壁、平底	2.46×1.7	0.75~0.8		打破H2124和生土	瓦片80件，陶片47件，瓷片43件，铜钱1枚	隋唐"开元通宝"T20604H2093：1	
H2099	T20504北部偏西及北隔梁下	第③层下	圆角长方形、斜弧壁、平底	2.44×1.74	0.46		打破H2100和生土，被H2074、H2079和H2080打破	瓦片70件，陶片76件，瓷片4件		
H2100	T20504中北部及北隔梁下	第③层下	圆形、斜弧壁、平底	0.95	0.48	0.54	打破生土，被H2079、H2099打破	瓦片2块，陶片6块，瓷片2块		
H2101	T20603南部偏东及T20503北隔梁下	第③层下	圆形、剖面呈袋状、平底	1.93	1.24	2.13	打破生土，被H2049和H2089打破	瓦片90件，陶片70件，瓷片2件		
H2102	T20603东南部及东隔梁下	第③层下	不规则形、斜弧壁、平底	3.25×2.75~3	0.4~0.5		打破生土，被H2028、H2339和H2089打破	瓦片2342件，陶片55件，瓷片1件，瓦当残块3件，檐头板瓦1件	北魏Ab型"万岁富贵"瓦当T20603H2102：6 辽金C型平沿陶盆T20603H2102：1	

续表六

编号	位置	层位关系	形状	尺寸（米）			打破关系	出土遗物件数	出土遗物	备注
				口径	深	底径				
H2103	T20603 西北部	第③层下	圆形、剖面呈袋状、平底	0.54	0.48	0.64	打破生土	瓦片 4 件		
H2104	T20704 东北部及东隔梁和关键柱下	第③层下	不规则形、斜弧壁、弧形底	2.26×1.8~2.8	0.2~0.44		打破 H2215、H2119 及生土	瓦片 209 件，陶片 40 件，瓷片 7 件，瓦当残块 2 件	辽金素烧碗 T20603H2104：1	
H2109	T20504 南部，部分叠压于 T20404 北隔梁下	第③层下	长方形	0.8×0.5	0.16		打破生土	无遗物		
H2119	T20704 东北部	第③层下	圆形、剖面呈袋状、平底	1.24	0.9	1.4	打破生土，被 H2107 和 H2104 打破	瓦片 308 件，瓦当残块 1 件，陶片 61 件，瓷片 13 件		
H2120	T20603 西北部	第③层下	圆形				打破生土	无遗物		
H2121	T20603 西北部	第③层下	圆形、剖面呈袋状、平底	0.72	0.25~0.3	0.8	打破生土	瓦片 4 件，陶片 9 件	辽金 Ac 型卷沿陶盆 T20603H2121：3	
H2122	T20603 北中部偏西	第③层下	圆形、直壁、平底	1.16	0.4		打破生土	瓦片 33 件，陶片 10 件		
H2123	T20603 东部偏北及东隔梁下	第③层下	圆形	0.6	0.3	0.68	打破 H2125、H2126 和生土	无遗物		
H2124	T20604 东南部及东隔梁下，T20504 北隔梁和关键柱下	第③层下	不规则形、斜弧壁、底不平	5.3×5	0.7		打破 H2150 和生土，被 H2073、H2092、H2093、H2098 打破	瓦片 366 块，陶片 381 块，瓷片 60 块	辽金 C 型卷沿陶盆 T20604H2124：4、7 辽金平沿陶盆 C 型 T20604H2124：12	
H2125	T20603 东部偏北	第③层下	圆形、剖面呈袋状、平底	1.1	0.8	1.22	打破 H2126 和生土，被 H2123 打破	瓦片 9 件，陶片 11 件，骨饰件 1 件	东周时期骨器 T20603H2125：1	
H2126	T20603 东部偏北	第③层下	圆形、剖面呈袋状、平底	1	0.46	1.12	打破生土，被 H2123 和 H2125 打破	瓦片 125 件，莲花座饰件 1 件，陶片 9 件，瓷片 1 件	北魏石质莲花建筑饰件 T20603H2126：2	

续表六

编号	位置	层位关系	形状	尺寸（米）			打破关系	出土遗物件数	出土遗物	备注
				口径	深	底径				
H2131	T20505 西部偏南，T20504 东隔梁下	第③层下	椭圆形、剖面呈袋状、平底	1.6×0.68	0.68	1.82×0.78	打破 H2146 和生土，被 H2329 打破	瓦片 17 件，陶片 13 件		
H2132	T20505 西北部及北隔梁下，T20504 东隔梁及关键柱下	第③层下	圆角长方形，斜直壁，平底	1.7～1.8×0.95	0.56		打破生土，被 H2332 打破	瓦片 30 件，陶片 42 件		
H2133	T20505 西部偏北	第③层下	椭圆形、直壁、平底	1.96×1.12～1.38	0.98		打破生土，被 H2078、H2108 打破	瓦片 53 件，陶片 58 件		
H2134	T20604 西南部，T20504 北隔梁下	第③层下	不规则形、斜弧壁、圜底	2.16×1.32～1.78	0.4		打破生土，被 H2045、H2081 和 H2080 打破	瓦片 72 件，陶片 26 件，瓷片 16 件		
H2135	T20604 北部偏东	第③层下	长方形、直壁、平底	1.14×0.72	0.2		打破生土，被 H2038 和 H2039 打破	瓦片 12 件，陶片 2 件		
H2136	T20603 北部偏西	第③层下	圆形	0.6	0.35	0.72	打破生土	无遗物		
H2137	T20603 北中部	第③层下	圆形、剖面呈袋状、平底	1.12	0.56	1.26	打破生土	瓦片 20 件，陶片 11 件		
H2138	T20603 东北部	第③层下	圆形	0.78	0.15		打破生土	无遗物		
H2139	T20603 北部偏东	第③层下	圆形	0.6	0.24～0.3		打破生土	无遗物		
H2140	T20603 北部偏东	第③层下	圆形	0.7	0.3	0.8	打破生土	无遗物		
H2141	T20603 西部及西部未开方处	第③层下	不规则形、弧壁、弧形底	0.74～1×0.78	0.16		打破生土，被 H2026 打破	瓦片 11 件，陶片 45 件		
H2142	T20603 中西部	第③层下	圆形	0.7	0.4		打破生土，被 H2056 打破	无遗物		
H2143	T20603 西南部	第③层下	圆形	1.05	0.5	1.15	打破生土，被 H2033 和 H2089 打破	无遗物		

续表六

编号	位置	层位关系	形状	尺寸（米）			打破关系	出土遗物件数	出土遗物	备注
				口径	深	底径				
H2144	T20603 西南部	第③层下	椭圆形、直壁、平底	0.88×0.55~0.6	0.1		打破生土，被 H2071 打破	瓦片 10 件，陶片 17 件。		
H2145	T20503 北隔梁下西部，T20603 西南部	第③层下	圆形、剖面呈袋状、平底	1.03	0.46~0.5	1.2	打破生土	瓦片 15 件，陶片 3 件		
H2146	T20505 西南部	第③层下	椭圆形、剖面呈袋状、平底	0.81×1.14	0.72~1.78	1.85×1.35	打破 H2158 和生土，被 H2131 和 H2329 打破	瓦片 140 件，陶片 161 件，瓷片 2 件		
H2147	T20505 东南部	第③层下	圆形、剖面呈袋状、平底	1.06	0.55	1.2	打破生土，被 H2067 打破	瓦片 58 件，陶片 24 件		
H2148	T20604 东部偏北及东隔梁下	第③层下	圆形	0.72	0.2		打破生土	无遗物		
H2149	T20604 东北部及东隔梁、北隔梁和关键柱下	第③层下	不规则形	2.5×2.25	0.5		打破生土	无遗物		
H2150	T20604 东部偏北	第③层下	圆形、剖面呈袋状、平底	0.52	0.3	0.7	打破生土，被 H2124 打破	瓦片 5 块，陶片 27 块，瓷片 2 块	辽金 C 型平沿陶盆 T20604H2150：7　辽金 B 型陶盏 T20604H2150：3	
H2151	T20505 中北部	第③层下	长方形、斜直壁、平底	0.78×0.3	0.6		打破生土，被 H2110 打破	瓦片 11 件，陶片 3 件		
H2152	T20603 西北部	第③层下	椭圆形、剖面呈袋状、平底	0.46~1.46×0.86	0.55	0.5~1.5×0.94	打破生土，被 H2026 打破	瓦片 21 件，陶片 16 件，瓷片 8 件	辽金 C 型平沿陶盆 T20603H2152：2	
H2153	T20605 北中部	第③层下	圆形、斜弧壁、平底	0.74	0.32	0.68	打破生土	瓦片 2 件		
H2154	T20605 中西部	第③层下	圆形、直壁、平底	1.18	0.4	1.1	打破生土	瓦片 3 件，陶片 1 件		
H2155	T20605 中东部	第③层下	椭圆形、斜直壁、平底	0.67×0.54	0.16	0.58×0.48	打破生土	瓦片 6 件，陶片 5 件，瓷片 2 件		
H2156	T20505 北部偏东及北隔梁下	第③层下	圆角长方形、斜弧壁、平底	2.75×2.33	0.6~0.8	1.65×1.4	打破生土，被炉 2006 打破	瓦片 573 件，陶片 163 件，瓦当残块 1 件		

续表六

编号	位置	层位关系	形状	尺寸（米）			打破关系	出土遗物件数	出土遗物	备注
				口径	深	底径				
H2158	T20505南部偏西，T20405北隔梁下	第③层下	圆形、剖面呈袋状、平底	1.81	1.03	2.03	打破生土，被H2146打破	瓦片635件，陶片24件		
H2159	T20505西南部	第③层下	圆形、剖面呈袋状、平底	0.68	0.45	0.78	打破生土	瓦片13件，陶片13件		
H2160	T20505中南部	第③层下	圆形、剖面呈袋状、平底	1.33	0.67	1.45	打破生土，被H2057打破	瓦片208件，陶片29件	辽金B型陶盏T20505H2160：1	
H2162	T20506中南部	第③层下	椭圆形、斜弧壁、弧形底	3.65×2.64	0.74		打破H2167、H2166和生土，被H2113、H2114和H2115打破	瓦片405件，坩埚残片1391件，陶片95件，瓷片43件	辽金坩埚T20506H2162：1、3	
H2163	T20506东南部，T20406北隔梁下	第③层下	圆形、剖面呈袋状、平底	1.72	0.66	1.88	打破生土，被H2115和H2327打破	瓦片118件，陶片72件，瓷片11件	辽金陶盒T20506H2163：5；辽金Ab型Ⅱ式白釉碗T20506H2163：4；辽金B型白釉碗T20506H2163：6	
H2164	T20506东部偏南及东隔梁下	第③层下	圆形、剖面呈袋状、平底	1.64	0.72	1.76	打破生土，被H2116打破	瓦片244件，陶片110件		
H2165	T20506中东部及东隔梁下	第③层下	圆形、斜弧壁、平底	1.45	0.5	1.36	打破H2328和生土	瓦片110件，陶片40件，瓷片7件		
H2166	T20506东南部	第③层下	圆形、剖面呈袋状、平底	1.08	0.66	1.12	打破H2167和生土，被H2162打破	瓦片5件，陶片6件		
H2167	T20506中南部	第③层下	圆形、剖面呈袋状、平底	0.64×0.06	0.48	0.85×0.14	打破生土，被H2162、H2166打破	瓦片13件，陶片4件		
H2168	T20506西南部，T20406北隔梁下，T20505东隔梁下，T20405关键柱下	第③层下	圆形、斜弧壁、圜底	1.95×1.4~1.9	0.58		打破H2169和生土，被H2117打破	瓦片11件，陶片5件，瓷片3件		

续表六

编号	位置	层位关系	形状	尺寸（米）			打破关系	出土遗物件数	出土遗物	备注
				口径	深	底径				
H2169	T20506 西部偏南及 T20505 东隔梁下	第③层下	圆形、剖面呈袋状、平底	1.02	0.65	1.2	打破生土，被 H2117 和 H2168 打破	瓦片 36 件，陶片 10 件，瓷片 8 件		
H2170	T20506 西中部	第③层下	圆形、剖面呈袋状、平底	1.46	0.67	1.56	打破 H2172 和生土，被 H2112 打破	瓦片 229 件，陶片 130 件，瓷片 29 件		
H2171	T20506 西北部	第③层下	不规则形、弧壁、平底	1.62×0.6~0.9	0.42		打破 H2172 和生土	瓦片 72 件，陶片 24 件		
H2172	T20506 西部偏北	第③层下	圆形、斜弧壁、圜底	1.25	0.4		打破生土，被 H2171 和 H2170 打破	瓦片 100 件，陶片 46 件，瓷片 11 件	辽金 A 型敛口陶盆 T20506H2172：2 辽金 A 型陶盏 T20506H2172：3	
H2173	T20506 西部偏北，T20505 东隔梁下	第③层下	圆形、斜直壁、平底	1.05	0.68		打破生土，被 H2208 打破	瓦片 100 件，陶片 35 件		
H2174	T20705 北部偏西及北隔梁下	第③层下	不规则形、斜弧壁、平底	2.05×1.65	0.5	1.45×1.08	打破 H2353、H2263 和生土	瓦片 51 件，陶片 17 件，瓷片 1 件，坩埚残片 19 件		
H2175	T20507 北部偏西及北隔梁下	第③层下	椭圆形、斜弧壁、平底	2.08×1.68	0.78	1.72×1.45	打破 H2186 和生土	瓦片 263 件，陶片 49 件		
H2176	T20507 西北部	第③层下	近圆形、弧壁、平底	1.83~2.16	0.45	1.7~2	打破 H2186 和生土，被铸造井台路和 H2175 打破	瓦片 285 件，陶片 19 件，瓷片 1 件	隋唐 B 型复色釉碗 T20305H2176：4	
H2178	T20506 西北部及北隔梁下	第③层下	圆形、直壁、平底	1	0.5		打破 H2180、H2268 和生土	瓦片 62 件，陶片 19 件，瓷片 4 件		
H2180	T20506 北部偏西及北隔梁下	第③层下	不规则形、斜弧壁、平底	2.2~2.68×1.04~1.64	0.52~0.64		打破 H2196、H2198 和生土，被 H2178 打破	瓦片 255 件，陶片 28 件	辽金 C 型卷沿陶盆 T20506H2180：7 辽金陶碗 T20506H2180：1	
H2183	T20507 西部偏北，T20506 东隔梁下	第③层下	圆形、弧壁、平底	1.24	0.46	1.06	打破铸造井台和生土	瓦片 58 件，陶片 17 件		

续表六

编号	位置	层位关系	形状	尺寸（米）			打破关系	出土遗物件数	出土遗物	备注
				口径	深	底径				
H2185	T20506 中部偏北	第③层下	圆形、剖面呈袋状、平底	1.36	0.46~0.52	1.44	打破生土	瓦片 198 件，陶片 27 件，瓷片 1 件	辽金 Ab 型 II 式白釉碗 T20606H2185：3	
H2186	T20507 西北部	第③层下	圆形、弧壁、平底	1.24	0.16~0.19	1.12	打破生土，被 H2176 打破	瓦片 16 件，陶片 19 件，瓷片 8 件		
H2187	T20507 中部偏西	第③层下	近圆形、斜弧壁、平底	1.83×1.36	0.42	1.26×0.96	打破 H2193 和生土	瓦片 55 件，陶片 20 件，瓷片 3 件		
H2193	T20507 南部偏西及 T20506 东隔梁下	第③层下	椭圆形、直壁、平底	2.1×1.8	0.45~0.95		打破生土，被 H2187 打破	瓦片 32 件，陶片 15 件，瓷片 2 件		
H2194	T20607 中部偏南	第③层下	不规则形、斜弧壁、弧形底	1.05×0.65	0.58		打破生土，被 H2219 打破	瓦片 815 件，陶片 97 件，瓷片 26 件	辽金陶盏托 T20607H2194：1	
H2195	T20506 北部偏东	第③层下	不规则形、斜直壁、平底	1.32×1.25	0.55		打破 H2196、H2197、H2207 和生土	瓦片 66 件，陶片 5 件		
H2196	T20506 中北部	第③层下	不规则形、斜弧壁、斜平底	1.12×1.1	0.65~0.7		打破 H2197、H2198 和生土，被 H2195 和 H2180 打破	瓦片 69 件，陶片 11 件，瓷片 3 件，瓦当残块 1 件。		
H2197	T20506 北部偏东	第③层下	椭圆形、弧壁、平底	0.78~1.04×0.54	0.2~0.24		打破 H2198 和生土，被 H2196 和 H2195 打破	瓦片 78 件，陶片 30 件		
H2198	T20506 西北部	第③层下	椭圆形、直壁、平底	1.04×0.5	0.88		打破生土，被 H2180、H2196、H2197 打破	瓦片 90 件，陶片 22 件		
H2203	T20506 东部偏北及东隔梁下	第③层下	圆形、斜弧壁、平底	1.5	0.5	1.35	打破 H2207 和生土	瓦片 362 件，陶片 27 件，瓷片 7 件		
H2205	T20507 南部偏西及 T20407 北隔梁下	第③层下	不规则形	0.95×0.7	0.2		打破生土，被炉 2013 打破	无遗物		

续表六

编号	位置	层位关系	形状	尺寸（米）			打破关系	出土遗物件数	出土遗物	备注
				口径	深	底径				
H2207	T20506 东北部	第③层下	椭圆形、直壁、平底	1.8~2.4×2.5	0.54~0.6		打破生土，被 H2203 和 H2195 打破	瓦片494件，瓦当残块1件，陶片32件		
H2208	T20506 西北部及北隔梁下，T20505 东隔梁及关键柱下	第③层下	椭圆形、斜弧壁、平底	1.9~2.75×0.6~1.3	0.48	1.85~2.58×0.5~1	打破生土，被 H2173 打破	瓦片23件，陶片11件		
H2209	T20507 西南部	第③层下	圆形、斜弧壁、平底	1.5	0.42~0.57	1.42	打破生土	瓦片101件，陶片30件，瓷片1件，檐头板瓦1件		
H2213	T20507 中部偏南	第③层下	圆形、剖面呈袋状、平底	1.32	0.76~0.87	1.44	打破生土	瓦片80件，陶片31件，瓷片2件		
H2215	T20705 西北部，T20704 东隔梁下	第③层下	长方形、直壁、平底	2.67×2.55	0.46		打破生土，被 H2214、H2161 和 H2104 打破	瓦片42件，陶片20件		
H2216	T20507 中部	第③层下	圆形、剖面呈袋状、平底	1.52	0.56	1.64	打破生土	瓦片290件，陶片53件，瓷片1件		
H2222	T20705 北部偏东及北隔梁下	第③层下	长方形、直壁、平底	1.7×0.75	0.48		打破 H2353 和生土	瓦片8件，陶片4件		
H2223	T20705 东北部	第③层下	不规则形、斜弧壁、平底	3×2.02	0.55	2.4×1.64	打破生土	瓦片146件，陶片17件		
H2224	T20705 中南部	第③层下	不规则形、斜弧壁、平底	3×2.1	0.2	2.84×2	打破 H2226 和生土，被 H2240 打破	瓦片420件，陶片60件，檐头板瓦7件，瓷片2件，瓦当残块2件		
H2226	T20705 西南部	第③层下	圆形、斜弧壁、圜底	1.4	0.54~0.64		打破 H2227 和生土，被 H2157、H2189 和 H2224 打破	瓦片108件，陶片98件		

续表六

编号	位置	层位关系	形状	尺寸（米）			打破关系	出土遗物件数	出土遗物	备注
				口径	深	底径				
H2227	T20705 西南部	第③层下	圆角长方形、斜弧壁、平底	1.32×1.24	0.3		打破生土，被 H2161、H2157 和 H2226 打破	瓦片44件，陶片32件，瓷片1件，瓦当残块1件	辽金 A 型平沿陶盆 T21005H2227∶4	
H2229	T20705 中部偏西	第③层下	圆形、斜弧壁、平底	1	0.16	0.95	打破生土，被 H2161 打破	瓦片17件，陶片7件		
H2234	T20705 中部	第③层下	椭圆形、斜弧壁、平底	2.08×0.96	0.52	1.76×0.7	打破生土	瓦片62件，陶片22件，瓦当残块1件		
H2240	T20705 南部偏东，T20605 北隔梁下	第③层下	不规则形、斜弧壁、圜底	3.96×2.28	0.6		打破炉2022、H2224 和生土	瓦片422件，陶片488件，瓷片8件	辽金 C 型敛口陶盆 T20705H2240∶2 辽金 Aa 型白釉碗 T20606H2240∶1 辽金 Ab 型Ⅱ式白釉碗 T20705H2240∶7	
H2248	T20906 西北部及北隔梁下，T20905 东隔梁下和关键柱下	第③层下	圆角长方形、斜弧壁、底凹凸不平	2.7×0.77~1.17	0.55		打破生土，被 H2247 打破	瓦片7件，陶片8件，瓷片2件，石刻造像残件1件		
H2249	T20906 中部偏西	第③层下	圆形、斜弧壁、弧形底	2.76×2.74	0.36~0.78		打破生土，被 H2246 打破	瓦片1073件，陶片196件，瓷片25件，檐头板瓦10件，瓦当残块4件	隋唐白釉盏 T20906H2249∶1 辽金 Ab 型卷沿陶盆 T20906H2249∶9 辽金陶碗 T20906H2249∶6 辽金 A 型陶器盖 T20906H2249∶3 辽金陶罐 T20906H2249∶7 辽金陶瓶 T20906H2249∶8 辽金 A 型白釉盏 T20906H2249∶2	
H2257	T20706 东南部，T20606 北隔梁下	第③层下	不规则形、弧壁部分平面呈圆形剖面呈袋状、平底	长方形部分1.6~2.45×1.3~1.62	长方形部分0.62~0.9	1.55	打破生土，被 H2255 叠压和打破	瓦片4件，坩埚残片441件，瓦片35件，陶片5件，瓷片6件	辽金小坩埚 T20706H2257∶47 辽金坩埚 T20706H2257∶2、7、8、9、10、11、12、14、15、16、17、18、19、20、21、22、23、24、25	

续表六

编号	位置	层位关系	形状	尺寸（米）			打破关系	出土遗物件数	出土遗物	备注
				口径	深	底径				
H2263	T20805 中部偏西，T20705 北隔梁下	第③层下	不规则形、直壁、平底	7.98×2.85	0.6		打破 H2264、H2265 和生土、被现代沟和 H2174 打破	瓦片 90 件，陶片 108 件，瓷片 13 件		
H2264	T20805 西南部	第③层下	不规则形、直壁、平底	1.56×1.24	0.2~0.4		打破生土，被现代沟和 H2263 打破	瓦片 22 件，陶片 34 件，瓷片 8 件	隋唐 A 型复色釉碗 T20805H2264：1	
H2265	T20805 中部偏南	第③层下	圆形、斜直壁、平底	0.92	0.33		打破生土，被现代沟和 H2263 打破	瓦片 24 件，陶片 12 件		
H2268	T20606 西南部，T20506 北隔梁下，T20505 关键柱下，T20605 东隔梁下	第③层下	不规则形、斜弧壁、底呈不规则状，凹凸不平	2.9~3.1×2.6	0.5		打破 H2270 和生土，被 H2178 打破	瓦片 60 件，陶片 36 件，瓷片 11 件	隋唐 B 型白釉碗 T20606H2268：6	
H2269	T20606 西部偏南	第③层下	长方形、直壁、平底	1.7×1.3	0.7		打破 H2270 和生土，被 H2095 打破	瓦片 96 件，陶片 18 件		
H2270	T20606 西南部	第③层下	不规则形、直壁、平底	3.1×1.52~1.84	0.72		打破生土，被 H2095、H2268、H2269 打破	瓦片 271 件，陶片 25 件，瓦当残块 1 件	辽金 Bb 型卷沿陶盆 T20606H2270：1	
H2271	T20606 南部	第③层下	圆形、剖面呈袋状、平底	1.32	0.9	1.62	打破生土，被铸造井台打破	瓦片 34 件，陶片 4 件，石件 1 件	其他石刻 T20606H2271：2	
H2321	T20707 东北部及北隔梁、东隔梁和关键柱下，T20807 东部及北隔梁、东隔梁和关键柱下，T20907 东部及北隔梁、东隔梁和关键柱下	第②、③层下	不规则形、斜弧壁、底不平	30.6×1.5~5.7	0.25~1.2		打破 H2365 和生土，被现代沟、H2238、H2251、H2301、H2314、H2315、H2316、H2317 和 G2001 打破	瓦片 260 件，陶片 95，瓷片 27 件		

续表六

编号	位置	层位关系	形状	尺寸（米）口径	尺寸（米）深	尺寸（米）底径	打破关系	出土遗物件数	出土遗物	备注
H2328	T20506 东隔梁下中部	第③层下	椭圆形、直壁、平底	1.62~1.82×1.52	0.5		打破生土，被 H2165 打破	瓦片 95 件，陶片 12 件，瓷片 7 件		
H2329	T20504 东南部及东隔梁下，T20404 北隔梁以及关键柱下	第③层下	不规则形、斜弧壁、弧形底	4×3.47	0.52		打破 H2131 和生土，被炉 2028 打破	瓦片 962 件，陶片 101 件，瓷片 28 件，瓦当残块 6 件	辽金兽首衔环瓦当 T20404H2329∶2、4、14 辽金 B 型平沿陶盆 T20404H2329∶6	
H2330	T20404 东北部、东隔梁及北隔梁和关键柱下	第③层下	椭圆形、剖面呈袋状、平底	1.75×0.5~0.96	0.7	1.9×0.5~1	打破生土，被 H2340 和炉 2028 叠压打破	瓦片 48 件，釉瓦残块 6 件，檐头板瓦残块 2 件，陶片 60 件，瓷片 22 件，陶纺轮 1 件	辽金陶纺轮 T20404H2330∶1	
H2336	T20504 东隔梁下中部偏西	第③层下	长方形、直壁、平底	1.76×1.05~1.12	1.12		打破生土，被 H2331 打破	瓦片 50 块，陶片 49 块，瓷片 30 块		
H2337	T20407 北隔梁下中部	第③层下	圆形、直壁、平底	1.29	0.66		打破生土，被 H2063 打破	瓦片 58 件，陶片 45 件，瓷片 18 件	辽金 Ac 型卷沿陶盆 T20407H2337∶1	
H2338	T20505 北隔梁下偏东	第③层下	椭圆形	1.06×0.76	0.4	1.16×0.88	打破生土	无遗物		
H2340	T20404 东北部及东隔梁下	第③层下	不规则形、斜弧壁、弧形底	3.05×1.9	0.75		打破 H2330 和生土	瓦片 90 件，釉瓦残块 7 件，檐头板瓦残块 2 件，陶片 101 件，瓷片 16 件，石夯 1 件	北魏石夯 T20404H2340∶4 隋唐 C 型白釉碗 T20404H2340∶2 辽金 A 型敛口陶盆 T20404H2340∶3 辽金 B 型陶盏 T20404H2340∶1	
H2341	T20604 东隔梁下北部	第③层下	椭圆形、剖面呈袋状、平底	1.02×0.8	0.6	1.22×1	打破生土	瓦片 200 件，陶片 20，瓷片 8 件	C 型平沿陶盆 T20604H2341∶3、6	
H2342	T20403 西北部及北隔梁下和西部未开方处	第③层下	圆形、剖面呈袋状、平底	1.26	1.04	1.84	打破生土	瓦片 15 件，陶片 15 件		

续表六

编号	位置	层位关系	形状	尺寸（米）			打破关系	出土遗物件数	出土遗物	备注
				口径	深	底径				
H2347	T20605 东北部及东隔梁、北隔梁和关键柱下	第③层下	圆角长方形、直壁、平底	2.64×0.82~1.46	1.14~1.2		打破生土	瓦片 97 件，釉瓦残块 11 件，陶片 19 件，瓷片 10 件，瓦当残块 2 件		
H2348	T20606 东隔梁下南部及 T20506 关键柱下	第③层下	椭圆形、斜弧壁、圜底	1.7×1.35	0.55		打破生土	瓦片 30 件，陶片 15 件，瓦当残块 1 件		
H2349	T20606 东隔梁下南部	第③层下	圆角长方形、斜弧壁、平底	1.76×1.18	0.44	1.2×0.76	打破生土，被 H2190 打破	瓦片 50 件，陶片 20 件		
H2352	T20503 北部偏东及北隔梁下	第③层下	不规则形、斜弧壁、弧形底	2.7×2.5	1.2~1.4		打破生土	瓦片 80 件，陶片 56 件	辽金 C 型平沿陶盆（刻字"天长"）T20503H2352：2	
H2353	T20705 北隔梁下中部	第③层下	圆形、剖面呈袋状、平底	1.2	0.5~0.96	1.32	打破生土，被 H2174 和 H2222 打破	瓦片 180 件，陶片 36 件		
H2365	T20707 北隔梁下西部，T20807 南部偏西	H2314 和 H2321 下	不规则形、斜壁、弧形底	1.98×0~0.94	0~0.4	0~0.4	打破生土，被 H2314、H2321 和现代泄洪沟打破	瓦片、瓦当残块	北魏 A 型板瓦 T20807H2365：3　北魏 A 型"万岁富贵"瓦当 T20807H2365：8　辽金板瓦 T20807H2365：2	
H2375	TG21206 中南部	第③层下	不规则形、斜弧壁、弧形底	1.68~2.1×2	0.45		打破生土，被 H2370 打破	瓦片 2 件，陶片 61 件		

续表六

编号	位置	层位关系	形状	尺寸（米）			打破关系	出土遗物件数	出土遗物	备注
				口径	深	底径				
H2376	TG210001北中部及北部未开方处	第③层下	圆角长方形、斜弧壁、弧形底	1.3×1.06	0.43		打破生土	瓦片14件，陶片6件		
H2377	TG208001北中部	第③层下	长方形、直壁、平底	0.52×0.5	0.4~0.45		打破生土	瓦片6件，陶片3件，瓷片2件		
H2378	TG213001中部	第③层下	不规则形、斜弧壁、底呈不规则状凹凸不平	8×1.7~2	0.4~1.15		打破M2001和生土	瓦片1720，陶片199件，瓷片114件，檐头板瓦残块7件，瓦当残块5件，屋脊构件5件，釉瓦残块2件	辽金A型灰陶筒瓦TG213001H2378：10 辽金Ba型兽面纹瓦当TG213001H2378：7、29 辽金兽面纹瓦当范T213001H2378：6 辽金单面鱼形建筑饰件TG213001H2378：31 辽金Aa型卷沿陶盆TG213001H2378：8、9、11、32 辽金B型陶盏TG213001H2378：26 辽金Ab型Ⅱ式白釉碗TG213001H2378：3 辽金A型白釉盏TG213001H2378：1、2 辽金白釉罐TG213001H2378：5 辽金素烧罐TG213001H2378：34	
H2379	TG213001北部偏东	第③层下	不规则形、斜弧壁、弧形底	1.4×0.64	0.72~0.95		打破生土	瓦片11件，陶片8件，瓷片7件，瓦当残块1件	辽金Ad型陶质檐头板瓦TG213001H2379：4 辽金化身童子瓦当TG213001H2379：2	

（4）H2336

位于T20504东隔梁下中部偏西，开口于第③层下，打破生土，被H2331打破。平面呈长方形，直壁，平底。坑口长1.76、宽1.05~1.12、深1.12米。坑内填土自上而下基本相同，为灰褐色粉砂土，结构疏松，土壤包含物有石块、细煤渣、料姜石、植物根系等，出土遗物有筒瓦、板瓦、琉璃筒瓦、陶罐、陶盆、瓷碗等（图二二四，4；彩版一二九，2）。

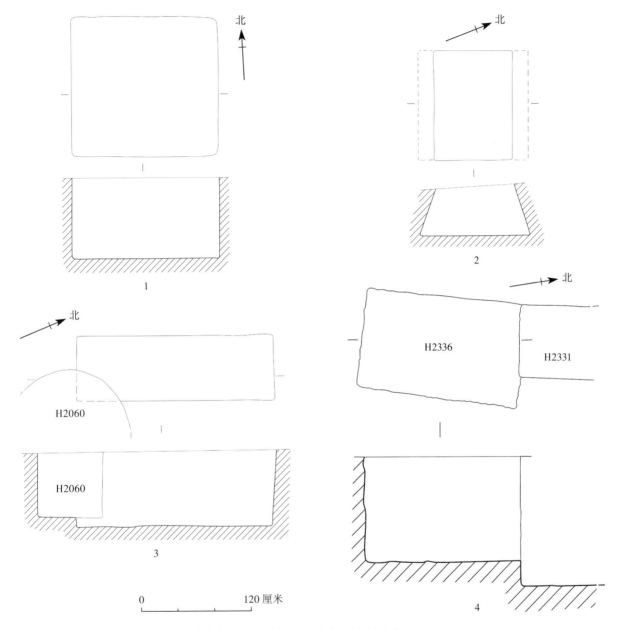

图二二四　辽金时期长方形灰坑平、剖面图

1. H2013　2. H2040　3. H2061　4. H2336

（5）H2151

位于 T20505 中北部，开口于第③层下，打破生土，被 H2110 打破。平面呈圆角长方形，斜直壁，平底。长 0.78、残宽 0.3、深 0.6 米。坑内填土为灰褐色土，结构疏松，土壤包含物有细煤渣、白灰块、兽骨、植物根系、小砾石等，出土遗物有筒瓦、板瓦、陶盆等（图二二五，1；彩版一二九，3）。

（6）H2156

位于 T20505 北部偏东及北隔梁下，开口于第③层下，打破生土，被炉 2006 打破。平面呈圆角长方形，斜弧壁，平底。坑口长 2.75、宽 2.33、坑底长 1.65、宽 1.4、深 0.6~0.8 米。坑

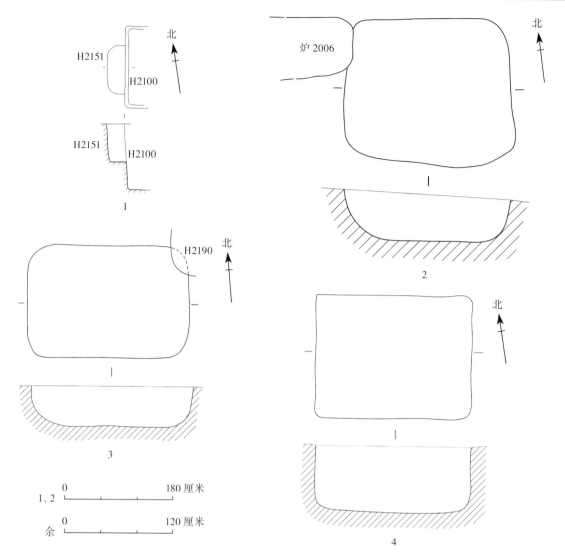

图二二五　辽金时期长方形灰坑平、剖面图

1. H2151　2. H2156　3. H2349　4. H2269

内填土为灰黑色土，结构疏松，土壤包含物有兽骨、细煤渣、料姜石、植物根系、硬土块、白灰粒等，出土遗物有筒瓦、板瓦、"万岁富贵"瓦当、陶盆、陶碗、陶盏、陶罐、陶壶等（图二二五，2）。

（7）H2349

位于T20606东隔梁下南部，开口于第③层下，打破生土，被H2190打破。平面呈圆角长方形，斜弧壁，平底。坑口长1.76、宽1.18、坑底长1.2、宽0.76、深0.44米。坑内填土为黑灰色土，结构疏松，土壤包含物有细煤渣、木炭屑、兽骨、小砾石、硬土块、料姜石、植物根系等，出土遗物有筒瓦、板瓦、陶罐、陶盆等（图二二五，3）。

（8）H2269

位于T20606西部偏南，开口于第③层下，打破H2270和生土，被H2095打破。平面呈长方形，直壁，近底部内收呈弧形，平底。长1.7、宽1.3、深0.70米。坑内填土为黑灰色土，结构疏松，土壤包含物有细煤渣、石块、小砾石、兽骨、硬土块、白灰块、植物根系等，出土遗物有筒瓦、板瓦、陶罐、陶盆等（图二二五，4）。

（9）H2215

位于T20705西北部，T20704东隔梁下，开口于第③层下，打破生土，被H2214、H2161和H2104打破。平面呈长方形，直壁，平底。长2.67、宽2.55、深0.46米。坑内填土为浅灰色土，结构疏松，土壤包含物有细煤渣、料姜石、碎石块、白灰块、植物根系等，出土遗物有筒瓦、板瓦、陶盆、陶盏、陶罐等（图二二六，1）。

（10）H2377

位于TG208001北中部，开口于第③层下，打破生土。平面呈长方形，直壁，平底。长0.52、宽0.5、深0.4~0.45米。坑内填土为灰色土，结构致密，土壤包含物有细煤渣、小石块、料姜石、植物根系等，出土遗物有筒瓦、板瓦、陶盆、瓷碗等（图二二六，2）。

（11）H2222

位于T20705北部偏东及北隔梁下，开口于第③层下，打破H2353和生土。平面呈长方形，直壁，平底。长1.7、宽0.75、深0.48米。坑内填土为灰黑色土，结构疏松，土壤包含物有细煤渣、小砾石、料姜石、植物根系等，出土遗物有筒瓦、板瓦、陶碗、陶盆等（图二二六，3）。

（12）H2099

位于T20504北部偏西及北隔梁下，开口于第③层下，打破H2100和生土，被H2074、H2079和H2080打破。平面呈圆角长方形，斜弧壁，平底。坑口长2.44、宽1.74、深0.46米。坑内填土自上而下基本相同，为灰色土，结构疏松，土壤包含物有大小不一的石块、料姜石、细煤渣、植物根系、硬土块等，出土遗物有筒瓦、板瓦、陶罐、陶盆、瓷碗、瓷瓶等（图二二七，1；彩版一二九，4）。

（13）H2132

位于T20505西北部及北隔梁下，T20504东隔梁及关键柱下，开口于第③层下，打破生土，被H2332打破。平面

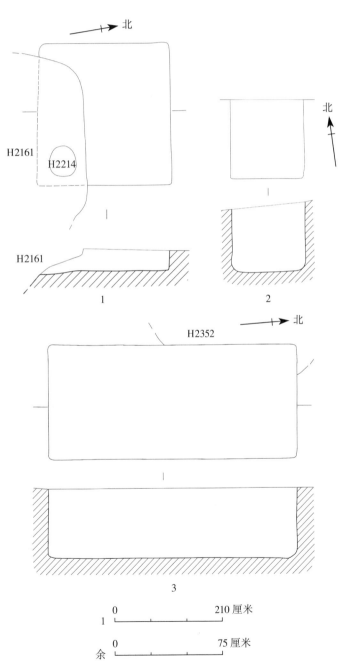

图二二六　辽金时期长方形灰坑平、剖面图

1. H2215　2. H2377　3. H2222

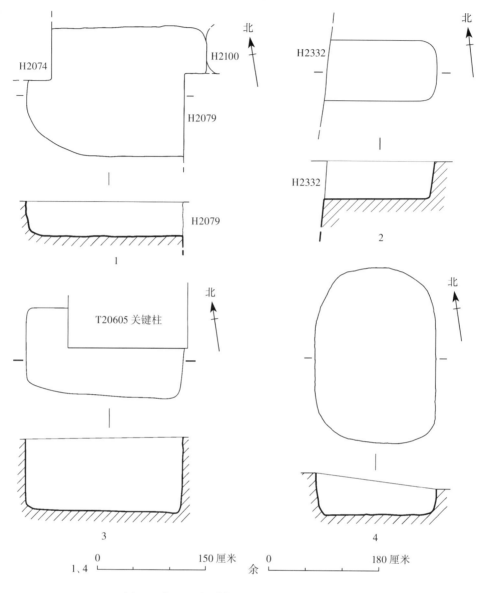

图二二七　辽金时期长方形灰坑平、剖面图

1. H2099　2. H2132　3. H2347　4. H2065

呈圆角长方形，斜直壁，平底。残长 1.7~1.8、宽 0.95、深 0.56 米。坑内填土为灰黑色土，结构疏松，土壤包含物有细煤渣、硬土块、料姜石、小砾石、白灰块、硬土块、植物根系等，出土遗物有筒瓦、板瓦、陶罐、陶盆、陶碗等（图二二七，2）。

（14）H2347

位于 T20605 东北部及东隔梁、北隔梁和关键柱下，开口于第③层下，打破生土。平面呈圆角长方形，直壁，平底。坑四壁有约 5 厘米厚的白灰，有芦苇痕迹长 2.64、宽 0.82~1.46、深 1.14~1.2 米。坑内填土自上而下分为两层。第①层：深褐色土，厚 0.45 米，结构疏松，土壤包含物有片石或石灰石、碎石块、细煤渣、硬土块、植物根系等，出土遗物有筒瓦、板瓦、檐头板瓦、琉璃筒瓦、兽面纹瓦当、陶盆、陶盏、瓷碗、瓷盏等。第②层：白石灰层，厚 0.69 米，结构致密，土壤包含物有大量白灰块、石块、少量细煤渣，出土遗物有筒瓦、板瓦、琉璃筒瓦、兽面纹瓦当、陶盆、瓷碗等（图二二七，3）。

（15）H2065

位于 T20704 中部偏西，开口于第③层下，打破生土。平面呈圆角长方形，斜弧壁，平底。坑口长 2.27、宽 1.6、坑底长 2.15、宽 1.44、深 0.36~0.56 米。坑内填土为灰色土，结构疏松，土壤包含物有细煤渣、小砾石、兽骨、植物根系、硬土块等，出土遗物有筒瓦、板瓦、"传祚无穷"瓦当、陶莲花建筑饰件、石夯、陶罐、陶盆、陶盏、瓷碗等（图二二七，4；彩版一二九，5）。

（16）H2227

位于 T20705 西南部，开口于第③层下，打破生土，被 H2161、H2157 和 H2226 打破。平面呈圆角长方形，斜弧壁，平底。残长 1.32、宽 1.24、深 0.3 米。坑内填土为灰色土，结构疏松，土壤包含物有细煤渣、小砾石、料姜石、白灰块、硬土块、植物根系等，出土遗物有"传祚无穷"瓦当、筒瓦、板瓦、陶片、陶罐、陶碗、瓷碗等（图二二八，1；彩版一三〇，1）。

（17）H2248

位于 T20906 西北部及北隔梁下，T20905 东隔梁下和关键柱下，开口于第③层下，打破生土，

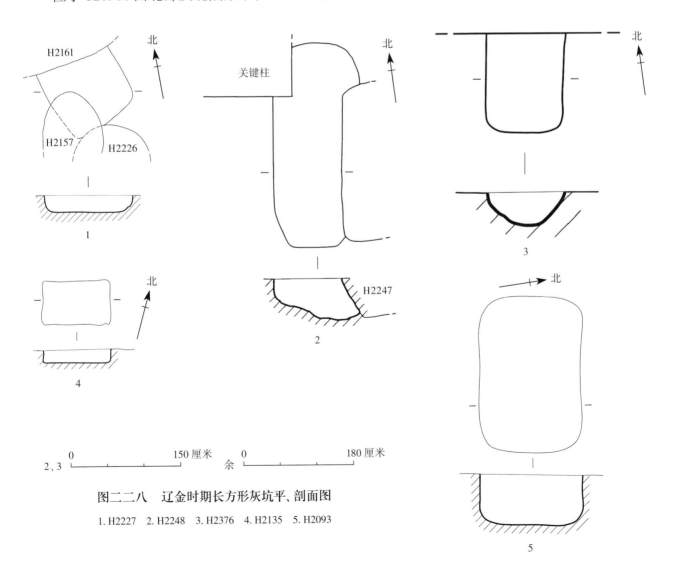

图二二八 辽金时期长方形灰坑平、剖面图

1. H2227 2. H2248 3. H2376 4. H2135 5. H2093

被 H2247 打破。平面呈圆角长方形，斜弧壁，底凹凸不平。长 2.7、宽 0.77~1.17、深 0.55 米。坑内填土为褐色土，结构疏松，土壤包含物有细煤渣、木炭屑、石块、白灰块、红烧土块、植物根系等，出土遗物有筒瓦、板瓦、陶罐、陶盆、陶碗、瓷碗、石雕造像残件等（图二二八，2）。

（18）H2376

位于 TG210001 北中部及北部未开方处，开口于第③层下，打破生土。平面呈圆角长方形，斜弧壁，底呈弧状。残长 1.3、宽 1.06、深 0.43 米。坑内填土为灰褐色土，结构疏松，土壤包含物有细煤渣、碎石粒、料姜石等，出土遗物有筒瓦、板瓦、陶罐等（图二二八，3）。

（19）H2135

位于 T20604 北部偏东，开口于第③层下，打破生土，被 H2038 和 H2039 打破。平面呈长方形，直壁，平底。长 1.14、宽 0.72、深 0.2 米。坑内填土为灰褐色土，结构疏松，土壤包含物有细煤渣、草木灰、碎石块、植物根系等，出土遗物有筒瓦、板瓦、陶盆等（图二二八，4）。

（20）H2093

位于 T20604 东南部及东隔梁下，开口于第③层下，打破 H2124 和生土。平面呈圆角长方形，直壁，平底。长 2.46、宽 1.7、深 0.75~0.8 米。坑内填土为灰褐色土，结构疏松，土壤包含物有碎石块、植物根系、兽骨、硬土块、料姜石、细煤渣等，出土遗物有筒瓦、板瓦、琉璃筒瓦、"开元通宝"铜钱、陶罐、陶盆、瓷碗、瓷盏、瓷罐等（图二二八，5；彩版一三○，2）。

2. 圆形灰坑

72 个。其中有遗物的 60 个，无遗物的 12 个，无遗物的不在本处描述，相关信息见灰坑表。

（1）H2007

位于 T20403 西南部，开口于第③层下，打破生土。平面呈圆形，直壁，平底。直径 1.1、深 0.92 米。坑内填土为灰白色土，结构疏松，土壤包含物有碎石、细煤渣、硬土块、植物根系等，出土遗物有筒瓦、板瓦、陶罐等（图二二九，1；彩版一三○，3）。

（2）H2009

位于 T20403 东部偏北，开口于第③层下，打破 H2011 和生土。平面呈圆形，直壁，平底。口径 1.12、深 1.16 米。坑内填土为灰褐色土，结构疏松，土壤包含物有细煤渣、硬土块、碎石块、白石灰块、砾石等，出土遗物有筒瓦、板瓦、陶罐等（图二二九，2）。

（3）H2011

位于 T20403 东部偏北及东隔梁下，开口于第③层下，打破生土，被 H2009 打破。平面呈圆形，直壁，平底。口径 1.15、深 1.35 米。坑内填土为灰褐色土，结构疏松，土壤包含物有细煤渣、硬土块、碎石块、砾石等，出土遗物有筒瓦、板瓦、陶罐、陶盆（图二二九，3；彩版一三○，4）。

（4）H2014

位于 T20403 西南部，开口于第③层下，打破生土。平面呈圆形，剖面呈袋状，平底。口径 1.05、底径 1.11、深 0.93 米。坑内填土为黄褐色粉砂土，结构疏松，土壤包含物有细煤渣、木炭灰、料姜石、碎石粒、硬土块、植物根系等，出土遗物有筒瓦、板瓦、陶罐、陶盆、瓷碗、瓷瓶等（图二二九，4）。

（5）H2018

位于 T20403 东北部，开口于第③层下，打破生土。平面呈圆形，直壁，平底。口径 1.38、深 0.88 米。坑内填土为灰黑色粉砂土，结构疏松，土壤包含物有细煤渣、兽骨、碎石块、硬土

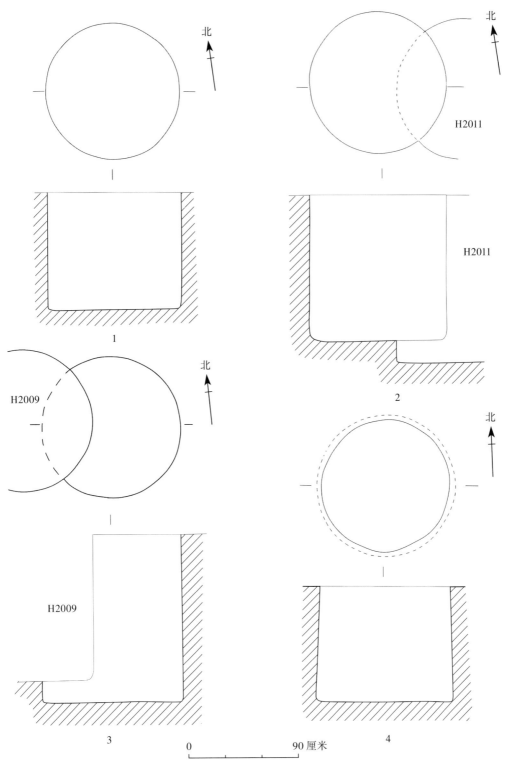

图二二九　辽金时期圆形灰坑平、剖面图

1. H2007　　2. H2009　　3. H2011　　4. H2014

块等，出土遗物有筒瓦、板瓦、陶盆、陶碗、瓷瓶、瓷碗等（图二三〇，1；彩版一三〇，5）。

（6）H2342

位于 T20403 西北部及北隔梁下和西部未开方处，开口于第③层下，打破生土。平面呈圆形，

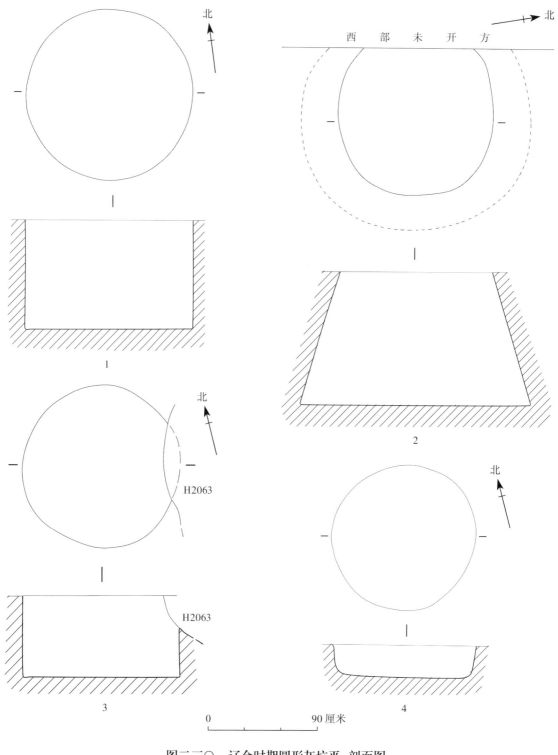

图二三〇　辽金时期圆形灰坑平、剖面图

1. H2018　2. H2342　3. H2337　4. H2022

剖面呈袋状，平底。口径1.26、底径1.84、深1.04米。坑内填土为深褐色土，结构疏松，土壤包含物有细煤渣、草木灰、植物根系、料姜石等，出土遗物有筒瓦、板瓦、陶碗、陶罐等（图二三〇，2）。

（7）H2337

位于T20407北隔梁下中部，开口于第③层下，打破生土，被H2063打破。平面呈圆形，直壁，平底。直径1.29、深0.66米。坑内填土为浅灰色，结构疏松，土壤包含物有细煤渣、兽骨、木炭屑、植物根系、料姜石、小砾石等，出土遗物有筒瓦、板瓦、陶罐、陶盆、瓷碗等（图二三〇，3）。

（8）H2022

位于T20503南部偏西，开口于第③层下，打破生土。平面呈圆形，斜直壁，平底。口径1.18、底径0.98、深0.28米。坑内填土为黑灰色土，结构疏松，土壤包含物有细煤渣、木炭灰、硬土块、白灰块、小砾石、植物根系等，出土遗物有陶盆等（图二三〇，4；彩版一三〇，6）。

（9）H2145

位于T20503北隔梁下西部，T20603西南部，开口于第③层下，打破生土。平面呈圆形，剖面呈袋状，平底。口径1.03、底径1.2、深0.46~0.5米。坑内填土为灰褐色土，结构疏松，土壤包含物有细煤渣、料姜石、碎石块、木炭屑等，出土遗物有筒瓦、板瓦、陶罐等（图二三一，1；彩版一三一，1）。

（10）H2037

位于T20504南部偏西，开口于第③层下，打破生土，被H2043打破。平面呈圆形，剖面呈袋状，平底。口径1.15、底径1.34、深0.76米。坑内填土自上而下基本相同，为黑灰色土，土质松软，土壤包含物有细煤渣、白灰残块、碎石残块或粒、植物根系、硬土块等，出土遗物有筒瓦、板瓦、"传祚无穷"瓦当、陶罐、陶盆、瓷碗等（图二三一，2；彩版一三一，2）。

（11）H2051

位于T20504中部偏西，开口于第③层下，打破H2052、H2053、H2054和生土。平面形状近圆形，斜弧壁，弧底。坑口长2.74、宽2.5、深0.46米。坑内填土自上而下基本相同，为灰色土，结构疏松，土壤包含物有细煤渣、碎石块、动物骨骼、植物根系等，出土遗物有筒瓦、板瓦、"传祚无穷"瓦当、檐头板瓦、陶罐、陶盆、瓷碗、瓷盏等，其中可复原陶盆2件，瓷盏1件（图二三一，3；彩版一三一，3）。

（12）H2052

位于T20504南部偏西，开口于第③层下，打破H2053和生土，被H2051打破。平面呈圆形袋状坑，斜直壁，平底。口径0.98、底径1.2、深0.7米。坑内填土自上而下基本相同，为黑灰色土，结构疏松，土壤包含物有细煤渣、木炭屑、白灰残块、碎石残块或粒、植物根系、硬土块等，出土遗物有筒瓦、板瓦、陶莲花建筑饰件、陶罐、陶盆、瓷碗等（图二三一，4；彩版一三一，4）。

（13）H2053

位于T20504南部偏西，开口于第③层下，打破生土，被H2051和H2052打破。平面呈圆形袋状坑，斜直壁，平底。残存坑口直径0.62、残存坑底直径1、深0.56米。坑内填土自上而下基本相同，为黑灰色土，结构疏松，土壤包含物有细煤渣、木炭屑、白灰残块、碎石残块或粒、植物根系、硬土块等，出土遗物有筒瓦、板瓦、檐头板瓦、陶罐、陶盆、瓷碗等（图二三二，1；

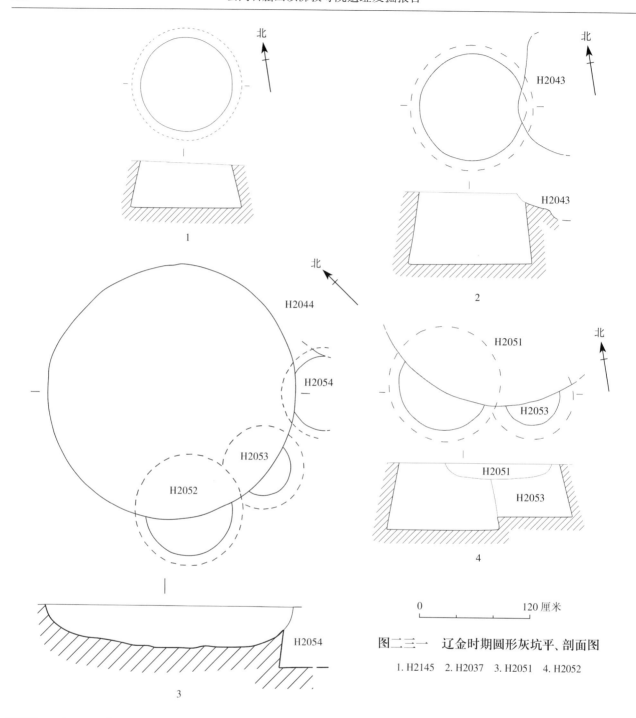

图二三一　辽金时期圆形灰坑平、剖面图

1. H2145　2. H2037　3. H2051　4. H2052

彩版一三一，5）。

（14）H2054

位于 T20504 中部偏西，开口于第③层下，打破生土，被 H2044 和 H2051 打破。平面呈圆形袋状坑，斜直壁，平底。口径 0.8、底径 1、深 0.66 米。坑内填土自上而下基本相同，为黑灰色土，结构疏松，土壤包含物有细煤渣、白灰残块、碎石残块或粒、植物根系、硬土块等，出土遗物有筒瓦、板瓦、陶罐、陶盆、瓷碗等（图二三二，2；彩版一三一，6）。

（15）H2070

位于 T20504 西北部，开口于第③层下，打破生土。平面呈圆形，直壁，平底。坑口直径 0.67、

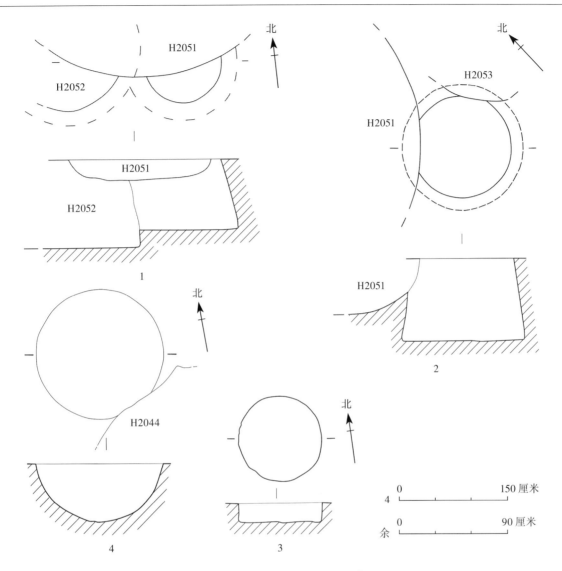

图二三二　辽金时期圆形灰坑平、剖面图

1. H2053　2. H2054　3. H2070　4. H2047

深0.16米。坑内填土为灰色土，结构疏松，土壤包含物有细煤渣、硬土块、小石块、植物根系，出土遗物有筒瓦、板瓦、陶罐、陶盆、瓷碗等（图二三二，3）。

（16）H2047

位于T20504中部偏北，开口于第③层下，打破生土，被H2044打破。平面呈圆形，斜弧壁，圜底。直径1.75、深0.8米。坑内堆积自上而下基本相同，为深褐色砂土，结构疏松，土壤包含物有细煤渣、碎石块、硬土块、动物骨骼、植物根系等，出土遗物有莲瓣纹瓦当、檐头板瓦、兽角、陶罐、陶盆、瓷碗、瓷罐等（图二三二，4；彩版一三二，1）。

（17）H2100

位于T20504中北部及北隔梁下，开口于第③层下，打破生土，被H2079和H2099打破。平面呈圆形，斜弧壁，平底。口径0.95、底径0.54、深0.48米。坑内填土自上而下基本相同，为深灰色土，结构疏松，土壤包含物有石块、植物根系、细煤渣、硬土块、料姜石等，出土遗物筒瓦、陶盆、瓷碗（图二三三，1；彩版一三二，2）。

（18）H2147

位于 T20505 东南部，开口于第③层下，打破生土，被 H2067 打破。残存平面呈半圆形，剖面呈袋状，平底。口径 1.06、底径 1.2、深 0.55 米。坑内填土为灰黑色土，结构疏松，土壤包含物有细煤渣、料姜石、小砾石、白灰粒、植物根系等，出土遗物有筒瓦、板瓦、陶盆、陶碗、陶罐等（图二三三，2）。

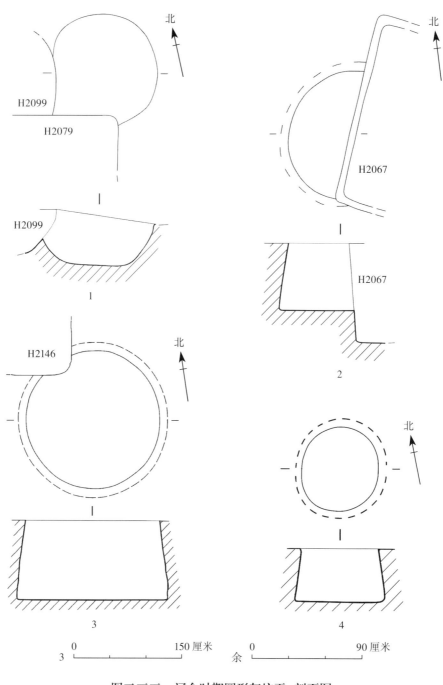

图二三三　辽金时期圆形灰坑平、剖面图

1. H2100　2. H2147　3. H2158　4. H2159

（19）H2158

位于 T20505 南部偏西，T20405 北隔梁下，开口于第③层下，打破生土，被 H2146 打破。平面呈圆形，剖面呈袋状，平底。口径 1.81、底径 2.03、深 1.03 米。坑内填土为灰黑色土，结构疏松，土壤包含物有兽骨、细煤渣、料姜石、植物根系、硬土块、白灰粒等，出土遗物有筒瓦、板瓦、瓦当、陶盆、陶碗、陶盏等（图二三三，3）。

（20）H2159

位于 T20505 西南部，开口于第③层下，打破生土。平面呈圆形，剖面呈袋状，平底。口径 0.68、底径 0.78、深 0.45 米。坑内填土为黄褐色土，结构疏松，土壤包含物有细煤渣、料姜石、木炭屑、小砾石、植物根系等，出土遗物有筒瓦、板瓦、陶盆、陶碗等（图二三三，4；彩版一三二，3）。

（21）H2160

位于 T20505 中南部，开口于第③层下，打破生土，被 H2057 打破。平面呈圆形，剖面呈袋状，平底。口径 1.33、底径 1.45、深 0.67 米。坑内填土为灰褐色土，结构疏松，土壤包含物有细煤渣、兽骨、木炭屑、片石、小砾石、植物根系、白灰块、植物根系等，出土遗物筒瓦、板瓦、陶罐、陶盆、陶盏、陶碗等（图二三四，1；彩版一三二，4）。

（22）H2163

位于 T20506 东南部，T20406 北隔梁下，开口于第③层下，打破生土，被 H2115 和 H2327 打破。平面呈圆形，剖面呈袋状，平底。口径 1.72、底径 1.88、深 0.66 米。坑内填土为深灰褐色土，结构疏松，土壤包含物有细煤渣、木炭屑、红烧土块、料姜石、植物根系等，出土遗物有筒瓦、板瓦、陶罐、陶盆、陶碗、陶盏、瓷碗、瓷罐等（图二三四，2）。

（23）H2169

位于 T20506 西部偏南及 T20505 东隔梁下，开口于第③层下，打破生土，被 H2117 和 H2168 打破。平面呈圆形，剖面呈袋状，平底。口径 1.02、底径 1.2、深 0.65 米。坑内填土为黄褐灰色土，结构疏松，土壤包含物有细煤渣、兽骨、料姜石、石块、小砾石、白灰块、硬土块等，出土遗物筒瓦、板瓦、陶罐、陶盆、陶盏、瓷碗等（图二三四，3；彩版一三二，5）。

（24）H2170

位于 T20506 西中部，开口于第③层下，打破 H2172 和生土，被 H2112 打破。平面呈圆形，剖面呈袋状，平底。口径 1.46、底径 1.56、深 0.67 米。坑内填土为黄褐色土质，结构疏松，土壤包含物有细煤渣、兽骨、硬土块、白灰块、红烧土块、料姜石、植物根系等，出土遗物有筒瓦、板瓦、陶罐、陶盆、陶碗、陶盏、瓷碗、瓷盏、瓷罐等（图二三四，4）。

（25）H2172

位于 T20506 西部偏北，开口于第③层下，打破生土，被 H2171 和 H2170 打破。平面呈圆形，斜弧壁，圜底。直径 1.25、深 0.4 米。坑内填土为灰褐色土，结构疏松，土壤包含物有细煤渣、硬土块、白灰块、小砾石、砖块、兽骨、植物根系等，出土遗物有筒瓦、板瓦、陶罐、陶盆、陶碗、瓷碗、瓷罐等（图二三五，1）。

（26）H2173

位于 T20506 西部偏北，T20505 东隔梁下，开口于第③层下，打破生土，被 H2208 打破。平面呈圆形，斜直壁，平底。口径 1.05、深 0.68 米。坑内填土为黄褐色灰土，结构疏松，土壤包含物有细煤渣、木炭屑、硬土块、小砾石、料姜石、植物根系等，出土遗物有筒瓦、板瓦、陶罐、

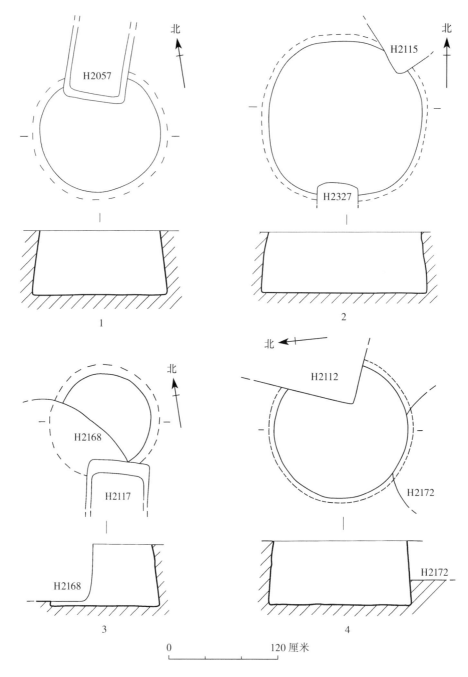

图二三四　辽金时期圆形灰坑平、剖面图

1. H2160　2. H2163　3. H2169　4. H2170

陶盆、瓷碗等（图二三五，2）。

（27）H2164

位于T20506东部偏南及东隔梁下，开口于第③层下，打破生土，被H2116打破。平面呈圆形，剖面呈袋状，平底。口径1.64、底径1.76、深0.72米。坑内填土为深褐色土，结构疏松，土壤包含物有细煤渣、兽骨、硬土块、白灰粒、碎石块、料姜石、植物根系等，出土遗物有筒瓦、板瓦、陶罐、陶盆、陶盏、陶碗等（图二三五，3；彩版一三二，6）。

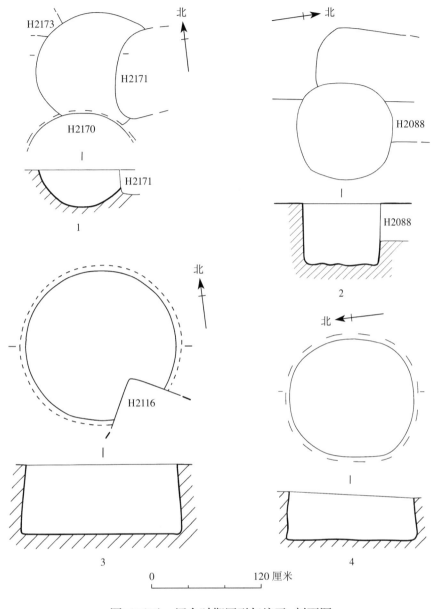

图二三五　辽金时期圆形灰坑平、剖面图

1. H2172　2. H2173　3. H2164　4. H2185

（28）H2185

位于 T20506 中部偏北，开口于第③层下，打破生土。平面呈圆形，剖面呈袋状，平底。口径 1.36、底径 1.44、深 0.46~0.52 米。坑内填土为黄褐色粉砂土，结构疏松，土壤包含物有细煤渣、木炭屑、兽骨、料姜石、硬土块、白灰块、植物根系等出土遗物有筒瓦、板瓦、陶罐、陶盆、陶盏等（图二三五，4；彩版一三三，1）。

（29）H2166

位于 T20506 东南部，开口于第③层下，打破 H2167 和生土，被 H2162 打破。平面呈圆形，剖面呈袋状，平底。口径 1.08、底径 1.12、深 0.66 米。坑内填土为浅灰褐色土，结构疏松，土壤包含物有细煤渣、木炭屑、兽骨、料姜石、硬土块、植物根系等，出土遗物有筒瓦、板瓦、陶罐、陶盆等（图二三六，1；彩版一三三，2）。

（30）H2178

位于T20506西北部及北隔梁下，开口于第③层下，打破H2180、H2268和生土。平面呈圆形，直壁，平底。直径1、深0.5米。坑内填土为褐色土，结构疏松，土壤包含物有细煤渣、料姜石、木炭屑、小砾石、植物根系等，出土遗物有筒瓦、板瓦、陶罐、陶盆、瓷碗等（图二三六，2）。

（31）H2203

位于T20506东部偏北及东隔梁下，开口于第③层下，打破H2207和生土。平面呈圆形，斜弧壁，平底。口径1.5、底径1.35、深0.5米。坑内填土为黄褐色土，结构疏松，土壤包含物有细煤渣、木炭灰、小砾石、料姜石、硬土块、白灰块、植物根系等，出土遗物有筒瓦、板瓦、

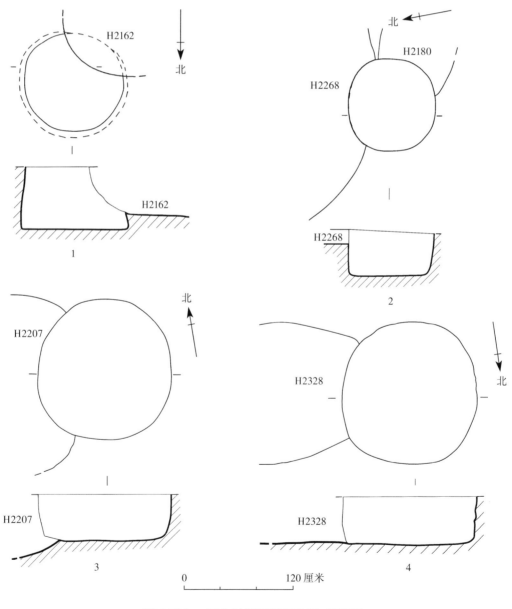

图二三六　辽金时期圆形灰坑平、剖面图

1. H2166　2. H2178　3. H2203　4. H2165

檐头板瓦、陶盆、陶碗、陶罐、瓷碗等（图二三六，3）。

（32）H2165

位于T20506中东部及东隔梁下，开口于第③层下，打破H2328和生土。平面呈圆形，斜弧壁，平底。口径1.45、底径1.36、深0.5米。坑内填土为灰褐色土，结构疏松，土壤包含物有细煤渣、木炭屑、料姜石、小砾石、兽骨、植物根系等，出土遗物有筒瓦、板瓦、陶罐、陶盆、陶碗、瓷碗等（图二三六，4；彩版一三三，3）。

（33）H2176

位于T20507西北部，开口于第③层下，打破H2186和生土，被铸造井台路和H2175打破。平面近呈圆形，斜壁，平底。口径1.83~2.16、底径1.7~2、深0.45米。坑内填土为灰色土，结构疏松，土壤包含物有细煤渣、木炭屑、碎石块、砖块、植物根系等，出土遗物有筒瓦、板瓦、陶瓮、陶罐、陶盆、瓷碗等（图二三七，1；彩版一三三，4）。

（34）H2183

位于T20507西部偏北，T20506东隔梁下，开口于第③层下，打破铸造井台路和生土。平面呈圆形，弧壁，平底。口径1.24、底径1.06、深0.46米。坑内填土为黄褐色土，结构疏松，土壤包含物有石块、硬土块、细煤渣、植物根系等，出土遗物有筒瓦、板瓦、陶罐、陶碗等（图二三七，2）。

（35）H2186

位于T20507西北部，开口于第③层下，打破生土，被H2176打破。平面呈圆形，弧壁，平底。口径1.24、底径1.12、深0.16~0.19米。坑内填土为灰色土，结构疏松，土壤包含物有细煤渣、木炭屑、碎石块、砖块、植物根系等，出土遗物有筒瓦、板瓦、陶罐、陶盆、陶瓮、瓷碗等（图二三七，3）。

（36）H2187

位于T20507中部偏西，开口于第③层下，打破H2193和生土。平面近圆形，斜弧壁，平底。坑口长1.83、宽1.36、坑底长1.26、宽0.96、深0.42米。坑内填土为深灰色土，结构疏松，土壤包含物有细煤渣、碎石块、料姜石、硬土块、白灰块、植物根系等，出土遗物有筒瓦、板瓦、陶罐、陶盆、陶碗、瓷盏、瓷碗等（图二三七，4；彩版一三三，5）。

（37）H2209

位于T20507西南部，开口于第③层下，打破生土。平面呈圆形，斜弧壁，平底。口径1.5、底径1.42、深0.42~0.57米。坑内填土为灰褐色，结构疏松，土壤包含物有石块、兽骨、白灰块、硬土块、料姜石等，出土遗物有筒瓦、板瓦、檐头板瓦、陶罐、陶盆、陶碗、瓷碗等（图二三八，1；彩版一三三，6）。

（38）H2213

位于T20507中部偏南，开口于第③层下，打破生土。平面呈圆形，剖面呈袋状，平底。口径1.32、底径1.44、深0.76~0.87米。坑内填土为深灰色土，结构疏松，土壤包含物有石块、料姜石、硬土块、白灰块、植物根系等，出土遗物有筒瓦、板瓦、砖块、陶罐、陶碗、陶瓮等（图二三八，2；彩版一三四，1）。

（39）H2216

位于T20507中部，开口于第③层下，打破生土。平面呈圆形，剖面呈袋状，平底。口径1.52、

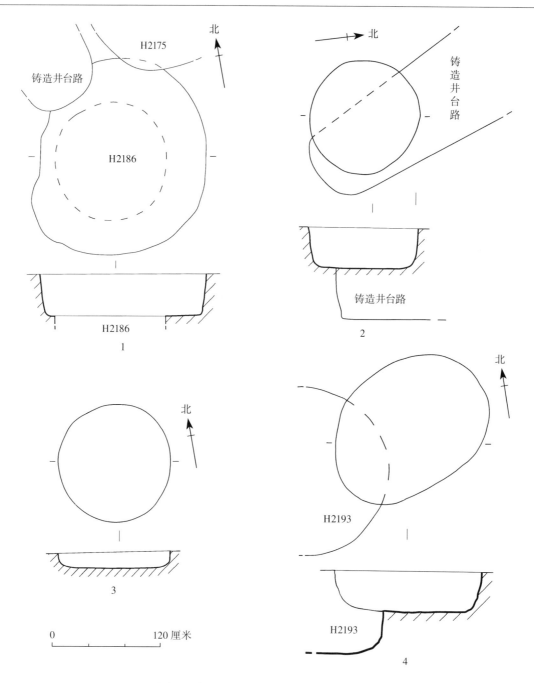

图二三七　辽金时期圆形灰坑平、剖面

1. H2176　2. H2183　3. H2186　4. H2187

底径 1.64、深 0.56 米。坑内填土为浅灰色土，结构疏松，土壤包含物有石块、料姜石、硬土块、白灰块、植物根系等，出土遗物有筒瓦、板瓦、陶片、陶罐、陶碗、陶瓷瓷片等（图二三八，3；彩版一三四，2）。

（40）H2103

位于 T20603 西北部，开口于第③层下，打破生土。平面呈圆形，剖面呈袋状，平底。直径 0.54、底径 0.64、深 0.48 米。坑内填土为红褐色砂土，结构疏松，土壤包含物有白石灰块、细煤渣、

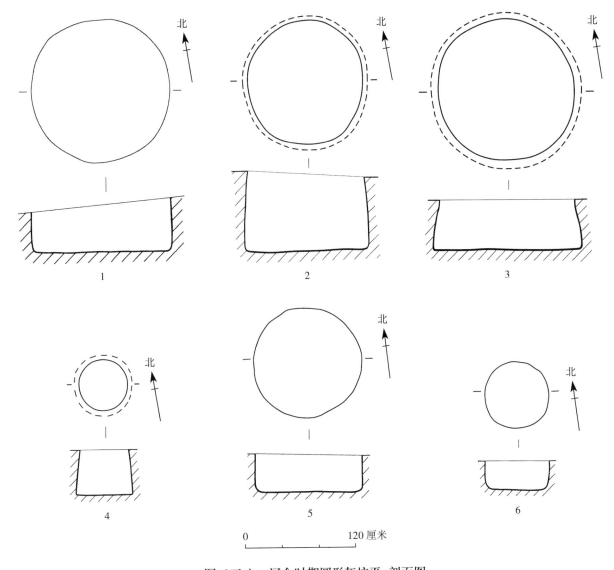

图二三八　辽金时期圆形灰坑平、剖面图

1. H2209　2. H2213　3. H2216　4. H2103　5. H2154　6. H2153

碎石块、料姜石等，出土遗物有筒瓦、板瓦等（图二三八，4；彩版一三四，3）。

（41）H2154

位于T20605中西部，开口于第③层下，打破生土。平面呈圆形，直壁，平底。口径1.18、底径1.1、深0.4米。坑内填土为浅褐色土，结构疏松，土壤包含物有细煤渣、料姜石、白灰块、硬土块、小砾石、植物根系等，出土遗物有筒瓦、陶盆（图二三八，5；彩版一三四，4）。

（42）H2153

位于T20605北中部，开口于第③层下，打破生土。平面呈圆形，斜弧壁，平底。口径0.74、底径0.68、深0.32米。坑内填土为浅褐色土，结构疏松，土壤包含物有细煤渣、料姜石、白灰块、硬土块、小砾石、植物根系等，出土遗物有筒瓦（图二三八，6；彩版一三四，5）。

（43）H2271

位于T20606南部，开口于第③层下，打破生土，被铸造井台打破。平面呈圆形，剖面呈袋状，平底。口径 1.32、底径 1.62、深 0.9 米。坑内填土为浅灰色土，结构疏松，土壤包含物有兽骨、细煤渣、木炭屑、料姜石、植物根系、硬土块等，出土遗物有筒瓦、板瓦、陶罐、陶盆、石夯等（图二三九，1）。

　　（44）H2353

　　位于 T20705 北隔梁下中部，开口于第③层下，打破生土，被 H2174 和 H2222 打破。平面呈圆形，剖面呈袋状，平底。口径 1.2、底径 1.32、深 0.5~0.96 米。坑内填土为灰黑色土，结构疏松，土壤包含物有细煤渣、碎石块、料姜石、兽骨、硬土块、植物根系等，出土遗物有筒瓦、板瓦、陶罐、陶盆、陶盏等（图二三九，2；彩版一三四，6）。

　　（45）H2226

　　位于 T20705 西南部，开口于第③层下，打破 H2227 和生土，被 H2157、H2189 和 H2224 打破。

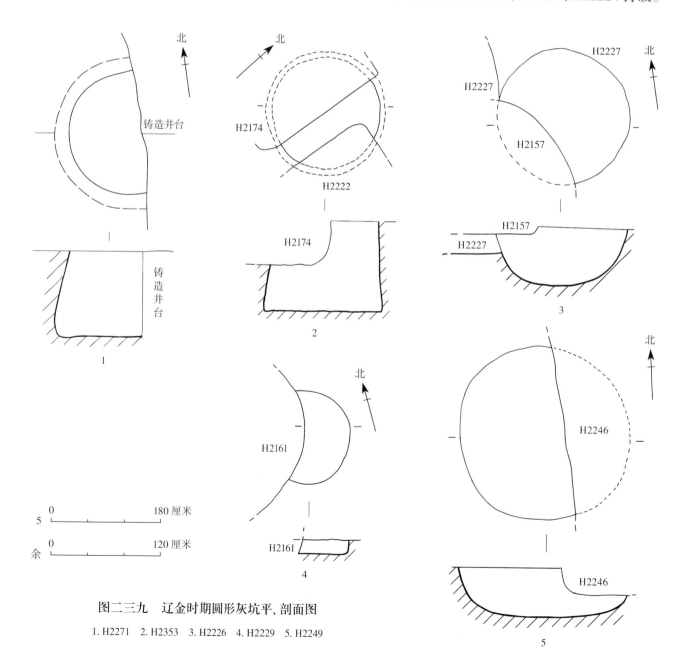

图二三九　辽金时期圆形灰坑平、剖面图

1. H2271　2. H2353　3. H2226　4. H2229　5. H2249

平面呈圆形，斜弧壁，圜底。直径 1.4、深 0.54~0.64 米。坑内填土为黄褐色土，结构疏松，土壤包含物有细煤渣、碎石、料姜石、植物根系等，出土遗物有筒瓦、板瓦、陶罐、陶盆、陶碗、陶壶、陶盏等（图二三九，3）。

（46）H2229

位于 T20705 中部偏西，开口于第③层下，打破生土，被 H2161 打破。平面呈圆形，斜壁，平底。口径 1、底径 0.95、深 0.16 米。坑内填土为灰色土，结构疏松，土壤包含物有细煤渣、木炭屑、硬土块、白灰块、小砾石、植物根系等，出土遗物有筒瓦、板瓦、陶罐、陶盆等（图二三九，4）。

（47）H2249

位于 T20906 中部偏西，开口于第③层下，打破生土，被 H2246 打破。平面呈圆形，斜弧壁，底呈弧状。长 2.76、宽 2.74、深 0.36~0.78 米。坑内填土为黄褐色土，结构疏松，土壤包含物有细煤渣、碎石子、白灰粒、植物根系等，出土遗物有筒瓦、板瓦、兽面纹瓦当、檐头板瓦、陶罐、陶盆、陶盏、陶瓮、瓷碗等，其中出土可复原陶瓶 1 件，陶罐 1 件，陶碗 2 件，陶盆 1 件，瓷碗 2 件（图二三九，5；彩版一三五，1）。

（48）H2168

位于 T20506 西南部，T20406 北隔梁下，T20505 东隔梁下，T20405 关键柱下，开口于第③层下，打破 H2169 和生土，被 H2117 打破。平面呈圆形，斜弧壁，圜底。长 1.95、残宽 1.4~1.9、深 0.58 米。坑内填土为灰褐色土，结构疏松，土壤包含物有细煤渣、料姜石、兽骨、碎石块、白灰粒、植物根系等，出土遗物有筒瓦、板瓦、陶盆、瓷碗等（图二四〇，1）。

（49）H2167

位于 T20506 中南部，开口于第③层下，打破生土，被 H2162 和 H2166 打破。平面呈圆形，剖面呈袋状，平底。坑口残长 0.64、残宽 0.06、坑底残长 0.85、残宽 0.14、深 0.48 米。坑内填土为黄褐色土，结构疏松，土壤包含物有细煤渣、料姜石、碎石块、硬土块、木炭屑、植物根系等，出土遗物有筒瓦、板瓦、陶盆等（图二四〇，2）。

（50）H2121

位于 T20603 西北部，开口于第③层下，打破生土。平面呈圆形，剖面呈袋状，平底。直径 0.72、底径 0.8、深 0.25~0.3 米。坑内填土为灰黑色砂土，结构疏松，土壤包含物有白石灰块、细煤渣、碎石块、料姜石等，出土遗物有筒瓦、板瓦、陶罐、陶盆等（图二四〇，3；彩版一三五，2）。

（51）H2137

位于 T20603 北中部，开口于第③层下，打破生土。平面呈圆形，剖面呈袋状，平底。坑口直径 1.12、坑底直径 1.26、深 0.56 米。坑内填土为灰黑色土，结构疏松，土壤包含物有白石灰块、细煤渣、碎石块、料姜石、兽骨残块等，出土遗物有筒瓦、板瓦、陶罐、陶盆、陶钵等（图二四〇，4；彩版一三五，3）。

（52）H2122

位于 T20603 北中部偏西，开口于第③层下，打破生土。平面呈圆形，直壁，平底。直径 1.16、深 0.4 米。坑内填土为灰黑色粉砂土，结构疏松，土壤包含物有细煤渣、碎石块、植物根系、料姜石等，出土遗物有筒瓦、板瓦、陶罐、陶盆等（图二四一，1；彩版一三五，4）。

（53）H2126

位于 T20603 东部偏北，开口于第③层下，打破生土，被 H2123 和 H2125 打破。平面呈圆

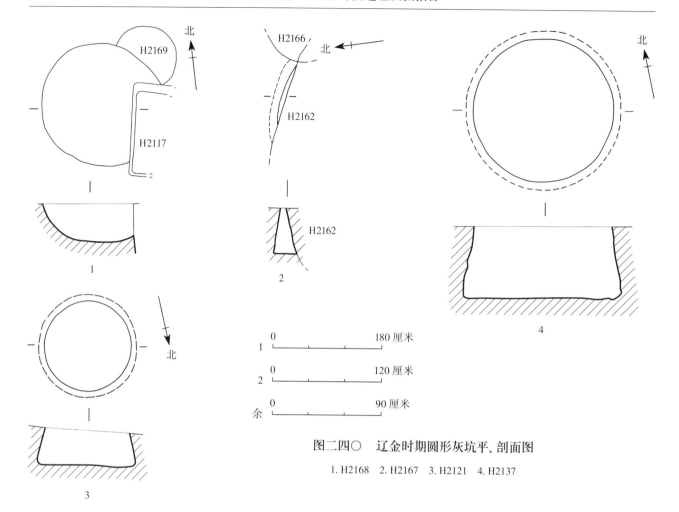

图二四〇　辽金时期圆形灰坑平、剖面图

1. H2168　2. H2167　3. H2121　4. H2137

形，剖面呈袋状，平底。口径 1、底径 1.12、深 0.46 米。坑内填土为灰黑色粉砂土，结构疏松，土壤包含物有细煤渣、植物根系、白灰块、碎石块、料姜石、硬土块等，出土遗物有筒瓦、板瓦、陶莲花建筑饰件、陶盆、瓷碗等（图二四一，2；彩版一三五，5）。

（54）H2125

位于 T20603 东部偏北，开口于第③层下，打破 H2126 和生土，被 H2123 打破。平面呈圆形，剖面呈袋状，平底。口径 1.10、底径 1.22、深 0.8 米。坑内填土为灰黑色粉砂土，结构疏松，土壤包含物有细煤渣、植物根系、碎石块、料姜石、硬土块等，出土遗物有筒瓦、板瓦、陶罐、陶盆、骨饰件等（图二四一，3；彩版一三五，6）。

（55）H2101

位于 T20603 南部偏东及 T20503 北隔梁下，开口于第③层下，打破生土，被 H2049 和 H2089 打破。平面呈圆形，剖面呈袋状，平底。口径 1.93、底径 2.13、深 1.24 米。坑内填土自上而下基本相同，为灰褐色土，结构疏松，土壤包含物有料姜石、石块、硬土块、白灰块、砖块等，出土遗物有陶罐、陶盆、陶碗、瓷碗等（图二四一，4；彩版一三六，1）。

（56）H2081

位于 T20604 西南部，开口于第③层下，打破 H2082、H2134 和生土，被 H2080 打破。平面呈圆形，直壁，平底。口径 1.22、深 0.8 米。坑内填土自上而下分为两层。第①层：黄褐色土，

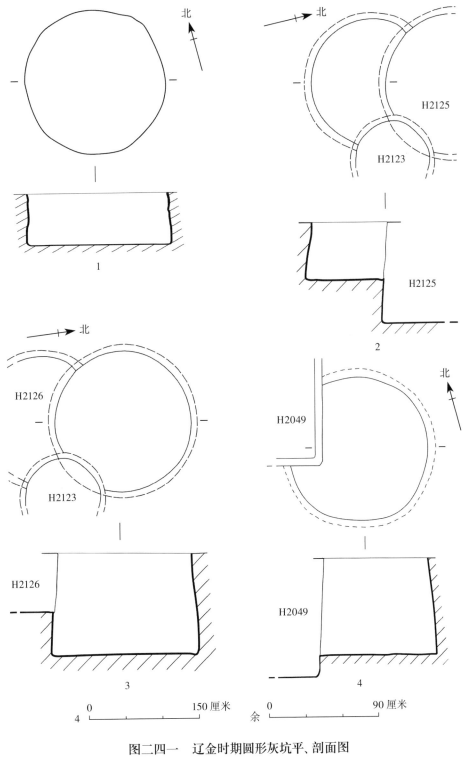

1

H2125

2

H2126

H2123

H2126

H2049

H2049

3

4

0　　　　　　　　150 厘米

4

0　　　　　　　90 厘米

余

图二四一　辽金时期圆形灰坑平、剖面图

1. H2122　2. H2126　3. H2125　4. H2101

结构疏松，厚 0.3 米。第②层：灰褐色土，结构疏松，厚 0.5 米。两层土壤包含物和出土遗物基本相同，有碎石块、植物根系、硬土块、料姜石、兽骨、细煤渣等，出土遗物有筒瓦、琉璃筒瓦、板瓦、陶罐、陶盆、瓷碗等（图二四二，1；彩版一三六，2）。

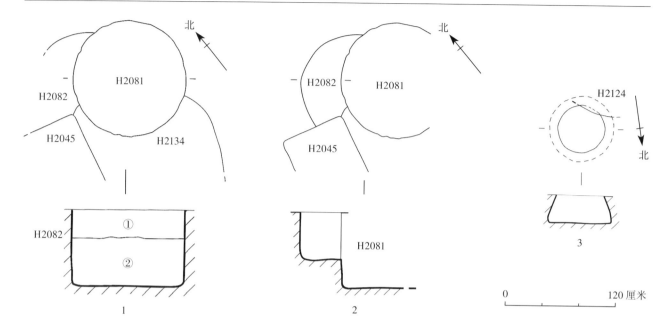

图二四二　辽金时期圆形灰坑平、剖面图

1. H2081　2. H2082　3. H2150

（57）H2082

位于 T20604 西南部，开口于第③层下，打破生土，被 H2045、H2081 和 H2134 打破。平面呈圆形，直壁，平底。残长 0.44～0.66、残宽 0.78～0.98、深 0.52 米。坑内填土为灰褐色土，结构疏松，土壤包含物有碎石块、植物根系、硬土块、料姜石、细煤渣等，出土遗物有筒瓦、板瓦、陶罐、陶盆等（图二四二，2）。

（58）H2150

位于 T20604 东部偏北，开口于第③层下，打破生土，被 H2124 打破。平面呈圆形，剖面呈袋状，平底。口径 0.52、底径 0.7、深 0.3 米。坑内填土为黄褐色土，结构疏松，土壤包含物有碎石块、料姜石、细煤渣等，出土遗物有筒瓦、板瓦、陶盆、瓷碗等（图二四二，3；彩版一三六，3）。

（59）H2119

位于 T20704 东北部，开口于第②、③层下，打破生土，被 H2107 和 H2104 打破。平面呈圆形，剖面呈袋状，平底。口径 1.24、底径 1.4、深 0.9 米。坑内填土为灰褐色土，结构疏松，土壤包含物有细煤渣、兽骨、草木灰、小砾石、铁锈渣、料姜石、植物根系等，出土遗物有"传祚无穷"瓦当、筒瓦、板瓦、陶罐、陶盆、陶碗、陶壶、陶瓮、瓷碗等（图二四三，1）。

（60）H2265

位于 T20805 中部偏南，开口于第③层下，打破生土，被现代沟和 H2263 打破。平面呈圆形，斜直壁，平底。直径 0.92、深 0.33 米。坑内填土为黄褐色土，结构疏松，土壤包含物有碎石块、细煤渣、料姜石、硬土块、兽骨、植物根系等，出土遗物有筒瓦、板瓦、陶片、陶罐等（图二四三，2；彩版一三六，4）。

3. 椭圆形灰坑

24 个，其中有遗物的 23 个，无遗物的 1 个，无遗物的不在本处描述，相关信息见灰坑表。

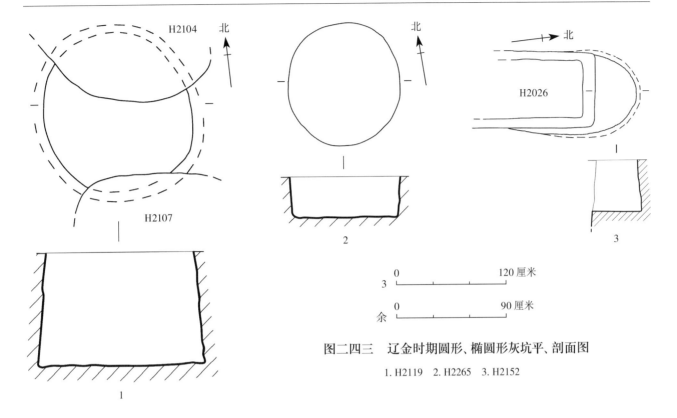

图二四三　辽金时期圆形、椭圆形灰坑平、剖面图

1. H2119　2. H2265　3. H2152

（1）H2152

位于 T20603 西北部，开口于第③层下，打破生土，被 H2026 打破。平面呈椭圆形，剖面呈袋状，平底。坑口长 0.46~1.46、宽 0.86、坑底长 0.5~1.5、宽 0.94、深 0.55 米。坑内填土为灰褐色土，结构疏松，土壤包含物有细煤渣、植物根系、硬土块、碎石块、料姜石、白灰块等，出土遗物有瓦片、陶罐、陶盆、瓷碗等（图二四三，3）。

（2）H2016

位于 T20403 东隔梁下北部，开口于第③层下，打破生土。平面呈椭圆形，剖面呈袋状，平底。坑口长 2.04、宽 1.52、坑底长 2.26、宽 1.7、深 1.1 米。坑内填土为灰褐色土，结构疏松，土壤包含物有细煤渣、石块、硬土块、白灰块、植物根系等，出土遗物有筒瓦、板瓦、陶罐、陶盆、陶碗、陶纺轮、瓷碗、瓷盏等（图二四四，1；彩版一三六，5）。

（3）H2019

位于 T20403 北部偏东及北隔梁下，开口于第③层下，打破生土。平面呈椭圆形，直壁，平底。长 2.1、宽 1.15、深 1.18 米。坑内填土为灰黑色土，结构疏松，土壤包含物有碎石块、细煤渣、兽骨、硬土块、植物根系等，出土遗物有筒瓦、板瓦、陶罐、陶盆、陶盏等（图二四四，2；彩版一三六，6）。

（4）H2330

位于 T20404 东北部、东隔梁及北隔梁和关键柱下，开口于第③层下，打破生土，被 H2340 和炉 2028 叠压打破。平面呈椭圆形，剖面呈袋状，平底。坑口长 1.75、残宽 0.5~0.96、坑底长 1.9、残宽 0.5~1、深 0.7 米。坑内填土为灰褐色土，结构疏松，土壤包含物有细煤渣、硬土块、兽骨、小砾石、锈铁渣、料姜石、植物根系等，出土遗物有筒瓦、板瓦、琉璃筒瓦、檐头板瓦、陶罐、

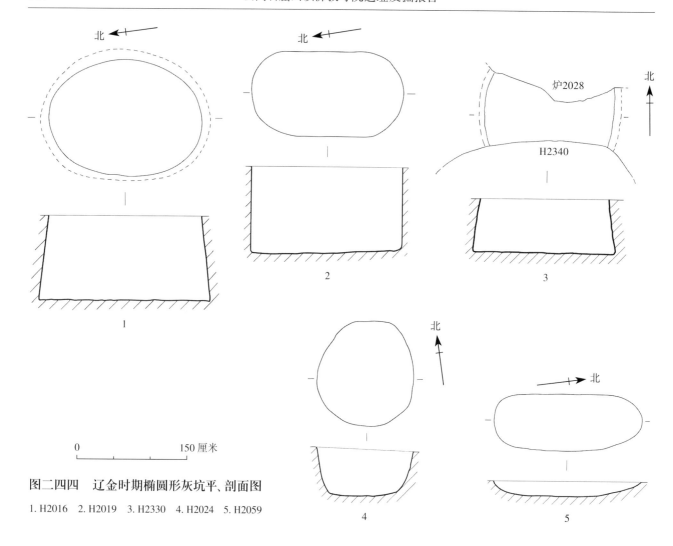

图二四四　辽金时期椭圆形灰坑平、剖面图

1. H2016　2. H2019　3. H2330　4. H2024　5. H2059

陶盆、陶碗、陶盏、陶纺轮、瓷碗、瓷罐等（图二四四，3）。

（5）H2024

位于 T20404 西北部及北隔梁下，开口于第③层下，打破生土。平面呈椭圆形，斜弧壁，底呈弧状。长 1.39、宽 1.32、深 0.58~0.64 米。坑内填土为灰褐色土，结构疏松，土壤包含物有细煤渣、小碎石、木炭屑、植物根系、硬土块等，出土遗物有筒瓦、板瓦、陶盆、瓷碗等（图二四四，4；彩版一三七，1）。

（6）H2059

位于 T20504 西北部及 T20503 东隔梁下，开口于第③层下，打破生土，被 H2335 打破。平面呈椭圆形，弧壁，底呈不规则弧状。坑口长 1.98、宽 0.75、深 0.2 米。坑内填土为灰色土，结构疏松，土壤包含物有细煤渣、碎石、植物根系等，出土遗物有筒瓦、板瓦、陶盆（图二四四，5）。

（7）H2060

位于 T20504 西南部及 T20503 东隔梁下，开口于第③层下，打破 H2061 和生土，被 H2335 打破。平面呈椭圆形，直壁，平底。坑口长 1.42、宽 1.32、深 0.7 米。坑内填土自上而下基本相同，为灰色土，结构疏松，土壤包含物有细煤渣、小石粒、料姜石、硬土块、植物根系等，出土遗物有筒瓦、板瓦、兽面纹瓦当、陶盆、瓷碗等（图二四五，1；彩版一三七，21）。

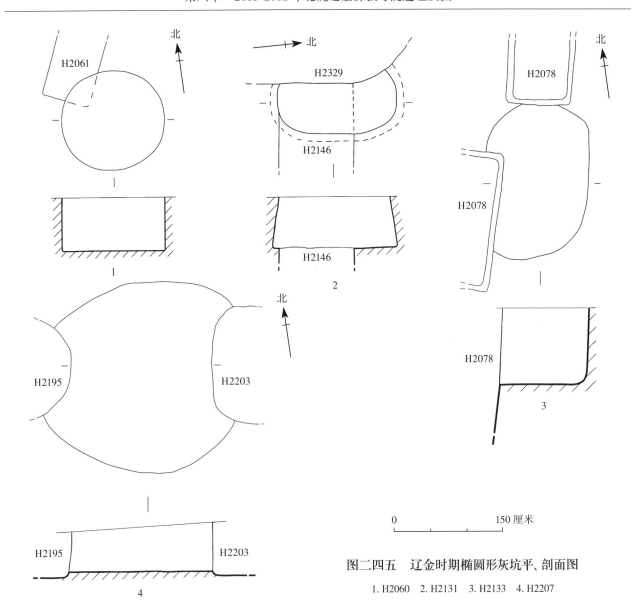

图二四五　辽金时期椭圆形灰坑平、剖面图

1. H2060　2. H2131　3. H2133　4. H2207

（8）H2131

位于 T20505 西部偏南，T20504 东隔梁下，开口于第③层下，打破 H2146 和生土，被 H2329 打破。平面呈椭圆形，剖面呈袋状，平底。坑口长 1.6、残宽 0.68、坑底长 1.82、残宽 0.78、深 0.68 米。坑内填土为灰黑色土，结构疏松，土壤包含物有细煤渣、白灰粒、小砾石、植物根系、料姜石等，出土遗物有筒瓦、板瓦、陶盆、陶盏等（图二四五，2；彩版一三七，3）。

（9）H2133

位于 T20505 西部偏北，开口于第③层下，打破生土，被 H2078 和 H2108 打破。平面呈椭圆形，直壁，平底。长 2.05、宽 1.12~1.38、深 0.98 米。坑内填土为灰黑色土，结构疏松，土壤包含物有兽骨、细煤渣、片石、小砾石、料姜石、植物根系、硬土块等，出土遗物有筒瓦、板瓦、陶罐、陶盆、陶碗、陶盏等（图二四五，3；彩版一三七，4）。

（10）H2207

位于 T20506 东北部，开口于第③层下，打破生土，被 H2203 和 H2195 打破。平面呈椭圆形，直壁，平底。残长1.8~2.4、宽2.5、深0.54~0.6米。坑内填土为黄褐色土，结构疏松，土壤包含物有细煤渣、料姜石、碎石块、植物根系、木炭屑、硬土块等，出土遗物有筒瓦、板瓦、"传祚无穷"瓦当、陶罐、陶盆、陶碗等（图二四五，4）。

（11）H2208

位于T20506西北部及北隔梁下，T20505东隔梁及关键柱下，开口于第③层下，打破生土，被H2173打破。平面呈椭圆形，斜弧壁，平底。坑口长1.9~2.75、宽0.6~1.3、坑底长1.85~2.58、宽0.5~1、深0.48米。坑内填土为灰褐色土，结构疏松，土壤包含物有细煤渣、木炭屑、硬土块、白灰粒、兽骨、料姜石、植物根系等，出土遗物有筒瓦、板瓦、陶盆、陶碗等（图二四六，1）。

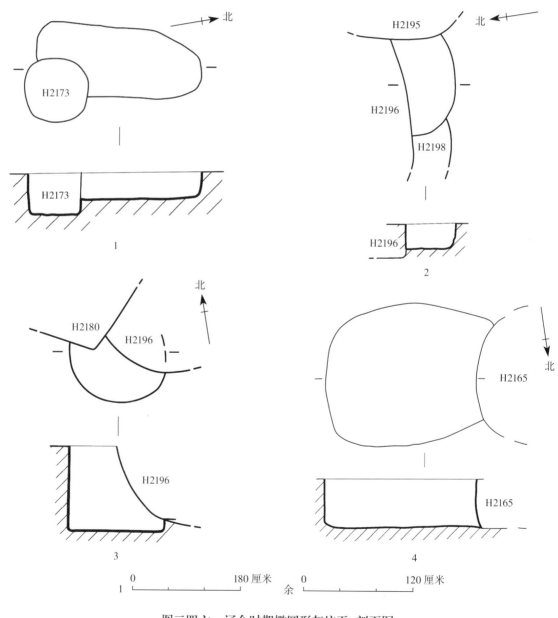

图二四六　辽金时期椭圆形灰坑平、剖面图

1. H2208　2. H2197　3. H2198　4. H2328

（12）H2197

位于T20506北部偏东，开口于第③层下，打破H2198和生土，被H2196和H2195打破。平面呈椭圆形，弧壁，平底。残长0.78~1.04、残宽0.54、深0.2~0.24米。坑内填土为黄褐色土，结构疏松，土壤包含物有细煤渣、木炭屑、兽骨、小砾石、硬土块、料姜石、植物根系等，出土遗物有筒瓦、板瓦、陶罐、陶盆、陶盏等（图二四六，2）。

（13）H2198

位于T20506西北部，开口于第③层下，打破生土，被H2180、H2196和H2197打破。平面呈椭圆形，直壁，平底。长1.04、残宽0.5、深0.88米。坑内填土为灰褐色土，结构疏松，土壤包含物有细煤渣、木炭屑、兽骨、小砾石、硬土块、料姜石、植物根系等，出土遗物有筒瓦、板瓦、陶罐、陶盆等（图二四六，3）。

（14）H2328

位于T20506东隔梁下中部，开口于第③层下，打破生土，被H2165打破。平面呈椭圆形，直壁，平底。长1.62~1.82、宽1.52、深0.5米。坑内填土为黄褐色土，结构疏松，土壤包含物有细煤渣、木炭灰、小砾石、料姜石、植物根系等，出土遗物有筒瓦、板瓦、陶罐、陶盆、瓷碗、瓷罐等（图二四六，4；彩版一三七，5）。

（15）H2193

位于T20507南部偏西及T20506东隔梁下，开口于第③层下，打破生土，被H2187打破。平面呈椭圆形，直壁，平底。长2.1、宽1.8、深0.45~0.95米。坑内填土为灰褐色土，结构疏松，土壤包含物有兽骨、细煤渣、草木灰、硬土块、植物根系等，出土遗物有筒瓦、板瓦、陶罐、陶盆、陶碗、瓷碗等（图二四七，1；彩版一三七，6）。

（16）H2341

位于T20604东隔梁下北部，开口于第③层下，打破生土。平面呈椭圆形，剖面呈袋状，平底。坑口长1.02、宽0.8、坑底长1.22、宽1、深0.6米。坑内填土为浅黄色砂土，结构疏松，土壤包含物有石块、细煤渣、木炭屑、植物根系、硬土块等，出土遗物有筒瓦、琉璃筒瓦、板瓦、陶罐、陶盆、瓷碗、瓷罐等（图二四七，2）。

（17）H2155

位于T20605中东部，开口于第③层下，打破生土。平面呈椭圆形，斜直壁，平底。坑口长0.67、宽0.54、坑底长0.58、宽0.48、深0.16米。坑内填土为浅褐色土，结构疏松，土壤包含物有细煤渣、料姜石、白灰块、硬土块、小砾石、植物根系等，出土遗物有筒瓦、陶盆、瓷碗（图二四七，3；彩版一三八，1）。

（18）H2348

位于T20606东隔梁下南部及T20506关键柱下，开口于第③层下，打破生土。平面呈椭圆形，斜弧壁，圜底。坑口长1.7、宽1.35、深0.55米。坑内填土为浅灰色土，结构疏松，土壤包含物有细煤渣、木炭屑、兽骨、小砾石、硬土块、料姜石、植物根系等，出土遗物有筒瓦、板瓦、"万岁富贵"瓦当、陶罐、陶盆等（图二四七，4）。

（19）H2234

位于T20705中部，开口于第③层下，打破生土。平面呈椭圆形，斜弧壁，平底。坑口长2.08、宽0.96、坑底长1.76、宽0.7、深0.52米。坑内填土为黄褐色土，结构疏松，土壤包含物有细煤渣、

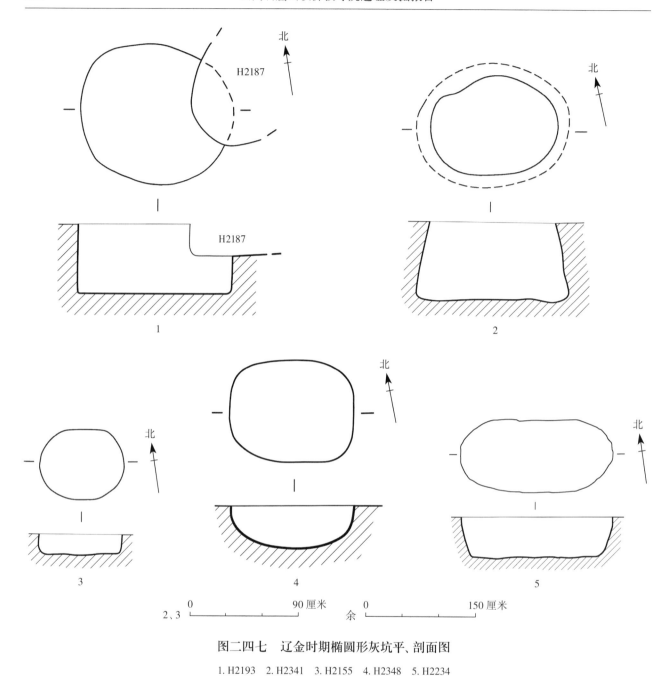

图二四七　辽金时期椭圆形灰坑平、剖面图

1. H2193　2. H2341　3. H2155　4. H2348　5. H2234

石灰块、硬土块、碎石块、料姜石、植物根系等，出土遗物有筒瓦、板瓦、"万岁富贵"瓦当、陶罐、陶盆等（图二四七，5；彩版一三八，2）。

（20）H2146

位于 T20505 西南部，开口于第③层下，打破 H2158 和生土，被 H2131 和 H2329 打破。平面呈椭圆形，剖面呈袋状，平底。坑口残长 0.81、宽 1.14、坑底长 1.85、宽 1.35、深 0.72~1.78 米。坑内填土为灰黑色土，结构疏松，土壤包含物有细煤渣、小砾石、兽骨、片石、白灰块、硬土块、植物根系等，出土遗物有筒瓦、板瓦、陶罐、陶盆、陶碗、陶盏、陶壶、瓷碗等（图二四八，1；彩版一三八，3）。

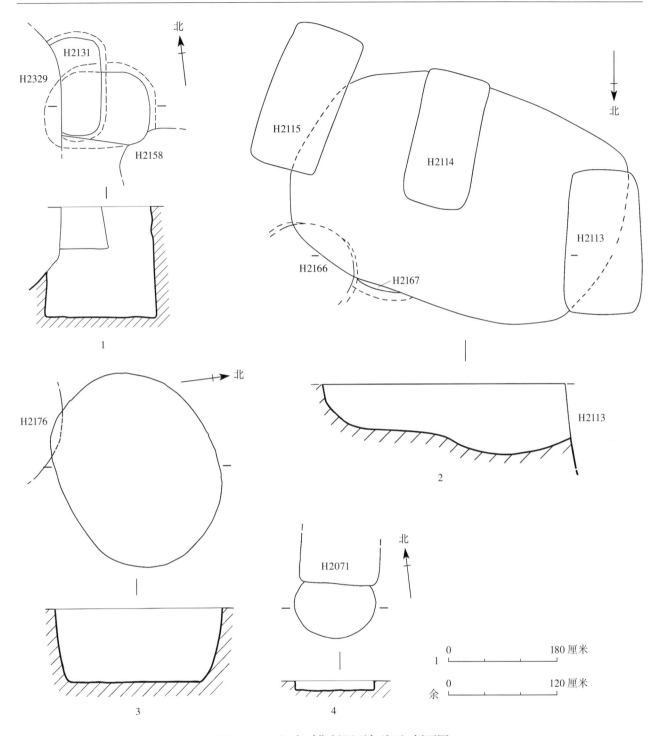

图二四八　辽金时期椭圆形灰坑平、剖面图

1. H2146　2. H2162　3. H2175　4. H2144

（21）H2162

位于 T20506 中南部，开口于第③层下，打破 H2167、H2166 和生土，被 H2113、H2114 和 H2115 打破。平面呈椭圆形，斜弧壁，底呈弧状。长 3.65、宽 2.64、深 0.74 米。坑内填土为深褐色土，结构疏松，土壤包含物有细煤渣、炼渣、铁锈渣、碎石块、硬土块、砖块、兽骨、植物根系等，出土遗物有筒瓦、板瓦、坩埚、陶罐、陶盆、陶碗、陶盏、瓷碗、瓷盏、瓷罐等（图二四八，2；彩版一三八，4）。

（22）H2175

位于 T20507 北部偏西及北隔梁下，开口于第③层下，打破 H2186 和生土。平面呈椭圆形，斜弧壁，平底。坑口长 2.08、宽 1.68、坑底长 1.72、宽 1.45、深 0.78 米。坑内填土为浅灰色土，结构疏松，土壤包含物有细煤渣、木炭屑、碎石块、兽骨、植物根系等，出土遗物有筒瓦、板瓦、陶罐、陶盆、陶碗、陶盏、陶瓮等（图二四八，3）。

（23）H2144

位于 T20603 西南部，开口于第③层下，打破生土，被 H2071 打破。平面呈椭圆形，直壁，平底。长 0.88、残宽 0.55~0.6、深 0.1 米。坑内填土为灰黑色粉砂土，土质松软，土壤包含物有细煤渣、硬土块、白灰残块、植物根系等，出土遗物有板瓦、筒瓦、陶罐、陶盆、陶瓮等（图二四八，4）。

4. 不规则形灰坑

42 个，其中有遗物的 40 个，无遗物的 2 个，无遗物的不在本处描述，相关信息见灰坑表。

（1）H2365

位于 T20707 北隔梁下西部，T20807 南部偏西，开口于 H2314、H2321 下，打破生土，被现代泄洪沟打破。平面呈不规则形，斜壁、弧底。口径长 1.98、宽 0~0.94、深 0~0.4 米。坑内堆积自上而下基本相同，为黄褐色花土，结构较致密，土壤包含物有硬土块、木细煤渣、料姜石、小砾石、炭粒、植物根系等，出土遗物有北魏时期的筒瓦、板瓦和“万岁富贵”瓦当、辽金板瓦等（图二四九，1）。

（2）H2008

位于 T20403 南部及 T20303 北隔梁下，开口于第③层下，打破生土。平面呈不规则形，直壁或斜壁外撇，平底。长 2.28、宽 1.62、深 0.9 米。坑内填土自上而下分为两层，第①层：黄褐色土，厚 0.4 米，结构疏松，土壤包含物有石块、碎石粒、植物根系、细煤渣等。第②层：灰褐色土，厚 0.5 米，结构疏松，土壤包含物有细煤渣、草木灰、植物根系、碎石块等。上下两层出土遗物基本相同，出土遗物有筒瓦、板瓦、陶盆、陶碗等（图二四九，2；彩版一三八，5）。

（3）H2010

位于 T20403 东部偏南及东隔梁下，开口于第③层下，打破生土。平面呈不规则形，斜壁，平底。长 2.22、宽 1.73、深 0.72 米。坑内填土为黄褐色粉砂土，结构疏松，土壤包含物有碎石块、细煤渣、料姜石、硬土块、植物根系等，出土遗物有筒瓦、板瓦、陶罐、陶盆、陶碗等（图二四九，3）。

（4）H2012

位于 T20403 东南部及东隔梁下，T20303 北隔梁和关键柱下，开口于第③层下，打破生土。平面呈不规则形，斜弧壁，平底。长 2.82、宽 2.78、深 0.6 米。坑内填土为灰褐色土，结构疏松，土壤包含物有细煤渣、硬土块、木炭屑、料姜石、植物根系等，出土遗物有筒瓦、板瓦、石莲花建筑饰件、陶罐、陶盆等（图二四九，4）。

（5）H2025

位于 T20404 北部偏东及北隔梁下，开口于第③层下，打破生土。平面呈不规则形，斜弧壁，平底。长 1.88、宽 1.84、深 0.42~0.47 米。坑内填土为灰褐色土，结构疏松，土壤包含物有细煤渣、

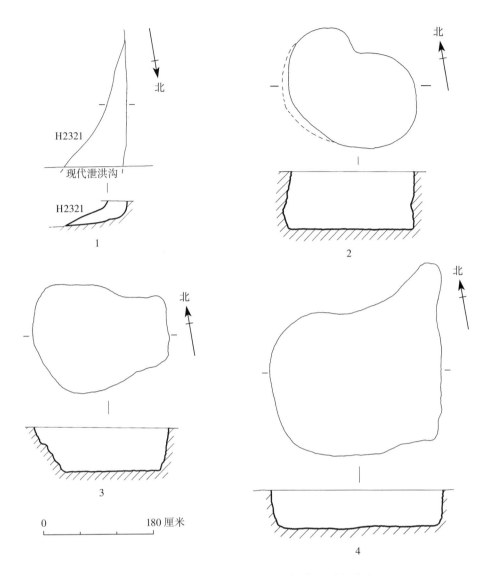

图二四九　辽金时期不规则形灰坑平、剖面图

1. H2365　2. H2008　3. H2010　4. H2012

木炭屑、小砾石、兽骨、白灰块、硬土块、植物根系等，出土遗物有筒瓦、板瓦、陶盆、瓷碗等（图二五〇，1；彩版一三九，1）。

（6）H2340

位于 T20404 东北部及东隔梁下，开口于第③层下，打破 H2330 和生土。平面呈不规则形，斜弧壁，底呈弧状。长 3.05、宽 1.9、深 0.75 米。坑内填土为浅褐色土，结构疏松，土壤包含物有细煤渣、片石、白灰块、碎石块、硬土块、木炭屑、兽骨、植物根系等，出土遗物有筒瓦、板瓦、琉璃筒瓦、檐头板瓦、石夯、陶罐、陶盆、陶碗、陶盏、瓷碗、瓷罐等（图二五〇，2）。

（7）H2063

位于 T20407 东北部及北隔梁下，T20507 东南部及东隔梁下，开口于第③层下，打破 H2337、炉 2018 和生土，被 H2084 和 H2242 打破。平面呈不规则形，斜弧壁，底呈不规则弧状，

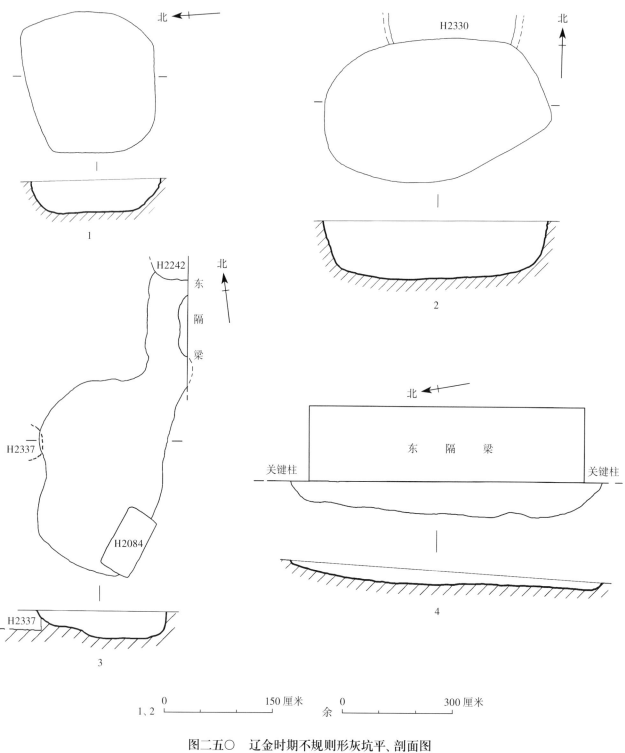

图二五〇　辽金时期不规则形灰坑平、剖面图

1. H2025　2. H2340　3. H2063　4. H2064

凹凸不平。残长 0.8~8.1、宽 0.9~3.5、深 0.7 米。坑内填土为浅灰色土，结构疏松，土壤包含物有细煤渣、硬土块、兽骨、白灰块、料姜石、植物根系、碎石块等，出土遗物有筒瓦、板瓦、琉璃筒瓦、"传祚无穷"瓦当、陶罐、陶盆、陶碗、陶盏、瓷碗、瓷罐、瓷瓶等（图二五〇，3）。

（8）H2064

位于 T20407 东部及北隔梁、东隔梁和关键柱下，开口于第③层下，打破生土。平面呈不规则形，斜弧壁，底呈不规则弧状，凹凸不平。长 8.35、宽 0~0.95、深 0.15~0.4 米。坑内填土为浅灰色土，结构疏松，土壤包含物有细煤渣、碎石块、硬土块、植物根系、料姜石等，出土遗物有筒瓦、板瓦、陶盆等（图二五〇，4）。

（9）H2352

位于 T20503 北部偏东及北隔梁下，开口于第③层下，打破生土。平面呈不规则形，斜弧壁，底呈不规则弧状。坑口长 2.7、宽 2.5、深 1.2~1.4 米。坑内填土为灰黑色土，结构疏松，土壤包含物有细煤渣、料姜石、碎石块、硬土块、木炭屑等，出土遗物有筒瓦、板瓦、陶罐、陶盆等，其中出土 1 件刻有"天长"字样的陶片（图二五一，1）。

（10）H2043

位于 T20504 东南部，开口于第③层下，打破 H2037 和生土。平面呈不规则形，斜弧壁，底呈不规则弧形。坑口长 3.15、宽 0.75~1.58、深 0.5 米。坑内填土自上而下基本相同，为黑灰色土，结构疏松，土壤包含物有细煤渣、白灰残块、碎石残块或粒、植物根系、硬土块等，出土遗物有筒瓦、板瓦、"传祚无穷"瓦当、陶罐、陶盆、陶盏、瓷碗等（图二五一，2；彩版一三九，2）。

（11）H2058

位于 T20504 西部偏南，开口于第③层下，打破生土。平面呈不规则形，直壁，底部呈不规则弧形底。坑口长 1.02、宽 0.95、深 0.46 米。坑内填土为黑灰色土，结构疏松，土壤包含物有

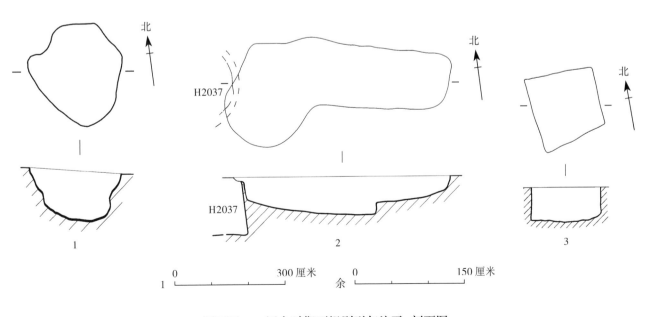

图二五一　辽金时期不规则形灰坑平、剖面图

1. H2352　2. H2043　3. H2058

细煤渣、碎石块、料姜石、硬土块、植物根系等，出土遗物有少量的筒瓦、板瓦、陶盆、瓷碗等（图二五一，3）。

（12）H2329

位于 T20504 东南部及东隔梁下，T20404 北隔梁以及关键柱下，开口于第③层下，打破 H2131 和生土，被炉 2028 打破。平面呈不规则形，斜弧壁，底呈不规则弧状。长 4、宽 3.47、深 0.52 米。坑内填土自上而下分为两层。第①层：红褐色粉砂土，厚约 0.34 米，结构致密，土壤包含物有细煤渣、小石块、硬土块、植物根系等。第②层：灰褐色粉砂土，厚约 0.18 米，结构较致密，土壤包含物有石块、细煤渣等。坑内两层填土出土遗物无明显差别，出土遗物有"传祚无穷"瓦当、筒瓦、板瓦、琉璃筒瓦、兽面纹瓦当、檐头板瓦、陶罐、陶盆、瓷碗等（图二五二，1；彩版一三九，3）。

（13）H2171

位于 T20506 西北部，开口于第③层下，打破 H2172 和生土。平面呈不规则形，壁面略弧，

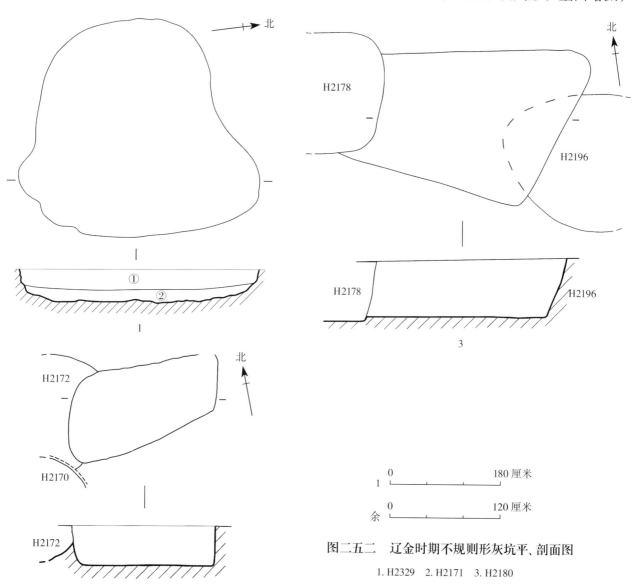

图二五二　辽金时期不规则形灰坑平、剖面图

1. H2329　2. H2171　3. H2180

平底。长 1.62、宽 0.6~0.9、深 0.42 米。坑内填土为黄褐色土，结构较致密，土壤包含物有细煤渣、料姜石、碎石块、小砾石、植物根系等，出土遗物有筒瓦、板瓦、陶罐、陶盆、陶盏等（图二五二，2；彩版一三九，4）。

（14）H2180

位于 T20506 北部偏西及北隔梁下，开口于第③层下，打破 H2196、H2198 和生土，被 H2178 打破。平面呈不规则形，斜弧壁，平底。残长 2.2~2.68、宽 1.04~1.64、深 0.52~0.64 米。坑内填土为黄褐色土，结构疏松，土壤包含物有细煤渣、硬土块、白灰块、小砾石、砖块、兽骨、植物根系，出土遗物有筒瓦、板瓦、陶罐、陶盆、陶碗等（图二五二，3）。

（15）H2195

位于 T20506 北部偏东，开口于第③层下，打破 H2196、H2197、H2207 和生土。平面呈不规则形，斜直壁，平底。长 1.32、宽 1.25、深 0.55 米。坑内填土为黄褐色砂土，结构疏松，土壤包含物有细煤渣、木炭屑、兽骨、小砾石、硬土块、料姜石、植物根系等，出土遗物有筒瓦、板瓦、陶盆、陶碗等（图二五三，1）。

（16）H2196

位于 T20506 中北部，开口于第③层下，打破 H2197、H2198 和生土，被 H2195 和 H2180 打破。平面呈不规则形，斜弧壁，斜平底。残长 1.12、宽 1.1、深 0.65~0.7 米。坑内填土为灰褐色土，结构疏松，土壤包含物有细煤渣、木炭屑、兽骨、红烧土块、小砾石、硬土块、料姜石、植物根系等，出土遗物有筒瓦、板瓦、"传祚无穷"瓦当、陶罐、陶盆、瓷碗等（图二五三，2；彩版一三九，5）。

（17）H2102

位于 T20603 东南部及东隔梁下，开口于第③层下，打破生土，被 H2028、H2339 和 H2089 打破。平面呈不规则形，斜弧壁，平底，凹凸不平。长 3.25、宽 2.75~3、深 0.4~0.5 米。坑内填土为灰黑色砂土，结构疏松，土壤包含物有细煤渣、碎石块、植物根系、料姜石、硬土块、白灰块等，出土遗物有"传祚无穷"瓦当、筒瓦、板瓦、檐头板瓦、陶罐、陶盆、陶碗、瓷碗等（图二五三，3）。

（18）H2039

位于 T20604 东北部及东隔梁下，开口于第③层下，打破 H2135 和生土。平面呈不规则形，斜弧壁，底呈不规则弧状。长 2.6、宽 2.3、深 0.5 米。坑内填土自上而下基本相同，为浅灰色土，结构疏松，土壤包含物有细煤渣、小砾石、兽骨、硬土块、砖块、白灰残块、植物根系等，出土遗物有筒瓦、板瓦、"传祚无穷"瓦当、陶罐、陶盆、瓷碗等（图二五三，4；彩版一三九，6）。

（19）H2080

位于 T20604 南部偏西，T20504 北隔梁下，开口于第③层下，打破 H2134、H2081、H2099 和生土，被 H2046 打破。平面呈不规则形，直壁，平底。长 3.8、宽 2.35、深 0.46 米。坑内填土为黑灰色土，结构疏松，土壤包含物有细煤渣、兽骨、植物根系、硬土块、铁渣残块等，出土遗物有筒瓦、板瓦、琉璃筒瓦、陶罐、陶盆、瓷碗、骨簪等（图二五三，5）。

（20）H2268

位于 T20606 西南部，T20506 北隔梁下，T20505 关键柱下，T20605 东隔梁下，开口于第③层下，打破 H2270 和生土，被 H2178 打破。平面呈不规则形，斜弧壁，底呈不规则状，凹凸不平。

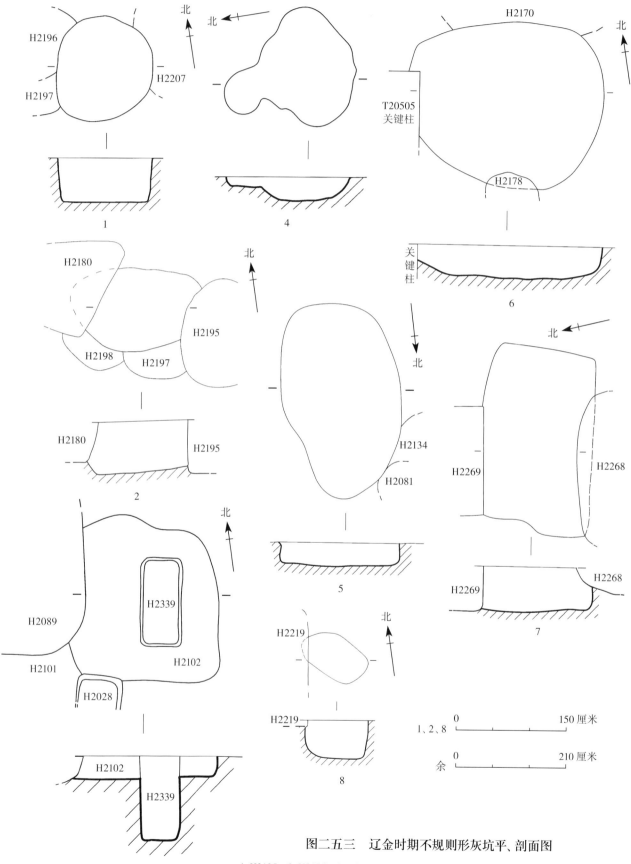

图二五三 辽金时期不规则形灰坑平、剖面图

1. H2195　2. H2196　3. H2102　4. H2039　5. H2080　6. H2268　7. H2270　8. H2194

长 2.9~3.1、宽 2.6、深 0.5 米。坑内填土为浅黑灰色土，结构疏松，土壤包含物有细煤渣、兽骨、料姜石、白灰块、红烧土块、碎石块、植物根系等，出土遗物有筒瓦、板瓦、陶罐、陶盆、瓷碗、瓷罐等，其中出土可复原瓷碗 1 件（图二五三，6）。

（21）H2270

位于 T20606 西南部，开口于第③层下，打破生土，被 H2095、H2268 和 H2269 打破。平面呈不规则形，直壁，平底。长 3.1、宽 1.52~1.84、深 0.72 米。坑内填土为黄褐色土，结构疏松，土壤包含物有细煤渣、兽骨、碎砖块、硬土块、料姜石、白灰块、植物根系等，出土遗物有筒瓦、板瓦、"万岁富贵"瓦当、陶罐、陶盆、陶盏等（图二五三，7）。

（22）H2194

位于 T20607 中部偏南，开口于第③层下，打破生土，被 H2219 打破。平面呈不规则形，斜弧壁，底呈不规则弧状。残长 1.05、宽 0.65、深 0.58 米。坑内填土为黄褐色土，结构疏松，土壤包含物有细煤渣、木炭屑、料姜石、小砾石、植物根系等，出土遗物有筒瓦、板瓦、陶罐、陶盆、陶碗、陶盏、瓷碗等（图二五三，8；彩版一四〇，1）。

（23）H2104

位于 T20704 东北部及东隔梁和关键柱下，开口于第③层下，打破 H2215、H2119 及生土。平面呈不规则形，斜弧壁，底呈不规则弧状。长 2.26、宽 1.8~2.8、深 0.24~0.44 米。坑内填土为灰褐色土，结构疏松，土壤包含物有细煤渣、兽骨、草木灰、石块、料姜石、植物根系等，出土遗物有筒瓦、板瓦、"万岁富贵"瓦当、陶罐、陶盆、陶碗、陶壶、陶瓮、瓷碗等（图二五四，1；彩版一四〇，2）。

（24）H2224

位于 T20705 中南部，开口于第③层下，打破 H2226 和生土，被 H2240 打破。平面呈不规则形，

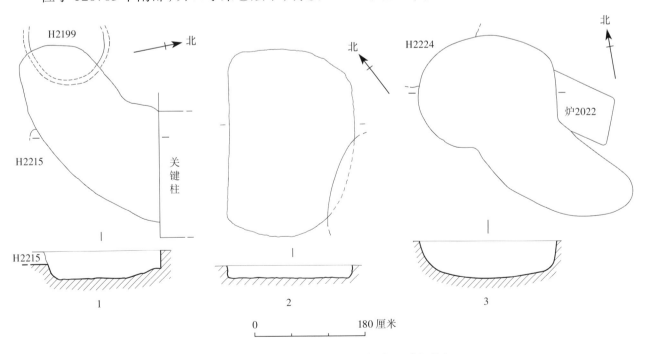

图二五四　辽金时期不规则形灰坑平、剖面图

1. H2104　2. H2224　3. H2240　4. H2227

斜弧壁，平底。坑口长 3、宽 2.10、坑底长 2.84、宽 2、深 0.2 米。坑内填土为灰色土，结构疏松，土壤包含物有细煤渣、硬土块、碎石块、石灰粒、植物根系等，出土遗物有筒瓦、板瓦、兽面纹瓦当、檐头板瓦、陶罐、陶盆、陶碗、陶盏、瓷碗等（图二五四，2）。

（25）H2240

位于 T20705 南部偏东，T20605 北隔梁下，开口于第③层下，打破炉 2022、H2224 和生土。平面呈不规则形，斜弧壁，圜底。长 3.96、宽 2.28、深 0.6 米。坑内填土为灰色土，结构疏松，土壤包含物有细煤渣、小石块、料姜石、兽骨、白灰粒、硬土块、木炭屑、植物根系等，出土遗物有筒瓦、板瓦、陶罐、陶盆、陶碗、陶盏、陶壶、瓷碗等（图二五四，3）。

（26）H2223

位于 T20705 东北部，开口于第③层下，打破生土。平面呈不规则形，斜弧壁，平底。坑口长 3、宽 2.02、坑底长 2.4、宽 1.64、深 0.55 米。坑内填土为灰色土，结构疏松，土壤包含物有碎石块、细煤渣、木炭屑、植物根系等，出土遗物有筒瓦、板瓦、陶罐、陶盆、陶碗等（图二五五，1；彩版一四〇，3）。

（27）H2257

位于 T20706 东南部，T20606 北隔梁下，开口于第③层下，打破生土，被 H2255 叠压和打破。该坑为袋状和矩形相连组成的坑。袋状部分平面呈圆形，剖面呈袋状，平底，口径 1.4、底径 1.55、深 0.4~0.9 米；矩形部分平面近长方形，弧壁，平底，长 1.6~2.45、宽 1.3~1.62、深 0.62~0.9 米。坑内填土为黑灰色粉砂土，结构疏松，土壤包含物有细煤渣、砾石、木炭屑、硬土块、植物根系等，出土遗物有筒瓦、板瓦、坩埚、陶罐、陶盆、瓷碗等（图二五五，2）。

（28）H2375

位于 TG21206 中南部，开口于第③层下，打破生土，被 H2370 打破。平面呈不规则形，斜弧壁，底呈弧状。长 1.68~2.1、已知宽 2、深 0.45 米。坑内填土为灰褐色土，结构疏松，土壤包含物有细煤渣、碎石块、硬土块、料姜石、植物根系等，出土遗物有筒瓦、板瓦、陶罐、陶盆、

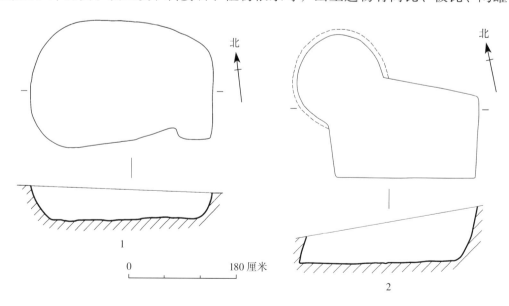

图二五五　辽金时期不规则形灰坑平、剖面图

1. H2223　2. H2257

陶碗、陶盏等（图二五六，1）。

（29）H2378

位于 TG213001 中部，开口于第③层下，打破 M2001 和生土。平面呈不规则形，斜弧壁，底呈不规则状，凹凸不平。长 8、宽 1.7~2、深 0.4~1.15 米。坑内填土为灰褐色土，结构疏松，土壤包含物有细煤渣、硬土块、碎石块、白灰块、料姜石、植物根系等，出土遗物有筒瓦、板瓦、琉璃筒瓦、兽面纹瓦当、莲花纹瓦当、兽面纹瓦当陶范、檐头板瓦、屋脊构件、陶罐、陶盆、瓷碗、瓷罐等（图二五六，2）。

（30）H2379

位于 TG213001 北部偏东，开口于第③层下，打破生土。平面呈不规则形，斜弧壁，底呈弧状。长 1.4、宽 0.64、深 0.72~0.95 米。坑内填土为灰褐色土，结构疏松，土壤包含物有细煤渣、碎石块、料姜石、白灰粒、硬土块、植物根系等，出土遗物有筒瓦、板瓦、兽面纹瓦当、陶罐、陶盆、瓷碗等（图二五六，3）。

（31）H2044

位于 T20504 中部偏东，开口于第③层下，打破 H2047、H2054 和生土。平面呈不规则形，斜弧壁，底呈不规则弧形。坑口长 2.76、宽 2.16、深 0.56 米。坑内填土堆积自上而下基本相同，为深褐色砂土，结构疏松，土壤包含物有大量细煤渣、少量石块、白灰粒或块、植物根系等，出土遗物有筒瓦、板瓦、檐头板瓦、陶罐、陶盆、底部有"枕」天长寺"的瓷碗、陶盏等（图二五七，1；彩版一四〇，4）。

（32）H2089

位于 T20603 中南部，开口于第③层下，打破 H2090、H2091、H2101、H2102、H2126、H2143 和生土，被 H2033、H2071、H2056、H2042、H2032、H2049 打破。平面呈不规则形，斜弧壁，底呈弧状，凹凸不平。残长 7.2、宽 3.9、深 0.6 米。坑内填土为红褐色土，结构疏松，土

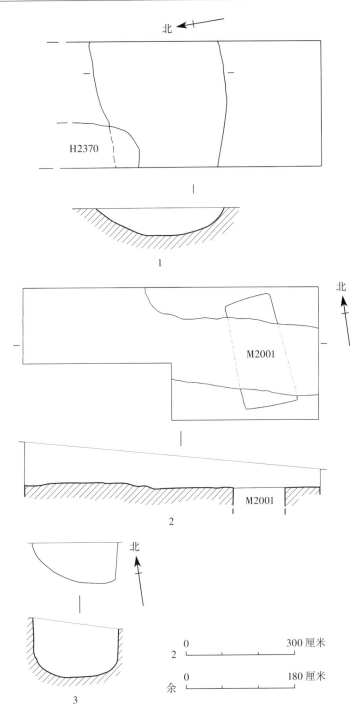

图二五六　辽金时期不规则形灰坑平、剖面图

1. H2375　2. H2378　3. H2379

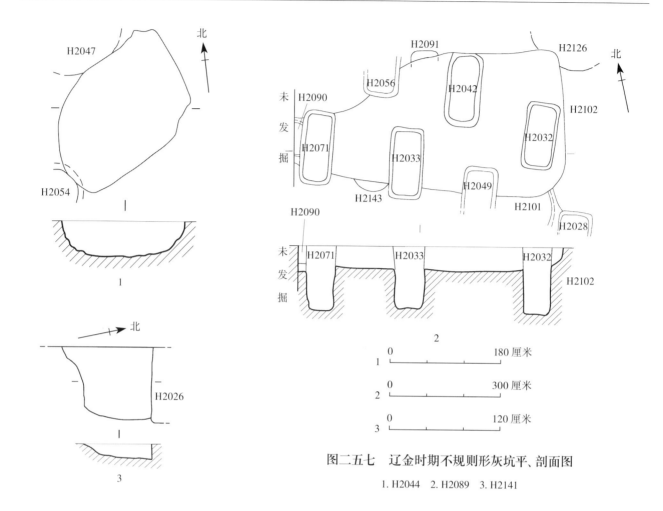

图二五七　辽金时期不规则形灰坑平、剖面图
1. H2044　2. H2089　3. H2141

壤包含物有细煤渣、石块、料姜石、硬土块、植物根系等，出土遗物有筒瓦、板瓦、檐头板瓦、兽面纹瓦当、陶罐、陶盆、陶瓷、瓷碗、瓷罐等（图二五七，2）。

（33）H2141

位于 T20603 西中部及西部未开方处，开口于第③层下，打破生土，被 H2026 打破。平面呈不规则形，弧壁，底呈不规则弧状。坑长 0.74~1、宽 0.78、深 0.16 米。坑内填土为浅灰黑色土，结构较致密，土壤包含物有少量细煤渣、石块等，出土遗物有少量的筒瓦、板瓦、陶罐、陶盆等（图二五七，3）。

（34）H2038

位于 T20604 北部偏东，开口于第③层下，打破 H2135 和生土。平面呈不规则形，斜弧壁，底呈不规则弧状。长 1.56、宽 1.2、深 0.3 米。坑内填土为灰褐色土，结构疏松，土壤包含物有石块、小砾石、植物根系、硬土块、草木灰、细煤渣等，出土遗物有"传祚无穷"瓦当、"万岁富贵"瓦当、琉璃筒瓦、筒瓦、板瓦、陶罐、陶盆、陶钵、瓷碗、瓷盏等（图二五八，1）。

（35）H2134

位于 T20604 西南部、T20504 北隔梁下，开口于第③层下，打破生土，被 H2045、H2081 和 H2080 打破。平面呈不规则形，斜弧壁，圜底。长 2.16、宽 1.32~1.78、深 0.4 米。坑内填土为灰褐色土，结构疏松，土壤包含物有碎石块、植物根系、硬土块、料姜石、细煤渣等，出土

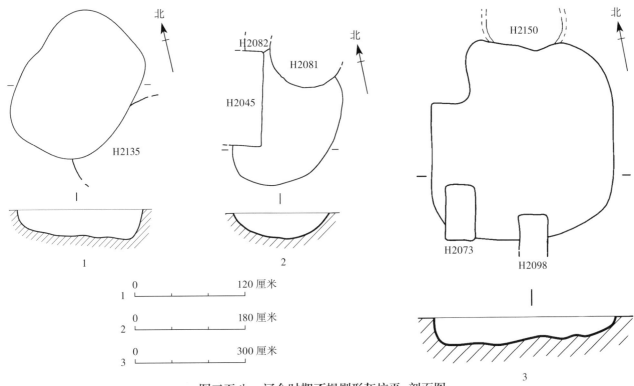

图二五八 辽金时期不规则形灰坑平、剖面图

1. H2038 2. H2134 3. H2124

遗物有筒瓦、板瓦、陶罐、陶盆、瓷碗、瓷瓶等（图二五八，2）。

（36）H2124

位于 T20604 东南部及东隔梁下、T20504 北隔梁和关键柱下，开口于第③层下，打破 H2150 和生土，被 H2073、H2092、H2093、H2098 打破。平面呈不规则形，斜弧壁，底呈不规则状。长 5.3、宽 5、深 0.7 米。坑内填土为灰褐色土，结构松软，土壤包含物有细煤渣、木炭屑、铁渣、碎石块、片石、料姜石、白灰残块等，出土遗物有筒瓦、板瓦、陶罐、陶盆、陶碗、陶瓮、瓷碗、瓷罐等（图二五八，3）。

（37）H2174

位于 T20705 北部偏西及北隔梁下，开口于第③层下，打破 H2253、H2263 和生土。平面呈不规则形，斜弧壁，平底。坑口长 2.05、宽 1.65、坑底长 1.45、宽 1.08、深 0.5 米。坑内填土为灰黑色土，结构疏松，土壤包含物有碎石、细煤渣、硬土块、植物根系等，出土遗物有筒瓦、板瓦、坩埚、陶盆、陶盏、瓷碗等（图二五九，1）。

（38）H2321

位于 T20707 东北部及北隔梁、东隔梁和关键柱下，T20807 东部及北隔梁、东隔梁和关键柱下，T20907 东部及北隔梁、东隔梁和关键柱下，开口于第②、③层下，打破 H2365 和生土，被现代沟、H2238、H2251、H2301、H2314、H2315、H2316、H2317 和 G2001 打破。平面呈不规则形，斜弧壁，底呈不规则状，凹凸不平。残长 30.6、残宽 1.50~5.7、深 0.25~1.2 米。坑内填土为灰黑色土，结构疏松，土壤包含物有细煤渣、石块、料姜石、兽骨、白灰块、硬土块等，出土遗物有筒瓦、板瓦、陶罐、陶盆、陶碗、陶瓮、瓷碗、瓷瓶、瓷罐等（图二五九，2）。

（39）H2263

位于 T20805 中部偏西、T20705 北隔梁下，开口于第③层下，打破 H2264、H2265 和生土，被现代沟和 H2174 打破。平面呈不规则形，直壁，平底。长 7.98、宽 2.85、深 0.6 米。坑内填土为黑灰色土，结构疏松，土壤包含物有碎石块、细煤渣、兽骨、料姜石、植物根系等，出土遗物有筒瓦、板瓦、陶罐、陶盆、陶碗、陶盏、瓷碗、瓷罐等（图二五九，3）。

（40）H2264

位于 T20805 西南部，开口于第③层下，打破生土，被现代沟和 H2263 打破。平面呈不规则形，直壁，斜平底。残长 1.56、残宽 1.24、深 0.2~0.4 米。坑内填土为黑灰色土，结构疏松，土壤包含物有碎石块、细煤渣、兽骨、料姜石、植物根系等，出土遗物有筒瓦、板瓦、陶盆、陶碗、陶盏、瓷罐等，其中出土可复原瓷碗 1 件（图二五九，4）。

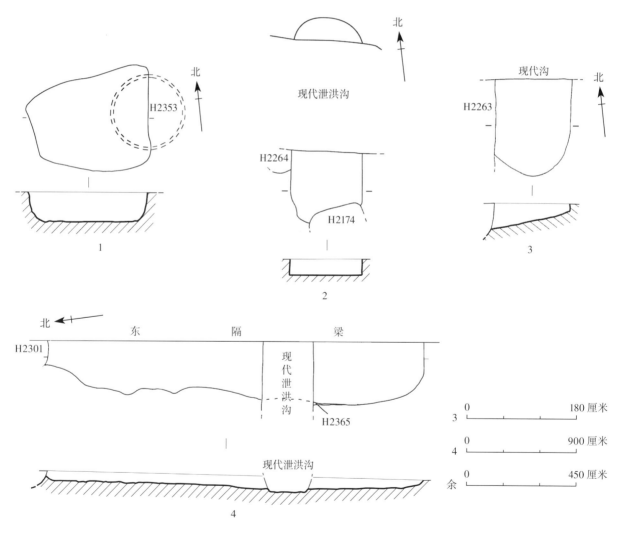

图二五九　辽金时期不规则形灰坑平、剖面图

1. H2174　2. H2263　3. H2264　4. H2321

云冈石窟山顶佛教寺院
遗址发掘报告 中

云 冈 研 究 院
山西省考古研究院　编著
大同市考古研究所

文物出版社

Excavation Report of Buddhist Temple Ruins at Hilltop of Yungang Grottoes（II）

by

Yungang Academy

Shanxi Provincial Institute of Archaeology

Datong Municipal Institute of Archaeology

Cultural Relics Press

三　明清时期

灰坑

明清时期遗迹只有灰坑129个（表七）。

1. 长方形灰坑

18个，其中有遗物的16个，无遗物的2个，无遗物的不在本处描述，相关信息见灰坑表。

（1）H2017

位于T20404西南部，T20403东隔梁下南部，开口于第②层下，打破第③层和生土。平面呈圆角长方形，直壁，平底。坑壁和底部均有一层1.2~4厘米厚的白灰层，壁面和底部有席纹。长1.9、宽1.78、深0.48~0.54米。坑内填土为灰褐色土，结构疏松，土壤包含物有白灰粒、石块、兽骨、细煤渣、小砾石、植物根系等，出土遗物有筒瓦、板瓦、檐头板瓦、兽面纹瓦当、陶罐、陶盆、瓷碗等（图二六〇，1）。

（2）H2345

位于T20604北隔梁下偏东，开口于第②层下，打破第③层和生土。平面呈圆角长方形，直壁，平底。长1.52、宽0.62、深0.3米。坑内填土为黄褐色土，结构疏松，土壤包含物有细煤渣、白灰粒、碎石粒、木炭屑、植物根系等，出土遗物有筒瓦、板瓦、陶盆、瓷碗、瓷盏等（图二六〇，2）。

（3）H2068

位于T20604中部偏西，开口于第②层下，打破H2083、H2086和生土，被H2062打破。平面呈圆角长方形，斜弧壁，平底，凹凸不平。坑口长5.2、宽1.96、坑底长4.5、宽1.46、深0.4米。坑内填土为黄褐色土，结构疏松，土壤包含物有细煤渣、碎石块、硬土块等，出土遗物有筒瓦、板瓦、"传祚无穷"瓦当、陶盆、陶盏、陶钵、陶瓮、瓷碗、瓷瓶等（图二六〇，3）。

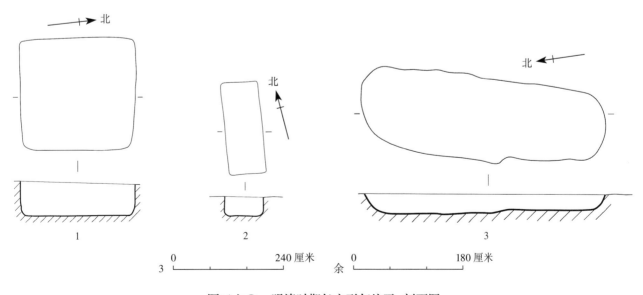

图二六〇　明清时期长方形灰坑平、剖面图

1. H2017　2. H2345　3. H2068

表七　明清时期灰坑列表

编号	位置	层位关系	形状	尺寸（米）			打破关系	出土遗物件数	出土遗物	备注
				口径	深	底径				
H2001	T20204 东南部及东隔梁下	第②层下	不规则形、斜弧壁、底不平	4.74×3.14	0~0.6	4.07×2.75	打破第③层、W2002 和生土	瓦片 124 件，釉瓦残块 11 件，陶片 45 件，瓷片 22 件	辽金 Aa 型白釉碗 T20204H2001：1 辽金 B 型白釉碗 T20204H2001：7	
H2003	T20305 西北部及北隔梁下	第②层下	圆形袋状坑、斜直壁、平底	1.78	1.7~2.08	1.96	打破第③层和生土	瓦片 247 件，瓦当残块 2 件，陶片 659 件，石件 1 件，瓷片 40 件，骨饰件 1 件	东周时期骨器 T20305H2003：3 辽金迦陵频伽瓦当 T20303H2003：4 辽金 Aa 型白釉碗 T20304H2003：5 辽金磨石 T20306H2003：1	
H2005	T20307 南部偏东，T20207 北隔梁下	第②层下	圆角长方形	1.95×1.2	0.2~0.45		打破第③层和生土	无遗物		
H2015	T20503 东中部	第②层下	圆形、斜直壁、弧底	1.4	0.5		打破 H2335、H2333 和第③层、生土	瓦片 298 件，陶片 21 件，瓷片 3 件		
H2017	T20404 西南部，T20403 东隔梁下南部	第②层下	圆角长方形、直壁、平底	1.9×1.78	0.48~0.54		打破第③层和生土	瓦片 21 件，瓦当残块 4 件，陶片 6 件，瓷片 3 件	北魏 A 型"传祚无穷"瓦当 T20403H2017：12 辽金 A 型兽面纹瓦当 T20403H2017：7 辽金 Ba 型兽面纹瓦当 T20404H2017：6 辽金 B 型白釉碗 T20404H2017：1 辽金 Ab 型卷沿陶盆 T20404H2017：5	
H2020	T20503 南部偏西	第②层下	圆形、直壁、平底	0.87	0.52		打破生土	瓦片 255 件，陶片 10 件		
H2021	T20503 西南部及西部未开方处	第②层下	不规则形、斜弧壁、平底	1.9×0.55	0.33	1.24×0.45	打破第③层和生土	瓦片 5 件，釉瓦残块 1 件，瓦当残块 1 件		
H2027	T20604 中东部	第②层下	圆角长方形、直壁、底不平	1.02×0.72	0.8~0.92	1.52×0.72	打破生土	瓦片 280 件，瓦当残块 2 件，陶片 88 件，瓷片 42 件		
H2030	T20604 西北部	第②层下	圆形、剖面呈袋状、平底	1.03	1.1	1.23	打破生土	瓦片 32 件，陶片 20 件，瓷片 11 件		

续表七

编号	位置	层位关系	形状	尺寸（米）			打破关系	出土遗物件数	出土遗物	备注
				口径	深	底径				
H2031	T20604西部偏北	第②层下	椭圆形、直壁、平底	1.16×1	0.7		打破生土	瓦片26件，瓦当残块2件，陶片44件，瓷片16件		
H2034	T20703东北部及北隔梁、东隔梁和关键柱下	第②层下	长方形、斜直壁、弧底	2.12×1.5	0.44	1.94×1.38	打破生土	瓦片140件，陶片39件，瓷片9件		
H2035	T20604西北部	第②层下	圆形、直壁、平底	0.7	0.7		打破生土	出土瓦片20件，釉瓦残片4件，陶片16件，瓷片8件		
H2036	T20604西部偏北	第②层下	圆形、剖面呈袋状、平底	0.78	0.75	1.02	打破生土	瓦片8件，瓦当残块1件，陶片24件，瓷片14件		
H2041	T20604中南部	第②层下	长方形、直壁、平底	1.62×1.06	0.3		打破生土	瓦片45件，瓦当残块1件，陶片31件，瓷片6件	北魏石雕龙身鳞片残件 T20604H2041：2	
H2055	T20704西北部及北隔梁下，T20703东隔梁及关键柱下	第②层下	不规则形、斜弧壁、弧形底	3×2.6	0.38		打破第③层和生土	瓦片740件，陶片239件，瓷片3件，屋脊构件1件，檐头板瓦残块2件，兽面纹瓦当3件	辽金兽首衔环瓦当 T20704H2055：1、5 辽金十字花卉纹瓦 T20704H2055：7	
H2062	T20604中南部	第②层下	圆形、直壁、平底	0.9	0.56		打破H2068和生土	瓦片9块，陶片21块，瓷片7块		
H2068	T20604中部偏西	第②层下	圆角长方形、斜弧壁、平底	5.2×1.96	0.4	4.5×1.46	打破H2083、H2086和生土，被H2062打破	瓦片88件，瓦当残块2件，陶片45件，瓷片9件	辽金陶碗 T20604H2068：1	
H2072	T20605西南部，T20604东隔梁下	第②层下	不规则形、斜弧壁、弧形底	1.24×0.85	0.25~0.32		打破第③层和生土	瓦片7件		
H2083	T20604北部及北隔梁下，T20704南部	第②层下	不规则形、斜弧壁、底不平	3.84×2.64	0.2~0.28		打破H2128和生土，被H2068打破	瓦片60件，陶片58件，瓷片24件，釉瓦片6件		
H2086	T20604中南部偏西	第②层下	圆形、直壁、平底	0.7	0.2		打破生土，被H2068打破	瓦片29件，陶片7件		

续表七

编号	位置	层位关系	形状	尺寸（米）			打破关系	出土遗物件数	出土遗物	备注
				口径	深	底径				
H2087	T20604 中南部	第②层下	圆形、直壁、平底	0.5	0.4		打破生土	瓦片 12 件，陶片 11 件，瓷片 6 件，骨簪 1 件	东周时期骨器 T20604H2068：1	
H2092	T20604 东南部	第②层下	椭圆形、斜弧壁或直壁、平底	1.2×0.7	0.36	0.98×0.5	打破 H2124 和生土	瓦片 60 块，陶片 38 块，瓷片 11 块		
H2094	T20605 西南部	第②层下	方形、直壁、平底	2.05×2.05	0.18~0.24		打破 H2154、炉 2004 和生土	瓦片 21 件，陶片 7 件，瓷片 5 件		
H2095	T20605 东部偏南及东隔梁下，T20606 西南部	第②层下	不规则形、斜弧壁、底凹凸不平	5.8×3.68	0.6		打破 H2269、H2270、H2096、第③层和生土，被 H2130 打破	瓦片 72 件，釉瓦残块 81 件，瓦当残块 4 件，陶片 21 件，瓷片 16 件	辽金 Ab 型陶质檐头板瓦 T20605H2095：7　辽金化身童子瓦当 T20605H2095：4	
H2096	T20605 东部偏北	第②层下	椭圆形、斜弧壁、弧形底	1.95×0.68~1.15	0.53		打破第③层和生土，被 H2095 打破	瓦片 6 件，脊砖残块 14 件，陶片 11 件，瓷片 3 件	辽金平口条 T20605H2096：4	
H2097	T20605 北部偏东	第②层下	不规则形、直壁、弧底	1.53×1.23	0.6~0.7		打破第③层和生土	瓦片 97 件，陶片 16 件，瓷片 5 件，瓦当残块 3 件		
H2105	T20704 东部偏南及东隔梁下	第②层下	圆角长方形、直壁或斜弧壁，弧形底	2.75×2	0.54		打破 H2106、H2161 和生土	瓦片 3 件，陶片 6 件		
H2106	T20704 中东部及东隔梁下	第②层下	不规则形、斜弧壁、弧形底	3.85×2.1	0.4~0.55		打破 H2161 和生土，被 H2105 打破	瓦片 231 件，陶片 85 件，瓷片 11 件，瓦当残块 2 件，檐头板瓦残块 1 件		
H2107	T20704 东北部	第②层下	不规则形	1.98×1.08	0.36		打破 H2119 和生土	无遗物		
H2127	TG21706 东部偏北	第②层下	圆形、直壁、平底	2×1.44	0.5		打破生土	瓦片 9 件，瓷片 3 件，陶盆 1 件	辽金 Ac 型卷沿陶盆 TG21706H2127：1	
H2128	T20704 南部偏东，T20604 北隔梁下	第②层下	不规则形、斜弧壁、弧形底	2.9×2.1	0.32		打破 H2129 和生土，被 H2083 打破	瓦片 162 件，陶片 25 件，瓷片 8 件		

续表七

编号	位置	层位关系	形状	尺寸（米）			打破关系	出土遗物件数	出土遗物	备注
				口径	深	底径				
H2129	T20704 东南部	第②层下	圆形、直壁、平底	0.92~0.98	0.42		打破生土，被 H2128 打破	瓦片 40 件，屋脊构件 1 件，檐头板瓦残件 2 件，石莲花饰件 1 件，陶片 23 件，瓷片 3 件		
H2130	T20605 东南部	第②层下	不规则形、斜弧壁、平底	2.74×2.52	0.6~0.68		打破 H2095、第③层和生土	瓦片 78 件，陶片 19 件，瓷片 9 件，釉瓦残块 49 件，瓦当残块 2 件		
H2157	T20705 西南部	第②层下	不规则形、斜弧壁、平底	1.88×1.1	0.4	1.6×1	打破第③层、H2226、H2227 和生土	瓦片 64 件，陶片 16 件，瓷片 1 件，瓦当残块 2 件，釉瓦残块 3 件		
H2161	T20705 西部，T20704 东隔梁下	第②层下	不规则形、斜弧壁、弧形底	4.56×3.45	0.46		打破 H2214、第③层、H2215、H2227、H2229 和生土，被 H2105 和 H2106 打破	瓦片 1355 件，陶片 154 件，瓷片 5 件，瓦当残块 24 件，釉瓦残块 1 件，檐头板瓦残块 16 件，石造像 1 件	北魏石雕龙身鳞片残件 T20705H2161：1 辽金 Bb 型兽面纹瓦当 T20705H2161：14 辽金 Aa 型白釉碗 T20705H2161：20	
H2177	T20607 东南部及东隔梁下，T20507 北隔梁下	第②层下	不规则形、斜弧壁、平底	3.16×1.52	0.32		打破第③层、炉 2010、炉 2011 和第④层	出土瓦片 342 件，陶片 139 件，瓷片 44 件	隋唐 A 型白釉碗 T20607H2177：3 隋唐 A 型复色釉碗 T20607H2177：6 辽金 B 型白釉碗 T20607H2177：2	
H2179	T20606 东部偏北及东隔梁下	第②层下	圆形、直壁、平底	1.1	0.6		打破第④层和生土，被 H2188 打破	瓦片 237 件，陶片 17 件，瓷片 7 件		
H2184	TG21506 西北部	第②层下	不规则形	1.2×1.15	0.9		打破生土	无遗物		
H2188	T20606 东北部、东隔梁、北隔梁及关键柱下，T20607 西北部及北隔梁下	第①、②层下	不规则形、斜弧壁、底不平	5.5×1.85	0.75		打破 H2179、H2202、H2204 和生土	瓦片 84 件，陶片 46，瓷片 41 件	辽金陶盏托 T20606H2188：2	

续表七

编号	位置	层位关系	形状	尺寸（米） 口径	深	底径	打破关系	出土遗物件数	出土遗物	备注
H2189	T20705 南部偏西，T20605 北隔梁下	第②层下	长方形、直壁、平底	1.45×0.9	0.56~0.6		打破第③层、H2226 和生土	瓦片 806 件，瓦当残块 9 件，檐头板瓦残块 2 件，陶片 50 件		
H2190	T20607 西部偏南，T20606 东隔梁下	第②层下	不规则形、斜弧壁、底凹凸不平	1.52×0.86	0.4		打破第③层、H2349、第④层和生土	瓦片 53 件，陶片 5 件		
H2191	T20707 西北部及北隔梁下、T20706 东隔梁及北隔梁和关键柱下、T20807 西南部、T20806 东隔梁南部	第②层下	不规则形、斜弧壁或直壁、平底	4.3×3.15	0.3	4.1×2.95	打破 H2314 和生土	瓦片 65 件，陶片 24 件，瓷片 11 件	辽金 A 型陶盏 T20807H2191：2	
H2201	T20606 东北部	第②层下	不规则形、斜弧壁、弧形底	2.68×2.35	0.4		打破 H2232、H2202、H2210、H2231、H2211、第④层和生土	瓦片 134 件，陶片 30 件，瓷片 13 件	辽金 Aa 型卷沿陶盆 T20606H2201：1	
H2202	T20606 北部偏东及北隔梁下	第②层下	圆角长方形、直壁、平底	2.3×2.2	0.5		打破 H2210 和生土，被 H2200、H2199、H2188 和 H2201 打破	瓦片 50 件，陶片 88 件，瓷片 37 件	辽金 Aa 型卷沿陶盆 T20606H2202：7　辽金 A 型平沿陶盆 T20606H2202：1、8	
H2204	T20607 西北部及北隔梁下，T20606 东北部及东隔梁、北隔梁和关键柱下	第①、②层下	不规则形、斜弧壁、底不平	4.9×4.18	1.35		打破第③、④层和生土，被 H2188 和 H2256 打破	瓦片 385 件，陶片 87 件，瓷片 12 件	辽金陶罐 T20607H2204：2	
H2210	T20606 东北部及北隔梁下	第②层下	刀把形、直壁、平底	刀状部分 2×1.82 刀把部分 1.54×0.52~0.56	刀状部分 0.4 刀把部分 0.7		打破生土，被 H2202、H2188、H2201、H2200 和 H2199 打破	瓦片 185 件，瓦当残块 1 件，陶片 20 件，瓷片 19 件	辽金 A 型白釉小瓷瓶 T20606H2210：7	

续表七

编号	位置	层位关系	形状	尺寸（米）			打破关系	出土遗物件数	出土遗物	备注
				口径	深	底径				
H2211	T20606 东部偏北	第②层下	圆形	0.45	0.4		打破第④层和生土，被 H2201 打破	无遗物		
H2212	T20707 西南部，T20607 北隔梁下，T20706 东隔梁下	第②层下	圆形、剖面呈袋状、平底	1.14	0.74	1.26	打破第③层和生土	瓦片 64 件，陶片 8 件，瓷片 7 件	隋唐 C 型白釉碗 T20707H2212：5 隋唐黄釉罐 T20707H2212：19、22 辽金 A 型敛口陶盆 T20707H2212：2	
H2214	T20705 西部偏北，T20704 东隔梁下	H2161 下	圆形、剖面呈袋状、平底	0.6	0.44~0.6	0.82	打破 H2215 和生土，被 H2161 打破	瓦片 96 件，瓦当残块 1 件，陶片 9 件		
H2217	T20705 西南部，T20605 北隔梁下西北部，T20704 东隔梁下和 T20604 关键柱下	第②层下	不规则形、斜弧壁、弧形底	2.04×1.28	0.2~0.42		打破第③层和生土	瓦片 196 件，陶片 39 件，瓦当残块 1 件，石莲花饰件 1 件		
H2219	T20607 西南部	第②层下	圆角近长方形、直壁、平底	1.78×1.58	0.5		打破 H2220、第③层、H2194、第④层和生土	瓦片 955 件，瓦当残块 1 件，陶片 17 件，瓷片 8 件		
H2220	T20607 西南部	第②层下	圆形、剖面呈袋状、平底	1.52	0.7	1.6~1.7	打破第③、④层和生土，被 H2219 打破	瓦片 230 件，釉瓦残块 7 件，沟纹砖 1 件，陶片 301 件，瓷片 36 件		
H2221	T20706 中部偏西	第②层下	不规则形、直壁或斜直壁、弧形底	1.52~2.9×2.5~2.8	0.3		打破炉 2015 和生土，被 H2253 打破	瓦片 43 件，陶片 15 件，瓷片 7 件，瓦当残块 4 件		
H2228	T20707 西部偏北及 T20706 东隔梁下	第②层下	不规则形、斜弧壁、底不平	3.5×2.6	0.45		打破炉 2016 和生土，被 H2253 打破	瓦片 1604 件，陶片 70 件，瓷片 5 件	辽金 Aa 型卷沿陶盆 T20707H2228：3 辽金 Ab 型Ⅱ式白釉碗 T20707H2228：1	

续表七

编号	位置	层位关系	形状	尺寸（米）			打破关系	出土遗物件数	出土遗物	备注
				口径	深	底径				
H2231	T20606 中东部	第②层下	椭圆形、直壁、平底	2.75×2.18	0.9	2.4×1.8	打破铸造井台、H2232和生土，被H2201和H2351打破	瓦片730件，陶片19件，瓷片10件	辽金A型敛口陶盆T20606H2231：1	
H2232	T20606 东部偏北	H2201下	圆形	1.1	0.55		打破生土，被H2201、H2231叠压和打破	无遗物		
H2233	T20606 西北部	第②层下	圆形、直壁、平底	1.13	0.6		打破第③层、铸造井台路和生土	瓦片79件，陶片19件，瓷片11件，瓦当残块1件		
H2235	T20905 东中部及东隔梁下	第②层下	长方形、斜弧壁、平底	3.06×2.85	0.16~0.35		打破H2239、H2362、第③层和生土	瓦片74件，陶片32件，瓷片16件		
H2237	T20707 北部偏西及北隔梁下	第②层下	圆形、斜弧壁、弧形底	0.45	0.46		打破生土	瓦片360件，瓦当残块1件，陶片50件，瓷片6件	北魏B型"万岁富贵"瓦当T20707H2237：5 辽金Ac型卷沿陶盆T20707H2237：3	
H2238	T20707 北部偏西	第②层下	不规则形	0.38~1.14×1.12	0.46		打破H2321和生土	无遗物		
H2239	T20906 西北部，部分叠压于T20905东隔梁下	第②层下	不规则形	1.57×1.2	0.47		打破第③层和生土，被H2235打破	无遗物		
H2242	T20507 东部偏北及东隔梁、北隔梁和关键柱下	第②层下	不规则形、斜弧壁、底凹凸不平	6.2×1.1~3.1	0.4~0.68		打破H2063、炉2021及生土	瓦片72件，陶片36件，瓷片3件		
H2246	T20906 中部及北隔梁下、T21006南部偏西、T20806北中部及北隔梁下	第②层下	不规则形、斜弧壁、底不平	14.45×1.5~3.75	0.45~1.1		打破第③层、H2249、G2001和生土，被H2280和H2308打破	瓦片190件，陶片94件，瓷片26件		
H2247	T20906 北部偏西及北隔梁下	第②层下	不规则形、斜弧壁、底不平	2.35×2	0.84		打破第③层、H2248和生土	瓦片216件，陶片47件，瓷片9件		

续表七

编号	位置	层位关系	形状	尺寸（米）			打破关系	出土遗物件数	出土遗物	备注
				口径	深	底径				
H2250	T20707南部偏东，T20607北隔梁下	第②层下	不规则形、斜弧壁、底呈弧状	2.6~3.2×2.55	0.45		打破H2251、第③层和生土，被H2244打破	瓦片77件，陶片14件，瓷片8件	辽金酱釉盏T20707H2250：1	
H2251	T20707东部及东隔梁下	第②层下	不规则形、斜弧壁、底不平	7.2×5.2	0.4~0.8		打破H2321、炉2017和生土，被H2250打破	瓦片230件，陶片11件，瓷片6件	辽金Aa型白釉碗T20707H2251：1	
H2252	T20707东南部及东隔梁下，T20607北隔梁和关键柱下	第②层下	不规则形、斜弧壁、底不平	1.42×0.72	0.25		打破生土，被H2244打破	瓦片200件，陶片30件，瓷片24件	辽金B型陶盏T20707H2252：2	
H2254	T20706西北部及北隔梁下，T20705东隔梁和关键柱下	第②层下	长方形、直壁、平底	2.65×1.44	0~0.42		打破第③层和生土	瓦片33件，瓦当残块1件，陶片5件		
H2259	T20906东部偏北及东隔梁下	第②层下	不规则形、斜弧壁、弧形底	2.37×1.07	0.3		打破第③层和生土	瓦片87件，陶片45件，瓷片20件，檐头板瓦残块3件，瓦当残块2件		
H2260	T20905东北部及东隔梁、北隔梁和关键柱下	第②层下	不规则形、剖面呈袋状、平底	2.7×2.34	1.48~1.6	2.88×2.52	打破第③层和生土	瓦片103件，陶片27件，瓷片7件，瓦当残块1件	辽金A型白釉盘T20905H2260：6	
H2261	T20905南部偏东，T20805北隔梁下	第②层下	圆形、斜弧壁、平底	1.2	0.28	1.03	打破第③层和生土	瓦片23件，檐头板瓦残块1件、陶片11件，瓷片3件		
H2262	T20905中部	第②层下	长方形、斜直壁、平底	1.66×1.4	0.58~0.62		打破第③层和生土	瓦片33件，瓦当残块1件，陶片5件	辽金十字花卉纹瓦T20905H2262：2	
H2266	TG21304中南部	第②层下	不规则形、斜弧壁、弧形底	2.83×2	0.12~0.6		打破第③层和生土	瓦片72件，陶片6件，瓷片13件，釉瓦残块7件		
H2272	T20903南部偏西，T20803北隔梁下	第②层下	不规则形、斜弧壁、平底	1.42×0.88	0.26	1.32×0.76	打破生土	瓦片420件，陶片8件，瓷片8件，釉瓦残块8件，屋脊构件8件，檐头板瓦残块2件	辽金A型陶器盖T20903H2272：2	

续表七

编号	位置	层位关系	形状	尺寸（米）			打破关系	出土遗物件数	出土遗物	备注
				口径	深	底径				
H2275	T20805东北部及北隔梁、东隔梁和关键柱下，T20905东南部及东隔梁下	第②层下	不规则形、斜弧壁、底不平	5～5.4×3.75	1.1		打破H2356、第③层、G2001和生土，被现代泄洪沟打破	瓦片1217件，陶片69件，瓷片3件，檐头板瓦残块1件		
H2277	T21005东南部及东隔梁下，T20905北隔梁和关键柱下	第②层下	不规则形、斜弧壁、底不平	5.5～6.54×1.7～3.4	0.6～0.8		打破H2292、H2312和生土，被H2311打破	瓦片1057件，陶片655件，瓷片75件，瓦当残块1件	辽金Ab型卷沿陶盆T21005H2277：10、11、12 辽金Bb型卷沿陶盆T21005H2277：6、16、48 辽金A型平沿陶盆T21005H2277：35 辽金B型平沿陶盆T21005H2277：13 辽金A型敛口陶盆T21005H2277：5 辽金A型陶盏T21005H2277：8、9、18、43 辽金B型陶盏T21005H2277：7、54 辽金陶罐T21005H2277：34 辽金陶瓶T21005H2277：3 辽金罐形器T21005H2277：38 辽金陶甗T21005H2277：27 辽金砚台T21005H2277：15 辽金Ab型Ⅱ式白釉碗T21005H2277：2、52、53 辽金A型白釉盏T21005H2277：41 辽金A型白釉小瓷瓶T21005H2277：14	

续表七

编号	位置	层位关系	形状	尺寸（米）			打破关系	出土遗物件数	出土遗物	备注
				口径	深	底径				
H2281	T21007 中南部	第②层下	不规则形、斜弧壁、底不平	2.3×0.5~1.26	0.42		打破 H2301 和生土	瓦片 490 件、檐头板瓦残块 9 件、陶片 22 件、瓷片 7 件		
H2282	T21007 中部	第②层下	圆形、剖面呈袋状、平底	1.6~1.7	0.6	1.8~1.9	打破 H2298 和生土	瓦片 14 件，陶片 74 件，瓷片 4 件	辽金 C 型平沿陶盆 T21007H2282：3　辽金茶叶末釉行炉 T21007H2282：1	
H2283	T21004 东南部及东隔梁和关键柱下，T21005 西北部及北隔梁下，T20904 东北部及北隔梁和关键柱下	第②层下	不规则形、斜弧壁、底不平	12.8×0.6~2.85	0.35~0.5		打破生土	瓦片 970 件，陶片 67 件，瓷片 30 件，坩埚残片 26 件，莲花饰件残块 2 件，檐头板瓦残块 3 件，建筑构件 2 件	辽金绿釉莲花联珠纹瓦当 T20904H2283：3　辽金石纺轮 T20904H2283：1	
H2284	T20904 中东部及东隔梁下	第②层下	不规则形、斜弧壁、弧形底	8.05×4.06	0.6		打破生土	瓦片 485 件，陶片 49 件，瓷片 6 件，釉瓦残块 7 件，檐头板瓦残块 6 件，屋脊构件 5 件		
H2287	T21007 西部偏北	第②层下	圆形、直壁、平底	1.52	0.78		打破生土	瓦片 2 块，陶罐 1 件	辽金陶罐 T21007H2287：2	
H2289	T21005 西南部及 T20905 北隔梁下	第②层下	不规则形、斜弧壁、平底	5.38×1.6~2.24	0.24		打破 H2291 和生土	瓦片 47 件，陶片 8 件，瓷片 4 件		
H2290	T21007 西部偏南	第②层下	不规则形	1.95×0.5~0.7	0.45		打破 H2294 和生土	无遗物		
H2291	T21005 南部偏西，T20905 北隔梁下	第②层下	不规则形	2.4×1.1~1.7	0.4		打破生土，被 H2289 打破	无遗物		
H2292	T21005 东北部及北隔梁下	第②层下	不规则形、直壁、平底	4.32×2.37	0.64		打破生土，被 H2277 和 H2311 打破	瓦片 196 件，陶片 47 件，瓷片 11 件		
H2293	T20806 东南部	第②层下	近圆形、斜弧壁、弧形底	2.5×1.02	0.75		打破生土，被现代泄洪沟打破	瓦片 36 件，莲花纹饰件 1 件，陶片 5 件，瓷片 1 件		

续表七

编号	位置	层位关系	形状	尺寸（米）			打破关系	出土遗物件数	出土遗物	备注
				口径	深	底径				
H2294	T21007 西部偏南	第②层下	圆形	1.65	0.8		打破生土，被 H2290 打破	无遗物		
H2295	T21007 东北部及东隔梁下	第②层下	不规则长条形、斜弧壁、底不平	2.2×0.72~1.18	0.36		打破 H2297 和生土	瓦片 11 件		
H2296	T21007 东部偏北及东隔梁下	第②层下	圆形、斜弧壁、弧底	2.2×0.82	0.85		打破 H2298 和生土	瓦片 28 件，陶片 8 件，瓷器 2 件		
H2297	T21007 东北部	第②层下	圆角长方形	1.02×0.96	0.45		打破 H2299 和生土，被 H2295 打破	无遗物		
H2298	T21007 中东部	第②层下	不规则形	5.85×0.5~0.95	0.05~0.5		打破 H2299 和生土，被 H2296 和 H2282 打破	无遗物		
H2299	T21007 东北部	第②层下	圆形、直壁、平底	1.42	0.56		打破生土，被 H2298 和 H2297 打破	瓦片 16 件，陶片 15 件，瓷片 2 件		
H2300	T21007 东南部	第②层下	圆角长方形、直壁、平底	0.96×0.4	0.4		打破 H2302 和生土	瓦片 4 件，陶片 1 件		
H2301	T21007 东南部及东隔梁下，T20907 北隔梁及关键柱下	第②层下	不规则形、斜弧壁、底不平	4.12×3.12	0.85		打破 H2302、H2321 和生土，被 H2281 打破	瓦片 265 件、瓦当残块 4 件、陶片 100 件、瓷片 11 件、坩埚残片 3 件		
H2302	T21007 东南部及东隔梁下	第②层下	不规则形	2.08×1.16	0.2		打破生土，被 H2300 和 H2301 打破	无遗物		
H2305	T20907 西部偏北，T20906 东隔梁下	第②层下	不规则形	1.44×0.85	0.3~0.5		打破生土	无遗物		
H2306	T20907 中部偏西	第②层下	不规则形	2.54×1.96	0.4		打破生土	无遗物		
H2307	T20907 中部偏南	第②层下	圆形	0.8	0.4	0.6	打破生土	无遗物		
H2310	T21006 北部偏东及北隔梁下	第②层下	不规则形、斜弧壁、底不平	4.45×2.18	0.64~0.78		打破 H2311 和生土	瓦片 87 件，釉瓦残片 2 件，陶片 37 件，瓷片 17 件，釉面瓦当 1 件		

续表七

编号	位置	层位关系	形状	尺寸（米）			打破关系	出土遗物件数	出土遗物	备注
				口径	深	底径				
H2311	T21006西北部及北隔梁下，T21005东北部及东隔梁、北隔梁和关键柱下	第②层下	不规则形、斜弧壁、底不平	5.38×3.28	0.44~1.2		打破H2277、H2292和生土，被H2310打破	瓦片83件，釉瓦残片7件，陶片27件，瓷片9件，瓦当残块3件		
H2312	T21006西南部、部分叠压在T21005东隔梁下	第②层下	不规则形、斜弧壁、弧形底	3.54×1.6	0.2		打破第③层和生土，被H2277打破	瓦片143件，陶片19件，瓷片7件，釉瓦片3件，屋脊构件1件		
H2313	T21006东中部	第②层下	不规则形、斜弧壁、底不平	2.6×2.5	0.48		打破第③层和生土，被H2278打破	瓦片107件，陶片60件，瓷片46件，檐头板瓦残块2件，石夯1件，石座1件		
H2314	T20807南部偏西，T20707北隔梁下	第②层下	圆形	0.8	0.65		打破H2321、H2365和生土，被H2191打破	无遗物		
H2315	T20807中部	第②层下	圆形、直壁、平底	1	1.2		打破H2321、G2001和生土	瓦片18件，陶片3件，瓷片2件		
H2316	T20807东北部	第②层下	圆形、直壁、平底	1.35	1.55		打破H2321、G2001和生土	瓦片26件，陶片8件，瓷片4件		
H2317	T20907东部及东隔梁下，T20807北隔梁和关键柱下	第②层下	长方形、直壁、底不平	7.9×3	0.6		打破H2321和生土	瓦片55件，陶片13件，瓷片2件		
H2318	T20303西南部及T20203北隔梁下西北部	第②层下	不规则形、斜弧壁、弧形底	4.7×3.8	0.7		打破H2325、第③层及生土	瓦片430件，瓦当残块4件，陶片148件，瓷片79件	辽金陶盏T20304H2318：2	

续表七

编号	位置	层位关系	形状	尺寸（米） 口径	尺寸（米） 深	尺寸（米） 底径	打破关系	出土遗物件数	出土遗物	备注
H2319	T20303 东北部及东隔梁、北隔梁和关建柱下，T20304 西北部及北隔梁下	第②层下	不规则形、斜弧壁、弧形底	6.7×4.25	0.95		打破 H2320、H2323、H2324 和生土	瓦片 320 件，陶片 85 件，瓷片 60 件	辽金 Bb 型卷沿陶盆 T20304H2319：1	
H2320	T20303 中东部及东隔梁下，T20304 中西部	第②层下	不规则形、斜弧壁、底不平	1.74×6.4	1.3		打破 H2322、H2323、H2324、第③层和生土，被 H2318、H2319、H2002 打破	瓦片 753 件，瓦当残块 4 件，陶片 152 件，瓷片 132 件	辽金白釉钵 T20303H2320：9	
H2322	T20303 西北部及北隔梁下	第②层下	不规则形、斜弧壁、弧形底	3×1.85	0.1~0.85		打破 H2323、第③层和生土，被 H2320 打破	瓦片 48 件，陶片 11 件，瓷片 14 件		
H2323	T20303 北中部及北隔梁下	第②层下	椭圆形、斜弧壁、底不平	6.9×3.15	0.3~0.9		打破 H2324 和生土，被 H2004、H2319、H2320 和 H2322 打破	瓦片 165 件，陶片 45 件，瓷片 12 件		
H2324	T20303 东北部及北隔梁、东隔梁和关键柱下	第②层下	圆形袋状、斜直壁、平底	2.24	0.5	2.42	打破第③层和生土，被 H2319、H2320 和 H2323 打破	瓦片 45 件，瓦当残块 2 件，陶片 26 件，瓷片 13 件，铜钱 1 枚	辽金陶釜 T20303H2324：1 辽金陶圈 T20303H2324：3	
H2325	T20303 南部及东隔梁下、T20203 西北部及北隔梁和关键柱下	第②层下	不规则形、斜弧壁、弧形底	10×6.45	0.6~0.9		打破第③层和生土，被 H2318 和 H2320 打破	瓦片 845 件，陶片 226 件，瓷片 96 件，瓦当残块 3 件	北魏"传祚无穷"瓦当 T20303H2325：2 辽金 Ab 型卷沿陶盆 T20203H2325：1、5 辽金 C 型陶器盖 T20303H2325：3 辽金陶罐 T20303H2325：7	

续表七

编号	位置	层位关系	形状	尺寸（米）			打破关系	出土遗物件数	出土遗物	备注
				口径	深	底径				
H2333	T20503 东部偏南及东隔梁下	第②层下	椭圆形、斜壁、平底	2.53×2.05	0.72	2.3×1.85	打破 H2334、H2335、第③层和生土，被 H2015 打破	瓦片 60 件，陶片 11 件		
H2334	20503 东隔梁下中部偏南	H2333 下	圆形	0.7	0.42	0.66	打破生土，被 H2333 打破	无遗物		
H2335	T20503 东中部及东隔梁下，T20504 西北部	第②层下	不规则形	3.5×3.1	0.72		打破第③层、H2059、H2060、H2061 和生土，被 H2015 和 H2333 打破	无遗物		
H2345	T20604 北隔梁下偏东	第②层下	圆角长方形、直壁、平底	1.52×0.62	0.3		打破第③层和生土	瓦片 36 件，陶片 19 件，瓷片 7 件		
H2350	T20606 东隔梁内中部	第②层下	圆形	1	0.7	0.8	打破第③、④层和生土	无遗物		
H2351	T20606 东中部及东隔梁下	第②层下	圆形	0.74	0.4		打破第④层和生土，被 H2331 打破	无遗物		
H2354	T20507 北隔梁下偏东	第②层下	圆形、直壁、平底	1.5	0.5		打破第③、④层和生土	瓦片 57 件，陶盆 46 件，瓷片 11 件		
H2355	T20404 北部偏西及北隔梁下	第②层下	不规则形、斜直壁、平底	2.46×1.28	2.94	1.48×1.24	打破第③层和生土	瓦片 189 件，檐头板瓦残块 3 件，釉瓦残块 16 件，瓦当残块 3 件，陶片 79 件，瓷片 13 件	辽金 B 型平沿陶盆 T20404H2355：6、7 辽金 A 型陶盏 T20404H2355：12	
H2356	T20905 东隔梁下南部	第②层下	不规则形	1.68×1.3	0.33		打破第③层和生土，被 H2331 打破	无遗物		
H2357	T20404 北隔梁下西部，T20403 关键柱下	第②层下	圆形、斜直壁、弧形底	1.36	0.65~0.72		打破第③层和生土	瓦片 786 件，釉瓦残块 11 件，瓦当残块 2 件，坩埚残片 18 件，陶片 39 件，瓷片 7 件	辽金 B 型白釉碗 T20303H2357：1	

续表七

编号	位置	层位关系	形状	尺寸（米）			打破关系	出土遗物件数	出土遗物	备注
				口径	深	底径				
H2358	T20606 北隔梁下西部，T20605 关键柱下	第②层下	不规则形、斜弧壁、弧形底	0.94×0.5	0.7		打破生土，被 H2255 打破	瓦片 6 件，陶片 3 件，瓷片 6 件	隋唐 A 型复色釉碗 T20606H2358∶1	
H2359	T20606 北隔梁下西部	第②层下	圆形、剖面呈袋状、平底	1	0.9	1.2	打破第③层和和生土，被 H2255 打破	无遗物		
H2360	T20606 北隔梁下偏西	第②层下	圆形、直壁、平底	0.8	0.35		打破第③层和生土，被 H2200 打破	瓦片 10 件，陶片 5 件	辽金 Aa 型卷沿陶盆 T20606H2360∶2	
H2361	T20403 北隔梁下东北部和关键柱下	第②层下	椭圆形、斜弧壁、平底	2.3×0.88	0.5		打破第③层和生土	瓦片 1500 件，陶片 7 件，瓷片 2 件		
H2362	T20905 东隔梁下偏南	H2235下	圆形、直壁、平底	1.92×1.8	0.98		打破生土，被 H2235 叠压和打破	瓦片 71 件，瓦当残块 1 件，檐头板瓦残块 3 件，陶片 39 件，瓷片 11 件		
H2363	T20806 北隔梁下西部	第②层下	圆形	0.9	0.6		打破第③层和、G2001 和生土	无遗物		

（4）H2027

位于 T20604 中东部，开口于第②层下，打破生土。平面呈圆角长方形，东西坑壁为直壁，南壁呈台阶状，直壁，北壁掏进呈袋状，坑底为不规则状，北低南高。坑口长 1.02、宽 0.72、坑底长 1.52、宽 0.72、深 0.8~0.92 米，坑内台阶距坑口深 0.5、距坑底深 0.3、长 0.72、宽 0.36 米。坑内填土为黄褐色土，结构疏松，土壤包含物有细煤渣、草木灰、植物根系、碎石块、硬土块等，出土遗物有"万岁富贵"瓦当残块、筒瓦、板瓦、陶罐、陶盆、瓷碗等（图二六一，1；彩版一四〇，5）。

（5）H2041

位于 T20604 中南部，开口于第②层下，打破生土。平面呈长方形，直壁，平底。长 1.62、宽 1.06、深 0.3 米。坑内填土为浅灰色土，结构疏松，土壤包含物有草木灰、细煤渣、兽骨、石块、硬土块等，出土遗物有"万岁富贵"瓦当、筒瓦、板瓦、陶罐、陶盆、瓷碗等（图二六一，2；彩版一四〇，6）。

（6）H2094

位于 T20605 西南部，开口于第②层下，打破 H2154、炉 2004 和生土。平面呈方形，直壁，

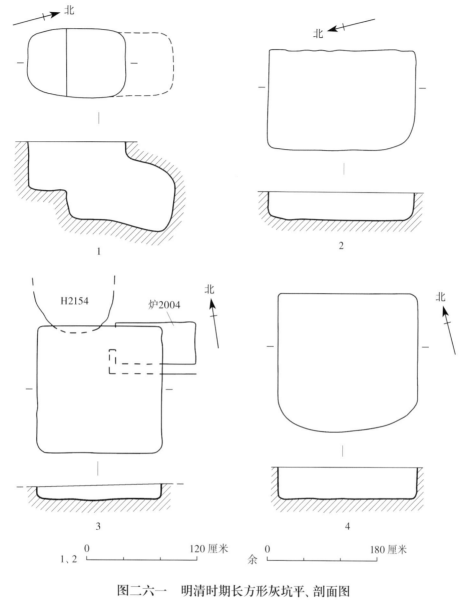

图二六一　明清时期长方形灰坑平、剖面图

1. H2027　2. H2041　3. H2094　4. H2202

平底。长2.05、宽2.05、深0.18~0.24米。坑内填土为浅褐色土，结构疏松，土壤包含物有细煤渣、兽骨、料姜石、白灰块、硬土块、植物根系等，出土遗物有筒瓦、板瓦、陶罐、陶盆、瓷碗等（图二六一，3）。

（7）H2202

位于T20606北部偏东及北隔梁下，开口于第②层下，打破H2210和生土，被H2200、H2199、H2188和H2201打破。平面呈圆角长方形，直壁，平底。长2.3、宽2.2、深0.5米。坑内填土为黄褐色土，结构疏松，土壤包含物有石块、细煤渣、小砾石、白灰粒、料姜石、植物根系等，出土遗物有筒瓦、板瓦、陶罐、陶盆、陶碗、陶盏、瓷碗、瓷罐等，其中出土可复原陶盆3件（图二六一，4；彩版一四一，1）。

（8）H2219

位于 T20607 西南部，开口于第②层下，打破 H2220、第③层、H2194、第④层和生土。平面呈圆角近长方形，直壁，平底。长 1.78、宽 1.58、深 0.5 米。坑内填土为浅灰色土，结构疏松，土壤包含物有细煤渣、木炭灰、料姜石、碎石块、植物根系等，出土遗物有"传祚无穷"瓦当、筒瓦、板瓦、陶罐、陶盆、瓷碗等（图二六二，1）。

（9）H2034

位于 T20703 东北部及北隔梁、东隔梁和关键柱下，开口于第②层下，打破生土。平面呈长方形，斜直壁，弧底。坑口长 2.12、宽 1.5、坑底长 1.94、宽 1.38、深 0.44 米。坑内填土自上而下基本相同。坑内填土为黄褐色粉砂土，结构疏松，土壤包含物有细煤渣、料姜石、兽骨、白灰块、硬土块、植物根系等，出土遗物有筒瓦、板瓦、陶罐、陶盆、陶碗、瓷碗等（图二六二，2）。

（10）H2105

位于 T20704 东部偏南及东隔梁下，开口于第②层下，打破 H2106、H2161 和生土。平面呈圆角近长方形，直壁或斜弧壁，弧形底。长 2.75、宽 2、深 0.54 米。坑内填土为浅灰色土，结构疏松，土壤包含物有细煤渣、草木灰、白灰块、硬土块、植物根系等，出土遗物有筒瓦、板瓦、陶罐、陶盆、瓷碗等（图二六三，1）。

（11）H2189

位于 T20705 南部偏西，T20605 北隔梁下，开口于第②层下，打破第③层、H2226 和生土。平面呈长方形，直壁，平底。长 1.45、宽 0.9、深 0.56~0.6 米。坑内填土为灰褐色土，结构疏松，土壤包含物有细煤渣、木炭屑、料姜石、植物根系等，出土遗物有"传祚无穷"瓦当、筒瓦、板瓦、兽面纹瓦当、檐头板瓦、陶罐、陶盆、陶碗、陶盏等（图二六三，2）。

（12）H2254

位于 T20706 西北部及北隔梁下，T20705 东隔梁和关键柱下，开口于第②层下，打破第③层和生土。平面呈长方形，直壁，平底。长 2.65、宽 1.44、深 0~0.42 米。坑内填土为灰褐色土，

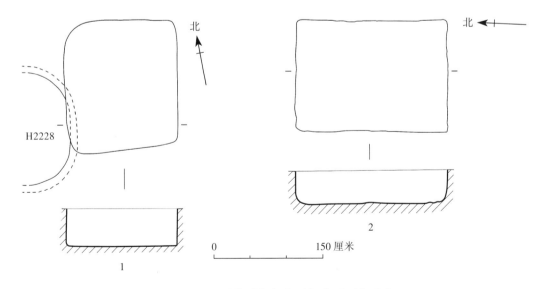

图二六二　明清时期长方形灰坑平、剖面图

1. H2219　2. H2034

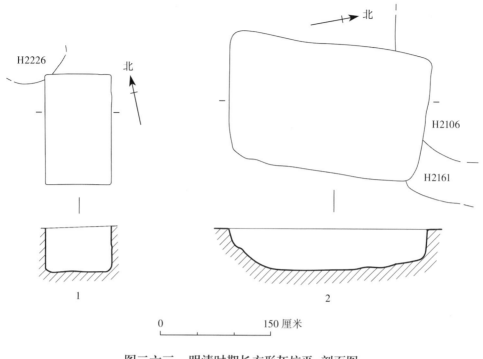

图二六三　明清时期长方形灰坑平、剖面图

1. H2105　2. H2189

结构疏松，土壤包含物有细煤渣、硬土块、料姜石、植物根系等，出土遗物有筒瓦、板瓦、兽面纹瓦当、陶盆等（图二六四，1）。

（13）H2235

位于 T20905 东中部及东隔梁下，开口于第②层下，打破 H2239、H2362、第③层和生土。平面呈长方形，斜弧壁，平底。长 3.06、宽 2.85、深 0.16~0.35 米。坑内填土为黄褐色土，结构疏松，土壤包含物有石灰块、细煤渣、料姜石、兽骨、植物根系、小砾石、砖块等，出土遗物有筒瓦、板瓦、陶罐、陶盆、陶碗、瓷盏等（图二六四，2）。

（14）H2262

位于 T20905 中部，开口于第②层下，打破第③层和生土。平面呈长方形，斜直壁，壁面有席纹，平底，底部有厚约 2~5 厘米厚的白灰层。长 1.66、宽 1.4、深 0.58~0.62 米。坑内填土为黄褐色土，结构疏松，土壤包含物有白灰粒、细煤渣、兽骨、石块、料姜石、植物根系等，出土遗物有筒瓦、板瓦、陶罐、陶盆、陶碗、瓷碗、瓷罐等（图二六四，3；彩版一四一，2）。

（15）H2317

位于 T20907 东部及东隔梁下，T20807 北隔梁和关键柱下，开口于第②层下，打破 H2321 和生土。平面呈长方形，直壁，底呈不规则状，凹凸不平。长 7.9、残宽 3、深 0.6 米。坑内填土为灰色土，结构疏松，土壤包含物有细煤渣、草木灰、植物根系、硬土块等，出土遗物有筒瓦、板瓦、陶罐、陶盆、瓷碗等（图二六四，4；彩版一四一，3）。

（16）H2300

位于 T21007 东南部，开口于第②层下，打破 H2302 和生土。平面呈圆角长方形，直壁，平底。长 0.96、宽 0.4、深 0.4 米。坑内填土为浅褐色土，结构疏松，土壤包含物有石块、细煤渣、料姜石、植物根系等，出土遗物有筒瓦、板瓦、陶罐（图二六四，5；彩版一四一，4）。

2．圆形灰坑

40 个，其中有遗物的 30 个，无遗物的 10 个，无遗物的不在本处描述，相关信息见灰坑表。

（1）H2324

位于 T20303 东北部及北隔梁、东隔梁和关键柱下，开口于第②层下，打破第③层和生土，被 H2319、H2320、H2323 打破。平面呈圆形，剖面呈袋状，平底。口径 2.24、底径 2.42、深 0.5

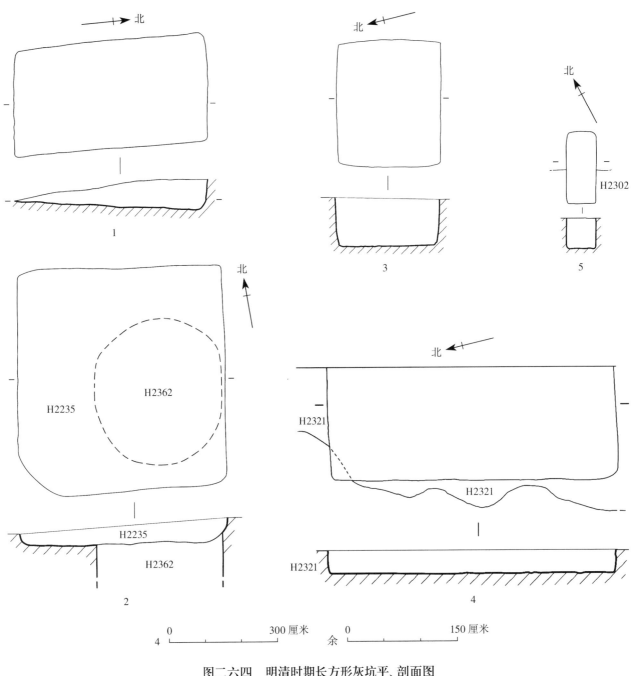

图二六四　明清时期长方形灰坑平、剖面图

1. H2254　2. H2235　3. H2262　4. H2317　5. H2300

米。坑内填土为浅褐色土，结构疏松，土壤包含物有铁锈渣、细煤渣、白灰块、硬土块、小砾石、植物根系等，出土遗物有"传祚无穷"瓦当、"开元通宝"铜钱、筒瓦、板瓦、陶罐、陶盆、陶碗、陶圈、瓷瓶、瓷罐等（图二六五，1；彩版一四一，5）。

（2）H2003

位于 T20305 西北部及北隔梁下，开口于第②层下，打破第③层和生土。平面呈圆形，剖面呈袋状，平底。直径 1.78、坑底直径 1.96、深 1.7~2.08 米。坑内填土自上而下基本相同，为灰褐色土，结构疏松，土壤包含物有细煤渣、石块、硬土块、白灰块、铁锈渣、碎砖块、植物根系等，出土遗物有"传祚无穷"瓦当、板瓦、筒瓦、檐头板瓦、沟纹砖、陶罐、陶盆、瓷瓶、瓷碗、骨饰件等（图二六五，2；彩版一四一，6）。

（3）H2357

位于 T20404 北隔梁下西部，T20403 关键柱下，开口于第②层下，打破第③层和生土。平面呈圆形，斜直壁，底呈弧状。直径 1.36、深 0.65~0.72 米。坑内填土为浅褐色土，结构疏松，土壤包含物有细煤渣、木炭屑、植物根系、兽骨、白灰块、硬土块、小砾石等，出土遗物有筒瓦、板瓦、琉璃筒瓦、兽面纹瓦当、坩埚、陶罐、陶盆、陶碗、瓷碗、瓷罐等（图二六五，3；彩版一四二，1）。

（4）H2015

位于 T20503 东中部，开口于第②层下，打破 H2333、H2335、第③层和生土。平面呈圆形，

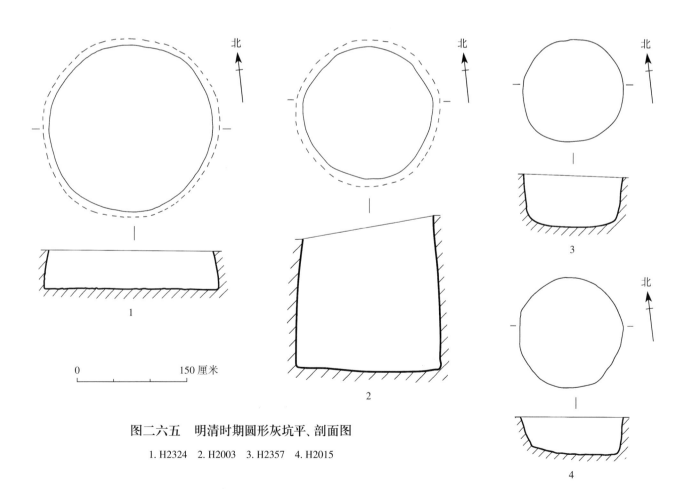

图二六五　明清时期圆形灰坑平、剖面图
1. H2324　2. H2003　3. H2357　4. H2015

斜直壁，弧底。直径 1.4、深 0.5 米。坑内填土为黄褐色土，结构疏松，土壤包含物有细煤渣、木炭灰、硬土块、白灰块、小砾石、植物根系等，出土遗物有筒瓦、板瓦、陶罐、陶盆、瓷碗等（图二六五，4）。

（5）H2020

位于 T20503 南部偏西，开口于第②层下，打破生土。平面呈圆形，直壁，平底。直径 0.87、深 0.52 米。坑内填土为黑灰色土，结构疏松，土壤包含物有细煤渣、木炭灰、硬土块、白灰块、小砾石、植物根系等，出土遗物有筒瓦、板瓦、陶盆等（图二六六，1；彩版一四二，2）。

（6）H2354

位于 T20507 北隔梁下偏东，开口于第②层下，打破第③、④层和生土。平面呈圆形，直壁，平底。直径 1.5、深 0.5 米。坑内填土为灰褐色土，结构疏松，土壤包含物有硬土块、兽骨、植物根系、细煤渣、碎石块等，出土遗物有筒瓦、板瓦、陶罐、陶盆、瓷碗等（图二六六，2；彩版一四二，3）。

（7）H2036

位于 T20604 西部偏北，开口于第②层下，打破生土。平面呈圆形，剖面呈袋状，平底。口径 0.78、底径 1.02、深 0.75 米。坑内填土为灰褐色土，结构疏松，土壤包含物有细煤渣、植物根系、小砾石、硬土块、白灰块等，出土遗物有"万岁富贵"瓦当、筒瓦、板瓦、陶罐、陶盆、瓷碗、瓷罐等（图二六七，1；彩版一四二，4）。

（8）H2030

位于 T20604 西北部，开口于第②层下，打破生土。平面呈圆形，剖面呈袋状，平底。口径 1.03、底径 1.23、深 1.1 米。坑内填土为灰褐色土，结构疏松，土壤包含物有细煤渣、兽骨、植

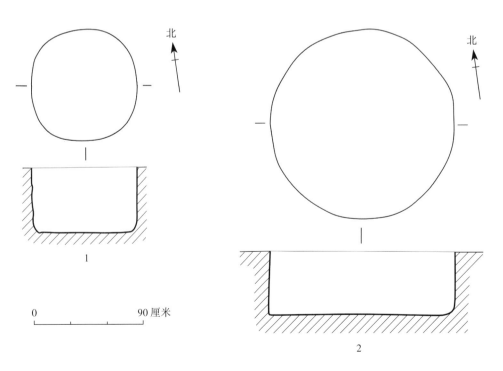

图二六六　明清时期圆形灰坑平、剖面图

1. H2020　2. H2354

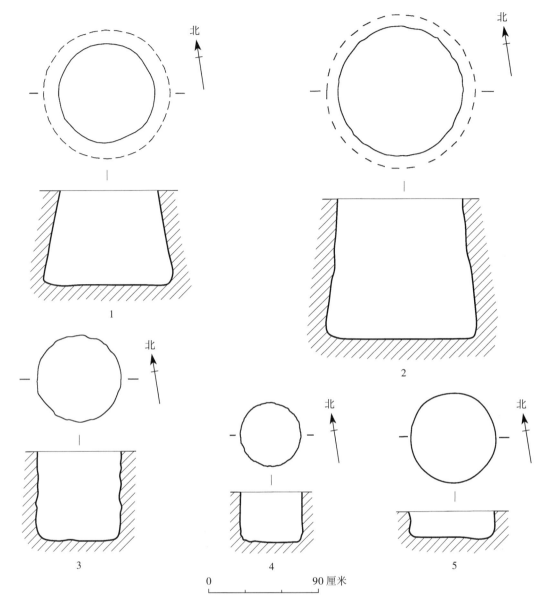

1. H2036　　2. H2030　　3. H2035　　4. H2087　　5. H2086

图二六七　明清时期圆形灰坑平、剖面图

物根系、小砾石、硬土块、白灰块等，出土遗物有筒瓦、板瓦、陶罐、陶盆、瓷碗、瓷罐等（图二六七，2；彩版一四二，5）。

（9）H2035

位于 T20604 西北部，开口于第②层下，打破生土。平面呈圆形，直壁，平底。直径 0.7、深 0.7 米。坑内填土为灰褐色土，结构疏松，土壤包含物有草木灰、细煤渣、兽骨、小石块、料姜石、硬土块、植物根系等，出土遗物有琉璃筒瓦、磨光筒瓦、板瓦、陶罐、陶盆、瓷碗、瓷盏等（图二六七，3；彩版一四二，6）。

（10）H2087

位于 T20604 中南部，开口于第②层下，打破生土。平面呈圆形，直壁，平底。直径 0.5、深 0.4 米。坑内填土为灰褐色土，结构松软，土壤包含物有细煤渣、草木灰、碎石块、兽骨等，出土遗物有筒瓦、板瓦、陶罐、陶盆、瓷碗、骨簪等（图二六七，4；彩版一四三，1）。

（11）H2086

位于 T20604 中南部偏西，开口于第②层下，打破生土，被 H2068 打破。平面呈圆形，直壁，平底。口径 0.7、深 0.2 米。坑内填土为灰褐色土，结构疏松，土壤包含物有碎石块、植物根系、硬土块、料姜石、细煤渣等，出土遗物有筒瓦、板瓦、陶罐、陶盆等（图二六七，5；彩版一四三，2）。

（12）H2062

位于 T20604 中南部，开口于第②层下，打破 H2068 和生土。平面呈圆形，直壁，平底。直径 0.9、深 0.56 米。坑内填土为黄褐色土，结构疏松，土壤包含物有细煤渣、兽骨、片石、料姜石、硬土块等，出土遗物有筒瓦、板瓦、陶罐、陶片、瓷碗等（图二六八，1；彩版一四三，3）。

（13）H2233

位于 T20606 西北部，开口于第②层下，打破第③层和铸造井台路和生土。平面呈圆形，直壁，平底。直径 1.13、深 0.6 米。坑内填土为黄褐色土，结构疏松，土壤包含物有细煤渣、兽骨、碎石块、料姜石、植物根系等，出土遗物有筒瓦、板瓦、兽面纹瓦当、陶片、陶碗、瓷盏、瓷瓶等（图二六八，2）。

（14）H2179

位于 T20606 东部偏北及东隔梁下，开口于第②层下，打破第④层和生土，被 H2188 打破。平面呈圆形，直壁，平底。直径 1.1、深 0.6 米。坑内填土为浅褐色土，结构疏松，土壤包含物有细煤渣、碎石块、兽骨、硬土块、白灰块、料姜石、植物根系等，出土遗物有筒瓦、板瓦、陶罐、陶盆、陶盏、瓷碗等（图二六八，3）。

（15）H2360

位于 T20606 北隔梁下偏西，开口于第②层下，打破第③层和生土，被 H2200 打破。平面呈圆形，直壁，平底。直径 0.8、深 0.35 米。坑内填土为浅褐色土，结构疏松，土壤包含物有细煤渣、料姜石、木炭屑、植物根系等，出土遗物有筒瓦、板瓦、陶盆等（图二六八，4；彩版一四三，4）。

（16）H2220

位于 T20607 西南部，开口于第②层下，打破第③、④层和生土，被 H2219 打破。平面呈圆形，剖面呈袋状，平底。口径 1.52、底径 1.6~1.7、深 0.7 米。坑内填土为灰色土，结构疏松，土壤包含物有细煤渣、小石块、兽骨、白灰块、砖块、硬土块、矿物质颜料残块、植物根系等，出土遗物有筒瓦、板瓦、琉璃筒瓦、沟纹砖、陶罐、陶盆、陶碗、陶盏、陶瓮、瓷碗等（图二六八，5；彩版一四三，5）。

（17）H2129

位于 T20704 东南部，开口于第②层下，打破生土，被 H2128 打破。平面呈圆形，直壁，平底。直径 0.92~0.98、深 0.42 米。坑内填土为浅褐色土，结构疏松，土壤包含物有细煤渣、木炭屑、小砾石、植物根系等，出土遗物有筒瓦、板瓦、檐头板瓦、石莲花建筑饰件、陶罐、陶盆、瓷碗等（图二六九，1）。

（18）H2214

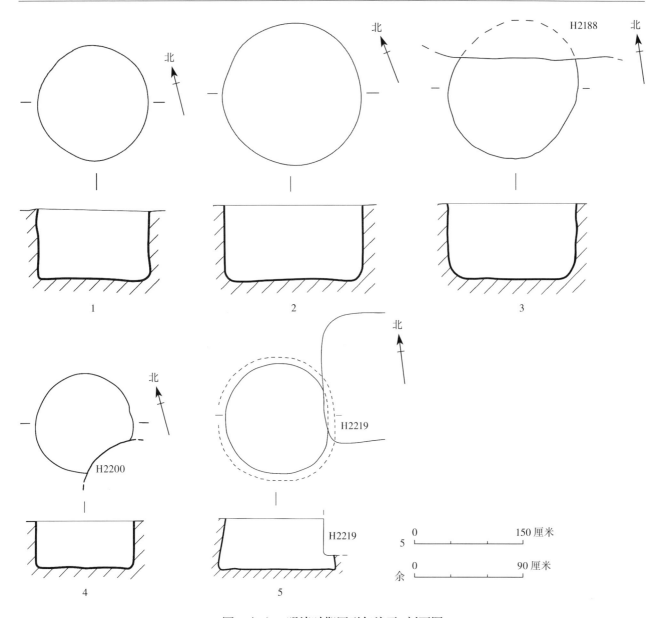

图二六八　明清时期圆形灰坑平、剖面图

1. H2062　2. H2233　3. H2179　4. H2360　5. H2220

位于 T20705 西部偏北，T20704 东隔梁下，开口于 H2161 下，打破 H2215 和生土，被 H2161 打破。平面呈圆形，剖面呈袋状，平底。口径 0.6、底径 0.82、深 0.44~0.6 米。坑内填土为灰褐色土，结构疏松，土壤包含物有细煤渣、小碎石、料姜石、植物根系、兽骨等，出土遗物有"传祚无穷"瓦当、筒瓦、板瓦、陶罐、陶盆等（图二六九，2；彩版一四三，6）。

（19）H2212

位于 T20707 西南部，T20607 北隔梁下，T20706 东隔梁下，开口于第②层下，打破第③层和生土。平面呈圆形，剖面呈袋状，平底。口径 1.14、底径 1.26、深 0.74 米。坑内填土为淡黄色土，结构疏松，土壤包含物有细煤渣、白灰块、硬土块、植物根系等，出土遗物有筒瓦、板瓦、陶罐、陶盆、瓷碗等（图二六九，3）。

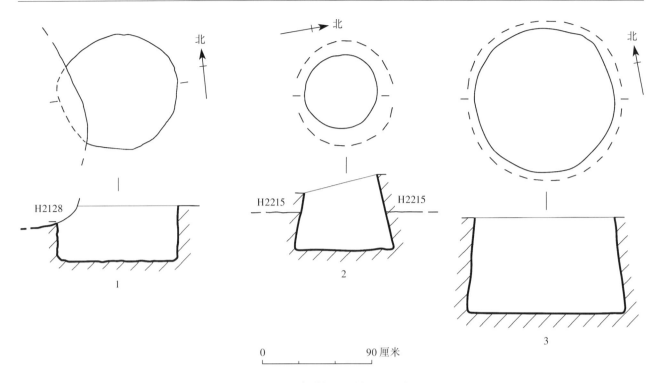

0　　　　　　　　90 厘米

图二六九　明清时期圆形灰坑平、剖面图

1. H2129　2. H2214　3. H2212

（20）H2237

位于 T20707 北部偏西及北隔梁下，开口于第②层下，打破生土。平面呈圆形，斜弧壁，底呈弧状。直径 0.45、深 0.46 米。坑内填土为黄褐色土，结构疏松，土壤包含物有细煤渣、小砾石、硬土块、植物根系等，出土遗物有筒瓦、板瓦、兽面纹瓦当、陶罐、陶盆、陶碗、瓷碗等（图二七○，1）。

（21）H2293

位于 T20806 东南部，开口于第②层下，打破生土，被现代泄洪沟打破。平面近圆形，斜弧壁，底呈弧状。长 2.5、残宽 1.02、深 0.75 米。坑内填土为褐色土，结构疏松，土壤包含物有细煤渣、木炭屑、料姜石、碎石粒、硬土块、植物根系等，出土遗物有筒瓦、板瓦、陶莲花建筑饰件、陶盆、瓷碗等（图二七○，2）。

（22）H2315

位于 T20807 中部，开口于第②层下，打破 H2321、G2001 和生土。平面呈圆形，直壁，平底。直径 1、深 1.2 米。坑内填土为浅灰色土，结构疏松，土壤包含物有细煤渣、木炭灰、料姜石、红烧土块、白灰块、植物根系等，出土遗物有筒瓦、板瓦、陶罐、陶盆、瓷碗等（图二七○，3；彩版一四四，1）。

（23）H2316

位于 T20807 东北部，开口于第②层下，打破 H2321、G2001 和生土。平面呈圆形，直壁，平底。直径 1.35、深 1.55 米。坑内填土为浅灰色土，结构疏松，土壤包含物有细煤渣、木炭灰、料姜石、红烧土块、白灰块、植物根系等，出土遗物有筒瓦、板瓦、陶罐、陶盆、瓷碗等（图二七一，1；

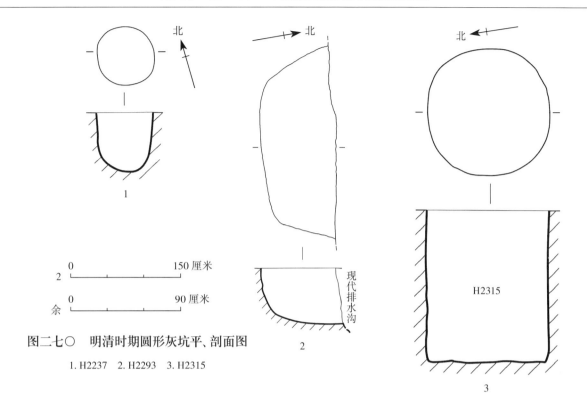

图二七〇　明清时期圆形灰坑平、剖面图

1. H2237　2. H2293　3. H2315

彩版一四四，2）。

（24）H2362

位于 T20905 东隔梁下偏南，开口于 H2235 下，打破生土，被 H2235 叠压和打破。平面呈圆形，直壁，平底。长 1.92、宽 1.8、深 0.98 米。坑内填土为黄灰色土，结构疏松，土壤包含物有细煤渣、兽骨、石块、小砾石、木炭屑、植物根系等，出土遗物有筒瓦、板瓦、兽面纹瓦当、檐头板瓦、陶罐、陶盆、陶盏、瓷碗等（图二七一，2；彩版一四四，3）。

（25）H2261

位于 T20905 南部偏东，T20805 北隔梁下，开口于第②层下，打破第③层和生土。平面呈圆形，斜弧壁，平底。口径 1.2、底径 1.03、深 0.28 米。坑内填土为浅灰色土，结构疏松，土壤包含物有硬土块、细煤渣、白灰块、兽骨、料姜石、植物根系等，出土遗物有筒瓦、板瓦、檐头板瓦、陶盆、瓷碗、瓷罐等（图二七一，3；彩版一四四，4）。

（26）H2296

位于 T21007 东部偏北及东隔梁下，开口于第②层下，打破 H2298 和生土。平面呈圆形，斜弧壁，弧底。长 2.2、宽 0.82、深 0.85 米。坑内填土为红褐色粉砂土，结构疏松，土壤包含物有细煤渣、石灰块、小砾石、植物根系、料姜石等，出土遗物有筒瓦、板瓦、陶罐、陶盆、瓷碗等（图二七一，4；彩版一四四，5）。

（27）H2282

位于 T21007 中部，开口于第②层下，打破 H2298 和生土。平面呈圆形，剖面呈袋状，平底。口径 1.6~1.7、底径 1.8~1.9、深 0.6 米。坑内填土为灰黑色土，结构疏松，土壤包含物有细煤渣、硬土块、兽骨、植物根系、碎石块等，出土遗物有筒瓦、板瓦、陶片、陶罐、陶盆、陶盏、瓷碗、矮足瓷杯等（图二七二，1；彩版一四四，6）。

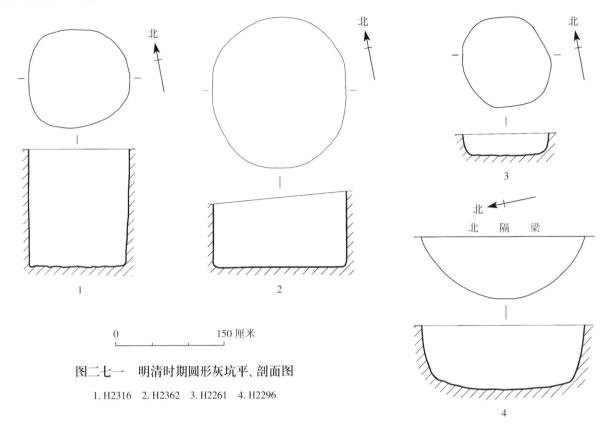

图二七一　明清时期圆形灰坑平、剖面图
1. H2316　2. H2362　3. H2261　4. H2296

（28）H2299

位于T21007东北部，开口于第②层下，打破生土，被H2298和H2297打破。平面呈圆形，直壁，平底。直径1.42、深0.56米。坑内填土为灰褐色粉砂土，结构疏松，土壤包含物有细煤渣、碎石块、硬土块、木炭屑、植物根系等，出土遗物有筒瓦、板瓦、陶罐、陶盆、瓷碗等（图二七二，2；彩版一四五，1）。

（29）H2287

位于T21007西部偏北，开口于第②层下，打破生土。平面呈圆形，直壁，平底。直径1.52、深0.78米。坑内填土为黄褐色粉砂土，结构疏松，土壤包含物有细煤渣、草木灰、硬土块、兽骨、石块、白灰残块等，出土遗物有筒瓦、板瓦、可复原陶罐1件（图二七二，3；彩版一四五，2）。

（30）H2127

位于TG21706东部偏北，开口于第②层下，打破生土。平面呈圆形，直壁，平底。长2、残宽1.44、深0.5米。坑内填土为灰褐色土，结构疏松，土壤包含物有细煤渣、炭灰、料姜石、硬土块、砖块、植物根系等，出土遗物有筒瓦、板瓦、陶盆、瓷碗等（图二七二，4）。

3. 椭圆形灰坑

7个。

（1）H2323

位于T20303北中部及北隔梁下，开口于第②层下，打破H2324和生土，被H2004、H2319、H2320和H2322打破。平面呈椭圆形，斜弧壁，底呈不规则状，凹凸不平。长6.9、宽3.15、深0.3~0.9米。坑内填土为浅褐色土，结构疏松，土壤包含物有细煤渣、碎石块、料姜石、植物根系等，出土遗物有筒瓦、板瓦、陶罐、陶盆、瓷碗、瓷罐等（图二七三，1）。

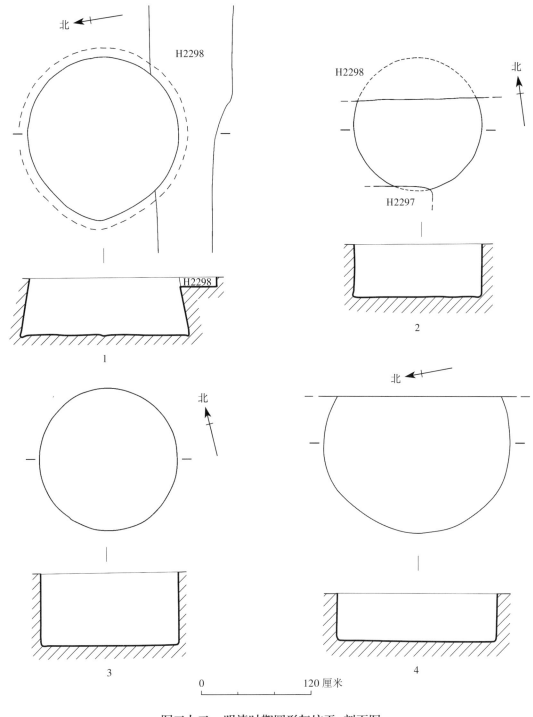

图二七二　明清时期圆形灰坑平、剖面图

1. H2282　2. H2299　3. H2287　4. H2127

（2）H2361

位于 T20403 北隔梁下东北部和关键柱下，开口于第②层下，打破第③层和生土。平面呈椭圆形，斜弧壁，平底。长 2.3、宽 0.88、深 0.5 米。坑内填土为红褐色土，结构疏松，土壤包含物有碎石块、料姜石、硬土块、植物根系等，出土遗物有筒瓦、板瓦、陶盆、瓷碗等（图

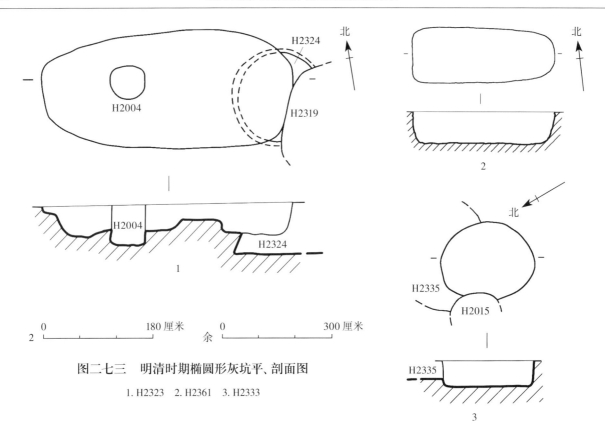

图二七三　明清时期椭圆形灰坑平、剖面图

1. H2323　2. H2361　3. H2333

二七三，2；彩版一四五，3）。

（3）H2333

位于T20503东部偏南及东隔梁下，开口于第②层下，打破H2334、H2335、第③层和生土，被H2015打破。平面呈椭圆形，斜壁，平底。坑口长2.53、残宽2.05、坑底长2.3、宽1.85、深0.72米。坑内填土为灰黑色土，结构疏松，土壤包含物有细煤渣、料姜石、碎石块、木炭屑等，出土遗物有筒瓦、板瓦、陶罐等（图二七三，3）。

（4）H2031

位于T20604西部偏北，开口于第②层下，打破生土。平面呈椭圆形，直壁，平底。长1.16、宽1、深0.7米。坑内填土为灰褐色土，结构疏松，土壤包含物有兽骨、细煤渣、植物根系、草木灰、硬土块、碎石块等，出土遗物有"万岁富贵"瓦当、筒瓦、板瓦、陶罐、陶盆、陶瓷、瓷碗、瓷罐等（图二七四，1；彩版一四五，4）。

（5）H2092

位于T20604东南部，开口于第②层下，打破H2124和生土。平面呈椭圆形，斜弧壁或直壁，平底。坑口长1.2、宽0.7米，坑底长0.98、宽0.5、深0.36米。坑内填土自上而下分为两层。第①层：灰褐色土，结构疏松，厚0.16米，土壤包含物有细煤渣、兽骨、植物根系、碎石块、料姜石等。第②层：红褐色土，结构疏松，厚0.2米，土壤包含物有细煤渣、植物根系、碎石块、硬土块等。坑内两层填土出土遗物基本相同，有筒瓦、板瓦、陶罐、陶片、瓷碗、瓷罐等（图二七四，2；彩版一四五，5）。

（6）H2231

位于T20606中东部，开口于第②层下，打破铸造井台、H2232和生土，被H2201和H2351打破。

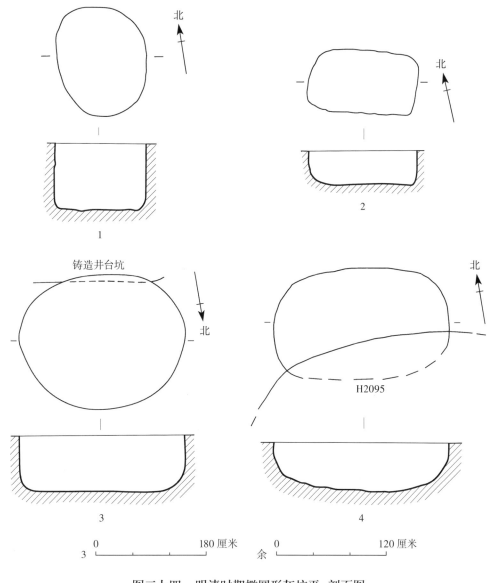

图二七四　明清时期椭圆形灰坑平、剖面图

1. H2031　2. H2092　3. H2231　4. H2096

平面呈椭圆形，直壁，平底。坑口长 2.75、宽 2.18、坑底长 2.4、宽 1.8、深 0.9 米。坑内填土为浅黄褐色土，结构疏松，土壤包含物有细煤渣、料姜石、兽骨、木炭屑、碎石块、白灰粒、植物根系等，出土遗物有筒瓦、板瓦、陶罐、陶盆、陶碗、瓷碗等（图二七四，3）。

（7）H2096

位于 T20605 东部偏北，开口于第②层下，打破第③层和生土，被 H2095 打破。平面呈椭圆形，斜弧壁，底呈弧状。长 1.95、残宽 0.68~1.15、深 0.53 米。坑内填土为浅灰褐色土，结构疏松，土壤包含物有细煤渣、植物根系、碎石块、白灰块等，出土遗物有筒瓦、板瓦、陶盆、瓷碗、压带条等（图二七四，4）。

4．刀把形灰坑

1 个。

H2210

位于 T20606 东北部及北隔梁下，开口于第②层下，打破生土，被 H2202、H2188、H2201、H2200 和 H2199 打破。平面呈刀把状。刀状部分呈长方形，直壁，平底。长 2、宽 1.82、深 0.4 米；刀把部分平面呈长方形，长 1.54、宽 0.52~0.56、深 0.7 米。坑内填土为灰褐色土，结构疏松，土壤包含物有细煤渣、料姜石、兽骨、碎石块、植物根系等，出土遗物有筒瓦、板瓦、兽面纹瓦当、陶罐、陶盆、瓷碗、瓷瓶等（图二七五）。

5．不规则形灰坑

63 个，其中有遗物的 51 个，无遗物的 12 个，无遗物的不在本处描述，相关信息见灰坑表。

（1）H2001

位于 T20204 东南部及东隔梁下，开口于第②层下，打破第③层、W2002 和生土。平面呈不规则形，斜弧壁，底部凹凸不平。坑口长 4.74、残宽 3.14、坑底长 4.07、残宽 2.75、深 0~0.6 米。坑内填土为浅褐色土，结构疏松，土壤包含物有细煤渣、片石、木炭屑、碎石块、料姜石、植物根系等，出土遗物有筒瓦、板瓦、琉璃筒瓦、陶罐、陶盆、瓷碗、瓷罐等（图二七六，1）。

（2）H2318

位于 T20303 西南部及 T20203 北隔梁下西北部，开口于第②层下，打破 H2325、第③层及生土。平面呈不规则形，斜弧壁，底呈不规则弧形。长 4.7、残宽 3.8、深 0.7 米。坑内填土为黄褐色土，结构疏松，土壤包含物有锈铁渣、细煤渣、小砾石、白灰块、植物根系等，出土遗物有筒瓦、板瓦、兽面纹瓦当、陶罐、陶盆、陶碗、陶盏、瓷碗、瓷盏、瓷瓶、瓷罐等（图二七六，2）。

（3）H2319

位于 T20303 东北部及东隔梁、北隔梁和关建柱下，T20304 西北部及北隔梁下，开口于第②

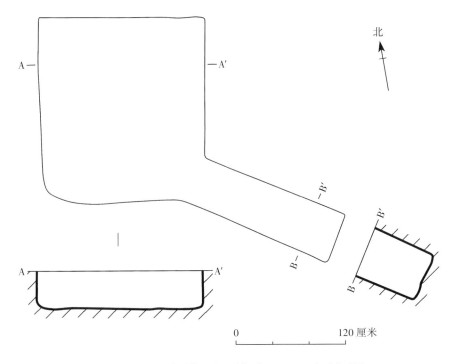

图二七五　明清时期刀把形灰坑 H2210 平、剖面图

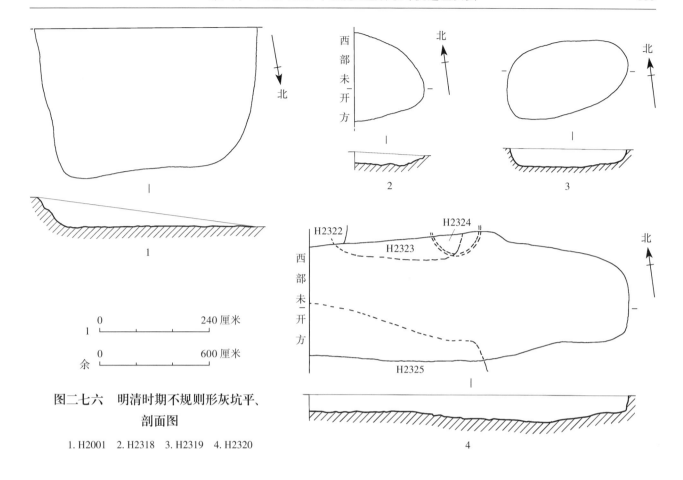

图二七六　明清时期不规则形灰坑平、
剖面图

1. H2001　2. H2318　3. H2319　4. H2320

层下，打破 H2320、H2323、H2324、第③层和生土。平面呈不规则形，斜弧壁，底呈不规则弧状。长 6.7、宽 4.25、深 0.95 米。坑内填土为黄褐色土，结构疏松，土壤包含物有锈铁渣、细煤渣、小砾石、白灰块、植物根系等，出土遗物有筒瓦、板瓦、陶罐、陶盆、瓷碗、瓷盏、瓷罐等（图二七六，3）。

（4）H2320

位于 T20303 中东部及东隔梁下、T20304 中西部，开口于第②层下，打破 H2322、H2323、H2324、第③层和生土，被 H2318、H2319、H2002 打破。平面呈不规则形，斜弧壁，底呈不规则状。残长 17.4、宽 6.4、深 1.3 米。坑内填土为黄褐色土，结构疏松，土壤包含物有细煤渣、砖块、兽骨、白灰块、硬土块、锈铁渣、石块、植物根系等，出土遗物有沟纹砖、筒瓦、板瓦、兽面纹瓦当、陶罐、陶盆、陶碗、陶盏、陶壶、瓷碗、瓷盏、瓷瓶、瓷罐等（图二七六，4）。

（5）H2322

位于 T20303 西北部及北隔梁下，开口于第②层下，打破 H2323、第③层和生土，被 H2320 打破。平面呈不规则形，斜弧壁，底呈不规则弧状。残长 3、残宽 1.85、深 0.1~0.85 米。坑内填土为浅灰色土，结构疏松，土壤包含物有细煤渣、小砾石、兽骨、白灰块、植物根系等，出土遗物有筒瓦、板瓦、陶罐、陶盆、瓷碗、瓷盏、瓷罐等（图二七七，1）。

（6）H2325

位于 T20303 南部及东隔梁下、T20203 西北部及北隔梁和关键柱下，开口于第②层下，打破第③层和生土，被 H2318 和 H2320 打破。平面呈不规则形，斜弧壁，底呈不规则状弧底。坑

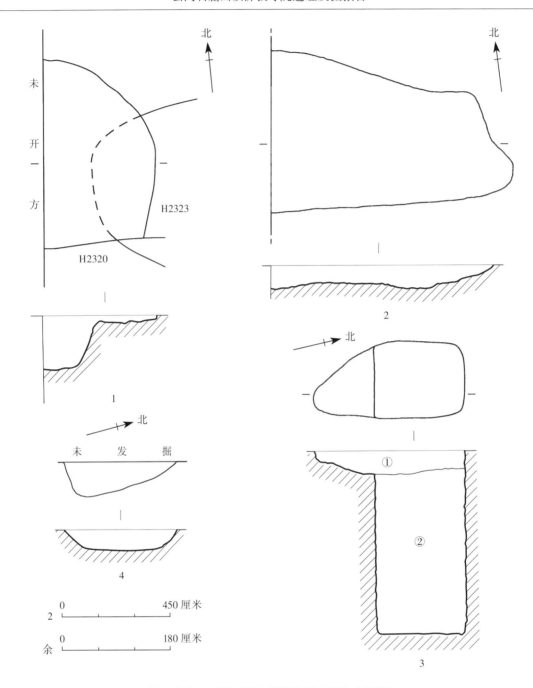

图二七七　明清时期不规则形灰坑平、剖面图

1. H2322　2. H2325　3. H2355　4. H2021

口残长 10、宽 6.45、深 0.6~0.9 米。坑内填土自上而下基本相同，为浅灰色土，结构疏松，土壤包含物有石块、砖块、细煤渣、硬土块、白灰块、植物根系等，出土遗物有筒瓦、板瓦、兽面纹瓦当、砖块、屋脊构件、琉璃筒瓦、兽骨、陶罐、陶盆、陶盏、瓷碗、瓷瓶等（图二七七，2）。

（7）H2355

位于 T20404 北部偏西及北隔梁下，开口于第②层下，打破第③层和生土。平面呈不规则形，坑壁先斜后直延伸至坑底，坑底为平底。坑口长 2.46、宽 1.28、坑底长 1.48、宽 1.24、深 2.94 米。

坑内填土自上而下分为两层。第①层：浅褐色土，厚0.38米，结构疏松，土壤包含物有石块、小砾石、植物根系、兽骨、硬土块等，出土遗物有瓦片、陶片、瓷片、釉瓦残块、檐头板瓦残块等。第②层：黄色粉砂土，厚2.56米，结构疏松，土壤包含物有小砾石、木炭屑、细煤渣、植物根系、兽骨、硬土块等。坑内填土出土遗物基本相同，出土遗物有筒瓦、板瓦、琉璃筒瓦、兽面纹瓦当、檐头板瓦、陶罐、陶盆、陶碗、陶盏、瓷碗、瓷盏等（图二七七，3；彩版一四五，6）。

（8）H2021

位于T20503西南部及西部未开方处，开口于第②层下，打破第③层和生土。平面呈不规则形，斜弧壁，平底。坑口长1.9、宽0.55、坑底长1.24、宽0.45、深0.33米。坑内填土为黄褐色土，结构疏松，土壤包含物有细煤渣、料姜石、碎石块、木炭屑等，出土遗物有筒瓦、板瓦、琉璃筒瓦、兽面纹瓦当（图二七七，4）。

（9）H2242

位于T20507东部偏北及东隔梁、北隔梁和关键柱下，开口于第②层下，打破H2063、炉2021及生土。平面呈不规则形，斜弧壁，底呈不规则弧状，凹凸不平。长6.2、残宽1.1～3.1、深0.4～0.68米。坑内填土为深灰色土，结构疏松，土壤包含物有细煤渣、白灰块、石块、料姜石、硬土块、植物根系等，出土遗物有筒瓦、板瓦、陶罐、陶盆、陶碗、瓷碗等（图二七八，1）。

（10）H2083

位于T20604北部及北隔梁下、T20704南部，开口于第②层下，打破H2128和生土，被H2068打破。平面呈不规则形，斜弧壁，底呈不规则状。长3.84、宽2.64、深0.2～0.28米。坑内填土为浅灰色土，结构疏松，土壤包含物有细煤渣、草木灰、小石块、兽骨、料姜石、硬土块等，出土遗物有琉璃筒瓦、筒瓦、板瓦、陶罐、陶盆、陶碗、瓷碗、瓷瓶等（图二七八，2）。

（11）H2095

位于T20605东部偏南及东隔梁下、T20606西南部，开口于第②层下，打破H2269、H2270、H2096、第③层和生土，被H2130打破。平面呈不规则形，斜弧壁，底呈不规则弧状，凹凸不平。长5.8、宽3.68、深0.6米。坑内填土为浅褐色土，结构疏松，土壤包含物有兽骨、细煤渣、小砾石、木炭屑、硬土块、植物根系等，出土遗物有筒瓦、板瓦、琉璃筒瓦、兽面纹瓦当、檐头板瓦、陶罐、陶盆、瓷碗等（图二七八，3）。

（12）H2097

位于T20605北部偏东，开口于第②层下，打破第③层和生土。平面呈不规则形，直壁，弧底。长1.53、宽1.23、深0.6～0.7米。坑内填土为浅褐色土，结构疏松，土壤包含物有硬土块、石块、兽骨、细煤渣、小砾石、木炭屑、植物根系等，出土遗物有筒瓦、板瓦、联珠兽面纹瓦当、陶罐、陶盆、瓷碗等（图二七八，4；彩版一四六，1）。

（13）H2072

位于T20605西南部、T20604东隔梁下，开口于第②层下，打破第③层和生土。平面呈不规则形，斜弧壁，坑底呈弧状。长1.24、宽0.85、深0.25～0.32米。坑内填土为灰褐色土，结构疏松，土壤包含物有细煤渣、料姜石、白灰块、硬土块、小砾石、植物根系等，出土遗物有筒瓦（图二七八，5）。

（14）H2130

位于T20605东南部，开口于第②层下，打破H2095、第③层和生土。平面呈不规则形，斜弧壁，

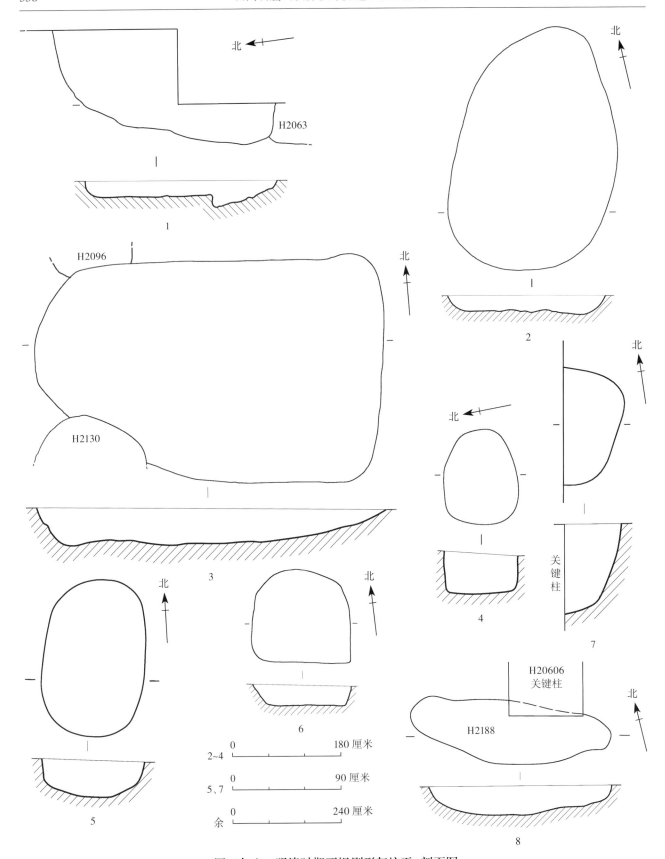

图二七八　明清时期不规则形灰坑平、剖面图

1. H2242　2. H2083　3. H2095　4. H2097　5. H2072　6. H2130　7. H2358　8. H2188

平底。长 2.74、宽 2.52、深 0.6~0.68 米。坑内填土为浅褐色土，结构疏松，土壤包含物有细煤渣、料姜石、小石块、硬土块、白灰块等，出土遗物有琉璃筒瓦、筒瓦、坩埚、兽面纹瓦当、檐头板瓦、陶罐、陶盆、瓷碗、瓷罐等（图二七八，6）。

（15）H2358

位于 T20606 北隔梁下西部、T20605 关键柱下，开口于第②层下，打破生土，被 H2255 打破。平面呈不规则形，斜弧壁，底呈弧状。长 0.94、残宽 0.5、深 0.7 米。坑内填土为灰褐色土，结构疏松，土壤包含物有细煤渣、兽骨、小砾石、植物根系等，出土遗物有筒瓦、板瓦、陶罐、瓷碗等（图二七八，7）。

（16）H2188

位于 T20606 东北部、东隔梁、北隔梁及关键柱下，T20607 西北部及北隔梁下，开口于第①、②层下，打破 H2179、H2202、H2204 和生土。平面呈不规则形，斜弧壁，底呈不规则状。长 5.5、宽 1.85、深 0.75 米。坑内填土为黑灰色土，结构疏松，土壤包含物有细煤渣、片石、小砾石、兽骨、木炭屑、料姜石、植物根系等，出土遗物有筒瓦、板瓦、陶罐、陶盆、陶碗、陶盏、瓷碗、瓷盏、瓷罐等（图二七八，8）。

（17）H2201

位于 T20606 东北部，开口于第②层下，打破 H2232、H2202、H2210、H2231、H2211、第④层和生土。平面呈不规则形，斜弧壁，底呈不规则弧状。长 2.68、宽 2.36、深 0.4 米。坑内填土为浅褐色土，结构疏松，土壤包含物有细煤渣、石块、料姜石、白灰粒、硬土块、植物根系等，出土遗物有筒瓦、板瓦、坩埚、陶罐、陶盆、陶碗、瓷碗、瓷罐等（图二七九，1）。

（18）H2204

位于 T20607 西北部及北隔梁下、T20606 东北部及东隔梁、北隔梁和关键柱下，开口于第①、②层下，打破第③、④层和生土，被 H2188 和 H2256 打破。平面呈不规则形，斜弧壁，底呈不规则状，凹凸不平。长 4.9、宽 4.18、深 1.35 米。坑内填土为黄褐色土，结构疏松，土壤包含物有细煤渣、料姜石、硬土块、砖块、木炭屑、小砾石、植物根系等，出土遗物有筒瓦、板瓦、陶盆、陶盏、陶瓮、瓷碗等（图二七九，2）。

（19）H2190

位于 T20607 西部偏南、T20606 东隔梁下，开口于第②层下，打破第③层、H2349、第④层和生土。平面呈不规则形，斜弧壁，底不平。长 1.52、宽 0.86、深 0.4 米。坑内填土为黄褐色土，结构疏松，土壤包含物有细煤渣、料姜石、白灰粒、硬土块、植物根系等，出土遗物有筒瓦、板瓦、陶片、陶碗等（图二七九，3）。

（20）H2177

位于 T20607 东南部及东隔梁下，T20507 北隔梁下，开口于第②层下，打破第③层、炉 2010、炉 2011 和第④层。平面呈不规则形，斜弧壁，平底。长 3.16、宽 1.56、深 0.32 米。坑内填土为灰褐色土，结构松软，土壤包含物有细煤渣、料姜石、片石、碎石块、硬土块、白灰残块、植物根系等，出土遗物有筒瓦、板瓦、陶罐、陶盆、陶碗、陶盏、瓷碗、瓷盏等（图二七九，4）。

（21）H2055

位于 T20704 西北部及北隔梁下、T20703 东隔梁及关键柱下，开口于第②层下，打破第③

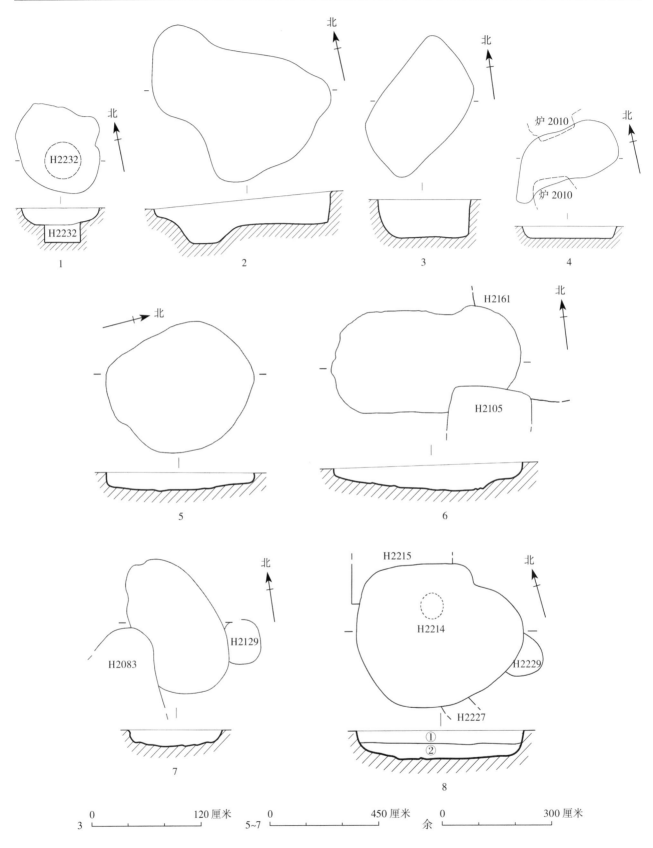

图二七九　明清时期不规则形灰坑平、剖面图

1. H2201　2. H2204　3. H2190　4. H2177　5. H2055　6. H2106　7. H2128　8. H2161

层和生土。平面呈不规则形，斜弧壁，底呈不规则弧状。长3、宽2.6、深0.38米。坑内填土为浅灰色土，结构疏松，土壤包含物有细煤渣、草木灰、植物根系等，出土遗物有筒瓦、板瓦、檐头板瓦、兽面纹瓦当、陶罐、陶盆、陶碗、陶壶、陶瓮、瓷碗等（图二七九，5）。

（22）H2106

位于T20704中东部及东隔梁下，开口于第②层下，打破H2161和生土，被H2105打破。平面呈不规则形，斜弧壁，底呈不规则弧状。长3.85、宽2.1、深0.4~0.55米。坑内填土为浅灰色土，结构疏松，土壤包含物有细煤渣、硬土块、兽骨、草木灰、植物根系等，出土遗物有"传祚无穷"瓦当、筒瓦、板瓦、檐头板瓦、陶乳丁、陶罐、陶盆、陶碗、陶瓮、瓷碗等（图二七九，6）。

（23）H2128

位于T20704南部偏东、T20604北隔梁下，开口于第②层下，打破H2129和生土，被H2083打破。平面呈不规则形，斜弧壁，底呈不规则弧状。长2.9、宽2.1、深0.32米。坑内填土为黄褐色土，结构疏松，土壤包含物有细煤渣、小砾石、兽骨、石灰块、铁锈渣、硬土块、植物根系等，出土遗物有筒瓦、板瓦、陶罐、陶盆、瓷碗等（图二七九，7）。

（24）H2161

位于T20705西部、T20704东隔梁下，开口于第②层下，打破H2214、第③层、H2215、H2227、H2229和生土，被H2105和H2106打破。平面呈不规则形，斜弧壁，底呈弧状。长4.56、宽3.8、深0.85米。坑内填土自上而下分为两层。第①层：黄褐色土，厚约0.38米，结构疏松。第②层：灰色土，厚约0.47米，结构较致密。坑内土壤包含物和出土遗物基本相同，土壤包含物有细煤渣、硬土块、植物根系、白灰块、兽骨、碎石块、料姜石等，出土遗物有"传祚无穷""万岁富贵"瓦当、筒瓦、板瓦、琉璃筒瓦、檐头板瓦、兽面纹瓦当、兽首衔环瓦当、陶罐、陶盆、陶碗、陶盏、瓷碗、石刻造像等（图二七九，8）。

（25）H2217

位于T20705西南部、T20605北隔梁下西北部、T20704东隔梁下和T20604关键柱下，开口于第②层下，打破第③层和生土。平面呈不规则形，斜弧壁，底呈不规则弧状，高低不平。长2.04、宽1.28、深0.2~0.42米。坑内填土为灰褐色土，结构疏松，土壤包含物有细煤渣、小砾石、料姜石、兽骨、硬土块、植物根系等，出土遗物有筒瓦、板瓦、"万岁富贵"瓦当、陶罐、陶盆、陶盏、石莲花建筑饰件等（图二八〇，1）。

（26）H2157

位于T20705西南部，开口于第②层下，打破第③层、H2226、H2227和生土。平面呈不规则形，斜弧壁，平底。坑口长1.88、宽1.1、坑底长1.6、宽1、深0.4米。坑内填土为黄褐色粉砂土，结构疏松，土壤包含物有细煤渣、小砾石、植物根系等，出土遗物有筒瓦、板瓦、琉璃筒瓦、兽面纹瓦当、陶盆、陶碗、瓷盏等（图二八〇，2）。

（27）H2221

位于T20706中部偏西，开口于第②层下，打破炉2015和生土，被H2253打破。平面呈不规则形，直壁或斜直壁，底呈不规则弧状。长1.52~2.9、宽2.5~2.8、深0.3米。坑内填土为红褐色土，结构疏松，土壤包含物有细煤渣、小砾石、硬土块、白灰块、植物根系等，出土遗物有筒瓦、板瓦、兽面纹瓦当、陶罐、陶盆、瓷碗等（图二八〇，3）。

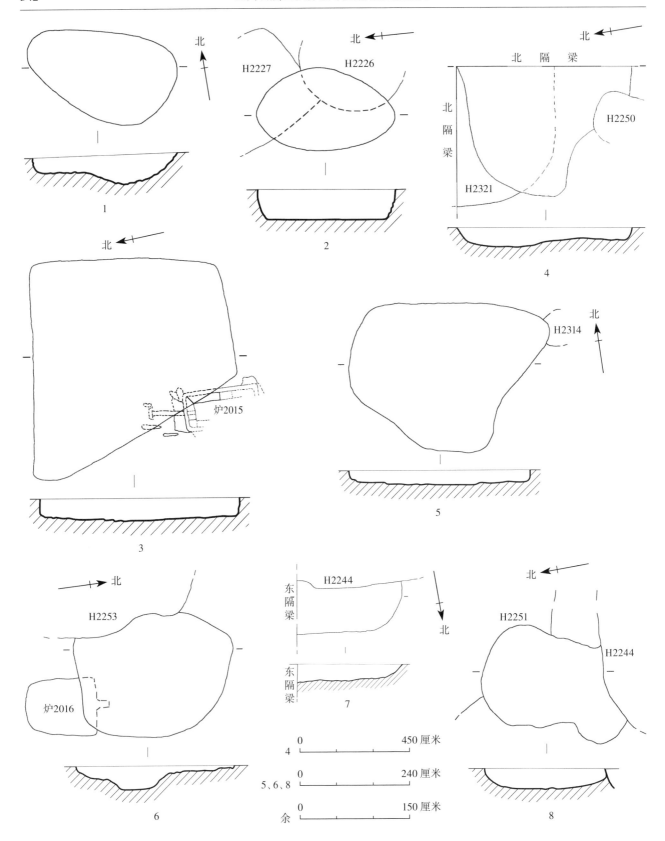

图二八〇　明清时期不规则形灰坑平、剖面图

1. H2217　2. H2157　3. H2221　4. H2251　5. H2191　6. H2228　7. H2252　8. H2250

（28）H2191

位于 T20707 西北部及北隔梁下、T20706 东隔梁及北隔梁和关键柱下、T20807 西南部、T20806 东隔梁下南部，开口于第②层下，打破 H2314 和生土。平面呈不规则形，斜弧壁或直壁，底部较为平坦。坑口长 4.3、宽 3.15、坑底长 4.1、宽 2.95、深 0.3 米。坑内填土为灰黑色土，结构疏松，土壤包含物有细煤渣、料姜石、小砾石、硬土块等，出土遗物有筒瓦、板瓦、陶罐、陶盆、瓷碗、瓷罐等（图二八〇，5）。

（29）H2228

位于 T20707 西部偏北及 T20706 东隔梁下，开口于第②层下，打破炉 2016 和生土，被 H2253 打破。平面呈不规则形，斜弧壁，底部凹凸不平。坑口长 3.5、宽 2.6、深 0.45 米。坑内填土为灰黑色土，结构疏松，土壤包含物有细煤渣、小砾石、硬土块、砖块、白灰残块、植物根系等，出土遗物有筒瓦、板瓦、陶罐、陶盆、陶碗、陶盏、陶壶、瓷碗等（图二八〇，6）。

（30）H2252

位于 T20707 东南部及东隔梁下、T20607 北隔梁和关键柱下，开口于第②层下，打破生土，被 H2244 打破。平面呈不规则形，斜弧壁，底呈不规则状。残长 1.42、残宽 0.72、深 0.25 米。坑内填土为灰色土，结构疏松，土壤包含物有小砾石、细煤渣、硬土块、植物根系等，出土遗物有筒瓦、板瓦、陶罐、陶盆、瓷碗、瓷罐等，其中出土可复原陶盏 1 件（图二八〇，7；彩版一四六，2）。

（31）H2250

位于 T20707 南部偏东，T20607 北隔梁下，开口于第②层下，打破 H2251、第③层和生土，被 H2244 打破。平面呈不规则形，斜弧壁，底呈弧状。长 2.6~3.2、宽 2.55、深 0.45 米。坑内填土为灰黑色土，结构疏松，土壤包含物有细煤渣、硬土块、木炭屑、白灰块等，出土遗物有筒瓦、板瓦、陶罐、陶盆、陶碗、瓷碗、瓷盏等，其中出土可复原陶盏 1 件（图二八〇，8）。

（32）H2251

位于 T20707 东部及东隔梁下，开口于第②层下，打破 H2321、炉 2017 和生土，被 H2250 打破。平面呈不规则形，斜弧壁，底呈不规则状，凹凸不平。长 7.2、残宽 5.2、深 0.4~0.8 米。坑内填土为灰黑色土，结构疏松，土壤包含物有细煤渣、硬土块、碎石块、小砾石、料姜石、植物根系等，出土遗物有筒瓦、板瓦、陶罐、陶盆、陶碗、瓷碗等，其中出土可复原瓷碗 1 件（图二八〇，4）。

（33）H2275

位于 T20805 东北部及北隔梁、东隔梁和关键柱下，T20905 东南部及东隔梁下，开口于第②层下，打破 H2356、第③层、G2001 和生土，被现代泄洪沟打破。平面呈不规则形，斜弧壁，底呈不规则状。残长 5~5.4、宽 3.75、深 1.1 米。坑内填土为灰褐色土，结构疏松，土壤包含物有细煤渣、兽骨、片石、小砾石、植物根系、硬土块、白灰块、料姜石、木炭屑等，出土遗物有筒瓦、板瓦、檐头板瓦、陶罐、陶盆、陶碗、陶盏、瓷碗、瓷瓶等（图二八一，1）。

（34）H2272

位于 T20903 南部偏西，T20803 北隔梁下，开口于第②层下，打破生土。平面呈不规则形，斜弧壁，平底。坑口长 1.42、宽 0.88、坑底长 1.32、宽 0.76、深 0.26 米。坑内填土为黄褐色土，结构疏松，出土遗物有筒瓦、板瓦、琉璃筒瓦、檐头板瓦、陶片、陶罐、瓷碗等（图二八一，2；彩版一四六，3）。

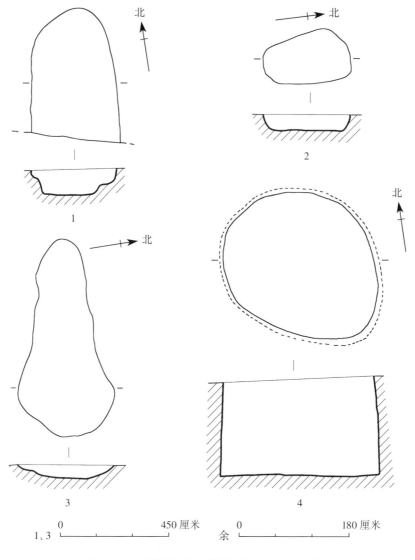

图二八一　明清时期不规则形灰坑平、剖面图

1. H2275　2. H2272　3. H2284　4. H2260

（35）H2284

位于 T20904 中东部及东隔梁下，开口于第②层下，打破生土。平面呈不规则形，斜弧壁，底呈不规则弧状。长 8.05、宽 4.06、深 0.6 米。坑内填土为黄褐色土，结构疏松，土壤包含物有细煤渣、料姜石、碎石子、石灰块、硬土块、植物根系等，出土遗物有筒瓦、板瓦、琉璃筒瓦、檐头板瓦、陶罐、陶盆、陶碗、瓷碗、瓷罐等（图二八一，3；彩版一四六，4）。

（36）H2260

位于 T20905 东北部及东隔梁、北隔梁和关键柱下，开口于第②层下，打破第③层和生土。平面呈不规则形，剖面呈袋状，平底。口径长 2.7、宽 2.34、底径长 2.88、宽 2.52、深 1.48~1.6 米。坑内填土为浅褐色土，结构疏松，土壤包含物有细煤渣、白灰块、兽骨、硬土块、石块、小砾石、砖块、木炭屑、料姜石、植物根系等，出土遗物有筒瓦、板瓦、兽面纹瓦当、陶罐、陶盆、陶盏、瓷碗、瓷罐等（图二八一，4）。

（37）H2246

位于 T20906 中部及北隔梁下、T21006 南部偏西，T20806 北中部及北隔梁下，开口于第②层下，打破第③层、H2249、G2001 和生土，被 H2280 和 H2308 打破。平面呈南北走向的不规则形，斜弧壁，底呈不规则状，凹凸不平。长 14.45、宽 1.5~3.75、深 0.45~1.1 米。坑内填土为黄褐色土，结构疏松，土壤包含物有细煤渣、硬土块、草木灰、白灰块、植物根系等，出土遗物有筒瓦、板瓦、陶罐、陶盆、陶壶、瓷碗、瓷盏等（图二八二，1；彩版一四六，5）。

（38）H2247

位于 T20906 北部偏西及北隔梁下，开口于第②层下，打破第③层、H2248 和生土。平面呈不规则形，斜弧壁，底不平。长 2.35、宽 2、深 0.84 米。坑内填土为黄褐色砂土，结构疏松，土壤包含物有细煤渣、片石或砾石、硬土块、白灰块、植物根系等，出土遗物有筒瓦、板瓦、陶罐、陶盆、瓷碗等（图二八二，2）。

（39）H2283

位于 T21004 东南部及东隔梁和关键柱下，T21005 西北部及北隔梁下，T20904 东北部及北

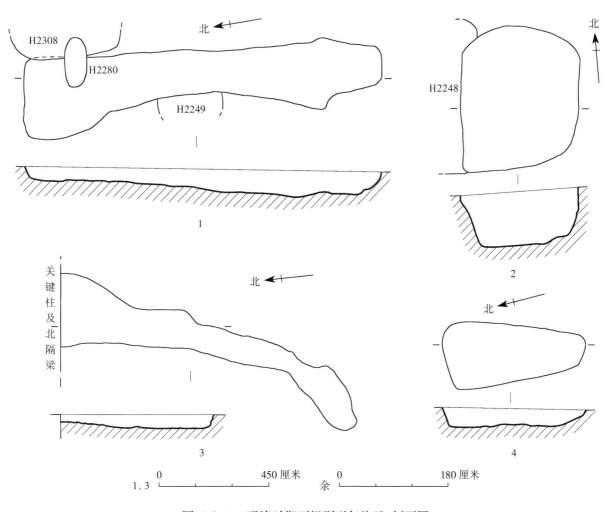

图二八二　明清时期不规则形灰坑平、剖面图

1. H2246　2. H2247　3. H2283　4. H2259

隔梁和关键柱下，开口于第②层下，打破生土。平面呈不规则形，斜弧壁，底呈不规则状，凹凸不平。残长12.8、宽0.6~2.85、深0.35~0.5米。坑内填土为灰褐色土，结构疏松，土壤包含物有细煤渣、木炭屑、小砾石、植物根系等，出土遗物有筒瓦、板瓦、檐头板瓦、琉璃筒瓦、莲花建筑饰件、坩埚、陶罐、陶盆、陶碗、陶盏、陶瓮、瓷碗、瓷罐等（图二八二，3）。

（40）H2259

位于T20906东部偏北及东隔梁下，开口于第②层下，打破第③层和生土。平面呈不规则形，斜弧壁，底呈不规则弧状。长2.37、宽1.07、深0.3米。坑内填土为褐色土，结构疏松，土壤包含物有细煤渣、碎石块、料姜石、硬土块、植物根系等，出土遗物有筒瓦、板瓦、檐头板瓦、兽面纹瓦当、陶罐、陶盆、陶盏、瓷碗、瓷罐等（图二八二，4）。

（41）H2289

位于T21005西南部及T20905北隔梁下，开口于第②层下，打破H2291和生土。平面呈不规则形，斜弧壁，平底。长5.38、宽1.6~2.24、深0.24米。坑内填土为灰色土，结构疏松，土壤包含物有细煤渣、料姜石、碎石块、木炭屑、植物根系等，出土遗物有筒瓦、板瓦、陶罐、陶盆、瓷碗、瓷瓶等（图二八三，1；彩版一四六，6）。

（42）H2292

位于T21005东北部及北隔梁下，开口于第②层下，打破生土，被H2277和H2311打破。平面呈不规则形，直壁，平底。残长4.32、残宽2.37、深0.64米。坑内填土为黄褐色土，结构疏松，土壤包含物有细煤渣、木炭屑、小砾石、料姜石、植物根系等，出土遗物有筒瓦、板瓦、陶罐、陶盆、陶碗、瓷碗等（图二八三，2）。

（43）H2313

位于T21006东中部，开口于第②层下，打破第③层和生土，被H2278打破。平面呈不规则形，斜弧壁，底部凹凸不平。长2.6、宽2.5、深0.48米。坑内填土自上而下为浅褐色土，结构疏松，土壤包含物有细煤渣、草木灰、兽骨、料姜石、砾石、植物根系等，出土遗物有筒瓦、板瓦、檐头板瓦、陶罐、陶盆、沟纹砖、石夯、石座、瓷碗、瓷盏等（图二八三，3；彩版一四七，1）。

（44）H2277

位于T21005东南部及东隔梁下、T20905北隔梁和关键柱下，开口于第②层下，打破H2292、H2312和生土，被H2311打破。平面呈不规则形，斜弧壁，底部凹凸不平。残长5.5~6.54、宽1.7~3.4、深0.6~0.8米。坑内填土为灰色土，结构疏松，土壤包含物有细煤渣、木炭灰、白灰块、硬土块、植物根系等，出土遗物有"万岁富贵"瓦当、筒瓦、板瓦、陶罐、陶盆、陶碗、陶盏、陶瓶、瓷碗、瓷罐、瓷瓶等（图二八三，4）。

（45）H2312

位于T21006西南部、部分叠压在T21005东隔梁下，开口于第②层下，打破第③层和生土，被H2277打破。平面呈不规则形，斜弧壁，底呈不规则弧状。长3.54、宽1.6、深0.2米。坑内填土为浅褐色土，结构疏松，土壤包含物有细煤渣、砾石、木炭屑、料姜石、植物根系等，出土遗物有筒瓦、板瓦、琉璃筒瓦、陶罐、陶盆、瓷碗等（图二八四，1）。

（46）H2311

位于T21006西北部及北隔梁下、T21005东北部及东隔梁、北隔梁和关键柱下，开口于第②层下，打破H2277、H2292和生土，被H2310打破。平面呈不规则形，斜弧壁，底部凹凸不平。

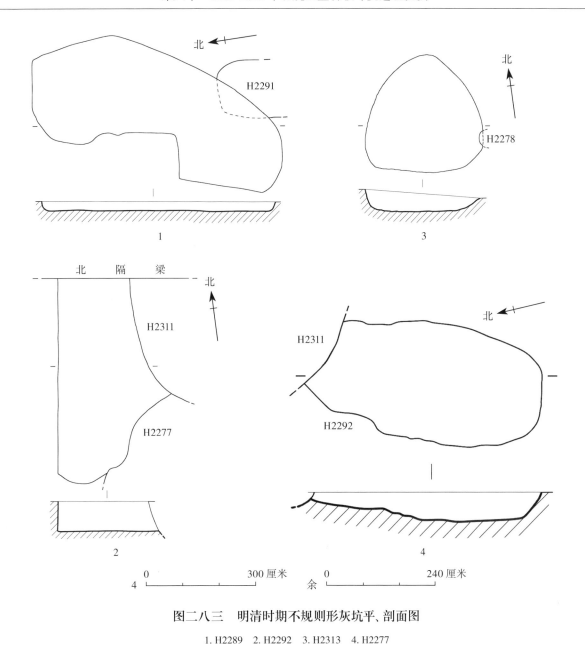

图二八三　明清时期不规则形灰坑平、剖面图

1. H2289　2. H2292　3. H2313　4. H2277

残长 5.38、残宽 3.28、深 0.44~1.2 米。坑内填土为灰褐色土，结构疏松，土壤包含物有细煤渣、兽骨、料姜石、碎石块、硬土块、白灰块、植物根系等，出土遗物有琉璃筒瓦、筒瓦、板瓦、兽面纹瓦当、坩埚、陶罐、陶盆、瓷碗等（图二八四，2）。

（47）H2310

位于 T21006 北部偏东及北隔梁下，开口于第②层下，打破 H2311 和生土。平面呈不规则形，斜弧壁，底部凹凸不平。长 4.45、残宽 2.18、深 0.64~0.78 米。坑内填土为浅褐色土，结构疏松，土壤包含物有硬土块、白灰块、小砾石、兽骨、料姜石、铁锈渣、植物根系等，出土遗物有琉璃筒瓦、筒瓦、板瓦、琉璃兽面纹瓦当、陶罐、陶盆、陶盏、陶瓮、瓷碗、瓷罐等（图二八四，3；彩版一四七，2）。

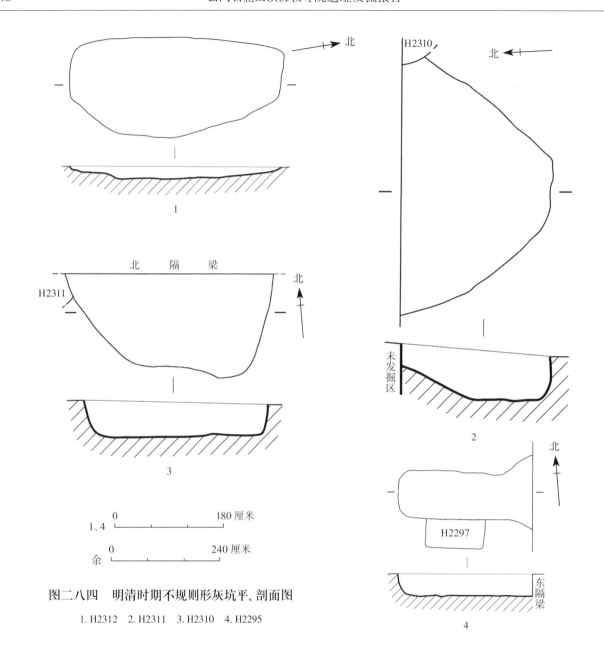

图二八四　明清时期不规则形灰坑平、剖面图

1. H2312　2. H2311　3. H2310　4. H2295

（48）H2295

位于 T21007 东北部及东隔梁下，开口于第②层下，打破 H2297 和生土。平面呈不规则形，斜弧壁，底部凹凸不平。残长 2.2、宽 0.72~1.18、深 0.36 米。坑内填土为灰褐色砂土，结构疏松，土壤包含物有细煤渣、红烧土块、木炭灰、小砾石、植物根系等，出土遗物有筒瓦、板瓦（图二八四，4）。

（49）H2281

位于 T21007 中南部，开口于第②层下，打破 H2301 和生土。平面呈不规则形，斜弧壁，底呈不规则状高低不平。长 2.3、宽 0.5~1.26、深 0.42 米。坑内填土为灰褐色砂土，结构疏松，土壤包含物有细煤渣、植物根系、硬土块、砖块、石块、小砾石、白灰块等，出土遗物有筒瓦、板瓦、檐头板瓦、沟纹砖、陶罐、陶盆、瓷碗等（图二八五，1；彩版一四七，3）。

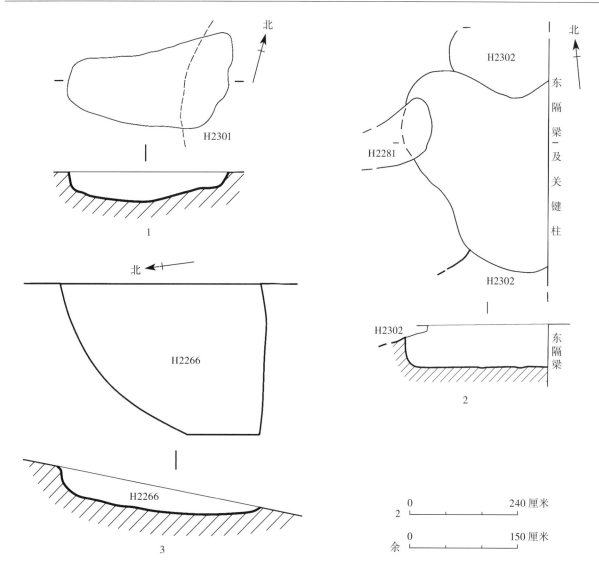

图二八五　明清时期不规则形灰坑平、剖面图

1. H2281　2. H2301　3. H2266

（50）H2301

位于 T21007 东南部及东隔梁下、T20907 北隔梁及关键柱下，开口于第②层下，打破 H2302、H2321 和生土，被 H2281 打破。平面呈不规则形，斜弧壁，底部凹凸不平。长 4.12、宽 3.12、深 0.85 米。坑内填土为黄褐色粉砂土，结构疏松，土壤包含物有细煤渣、硬土块、片石、小砾石、白灰残块、植物根系等，出土遗物有筒瓦、板瓦、兽面纹瓦当、坩埚、陶罐、陶盆、陶碗、陶盏、瓷碗、瓷瓶等（图二八五，2；彩版一四七，4）。

（51）H2266

位于 TG21304 中南部，开口于第②层下，打破第③层和生土。平面呈不规则形，斜弧壁，底呈不规则弧状。长 2.83、宽 2、深 0.12~0.6 米。坑内填土为灰褐色土，结构疏松，土壤包含物有细煤渣、小碎石、料姜石、植物根系等，出土遗物有筒瓦、板瓦、琉璃筒瓦、陶盆、瓷碗、瓷罐等（图二八五，3）。

四　近现代

灰坑

近现代遗迹只有灰坑87个（表八）。

表八　2011年近现代灰坑列表

编号	位置	层位关系	形状	尺寸（米）			打破关系	出土遗物件数	出土遗物	备注
				口径	深	底径				
H2002	T20304西南部及T20303东隔梁下	第①层下	长方形、斜弧壁、平底	3.3×3.2	0.93		打破第②层、H2320、第③层和生土	瓦片39件，陶片56件，瓷片45件，石臼1件，莲花饰件1件	北魏Ab型陶质莲花建筑饰件T20303H2002∶2　辽金Aa型卷沿陶盆T20303H2002∶17　辽金Ab型Ⅱ式白釉碗T20304H2002∶5　辽金白釉器底T20304H2002∶7	
H2004	T20303北部偏西及北隔梁下	第①层下	圆形、直壁、弧形底	0.9~0.96	1.28		打破H2323和生土	瓦片35件，陶片18件，瓷片3件		
H2006	T20403西南部及T20303北隔梁下和西部未开方处	第①层下	不规则形、剖面呈袋状、平底	0.52×0.48	0.76	0.6×1	打破第②、③层和生土	瓦片35件，陶片28件，瓷片17件		
H2026	T20603西北部	第①层下	圆角长方形、斜直壁、平底	1.82×0.84	1.8	1.6×0.64	打破H2152、H2141、第③层和生土	瓦片551件，檐头板瓦残块5件，釉瓦17件，兽面纹瓦当残块1件，陶片53件，瓷片9件		
H2028	T20603东南部及T20503北隔梁下	第①层下	长方形、斜直壁、平底	1.9×0.9	1.5	1.74×0.76	打破第③层、H2102和生土	瓦片756件，檐头板瓦残块2件，釉瓦6件，兽面纹瓦当1件，屋脊构件2件，陶片10件，瓷片5件，陶塔构件1件	辽金陶塔构件T20603H2028∶1	
H2029	T20407西北部及T20406东隔梁下	第①层下	长方形、直壁、平底	1.88×0.85	1.08		打破第②、③层和生土	瓦片137件，釉瓦残块6件，陶片16件，瓷片11件		

续表八

编号	位置	层位关系	形状	尺寸（米）			打破关系	出土遗物件数	出土遗物	备注
				口径	深	底径				
H2032	T20603东南部偏东	第①层下	长方形、斜直壁、平底	1.85×0.95	1.52	1.74×0.8~0.86	打破H2089、第③层和生土	瓦片896件，屋脊构件4件，釉瓦6件，兽面纹瓦当残块1件，檐头板瓦残块1件，陶片6件，瓷片4件		
H2033	T20603南部偏西	第①层下	长方形、斜直壁、平底	1.9×0.9	1.7	1.72×0.73	打破H2143、H2089、第③层和生土	瓦片975件，滴水残块2件，釉瓦25件，屋脊构件6件，陶片6件，瓷片15件		
H2042	T20603中部	第①层下	长方形、斜直壁、平底	2×0.9	1.6	1.8×0.72~0.8	打破H2089、第③层和生土	瓦片800件，檐头板瓦残块1件，釉瓦21件，屋脊构件7件，兽面纹瓦当残块1件，陶片14件，瓷片13件		
H2045	T20604西南部	第①层下	长方形、直壁、平底	1.55×0.73	1.3		打破第③层、H2134、H2082和生土	瓦片600件，瓷片28件，陶片42件		
H2046	T20604南部偏西及T20504北隔梁下	第①层下	圆角长方形、直壁、平底	1.72×1.16	1.3		打破第③层、H2080和生土	瓦片470件，陶片56件，瓷片36件		
H2048	T20407北部偏西及北隔梁下	第①层下	长方形、直壁、平底	1.6×0.9	0.98		打破第②、③层和生土	瓦片310件，檐头板瓦残块1件，陶片8件，瓷片8件		
H2049	T20603南部及T20503北隔梁下	第①层下	圆角长方形、斜直壁、平底	1.9×0.9	1.6	1.7×0.72	打破H2089、H2101、第③层和生土	瓦片607件，檐头板瓦残块2件，釉瓦残块13件，陶片15件，瓷片10件	辽金Bb型陶质檐头板瓦 T20603H2049：6	
H2050	T20505东中部及东隔梁下	第①层下	圆角长方形、斜壁、平底	1.64×1	0.6	1.3×0.8	打破第②、③层和生土	瓦片630件，釉瓦9件，陶片10件，瓷片17件		
H2056	T20603西部偏北	第①层下	长方形、斜直壁、平底	1.88×0.92	1.52	1.84×0.77	打破H2142、H2089、第③层和生土	瓦片225件，屋脊构件4件，釉瓦6件，兽面纹瓦当残块1件，陶片11件，瓷片3件		
H2057	T20505中部偏南	第①层下	圆角长方形、斜直壁、平底	1.38×0.7	0.95~1	1.26×0.58	打破第②、③层、H2160和生土	瓦片706件，釉瓦20件，檐头板瓦残片1件，陶片25件，瓷片9件	北魏兽面纹瓦当 T20505H2057：1	

续表八

编号	位置	层位关系	形状	尺寸（米）			打破关系	出土遗物件数	出土遗物	备注
				口径	深	底径				
H2066	T20605 北部偏西及北隔梁下	第①层下	圆角长方形、斜直壁、平底	1.97 × 1.77	0.48~0.62	1.84 × 1.61	打破第③层、炉 2029 和生土	瓦片 96 件，瓦当残块 1 件，屋脊构件 2 件，釉瓦残片 6 件，陶片 45 件，瓷片 27 件	辽金陶碗 T20605H2066：1	
H2067	T20505 东南部	第①层下	圆角长方形、斜直壁、平底	1.56 × 0.7	0.8	1.46 × 0.6	打破第②、③层、H2147、炉 2002 和生土	瓦片 860 件，釉瓦 3 件，瓦当残块 3 件，檐头板瓦残块 1 件，陶片 12 件，瓷片 7 件	辽金 D 型兽面纹瓦当 T20505H2067：3	
H2071	T20603 西南部	第①层下	长方形、斜直壁、平底	176 × 0.86	1.7	1.68 × 0.7	打破 H2144、H2090、H2089、第③层和生土	瓦片 1030 件，檐头板瓦残块 1 件，釉瓦 23 件，瓦当残块 2 件，屋脊构件 3 件，陶片 13 件，瓷片 20 件		
H2073	T20604 南部偏东及 T20504 北隔梁下	第①层下	圆角长方形、直壁、平底	1.52 × 0.8	1.22		打破第③层、H2124 和生土	瓦片 360 件，陶片 30 件，瓷片 19 件		
H2074	T20504 北部偏西及北隔梁下	第①层下	长方形、直壁、平底	1.6 × 0.64	1.5		打破 H2099、第③层和生土	瓦片 516 件，屋脊构件残块 15 件，陶片 24 件，瓷片 7 件，陶塔构件 1 件	辽金陶塔构件 T20504H2074：4	
H2075	T20407 西北部	第①层下	长方形	1.6 × 0.8	1.2		打破第②、③层和生土	无遗物		
H2076	T20407 中部	第①层下	长方形、直壁、平底	1.64 × 0.82	1.3		打破第②、③层和生土	瓦片 90 件，釉瓦残片 3 件，陶片 6 件，瓷片 1 件		
H2077	T20505 中部偏西	第①层下	圆角长方形、斜直壁、平底	1.46 × 0.78	1.3	1.32 × 0.62	打破第②、③层和生土	瓦片 860 件，釉瓦 3 件，瓦当残块 3 件，檐头板瓦 1 件，陶片 12 件，瓷片 7 件		
H2078	T20505 西部偏北及 T20504 东隔梁下	第①层下	圆角长方形、斜直壁、平底	1.64 × 0.76	1.2	1.6 × 0.68	打破第②、③层、H2133 和生土	瓦片 1130 件，釉瓦 64 件，陶片 39 件，瓷片 8 件		
H2079	T20504 北中部	第①层下	长方形、直壁、平底	1.36 × 0.76	1.5		打破 H2099、H2100、第③层和生土	瓦片 992 件，屋脊构件残块 40 件，陶片 25 件，瓷片 14 件		
H2084	T20407 东北部	第①层下	长方形、直壁、平底	1.71 × 0.92	1.4		打破第②、③层、H2063 和生土	瓦片 50 件，陶片 16 件，瓷片 2 件		

续表八

编号	位置	层位关系	形状	尺寸（米）			打破关系	出土遗物件数	出土遗物	备注
				口径	深	底径				
H2085	T20407 东中部	第①层下	长方形、直壁、平底	1.6×0.84	1.2		打破第②、③层和生土	瓦片 50 件，陶片 15 件		
H2088	T20504 东北部	第①层下	长方形、斜直壁、平底	1.3×0.8	1.45	1.06×0.56	打破第③层和生土	瓦片 585 件，屋脊构件残块 45 件，陶片 23 件，瓷片 4 件		
H2098	T20504 东北部及北隔梁下	第①层下	长方形，直壁、平底	1.8×1.08	1.92		打破第③层，H2124 和生土	瓦片 680 块，檐头板瓦残块 1 件，陶片 60 件，瓷片 16 件		
H2108	T20505 西北部	第①层下	圆角长方形、斜直壁、平底	1.6×0.7	1	1.46×0.6	打破第②、③层，H2133 和生土	瓦片 400 件，釉瓦 22 件，陶片 8 件，瓷片 7 件		
H2110	T20505 中北部	第①层下	圆角长方形、斜直壁、平底	1.52×0.62	1.2	1.4×0.5	打破第②、③层，H2151、炉 2008 和生土	瓦片 1044 件，釉瓦残片 20 件，陶片 40 件，瓷片 35 件		
H2111	T20505 东北部	第①层下	长方形、斜直壁、平底	1.52×0.72	1.02	1.4×0.62	打破第②、③层和炉 2008 和生土	瓦片 419 件，釉瓦残片 20 件，陶片 21 件，瓷片 11 件		
H2112	T20506 西中部及 T20505 东隔梁下	第①层下	长方形、斜直壁、平底	2×0.85	1.42	1.55×0.68	打破第②、③层，H2170 和生土	瓦片 310 件，屋脊构件 2 件，釉瓦残块 17 件，陶片 38 件，瓷片 12 件	明清琉璃宝顶 T20506H2112：1	
H2113	T20506 西南部	第①层下	圆角长方形、斜直壁、平底	1.53×0.86	1.7		打破第②、③层，H2162 和生土	瓦片 310 件，屋脊构件 19 件，釉瓦 4 件，陶片 33 件，瓷片 17 件		
H2114	T20506 中南部	第①层下	圆角长方形、斜直壁、平底	1.4×0.64~0.76	1.2		打破第②、③层，H2162 和生土	瓦片 536 件，釉瓦残块 40 件，陶片 21 件，瓷片 17 件		
H2115	T20506 东南部	第①层下	圆角长方形、斜直壁、平底	1.57×0.8	1.55		打破第②、③层，H2162、H2163 和生土	瓦片 303 件，屋脊构件 1 件，釉瓦 3 件，陶片 30 件，瓷片 11 件		
H2116	T20506 东南部及东隔梁下，T20406 北隔梁及关键柱下	第①层下	长方形、斜直壁、平底	1.88×0.96	1.45		打破第②、③层、H2164 和生土	瓦片 240 件，釉瓦 4 件，陶片 17 件，瓷片 3 件		

续表八

编号	位置	层位关系	形状	尺寸（米）			打破关系	出土遗物件数	出土遗物	备注
				口径	深	底径				
H2117	T20506西南部及T20406北隔梁下	第①层下	长方形、斜直壁、平底	1.45×0.64~0.7	1.8	1.3×0.55~0.58	打破第②、③层、H2168、H2169和生土	瓦片817件，瓦当残块2件，雀替1件，陶片20件，瓷片6件		
H2118	T20506南部偏西，T20406北隔梁下	第①层下	圆角长方形、斜直壁、平底	1.96×0.76	1.15		打破第②、③层、炉2024和生土	瓦片250件，釉瓦残块4件，陶片6件，瓷片3件		
H2181	T20706中南部	第①层下	圆形、直壁、平底	1.5	0.55		打破H2255和生土	瓦片55件，陶片24件，瓷片2件		
H2182	T20706北部偏东及北隔梁下	第①层下	不规则形、斜弧壁、平底	4.1×1.74	0.28~0.45	0.4~0.45	打破H2206和生土，被H2258打破	瓦片122件，瓦当残块1件，瓷片8件	辽金A型灰陶筒瓦 T20706H2182：6	
									辽金Aa型白釉碗 T20706H2182：2	
H2192	T20507西南部，T20506东隔梁下，T20406关键柱下T20407北隔梁下	第①层下	长方形、直壁、平底	1.6×0.76	0.6		打破第②、③层和生土	瓦片170件，陶片49件，瓷片16件，坩埚残片2件		
H2199	T20606中北部及北隔梁下	第①层下	椭圆形、斜弧壁、弧形底	1.04×0.95	0.65		打破H2200、第②层、H2202和生土	瓦片50件，陶片42件，瓷片18件，坩埚残片7件	辽金陶瓶 T20606H2199：1	
									辽金Aa型白釉碗 T20606H2199：3	
H2200	T20606北部偏西及北隔梁下	第①层下	椭圆形、斜弧壁、弧形底	0.79~0.87×0.65	0.42		打破第②层、H2360、H2202和生土，被H2199打破	瓦片10件		
H2206	T20706北部偏西及北隔梁下、T20806西南部	第①层下	不规则形、斜弧壁、底凹凸不平	4.8×3.5	0.34		打破第②层和生土，被H2182打破	瓦片45件，瓦当残块1件，屋脊构件1件，陶片54件，瓷片7件		

续表八

编号	位置	层位关系	形状	口径	深	底径	打破关系	出土遗物件数	出土遗物	备注
				尺寸（米）						
H2218	T20607 东部偏北及东隔梁下	第①层下	长方形、斜直壁、平底	4.38×3	1.52		打破 H2244 第②、③、④ 层和生土	瓦片1240件，釉瓦残块43件，瓦当1件，陶片237件，瓷片99件，长条砖1件，建筑饰件1件，兽头残件1件，砚台1件	北魏绳纹长条砖 T20607H2218：32 / 辽金A型兽面纹瓦当 T20607H2218：31 / 明清兽头戗角残件 T20607H2218：39 / 辽金琉璃建筑饰件 T20607H2218：6 / 辽金Aa型卷沿陶盆 T20607H2218：15 / 辽金Ab型卷沿陶盆 T20607H2218：14 / 辽金C型平沿陶盆 T20607H2218：3 / 辽金A型陶盏 T20607H2218：18、19、20、21、22、29 / 辽金B型陶盏 T20607H2218：23 / 辽金砚台 T20607H2218：5 / 辽金Aa型白釉碗 T20607H2218：4 / 辽金A型白釉盏 T20607H2218：1、25、26 / 辽金B型白釉盏 T20607H2218：13 / 辽金酱釉盏 T20607H2218：27 / 辽金素烧匣钵 T20607H2218：16	
H2225	T20306 西南部	第①层下	椭圆形、斜弧壁、平底	0.58×0.5	0.14	0.46×0.44	打破北魏塔基1塔身	出土遗物有少量瓦片和陶片		
H2230	T20905 北部偏西及北隔梁下	第①层下	椭圆形、剖面呈袋状、平底	1.44×1.27	0.81	1.6×1.42	打破生土	瓦片21件，陶片11件，瓷片2件，檐头板瓦残块1件		
H2236	T20706 南部偏东	第①层下	圆形、直壁、平底	0.72	0.46		打破 H2253、第②层和生土	瓦片15件，陶片20件，瓷片8件		

续表八

编号	位置	层位关系	形状	尺寸（米）			打破关系	出土遗物件数	出土遗物	备注
				口径	深	底径				
H2241	T20905 西部偏北、T20904 北隔梁下	第①层下	不规则形、斜弧壁或斜直壁、弧形底	2.66×0.7~1.1	0.42		打破第②层和生土	瓦片 31 件，瓦当残块 1 件，陶片 12 件，瓷片 4 件		
H2244	T20607 东北部、东隔梁及北隔梁和关键柱下	第①层下	不规则形、斜弧壁、平底	3.85×3.1	1		打破第②层、H2252、H2250、H2346 和生土，被 H2218 打破	瓦片 60 件，檐头板瓦残块 2 件，陶片 15 件		
H2253	T20706 中东部及东隔梁下	第①层下	不规则形、斜弧壁、平底	5.6×5.15	1.18~1.25		打破 H2221、H2258、H2228、H2255、炉2030 和生土，被 H2236 打破	瓦片 581，坩埚残片 2 件，瓦当残块 1 件，陶片 68，瓷片 2 件		
H2255	T20706 南部、T20606 北隔梁下、T20605 关键柱下和T20705 东隔梁下	第①层下	不规则形、斜弧壁、底不平	8.75×3.1	0.33~0.55		打破 H2256、第②层、H2358、H2359、第③层、H2257 和生土，被 H2181 和 H2253 打破	瓦片 460 件，瓦当残块 3 件，檐头板瓦残块 2 件，陶片 120 件，瓷片 3 件	辽金兽首衔环瓦当 T20706H2255∶3	
H2256	T20706 东南部及东隔梁下，T20606 关键柱和北隔梁下	第①层下	椭圆形	2.2×0.6	0.2		打破 H2204 和生土，被 H2255 打破	无遗物		
H2258	T20706 东北部、东隔梁和北隔梁下	第①层下	不规则形	3.25×1.85	0.25~0.43		打破 H2182、第②层和生土，被 H2253 打破	无遗物		
H2267	TG21205 东中部	第①层下	圆形、剖面呈袋状、平底	0.56×0.28	0.45	0.66×0.34	打破 H2366	瓦片 11 件，釉面檐头板瓦残块 1 件，陶片 7 件	辽金 A 型白釉小瓷瓶 TG21205H2267∶2、4　　辽金白釉残瓶 TG21205H2267∶3	

续表八

编号	位置	层位关系	形状	尺寸（米）			打破关系	出土遗物件数	出土遗物	备注
				口径	深	底径				
H2273	T20804 南部偏西及 T20704 北隔梁下	第①层下	不规则形、斜弧壁、底中部凸起呈弧状	4.08×2.2	0.9		打破 H2274、第②层、J2001 和生土，被现代泄洪沟打破	瓦片 314，檐头板瓦残片 1 件，釉瓦 6 件，屋脊构件 1 件，陶片 95 件，瓷片 3 件		
H2274	T20804 西南部及 T20704 北隔梁下	第①层下	圆形、剖面呈袋状、平底	1.16×1.1	0.74	1.48×1.34	打破第②层、J2001 和生土，被现代沟和 H2273 打破	瓦片 11 件		
H2276	TG21206 西北部	第①层下	不规则形、斜弧壁、弧形底	2.55×1.6	0.65~0.75		打破 H2370 和生土	瓦片 107 件，釉瓦残块 14 件，瓦当残块 1 件，沟纹砖 11 件，平砖块 35 件，陶片 81 件，瓷片 114 件	辽金 Aa 型白釉碗 TG21206H2276：2、6 辽金 Ab 型Ⅱ式白釉碗 TG21206H2276：1 辽金 B 型白釉盘 TG21206H2276：9 辽金 A 型白釉盏 TG21206H2276：7 辽金白釉残瓶 TG21206H2276：4、5	
H2278	T21006 东中部及东隔梁下	第①层下	圆形、斜直壁、斜平底	0.87	0.68	0.57	打破 H2309、第②层、H2313、第③层和生土	瓦片 91 件，瓦当残块 4 件，陶片 18 件，瓷片 6 件	辽金 Ba 型卷沿陶盆 T21006H2278：1	
H2279	T21006 中南部	第①层下	圆形、斜弧壁、平底	1~1.03	0.46~0.5	0.75	打破第②、③层生土	瓦片 95 件，釉瓦残块 2 件，陶片 18 件，瓷片 6 件		
H2280	T21006 中南部及 T20905 北隔梁下	第①层下	椭圆形、斜弧壁、平底	1.87×0.84	0.44~0.5	1.28×0.54	打破 H2308、第②层、H2246、第③层和生土	瓦片 95 件，釉瓦残块 3 件，陶片 5 件，瓷片 3 件		
H2285	TG21205 北部	第①层下	不规则形、斜弧壁、底不平	1.95×1.8	0.6~0.96		打破 H2366 和生土	瓦片 36 件，釉瓦残块 3 件，檐头板瓦残块 1 件，瓦当残块 1 件，陶片 2 件，瓷片 15 件，方形沟纹砖 1 件	辽金沟纹方砖 TG21205H2285：1	
H2286	TG21307 西部偏北	第①层下	圆形、斜直壁、平底	1.35×0.8	1.3	0.85×0.5	打破 H2304 和生土	瓦片 4 件，陶片 8 件，瓷片 11 件	辽金 C 型白釉盘 TG21205H2285：1 辽金酱釉碗 TG21307H2286：3	

续表八

编号	位置	层位关系	形状	尺寸（米）			打破关系	出土遗物件数	出土遗物	备注
				口径	深	底径				
H2303	T20907 西南部，T20906 东隔梁下，T20806 关键柱下，T20807 北隔梁下	第①层下	椭圆形、斜弧壁、平底	5.3 × 3.5	0.4	4.7 × 2.96	打破第②、③层、G2001 和生土	瓦片 19 件，陶片 17 件，瓷片 8 件		
H2304	TG21306 北中部	第①层下	不规则形、斜弧壁、弧形底	5.6~6.96 × 2	0.56		打破第②层和生土，被 H2344 打破	瓦片 501 件，瓦当残块 2 件，釉瓦残块 31 件，陶片 145 件，瓷片 125 件	辽金 A 型陶盏 TG21307H2304：1 辽金 Aa 型白釉碗 TG21306H2304：2	
H2308	T21006 东南部及东隔梁下，T20906 北隔梁和关键柱下	第①层下	不规则形、斜弧壁、底不平	4.88 × 3.6	0.96		打破第②层、H2246、第③层和生土，被 H2280 打破	瓦片 78 件，屋脊构件 2 件，陶片 26 件，瓷片 17 件	辽金 B 型平沿陶盆 T21006H2308：1 辽金 Ab 型 I 式白釉碗 T21006H2308：2	
H2309	T21006 东中部及东隔梁下	第①层下	椭圆形、斜弧壁、平底	0.9 × 0.52~0.67	0.68	0.8 × 0.44~0.6	打破第②层和生土，被 H2278 打破	瓦片 62 件，陶片 10 件，瓷片 7 件	辽金 Bb 型卷沿陶盆 T21006H2309：3	
H2326	T20406 北隔梁中部	第①层下	近长方形、斜弧壁、平底	1.5~1.64 × 0.74~0.84	1.1	1.08~1.24 × 0.56~0.66	打破第②、③层和生土	瓦片 310 件，釉瓦残块 45 件，陶片 11 件，瓷片 2 件		
H2327	T20406 北部偏东及北隔梁下	开口于第①层下	长方形	1.45 × 0.7	1.12		打破第②、③层、H2163 和生土	无遗物		
H2331	T20504 东隔梁下偏北	第①层下	长方形、直壁、平底	1.45 × 0.7	1.4		打破第③层、H2336 和生土	瓦片 580 件，陶片 46 件，瓷片 10 件		
H2332	T20504 东隔梁北部及关键柱下	第①层下	长方形、直壁、平底	1.72 × 0.8	1.6		打破第③层、H2132 和生土	瓦片 217 件，檐头板瓦残块 2 件，陶片 20 件，瓷片 6 件		
H2339	T20603 东隔梁下南部	第①层下	长方形、斜直壁、平底	1.7 × 0.8	1.6	1.6 × 0.7	打破第③层、H2102 和生土	瓦片 464 件，檐头板瓦残块 3 件，釉瓦 8 件，屋脊构件 4 件，陶片 16 件，瓷片 13 件		
H2343	T20406 东北部、东隔梁及北隔梁和关键柱下	第①层下	圆角长方形、斜弧壁、平底	1.4 × 0.72	1.3		打破第②、③层、炉 2026 和生土	瓦片 200 件，釉瓦残块 11 件，陶片 9 件，瓷片 2 件		

续表八

编号	位置	层位关系	形状	尺寸（米）			打破关系	出土遗物件数	出土遗物	备注
				口径	深	底径				
H2344	TG21306 西北部	第①层下	长方形、斜直壁、弧形底	2.6×0.15	0.5		打破 H2304 和生土	瓦片 11 件，陶片 3 件，瓷片 5 件		
H2346	T20604 北隔梁下偏西	第①层下	圆形、直壁、平底	1.3	1		打破生土	瓦片 40 块，陶片 6 块，瓷片 2 块	辽金 Ac 型卷沿陶盆 T20604H2346：1	
H2364	T20607 北隔梁下东部	第①层下	圆形、直壁、平底	0.8	0.5		打破生土，被 H2244 打破	瓦片 17 件，陶片 16 件，瓷片 5 件		
H2366	TG21205 中部	第①层下	不规则形	3.85~5.4×2	0.6		打破 H2367、H2368 和生土，被 H2267 和 2285 打破	无遗物		
H2367	TG21205 南部	第①层下	不规则形、斜弧壁、弧形底	1.7~2.6×1.5~2	0.65		打破 H2368 和生土，被 H2366 打破	瓦片 649 件，釉瓦残块 12 件，檐头板瓦残块 4 件，瓦当残块 2 件，陶片 37 件，瓷片 2 件	辽金板瓦 TG21205H2367：5	
H2368	TG21205 西部偏南	第①层下	圆形、剖面呈袋状、平底	1.2×0.9	0.45	1.55×1.05	打破生土，被 H2366 和 H2367 打破	瓦片 2 件，陶片 6 件，瓷片 2 件		
H2369	TG21206 东北部	第①层下	圆形、弧壁、斜平底	1.15×0.8	1.3	0.35×0.4	打破第②、③层、H2370 和生土	瓦片 29 件，沟纹砖块 52 件，陶片 14 件，瓷片 2 件		
H2370	TG21206 北部	第①层下	不规则形、斜弧壁、底不平	1.04~5×2	0.5~1.3		打破第②、③层、H2375 和生土，被 H2276 和 H2369 打破	瓦片 80 件，釉瓦残块 1 件，砖块 24 件，陶片 91 件，瓷片 66 件，铁斧 1 件	辽金青釉盏 TG21206H2370：1 辽金酱釉瓮 T21206H2370：3 辽金铁斧 TG21206H2370：2	
H2371	TG21207 北部	第①层下	不规则形、斜弧壁、弧形底	1.6~2.45×2	0.25		打破 H2372、H2373、第②、③层和生土	瓦片 118 件，陶片 88 件，瓷片 36 件，铜钱 1 枚	辽金陶盏托 TG21207H2371：1 辽金 B 型白釉碗 TG21207H2371：3 辽金白釉残瓶 TG21207H2371：2 辽金铜钱"天元圣宝"TG21207H2371：4	
H2372	TG21207 西部偏北	第①层下	圆形、剖面呈袋状、平底	1.5×0.85	0.98~1.16	1.57×0.9	打破第②、③层和生土，被 H2371 打破	瓦片 36 件，陶片 18 件，瓷片 19 件		

续表八

编号	位置	层位关系	形状	尺寸（米）			打破关系	出土遗物件数	出土遗物	备注
				口径	深	底径				
H2373	TG21207东北部	第①层下	圆形、直壁、平底	1.9×0.73	1.83	1.92×0.8	打破第②、③层和生土，被H2371打破	瓦片54件，陶片21件，瓷片11件	唐铜钱"开元通宝"TG21207H2373：1	
H2374	TG21207中东部	第①层下	圆形、斜壁、平底	0.9×0.86	0.75	1.02×0.9	打破第②、③层和生土	瓦片99件，陶片31件，瓷片14件		

1. 长方形灰坑

47个，其中有遗物的45个，无遗物的2个，无遗物的不在本处描述，相关信息见灰坑表。

（1）H2002

位于T20304西南部及T20303东隔梁下，开口于第①层下，打破第②层、H2320、第③层和生土。平面长方形，斜弧壁，平底。长3.3、宽3.2、深0.93米。坑内填土为灰褐色土，结构疏松，土壤包含物有砖块、细煤渣、白灰块、硬土块、兽骨、碎石块、植物根系等，出土遗物有筒瓦、板瓦、陶莲花建筑饰件、陶罐、陶盆、陶碗、瓷碗、瓷盏、瓷罐、石臼等（图二八六，1）。

（2）H2326

位于T20406北隔梁中部，开口于第①层下，打破第②、③层和生土。平面近长方形，斜弧壁，平底。长1.5~1.64、宽0.74~0.84、坑底长1.08~1.24、宽0.56~0.66、深1.1米。坑内填土为黄褐色土，结构疏松，土壤包含物有细煤渣、白灰粒、料姜石、植物根系、硬土块、小砾石等，出土遗物有筒瓦、板瓦、琉璃筒瓦、陶罐、陶盆、瓷碗、瓷罐等（图二八六，2）。

（3）H2343

位于T20406东北部、东隔梁及北隔梁和关键柱下，开口于第①层下，打破第②、③层、炉2026和生土。平面呈圆角长方形，斜弧壁，平底。长1.4、宽0.72、深1.3米。坑内填土为黄褐色土，结构疏松，土壤包含物有细煤渣、白灰粒、料姜石、植物根系、硬土块、小砾石等，出土遗物有筒瓦、板瓦、琉璃筒瓦、陶罐、陶盆、瓷碗、瓷罐等（图二八六，3；彩版一四七，5）。

（4）H2048

位于T20407北部偏西及北隔梁下，开口于第①层下，打破第②、③层和生土。平面呈长方形，直壁，平底。长1.6、宽0.9、深0.98米。坑内填土为黄褐色土，结构疏松，土壤包含物有细煤渣、硬土块、料姜石、碎石块、木炭灰、白灰块、植物根系等，出土遗物有筒瓦、板瓦、檐头板瓦、陶罐、陶盆、陶碗、瓷碗、瓷罐等（图二八六，4）。

（5）H2076

位于T20407中部，开口于第①层下，打破第②、③层和生土。平面呈长方形，直壁，平底。长1.64、宽0.82、深1.3米。坑内填土为黄褐色土，结构疏松，土壤包含物有细煤渣、硬土块、料姜石、碎石块、木炭灰、白灰块、植物根系等，出土遗物有筒瓦、板瓦、琉璃筒瓦、陶罐、陶盆、瓷碗等（图二八七，1）。

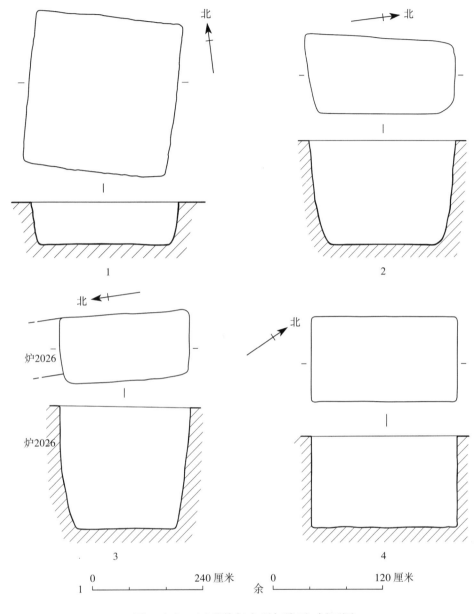

图二八六　近现代长方形灰坑平、剖面图

1. H2002　2. H2326　3. H2343　4. H2048

（6）H2029

位于 T20407 西北部及 T20406 东隔梁下，开口于第①层下，打破第②、③层和生土。平面呈长方形，直壁，平底。长 1.88、宽 0.85、深 1.08 米。坑内填土为黄褐色土，结构疏松，土壤包含物有细煤渣、硬土块、料姜石、碎石块、木炭灰、白灰块、植物根系等，出土遗物有筒瓦、板瓦、琉璃筒瓦、陶罐、陶盆、陶碗、瓷碗、瓷罐等（图二八七，2）。

（7）H2084

位于 T20407 东北部，开口于第①层下，打破第②、③层、H2063 和生土。平面呈长方形，直壁，平底。长 1.71、宽 0.92、深 1.4 米。坑内填土为黄褐色土，结构疏松，土壤包含物有细煤渣、硬土块、料姜石、碎石块、木炭灰、白灰块、植物根系等，出土遗物有筒瓦、板瓦、陶罐、

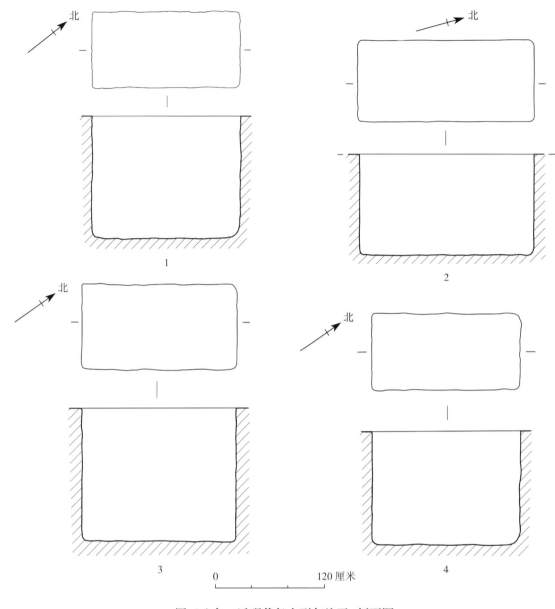

图二八七　近现代长方形灰坑平、剖面图

1. H2076　2. H2029　3. H2084　4. H2085

陶盆、陶碗、瓷碗等（图二八七，3）。

（8）H2085

位于T20407东中部，开口于第①层下，打破第②、③层和生土。平面呈长方形，直壁，平底。长1.6、宽0.84、深1.2米。坑内填土为黄褐色土，结构疏松，土壤包含物有细煤渣、硬土块、料姜石、碎石块、木炭灰、白灰块、植物根系等，出土遗物有筒瓦、板瓦、陶罐、陶盆、陶碗等（图二八七，4）。

（9）H2074

位于T20504北部偏西及北隔梁下，开口于第①层下，打破H2099、第③层及生土。平面呈长方形，直壁，平底。长1.6、宽0.64、深1.5米。坑内填土自上而下分为三层。第①层：灰褐色粉砂土，厚约 0.4 米，结构疏松，土壤包含物有较多的碎石块、细煤渣和料姜石，遗物较少。
第②层：浅灰色粉砂土，厚约 0.8 米，结构疏松，土壤包含物有石块、细煤渣、植物根系等，无
遗物出土。第③层：红褐色砂土，厚约 0.3 米，结构疏松，土壤包含物有碎石块、料姜石、细煤渣、
植物根系、硬土块等，出土遗物有较多的筒板瓦残片、琉璃筒瓦、压带条、陶塔构件以及少量陶片、
瓷片，可辨器形有陶罐、陶盆、陶盏、瓷碗等（图二八八，1）。

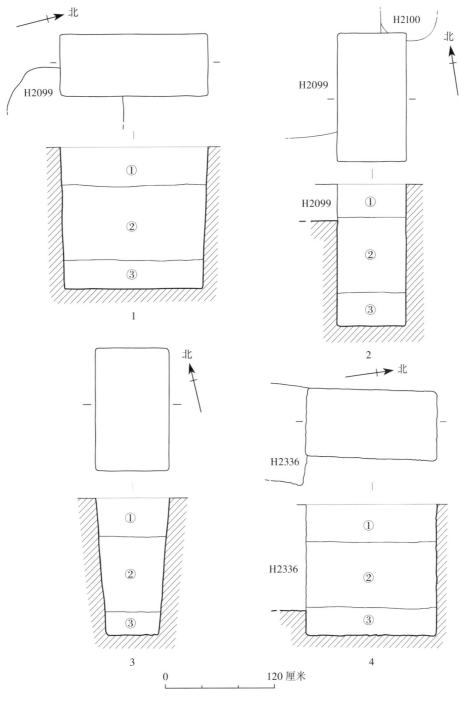

图二八八　近现代长方形灰坑平、剖面图

1. H2074　2. H2079　3. H2088　4. H2331

（10）H2079

位于T20504北中部，开口于第①层下，打破H2099、H2100、第③层和生土。平面呈长方形，直壁，平底。长1.36、宽0.76、深1.5米。坑内填土自上而下分为三层。第①层：灰褐色粉砂土，厚约0.35米，结构疏松，土壤包含物有较多的碎石块、细煤渣和料姜石，遗物较少。第②层：浅灰色粉砂土，厚约0.8米，结构疏松，土壤包含物有石块、细煤渣、植物根系等，无遗物出土。第③层：红褐色砂土，厚约0.35米，结构疏松，土壤包含物有碎石块、料姜石、细煤渣、植物根系、硬土块等，出土遗物有较多筒板瓦残片，还有琉璃筒瓦、压带条、屋脊构件、少量陶罐、陶盆、陶盏、瓷碗等（图二八八，2）。

（11）H2088

位于T20504东北部，开口于第①层下，打破第③层和生土。平面呈长方形，斜直壁，平底。坑口长1.3、宽0.8、底长1.06、宽0.56、深1.45米。坑内填土自上而下分为三层。第①层：灰褐色粉砂土，厚约0.4米，结构疏松，土壤包含物有较多的碎石块、细煤渣和料姜石，遗物较少。第②层：浅灰色粉砂土，厚约0.8米，结构疏松，土壤包含物有石块、细煤渣、植物根系等，无遗物出土。第③层：红褐色砂土，厚约0.25米，结构疏松，土壤包含物有碎石块、料姜石、细煤渣、植物根系、硬土块等，出土遗物有较多的筒板瓦残片、屋脊构件、琉璃筒瓦、压带条、少量陶片、瓷片，可辨器形有陶罐、陶盆、陶盏、瓷碗等（图二八八，3；彩版一四七，6）。

（12）H2331

位于T20504东隔梁下偏北，开口于第①层下，打破第③层、H2336和生土。平面呈长方形，直壁，平底。坑口长1.45、宽0.7、深1.4米。坑内填土自上而下分为三层。第①层：灰褐色粉砂土，厚约0.4米，结构疏松，土壤包含物有较多的碎石块、细煤渣和料姜石，遗物较少。第②层：浅灰色粉砂土，厚约0.7米，结构疏松，土壤包含物有石块、细煤渣、植物根系等，无遗物出土。第③层：红褐色砂土，厚约0.3米，结构疏松，土壤包含物有碎石块、料姜石、细煤渣、植物根系、硬土块等，出土遗物有较多的筒板瓦残片、少量的陶片、瓷片，可辨器形有陶罐、陶盆、陶盏、瓷碗等（图二八八，4）。

（13）H2332

位于T20504东隔梁北部及关键柱下，开口于第①层下，打破第③层、H2132和生土。平面呈长方形，直壁，平底。坑口长1.72、宽0.8、深1.6米。坑内填土自上而下分为三层。第①层：灰褐色粉砂土，厚0.45米，结构疏松，土壤包含物有碎石块、细煤渣、植物根系等。第②层：比较单纯的文化遗物堆积，厚约0.75米，其间仅见很少量的浅灰褐色粉砂土。第③层：红褐色粉砂土，厚约0.4米，结构疏松，土壤包含物有细煤渣、石块、料姜石、植物根系等。坑内填土出土遗物基本相同，第②层出土较多，出土遗物有筒瓦、板瓦、琉璃筒瓦、檐头板瓦、陶罐、陶盆、瓷碗、瓷罐等（图二八九，1）。

（14）H2098

位于T20504东北部及北隔梁下，开口于第①层下，打破第③层、H2124和生土。平面呈长方形，直壁，平底。坑口长1.8、宽1.08、深1.92米。坑内堆积自上而下分为三层。第①层：灰褐色砂土，厚0.3米，结构疏松，土壤包含物有大量的细煤渣、碎石块、料姜石、植物根系等。第②层：黄褐色砂土，厚0.8米，结构疏松，土壤包含物有少量的石块、料姜石、细煤渣。第③层：灰色土，厚0.3米，结构疏松，土壤包含物有大量的细煤渣、石块或粒、硬土块等。坑内填

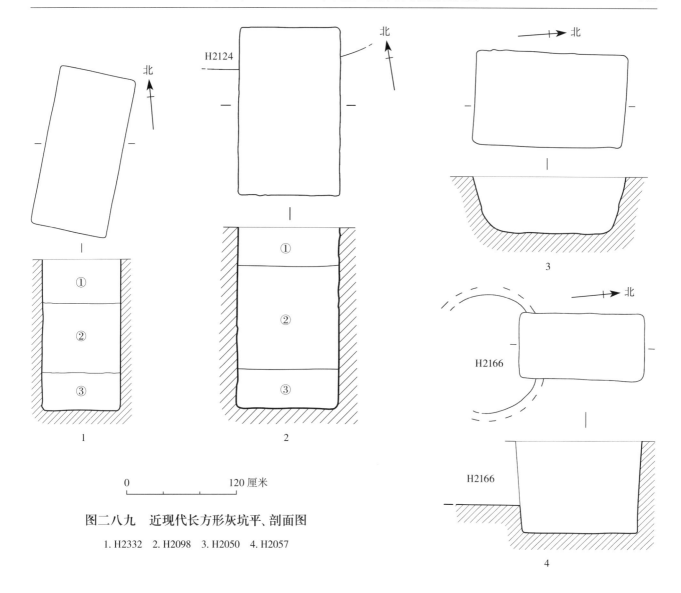

图二八九 近现代长方形灰坑平、剖面图

1. H2332 2. H2098 3. H2050 4. H2057

土出土遗物基本相同，坑内出土遗物有筒板瓦残片、琉璃筒瓦残片、檐头板瓦残块、陶罐、陶盆、瓷碗、瓷罐等（图二八九，2）。

（15）H2050

位于 T20505 东中部及东隔梁下，开口于第①层下，打破第②、③层和生土。平面呈圆角长方形，斜壁，平底。坑口长 1.64、宽 1、坑底长 1.3、宽 0.8、深 0.6 米。坑内填土为灰黑色土，结构疏松，土壤包含物有小砾石、细煤渣、料姜石、硬土块、白灰块、植物根系等，出土遗物有筒瓦、板瓦、琉璃筒瓦、陶罐、陶盆、瓷碗、瓷盏等（图二八九，3）。

（16）H2057

位于 T20505 中部偏南，开口于第①层下，打破第②、③层、H2160 和生土。平面呈圆角长方形，斜直壁，平底。坑口长 1.38、宽 0.7、坑底长 1.26、宽 0.58、深 1 米。坑内填土为灰黑色土，结构疏松，土壤包含物有小砾石、细煤渣、料姜石、硬土块、白灰块、植物根系等，出土遗物有筒瓦、板瓦、琉璃筒瓦、檐头板瓦、陶罐、陶盆、瓷碗、瓷盏等（图二八九，4）。

（17）H2067

　　位于 T20505 东南部，开口于第①层下，打破第②、③层、H2147、炉 2002 和生土。平面呈圆角长方形，斜直壁，平底。坑口长 1.56、宽 0.7、坑底长 1.46、宽 0.6、深 0.8 米。坑内填土为灰黑色土，结构疏松，土壤包含物有小砾石、细煤渣、料姜石、硬土块、白灰块、植物根系等，出土遗物有筒瓦、板瓦、琉璃筒瓦、檐头板瓦、兽面纹瓦当、陶罐、陶盆、瓷碗、瓷盏等（图二九〇，1）。

　　（18）H2077

　　位于 T20505 中部偏西，开口于第①层下，打破第②、③层和生土。平面呈圆角长方形，斜直壁，

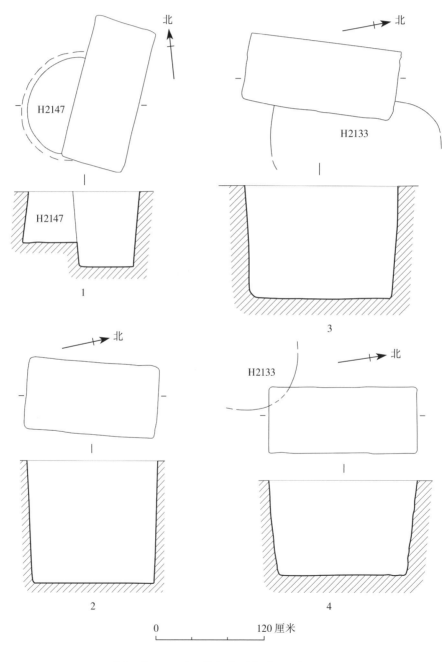

图二九〇　近现代长方形灰坑平、剖面图

1. H2067　2. H2077　3. H2078　4. H2108

平底。坑口长1.46、宽0.78、坑底长1.32、宽0.62、深1.3米。坑内填土为灰黑色土，结构疏松，土壤包含物有小砾石、细煤渣、料姜石、硬土块、兽骨、白灰块、植物根系等，出土遗物有筒瓦、板瓦、琉璃筒瓦、兽面纹瓦当、檐头板瓦、陶罐、陶盆、瓷碗、瓷盏等（图二九〇，2）。

（19）H2078

位于T20505西部偏北及T20504东隔梁下，开口于第①层下，打破第②、③层、H2133和生土。平面呈圆角长方形，斜直壁，平底。坑口长1.64、宽0.76、坑底长1.6、宽0.68、深1.2米。坑内填土为灰黑色土，结构疏松，土壤包含物有小砾石、细煤渣、料姜石、硬土块、白灰块、植物根系等，出土遗物有筒瓦、板瓦、琉璃筒瓦、陶罐、陶盆、陶盏、瓷碗、瓷盏等（图二九〇，3）。

（20）H2108

位于T20505西北部，开口于第①层下，打破第②、③层、H2133和生土。平面呈圆角长方形，斜直壁，平底。坑口长1.6、宽0.7、坑底长1.46、宽0.6、深1米。坑内填土为灰黑色土，结构疏松，土壤包含物有小砾石、细煤渣、料姜石、硬土块、兽骨、白灰块、植物根系等，出土遗物有筒瓦、板瓦、琉璃筒瓦、陶罐、陶盆、瓷碗、瓷盏等（图二九〇，4）。

（21）H2110

位于T20505中北部，开口于第①层下，打破第②、③层、H2151、炉2008和生土。平面呈圆角长方形，斜直壁，平底。坑口长1.52、宽0.62、坑底长1.4、宽0.5、深1.2米。坑内填土为黄褐色土，结构疏松，土壤包含物有小砾石、细煤渣、料姜石、硬土块、兽骨、白灰块、植物根系等，出土遗物有筒瓦、板瓦、琉璃筒瓦、陶罐、陶盆、瓷碗、瓷盏等（图二九一，1）。

（22）H2111

位于T20505东北部，开口于第①层下，打破第②、③层、炉2008和生土。平面呈长方形，斜直壁，平底。坑口长1.52、宽0.72、坑底长1.4、宽0.62、深1.02米。坑内填土为黄褐色土，结构疏松，土壤包含物有小砾石、细煤渣、料姜石、硬土块、白灰块、植物根系等，出土遗物有筒瓦、板瓦、琉璃筒瓦、陶罐、陶盆、瓷碗、瓷盏等（图二九一，2）。

（23）H2112

位于T20506西中部及T20505东隔梁下，开口于第①层下，打破第②、③层、H2170和生土。平面呈长方形，斜直壁，平底。坑口长2、宽0.85、坑底长1.55、宽0.68、深1.42米。坑内填土为黄褐色砂土，结构疏松，土壤包含物有细煤渣、兽骨、料姜石、植物根系、白灰块、硬土块、小砾石等，出土遗物有筒瓦、板瓦、琉璃筒瓦、檐头板瓦、陶罐、陶盆、陶盏、瓷罐、瓷碗等（图二九一，3）。

（24）H2117

位于T20506西南部及T20406北隔梁下，开口于第①层下，打破第②、③层、H2168、H2169和生土。平面呈长方形，斜直壁，平底。坑口长1.45、宽0.64~0.7、坑底长1.3、宽0.55~0.58、深1.8米。坑内填土为黄褐色砂土，结构疏松，土壤包含物有细煤渣、兽骨、料姜石、植物根系、白灰块、硬土块、小砾石等，出土遗物有筒瓦、板瓦、兽面纹瓦当、雀替、陶罐、陶盆、瓷碗、瓷罐等（图二九一，4）。

（25）H2113

位于T20506西南部，开口于第①层下，打破第②、③层、H2162和生土。平面呈圆角长方形，

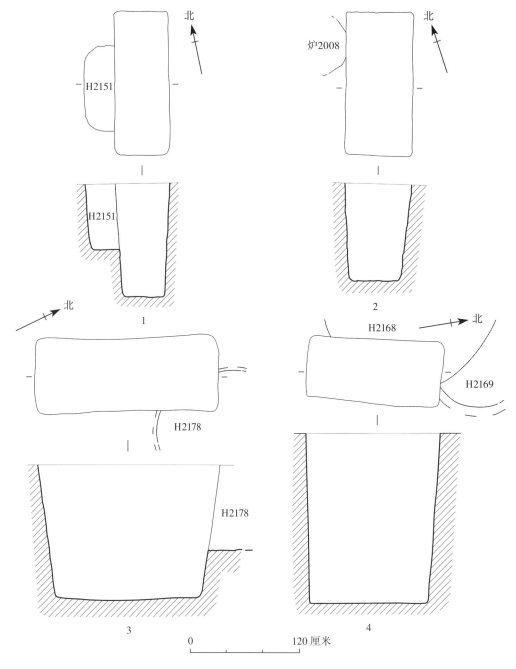

图二九一　近现代长方形灰坑平、剖面图

1. H2110　2. H2111　3. H2112　4. H2117

斜直壁，平底。长 1.53、宽 0.86、深 1.7 米。坑内填土为黄褐色砂土，结构疏松，土壤包含物有细煤渣、兽骨、木炭屑、石块、料姜石、硬土块等，出土遗物有筒瓦、板瓦、琉璃筒瓦、屋脊构件、陶罐、陶盆、瓷碗等（图二九二，1）。

（26）H2115

位于 T20506 东南部，开口于第①层下，打破第②、③层、H2162、H2163 和生土。平面呈圆角长方形，斜直壁，平底。长 1.57、宽 0.8、深 1.55 米。坑内填土为黄褐色砂土，结构疏松，

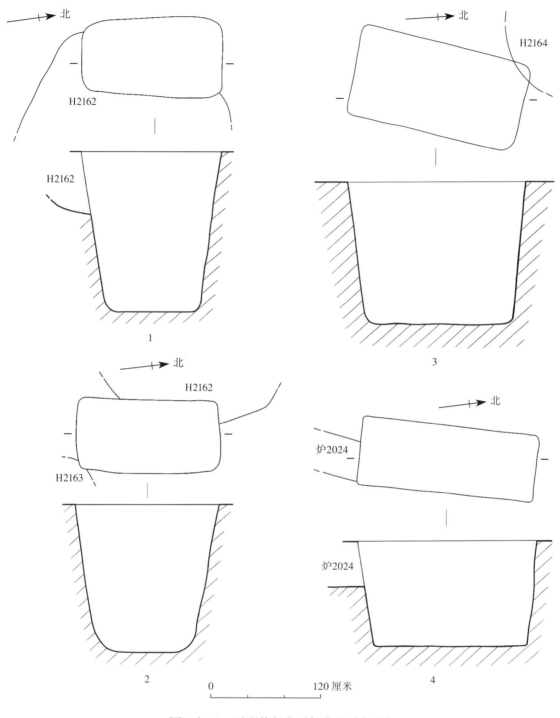

图二九二　近现代长方形灰坑平、剖面图

1. H2113　2. H2115　3. H2116　4. H2118

土壤包含物有细煤渣、兽骨、木炭屑、石块、料姜石、硬土块等，出土遗物有筒瓦、板瓦、琉璃筒瓦、屋脊构件、陶罐、陶盆、瓷碗等（图二九二，2）。

（27）H2116

位于T20506东南部及东隔梁下，T20406北隔梁及关键柱下，开口于第①层下，打破第②、

③层、H2164 和生土。平面呈长方形，斜直壁，平底。长 1.88、宽 0.96、深 1.45 米。坑内填土为黄褐色砂土，结构疏松，土壤包含物有细煤渣、兽骨、木炭屑、石块、料姜石、硬土块等，出土遗物有筒瓦、板瓦、琉璃筒瓦、陶罐、陶盆、瓷碗等（图二九二，3）。

（28）H2118

位于 T20506 南部偏西，T20406 北隔梁下，开口于第①层下，打破第②、③层、炉 2024 和生土。平面呈圆角长方形，斜直壁，平底。长 1.96、宽 0.76、深 1.15 米。坑内填土为黄褐色砂土，结构疏松，土壤包含物有细煤渣、兽骨、小砾石、碎石块、料姜石、植物根系等，出土遗物有筒瓦、板瓦、琉璃筒瓦、屋脊构件、陶罐、陶盆、瓷碗等（图二九二，4）。

（29）H2114

位于 T20506 中南部，开口于第①层下，打破第②、③层、H2162 和生土。平面呈圆角长方形，斜直壁，平底。长 1.4、宽 0.64~0.76、深 1.2 米。坑内填土为黄褐色砂土，结构疏松，土壤包含物有细煤渣、兽骨、小砾石、碎石块、料姜石、植物根系等，出土遗物有筒瓦、板瓦、琉璃筒瓦、檐头板瓦、屋脊构件、陶罐、陶盆、瓷碗、瓷罐等（图二九三，1）。

（30）H2192

位于 T20507 西南部，T20506 东隔梁下，T20406 关键柱下，T20407 北隔梁下，开口于第①层下，打破第②、③层和生土。平面呈长方形，直壁，平底。长 1.6、宽 0.76、深 0.6 米。坑内填土为灰褐色土，结构疏松，土壤包含物有硬土块、白灰残块、植物根系、料姜石等，出土遗物有筒瓦、板瓦、坩埚、陶罐、陶盆、陶瓮、瓷碗等（图二九三，2）。

（31）H2042

位于 T20603 中部，开口于第①层下，打破 H2089、第③层和生土。平面呈长方形，斜直壁，平底。坑口长 2、宽 0.9、坑底长 1.8、宽 0.72~0.8、深 1.6 米。坑内填土自上而下分为三层。第①层：灰褐色砂土，厚约 0.35 米，结构疏松，土壤包含物有碎石块、细煤渣、料姜石、植物根系等。第②层：浅灰褐色粉砂土，厚 0.8 米，结构疏松，土壤包含物有碎石块、细煤渣、料姜石、植物根系等。第③层：红褐色砂土，厚 0.45 米，结构疏松，土壤包含物有石块、细煤渣、料姜石、植物根系、硬土块等。灰坑内各层填土出土遗物基本相同，有筒瓦、板瓦、琉璃筒瓦、檐头板瓦、兽面纹瓦当、陶罐、陶盆、瓷碗、瓷罐、瓷瓶等（图二九三，3）。

（32）H2056

位于 T20603 西部偏北，开口于第①层下，打破 H2142、H2089、第③层和生土。平面呈长方形，斜直壁，平底。坑口长 1.88、宽 0.92、坑底长 1.84、宽 0.77、深 1.52 米。坑内填土自上而下分为三层。第①层：灰褐色砂土，厚约 0.4 米，结构疏松，土壤包含物有碎石块、细煤渣、料姜石、植物根系等。第②层：浅灰褐色粉砂土，厚 0.8 米，结构疏松，土壤包含物有碎石块、细煤渣、料姜石、植物根系等。第③层：红褐色砂土，厚 0.35 米，结构疏松，土壤包含物有石块、细煤渣、料姜石、植物根系、硬土块等。灰坑内各层填土出土遗物基本相同，有筒瓦、板瓦、琉璃筒瓦、兽面纹瓦当、陶罐、陶盆、瓷碗、瓷盘、瓷瓶等（图二九三，4）。

（33）H2026

位于 T20603 西北部，开口于第①层下，打破 H2152、H2141、第③层和生土。平面呈圆角长方形，斜直壁，平底。坑口长 1.82、宽 0.84、坑底长 1.6、宽 0.64、深 1.8 米。坑内堆积自上而下分为三层。第①层：灰褐色砂土，厚约 0.5 米，结构疏松，土壤包含物有碎石块、细煤

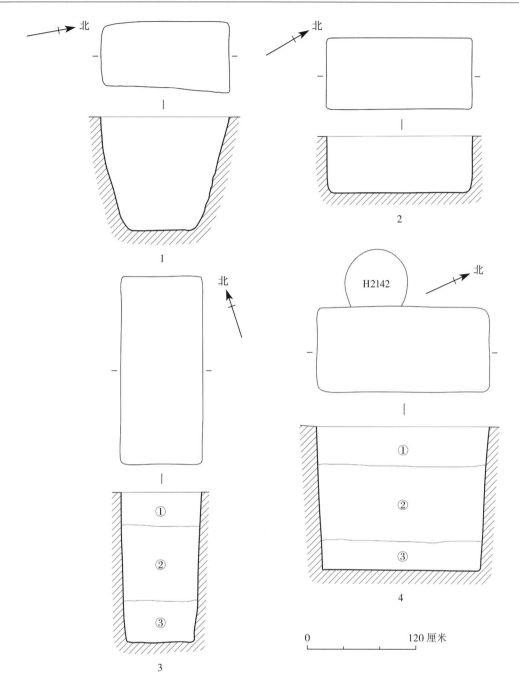

图二九三　近现代长方形灰坑平、剖面图

1. H2114　2. H2192　3. H2042　4. H2056

渣、料姜石、植物根系等。第②层：浅灰褐色粉砂土，厚 0.8 米，结构疏松，土壤包含物有碎石块、细煤渣、料姜石、植物根系等。第③层：红褐色砂土，厚 0.5 米，结构疏松，土壤包含物有石块、细煤渣、料姜石、植物根系、硬土块等。灰坑内各层填土出土遗物基本相同，有筒瓦、板瓦、琉璃筒瓦、兽面纹瓦当、檐头板瓦、屋脊构件、陶罐、陶盆、瓷碗、瓷盘、瓷瓶等（图二九四，1）。

（34）H2032

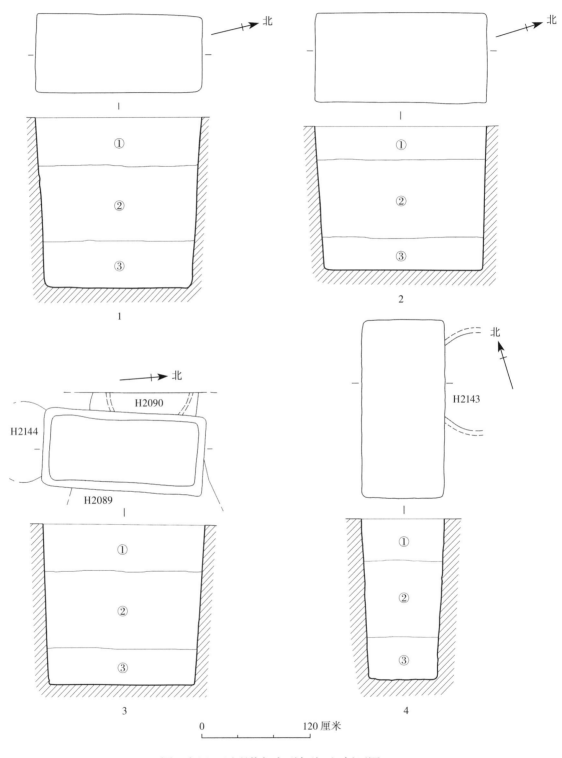

图二九四　近现代长方形灰坑平、剖面图

1. H2026　2. H2032　3. H2071　4. H2033

位于T20603东南部偏东，开口于第①层下，打破H2089、第③层和生土。平面呈长方形，斜直壁，平底。坑口长1.85、宽0.95、坑底长1.74、宽0.8~0.86、深1.52米。坑内填土自上而下分为三层。第①层：灰褐色砂土，厚约0.35米，结构疏松，土壤包含物有碎石块、细煤渣、料姜石、植物根系等。第②层：浅灰褐色粉砂土，厚0.82米，结构疏松，土壤包含物有碎石块、细煤渣、料姜石、植物根系等。第③层：红褐色砂土，厚0.35米，结构疏松，土壤包含物有石块、细煤渣、料姜石、植物根系、硬土块等。灰坑内各层填土出土遗物基本相同，有筒瓦、板瓦、琉璃筒瓦、兽面纹瓦当、檐头板瓦、陶罐、陶盆、瓷碗等（图二九四，2）。

（35）H2071

位于T20603西南部，开口于第①层下，打破H2144、H2090、H2089、第③层和生土。平面呈长方形，斜直壁，平底。坑口长1.76、宽0.86、坑底长1.68、宽0.7、深1.7米。坑内堆积自上而下分为三层。第①层：灰褐色砂土，厚约0.5米，结构疏松，土壤包含物有碎石块、细煤渣、料姜石、植物根系等。第②层：浅灰褐色粉砂土，厚0.8米，结构疏松，土壤包含物有碎石块、细煤渣、料姜石、植物根系等。第③层：红褐色砂土，厚0.4米，结构疏松，土壤包含物有石块、细煤渣、料姜石、植物根系、硬土块等。灰坑内各层填土出土遗物基本相同，有筒瓦、板瓦、檐头板瓦、琉璃筒瓦、兽面纹瓦当、屋脊构件、陶罐、陶盆、瓷碗、瓷瓶等（图二九四，3）。

（36）H2033

位于T20603南部偏西，开口于第①层下，打破H2143、H2089、第③层和生土。平面呈长方形，斜直壁，平底。坑口长1.9、宽0.9、坑底长1.72、宽0.73、深1.7米。坑内填土自上而下分为三层。第①层：灰褐色砂土，厚约0.45米，结构疏松，土壤包含物有碎石块、细煤渣、料姜石、植物根系等。第②层：浅灰褐色粉砂土，厚0.8米，结构疏松，土壤包含物有碎石块、细煤渣、料姜石、植物根系等。第③层：红褐色砂土，厚0.45米，结构疏松，土壤包含物有石块、细煤渣、料姜石、植物根系、硬土块等。灰坑内各层填土出土遗物基本相同，有筒瓦、板瓦、琉璃筒瓦、檐头板瓦、屋脊构件、陶罐、陶盆、瓷碗、瓷罐、瓷瓶等（图二九四，4）。

（37）H2028

位于T20603东南部及T20503北隔梁下，开口于第①层下，打破第③层、H2102和生土。平面呈长方形，斜直壁，平底。坑口长1.9、宽0.9、坑底长1.74、宽0.76、深1.5米。坑内填土自上而下分为三层。第①层：灰褐色砂土，厚约0.4米，结构疏松，土壤包含物有碎石块、细煤渣、料姜石、植物根系等。第②层：浅灰褐色粉砂土，厚0.75米，结构疏松，土壤包含物有碎石块、细煤渣、料姜石、植物根系等。第③层：红褐色砂土，厚0.35米，结构疏松，土壤包含物有石块、细煤渣、料姜石、植物根系、硬土块等。灰坑内各层填土出土遗物基本相同，有筒瓦、板瓦、琉璃筒瓦、兽面纹瓦当、檐头板瓦、屋脊构件、陶罐、陶盆、瓷碗、瓷盘、瓷瓶等（图二九五，1）。

（38）H2049

位于T20603南部及T20503北隔梁下，开口于第①层下，打破H2089、H2101、第③层和生土。平面呈圆角长方形，斜直壁，平底。坑口长1.9、宽0.9、坑底长1.7、宽0.72、深1.6米。坑内填土自上而下分为三层。第①层：灰褐色砂土，厚约0.35米，结构疏松，土壤包含物有碎石块、细煤渣、料姜石、植物根系等。第②层：浅灰褐色粉砂土，厚0.7米，结构疏松，土壤包含物有碎石块、细煤渣、料姜石、植物根系等。第③层：红褐色砂土，厚0.55米，结构疏松，土壤包含物有石块、细煤渣、料姜石、植物根系、硬土块等。灰坑内各层填土出土遗物基本相同，有筒瓦、

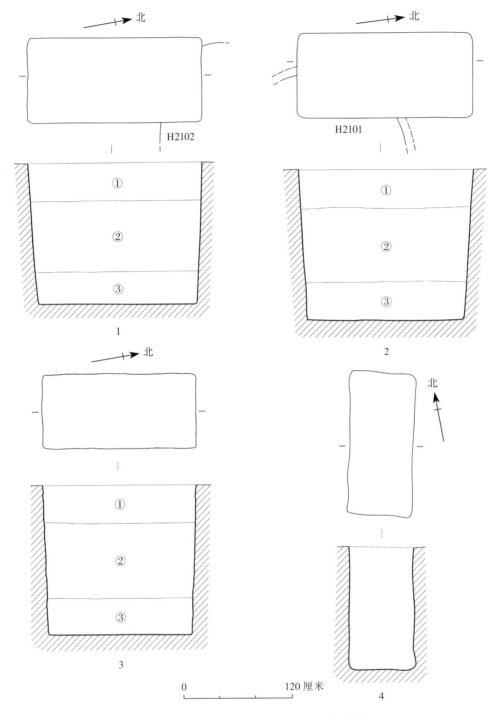

图二九五　近现代长方形灰坑平、剖面图

1. H2028　2. H2049　3. H2339　4. H2045

板瓦、琉璃筒瓦、檐头板瓦、屋脊构件、陶罐、陶盆、瓷碗、瓷盘、瓷瓶等（图二九五，2）。

（39）H2339

位于T20603东隔梁下南部，开口于第①层下，打破第③层、H2102和生土。平面呈长方形，斜直壁，平底。坑口长1.7、宽0.8、坑底长1.6、宽0.7、深1.6米。坑内填土自上而下分为三层。

第①层：灰褐色砂土，厚约0.4米，结构疏松，土壤包含物有碎石块、细煤渣、料姜石、植物根系等。第②层：浅灰褐色粉砂土，厚0.8米，结构疏松，土壤包含物有碎石块、细煤渣、料姜石、植物根系等。第③层：红褐色砂土，厚0.4米，结构疏松，土壤包含物有石块、细煤渣、料姜石、植物根系、硬土块等。灰坑内各层填土出土遗物基本相同，有筒瓦、板瓦、琉璃筒瓦、檐头板瓦、屋脊构件、陶罐、陶盆、瓷碗、瓷罐、瓷瓶等（图二九五，3）。

（40）H2045

位于T20604西南部，开口于第①层下，打破第③层、H2134、H2082和生土。平面呈长方形，直壁，平底。长1.55、宽0.73、深1.3米。坑内填土为黄褐色砂土，结构松软，土壤包含物有细煤渣、木炭屑、兽骨、片石、碎石块、砖块、植物根系等，出土遗物有琉璃筒瓦、板瓦、筒瓦、屋脊构件、陶罐、陶盆、瓷碗、瓷盏、瓷瓶等（图二九五，4）。

（41）H2046

位于T20604南部偏西及T20504北隔梁下，开口于第①层下，打破第③层、H2080和生土。平面呈圆角长方形，直壁，平底。长1.72、宽1.16、深1.3米。坑内填土为黄褐色土，结构疏松，土壤包含物有细煤渣、白灰粒、碎石粒、兽骨、木炭屑、植物根系等，出土遗物有筒瓦、板瓦、屋脊构件、陶罐、陶盆、陶盏、瓷碗、瓷盏等（图二九六，1）。

（42）H2073

位于T20604南部偏东及T20504北隔梁下，开口于第①层下，打破第③层、H2124和生土。平面呈圆角长方形，直壁，平底。长1.52、宽0.8、深1.22米。坑内填土为黄褐色土，结构疏松，土壤包含物有细煤渣、白灰粒、碎石粒、兽骨、木炭屑、植物根系等，出土遗物有筒瓦、板瓦、琉璃筒瓦、陶罐、陶盆、瓷碗、瓷盏等（图二九六，2）。

（43）H2218

位于T20607东部偏北及东隔梁下，开口于第①层下，打破H2244、第②、③、④层和生土。平面呈长方形，斜直壁，平底。残长4.38、宽3、深1.52米。坑内填土为灰褐色土，结构疏松，土壤包含物有细煤渣、碎石块、木炭屑、料姜石、硬土块、植物根系等，出土遗物有"传祚无穷"瓦当、筒瓦、板瓦、琉璃筒瓦、兽头残件、建筑饰件、长条砖、陶罐、陶盆、陶碗、陶盏、瓷碗、瓷盏等，其中出土可复原陶盆3件，陶砚台1件，陶盏7件，瓷碗4件，瓷盏2件、匣钵1件（图二九六，3）。

（44）H2066

位于T20605北部偏西及北隔梁下，开口于第①层下，打破第③层、炉2029和生土。平面呈圆角长方形，斜直壁，平底。坑口长1.97、宽1.77、坑底长1.84、宽1.61、深0.48~0.62米。坑内填土为褐色花土，结构疏松，土壤包含物有石灰块或粒、石块、细煤渣、兽骨、硬土块、植物根系等，出土遗物有筒瓦、板瓦、琉璃筒瓦、兽面纹瓦当、屋脊构件、陶罐、陶盆、陶碗、陶盏、瓷碗、瓷罐、瓷瓶等（图二九六，4）。

（45）H2344

位于TG21306西北部，开口于第①层下，打破H2304和生土。平面呈长方形，斜直壁，底呈不规则弧状。残长2.6、残宽0.15、深0.5米。坑内填土为灰褐色砂土，结构疏松，土壤包含物有细煤渣、料姜石、碎石块、植物根系等，出土遗物有筒瓦、板瓦、陶碗、瓷碗等（图二九六，5）。

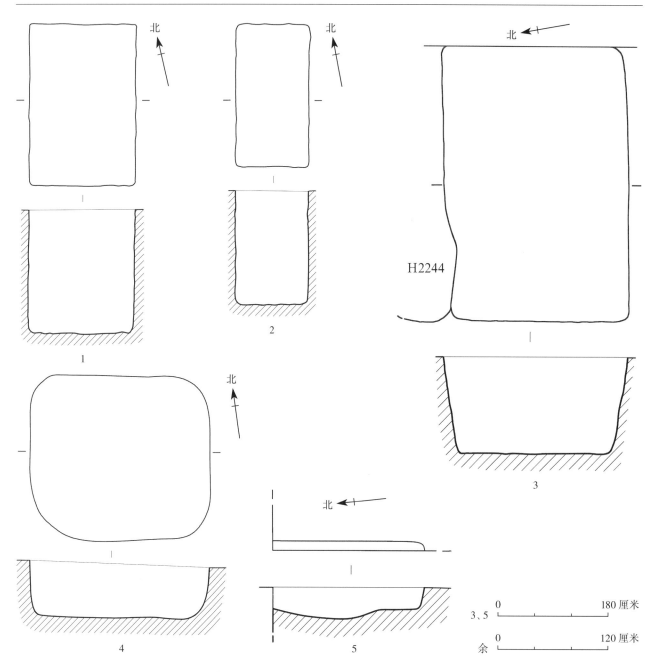

图二九六　近现代长方形灰坑平、剖面图

1. H2046　2. H2073　3. H2218　4. H2066　5. H2344

2. 圆形灰坑

15个。

（1）H2004

位于T20303北部偏西及北隔梁下，开口于第①层下，打破H2323和生土。平面呈圆形，直壁，圜底。口径0.9~0.96、深1.28米。坑内填土为浅褐色土，结构疏松，土壤包含物有细煤渣、砖块、料姜石、植物根系、碎石块、白灰块等，出土遗物有筒瓦、板瓦、陶罐、陶盆、瓷碗等（图二九七，1；彩版一四八，1）。

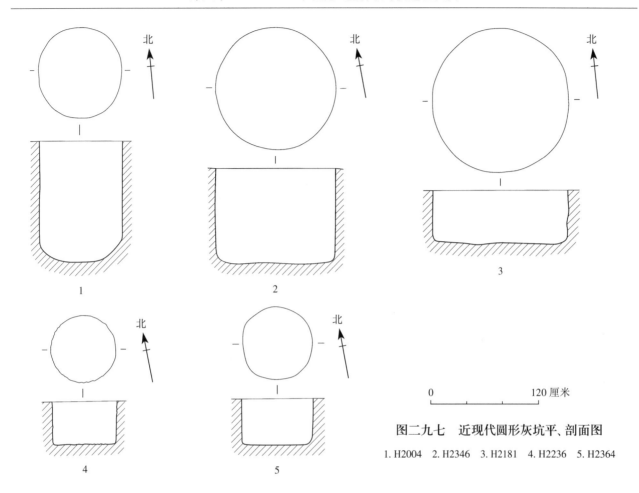

图二九七　近现代圆形灰坑平、剖面图

1. H2004　2. H2346　3. H2181　4. H2236　5. H2364

（2）H2346

位于T20604北隔梁下偏西部，开口于第①层下，打破生土。平面呈圆形，直壁，平底。口径1.3、深1米。坑内填土为浅黑色土，结构疏松，土壤包含物有细煤渣、石灰粒、石块、草木灰、植物根系等，出土遗物有筒瓦、板瓦、陶盆、瓷碗等（图二九七，2；彩版一四八，2）。

（3）H2181

位于T20706中南部，开口于第①层下，打破H2255和生土。平面呈圆形，直壁，平底。直径1.5、深0.55米。坑内填土为灰褐色粉砂土，结构疏松，土壤包含物有细煤渣、碎石块、料姜石、植物根系等，出土遗物有筒瓦、板瓦、陶盆、陶盏、陶碗、瓷碗等（图二九七，3）。

（4）H2236

位于T20706南部偏东，开口于第①层下，打破H2253、第②层和生土。平面呈圆形，直壁，平底。直径0.72、深0.46米。坑内填土为灰褐色粉砂土，结构疏松，土壤包含物有小石灰块、细煤渣、料姜石、植物根系等，出土遗物有筒瓦、板瓦、陶罐、陶盆、瓷碗等（图二九七，4）。

（5）H2364

位于T20607北隔梁下东部，开口于第①层下，打破生土，被H2244打破。平面呈圆形，直壁，平底。直径0.8、深0.5米。坑内填土为灰褐色土，结构疏松，土壤包含物有细煤渣、兽骨、碎石块、硬土块、植物根系等，出土遗物有筒瓦、板瓦、陶罐、陶盆、瓷碗等（图二九七，5；彩版一四八，3）。

（6）H2279

位于 T21006 中南部，开口于第①层下，打破第②、③层和生土。平面呈圆形，斜弧壁，平底。口径 1~1.03、底径 0.75、深 0.46~0.5 米。坑内填土为灰褐色土，结构疏松，土壤包含物有细煤渣、草木灰、兽骨、料姜石、砾石、植物根系等，出土遗物有筒瓦、板瓦、琉璃筒瓦、檐头板瓦、建筑构件、陶罐、陶盆、瓷碗、瓷盏等（图二九八，1）。

（7）H2278

位于 T21006 东中部及东隔梁下，开口于第①层下，打破 H2309、第②层、H2313、第③层和生土。平面呈圆形，斜直壁，斜平底。口径 0.87、底径 0.57、深 0.68 米。坑内填土为灰黑色土，结构疏松，土壤包含物有细煤渣、植物根系、硬土块、兽骨、石灰粒、小砾石等，出土遗物有筒瓦、板瓦、兽面纹瓦当、檐头板瓦、屋脊构件、陶罐、陶盆、瓷碗、瓷罐等（图二九八，2；彩版一四八，4）。

（8）H2267

位于 TG21205 东中部，开口于第①层下，打破 H2366。平面呈圆形，剖面呈袋状，平底。坑口长 0.56、残宽 0.28、坑底长 0.66、残宽 0.34、深 0.45 米。坑内填土为灰褐色土，结构疏松，土壤包含物有细煤渣、煤矸石、料姜石、小砾石、植物根系等，出土遗物有筒瓦、板瓦、琉璃檐头板瓦、陶盆、瓷瓶等（图二九八，3）。

（9）H2368

位于 TG21205 西部偏南，开口于第①层下，打破生土，被 H2366 和 H2367 打破。平面呈圆形，剖面呈袋状，平底。坑口长 1.2、宽 0.9、坑底长 1.55、残宽 1.05、深 0.45 米。坑内填土为灰褐色土，结构疏松，土壤包含物有料姜石、细煤渣、碎石块、硬土块、植物根系等，出土遗物有筒瓦、板瓦、陶盆、瓷碗等（图二九八，4）。

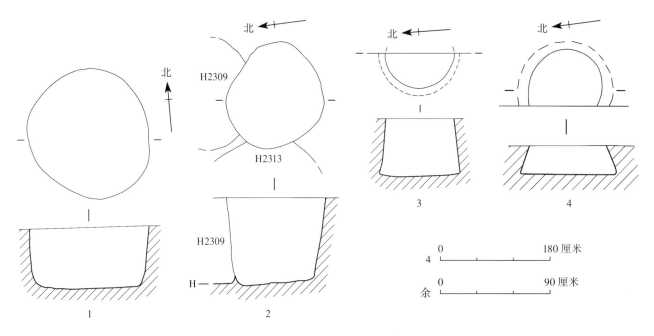

图二九八　近现代圆形灰坑平、剖面图

1. H2279　2. H2278　3. H2267　4. H2368

（10）H2372

位于 TG21207 西部偏北，开口于第①层下，打破第②、③层和生土，被 H2371 打破。平面呈圆形，剖面呈袋状，平底。坑口长 1.5、残宽 0.85、坑底长 1.57、宽 0.9、深 0.98~1.16 米。坑内填土为黄褐色土，结构疏松，土壤包含物有细煤渣、兽骨、白灰块、硬土块、锈蚀铁块、料姜石、植物根系等，出土遗物有筒瓦、板瓦、陶罐、陶盆、瓷碗、瓷罐等（图二九九，1）。

（11）H2286

位于 TG21307 西部偏北，开口于第①层下，打破 H2304 和生土。平面呈圆形，斜直壁，平底。坑口长 1.35、宽 0.8、坑底长 0.85、宽 0.5、深 1.3 米。坑内填土为浅灰色粉砂土，结构疏松，土壤包含物有细煤渣、白灰块、硬土块、兽骨、料姜石、植物根系等，出土遗物有筒瓦、板瓦、陶罐、陶盆、瓷碗、瓷罐等，其中出土可复原的瓷碗 2 件（图二九九，2）。

（12）H2374

位于 TG21207 中东部，开口于第①层下，打破第②、③层和生土。平面呈圆形，剖面呈带状，平底。坑口长 0.9、残宽 0.86、坑底长 1.02、宽 0.9、深 0.75 米。坑内填土为黄褐色土，结构疏松，土壤包含物有细煤渣、兽骨、白灰块、硬土块、锈蚀铁块、料姜石、植物根系等，出土遗物有筒瓦、板瓦、陶盆、陶盏、瓷碗、瓷罐等（图二九九，3）。

（13）H2373

位于 TG21207 东北部，开口于第①层下，打破生土，被 H2371 打破。平面呈半圆形，直壁，平底。坑口长 1.9、残宽 0.78、深 1.83 米。坑内填土为黄褐色土，结构疏松，土壤包含物有细煤渣、兽骨、白灰块、硬土块、锈蚀铁块、料姜石、植物根系等，出土遗物有筒瓦、板瓦、陶罐、陶盆、瓷碗、瓷盏、铜钱等（图二九九，4）。

（14）H2274

位于 T20804 西南部及 T20704 北隔梁下，开口于第①层下，打破第②层、J2001 和生土，被现代沟和 H2273 打破。因该坑被破坏严重，平面呈圆形，剖面呈袋状，平底。坑口残长 1.16、残宽 1.1、坑底残长 1.48、残宽 1.34、深 0.74 米。坑内填土为红褐色砂土，结构疏松，土壤包含物有石块、细煤渣、碎石子等，出土遗物有筒瓦、板瓦（图三〇〇，1）。

（15）H2369

位于 TG21206 东北部，开口于第①层下，打破 H2370、第②、③层和生土。平面呈圆形，坑壁呈不规则弧状，斜平底。坑口长 1.15、宽 0.8、坑底长 0.35、宽 0.4、深 1.3 米。坑内填土为灰褐色土，结构疏松，土壤包含物有细煤渣、料姜石、兽骨、硬土块、小砾石、植物根系等，出土遗物有瓦片、砖块、陶片、瓷片等，可辨器形有筒瓦、板瓦、沟纹砖、陶罐、陶盆、瓷碗等，其中出土 6 件较完整沟纹砖（图三〇〇，2）。

3. 椭圆形灰坑

8 个，其中有遗物的 7 个，无遗物的 1 个，无遗物的不在本处描述，相关信息见灰坑表。

（1）H2199

位于 T20606 中北部及北隔梁下，开口于第①层下，打破 H2200、第②层、H2202 和生土。平面呈椭圆形，斜弧壁，圆底。长 1.04、宽 0.95、深 0.65 米。坑内填土为浅黑灰色土，结构疏松，土壤包含物有细煤渣、炭渣、红烧土块、白灰块、小砾石、植物根系等，出土遗物有筒瓦、板瓦、坩埚、瓷盘、瓷瓶等（图三〇一，1）。

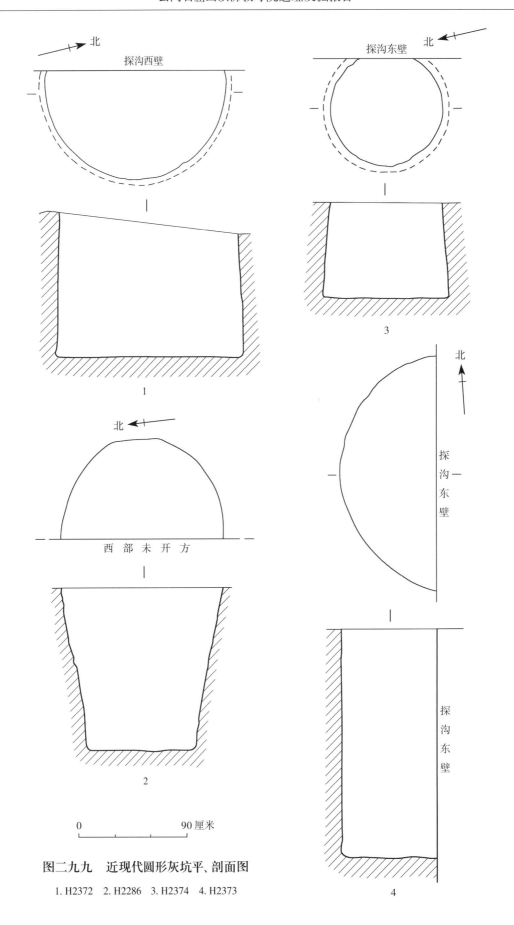

图二九九　近现代圆形灰坑平、剖面图

1. H2372　2. H2286　3. H2374　4. H2373

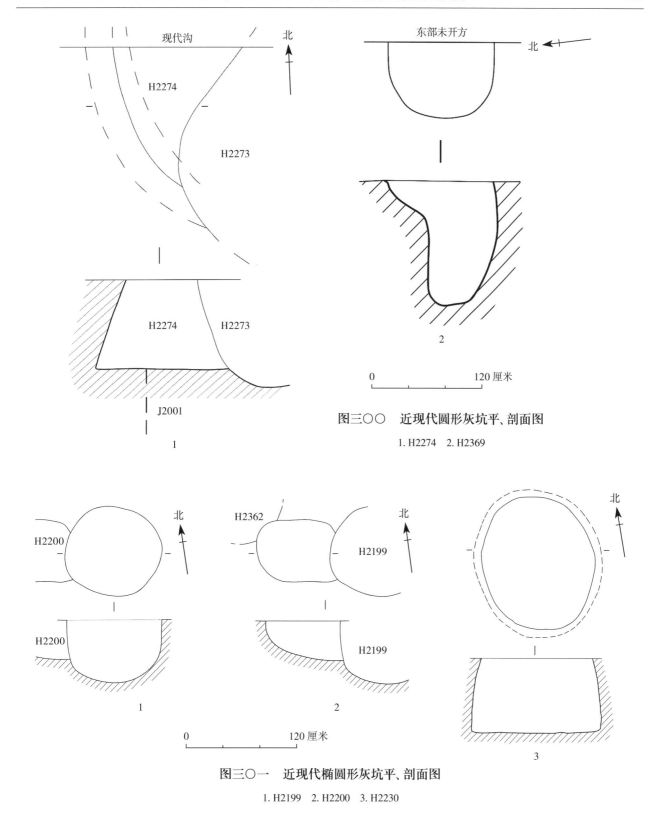

图三〇〇　近现代圆形灰坑平、剖面图

1. H2274　2. H2369

图三〇一　近现代椭圆形灰坑平、剖面图

1. H2199　2. H2200　3. H2230

（2）H2200

位于 T20606 北部偏西及北隔梁下，开口于第①层下，打破第②层、H2360、H2202 和生土，被 H2199 打破。平面呈椭圆形，斜弧壁，底呈弧状。长 0.79~0.87、宽 0.65、深 0.42 米。坑内填土为浅褐色土，结构疏松，土壤包含物有细煤渣、白灰块、硬土块、料姜石、植物根系等，出土遗物有筒瓦、板瓦等（图三〇一，2）。

（3）H2230

位于T20905北部偏西及北隔梁下，开口于第①层下，打破生土。平面呈椭圆形，剖面呈袋状，平底。坑口长1.44、宽1.27、坑底长1.6、宽1.42、深0.81米。坑内填土为浅褐色土，结构疏松，土壤包含物有细煤渣、兽骨、砾石、植物根系、硬土块、白灰块、料姜石等，出土遗物有筒瓦、板瓦、檐头板瓦、陶盆、瓷碗等（图三〇一，3；彩版一四八，5）。

（4）H2303

位于T20907西南部、T20906东隔梁下、T20806关键柱下、T20807北隔梁下，开口于第①层下，打破第②、③层、G2001和生土。平面呈椭圆形，斜弧壁，平底。坑口长5.3、宽3.5、坑底长4.7、宽2.96、深0.4米。坑内填土为灰黑色土，结构疏松，土壤包含物有细煤渣、小砾石、木炭屑、硬土块、白灰残块、植物根系等，出土遗物有筒瓦、板瓦、陶罐、瓷碗等（图三〇二，1）。

（5）H2280

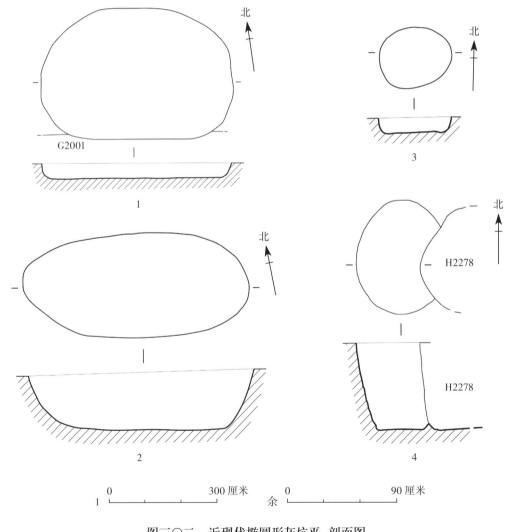

图三〇二　近现代椭圆形灰坑平、剖面图

1. H2303　2. H2280　3. H2225　4. H2309

位于 T21006 中南部及 T20905 北隔梁下，开口于第①层下，打破 H2308、第②层、H2246、第③层和生土。平面呈椭圆形，斜弧壁，平底。坑口长 1.87、宽 0.84、坑底长 1.28、宽 0.54、深 0.44~0.5 米。坑内填土为褐色土，结构疏松，土壤包含物有细煤渣、石块或粒、炉渣、植物根系等，出土遗物有筒瓦、板瓦、琉璃筒瓦、陶罐、陶盆、瓷碗等（图三〇二，2）。

(6) H2225

位于 T20306 西南部，开口于第①层下，打破北魏塔基 1 塔身。平面呈椭圆形，斜弧壁，平底。坑口长 0.58、宽 0.5、坑底长 0.46、宽 0.44、深 0.14 米。坑内填土为浅褐色土，结构较致密，土壤包含物有碎石粒、料姜石、植物根系等，出土遗物有少量瓦片和碎陶片（图三〇二，3）。

(7) H2309

位于 T21006 东中部及东隔梁下，开口于第①层下，打破第②层和生土，被 H2278 打破。平面呈椭圆形，斜弧壁，平底。坑口长 0.9、残宽 0.52~0.67、坑底长 0.8、残宽 0.44~0.6、深 0.68 米。坑内填土为灰黑色土，结构疏松，土壤包含物有细煤渣、植物根系、硬土块、兽骨、石灰粒、小砾石等，出土遗物有筒瓦、板瓦、陶罐、陶盆、瓷碗等（图三〇二，4）。

4．不规则形灰坑

17 个，其中有遗物的 15 个，无遗物的 2 个，无遗物的不在本处描述，相关信息见灰坑表。

(1) H2006

位于 T20403 西南部及 T20303 北隔梁下和西部未开方处，开口于第①层下，打破第②、③层和生土。平面呈不规则形，剖面呈袋状，平底。坑口残长 0.52、宽 0.48、坑底残长 0.6、宽 1、深 0.76 米。坑内填土自上而下为黑褐色土，结构疏松，土壤包含物有细煤渣、石块、硬土块、小砾石、白灰块、兽骨、铁锈渣、植物根系等，出土遗物有筒瓦、板瓦、陶罐、陶盆、瓷盏、瓷罐等（图三〇三，1）。

(2) H2244

位于 T20607 东北部、东隔梁及北隔梁和关键柱下，开口于第①层下，打破第②层、H2252、H2250、H2346 和生土，被 H2218 打破。平面呈不规则形，斜弧壁，平底。残长 3.85、残宽 3.1、深 1 米。坑内填土为黄褐色土，结构疏松，土壤包含物有细煤渣、石块、植物根系、料姜石等，出土遗物有筒瓦、板瓦、檐头板瓦、陶罐、陶盆等（图三〇三，2）。

(3) H2206

位于 T20706 北部偏西及北隔梁下、T20806 西南部，开口于第①层下，打破第②层和生土，被 H2182 打破。平面呈不规则形，斜弧壁，底凹凸不平。长 4.4、宽 3.5、深 0.34 米。坑内填土为灰黑色粉砂土，结构疏松，土壤包含物有细煤渣、料姜石、硬土块、植物根系等，出土遗物有筒瓦、板瓦、兽面纹瓦当、屋脊构件、陶罐、陶盆、陶碗、陶盏、瓷碗、瓷罐等（图三〇三，3）。

(4) H2253

位于 T20706 中东部及东隔梁下，开口于第①层下，打破 H2221、H2258、H2228、H2255、炉 2030 和生土，被 H2236 打破。平面呈不规则形，斜弧壁，平底。长 5.6、宽 5.15、深 1.18~1.25 米。坑内填土为红褐色砂土，结构疏松，土壤包含物有碎石块、细煤渣、白灰块、料姜石残块等，出土遗物有筒瓦、板瓦、兽面纹瓦当、坩埚、陶罐、陶盆、陶盏、瓷碗等（图三〇三，4）。

(5) H2255

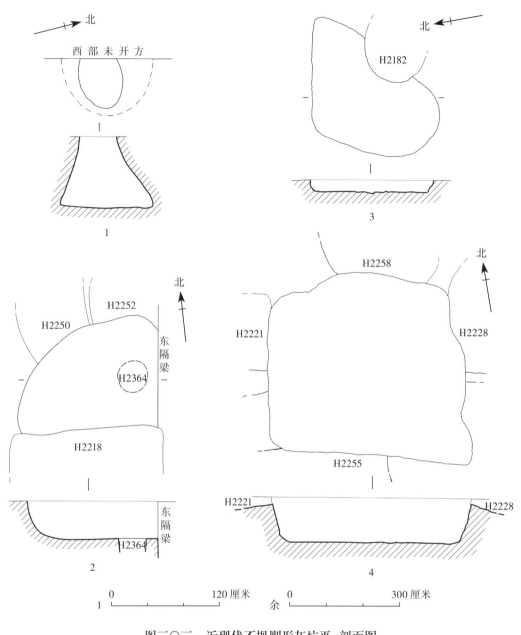

图三〇三　近现代不规则形灰坑平、剖面图

1. H2006　2. H2244　3. H2206　4. H2253

位于 T20706 南部、T20606 北隔梁下、T20605 关键柱下和 T20705 东隔梁下，开口于第①层下，打破 H2256、第②层、H2358、H2359、第③层、H2257 和生土，被 H2181 和 H2253 打破。平面呈不规则形，斜弧壁，底呈不规则状，凹凸不平。长 8.75、宽 3.1、深 0.33~0.55 米。坑内填土为浅灰色粉砂土，土质疏松，土壤包含物有细煤渣、石块、小石粒、硬土块、白灰粒、植物根系等，出土遗物有筒瓦、板瓦、兽面纹瓦当、檐头板瓦、陶罐、陶盆、陶碗、陶盏、瓷碗等（图三〇四，1）。

（6）H2182

位于 T20706 北部偏东及北隔梁下，开口于第①层下，打破 H2206 和生土，被 H2258 打破。

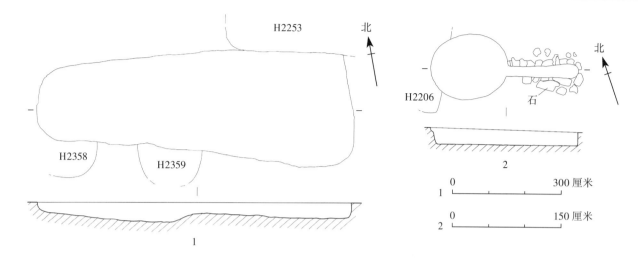

图三○四　近现代不规则形灰坑平、剖面图
1. H2255　2. H2182

平面呈不规则形,由椭圆形和长条形组成,西部椭圆形坑壁有明显加工痕迹,斜弧壁或直壁,平底,长 2.15、宽 1.74、深 0.45 米。东部长条形坑周围用石垒砌,直壁,平底,长 1.86、宽 0.28~0.4、深 0.36~0.45 米。坑内填土为灰色土,结构疏松,土壤包含物有细煤渣、料姜石、白灰块、植物根系等,出土遗物有筒瓦、板瓦、兽面纹瓦当、瓷碗等（图三○四,2；彩版一四八,6）。

（7）H2273

位于 T20804 南部偏西及 T20704 北隔梁下,开口于第①层下,打破 H2274、第②层、J2001和生土,被现代泄洪沟打破。平面呈不规则形,斜弧壁,底中部凸起呈弧状。长 4.08、残宽 2.2、深 0.9 米。坑内填土为浅灰色土,土质较致密,土壤包含物有石块、小砾石、细煤渣等,出土遗物有筒瓦、板瓦、琉璃筒瓦、檐头板瓦、屋脊构件、单耳罐、陶盆、陶盏、瓷碗、石刻造像、文字石刻等（图三○五,1）。

（8）H2241

位于 T20905 西部偏北及 T20904 北隔梁下,开口于第①层下,打破第②层和生土。平面呈不规则形,斜弧壁或斜直壁,底呈不规则弧状。长 2.66、宽 0.7~1.1、深 0.42 米。坑内填土为浅褐色土,结构疏松,土壤包含物有细煤渣、白灰块、料姜石、硬土块、砖块、小砾石、植物根系等,出土遗物有筒瓦、板瓦、兽面纹瓦当、陶罐、陶盆、瓷碗等（图三○五,2）。

（9）H2308

位于 T21006 东南部及东隔梁下,T20906 北隔梁和关键柱下,开口于第①层下,打破第②层、H2246、第③层和生土,被 H2280 打破。平面呈不规则形,斜弧壁,底不规整,凹凸不平。长 4.88、宽 3.6、深 0.96 米。坑内填土为浅褐色土,结构疏松,土壤包含物有细煤渣、木炭屑、兽骨、植物根系、料姜石、白灰块等,出土遗物有筒瓦、板瓦、砖块、屋脊构件、陶盆、陶盏、瓷碗、瓷盘等（图三○五,3）。

（10）H2285

位于 TG21205 北部,开口于第①层下,打破 H2366 和生土。平面呈不规则形,斜弧壁,底呈台阶状。长 1.95、宽 1.8、深 0.6~0.96 米。坑内填土为黄褐色粉砂土,结构疏松,土壤包含物

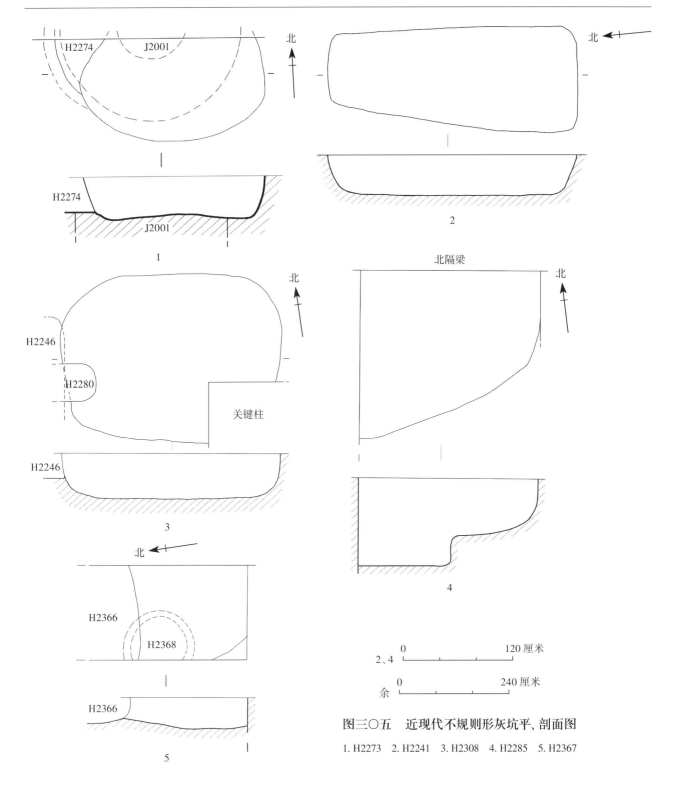

图三〇五　近现代不规则形灰坑平、剖面图

1. H2273　2. H2241　3. H2308　4. H2285　5. H2367

有细煤渣、白灰块、砖块、硬土块、料姜石、植物根系等，出土遗物有筒瓦、板瓦、琉璃筒瓦、檐头板瓦、方形沟纹砖、兽面纹瓦当、陶盆、瓷碗等（图三〇五，4）。

（11）H2367

位于 TG21205 南部，开口于第①层下，打破 H2368 和生土，被 H2366 打破。平面呈不规则形，斜弧壁，底呈弧状。长 1.7~2.6、宽 1.5~2、深 0.65 米。坑内填土为黄褐色粉砂土，结构较致密，土壤包含物有细煤渣、砾石、兽骨、硬土块、料姜石、植物根系等，出土遗物有筒瓦、板瓦、琉璃筒瓦、檐头板瓦、兽面纹瓦当、陶罐、陶盆、瓷碗、瓷瓶等（图三○五，5）。

（12）H2276

位于 TG21206 西北部，开口于第①层下，打破 H2370 和生土。平面呈不规则形，斜弧壁，底呈弧状。长 2.55、宽 1.6、深 0.65~0.75 米。坑内填土为灰褐色土，结构疏松，土壤包含物有细煤渣、炭灰、碎石块、小砾石、兽骨、硬土块、白灰块、植物根系等，出土遗物有筒瓦、板瓦、琉璃筒瓦、沟纹砖、联珠兽面纹瓦当、陶罐、陶盆、陶盏、瓷碗、瓷瓶、瓷盏等，其中出土可复原瓷碗 3 件，瓷瓶 2 件，有一件碗底有毛笔书写"吕舌"字样（图三○六，1）。

（13）H2370

位于 TG21206 北部，开口于第①层下，打破第②、③层、H2375 和生土，被 H2276 和 H2369 打破。平面呈不规则形，斜弧壁，底呈不规则状。长 1.04~5、宽 2、深 0.5~1.3 米。坑内填土为灰褐色土，结构疏松，土壤包含物有细煤渣、锈蚀铁块、兽骨、小砾石、料姜石、植物根系等，出土遗物有筒瓦、板瓦、琉璃筒瓦、沟纹砖、陶罐、陶盆、陶碗、陶盏、瓷碗、瓷盏、

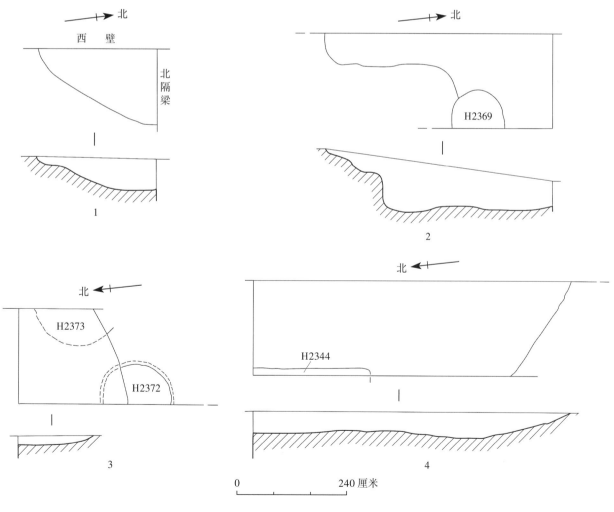

图三○六 近现代不规则形灰坑平、剖面图

1. H2276 2. H2370 3. H2371 4. H2304

瓷罐、铁斧等，其中可复原瓷盏一件（图三〇六，2）。

（14）H2371

位于TG21207北部，开口于第①层下，打破H2372、H2373、第②、③层和生土。平面呈不规则形，斜弧壁，底呈弧状。长1.6~2.45、宽2、深0.25米。坑内填土为浅黄色土，结构疏松，土壤包含物有细煤渣、兽骨、白灰块、硬土块、锈蚀铁块、料姜石、植物根系等，出土遗物有筒瓦、板瓦、陶器盖、陶盆、瓷碗、瓷盏、瓷罐、"天圣元宝"铜钱等（图三〇六，3）。

（15）H2304

位于TG21306北中部，开口于第①层下，打破第②层和生土，被H2344打破。平面呈不规则形，斜弧壁，底呈不规则弧状。长5.6~6.96、宽2、深0.56米。坑内填土为黄褐色砂土，结构疏松，土壤包含物有细煤渣、兽骨、碎石块、料姜石、硬土块、植物根系等，出土遗物有筒瓦、板瓦、琉璃筒瓦、兽面纹瓦当、檐头板瓦、陶罐、陶盆、瓷碗、瓷瓶、瓷罐等（图三〇六，4）。

第四节　遗物

一　东周时期

（一）生活生产工具

标本8件，石器3件、骨器4件、角器1件。

1. 石器

仅石杵3件。

石杵

3件。皆残，A型。

标本TG21057②：1，灰黄色。杵头短圆，大于柄身。杵头直径5、高4.3、柄身直径3、残高1.4、通高5.7厘米（图三〇七，1；彩版一四九，1）。

标本TG21503③：2，灰黄色。杵头长圆，且残半，柄身略细。杵头直径4.7、高5.4、柄身直径3、残高3.4、通高8.7厘米（图三〇七，2；彩版一四九，2）。

标本T21006H2313：4，灰黄色。杵头长圆，柄身略细。杵头直径4.9、高7、柄身直径3、残高2.3、通高9.3厘米（图三〇七，3；彩版一四九，3）。

2. 骨器

4件。

片状骨器

4件。

标本T20603H2125：1，残断。长条片状，一面磨光，一面有整齐的切割痕，一端磨光。现存6个钉子，其中一侧5个几乎等距离间隔，另一侧存1个钉子。长16.7、宽1.7~2、厚0.5厘米（图三〇七，5；彩版一四九，5）。

标本T20604H2080：2，片状，一端尖一端呈圭形，通体磨光。长9.3、宽0.4~0.9、厚0.2厘米（图

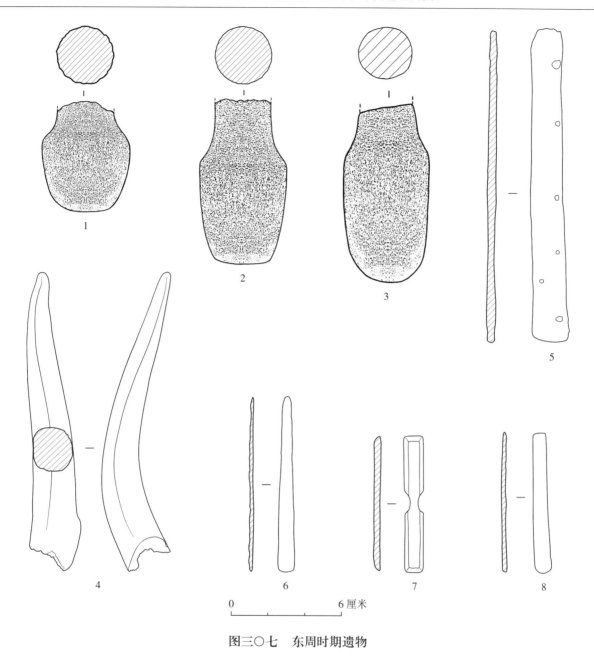

图三〇七　东周时期遗物

1~3. 石 杵 TG21057 ② ：1、TG21503 ③ ：2、T21006H2313：4　4. 鹿 角 器 T20504H2047：3　5~8. 片 状 骨 器 T20603H2125：1、
T20604H2080：2、T20305H2003：3、T20604H2087：1

三〇七，6；彩版一四九，6）。

标本 T20305H2003：3，长方形片状，顶面四边磨成斜坡状，中间两侧向内凹呈圆弧状，通
体磨光。长 7.3、宽 1.1、厚 0.4 厘米（图三〇七，7；彩版一四九，7）。

标本 T20604H2087：1，尖端残断。片状，一端呈圭形，通体磨光。长 7.5、宽 0.7~0.9、厚 0.2
厘米（图三〇七，8；彩版一四九，8）。

3．角器

仅鹿角器 1 件。

鹿角器

1 件。

标本 T20504H2047：3，尖锥体略弯，端头有切割痕。长 15.9、端头直径 2.2 厘米（图三〇七，4；彩版一四九，4）。

二　北魏时期

主要有建筑材料、石雕造像、泥塑、生活生产用具。

（一）建筑材料

标本 235 件，可分为陶质和石质两类。其中陶质建筑构件有绳纹长条砖 1 件、灰陶板瓦 5 件、灰陶筒瓦 1 件、瓦当 191 件、莲花建筑饰件 2 件。石质建筑构件有兽首门枕石 5 件、覆盆式柱础石 9 件、莲花建筑饰件 13 件、建筑构件 8 件。

1. 陶质建筑材料

主要有砖、板瓦、筒瓦、瓦当、莲花纹建筑构件。

（1）绳纹长条砖

1 件。

标本 T20607H2218：32，残。泥质灰陶，模制。一面有细密绳纹，压印于缠着细绳的棒上而成，一端侧面残存两朵圆形莲花纹样，莲花中心为莲房及莲子，外围是双瓣莲花。长 37、宽 19、厚 5 厘米（图三〇八；彩版一五〇，1）。

（2）板瓦

5 件。泥质灰陶，泥条盘筑。平面呈梯形，断面为弧形，宽端或窄端有手指按压痕迹。根据凹面是否磨光分两型。

Aa 型　2 件。

标本 T20807H2365：3，凹面磨光，凸面简单修整。两侧边全切修整，宽、窄两端凹凸两面均有手指按压痕迹。长 44.5、宽 30.5、厚 2.2 厘米（图三〇九，1；彩版一五〇，2）。

标本 T20905H2262：7，凹面磨光，凸面轮制痕迹明显，上有一"如"字。残长 8.5、残宽 10.5、厚 2 厘米（图三〇九，5；彩版一五〇，3）。

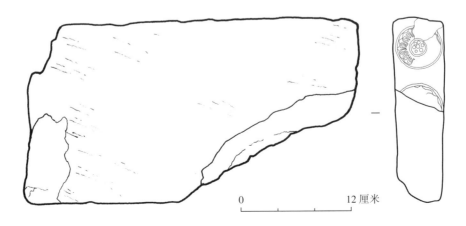

图三〇八　北魏时期绳纹长条砖 T20607H2218：32

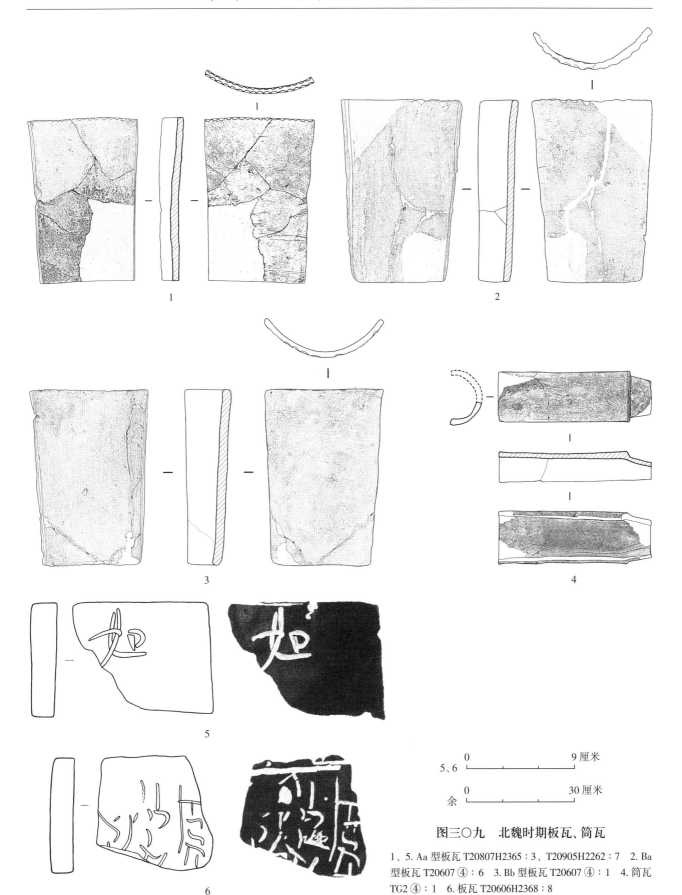

图三〇九 北魏时期板瓦、筒瓦

1、5. Aa 型板瓦 T20807H2365：3、T20905H2262：7 2. Ba
型板瓦 T20607④：6 3. Bb 型板瓦 T20607④：1 4. 筒瓦
TG2④：1 6. 板瓦 T20606H2368：8

B 型　3 件。凹面布纹，有抹平痕迹。根据宽端装饰不同分两亚型。

Ba 型　1 件。

标本 T20607④：6，凸面简单修整。两侧边的凹面一侧有较小的切痕，破面未修整。窄端齐切，宽端凹凸两面均有手指按压痕迹。长 49、宽 33、厚 2.6 厘米（图三〇九，2；彩版一五〇，4）。

Bb 型　1 件。

标本 T20607④：1，凸面简单修整。两侧边的凹面一侧切痕较大，破面未修整。窄端齐切，仅宽端凸面有手指按压痕迹。长 47、宽 32.6、厚 3 厘米（图三〇九，3；彩版一五〇，5）。

另外，有残片 1 件。

标本 T20606H2368：8，凹面有布纹，凸面刻划文字不辨。残长 8、残宽 9、厚 1.6 厘米（图三〇九，6；彩版一五〇，6）。

（3）筒瓦

1 件。

标本 TG2④：1，B 型，泥质灰陶，泥条盘筑。瓦身断面为半圆形，凹面布纹清晰，凸面有纵向修整痕迹且刷有一层白色材料。两侧边的凹面一侧切痕约 1/3，另一面切痕约 2/3，破面未修整。瓦舌前倾，平面呈梯形。相对一端瓦身凹面两侧略向外撇且削薄抹平，端头平齐。瓦身长 35.4、瓦径 14.5、厚 2、瓦舌长 6.5 厘米（图三〇九，4；彩版一五〇，7、8）。

（4）瓦当

191 件。泥质灰陶，模制。正面呈圆形。以当面图案分"万岁富贵"瓦当、"传祚无穷"瓦当、莲花纹瓦当、兽面纹瓦当、莲花化生瓦当五类。

1）"万岁富贵"瓦当

80 件。泥质灰陶，27 件边轮残损，2 件完整，其余均有不同程度破损。瓦身泥条盘筑，瓦当模制。当面以"井"字形界格划分，"井"字中央饰大乳丁，在"井"字上下左右四字平均摆布，字为隶书阳文，四角扇形区又各饰一个小乳丁。当面与边轮间、大小乳丁均饰有一周凸棱圆圈。根据瓦当边轮特征分两型。

A 型　16 件。边轮略高于当面且较窄。根据"富""贵"两字方向分两亚型。

Aa 型　13 件。"富""贵"从左至右读。其中 2 件带瓦身，瓦当基本完整。

标本 T20807H2365：8，瓦身基本完整，由瓦当和筒瓦相黏接而成。瓦当与筒瓦夹角呈 110°。筒瓦凹面布纹，凸面修整。侧面切痕宽窄不一，破面斜切。瓦身与瓦舌相接处的瓦身内凹，形成一凸棱。瓦舌前倾（残），横断面呈梯形，相对一端与瓦当相接，凹面有手指抹平黏贴痕迹。瓦身凸面距瓦当 7 厘米的地方有一长方形钉孔，钉孔长 3.8、宽 2.5 厘米。当面下部小乳丁及"岁"字残。瓦舌内外残存红色颜料。瓦身长 42.1、瓦径 16.8、厚 2.4、瓦舌长 3.5、瓦当直径 14、厚 2、边轮宽 1.3、大乳丁直径 2.8、小乳丁直径 1 厘米（图三一〇，1；彩版一五一，1）。

标本 T20607③：4，瓦身残，由瓦当和筒瓦相黏接而成，瓦当与筒瓦夹角呈 110°。筒瓦凹面布纹，布纹较粗，凸面修整。侧面切痕非一次形成。凹面与瓦当相接处，瓦当上有数道划痕，并有手指抹平黏贴痕迹，中部偏下有一道贯穿线。当面"富"字下半部"田"字小且扁。瓦身凸面距瓦当 6.8 厘米的地方有一个长方形钉孔（残），钉孔长 4.5、宽 1.9 厘米。瓦身另一端残，瓦身残长 15.3、厚 1.3、瓦当直径 13.5、厚 2、边轮宽 1.2、大乳丁直径 2.3、小乳丁直径 0.5 厘米（图三一〇，2；彩版一五一，2）。

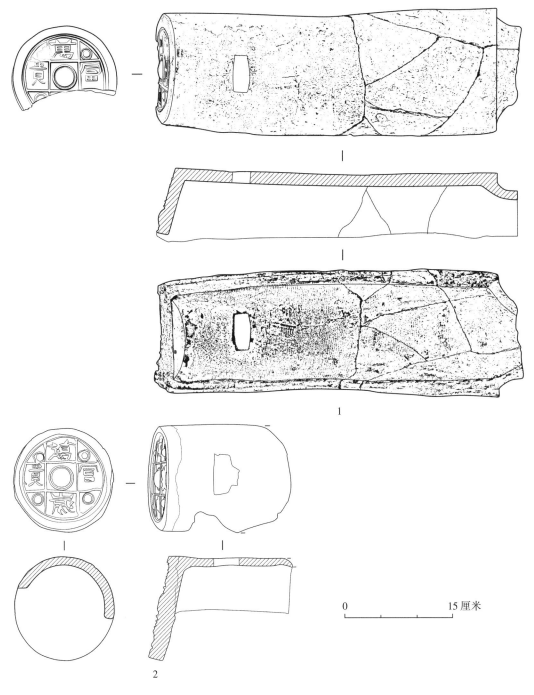

图三一〇　北魏时期 Aa 型"万岁富贵"瓦当

1. T20807H2365：8　2. T20607 ③：4

标本 T20607 ④：5，瓦当直径 13.5、厚 2、边轮宽 1.2、大乳丁直径 2.5、小乳丁直径 0.6 厘米（图三一一，1；彩版一五一，3）。

标本 T20607 ②：16，残存少许瓦身，可见布纹，凹面与瓦当相接处有抹痕，瓦身残长 3.5 厘米。瓦当略有变形。当面"富"字下半部"田"字偏小且扁。瓦当背面中部偏下有一道贯穿线。瓦当直径 13.5、厚 2、边轮宽 1.1、大乳丁直径 2.3、小乳丁直径 0.5 厘米（图三一一，2）。

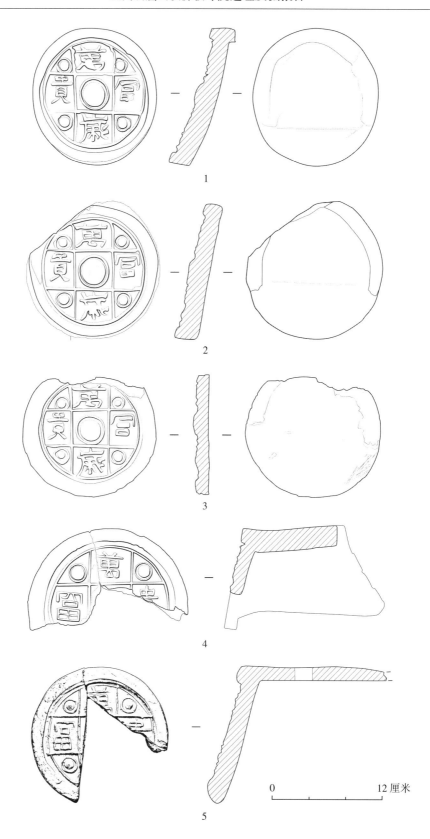

图三一一　北魏时期 A 型"万岁富贵"瓦当

1~3. Aa 型 T20607④：5、T20607②：16、T20605③：16　4、5. Ab 型 T20603H2102：6、T20604H2038：5

标本T20605③：16，"富"字下半部"田"字偏小且扁，"贵"字下半部"贝"字缺一横笔。瓦当直径14.8、厚1.5、边轮宽1.7、大乳丁直径2.2、小乳丁直径0.7厘米（图三一一，3；彩版一五一，4）。

Ab型　3件。"富""贵"从右至左读。

标本T20603H2102：6，由瓦当和筒瓦相黏结而成，二者夹角呈115°。瓦身残，表面磨光加涂层。筒瓦凹面布纹，布纹较粗。侧面齐切，凹面与瓦当相接处手指抹平黏贴痕迹。瓦身凸面距瓦当10.3厘米的地方有一钉孔（残），长3.8、残宽1.7厘米。瓦当残，仅"富""万"两字完整，"贵"字残半，"岁"字无。字体方正，"富"字宝盖内一横为两撇。四角扇形区内乳丁圆凸，中央大乳丁残。瓦身残长16.9、宽17、厚1.8、瓦当直径17.4、厚2.3、边轮宽1.5、小乳丁直径1.3厘米（图三一一，4；彩版一五一，5）。

标本T20604H2038：5，瓦身残，由瓦当和筒瓦相黏接而成，瓦当与筒瓦夹角呈110°。筒瓦凹面布纹，布纹较粗，凸面修整。侧面齐切并修整。凹面与瓦当相接处有手指抹平黏贴痕迹。瓦身凸面距瓦当5.9厘米的地方有一长方形钉孔（残），钉孔长3厘米。瓦当残，仅"富"字和三个小乳丁完整，"万""贵"两字残半。"富"字宝盖内无一横。瓦身残长5.4~17.2、宽15、厚1.3、瓦当直径14.5、厚1.9、边轮宽1.4、小乳丁直径0.7厘米（图三一一，5）。

B型　37件。边轮高窄，"富""贵"均从左至右读。

标本T20604②：1，残存部分瓦身，由瓦当和筒瓦相黏接而成，瓦当与筒瓦夹角呈125°。筒瓦凹面布纹，布纹较粗，凸面修整。侧面齐切（一侧面残）。凹面与瓦当相接处有手指抹平黏贴痕迹。瓦身凸面距瓦当11.5厘米的地方有一钉孔（残），残长4.3、残宽0.5厘米。当面字体方正，"贵"字底部两撇分开，"富"字宝盖内一横为相反的两竖折。乳丁圆凸。瓦身残长10.6、厚1.6、瓦当直径16、厚2.2、边轮宽1.5、大乳丁直径3、小乳丁直径1.3厘米（图三一二，1；彩版一五一，6）。

标本T20707H2237：5，当面仅存"富"字及右下角小乳丁。"富"字宝盖头贯穿上下。瓦当复原直径16、厚2、边轮宽1.7、小乳丁直径1.2厘米（图三一二，2）。

标本T20403②：9，残存瓦当右下角"贵"字及"岁"字右半面，"贵"字下面两笔相交。乳丁圆凸。瓦当直径17、厚2.5、边轮宽1.2、边轮高0.8、大乳丁直径3.2、小乳丁直径1.2厘米（图三一二，3）。

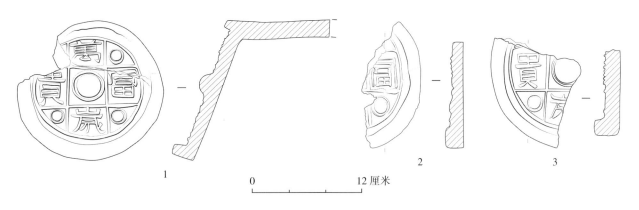

图三一二　北魏时期B型"万岁富贵"瓦当

1. T20604②：1　2. T20707H2237：5　3. T20403②：9

2）"传祚无穷"瓦当

109件。1件完整，其余均有不同程度破损。泥质灰陶，瓦身泥条盘筑，瓦当模制。以"井"字形界格划分当面，"井"字中央饰大乳丁，在"井"字上下左右四字平均摆布，字为隶书阳文。四角扇形区各饰一个小乳丁。当面与边轮、大小乳丁之间均饰有一周凸棱圆圈。中央大乳丁圆凸且高于边轮。根据瓦当边轮特征分两型。

A型　102件。边轮略高于当面且较窄。其中2件带瓦身，瓦身均残，瓦当基本完整。

标本T20503③：5，带瓦身，由瓦当和筒瓦相黏接而成，瓦当与筒瓦夹角呈127°。筒瓦凹面布纹，布纹较粗，凸面修整。侧面切痕较小，破面未修整。凹面与瓦当相接处有手指抹平黏贴痕迹，凸面相接处有较粗糙的黏贴痕迹。瓦身凸面有磨光痕迹。瓦当略残。瓦身残长15、宽14.3、厚1.6、瓦当直径14.7、厚1.4、边轮宽0.9、大乳丁直径3.3、小乳丁直径0.5厘米（图三一三，1；彩版一五二，1）。

标本T20303H2325：2，带瓦身，由瓦当和筒瓦相黏接而成，瓦当与筒瓦夹角呈110°。筒瓦凹面布纹，布纹较粗，凸面修整，侧面齐切修整。凹面与瓦当相接处有手指抹平黏贴痕迹。瓦当完整，但变形，瓦当背面及瓦身凹面抹有白灰。瓦当正面残留部分白灰。瓦身残长11.5、厚1.5、瓦当直径13.7、厚1.5、边轮宽1.2、大乳丁直径3.3、小乳丁直径0.6厘米（图三一三，2；彩版一五二，2）。

标本T20404③：9，局部边轮残缺，瓦当背面可见与筒瓦黏接痕迹。瓦当直径15.2、厚1.8、边轮宽1.1、大乳丁直径3.3、小乳丁直径0.6厘米（图三一四，1；彩版一五二，3）。

标本T20607④：4，边轮仅存1/3，"传"字残半，瓦当背面有放射状划痕。瓦当残径14、厚2.3、

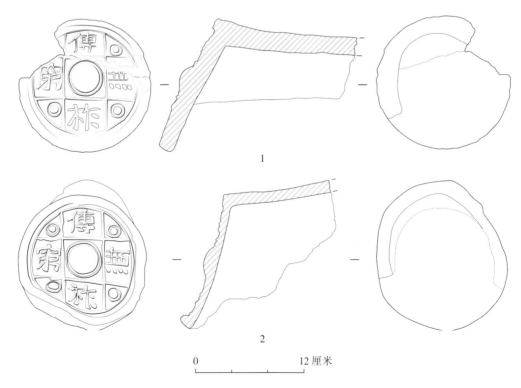

1

2

0　　　　　　　　12厘米

图三一三　北魏时期A型"传祚无穷"瓦当

1. T20503③：5　2. T20303H2325：2

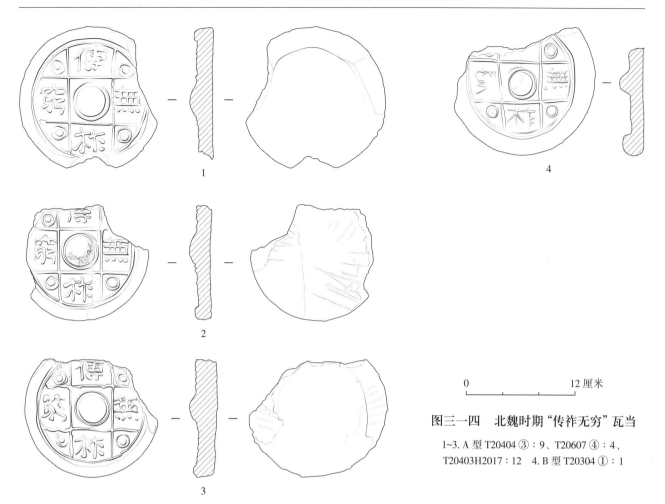

图三一四　北魏时期"传祚无穷"瓦当

1~3. A 型 T20404 ③：9、T20607 ④：4、
T20403H2017：12　4. B 型 T20304 ①：1

边轮宽 1.2、大乳丁直径 3.5、小乳丁直径 0.6 厘米（图三一四，2）。

标本 T20403H2017：12，边轮残缺，现存 3/4，"传"字顶部残缺，"无""穷"两字有抹蹭痕迹，瓦当背面有划痕及与筒瓦黏接的痕迹。瓦当直径 14.2、厚 2.4、边轮宽 0.9、大乳丁直径 3.3、小乳丁直径 0.6 厘米（图三一四，3）。

B 型　7 件。边轮高宽。

标本 T20304 ①：1，瓦当上半部残。字体模糊，"传"字缺，"穷"字磨损严重，中央大乳丁高于边轮，乳丁扁圆。瓦当直径 16、厚 1.6、边轮宽 2.1、大乳丁直径 2.3、小乳丁直径 0.7 厘米（图三一四，4；彩版一五二，4）。

3）莲花纹瓦当

1 件。

标本 T20504H2047：2，边轮残，仅存局部当面，B 型。泥质灰陶，瓦当模制。当心饰大乳丁，周围饰一周凸弦纹，外围复瓣莲花，瓣肉隆起。背面有划痕。瓦当厚 1.5~2.9、残长 9.5、残宽 6.8 厘米（图三一五，1；彩版一五二，5）。

4）兽面纹瓦当

1 件。

标本 T20505H2057：1，残存上半部分，B 型。泥质灰陶，瓦当模制。边轮宽平。当心饰一

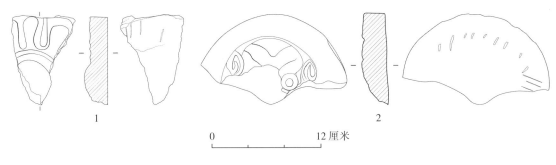

图三一五　北魏时期瓦当

1. 莲花纹瓦当 T20504H2047：2　2. 兽面纹瓦当 T20505H2057：1

浮雕兽头，圆脑门，额头饰两道抬头纹，最上一条呈"V"字形。双耳上尖下圆，立于两眼角外侧。左眼圆睁，眼角上翘，眼珠、眼仁凸出，下半部残。背面有划痕。瓦当厚3、直径16、边轮宽2.4厘米（图三一五，2；彩版一五二，6）。

（5）莲花建筑饰件

2件。均残。泥质灰陶，模制。

Aa 型　1件。

标本 T20504H2052：1，莲瓣高凸，底部未斜削。圆形，平底。中央凸起的圆形区域内穿方孔，方孔剖面呈倒"凸"字形。外围较中央稍低，雕一周莲瓣，为复瓣双层莲瓣，上层残存一个半复瓣。下层残存一个瓣尖。复原直径13、厚3.2、孔边长（上）3.4、（下）2.2厘米（图三一六，2；彩版一五二，7）。

Ab 型　1件。

标本 T20303H2002：2，底部外周斜削呈倒角状。圆形，平底。中央凸起的圆形区域内穿方孔，方孔剖面呈倒梯形。孔周平面饰联珠纹带（残存六个圆珠）及一周凹弦纹。外围较中央高，雕有一周莲瓣，为复瓣双层莲瓣，上层残存两个半复瓣，下层残存两个瓣尖，上下层每两个瓣根之间装饰一凸起的圆珠（残存两个）。上下层的每个瓣尖之间削成弧状，底部外周斜削呈倒角状，使双层瓣尖翘出。复原直径13、厚3.4、孔边长（上）4、（下）2.3厘米（图三一六，1；彩版一五二，8）。

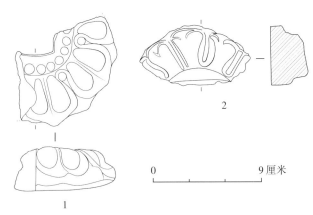

图三一六　北魏时期 A 型陶莲花建筑饰件

1. Ab 型 T20303H2002：2　2. Aa 型 T20504H2052：1

2. 石质建筑构件

35件。主要有覆盆式柱础石、兽首门枕石、莲花建筑饰件等。

（1）兽首门枕石

5件。砂岩，仅存前端兽头，后端残。兽首呈方形，眼、口、鼻、舌清晰，根据造型不同分 A、B 两型。

A 型　2件。长舌向外伸出，且遮住下面部分门齿。

标本 T20306③：4，出土于山顶的塔基内。圆雕，打磨光滑。长42、宽27、高27厘米（图三一七，1；彩版一五三，1）。

标本T20704③：3，由右额至左嘴獠牙处有一条裂缝，表面风化严重。长42、宽28、高25厘米（图三一七，4；彩版一五三，4）。

B型　1件。长舌向外伸出，微微上卷，仅舔触到上面门齿。

标本T20206③：1，长33、宽28、高26厘米（图三一七，2；彩版一五三，2）。

另外，2件残损严重，无法归类。

标本T20306③：2塔基内，平面形状呈长方形。残长30、宽19、高13厘米（图三一七，3；彩版一五三，3）。

标本T20306③：20，表面前半部分可见兽首轮廓，后半部为断裂的凹槽形制。兽首两侧面有胡须刻痕，凹槽两外侧面为竖向凿痕，内侧为不规则凿痕及凿坑，底部凹凸不平，有凿痕。长32.8、宽30、高11.5厘米（图三一七，5）。

（2）覆盆式柱础石

9件。风化严重，3件完整。上为圆形覆盆式，顶部中间为一圆形柱洞，下为方形底座。

标本T20206③：6，风化严重，方形底座侧面均可见斜向凿痕，底部距一边18.5厘米处有一条宽2、深1.5~3厘米的贯穿的凹槽，凹槽一侧可见圆形凿坑及不规则凿痕，另一侧残损。覆盆顶部直径59.5、底部直径60、中心柱洞直径12、深7.5、方形座边长63、高10.5、通高22.5厘米（图三一七，6；彩版一五三，5）。

标本T20206③：5，圆形覆盆表面残留一道弧线，侧面可见斜向及水平环形凿痕。顶部中间圆形柱洞侧壁有斜向凿痕，底部为圆形凿坑，方形底座侧面可见斜向和水平凿痕。覆盆顶部直径55、底部直径63.5、中心柱洞直径12.5、深10.2、方形座边长63.5、高15、通高28厘米（图三一七，7；彩版一五三，6）。

（3）莲花建筑饰件

13件。均为B型莲花建筑饰件，砂岩。圆形，平底。中央凸起的圆形区域内穿方孔，方孔剖面呈倒梯形。外围较中央稍低，外高雕一周莲瓣，为单瓣双层莲瓣，上下层每个瓣尖之间雕成三角形。器底凿痕清晰可见。

标本T20304③：21，七个单瓣双层莲瓣。器底略残，有凿痕。直径11.5、厚4.9、孔边长（上）2.5、（下）2.2厘米（图三一八，1；彩版一五四，1）。

标本T20607④：12，八个单瓣双层莲瓣。直径12.3、厚4.9、孔边长（上）3.3、（下）3厘米（图三一八，2；彩版一五四，2）。

标本T20607④：7，八个单瓣双层莲瓣。直径11.8、厚5.2、孔边长（上）3、（下）2.5厘米（图三一八，3；彩版一五四，3）。

标本T20607④：8，八个单瓣双层莲瓣。直径11.7、厚5.2、孔边长（上）2.8~3、（下）2.5厘米（图三一八，4；彩版一五四，4）。

标本T20607④：11，八个单瓣双层莲瓣。直径12.2、厚5.1、孔边长（上）2.8、（下）2.4厘米（图三一八，5；彩版一五四，5）。

标本T20607④：10，八个单瓣双层莲瓣。中央与外侧莲瓣基本齐平。直径12.6、厚4、孔边长（上）3、（下）2.5厘米（图三一八，6；彩版一五四，6）。

标本T20506③：3，九个单瓣双层莲瓣。直径11、厚4.5、孔边长（上）3.5、（下）2.5厘

图三一七　北魏时期石质建筑构件

1~5.兽首门枕石 T20306③：4、T20206③：1、T20306③：2塔基内、T20704③：3、T20306③：20　6、7.覆盆式柱础石
T20206③：6、T20206③：5

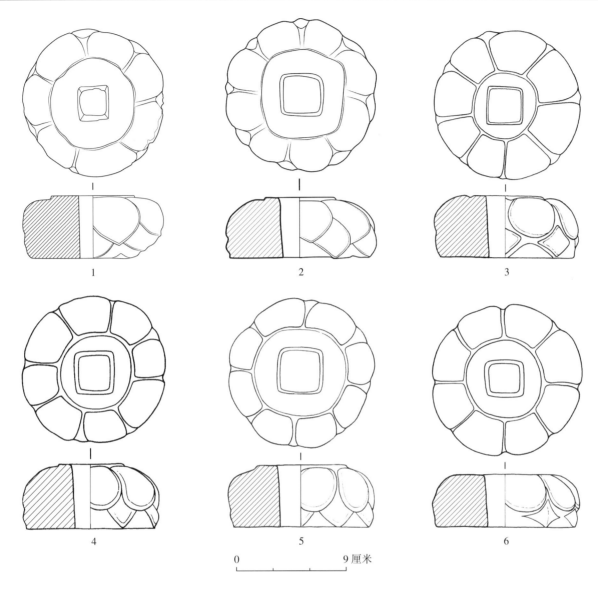

0　　　　　　　9厘米

图三一八　北魏时期石莲花建筑饰件

1. T20304③：21　2. T20607④：12　3. T20607④：7　4. T20607④：8　5. T20607④：11　6. T20607④：10

米（图三一九，1；彩版一五五，1）。

标本 T20403H2012：1，残。九个单瓣双层莲瓣。直径 11、厚 4.6、孔边长（上）3 厘米（图三一九，2；彩版一五五，2）。

标本 T20403H2013：2，器表与器底断裂，仅存上半部分。九个单瓣双层莲瓣。直径 10.9、厚 3.5、孔边长（上）3 厘米（图三一九，3；彩版一五五，3）。

标本 T20603H2126：2，十四个单瓣双层莲瓣。直径 12.3、厚 4.8、孔边长 2.2~3.1 厘米（图三一九，4）。

另有 3 件残损严重：

标本 T20704H2065：4，上部严重损坏，下部有侧面可见莲瓣。直径 12.7、残厚 3.5、孔边长 2.5 厘米（图三一九，5）。

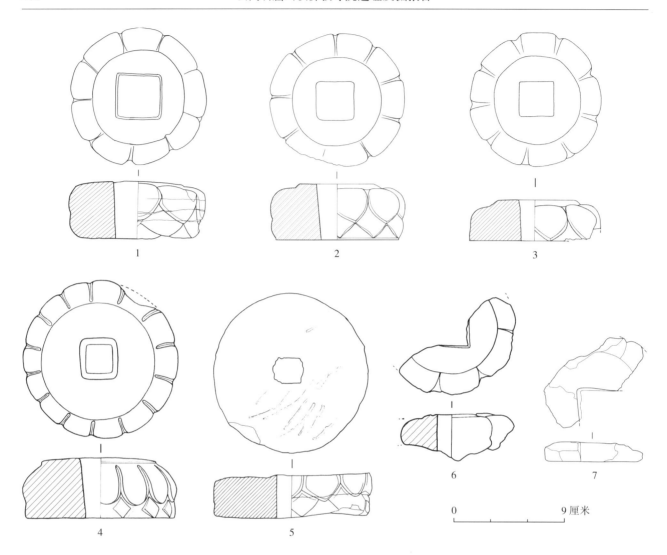

图三一九　北魏时期石莲花建筑饰件

1. T20506③：3　2. T20403H2012：1　3. T20403H2013：2　4. T20603H2126：2　5. T20704H2065：4　6. T20303②：25　7. T20703②：1

标本 T20303②：25，仅存上半部分，残存四个单莲瓣。残厚 2.2 厘米（图三一九，6）。

标本 T20703②：1，仅存部分方孔，外周凸起，残存两个莲瓣。残长 8.7、残厚 1.4 厘米（图三一九，7）。

（4）莲瓣纹建筑构件

8 件。均为复瓣莲花装饰，根据建筑构件形制的不同分为两型。

A 型　6 件。残块多为方形，侧边上下均雕刻复瓣双层莲花，上面复瓣双层莲花外凸，且十分饱满，下面莲花雕刻较简略，且内凹呈弧状。

标本 T20306③：12，残。平面为长方形，一侧边上下两面雕刻复瓣双层莲花，另两边为断面。上面雕刻复瓣双层莲瓣纹带，平面残存一小段与莲花平行的凹槽，凹槽底面及一个侧面凿痕清晰，其余部位可见凿痕。下面风化严重。残长 62.4、宽 56、厚 16、槽深 10、槽宽 9、残长 8.5~10 厘米（图三二〇，1；彩版一五五，5）。

标本 T20306③：11，残。平面近方形，其中相邻的两侧边上下面均雕刻复瓣双层莲花，另

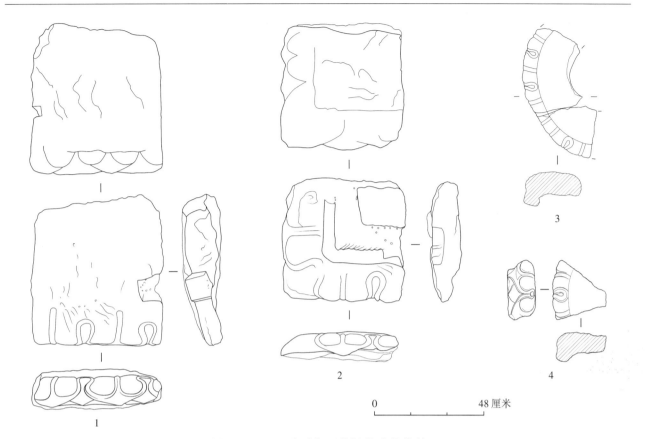

图三二〇　北魏时期石莲瓣纹建筑构件

1、2. A 型 T20306 ③：12、T20306 ③：11　3、4. B 型 T20306 ③：13、T20303 ②：8

两边为断面。上面雕刻复瓣双层莲瓣纹带，内侧中部台面略高，上有一"L"形凹槽，上宽下窄。凹槽侧面为斜向凿痕，底部可见圆形凿坑。下面中部为略凸起方形，上有凿痕。残长 55、宽52、厚 12、槽深 5、长 28、宽 10、方形台面长 36、宽 34 厘米（图三二〇，2；彩版一五五，4）。

B 型　2 件。多为圆形残块，侧面雕刻复瓣双层莲花，上下层瓣尖之间凿成三角形，中央顶面较莲花稍高，上有凿痕，底部内凹。

标本 T20306 ③：13，残存一段，复瓣双层莲瓣残存 4 枚。环形宽 19、厚 8、底部凹槽宽11、深 6、通高 13.5 厘米（图三二〇，3）。

标本 T20303 ②：8，残存一段，复瓣双层莲瓣仅存两个，且均不完整。环形宽 22.6、厚 8、底部凹槽宽 15、深 3.5、通高 14 厘米（图三二〇，4；彩版一五五，6）。

（二）石雕造像

26 件。主要有单体造像、石塔残件、浮雕纹样及其他石刻等。

1．单体造像

4 件。有交脚菩萨、菩萨、背光等。

（1）交脚菩萨

1 件。

标本 T20905 ②：3，残存下半身一部分。右腿交叉于左腿之前，左腿外侧衣裙的下摆自然下垂且外扬，衣褶细密，其外有十分整齐的一个平面，似为交脚菩萨的方座。两腿之间及小腹部残存束带的下缘。残高6、宽11、厚3.5厘米（图三二一，1；彩版一五六，1）。

（2）菩萨

1件。

标本 T20304 ③：58，残存下半身，立姿。菩萨裙摆外扬，帔帛下垂，双足外撇。残高23、宽35、厚12厘米（图三二一，2；彩版一五六，2）。

（3）背光

1件。

标本 T20905 ②：4，残。正、背两面均有雕刻。正面有圆形头光，分内外两层，内层为素面，外层刻五重环形弦纹，头光的左上侧残留莲台及坐佛下半身。背面仅存部分弧线，其上有一组横线，内容不详。残高8.5、宽8、厚1.4厘米（图三二一，3；彩版一五六，3）。

（4）石龟

1件。

标本 T20607 ④：9，残存头、背、前后爪各一，背面刻有六道凹线，靠近头部的地方以"人"字凹线刻划背部轮廓。通长6、背残宽3.7、厚1.8厘米（图三二一，4；彩版一五六，4）。

2. 石塔

6件。均为残件。根据有无塔檐分为两型。

A 型　3件。由塔檐和塔身两部分共同构成。塔檐刻瓦垄，下雕斗栱。塔身雕圆拱尖楣龛，内雕结跏趺坐佛。

标本 T20905 ②：5，残，现存 A、B、C 三面。A 面的塔檐上残留长短不一的正身瓦8垄，

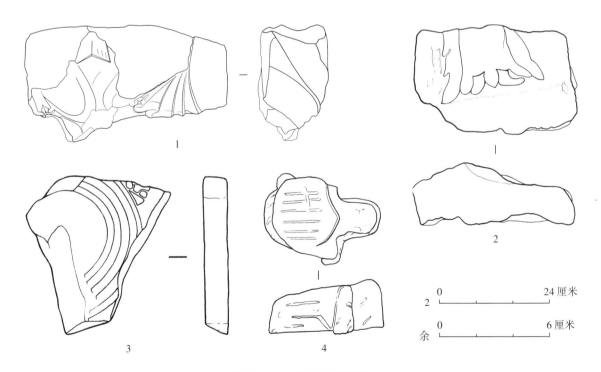

图三二一　北魏时期石雕

1. 交脚菩萨 T20905 ②：3　2. 菩萨 T20304 ③：58　3. 背光 T20905 ②：4　4. 石龟 T20607 ④：9

垂脊仅存少许，檐部已经残缺。檐下正中的一斗三升栱保存稍好，两侧转角斗栱均已残缺。但
斗栱中未能刻出斗、升等构件。塔身并列 2 龛，左侧为方形角柱，形制清晰，右侧残损。两个
圆拱尖楣龛均有方形龛柱，柱头亦为方形，尖楣系素面，两龛尖楣之间雕花蕾。龛内为结跏趺
坐佛，高磨光肉髻，面部五官紧凑，均着通肩式佛衣，其中左龛内坐佛的左肩下垂佛衣一角，
并裹于左臂上。B 面的塔檐上面残留正身瓦 1 垄，塔身残留一个不完整圆拱尖楣龛，龛内坐佛
左侧及双腿均残，高磨光肉髻，着通肩式佛衣。C 面仅存塔身圆拱尖楣龛的一角。残高 9.8、塔
身宽 9.7、厚 3.5 厘米（图三二二，1；彩版一五六，5、6）。

标本 T20106 ② : 2，残存上、下层局部塔身及中间的部分塔檐。上层塔身仅残存龛内坐佛

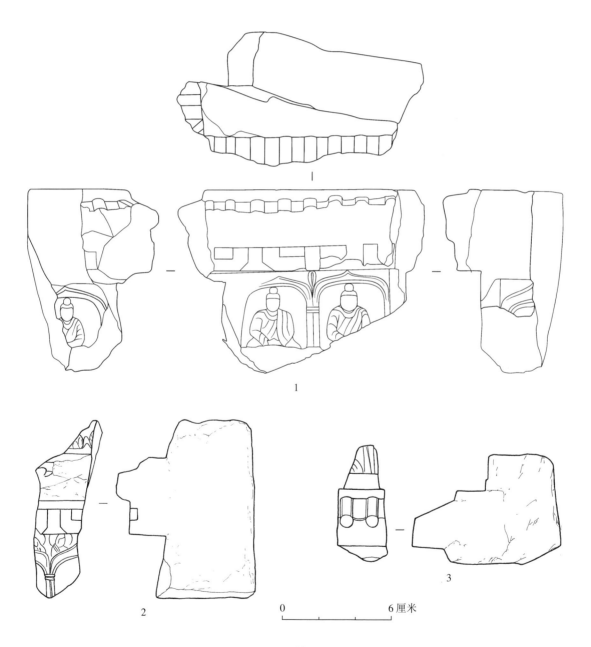

图三二二　北魏时期 A 型石塔残件

1. T20905 ② : 5　2. T20106 ② : 2　3. T20204 ③ : 7

的右膝和双手。下层塔身残存并列 2 龛的龛楣局部，均为圆拱尖楣龛，两龛尖楣之间各雕 1 身带圆形头光的供养天人像。塔檐上面残留正身瓦 1 垄，出檐部分已经残缺。檐下有残缺的斗栱。残高 10、宽 2.5、厚 8 厘米（图三二二，2；彩版一五七，1）。

标本 T20204 ③：7，残存上层局部塔身和下层部分塔檐。上层仅残留一段方形龛柱和坐佛的左腿。下层塔檐上残存正身瓦 2 垄，檐下无椽飞雕刻，出檐长 2 厘米。残高 6、宽 2.7、厚 8 厘米（图三二二，3；彩版一五七，2）。

B 型　3 件。无塔檐。

标本 T20304 ③：16，残，仅存塔身 A、B 面的转角部分，A 面残存动物的须和爪，以阴刻线雕出弯曲的一缕胡须，爪部高浮雕向前伸，踝部右侧雕出踝关节。B 面上部残留两处雕刻痕迹，内容不详。底部有凿痕。残高 13.8、宽 7.9、厚 11.7 厘米（图三二三，1；彩版一五七，3）。

标本 T20504 ③：2，残，仅存塔身 A、B 两面的转角部分。A 面分上、下两层，上层残留坐佛左侧的下半身，左臂衣袖下垂至地，左腿部的衣褶清晰。下层仅存圆形头光及舟形背光的一部分。B 面的右侧有龛的边缘，且残缺，雕刻亦分上下两部分，上为菩萨立像的下半身，左、右脚一高一低且有残损，衣裙下摆的皱褶繁缛且层次分明，右腿残存下垂的帔帛。下为双手合十的供养天人像，似胡跪状，头部与下半身均残。残高 23.7、宽 9.5、厚 11 厘米（图三二三，2；彩版一五七，4）。

标本 T20906 ③：4，残，仅存塔身 A、B 两面转角部分。A 面上部残存仰莲座及坐佛左腿，

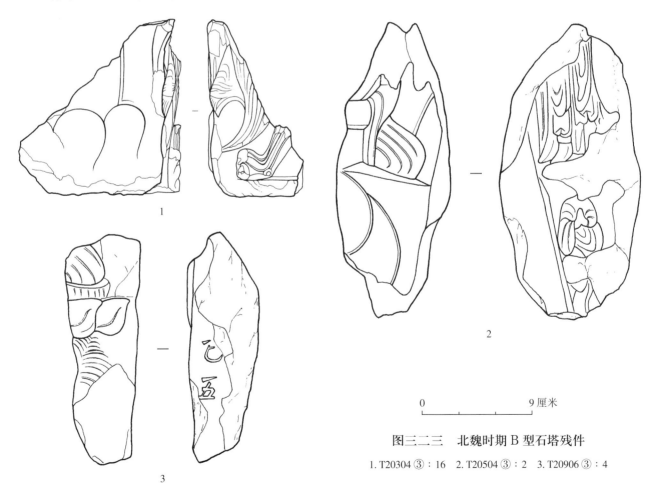

0　　　　　　　9 厘米

图三二三　北魏时期 B 型石塔残件

1. T20304 ③：16　2. T20504 ③：2　3. T20906 ③：4

腿部的衣褶清晰。仰莲座残存两个莲瓣，莲瓣上有一条阴刻曲线，莲座之上刻有一莲蓬坐台，侧面有数条阴刻线。莲座之下为部分动物鬃毛，似狮子残迹。B 面阴刻文字"巳五（日）"。残高 18、宽 5.8、厚 5.8 厘米（图三二三，3；彩版一五七，5）。

3．石雕纹样

7 件。主要有山花蕉叶、忍冬纹饰带、龙身鳞片等。

（1）山花蕉叶

4 件。

标本 T20306②：14，残。上部仅存一叶，花叶卷曲，下部呈长方形。高 29、宽 28.5、厚 7.5 厘米（图三二四，1；彩版一五八，1）。

标本 T20306②：3，残。仅存两叶，叶瓣较大。残高 31、宽 22 厘米（图三二四，2）。

标本 T20905②：7，残。左右两组山花蕉叶对称分布，下部内侧各有一卷曲花叶，外侧左端三叶并列舒展，右侧仅存一叶。残高 7.7、残宽 16.4、厚 4 厘米（图三二四，3；彩版一五八，2）。

标本 T20206②：3，残块似花叶饰件。残长 32、残宽 22、高 8 厘米（图三二四，4；彩版一五八，3）。

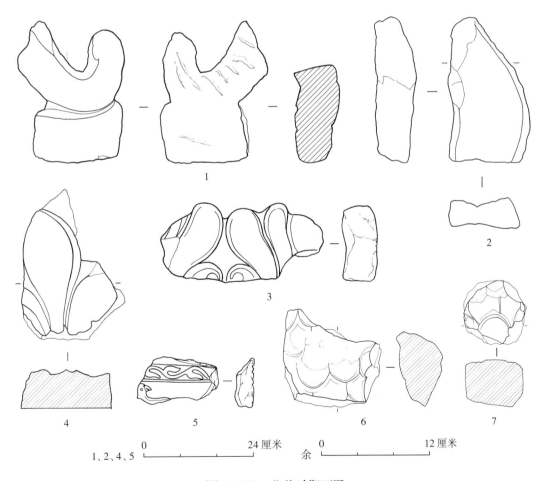

图三二四　北魏时期石雕

1~4.山花蕉叶 T20306②：14、T20306②：3、T20905②：7、T20206②：3　5.忍冬纹饰带 T20406②：2　6、7.龙身鳞片残件 T20604H2041：2、T20705H2161：1

（2）忍冬纹饰带

1件。

标本 T20406 ②：2，残。上面浮雕横向波状忍冬纹装饰带，两侧各伸出一个叶瓣。下面一侧雕一鸟状物，仅存局部，尖啄、圆眼、反首，身上残留一翅膀。另一侧有一条突起斜线，可能是屋顶三角纹饰，似屋形龛的顶部装饰。残高9.5、宽17.5、厚3.9厘米（图三二四，5；彩版一五八，4）。

（3）龙身残件

2件。

标本 T20604H2041：2，残。残存四层圆弧形鳞片。残高11、宽11、厚4.8厘米（图三二四，6；彩版一五八，5）。

标本 T20705H2161：1，残。圆弧形鳞片，交错排列，仅存两层。残高7.5、宽6.8、厚4厘

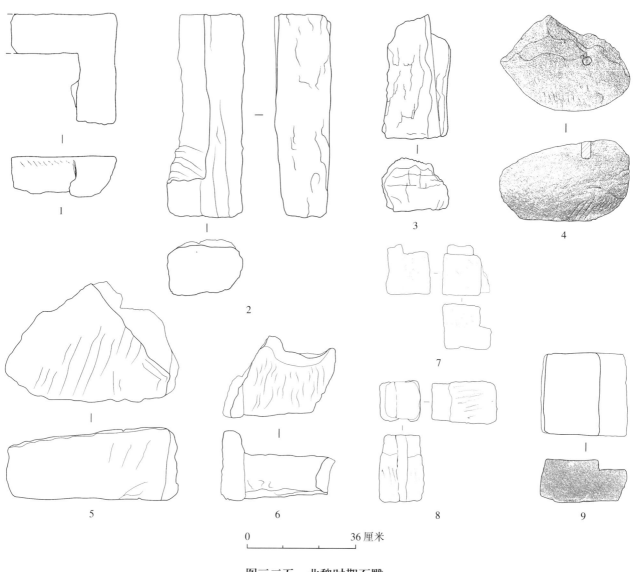

0　　　　　　　　36厘米

图三二五　北魏时期石雕

1. T20306 ③：17　2. T20306 ③：14　3. T20306 ③：18　4. T20306 ③：9　5. T20306 ③：16　6. T20306 ③：7　7. T20304 ②：19
8. T20606H2271：2　9. T20406 ③：2

米（图三二四，7；彩版一五八，6）。

4．其他石刻

9 件。

标本 T20306③：17，残块呈"L"形，底部凹凸不平，其余面均可见凿痕。一边长 34、另一边长 33.6、宽 12、高 13.2 厘米（图三二五，1；彩版一五九，1）。

标本 T20306③：14，平面长方形，长边一侧凿成斜坡状，内高外低，上有斜向凿痕。表面部分亦可见凿痕，其余面均为断面，无明显凿痕。长 62、宽 21、高 18.4 厘米（图三二五，2；彩版一五九，2）。

标本 T20306③：18，风化严重，分上下两层，下层略大，上层侧面及构件底部均可见斜向凿痕。残长 39.2、宽 17.5、高 17 厘米（图三二五，3；彩版一五九，3）。

标本 T20306③：9，整体为圆柱形，底部为断面，表面均可见凿痕。圆柱一端可见一大一小两个圆形柱洞。圆柱直径 22.5、残高 41 厘米（图三二五，4；彩版一五九，4）。

标本 T20306③：16，残块平面近三角形，表面有两道凹线，其中一道略呈弧状，底部有斜向凿痕，一侧面可见凿痕，其余均为断面。三边长约 42、44、56、厚 22.8 厘米（图三二五，5；彩版一五九，5）。

标本 T20306③：7，侧面仅一面可见凿痕，其余均为断面。有凿痕侧面一角残存上下均凸出的立柱（残）。与凿痕相对应的一侧面凿有一直径 19 厘米的上大底小的圆形凹坑（残），表面及底部有斜向凿痕。长 39.2、宽 21.6、高 18.3 厘米（图三二五，6；彩版一五九，6）。

标本 T20304②：19，分上下两层，上层呈方形，下层残。上层方形边长 14、通高 15.4 厘米（图三二五，7；彩版一五九，7）。

标本 T20606H2271：2，方柱形，分上下两部分，上部呈圆角方形，下部呈方形，其中相对的两侧面有凹槽。高 28、上部边长 14、下部边长 17 厘米（图三二五，8；彩版一五九，8）。

标本 T20406③：2，残块为阶梯状，平面近正方形，分上下两层，除下层侧面为断面，其余面均较规整，有凿痕，底部见圆形凿坑。边长 25.7、上层宽 17、高 3、下层宽 8.7、高 10 厘米（图三二五，9；彩版一五九，9）。

（三）泥塑

24 件。主要为模制，有头像、身像及其他塑件。

1．头像

6 件。全部为菩萨头部残件，其中 4 件基本完整，1 件仅存宝冠，1 件宝冠残缺，面部保存较好。造像面相丰圆，脸圆鼓，长眉细目，高直鼻梁，小口，薄唇，嘴角上翘，大耳垂，耳廓清晰。根据头上戴宝冠与梳髻的不同分两型。

A 型　4 件。头戴高宝冠，根据头冠装饰图案不同分两亚型。

Aa 型　2 件。莲花冠菩萨头像。头发均呈黑色。

标本 T20206 埋藏坑 2001：7，五官俊秀，鼻端微残损，两耳戴莲花形耳珰，莲花呈六个莲瓣，右耳珰残。头冠的正面中央装饰一朵大团莲，从莲心中穿出"人"字形联珠纹饰带，由三排联珠组成，与冠下发饰构成三角状，两联珠带相结处塑一六瓣小花。中分发式，额发处有一条横向断裂痕迹，头发于两鬓抿于耳后，耳朵两侧为下垂的冠披，右侧冠披可辨两道清晰的褶缘，冠饰施红色，在"人"字形的联珠纹上残留少许金箔。背面细泥抹平。颈部断面有竖孔，近似方形，孔壁残留秸秆竖状和横向捆绑印痕。像残高 13.7、宽 9.4、竖孔边长 1.6、深 7.6 厘米（图三二六，1；彩版一六〇，1）。

标本 T20206 埋藏坑 2001：14，面部右下颚略有残损，头戴三面宝冠，正面的团莲中央发丝相叠的发髻向外凸出，呈三角状，两侧面为略小的莲花装饰，中间垂下一缕发丝。发髻中分，头发于两鬓抿于耳后。在额发与头冠之间有一条束带，绕至头部于两侧打结下垂。菩萨左耳戴一圆形耳饰，右侧的耳饰残。冠饰呈红色，背面素泥抹平且涂红色。颈部断面残留似三角形小竖孔。像残高 8.3、宽 4.2、孔底边长 1~1.6、残深 4 厘米（图三二七，1；彩版一六〇，2）。

Ab 型　1 件。

图三二六　北魏时期泥塑菩萨头像

1. Aa 型 T20206 埋藏坑 2001：7　2. A 型 T20206 埋藏坑 2001：8

图三二七　北魏时期泥塑菩萨头像

1. Aa 型 T20206 埋藏坑 2001：14　　2、3. B 型 T20206 埋藏坑 2001：12、T20206 埋藏坑 2001：23

标本 T20206 埋藏坑 2001：22，兽面冠菩萨头像。仅存头冠且残损。三面宝冠，正面中央为一圆形大莲花，由十二个莲瓣组成，每枚莲瓣上刻划三道阴线装饰，中部雕一兽面装饰。左右两侧面莲花略小，形制与正面大致相同，莲花中部垂下一缕弯曲的发丝。三面莲花之上残存回首对鸟纹。大小莲花之间均以莲柱相隔，莲柱用三道双线凸弦纹分成四层，下面三层塑表现形式不同的莲瓣，上面雕对鸟纹，其左侧保存比较完整，右侧上面对鸟纹残。背面有抹平痕迹。头冠下部断面有一近似方形的竖孔，孔壁有秸秆状印痕。孔外敷泥似分成两层，其外层塑泥层呈片状脱落。残高 8.8、宽 8.5、孔边长 1.6、深 2.3~3.3 厘米（图三二八；彩版一六〇，3）。

另外 1 件面部保存较完整，头冠残缺，虽无法分出 Aa 型或 Ab 型，但属于 A 型菩萨像无疑。

标本 T20206 埋藏坑 2001：8，两耳戴圆饼形耳珰，且呈黑色，上面残留少许金箔。头发于两鬓抿于耳后下垂，两外侧残存下垂冠披。颈部与头顶有竖孔相通，断面呈椭圆形，孔壁残留秸秆印痕。残高 12.5、宽 11.5、孔径（下）长径 2.3~3.3、短径 1.2~2.4、深 9.2 厘米（图三二六，2；彩版一六〇，4）。

B 型　2 件。供养菩萨头像，高髻，头发均呈黑色。

标本 T20206 埋藏坑 2001：12，保存较完整，面部右下颚稍有残损。两耳戴圆形耳饰且磨损。发际中分至两鬓抿于耳后下垂，束带绕至头部于两侧打结后下垂形成飘带，且呈红色。束带将发髻高高束起，呈扇形，发丝细密，清晰可辨。背面用细泥抹平，残留红色。颈部断面有近似方形的竖孔，孔壁有秸秆状印痕。残高 7.2、宽 4.4、孔边长 1、深 4 厘米（图三二七，2；彩版一六一，1）。

标本 T20206 埋藏坑 2001：23，面部、发髻均残。两耳戴圆形耳珰且磨损。额发于两鬓抿于耳后，束带与束起的发髻均残。残存的面部和束带均呈红色。颈部断面有呈不规则四边形的竖孔。残高 5、宽 3.8、孔边长 0.4~1、深 3.8 厘米（图三二七，3；彩版一六一，2）。

2. 身像

15 件。包括身像和身躯及四肢的各部分残件。

身像　10 件。3 件较完整，7 件为残片。坐佛，结跏趺坐于重层仰莲座上。佛像着通肩佛衣，左手腕及双腿之处衣褶较为厚重，佛衣的局部残存红色。双手结禅定印，右手叠加于左手之上，掌心朝上，涂白色。背面有抹平痕迹，多凹凸不平。

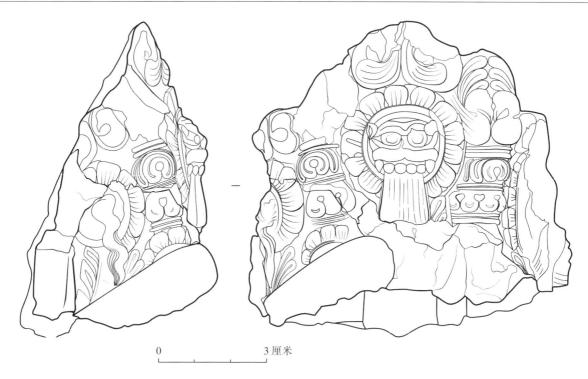

0 ————— 3厘米

图三二八　北魏时期 Ab 型泥塑菩萨头像 T20206 埋藏坑 2001：22

标本 T20206 埋藏坑 2001：9，较完整，双膝局部残损。佛像着圆领通肩佛衣，佛衣上残存大面积红色，左胸前有一片塑泥块，衣纹线由左肩斜搭而下，呈弧线伸向右腋之内，并在腹部堆积成"S"形。仰莲座外层由五个莲瓣组成，左侧的三个莲瓣上刻划数道阴线装饰，仅正中莲瓣两侧的内层各伸出一个小莲瓣尖。颈部与身躯相接之处有小竖孔，其断面为不规则四边形，孔壁留有秸秆状印痕。残高 8.8、宽 6、竖孔边长 0.4、深 3.5 厘米（图三二九，1；彩版一六一，3）。

标本 T20206 埋藏坑 2001：11，基本完整，右膝的局部稍有磨损。佛像衣纹线条流畅，佛衣及莲瓣上均有红色残迹，手掌上涂白色，右手拇指与右膝稍有残损。仰莲座上的外层五个莲瓣和内层两个莲瓣尖保存完好。背部凹凸不平，有额外贴加一层薄泥片痕迹。残高 8.5、宽 6.2 厘米（图三二九，2；彩版一六一，4）。

标本 T20206 埋藏坑 2001：13，由腰部断成上下两段。着圆领通肩佛衣，佛衣及莲瓣残留部分红色。仰莲座仅存四个外层莲瓣和两个内层莲瓣尖。颈部与身躯相接处有断面近似半圆形小竖孔，孔壁有秸秆状印痕。残高 8.5、腿部残宽 6.3、上身残宽 4.8、竖孔边长 0.4、深 4 厘米（图三二九，3；彩版一六二，1）。

标本 T20206 埋藏坑 2001：10，仅存右肩及上身局部。衣纹呈红色，似从右腋下斜披向左肩，颈部及腰部断面有小竖孔相通，竖孔呈不规则方形，孔壁有秸秆状印痕。残高 5.7、残宽 3.6、孔边长 0.2~3、残深 5.5 厘米（图三二九，4；彩版一六二，2）。

标本 T20206 埋藏坑 2001：15，似为佛像残件，仅存胸部，圆领用两道黑线勾边，内填白色，衣纹线由左肩斜搭而下呈弧形，佛衣呈红色。背面有抹平痕迹。颈部及身躯断面有长方形小竖孔，竖孔内壁有秸秆状印痕。残高 4.4、宽 3.8、孔长边 0.3~0.5、深 4.2 厘米（图三二九，5；彩版一六二，3）。

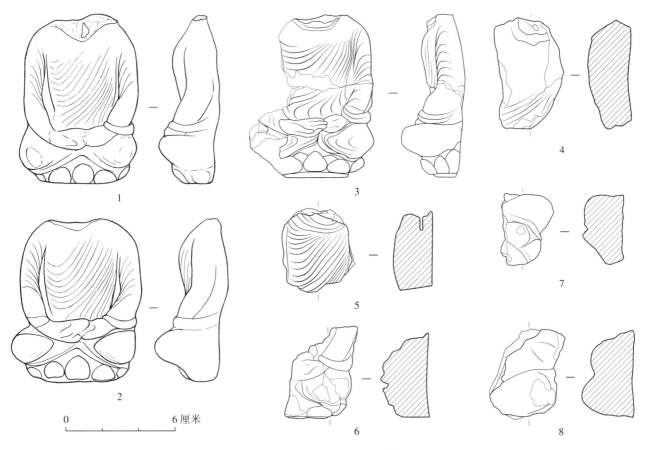

0　　　　　　　　6厘米

图三二九　北魏时期泥塑身像

1. T20206 埋藏坑 2001：9　　2. T20206 埋藏坑 2001：11　　3. T20206 埋藏坑 2001：13　　4. T20206 埋藏坑 2001：10　　5. T20206 埋藏坑 2001：15
6. T20206 埋藏坑 2001：24　　7. T20206 埋藏坑 2001：25　　8. T20206 埋藏坑 2001：4

　　标本 T20206 埋藏坑 2001：24，由左手腕延伸至膝部断裂，仅左小臂保存完整。佛衣及莲瓣均残留红色，手腕及腿部之下的衣褶凸出，仰莲座仅存两个莲瓣。中间断面有一个长方形小竖孔。残高 4.5、宽 4、孔边长 0.2~0.4、深 2 厘米（图三二九，6；彩版一六二，4）。

　　标本 T20206 埋藏坑 2001：25，仅存右腿及仰莲座。仰莲座残存两个莲瓣，膝部残留红色。残高 3.5、残宽 2.3 厘米（图三二九，7）。

　　另外，标本 T20206 埋藏坑 2001：4，较前 9 件尺寸稍大，仅存左腿与左小臂局部，其余残缺。臂上及腿下各有两道衣纹线，上面残留红色。残高 4.8、宽 3.6 厘米（图三二九，8）。

　　身躯、四肢　各部分残件 5 件，分为胸、臂、手及腿部残块。

　　手部残块　1 件。

　　标本 T20206 埋藏坑 2001：21，残存左手及部分身躯。其手自然下垂，紧贴附于身体，拇指伸直，四指向内自然弯曲。残长 5.1、宽 6.4、手部残长 3.5、宽 2.5 厘米（图三三〇，1；彩版一六二，5）。

　　右臂残块　1 件。

　　标本 T20206 埋藏坑 2001：20，由肘部和手腕等处断成四段。臂似圆柱状，上臂较粗，腕部较细，前臂内曲。臂上面残留红色。残高 6.3、宽 4.5 厘米（图三三〇，2；彩版一六二，6）。

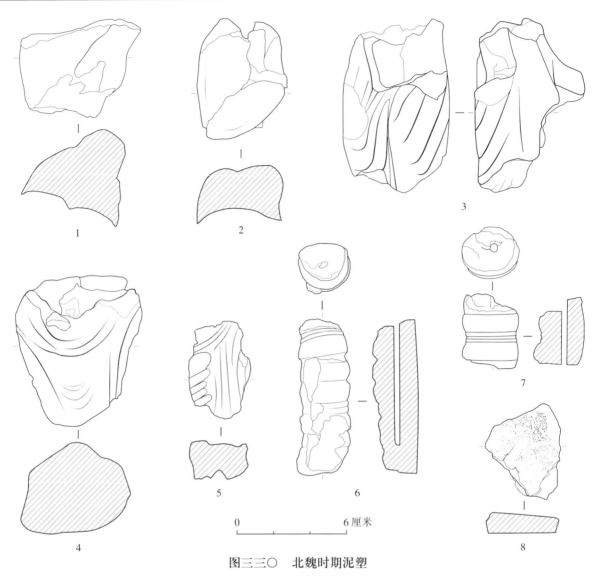

图三三〇　北魏时期泥塑

1. 手部残块 T20206 埋藏坑 2001：21　2. 右臂残块 T20206 埋藏坑 2001：20　3. 腿部残块 T20206 埋藏坑 2001：16　4、5. 胸部残块 T20206 埋藏坑 2001：19、T20206 埋藏坑 2001：3　6、7. 束帛龛柱 T20206 埋藏坑 2001：18、T20206 埋藏坑 2001：1　8. 墙皮残块 T20206 埋藏坑 2001：26

胸部残块　2 件。

标本 T20206 埋藏坑 2001：19，似为佛像胸部残块，可见其着圆领佛衣，左、右两侧各有竖向衣褶，黑色佛衣之上局部残留红色。背面残。颈部有竖孔，近似长方形，孔壁残留秸秆状印痕。左肩和颈部残留小孔。残高 7.8、宽 6.9 厘米（图三三〇，4）。

标本 T20206 埋藏坑 2001：3，似为菩萨像残件，仅存胸部左侧。衣领从左侧斜向下延伸并且呈红色，竖向衣褶上残留白色。右手四指弯曲握一物，似莲蕾，且磨损。背面残缺，中间的竖孔壁上有秸秆状印痕。残高 5.1、宽 3.2 厘米（图三三〇，5）。

腿部残块　1 件。

标本 TT20206 埋藏坑 2001：16，仅存双腿局部。右腿微微弯曲，小腿亦残，左腿较直，似为胡跪供养天人，两腿上衣纹凹线纹理简练，两腿间衣纹凸出。背面较平整，正面、背面均残留红色，背面较鲜艳。断面两个竖孔，左腿竖孔呈不规则长方形，右腿竖孔为椭圆形。残高9.3、宽6、长方形孔长0.8、宽0.6、残深6.8、椭圆形孔长径1.5、短径0.9、深6厘米（图三三〇，3；彩版一六二，7）。

3．其他塑件

3件。包括束帛龛柱和墙皮残块。

束帛龛柱　2件。

标本T20206埋藏坑2001∶18，系右侧的龛柱。整体呈圆柱状，上面雕两层束帛，上下层束帛之间用泥圈间隔，上端微向内弯曲，内侧竖向泥条上残留两道凸弦纹，似帷幕。表面残留红色。背部抹平。下端断面有椭圆形小竖孔，孔壁有秸秆状印痕。残高8、宽2.5、竖孔深5.8、孔长径0.5、孔短径0.3厘米（图三三〇，6；彩版一六二，7）。

标本T20206埋藏坑2001∶1，整体呈圆柱状，仅存束帛。背面抹平右侧且有贴塑泥片。上下两端有圆形小竖孔贯穿，孔壁较光滑。残高3.6、宽2.9、竖孔直径0.4、孔深3厘米（图三三〇，8）。

墙皮残块　1块。

标本T20206埋藏坑2001∶26，黄土掺和白石灰形成泥质墙皮。表面呈黑色，形状接近三角形。三侧的边长分别为5、4.4、3.8、厚0.7~1.1厘米（图三三〇，8）。

（四）生活生产用具

标本8件，有陶器、石器。

1．陶器

1件陶罐。

陶罐

1件。

标本T20504H2053∶2，泥质灰陶。侈口，圆唇，束颈，深弧壁，下部内收，平底。唇下斜向饰压印纹一周，肩部饰一周附加堆纹，外底部残留烟炱痕。口径15.2、底径6.7、高20.4厘米（图三三一；彩版一六三，1）。

2．石器

7件。工具2件。生活生产用具5件。

（1）石夯

2件。

标本T20303②∶6，砂岩。长方梯形柱体，周身打磨光滑，夯身一面磨平，上大下小，顶面中央凿圆形凹坑，形似石臼。残高28、宽12、孔径4.5、深5.5厘米（图三三二，1；彩版一六三，2）。

标本T20404H2340∶4，砂岩。形似半瓜状，一头大一头小，圜底。表面有条状凿痕。长20、宽20、厚15厘米（图三三二，2；彩版一六三，3）。

（2）石磨盘

1件。

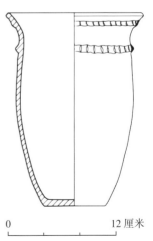

图三三一　北魏时期陶罐
T20504H2053∶2

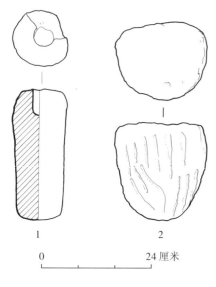

图三三二　北魏时期石夯

1. T20303 ② : 6　2. T20404H2340 : 4

标本 T20305 ③ : 32，残。砂岩。石雕整体倾斜，可能为磨盘下扇构件。盘身残，盘一侧突出的部分，平面呈椭圆形，顶面大底面小，呈柱状体，顶面有一圆孔。除左右两侧面为断茬，余面均有凿痕，底部磨光。残长 14.2、残宽 14.2、厚 10.3、孔径 3.5、孔深 3.9 厘米（图三三三，2；彩版一六三，7）。

（3）石钵

1 件。

标本 T20305 ③ : 8，残。细砂岩。敞口，平沿，弧壁，底残。口沿面刻一周凹弦纹及双线单莲瓣，残存两瓣，其中一瓣完整。内壁凿痕清晰可见，外壁雕三层单瓣仰莲。残高 7、厚 2.4、口径（外）18 厘米（图三三三，3；彩版一六三，4）。

（4）石盆

2 件。

标本 T20405 ③ : 30，残。敞口，口沿较厚，沿内侧略凸。弧壁，内壁光滑，外壁凹凸不平。口径 44、残高 11.2、厚 4.2 厘米（图三三三，4；彩版一六三，5）。

标本 T20306 ③ : 1，残。敞口，方唇，弧壁，平底。内壁有水垢，较平整，外壁为规整的斜向凿痕，外底粗糙。器壁厚 2、器底厚 5.6、残高 15.5 厘米（图三三三，5；彩版一六三，6）。

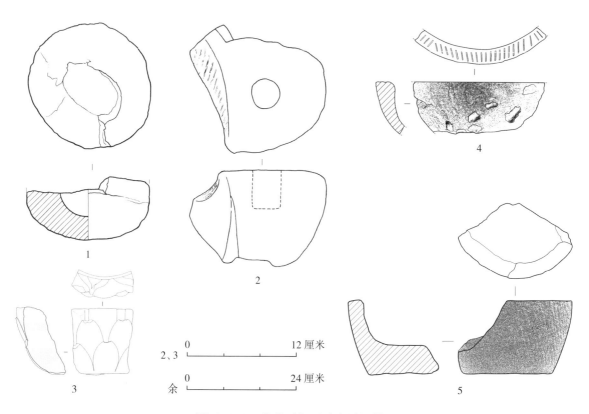

图三三三　北魏时期石质生活用具

1. 石器 T20704 ③ : 2　2. 磨盘 T20305 ③ : 32　3. 石钵 T20305 ③ : 8　4、5. 石盆 T20405 ③ : 30、T20306 ③ : 1

（5）残石器

1 件。

标本 T20704 ③：2，残。泥质红岩。平面呈圆形，中间有圆形凹坑，圜底。直径 26.4、残高 12.8、孔径 12、孔深 5 厘米（图三三三，1；彩版一六三，8）。

三　隋唐时期

（一）生活生产用具

标本 29 件，有陶器 1 件、瓷器 21 件、铜钱 7 枚。

1．陶器

1 件陶盏。

陶盏

1 件。

标本 T20403H2010：3，泥质红陶。敞口，圆唇，圆弧腹，圆形实足底较矮。口径 10.4、底径 3.9、高 3 厘米（图三三四，1；彩版一六四，1）。

2．瓷器

21 件。按釉色分白釉、绿釉、复色釉、黄釉。器形有碗、盏、罐。白釉瓷器 10 件，形主要有碗、盏，绿釉碗 1 件，复色釉碗 8 件，黄釉罐 2 件。

（1）白釉碗

7 件。根据口唇部变化分 A、B、C 三型。

A 型　4 件。敞口，圆唇。

标本 T20807G2001：13，口微敞，尖圆唇，弧腹，玉璧形底足，挖足较浅，外足墙竖直，外高内低，足沿平切，外墙二次切削。胎色灰白，施化妆土，内施满釉，外不及底。釉面较细腻，内壁有积釉和开片现象，内底有一处垫珠痕。口径 14.7、足径 7.1、高 4.3 厘米（图三三四，2；彩版一六四，2）。

标本 T20605 ③：12，圆唇，浅弧腹，底残缺不完整，外墙竖直，二次切削。胎色泛灰，胎质坚硬，夹细小黑砂。施化妆土，内施满釉，外不及底，釉面光亮。口径 13.1、足径 6.3、高 3.5 厘米（图三三四，3；彩版一六四，3）。

标本 T20804 ②：1，圆唇，弧腹，底部残损，内底残留一处垫珠痕。胎色青灰，胎质较坚。施化妆土，内施满釉，外不及底，釉色灰白。口径 13、足径 6.2、高 4.1 厘米（图三三四，4；彩版一六四，4）。

标本 T20607H2177：3，敞口，圆唇，斜腹，底部残损，玉璧底，内底残留一处垫珠痕。胎色牙白，胎质较坚。施化妆土，内施满釉，外不及底，釉色牙白。口径 13.5、足径 6.3、高 3.4 厘米（图三三四，5）。

B 型　1 件。敞口，鼓圆唇。

标本 T20606H2268：6，敞口，鼓圆唇，弧腹，玉璧底。胎色灰白，胎质较坚。内施满釉，外不及底，釉色泛白，内壁底部有积釉现象和小砂粒。口径 12.7、足径 4.6、高 3.5 厘米（图

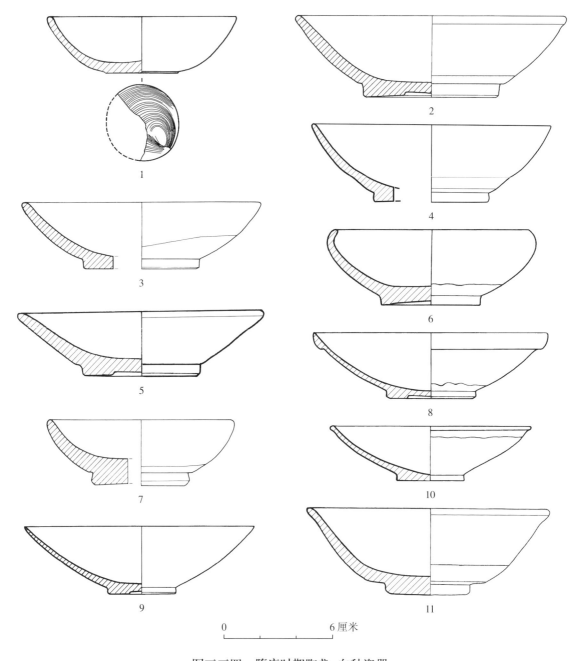

图三三四　隋唐时期陶盏、白釉瓷器

1. 陶盏 T20403H2010：3　2~5. A 型白釉碗 T20807G2001：13、T20605 ③：12、T20804 ②：1、T20607H2177：3　6、7. C 型白釉碗
T20404H2340：2、T20707H2212：5　8. B 型白釉碗 T20606H2268：6　9~11. 白釉盏 T20906H2249：1、T20304 ③：9、T20507 ③：5

三三四，8；彩版一六四，5）。

　　C 型　2 件。敛口，圆唇。

　　标本 T20404H2340：2，弧腹，实足底，外底内凹。胎色灰白，胎质较坚。施化妆土，釉色白中泛青，釉面光亮。口径 10.6、足径 5.4、高 4 厘米（图三三四，6；彩版一六四，6）。

　　标本 T20707H2212：5，弧腹，足不完整。胎色青灰，胎质较坚。施化妆土，内施满釉，外施釉不及底，釉色黄白，釉面较光亮。口径 10、足径 5.4、高 3.5 厘米（图三三四，7）。

（2）白釉盏

3 件。

标本 T20906H2249：1，敞口，尖唇，浅弧腹，玉璧底，外底心有乳凸。胎色灰白，胎质稍坚。内外施白釉，底不施釉，釉色泛灰，内底残存两处垫珠痕。口径 12.7、足径 3.7、高 3.6 厘米（图三三四，9；彩版一六五，1）。

标本 T20304③：9，敞口，圆唇，弧腹，实足底。胎色泛灰，胎质稍疏，有小气孔和黑砂。内壁和口沿处施化妆土，内施满釉，外不施釉，釉色黄白光亮，有开片现象，器内底积釉。口径 10.9、底径 3.7、高 2.9 厘米（图三三四，10；彩版一六五，2）。

标本 T20507③：5，敞口，圆唇，弧腹，实足底。胎色黄白，胎质稍坚。仅在内壁和口沿处施化妆土，釉色黄白。口径 12.8、足径 4.6、高 4.4 厘米（图三三四，11）。

（3）绿釉碗

1 件。

标本 T20403③：2，撇口，圆唇，弧腹，实足底。胎色泛红，胎质较硬。内施满釉，外施釉至口沿下，釉色较绿。口径 23.2、底径 9.8、高 6.3 厘米（图三三五，1；彩版一六五，3）。

（4）复色釉碗

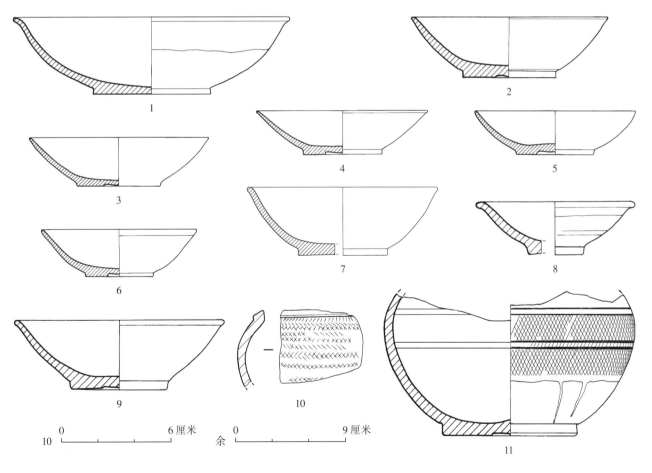

图三三五　隋唐时期瓷器

1. 绿釉碗 T20403③：2　2~6. A 型复色釉碗 T20806②：1、T20805H2264：1、T20304②：1、T20606H2358：1、T20607H2177：6　7~9. B 型复色釉碗 T20605③：15、T20805G2001：9、T20305H2176：4　10、11. 黄釉罐 T20707H2212：22、T20707H2212：19

8件。根据口部不同分 A、B 两型。

A 型　5件。敞口，圆唇。

标本 T20806②：1，弧腹，玉璧底。胎色泛灰，胎质较坚。内施白釉，外施酱釉，底足刮釉不净，底心留酱釉，釉面光亮。内底残存两处垫珠痕。口径 15.2、底径 7.1、高 4.5 厘米（图三三五，2；彩版一六五，4）。

标本 T20805H2264：1，弧腹，玉璧底。胎色泛红，胎质较坚。内施白釉，外施酱釉，外底心有乳凸，外底两周弦纹内及底心施酱釉。内底残存一处垫珠痕。口径 14.7、底径 6.8、高 3.8 厘米（图三三五，3；彩版一六五，5）。

标本 T20304②：1，浅斜腹，玉璧底，外底心较浅，有圆形乳凸脐。胎色灰白，胎质较坚。内施白釉，外施酱釉，外底足刮釉，底心留釉，釉色光亮。内底有三处垫珠痕，外壁满是横向磨损痕迹。口径 14、底径 6.4、高 3.5 厘米（图三三五，4）。

标本 T20606H2358：1，浅弧腹，玉璧底。胎色泛灰，胎质较坚。内不施釉，外施酱釉，外底足刮釉，底心留釉，釉色光亮，内底存三处垫珠痕。口径 13.2、底径 6.3、高 3.5 厘米（图三三五，5；彩版一六五，6）。

标本 T20607H2177：6，浅弧腹，玉璧底，外底心有乳凸。胎色灰白，胎质稍坚。内壁及口沿处施白釉，外施酱釉，外底足刮釉，底心留釉，釉色光亮。器表有旋坯痕，内壁残存一处垫珠痕。口径 12.6、底径 5.5、高 3.7 厘米（图三三五，6；彩版一六六，1）。

B 型　3件。侈口，圆唇外凸，弧腹。

标本 T20605③：15，底部残损。胎色泛红，胎质较坚。内施满釉，釉色灰绿，外施酱釉，似油滴状。残底无釉。口径 15.6、底径 7.2、高 5.4 厘米（图三三五，7；彩版一六六，2）。

标本 T20805G2001：9，底部残缺。胎色灰白，胎质较坚。内满施白釉，外壁除口部以下施酱釉。腹下部划两周凹弦纹。口径 13.2、底径 4.5、高 4.2 厘米（图三三五，8；彩版一六六，3）。

标本 T20305H2176：4，玉璧底。胎色灰白，胎质较坚。施化妆土，内施满釉，釉色黄白，外壁及外底心施黄釉，外底足无釉。内底存三处垫珠痕。口径 17.2、底径 7.8、高 5.5 厘米（图三三五，9；彩版一六六，4）。

（5）黄釉罐

2件。

标本 T20707H2212：22，残。敛口，斜方唇，束颈，圆肩。胎色黄白，胎质稍坚。内外施釉，唇部不施釉，釉色莹润。外壁以跳刀技法饰横向菱格纹、斜线纹、麦穗纹等。口径 8、残高 3.9、壁厚 0.6 厘米（图三三五，10；彩版一六六，5）。

标本 T20707H2212：19，残存罐体下部。弧腹、玉璧形底。胎色青灰，胎质较坚。内施满釉，外不及底，釉色泛黄。外壁饰菱格席纹，再划凹弦纹，腹部、下腹部各残存两周凹弦纹，内壁有旋坯痕。底径 11.2、残高 11.5 厘米（图三三五，11；彩版一六六，6）。

3. 铜器

铜钱

7枚。

五铢　2枚。圆形方穿，正背面有圆郭，正面铸"五铢"钱文，篆书。"五"字左内郭明显，"铢"字"金"字旁呈三角形，"朱"字呈两山字形相对，轮廓清晰。

标本 T20407 ③：22，直径 2.2、穿宽 0.7、肉厚 0.1 厘米（图三三六，1；彩版一六七，1）。

标本 T20604 ②：15，直径 2.4、穿宽 0.8、肉厚 0.2 厘米（图三三六，2；彩版一六七，2）。

开元通宝　5 枚。

标本 T20403 ②：11，圆形方穿，正背面有圆郭，正面铸"开元通宝"四字，楷书对读。背面锈蚀。直径 2.6、穿宽 0.6、肉厚 0.2 厘米（图三三六，3；彩版一六七，3）。

标本 T20105 ②：12，残半。圆形方穿，正面存"开通宝"三字，背面锈蚀着另一枚铜钱，字迹不清。直径 2.5、穿宽 0.6、肉厚 0.2 厘米（图三三六，4；彩版一六八，1）。

标本 T20303 ②：12，直径 2.5、穿宽 0.6、肉厚 0.2 厘米（图三三六，5；彩版一六八，2）。

标本 TG21207H2373：1，直径 2.6、穿宽 0.5、肉厚 0.2 厘米（图三三六，6；彩版一六八，3）。

标本 T20604H2093：1，直径 2.6、穿宽 0.6、肉厚 0.2 厘米（图三三六，7；彩版一六八，4）。

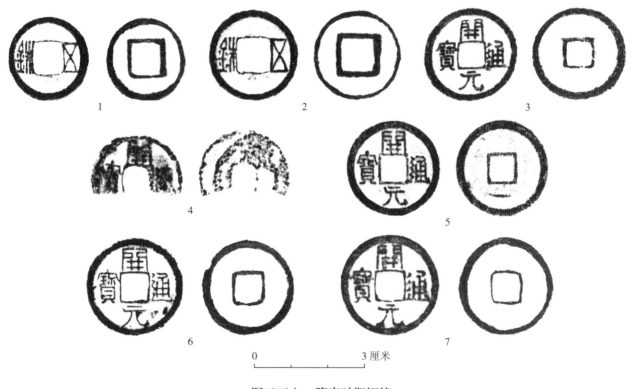

图三三六　隋唐时期铜钱

1、2. 五铢 T20407 ③：22、T20604 ②：15　3~7. 开元通宝 T20403 ②：11、T20105 ②：12、T20303 ②：12、TG21207H2373：1、T20604H2093：1

四　辽金时期

主要有建筑材料、生活生产用具。

（一）建筑材料

陶质建筑材料

标本 528 件。为陶质、黏土、高岭土等建筑材料，其中有砖 2 件、板瓦 5 件、檐头板瓦 29 件、筒瓦 22 件、瓦当 408 件、瓦当范 1 件、压带条 11 件、平口条 30 件、脊兽 11 件、建筑残件 2 件、琉璃宝顶 1 件、雀替 2 件、砖斗 1 件、建筑饰件 3 件。

（1）砖

2 件。泥质灰陶，模制。形制有长方形和方形两种。

1）沟纹长条砖

1 件。

标本 T20406③：9，磨损严重，正面有裂纹，底面有沟纹六条，压印于缠着细绳的棒状物而成，其中一处接口有斜向凹线，底面两短边缘高于中间。侧面留有白灰痕迹。长 40、宽 18.8、厚 6.8 厘米（图三三七，1；彩版一六九，1）。

2）沟纹方砖

1 件。

标本 TG21205H2285：1，底面有沟纹十三条，沟纹均未达到砖的边缘，压印于缠着细绳的棒状物而成，底面一边有凸起。侧面及背面残留有白灰痕迹。正面素面。长 36.4、宽 36.4、厚 6.3 厘米（图三三七，2；彩版一六九，2）。

（2）板瓦

5 件。泥质灰陶，泥条盘筑。平面呈梯形，截面为弧形。凹面布纹。凸面简单修整。两侧

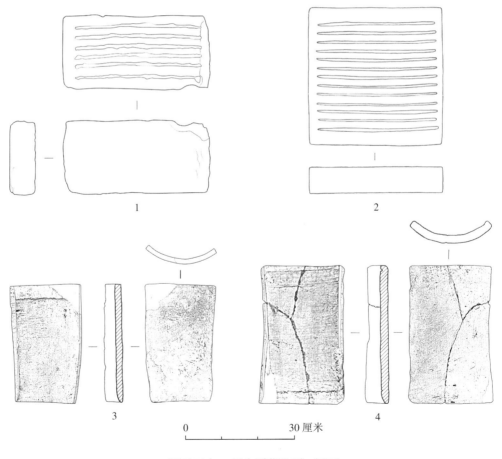

0   30 厘米

图三三七　辽金时期陶砖、板瓦

1. 沟纹长条砖 T20406③：9　2. 沟纹方砖 TG21205H2285：1　3、4. 板瓦 TG21205H2367：5、T20807H2365：2

边凹面一侧切痕较小，破面未修整。

标本TG21205H2367：5，窄端较薄，宽端平齐。凹面靠下端有一段无布纹，上有宽2.2~2.4厘米的木条痕。瓦长30.8、宽21.5、厚2.1厘米（图三三七，3；彩版一六九，3）。

标本T20807H2365：2，两端等长，一端斜切，端面平齐。另一端平齐。瓦长36.8、宽23、厚2.5厘米（图三三七，4；彩版一六九，4）。

（3）檐头板瓦

29件。按材质分有泥质灰陶和琉璃两类。瓦身泥条盘筑，端面手制。瓦身均残。瓦身凹面布纹，凸面简单修整，檐头板瓦端面与瓦身凸面夹角呈钝角，端面与瓦身相接的凹凸两面多有横向抹平痕迹。侧面多数切痕较小，破面未修整。

1）琉璃檐头板瓦

5件。端面均残，黏土。露明部分施绿釉，施釉前通体刷一层化妆土。根据端面装饰不同分两型。

A型　3件。端面划出6道泥条，第2道和第4道泥条戳切，戳切密度较大，戳切工具为扁条形，为斜向垂直戳切，两泥条戳切方向相反。最下方的泥条以缠细绳的棒状物倾斜向上按压，残存七个凹坑，且因按压力度大使第5道泥条受到挤压。

标本T20305③：11，瓦残长10.8、宽19、厚2.3、端面高6、厚3厘米（图三三八，1；彩版一六九，5）。

B型　2件。端面划出6道泥条，第2道和第4道泥条戳切，最下方的泥条以缠细绳的棒状物倾斜向上按压。第5道因第6道泥条按压力度大受到挤压呈波浪状。

标本T20804J2001：11，瓦残长7.2、宽17、厚2、端面高6.3、厚3厘米（图三三八，2；彩版一六九，6）。

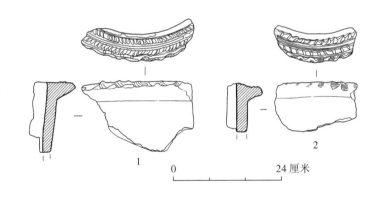

图三三八　辽金时期琉璃檐头板瓦
1. A型 T20305③：11　2. B型 T20804J2001：11

2）陶质檐头板瓦

24件。泥质灰陶。根据端面装饰不同分三型。

A型　14件。端面划出5道泥条。根据泥条装饰不同分四亚型。

Aa型　8件。第2道泥条被尖圆头工具戳切，最下方的泥条以缠细绳的棒状物倾斜向上按压，因按压幅度较大，使第4道泥条受到挤压呈波浪形。

标本T20806②：5，瓦身凸面距端头8厘米有一道宽约1~1.5厘米红色颜料痕迹。最下方泥条上有手压的十二个凹坑。瓦残长25.6、宽24、厚2.2、端面高4.3、厚3厘米（图三三九，1；彩版一七○，1）。

标本T20806②：3，瓦身凹面左右两侧有未断裂的较浅切痕。凸面距端面9厘米的地方残留一道红色颜料痕迹（宽1.5~2.4厘米）。戳切工具为扁条形。瓦残长36、宽22、厚2、端面高4、厚2.4厘米（图三三九，2；彩版一七○，2）。

Ab型　4件。第2道和第4道泥条戳切，戳切工具为扁条形，为斜向倾斜戳切，切痕较深，两道泥条的戳切方向相反。最下方的泥条以缠细绳的棒状物倾斜向上按压，疏密有别，且因按

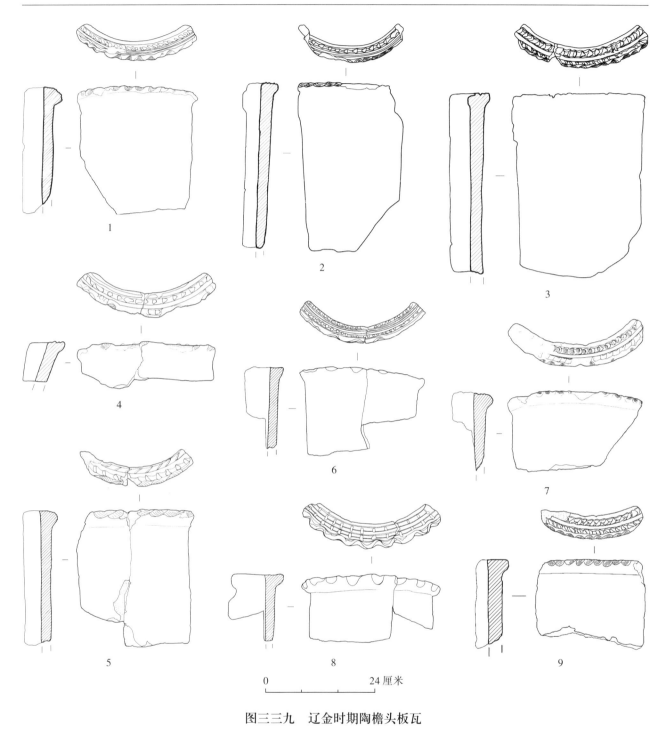

图三三九　辽金时期陶檐头板瓦

1、2. Aa 型 T20806 ② : 5、T20806 ② : 3　3~5、9. Ab 型 T20605H2095 : 7、T20304 ② : 34、T20906 ② : 20、T20606 ② : 19　6. Ac 型 T20605 炉 2029 : 1　7. Ad 型 TG213001H2379 : 4　8. Ca 型 T20504H2040 : 1

压力度大使第 4 道泥条受到挤压。

　　标本 T20605H2095 : 7，宽端接檐头板瓦端面。凹面为宽 3.5~4.5 厘米的横向按压抹平痕迹，凹面有与筒瓦相扣的两道白灰痕迹。瓦残长 37.3、宽 28、厚 2.5、端面高 4.5、厚 1.7 厘米（图三三九，3；彩版一七〇，3）。

标本 T20304②：34，瓦残长 6.4、宽 29.6、厚 2.6、端面高 5、厚 2.3 厘米（图三三九，4；彩版一七〇，4）。

标本 T20906②：20，残。瓦残长 28、宽 24、厚 2.7、端面高 4.8、厚 2.4 厘米（图三三九，5）。

标本 T20606②：19，残。瓦残长 18、宽 21、厚 2.4、端面高 3.8、厚 2.3 厘米（图三三九，9）。

Ac 型　1 件。

标本 T20605 炉 2029：1，第 1 道泥条被尖圆头工具戳切，第 3 道和第 4 道泥条之间有尖头扁条形工具压印纹饰，最下方的泥条用手指按压成波浪状，凹坑排布较疏。瓦残长 17.4、宽 24、厚 2、端面高 3.5、厚 2 厘米（图三三九，6；彩版一七〇，5）。

Ad 型　1 件。

标本 TG213001H2379：4，残。第 2 道泥条倾斜压印有旋涡状纹饰，第 4 道泥条以扁条形工具倾斜戳切。最下方的泥条以缠细绳的棒状物倾斜向上按压，凹坑排布较密。瓦身凹面有两道与筒瓦相扣的白灰痕。瓦身两侧面切痕较大，约 1/2。瓦残长 15.8、宽 26.4、厚 2.8、端面高 5、厚 2.5 厘米（图三三九，7；彩版一七〇，6）。

B 型　4 件。端面划出 4 道泥条。根据泥条装饰不同分两亚型。

Ba 型　3 件。端面划出 4 道泥条，第 2 道泥条戳切，戳切工具为扁条形，为斜向略倾斜戳切。最下方的泥条以缠细绳的棒状物倾斜向上按压，凹坑较密。第 3 道泥条因第 4 道泥条按压幅度大受到挤压略呈波浪状。

标本 T20807③：9，瓦身凸面距离端面 10 厘米有一道红色颜料。瓦残长 20、宽 20.5、厚 2、端面高 3.8、厚 1.7 厘米（图三四〇，1；彩版一七一，1）。

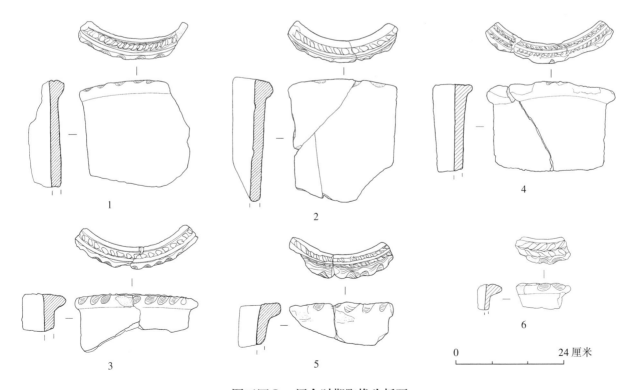

图三四〇　辽金时期陶檐头板瓦

1~3. Ba 型 T20807③：9、T20806②：36、T20906②：51　4、5. Cb 型 T21006①：10、T20204②：19　6. Bb 型 T20603H2049：6

标本 T20806②：36，最下方的泥条残存八个凹坑。瓦残长 24.6、宽 22.8、厚 2、端面高 4、厚 2 厘米（图三四〇，2；彩版一七一，2）。

标本 T20906②：51，最下方残存八个凹坑。瓦残长 9.2、宽 23.6、厚 2、端面高 4、厚 2 厘米（图三四〇，3；彩版一七一，3）。

Bb 型　1 件。

标本 T20603H2049：6，第 2 道和第 3 道泥条戳切，第 2 道泥条的戳切工具为带有三个尖圆头并列的工具，第 3 道泥条的戳切工具为带有两个尖圆头并列的工具，切痕倾斜且较深，两道泥条的戳切方向相反。最下方的泥条以缠细绳的棒状物倾斜向上按压。残存两个凹坑。瓦残长 5.4、残宽 12、厚 2.2、端面高 5、厚 2 厘米（图三四〇，6；彩版一七一，4）。

C 型　6 件。端面划出 6 条泥条。根据泥条装饰不同分两亚型。

Ca 型　4 件。

标本 T20504H2040：1，端面划出六道泥条，第 2 道和第 4 道泥条戳切，戳切工具为尖头扁条形，切痕竖直，较疏。最下方的泥条用手指按压成波浪状，凹坑较密，因按压幅度较大，使第 5 道泥条受到挤压亦呈波浪形。檐头板瓦端面与瓦身相接抹平的泥条略高于板瓦凹面。瓦残长 12.2、宽 25、厚 2、端面高 5、厚 2 厘米（图三三九，8；彩版一七一，5）。

Cb 型　2 件。端面划出六道泥条。第 2 道和第 4 道泥条戳切，戳切工具为扁条形，为斜向倾斜按压，方向相反；第 5 道泥条细密，上有数条可划线，且因第 6 道泥条按压力度大使受到挤压，均呈波浪状；第 6 道泥条以缠细绳的棒状物倾斜向上按压。

标本 T21006①：10，瓦残长 15、宽 24.8、厚 2、端面高 4.3、厚 2 厘米（图三四〇，4；彩版一七一，6）。

标本 T20204②：19，瓦残长 8.5、宽 19、厚 2.3、端面高 5、厚 2.3 厘米（图三四〇，5）。

（4）筒瓦

22 件。按照材质不同分琉璃和陶质两类。

1）琉璃筒瓦

7 件。材质为高岭土，泥条盘筑。凹面布纹。凸面修整施釉。侧面齐切修整并瓦削。瓦舌短小略呈斜坡状，瓦身凸面与瓦舌相接处内凹，另一端面向内斜切或砍削。根据釉色可分为酱黄釉和绿釉两类。

酱黄釉琉璃筒瓦　3 件。釉色略有差异。与瓦舌相对的一端面有人为砍削痕迹。

标本 T20406②：3，脱釉严重，长 36、瓦径 16.3、厚 3、瓦舌长 2、厚 1.3 厘米（图三四一，1；彩版一七二，1）。

标本 T20804J2001：4，釉色较浅，呈淡黄色。瓦身长 37、瓦径 16.2、厚 2.4、瓦舌长 1.7、厚 1.2 厘米（图三四一，2；彩版一七二，2）。

标本 TG009H01：3，外施酱黄釉且流釉，局部呈灰、绿色。瓦身长 36.3、瓦径 15.4、厚 3、瓦舌长 2、厚 1.3 厘米（图三四一，3；彩版一七二，3）。

绿釉琉璃筒瓦　4 件。

标本 T21005②：17，胎质偏黄，外施深绿釉。瓦身长 38.2、瓦径 16.5、厚 3、瓦舌长 2、厚 2 厘米（图三四一，4；彩版一七二，4）。

标本 T20304②：18，胎质偏黄，外施深绿釉。凹面有与筒瓦相接的白灰痕。瓦身长 36、

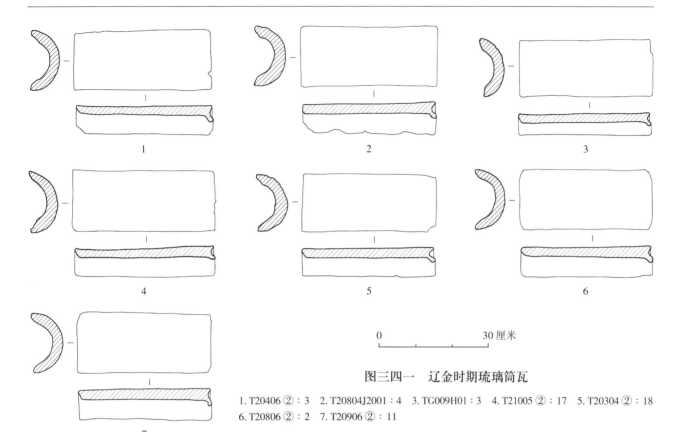

图三四一　辽金时期琉璃筒瓦

1. T20406 ② : 3　2. T20804J2001 : 4　3. TG009H01 : 3　4. T21005 ② : 17　5. T20304 ② : 18
6. T20806 ② : 2　7. T20906 ② : 11

瓦径 16.3、厚 3、瓦舌长 2.5、厚 1.3 厘米（图三四一，5；彩版一七二，5）。

标本 T20806 ② : 2，胎质偏黄，外施绿釉，但流釉，局部呈黄、酱色。与瓦舌相对的一端面有人为砍削痕迹，并残留有白灰。瓦身长 35.3、瓦径 16.7、厚 2.3、瓦舌长 2、厚 1.5 厘米（图三四一，6；彩版一七二，6）。

标本 T20906 ② : 11，瓦身长 35.8、瓦径 16.3、厚 3、瓦舌长 2、厚 1.5 厘米（图三四一，7）。

2）灰陶筒瓦

15 件。泥质灰陶。凹面布纹清晰，凸面修整。瓦舌短小呈斜坡状，瓦舌与瓦身凸面相接处内凹。根据侧面加工方式不同分两型。

A 型　10 件。侧面切痕 1/3 或 1/4，破面未修整。与瓦舌相对一端倾斜打齐。

标本 T20706H2182 : 6，瓦身长 36、瓦径 18.6、厚 3、瓦舌残长 3、厚 2.5 厘米（图三四二，1）。

标本 TG213001H2378 : 10，瓦身长 31.6、瓦径 15.6、厚 2.5、瓦舌长 2、厚 0.8 厘米（图三四二，2；彩版一七三，1、2）。

标本 T21006 ② : 2，瓦舌残。瓦身长 32、瓦径 15 厘米（图三四二，3）。

标本 T20304 ② : 23，瓦身长 34.2、瓦径 15.4、厚 2.4、瓦舌长 2.5、厚 1.2 厘米（图三四二，4）。

标本 T21006 ② : 1，瓦舌残。瓦身长 32、瓦径 14 厘米（图三四二，5）。

标本 T20304 ② : 26，瓦身长 31.5、瓦径 14.8、厚 2.5、瓦舌长 1.3、厚 1 厘米（图三四二，6）。

B 型　5 件。侧面砍削或切割后瓦削，与瓦舌相对一端平齐。

标本 T20906 ② : 15，瓦身长 31.5、瓦径 15、厚 3、瓦舌长 2、厚 1.5 厘米（图三四三，1；彩版一七三，3、4）。

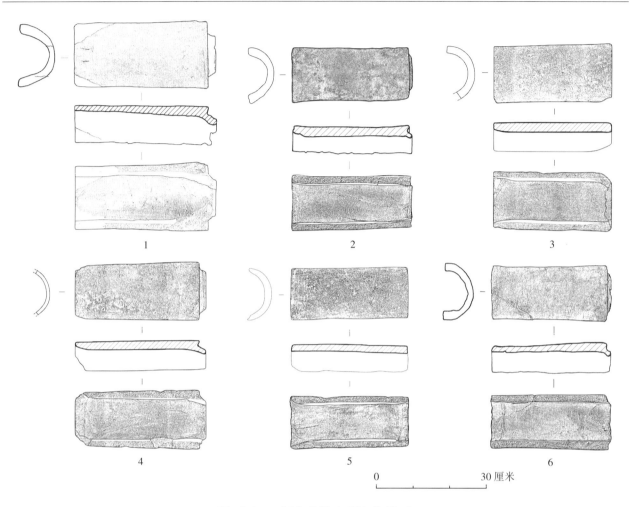

图三四二　辽金时期 A 型灰陶筒瓦

1. T20706H2182：6　2. TG213001H2378：10　3. T21006②：2　4. T20304②：23　5. T21006②：1　6. T20304②：26

　　标本 T20906②：12，瓦身长 31.5、瓦径 15、厚 2、瓦舌长 1.5、厚 0.9 厘米（图三四三，2）。

　　标本 T20906②：13，瓦身长 31.8、瓦径 15、厚 2.4、瓦舌长 1、厚 0.8 厘米（图三四三，3）。

　　标本 T20906②：14，瓦身长 30.5、瓦径 15.3、厚 2、瓦舌长 0.9、厚 1 厘米（图三四三，4）。

　　标本 T20807G2001：8，侧面切割后瓦削，与瓦舌相对一端倾斜打齐。凸面底部有压印方格纹。瓦身长 32、宽 15、厚 2.2、瓦舌残长 0.8、厚 0.7 厘米（图三四三，5；彩版一七三，5、6）。

　　（5）瓦当

　　408 件。模制。按照材质分有琉璃和陶质两类。其中 5 件为合角筒瓦瓦当，另有兽面纹瓦当范 1 件。

　　琉璃瓦当，24 件。根据当面图案分为莲花梵字瓦当、莲花纹瓦当。

　　1）琉璃莲花梵字瓦当

　　21 件。红陶，外施绿釉。边轮低窄。当面当心稍凸，中心一字为藏文字体转写的梵文，代表“一字净法界真言”[1]，外为一凹棱，内饰一周小联珠，之外为复瓣双层团莲，再外依次为一周火

────────────

[1] 当面文字及含义为北京大学外国语学院关迪博士后研究确定。

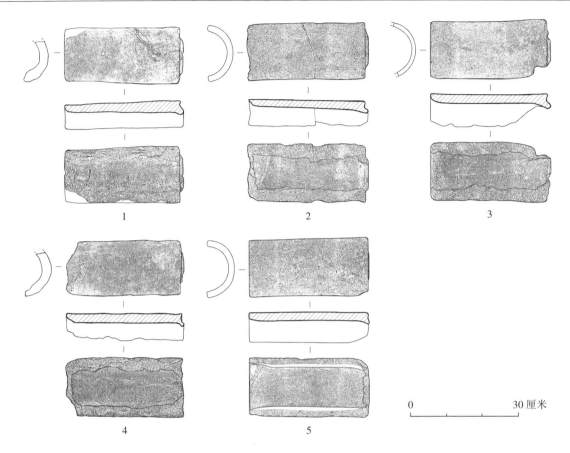

图三四三　辽金时期 B 型灰陶筒瓦

1~5. T20906②：15、T20906②：12、T20906②：13、T20906②：14、T20807G2001：8

焰纹及一周联珠纹，上部联珠多被压平。瓦当背面无划痕。

标本 T21006②：11，带瓦身，由筒瓦和瓦当相黏接而成。筒瓦凹面布纹，凸面修整。侧面齐切并解桥（其中一侧残）。筒瓦凹面与瓦当相接处有手指抹平黏合痕迹。复瓣双层团莲残存六个完整复瓣。瓦身残长 22.8、厚 2.3、瓦当复原直径 17.2、中心厚 2.5、边缘厚 0.9、边轮宽 2 厘米（图三四四，1；彩版一七四，2）。

标本 T20804J2001：13，瓦当直径 16.7、中心厚 2.5、边缘厚 1.1、边轮宽 1.8~2.2（图三四四，2）。

标本 TG213001①：1，为复瓣双层团莲为六瓣双层团莲。瓦当背面有与筒瓦相接的抹平黏合痕迹。瓦当复原直径 17.2、中心厚 3.3、边缘厚 1、边轮宽 2~2.5 厘米（图三四四，3）。

标本 T20904H2283：3，为复瓣双层团莲为六瓣双层团莲。瓦当复原直径 17.6、中心厚 2.7、边缘厚 0.8、边轮宽 2.5 厘米（图三四四，4）。

标本 TG213001①：2，复瓣双层团莲为五个完整复瓣。瓦当残径（直径）10.8、厚 2.4 厘米（图三四四，5；彩版一七四，3）。

2）琉璃莲花纹瓦当

3 件。红陶，外施绿釉。边轮低窄。当面当心以凸起的大小乳丁组成花蕊，外饰莲瓣，呈凸起的扁圆形，两个一组。之外饰一周联珠纹。

标本 TG21503③：5，瓦当复原直径 16、中心厚 2.7、边缘厚 1.6、边轮宽 2.4 厘米（图

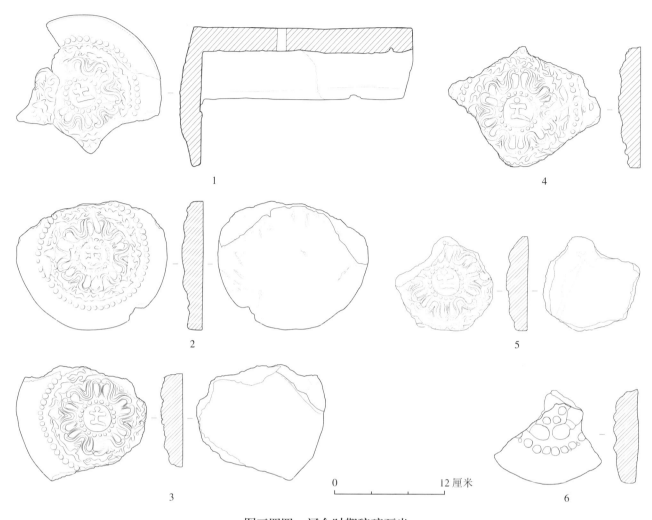

图三四四　辽金时期琉璃瓦当

1~5.琉璃莲花梵字瓦当 T21006 ②：11、T20804J2001：13、TG213001 ①：1、T20904H2283：3、TG213001 ①：2　6.琉璃莲花纹瓦当 TG21503 ③：5

三四四，6；彩版一七四，1）。

灰陶瓦当，384 件，兽面纹瓦当范 1 件。根据当面图案不同，有兽面纹瓦当、兽首衔环瓦当、莲花化生瓦当、迦陵频伽瓦当、莲花纹瓦当、十字花卉纹瓦当六类。

3）兽面纹瓦当

155 件。泥质灰陶。边轮低窄，根据兽面不同形态分五型。

A 型　43 件。嘴闭合，獠牙外凸。2 件带瓦身，瓦当背面与筒瓦相接处有数道划痕。其中一件为合角筒瓦瓦当。当面当心凸起，兽面清晰。双目圆睁，有凸起眼眶，眼角眼皮和粗眉均上翘，毛发纹理清晰。额头上有两道抬头纹，上面一道呈倒"八"字形，下面一道呈"V"字形。双耳竖直，上尖下圆，鼻呈蒜头形，有鼻孔。下嘴唇中间厚，两边薄，嘴闭合，獠牙外凸。口角上有胡须，颌下有胡须外卷，呈八撇状。兽面两侧鬓毛及头顶毛发卷曲对称，毛发刻划线条清晰。其外饰一圈联珠纹，上部与筒瓦衔接处的联珠多被抹平。

标本 T20305 ③：36，带瓦身。由筒瓦和瓦当相黏接而成。筒瓦凹面布纹，凸面修整。侧面齐切并解桥。筒瓦凹面与瓦当相接处有手指抹平黏合痕迹。瓦身残长 22、瓦当直径 15.2、中心厚 2.5、边缘厚 1.2、边轮宽 2 厘米（图三四五，1）。

标本 T20305 ③：27，残。瓦当复原直径 15.5、中心厚 2.4、边缘厚 1.3、边轮宽 2.5 厘米（图三四五，2）。

标本 T20605 ②：8，残。瓦当复原直径 15.5、中心厚 2.6、边缘厚 1.6、边轮宽 2.5 厘米（图三四五，3）。

标本 T20604 ②：3，瓦当直径 15、中心厚 3.2、边缘厚 1.8、边轮宽 2 厘米（图三四五，4；彩版一七四，4）。

标本 T20305 ②：35，瓦当复原直径 16.2、中心厚 2、边缘厚 1.1、边轮宽 2.8 厘米（图三四五，5）。

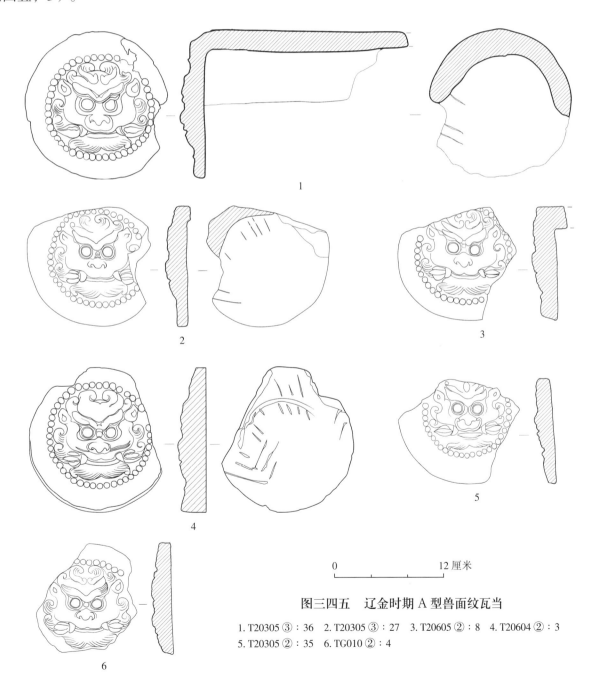

0 ————————— 12 厘米

图三四五　辽金时期 A 型兽面纹瓦当

1. T20305 ③：36　2. T20305 ③：27　3. T20605 ②：8　4. T20604 ②：3
5. T20305 ②：35　6. TG010 ②：4

　　标本TG010②：4，瓦当复原直径15、中心厚2.4、边缘厚1.2、边轮宽1.6厘米（图三四五，6）。

　　标本TG010②：3，瓦当复原直径15、中心厚2.8、边缘厚0.9、边轮宽2.1厘米（图三四六，1）。

　　标本T20306③：10，带部分瓦身，瓦身凹面布纹，凸面简单修整。瓦当兽面眼睛以下残。瓦身残长6、瓦当直径15.4、中心厚2.6、边缘厚1.4、边轮宽2.5厘米（图三四六，2）。

　　标本T20606②：1，残。瓦当直径14、中心厚2.4、边缘厚1.7、边轮宽2.1厘米（图三四六，3）。

　　标本T20403H2017：7，瓦当直径16.5、中心厚2.3、边缘厚1.1、边轮宽2.3厘米（图三四六，4）。

　　标本T20807②：4，当面模糊。瓦当直径13.6、中心厚3.4、边缘厚1.6、边轮宽2厘米（图三四六，5）。

　　标本T20607H2218：31，为合角筒瓦的瓦当，瓦当顶端凸出尖部，为手制，筒瓦凹面布纹，当面残。筒瓦凹凸两面与瓦当相接处均有手指抹平黏合痕迹。瓦身残长8、厚2.4、瓦当残宽13、残高18、中心厚2.3、边缘厚0.8、边轮宽1.5厘米（图三四六，6；彩版一七四，5）。

　　B型　91件。张嘴露牙，獠牙外凸。根据兽面形态不同分四亚型。

　　Ba型　84件。小圆眼，带眼眶，毛发细密。当面当心兽面凸起。双目圆睁，有眼眶，粗眉上翘，额头上有两道弧状抬头纹。双耳竖直，鼻呈蒜头形，有鼻孔。张嘴露牙，牙齿清晰，獠

0　　　　　　　　12厘米

图三四六　辽金时期A型兽面纹瓦当

1. TG010②：3　2. T20306③：10　3. T20606②：1　4. T20403H2017：7　5. T20807②：4　6. T20607H2218：31

牙外凸。口角上有胡须，颌下有胡须外卷呈八撇状。兽面两侧鬓毛卷曲，额头上有火焰状毛发。兽面外侧有两道细凸线，内饰一圈联珠纹，上部联珠及细凸线多被抹平。瓦当边轮低窄。

标本 T21006 ② : 14，带瓦身，由瓦当和筒瓦相黏接而成，瓦当与筒瓦夹角呈 100°。筒瓦凹面布纹，凸面修整。侧面齐切并解桥。瓦身与瓦舌相接处瓦身内凹，形成一个凸棱，瓦舌较短。相对一端与瓦当相接，有手指抹平黏贴痕迹。瓦当背面与筒瓦相接处有数道划痕。瓦身长32、瓦径14.8、厚2.5、瓦舌长0.8、瓦当直径14.5、中心厚1.8、边缘厚1.3、边轮宽1.6厘米（图三四七，1；彩版一七五，1）。

标本 T20906 ② : 7，带瓦身，瓦身轮制，由瓦当和筒瓦相黏接而成，瓦当与筒瓦夹角呈

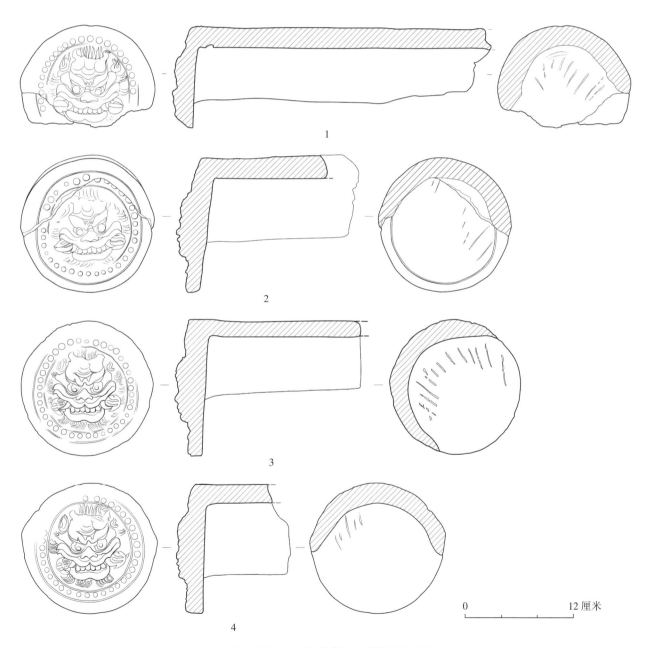

0   12 厘米

图三四七　辽金时期 Ba 型兽面纹瓦当

1. T21006 ② : 14　2. T20906 ② : 7　3. T20704 ② : 8　4. TG213001H2378 : 7

105°。筒瓦凹面布纹，凸面修整。侧面齐切并解桥，凹面与瓦当相接处有手指抹平黏贴痕迹。瓦身残长 12、瓦径 14.7、厚 2.4、瓦当直径 14、中心厚 3.2、边缘厚 1.6、边轮宽 1.5 厘米（图三四七，2；彩版一七五，2）。

标本 T20704 ②：8，带瓦身，由瓦当和筒瓦相黏接而成，瓦当与筒瓦夹角呈 95°。筒瓦凹面布纹，凸面修整。侧面齐切并解桥，凹面与瓦当相接处有手指抹平黏贴痕迹。瓦身残长 16、瓦径 15、厚 1.6、瓦当直径 13.6、中心厚 3、边缘厚 1.6、边轮宽 1.8 厘米（图三四七，3；彩版一七五，3）。

标本 TG213001H2378：7，带瓦身，由瓦当和筒瓦相黏接而成，瓦当与筒瓦夹角近 90°。筒瓦凹面有布纹，凸面修整。侧面齐切并解桥。凹面与瓦当相接处有手指抹平痕迹。瓦身长 7、瓦当直径 14.4、中心厚 3.1、边缘厚 2、边轮宽 1.4 厘米（图三四七，4）。

标本 T20305 ③：23，瓦当复原直径 13.8、中心厚 2.8、边缘厚 2、边轮宽 2 厘米（图三四八，1）。

标本 TG213001H2378：29，瓦当残。直径 13.8、中心厚 2.8、边缘厚 0.7、边轮宽 1.6 厘米（图三四八，2）。

标本 T20906 ②：36，瓦当边轮顶部残。直径 14、中心厚 2.4、边缘厚 1.6、边轮宽 1.7 厘米（图三四八，3）。

标本 T20906 ②：35，带少许瓦身。瓦当直径 14.4、中心厚 3.6、边缘厚 2、边轮宽 1.8 厘米（图三四八，4）。

标本 TG211001 ②：3，仅有当心兽面。宽 8.8、中心厚 2.4 厘米（图三四八，5）。

标本 T20404H2017：6，瓦当直径 14.4、中心厚 2.4、边缘厚 1.4、边轮宽 2.1 厘米（图三四八，6）。

标本 T20406 ②：25，瓦当直径 15.6、中心厚 2.8、边缘厚 1.6、边轮宽 1.7 厘米（图三四八，7）。

Bb 型　2 件。无眼眶，毛发为一缕一缕。兽面外侧圆珠较大。均残。当面当心兽面凸起，双目圆睁，但眼睛较小，有眼皮。眉毛上翘，额头上有抬头纹，仅存下面一道，呈倒"八"字形，抬头纹间有高凸的倒三角状凸起。双耳竖直，鼻呈蒜头形，有鼻孔。张嘴露牙，牙齿较清晰，獠牙外凸。颌下有胡须外卷呈八撇状。兽面外侧饰一圈联珠纹，联珠较大，且有被抹平痕迹。

标本 T20705 ②：24，当面中央的兽面图案基本保存，边轮大部分残损，仅存 1/4。瓦当复原直径 16、中心厚 3.5、边缘厚 1.4、边轮宽 1.2 厘米（图三四九，1；彩版一七五，4）。

标本 T20705H2161：14，当面中央的兽面图案仅存局部，边轮存 1/4。瓦当复原直径 15、中心厚 3.2、边缘厚 1、边轮宽 1.3 厘米（图三四九，2）。

Bc 型　4 件。当面较模糊。

标本 T20905 ②：12，仅以一横道表示下嘴唇。瓦当直径 16.3、中心厚 2.2、边缘厚 1.6、边轮宽 3 厘米（图三四九，3；彩版一七五，5）。

标本 TG21505 ②：15，仅以一横道表示下嘴唇。瓦当复原直径 15、中心厚 2、边缘厚 1.4、边轮宽 3 厘米（图三四九，4）。

Bd 型　1 件。

标本 TG009H01：2，当面当心兽面凸起。双目圆睁，但眼睛较小，有眼皮。眉毛上卷，额头上有"八"字形抬头纹一道；双耳朝天，鼻呈蒜头形，有鼻孔。张嘴露牙，牙齿清晰，獠牙外凸，颌下有胡须外卷呈八撇状。兽面两侧有卷曲对称的鬃毛。兽面之外依次围绕一周与波状纹相配的凹形联珠纹圈、一周细凸棱圈、28 个联珠纹圈以及一周宽圈线。瓦当完整，边轮低窄，

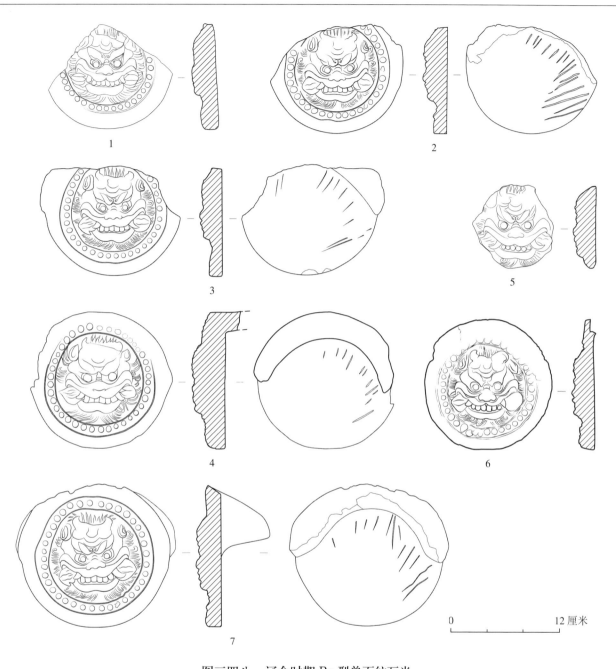

图三四八　辽金时期 Ba 型兽面纹瓦当

1. T20305③：23　2. TG213001H2378：29　3. T20906②：36　4. T20906②：35　5. TG211001②：3　6. T20404H2017：6
7. T20406②：25

略向下倾斜。瓦当直径 16.5、中心厚 3.8、边缘厚 1.8~2.6、边轮宽 1.6 厘米（图三四九，5；彩版一七五，6）。

　　C 型　18 件。嘴大张，牙齿多模糊。当心兽面高凸，双目圆睁，有眼皮，眉毛上翘，双耳竖直，鼻呈三角形。兽面边缘鬃毛短而直，兽面外缘饰一周联珠纹，之外有一圈凸棱。头顶上部部分联珠及凸棱被抹平。背面与筒瓦相接处有数道放射状划痕。

　　标本 T20705②：11，瓦当直径 13.6、中心厚 4.6、边缘厚 1.6、边轮宽 1.6~2.5 厘米（图三

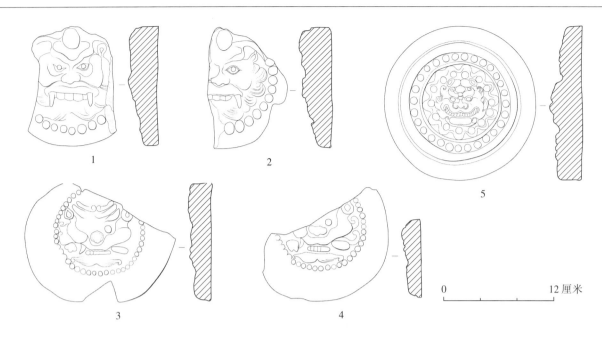

图三四九　辽金时期兽面纹瓦当

1、2. Bb 型 T20705 ② : 24、T20705H2161 : 14　3、4. Bc 型 T20905 ② : 12、TG21505 ② : 15　5. Bd 型 TG009H01 : 2

五〇，1）。

　　标本 T20705 ② : 12，瓦当直径 15.4、中心厚 4.6、边缘厚 1.2、边轮宽 2.6 厘米（图三五〇，2；彩版一七六，1）。

　　标本 T20606 ③ : 2，当面局部有所残损。瓦当直径 14.8、中心厚 4、边缘厚 1.6、边轮宽 2 厘米（图三五〇，3）。

　　标本 T20204 ③ : 19，残。瓦当复原直径 15.4、中心厚 5.6、边缘厚 1.2、边轮宽 2 厘米（图三五〇，4）。

　　标本 TG21201 ② : 1，残。瓦当复原直径 16.4、中心厚 4、边缘厚 1.4、边轮宽 2.2~3 厘米（图三五〇，5）。

　　D 型　2 件。张嘴露牙和舌头。兽面两侧鬃毛简化，以长条形示意。兽面外侧刻划有一道凹弦纹。

　　标本 T20506 ③ : 9，残存一半。当面当心兽面稍凸，双目圆睁，眼角细长斜向上，眼眶清晰，粗眉上翘，双耳竖直，上尖下圆，额头及鼻子残，张嘴露牙，牙齿较清晰，獠牙外凸，口角上有胡须。背面与筒瓦相接处有数道放射状划痕。瓦当复原直径 15.5、中心厚 2.1、边缘厚 1、边轮宽 2 厘米（图三五〇，6；彩版一七六，2）。

　　标本 T20505H2067 : 3，残。残长 9.7、残高 8.5、厚 1.6 厘米（图三五〇，9）。

　　E 型　1 件。

　　标本 T20407 ① : 3，边轮残。当面当心模糊，兽面凸起。眼睛圆睁，眉毛上翘，双耳竖直，鼻呈蒜头形，有鼻孔。嘴部模糊，张嘴露牙，口角上有胡须，颌下有胡须外卷。兽面外缘刻划一周凸棱。瓦当复原直径 10.8、中心厚 2.1、边缘厚 0.8、边轮宽 1.3 厘米（图三五〇，8；彩版一七六，3）。

图三五〇　辽金时期兽面纹瓦当、瓦当范

1~5. C 型兽面纹瓦当 T20705②：11、T20705②：12、T20606③：2、T20204③：19、TG21201②：1　6、9. D 型兽面纹瓦当
T20506③：9、T20505H2067：3　7. 兽面纹瓦当范 TG213001H2378：6　8. E 型兽面纹瓦当 T20407①：3

4）兽面纹瓦当范

1 件。

标本 TG213001H2378：6，完整。泥质灰陶，模制。兽面内凹，双目圆睁，眉毛向上翘，双耳竖直，鼻呈三角形，张嘴，牙齿模糊，兽面边缘鬃毛卷曲。兽面外缘饰一周联珠纹。边轮宽 2.3、口径 19.2、底径 20.2、高 5.2 厘米（图三五〇，7；彩版一七四，6）。

5）兽首衔环瓦当

135 件。泥质灰陶。边轮低宽，略向下倾斜。当面当心兽面高凸，但较模糊。眼睛圆睁，眉毛上翘，鼻呈三角形，嘴闭合衔环，嘴与环之间的胡须清晰，兽面两侧毛发从两鬓向下延伸，头顶三撮毛发竖直。兽面外侧饰一圈联珠纹，之外有一周或两周凹线。

标本 T20407③：6，瓦当完整，仅边轮局部破损，背面有与筒瓦相接的抹合痕迹。瓦当直径 14、中心厚 4.3、边缘厚 1.2、边轮宽 2.4 厘米（图三五一，1；彩版一七六，4）。

标本 T20506③：4，残。环与联珠相接。瓦当复原直径 16.8、中心厚 4.5、边缘厚 1.2、边轮宽 3.2 厘米（图三五一，2）。

标本 T21007②：1，残。环与联珠相接。瓦当复原直径 16、中心厚 4.3、边缘厚 1.4、边轮宽 2.8 厘米（图三五一，3；彩版一七六，6）。

标本 T20804G2001：24，残。环与联珠相接。瓦当复原直径 16、中心厚 4、边缘厚 1、边轮宽 2.5~2.8 厘米（图三五一，4）。

标本 T20706H2255：3，残。仅见衔环，环与联珠相接。瓦当复原直径 16、中心厚 4.6、边

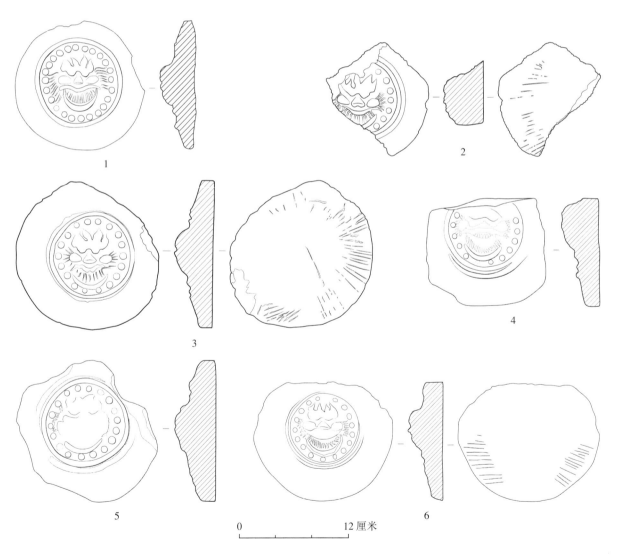

图三五一　辽金时期兽首衔环瓦当

1. T20407③：6　2. T20506③：4　3. T21007②：1　4. T20804G2001：24　5. T20706H2255：3　6. T20704H2055：5

缘厚 1.4、边轮宽 2.8 厘米（图三五一，5）。

标本 T20704H2055：5，边轮顶部残。直径 15.2、中心厚 4、边缘厚 1.2、边轮宽 2.9 厘米（图三五一，6）。

标本 T20404H2329：2，瓦当完整，上部凹线间未受到挤压，背面与筒瓦相接处有一道横向划痕。瓦当直径 15.2、中心厚 4.5、边缘厚 1.6、边轮宽 2.6 厘米（图三五二，1；彩版一七六，5）。

标本 T20304 ③：20，残。瓦当直径 16.4、中心厚 4.5、边缘厚 1.2、边轮宽 2.6 厘米（图三五二，2）。

标本 T20404H2329：4，基本完整。瓦当直径 16.3、中心厚 4.5、边缘厚 1.6、边轮宽 2.5 厘米（图三五二，3）。

标本 T20404H2329：14，残。瓦当复原直径 16、中心厚 4.8、边轮宽 2.4 厘米（图三五三，1）。

标本 T20803 ②：1，残。瓦当残长 12.8、残宽 12.7、中心厚 4.3 厘米（图三五三，2）。

标本 T20704H2055：1，残。瓦当复原直径 16.2、中心厚 4.3、边缘厚 1.2、边轮宽 3 厘米（图三五三，3）。

6）莲花化生瓦当

17 件。泥质灰陶。根据当面童子不同形态分两型。

A 型　16 件。瓦当边缘较薄。边轮低宽，向下倾斜。当面当心为莲花化生童子，面庞圆润，五官模糊，双耳垂肩，仅露上半身，双手合十，帔帛从身后顺着双臂搭两肘上。外围饰一周凸起的短线纹，再外为一周联珠纹，联珠多被压平。背面与筒瓦相接处有数道放射状划痕。

标本 T20305 ③：16，残。瓦当直径 18.3、中心厚 4.2、边缘厚 1.2、边轮宽 4.5 厘米（图

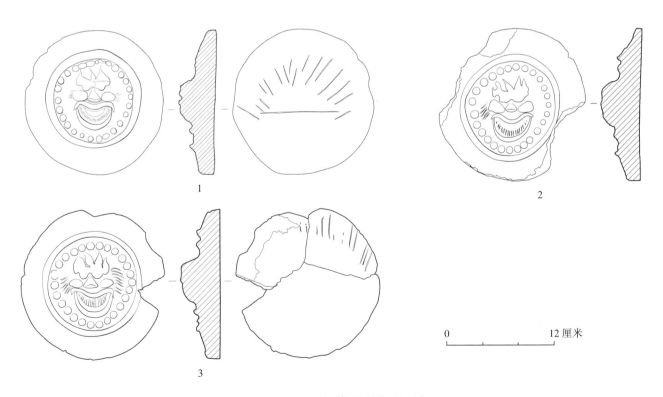

图三五二　辽金时期兽首衔环瓦当

1. T20404H2329：2　2. T20304 ③：20　3. T20404H2329：4

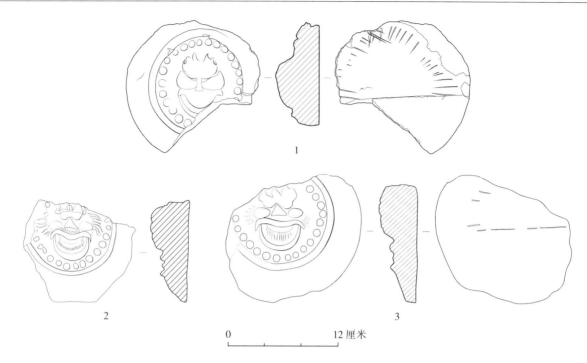

0 _____ 12 厘米

图三五三　辽金时期兽首衔环瓦当

1. T20404H2329：14　2. T20803②：1　3. T20704H2055：1

三五四，1；彩版一七七，1）。

　　标本 T20405③：19，残。带瓦身，瓦当倒置。由筒瓦和瓦当相黏接而成。筒瓦凹面布纹，凸面修整，并有一道划痕。瓦身残长 7、厚 2、瓦当复原直径 18、中心厚 3.25、边缘厚 1.3、边轮宽 3.5 厘米（图三五四，2）。

　　标本 T20605H2095：4，边轮略残。瓦当直径 17.2、中心厚 3.5、边缘厚 0.9、边轮宽 4 厘米（图三五四，3；彩版一七七，2）。

　　标本 T20307③：13，边轮略残。瓦当直径 16.8、中心厚 3.5、边缘厚 0.5、边轮宽 4 厘米（图三五五，1）。

　　标本 T20307③：9，残。瓦当复原直径 17、中心厚 3.2、边缘厚 0.6、边轮宽 3.2 厘米（图三五五，2）。

　　标本 TG213001H2379：2，边轮略残。瓦当边轮向下倾斜幅度较小。瓦当直径 16.3、中心厚 2.2、边缘厚 1.6、边轮宽 2.8~4 厘米（图三五五，3；彩版一七七，3）。

　　B 型　1 件。

　　标本 T20405②：17，边轮残，当面当心为莲花化生童子，面庞圆润，两耳垂肩，上半身立在中央，双手合十，有帔帛从身后搭双臂于两肘间，外围残。残长 8.4、残宽 7.8、中心厚 3.4 厘米（图三五五，4；彩版一七七，4）。

　　7）迦陵频伽瓦当

　　68 件，个别为合角筒瓦的瓦当。泥质灰陶。边轮低宽，略向下倾斜。当面当心稍凸，为侧身迦陵频伽。面部模糊，头戴冠，左臂弯曲，右手上举托一物。下半部为鸟身，两翼张开，一爪随当面弯曲上卷。头上部雕刻不明。其外饰两周凸棱，内饰一周联珠纹，上部凸棱及联珠多

图三五四　辽金时期 A 型莲花化生瓦当

1. T20305 ③：16　2. T20405 ③：19　3. T20605H2095：4

图三五五　辽金时期莲花化生瓦当

1~3. A 型 T20307 ③：13、T20307 ③：9、TG213001H2379：2　4. B 型 T20405 ②：17

被压平，个别下部联珠也被压平。背面与筒瓦相接处有数道划痕。

　　标本 T20303H2003：4，瓦当略变形，边轮略残。瓦当复原直径 14.4、中心厚 2、边缘厚 1.3、边轮宽 2.3 厘米（图三五六，1；彩版一七七，5）。

　　标本 T20304 ③：50，边轮残。瓦当复原直径 15.2、中心厚 2.5、边缘厚 1.2、边轮宽 2.6 厘米（图

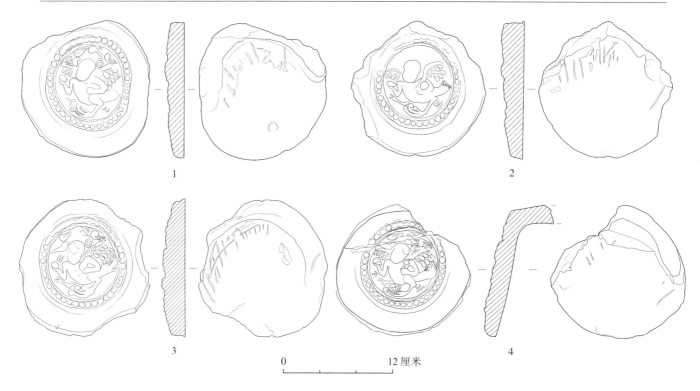

图三五六　辽金时期迦陵频伽瓦当

1. T20303H2003：4　2. T20304③：50　3. T20305②：23　4. T20105②：6

三五六，2）。

标本 T20305②：23，边轮残。瓦当直径 14.6、中心厚 2.6、边缘厚 1.2、边轮宽 2.4 厘米（图三五六，3）。

标本 T20105②：6，边轮残。瓦当复原直径 14.4、中心厚 2、边缘厚 1.3、边轮宽 2.5 厘米（图三五六，4；彩版一七七，6）。

标本 T10304③：1，残。瓦当复原直径 17.1、中心厚 1.8、边缘厚 1.4、边轮宽 3 厘米（图三五七，1）。

标本 T20304③：18，残。瓦当复原直径 16.3、中心厚 3、边缘厚 1.2、边轮宽 3.5 厘米（图三五七，2）。

标本 T20506③：10，残。瓦当复原直径 15.8、中心厚 2.7、边缘厚 1、边轮宽 3.2 厘米（图三五七，3）。

标本 T21005①：5，瓦当残，带瓦身，由筒瓦和瓦当相黏接而成，筒瓦凹面布纹，凸面修整。侧面齐切并解桥，瓦身与瓦当相接处有手指抹平黏合痕迹。瓦身残长 11.8、瓦径 17、瓦当直径 17.5、中心厚 2.4、边轮宽 3 厘米（图三五七，4）。

标本 T20304③：42，残，为合角筒瓦的瓦当部分。瓦当上部呈尖状凸起，背面满布划痕，方向不一。瓦当残宽 15.4、残高 17、厚 2.8 厘米（图三五七，5）。

8）莲花纹瓦当

7 件。泥质灰陶。瓦当背面残留有与筒瓦相接处有数道放射状划痕。根据当面莲花图案不同可分三型。

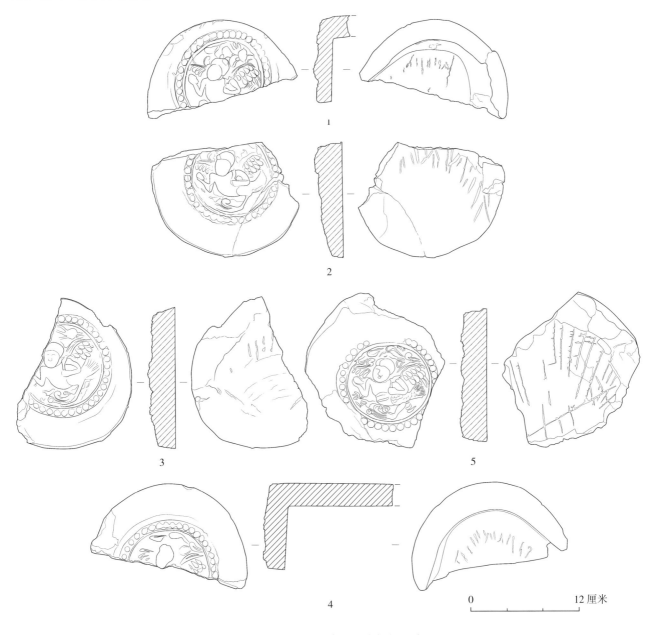

图三五七　辽金时期迦陵频伽瓦当

1. T10304 ③：1　2. T20304 ③：18　3. T20506 ③：10　4. T21005 ①：5　5. T20304 ③：42

　　A 型　5 件。当面当心饰凸起圆乳丁与一周联珠纹共同形成花蕊。其外饰复瓣双层团莲，莲瓣刻划勾状茎叶，莲瓣外有两周细凸棱，凸棱之间饰一周联珠，外凸棱部分被抹平。

　　标本 TG21503 ③：3，当面当心为复瓣双层团莲，残存三个完整的复瓣及两个单瓣。瓦当复原直径 18、中心厚 2.1、边缘厚 0.7、边轮宽 3.2 厘米（图三五八，1；彩版一七八，1）。

　　标本 T20507 ②：1，当面当心为六瓣复瓣双层团莲。瓦当直径 17.4、厚 2.2、边轮宽 3 厘米（图三五八，2；彩版一七八，2）。

　　B 型　1 件。

　　标本 T20905 ②：11，边轮残。当面当心饰凸起圆乳丁，其外饰单莲瓣纹与近似 "T" 字形图

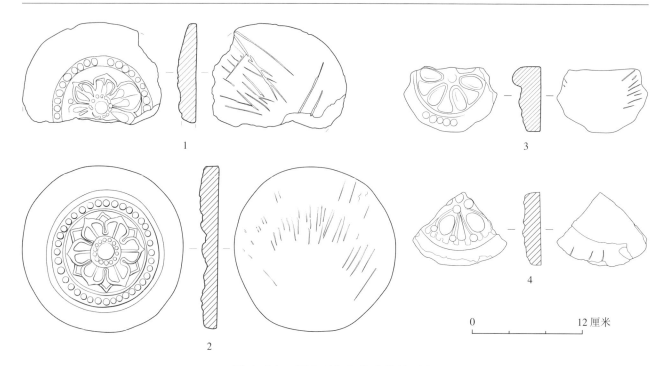

图三五八　辽金时期灰陶莲花纹瓦当

1、2. A 型 TG21503③：3、T20507②：1　3. B 型 T20905②：11　4. C 型 T20807G2001：15

案，莲瓣呈椭圆形，莲瓣外有一周凸棱，外饰一周联珠，联珠被压平。瓦当残径 12、中心厚 3.3、边缘厚 1.3 厘米（图三五八，3；彩版一七八，3）。

C 型　1 件。

标本 T20807G2001：15，表面涂有红色颜料。当面当心以凸起圆乳丁形成花蕊，其外饰单莲瓣纹与近似"T"字形图案，莲瓣呈高凸的椭圆形，莲瓣外绕以一周较扁平凸棱。瓦当复原直径 14、厚 2、边轮宽 1.9 厘米（图三五八，4；彩版一七八，4）。

9）十字花卉纹瓦当

2 件。泥质灰陶。为合角筒瓦瓦当。

标本 T20704H2055：7，带瓦身，由筒瓦和瓦当相黏接而成。筒瓦与瓦当相接处呈尖状，筒瓦凹面有布纹，凸面修整并磨光。筒瓦凹面与瓦当相接处有手指抹平黏合痕迹。瓦当上部呈尖状凸起。当面当心呈尖状，残留一长条形凸起及三个乳丁，外围是一周联珠纹，之外为一圈凸棱。瓦当背面无划痕及黏合痕迹。瓦当残高 28.8、厚 2.4 厘米（图三五九，1；彩版一七八，5）。

标本 T20905H2262：2，当面当心呈凸出，呈尖状，内饰十字交叉花卉，外为一周大乳丁，残存四个，之外依次为一周联珠纹及一圈凸棱。瓦当背面残留有划痕。瓦当残高 12.8、厚 3.3 厘米（图三五九，2；彩版一七八，6）。

（6）压带条

11 件。有琉璃和灰陶两类。

1）琉璃压带条

5 件。材质为高岭土，泥条盘筑。由筒瓦切割而成，横剖面呈弧形，凹面窄凸面宽，凹面有布纹，凸面修整。瓦端头斜切并修整。一侧面切痕较小，破面未修整。另一侧面除修整痕迹，还残留

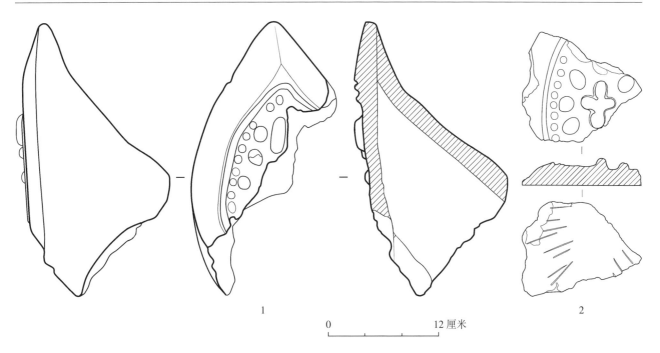

图三五九　辽金时期十字花卉纹瓦当

1. T20704H2055：7　2. T20905H2262：2

有解桥痕迹。施釉位置不同。

标本 T21005 ②：18，表面全部施酱黄色釉。弦长 11、瓦条长 33、厚 2.5 厘米（图三六〇，1；彩版一七九，1、2）。

标本 T20804J2001：8，露明部分施酱黄色釉。弦长 11.8、瓦条长 31.8、厚 3 厘米（图三六〇，2；彩版一七九，3）。

标本 T20307 ②：24，未切割，露明部分施酱黄釉，凸面中间有宽约 6 厘米带状部分不施釉。横剖面呈半圆形，凹面布纹，凸面简单修整。瓦端头斜切并修整。凹面两侧除修整痕迹外，还有较大的解桥痕迹，且中间为一竖向切痕。宽 15、残长 22.1、厚 2 厘米（图三六〇，3；彩版一七九，4）。

2）陶压带条

6 件。泥质灰陶，泥条盘筑。根据切割瓦的类型不同分两型。

A 型　4 件。由筒瓦切割而成，横剖面呈弧形，凹面窄凸面宽，凹面有布纹，凸面修整。两侧面切痕较小，破面未修整。一侧面残留有白灰痕，端面平直。

标本 T20806 ②：7，弦长 10.8、瓦条长 30.4、厚 2.7 厘米（图三六〇，4；彩版一七九，5）。

B 型　2 件。由板瓦切割而成，横剖面近乎平直，凹凸两面近等宽，凹面有布纹，凸面修整。两侧面切痕较小，破面未修整。端面平直。

标本 T20806 ②：9，长 25.2、宽 7.5、厚 1.5 厘米（图三六〇，5；彩版一七九，6）。

（7）平口条

30 件。材质为高岭土，模制。胎质红色，露明部分施绿釉。外形为窄而薄的长条砖。正面光滑，背面有刮痕。一侧面施绿釉。

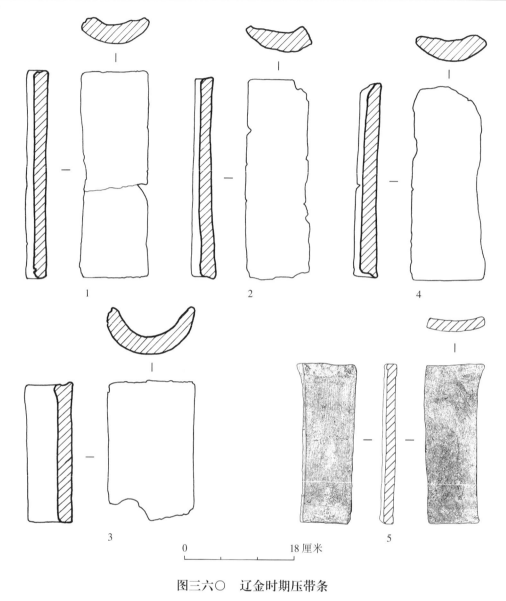

图三六〇　辽金时期压带条

1~3.琉璃压带条 T21005 ②：18、T20804J2001：8、T20307 ②：24　　4. A 型泥质压带条 T20806 ②：7　　5.B 型泥质压带条 T20806 ②：9

　　标本 T21005 ②：3，一侧面切痕较小，破面未修整。长 24.7、宽 6.7、厚 2.4 厘米（图三六一，1；彩版一八〇，1）。

　　标本 T20605H2096：4，残。两侧面均施绿釉，正面距侧边 6~7 厘米有一竖向较浅的切痕，未切开。长 22.9、宽 13.5、厚 2.2 厘米（图三六一，2；彩版一八〇，2）。

　　标本 T21005 ②：38，一侧面切痕约为板瓦厚度的 1/3，破面未修整。长 24、宽 7.6、厚 2.6 厘米（图三六一，3；彩版一八〇，3）。

　　标本 T21005 ②：34，一侧面为破面，未见切痕。长 24.5、宽 6.9、厚 2.4 厘米（图三六一，4；彩版一八〇，4）。

　　（8）脊兽

　　11 件。有琉璃和灰陶两类。

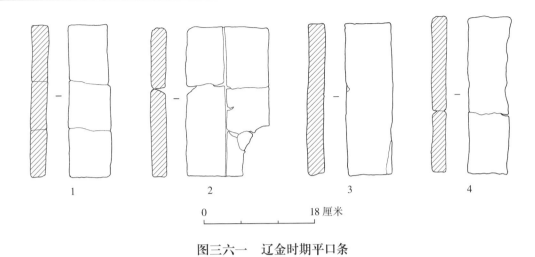

图三六一　辽金时期平口条

1. T21005②：3　2. T20605H2096：4　3. T21005②：38　4. T21005②：34

1）琉璃脊兽

4件。

琉璃脊兽残件（龙）　2件。除毛发施绿釉，余施黄釉（牙齿及犄角釉色略浅）。

标本T21005②：58，双眼残，仅存部分眼眶，眉毛外翻，右眉残，两眼间有一舌状凸起，上有一近椭圆形钉孔（残）。双耳及犄角孔在两眉上侧直立，鼻孔朝天。残存上颚部分，吻部上翘，上颚呈波浪状。门齿和臼齿呈宽板状，上颌左右各两颗獠牙，其中一颗獠牙上翘。头顶兽毛向后舒展，略向内收。头部中空。脊兽整长43.8、残宽31、残高30厘米（图三六二；彩版一八○，5）。

标本T20906②：50，仅存下颚、牙齿及左侧两缕卷曲的鬃毛。门齿呈宽板状，左右两颗獠牙尖长，舌尖上卷。头部中空，后为方筒状，以便套进仔角梁的榫头。筒状左侧鬃毛部位有一圆形钉孔。残长23.5、残宽17.2、残高11.8、钉孔径1.8厘米（图三六三，1；彩版一八○，6）。

兽头犄角残件　2件。材质为高岭土，模制，局部修整。露出部分正面施黄釉，背面流釉。

标本T21005②：60，整体呈镰刀形，露出的弧形犄角装饰分两部分，一侧刻划深浅不同的两种凹线分八瓣（残），每瓣以浅细线分隔。另一侧为手指斜向按压凹坑，残存六个。背面平整光滑。残长24.6、残高16.3、厚3.6厘米（图三六三，2；彩版一八一，1）。

标本T20607H2218：39，整体呈镰刀形，露出的弧形犄角阴刻出波状纹饰。角插入犄角孔的部分雕刻成三瓣花朵状，上阴刻细线，向下内收，残留有白灰痕迹。背面有手指按压痕迹。残长11.4、残高9.6、厚2厘米（图三六三，3；彩版一八一，2）。

2）灰陶脊兽

7件。

鸱吻残件　1件。

标本T20305②：29，残。泥质灰陶，手制。以相连的按压方块（上有指甲压痕）形成的弧形纹带作界格，外侧为斜向成组的半圆形内饰三道交叉状鱼鳞纹以示鳞、鳍，内侧为脊，呈连续弧状，残存四个脊凸，脊凸之间内凹，中间阴刻直线，两侧阴刻弧线，脊凸左右两侧阴刻水滴状纹饰。两侧面相交成锐角，距离顶角16厘米内部用宽约6~9厘米的泥片逐层垒砌泥

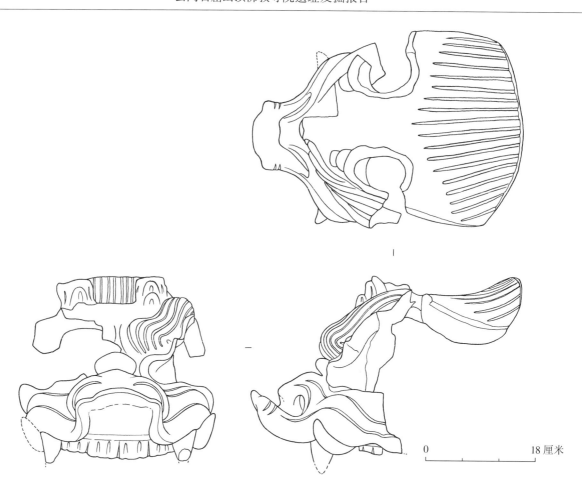

图三六二　辽金时期琉璃脊兽残件 T21005 ②：58

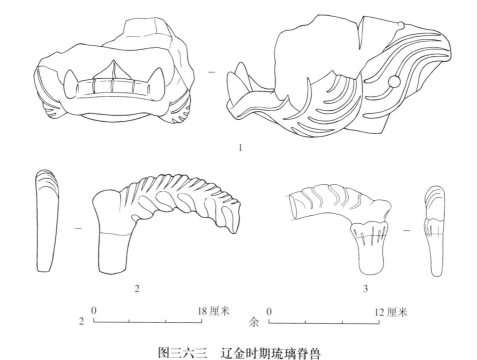

0　　　　　　　　　18厘米　　　0　　　　　　　12厘米

图三六三　辽金时期琉璃脊兽

1.琉璃脊兽残件龙 T20906 ②：50　　2、3. 兽头犄角 T21005 ②：60、T20607H2218：39

墙，形成三角筒状，以支撑左右两个侧面。表面磨光。残高 43.6、残宽 40.8、残厚 15 厘米（图三六四，1；彩版一八一，3）。

垂兽　6 件。泥质灰陶。

标本 T20304 ②：62，整体残留有红色颜料。兽面额间阴刻一"王"字。眼球呈圆孔状，周围阴刻短线表示睫毛，于眼球后五道剪短的凹线共同构成眼眶轮廓。眉毛凸出且向后翻卷，眉间有一蜂窝状凸起；双耳在两眉外侧直立，内为耳窝及其脉络形象，两鼻孔较大且朝前。口部大张，但舌尖残，仅存部分圆锥体状鄂垂。上颌左右两侧獠牙残，下颚残，嘴两侧有因张开幅度较大而产生的肉褶各四道。头部两侧有鬃毛痕迹，左侧残存一缕上卷鬃毛。头顶略呈斗状，有手指抹平痕迹，斗侧面底部中间有一圆形钉孔，背面内凹。垂兽残长 28.4、残宽 26、高 28.5、钉孔直径 1.3 厘米（图三六四，2；彩版一八一，4）。

标本 T20804J2001：29，垂兽额头宽大，两条内凹的皱纹呈弧状，下有一椭圆形钉孔；双眼圆睁凸出，眼眶残缺，眉毛前卷后翻，左眉残，双耳在两眉外侧上方直立。鼻孔朝天，张开的大口内（近 90°）舌头长伸上卷，圆锥体状的鄂垂形象逼真，上颚呈波浪状，下颚有抹平痕迹。门齿、臼齿为宽板状，上下左右两侧各露一颗獠牙，唇上部有数个内凹组成的圆形斑点，唇下虬须卷曲。头两侧三缕鬃毛向后翻卷，右侧完整，左侧残存两缕，头顶兽毛向后舒展，头部中空。背面内凹，上有细密不规整的凹线。眼球、嘴唇周围及两腮磨光。垂兽整长 27.2、宽 26.3、高 40、钉孔长径 2.6、短径 1.5 厘米（图三六五，1；彩版一八一，5）。

标本 T20804J2001：30，兽面额头残，双眼圆整凸出，左眼残，眼眶清晰。眉毛外翻，眉间

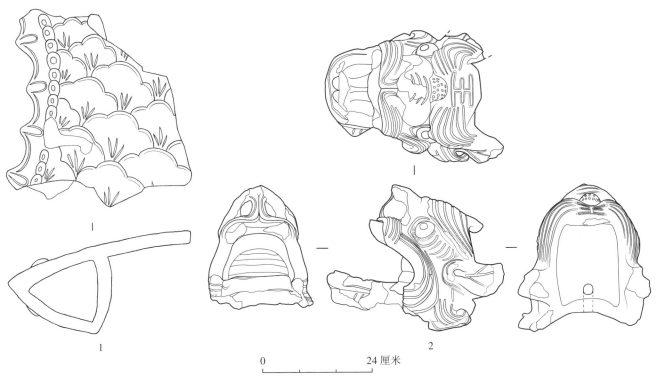

0　　　　　　　　24 厘米

图三六四　辽金时期灰陶脊兽

1. 鸱吻 T20305 ②：29　2. 垂兽残件 T20304 ②：62

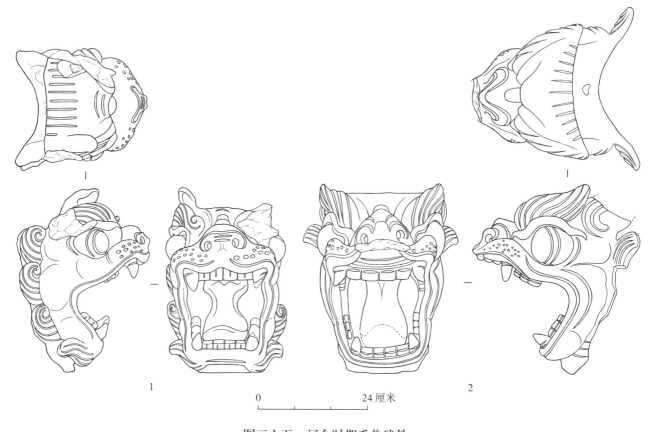

图三六五　辽金时期垂兽残件

1. T20804J2001：29　2. T20804J2001：30

有一舌状凸起，上有一近椭圆形钉孔（残），鼻孔朝天。张开的大口（近90°）内舌头长伸，舌
尖残，圆锥体状的鄂垂形象逼真，上颚翘起部分呈弧状，余呈波浪状，下颚有抹平痕迹。门齿
和臼齿为宽板状，下颌左侧臼齿脱落，獠牙尖长，上下均仅存右侧獠牙。嘴两侧有因较大的张
开幅度而产生的肉褶两道，上嘴唇略残。左右两侧各有数个内凹的圆形斑点，唇下及头部两侧
残留有毛发痕迹。头顶兽毛向后舒展，略向内收。头部中空。背面内凹，除头顶外，均磨光。
垂兽整长36.8、宽33.6、残高40厘米（图三六五，2；彩版一八一，6）。

　　标本T20304③：14，残留有红色颜料。仅存下颌及唇部周围上卷的胡须，门齿和臼齿呈
宽板状，两侧獠牙较长。唇下胡须残，左侧残存两缕上翘胡须，右侧存三缕，下颚空。残长
21.2、残宽24、残高11.4厘米（图三六六，1；彩版一八二，1）。

　　标本T20604②：5，残。仅存下颚部分，门齿和臼齿呈宽板状，舌尖上翘，唇下左侧有
一缕卷曲的虬须及鬃毛，右侧残。残长20、残宽25.2、残高13.4厘米（图三六六，2；彩版
一八二，2）。

　　标本T20804J2001：31，表面残留红色颜料。仅存下颚，舌头上卷，舌尖残，舌尖另贴，整
体有手指抹平痕迹，残存两颗门齿，唇左侧有胡须痕迹。底部内凹。残长14.8、残宽18.5、残高8.8
厘米（图三六六，3；彩版一八二，3）。

　　（9）建筑残件

　　2件。均残。泥质灰陶，图案模制，余手制。仅存一面。

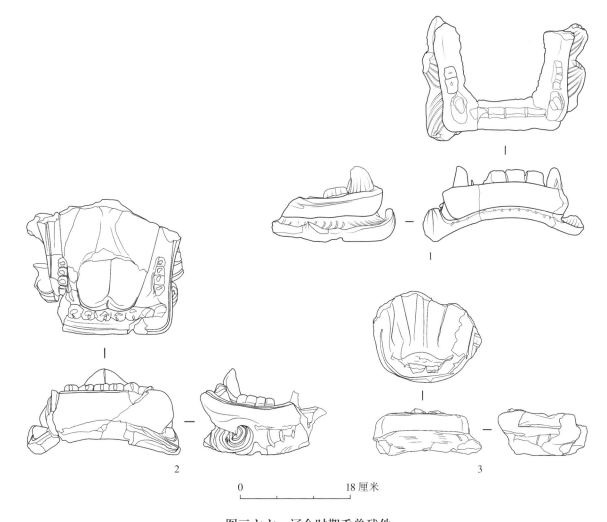

图三六六　辽金时期垂兽残件
1. T20304 ③：14　2. T20604 ②：5　3. T20804J2001：31

标本 T20203 ②：6，正面留有边框，内模印斜向枝叶状花纹，一角印有"卍"字纹样。背面竖向垂直贴一泥块，相接处抹合痕迹明显。正面残长 12.2、高 13、厚 2.7、背面泥块残长 0~5.4、高 10.8、厚 1.7 厘米（图三六七，1；彩版一八二，4）。

标本 T20304 ②：63，正面纹饰均由泥条贴塑，残存上、下两部分，上侧两凸线之间残存三个乳丁状泥球，表面以十字交叉线分四格。下侧为斜向泥条，残存四段，其中一泥条脱落。背面垂直贴一泥片，相接处抹合痕迹明显，泥片中央有一钉孔。残长 25.2、高 19.9、厚 5.8、背面泥块残长 22.5、宽 3.6~10.2、厚 3.7 厘米（图三六七，2；彩版一八二，5）。

（10）琉璃宝顶

1 件。

标本 T20506H2112：1，残。材质为高岭土，器表上层绿釉，下层黄绿相间，祥云呈酱色。断面及内部残留部分较薄的绿釉，上部口沿无釉。上下层之间以贴塑联珠纹间隔，下部纹饰较多，可辨的有火珠纹和祥云纹，下部可能为龙身，其余不详。残高 22.2、残长 35、厚 5.6 厘米（图三六七，3；彩版一八二，6）。

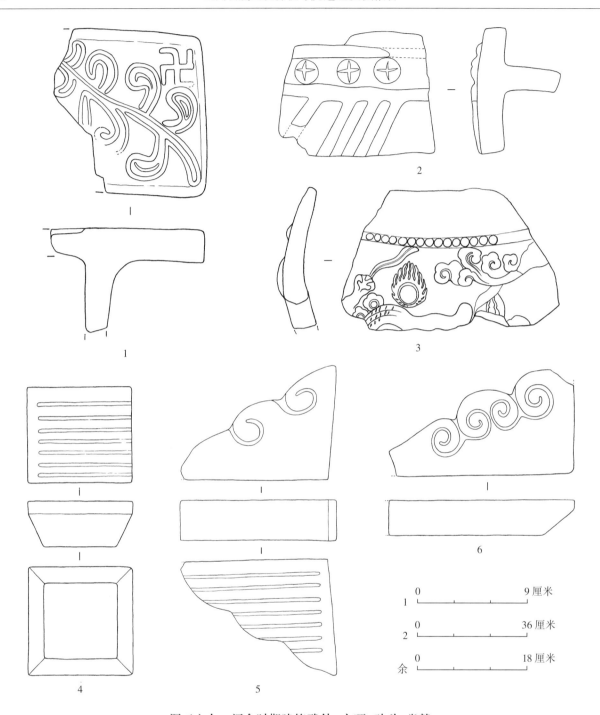

图三六七　辽金时期建筑残件、宝顶、砖斗、雀替

1、2. 建筑残件 T20203 ②：6、T20304 ②：63　3. 琉璃宝顶 T20506H2112：1　4. 砖斗 T20303 ②：37　5、6. 雀替 T20305 ③：30、
T20304 ③：31

（11）雀替

2 件。泥质灰陶，模制。整体呈直角三角形，2 件略有差异。

标本 T20305 ③：30，保存基本完整。正面长边部分雕刻单个勾云纹，侧面随纹饰卷曲成连弧形。背面压印沟纹 7 条，用缠着细绳的棒状物压印而成，沟纹一边未达到边缘。表面均涂有白灰，正面保存较好，背面白灰将沟纹填平。三边长分别为18.6、23.8、30.8、厚6.3厘米（图三六七，5；彩版一八三，2、3）。

标本T20304③：31，磨损严重。正面长边雕刻勾云纹，两个相对的勾云纹成一组；侧面随纹饰卷曲成连弧形。背部素面。表面均涂有白灰。三边残长分别为13.7、29.3、28.5、厚5.4厘米（图三六七，6；彩版一八三，4）。

（12）砖斗

1件。

标本T20303②：37，残。泥质灰陶，模制。上部呈盝形，下部呈方形，四个斜壁涂白灰，顶部和底部残留有白灰。顶部有打磨痕迹，底面有沟纹七条，沟纹用缠着细绳的棒状物压印而成，压印条纹较规整，沟纹一边的长度未达到砖的边缘。砖高7.1、骹高5、顶边长17、底边长12.3厘米（图三六七，4；彩版一八三，5）。

（13）建筑饰件

3件。

1）琉璃建筑饰件

1件。

标本T20607H2218：6，材质为高岭土，模制。黄绿釉，呈弧形。由花卉、祥云、双髻飞天及外围的山形构成。残高34.2、宽12.7、厚1.65厘米（图三六八，1；彩版一八三，1）。

2）灰陶建筑饰件

2件。

单面鱼形建筑饰件 1件。

标本TG213001H2378：31，泥质灰陶，手制。鱼头残，头身相接处有一排凸起的鱼鳞。鱼身弯曲，遍体鱼鳞，凹线间隔，上压印短线区分鳞片。下侧一排鱼鳍，上有压印小坑。鱼尾分叉上翘，上有阴刻线条，下部鱼尾略残，背面光滑平整。为脊兽角部饰件。残长14.8、残高8.5、厚2.3~4.3厘米（图三六八，2；彩版一八三，6）。

单面龙形建筑饰件 1件。

标本T20303②：36，泥质灰陶，手制。长眉，上翻，眉外侧耳朵直立。眼眶内凹，眼圆睁外凸，左眼扭曲严重。鼻残，嘴部闭合，门齿呈长方形，獠牙残。鬓角虬须卷曲，外侧一缕鬓毛上卷。表面有白灰残留，背面凹凸不平。残长13、残高11、厚3.8厘米（图三六八，3；彩版一八三，7）。

（二）生活生产用具

标本444件，其中有陶器232件、瓷器174件、冶炼器物27件、石器3件、铁器2件、铜器2件、铜钱4枚。

1．陶器

259件。多为泥质灰陶，少数泥质红陶。器形主要有陶盆、盏、盘、罐、碗、瓶、甑、釜、盒、圈、盖、纺轮、砚台、陶饰件等，多为生活用具。

陶盆，118件。根据口沿不同分卷沿、平沿、敛口三类，本遗址均有发现。另还有1件敞口深腹盆较为特殊以及一件带文字的盆底，单独列出。

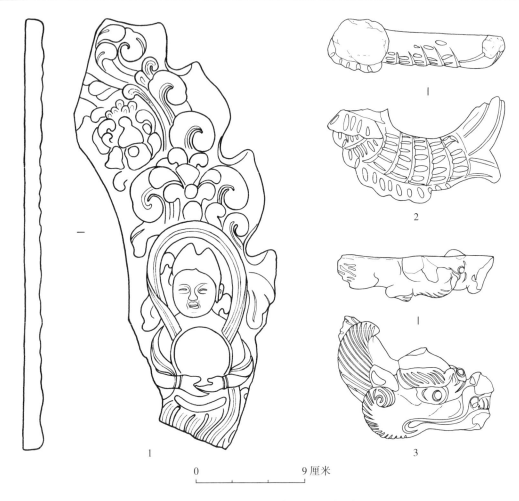

0　　　　　　　　9厘米

图三六八　辽金时期其他建筑饰件

1. 琉璃建筑饰件 T20607H2218：6　　2. 单面鱼形建筑饰件 TG213001H2378：31　　3. 单面龙形建筑饰件 T20303 ② : 36

（1）卷沿陶盆

74 件。泥质灰陶。根据口部与口沿内侧转折有无凸棱、腹部形制差异分三型。

A 型　51 件。敞口或直口，口沿中部鼓起，外侧下卷，口部与口沿内侧转折有圆棱，外沿与器壁有大小不同的间隙。据唇部和腹壁不同分三个亚型。

Aa 型　31 件。敞口或直口，圆唇，外沿与器壁有间隙。

标本 T20303 ③：8，敞口微直，斜弧腹，平底。内壁饰数周横向暗纹，器底存切割线痕。口径 37.2、底径 21.4、高 8.3 厘米（图三六九，1；彩版一八四，1）。

标本 TG213001H2378：32，敞口微直，弧腹，平底。口径 38.4、底径 25.2、高 9.8 厘米（图三六九，2；彩版一八四，2）。

标本 T20304 ③：30，敞口，弧腹，平底。口径 36.7、底径 20.6、高 8.2 厘米（图三六九，3；彩版一八四，3）。

标本 T20303 ②：3，直口微敛，下部略内收，平底。口沿、内壁及内底饰数周横向暗纹，沿上、内壁上部磨光。口径 40.3、底径 27、高 9.7 厘米（图三六九，4；彩版一八四，4）。

标本 T20304 ③：28，敞口微直，弧腹，平底。口沿面饰数周横向暗纹。口径 34.8、底径

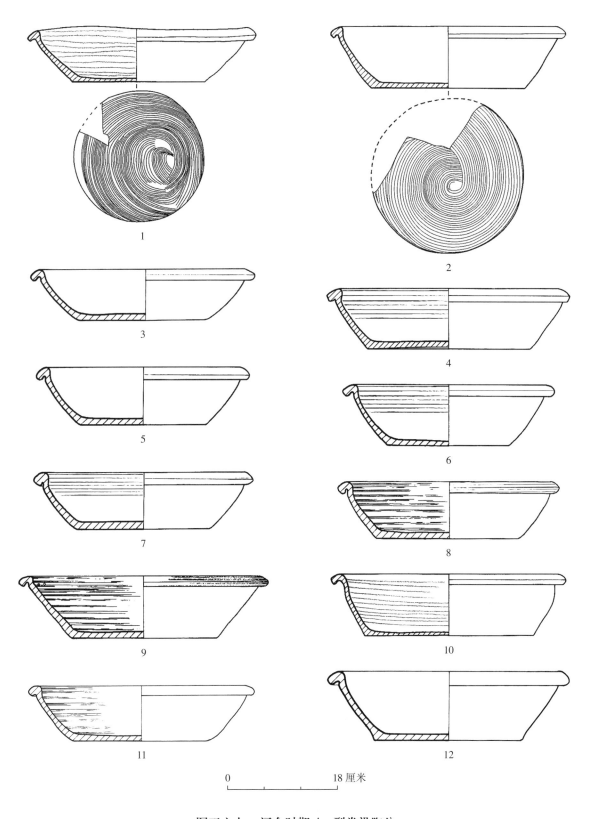

图三六九　辽金时期 Aa 型卷沿陶盆

1. T20303 ③：8　2. TG213001H2378：32　3. T20304 ③：30　4. T20303 ②：3　5. T20304 ③：28　6. TG213001H2378：8　7. T20303H2002：17
8. T20303 ②：13　9. T20305 ②：10　10. TG213001H2378：11　11. T20303 ③：1　12. T20303 ③：2

20.4、高 9.2 厘米（图三六九，5；彩版一八四，5）。

标本 TG213001H2378：8，敞口微直，弧腹，平底。内壁饰数周横向暗纹。口径 35.1、底径 20.3、高 9.7 厘米（图三六九，6；彩版一八四，6）。

标本 T20303H2002：17，直口，弧腹，平底。口沿及内壁上部饰数周横向暗纹。口径 35.9、底径 21.4、高 9 厘米（图三六九，7；彩版一八五，1）。

标本 T20303 ②：13，敞口，弧腹，平底。内壁和口沿面饰数周横向暗纹，磨光。口径 36.4、底径 23.4、高 9 厘米（图三六九，8；彩版一八五，2）。

标本 T20305 ②：10，口微直，腹部略内凹，平底。器壁有两个钻孔，内壁和口沿面饰数周横向暗纹，磨光。口径 40.8、底径 23.6、高 9.9、孔径 0.6 厘米（图三六九，9；彩版一八五，3）。

标本 TG213001H2378：11，敞口，弧腹，平底。口沿面及内壁饰数周横向暗纹。口径 38.9、底径 27.9、高 9.8 厘米（图三六九，10；彩版一八五，4）。

标本 T20303 ③：2，敞口，弧腹，平底。口径 37、底径 23.5、高 11.2 厘米（图三六九，12；彩版一八五，5）。

标本 T20303 ③：1，敞口，弧腹，平底。外壁上部饰数周横向暗纹，内壁及口沿面饰暗纹及旋坯痕，磨光。口径 34.6、底径 21、高 9 厘米（图三六九，11；彩版一八五，6）。

标本 T20407 ②：3，敞口，弧腹，平底。内壁及内底布满横向暗纹，口沿处有磨光痕迹，外壁满是横向修抚痕迹，器底存切割线痕。口径 34.6、底径 19.3、高 8.7 厘米（图三七〇，1；彩版一八六，1）。

标本 T20607H2218：15，敞口，上腹部略鼓，斜腹，平底。内壁饰数周横向暗纹。口径 38、底径 23、高 10 厘米（图三七〇，2；彩版一八六，2）。

标本 T20304 ②：12，敞口微直，弧腹，平底。口沿及内壁饰数周横向暗纹，口沿磨光。口径 33.4、底径 23.7、高 8.7 厘米（图三七〇，3；彩版一八六，3）。

标本 TG213001H2378：9，敞口，弧腹，平底。口径 38.4、底径 20.6、高 10 厘米（图三七〇，4；彩版一八六，4）。

标本 T20304 ③：40，直口，宽沿，弧腹，平底。口沿面及内壁饰数周横向暗纹。口径 35.9、底径 23.1、高 9.5 厘米（图三七〇，5；彩版一八六，5）。

标本 T20606H2360：2，敞口微直，宽沿，弧腹，平底。口沿面和内壁饰数周横向暗纹。口径 53、底径 45、高 11.2 厘米（图三七〇，6；彩版一八六，6）。

标本 T20704H2065：5，敞口，弧腹下收，平底。口径 40.6、底径 27.3、高 9.5 厘米（图三七〇，7；彩版一八七，1）。

标本 T20204 ③：10，敞口，斜腹，凹底。内壁及口沿面饰数周横向暗纹。口径 45.5、底径 28.8、高 11.8 厘米（图三七〇，8；彩版一八七，2）。

标本 T20707H2228：3，敞口，斜腹，平底。内壁及底饰数周横向暗纹。口径 39、底径 22.6、高 10 厘米（图三七〇，9；彩版一八七，3）。

标本 T20304 ③：29，敞口，弧腹，平底。口径 34.5、底径 19.2、高 9 厘米（图三七〇，10；彩版一八七，4）。

标本 T20304 ③：14，敞口，弧腹，平底。口径 36.4、底径 22、高 9.6 厘米（图三七〇，11；彩版一八七，5）。

0　　　　　　　　　　　　18 厘米

图三七〇　辽金时期 Aa 型卷沿陶盆

1. T20407 ②：3　2. T20607H2218：15　3. T20304 ②：12　4. TG213001H2378：9　5. T20304 ③：40　6. T20606H2360：2　7. T20704H2065：5　8. T20204 ③：10　9. T20707H2228：3　10. T20304 ③：29　11. T20304 ③：14

　　标本 T20304 ③：32，敞口微直，弧腹，平底。口沿面和内壁饰数周横向暗纹。口径 45.7、底径 27.8、高 11 厘米（图三七一，1；彩版一八七，6）。

　　标本 T20303 ②：28，敞口，浅弧腹，平底。内壁饰数周横向暗纹，口沿面有磨光痕迹，外壁有旋坯痕，黏有白石灰。口径 39.5、底径 25.7、高 8.8 厘米（图三七一，2；彩版一八八，1）。

　　标本 T20304 ③：25，敞口微直，宽沿，浅弧腹，平底。口沿面饰横向暗纹。口径 42.4、底径 30、高 10 厘米（图三七一，3；彩版一八八，2）。

　　标本 T20303 ②：14，敞口，弧腹，平底。内壁、内底和口沿面饰数周横向暗纹，外壁存旋坯痕。口径 33.6、底径 19.6、高 10.2 厘米（图三七一，4；彩版一八八，3）。

　　标本 T20303 ③：1，敞口，弧腹，平底。口径 34.3、底径 21.1、高 9.4 厘米（图三七一，5；彩版一八八，4）。

　　标本 T20606H2201：1，敞口微直，弧腹，平底。内壁饰数周横向暗纹。口径 61.4、底径 42.1、高 13.4 厘米（图三七一，6；彩版一八八，5）。

　　标本 T20606H2202：7，敞口微敛，内沿下压印两周凹槽，斜腹，平底。外壁存旋坯痕迹，器底部有一个铆钉孔。口径 62.9、底径 29.5、高 22.9、孔径 0.7 厘米（图三七一，7；彩版一八八，6）。

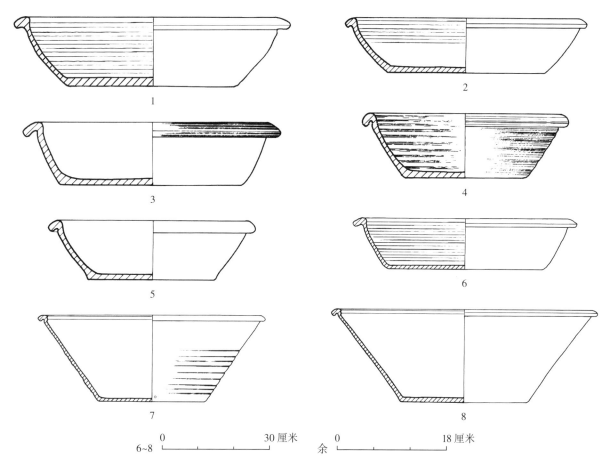

图三七一　辽金时期 Aa 型卷沿陶盆

1. T20304 ③：32　2. T20303 ②：28　3. T20304 ③：25　4. T20303 ②：14　5. T20303 ③：1　6. T20606H2201：1　7. T20606H2202：7　8. T20303 ②：20

标本 T20303 ②：20，直口，内沿下压印两周凹槽，斜腹，近底部略外撇，平底。口沿面饰数周横向暗纹，器壁中部有一个锔钉孔。口径 73、底径 34.7、高 24.6 厘米（图三七一，8；彩版一八九，1）。

Ab 型　12 件。口直微敞，尖圆唇，口沿下器壁内凹一周，束颈较宽，上腹鼓，下腹弧收，平底。

标本 T20906H2249：9，口沿、外壁及内壁饰数周横向暗纹，磨光，器底存切割线痕。口径 40.2、腹径 41.4、底径 28.2、高 19.2 厘米（图三七二，1；彩版一八九，2）。

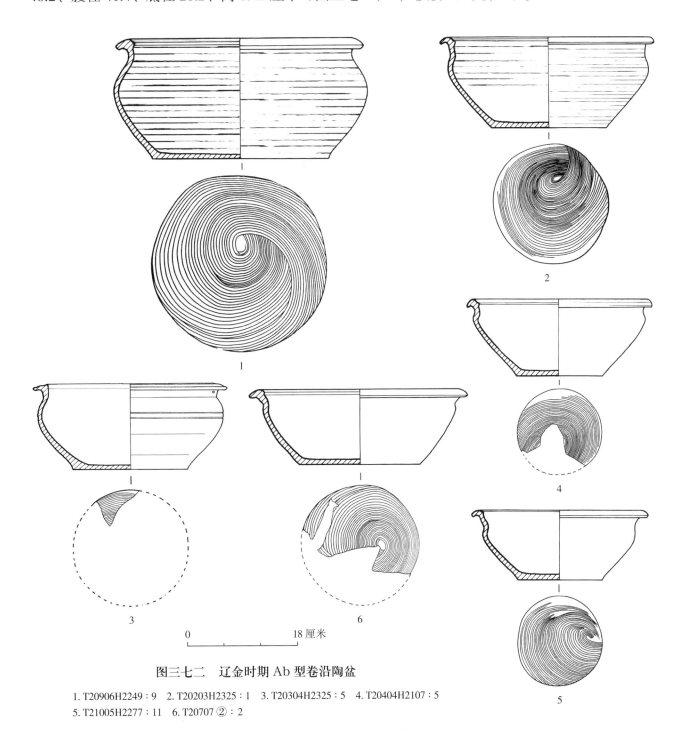

0　　　　　　　18 厘米

图三七二　辽金时期 Ab 型卷沿陶盆

1. T20906H2249：9　2. T20203H2325：1　3. T20304H2325：5　4. T20404H2107：5
5. T21005H2277：11　6. T20707 ②：2

标本 T20203H2325：1，外壁及口沿饰数周横向暗纹，内壁有数周旋转上升暗纹，器壁有六处钻孔。口径 35.2、底径 19.1、高 14.5 厘米（图三七二，2；彩版一八九，3）。

标本 T20304H2325：5，口沿面内外两侧各有一周凹弦纹，上腹部有两周凹弦纹，下腹部有一周凹弦纹，近底部有两周凹弦纹。口径 35.5、底径 21、高 15.3 厘米（图三七二，3；彩版一八九，4）。

标本 T20404H2107：5，口沿面内侧压印一周凹槽，口沿面有暗纹及磨光痕迹，内壁有旋坯痕及修整刮痕，器底存切割线痕，底包壁。口径 30.6、底径 14.2、高 12 厘米（图三七二，4；彩版一八九，5）。

标本 T21005H2277：11，器底存切割线痕。口径 29.1、底径 14.1、高 11 厘米（图三七二，5；彩版一八九，6）。

标本 T20707 ②：2，器底存切割线痕。口径 35.6、底径 19.5、高 11.8 厘米（图三七二，6；彩版一九〇，1）。

标本 T20607H2218：14，口沿面内侧压印一周凹槽，口沿面部有暗纹及磨光痕迹，内壁有旋坯痕及修整刮痕，器底存切割线痕，底包壁。口径 27.4、底径 12.8、高 11.8 厘米（图三七三，1；彩版一九〇，2）。

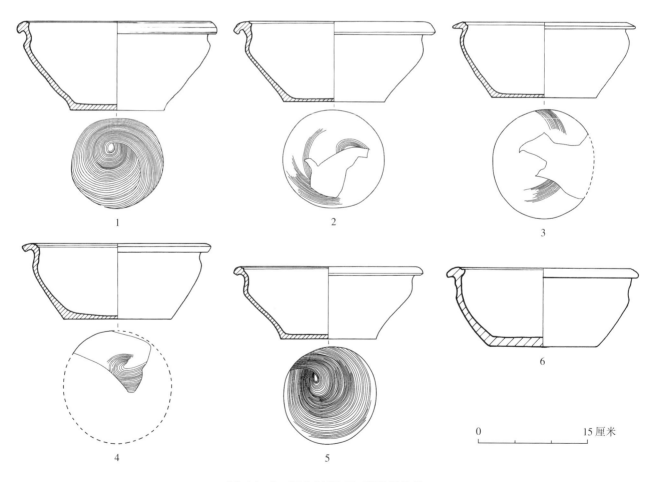

图三七三　辽金时期 Ab 型卷沿陶盆

1. T20607H2218：14　2. T21005H2277：12　3. T20405 ③：3　4. T20303 ②：26　5. T21005H2277：10　6. T20605 ②：3

标本 T21005H2277：12，下腹部微内凹。口径 27.4、底径 13.8、高 10.6 厘米（图三七三，2；彩版一九〇，3）。

标本 T20405 ③：3，直口微敛，内外壁有旋坯痕。口径 24.8、底径 14.1、高 9.9 厘米（图三七三，3；彩版一九〇，4）。

标本 T20303 ②：26，沿面圆鼓，唇略方，器底存切割线痕。口径 26.3、底径 14.5、高 10 厘米（图三七三，4；彩版一九〇，5）。

标本 T21005H2277：10，下腹部内凹，器底存切割线痕。口径 25.8、底径 13、高 9.5 厘米（图三七三，5；彩版一九〇，6）。

标本 T20605 ②：3，口沿面内侧压印一周凹槽，口沿面饰数周横向暗纹。口径 26、底径 14.6、高 10.4 厘米（图三七三，6；彩版一九一，1）。

Ac 型　8 件。敞口，口沿下卷，斜方唇，沿下与外壁略呈三角状，平底。

标本 T20707H2237：3，浅弧腹。内壁及内底饰数周横向暗纹，器底存切割线痕，底包壁。口径 32.6、底径 17.9、高 9 厘米（图三七四，1；彩版一九一，2）。

标本 T20504H2051：5，中下腹部内凹，器底存切割线痕。口径 31、底径 16、高 8 厘米（图三七四，2；彩版一九一，3）。

标本 T20604H2346：1，下腹部略内凹，器壁存六个锔钉孔。口径 39.4、底径 20.1、高 9.6、孔径 0.4 厘米（图三七四，3；彩版一九一，4）。

标本 T20705 ②：6，斜腹。口径 35.8、底径 21、高 8.9 厘米（图三七四，4；彩版一九一，5）。

标本 T20407H2337：1，器壁略向内收，上壁及器底存三个锔钉孔。口径 44.6、底径 24、高 12、孔径 0.6 厘米（图三七四，5；彩版一九一，6）。

标本 T20504H2051：8，腹部略内凹，底包壁，外壁有旋坯痕。口径 41.4、底径 20.8、高 13 厘米（图三七四，6；彩版一九二，1）。

标本 T20603H2121：3，腹略内收。内壁及口沿面部饰数周横向暗纹。口径 42、底径 23.8、高 12.6 厘米（图三七四，7；彩版一九二，2）。

标本 TG21706H2127：1，弧腹。内壁饰数周横向暗纹，器壁存五处锔钉孔。口径 67.1、底径 37.5、高 16、孔径 0.4 厘米（图三七四，8；彩版一九二，3）。

B 型　16 件。敞口或直口，口沿中部微鼓，外部略下翻，口沿内侧与内壁圆滑转折无棱，外沿与器壁有大小不同的间隙。据口沿和腹壁不同分型式。

Ba 型　4 件。大敞口，方唇或斜方唇，斜腹，平底。

标本 T21006H2278：1，斜方唇，唇面略内凹，斜腹。外壁存旋坯痕，器底存切割线痕。口径 49.5、底径 32、高 12.6 厘米（图三七五，1；彩版一九二，4）。

标本 T20905 ③：1，斜方唇，腹部内凹。内壁有磨光痕迹。口径 46.5、底径 28.6、高 10.1 厘米（图三七五，2；彩版一九二，5）。

标本 T20705 ③：2，斜方唇，腹部内凹。外壁有数周旋坯痕，器底存切割线痕。口径 46.9、底径 28.6、高 9.3 厘米（图三七五，3；彩版一九二，6）。

标本 T20304 ③：27，方唇，唇面压印一周凹槽，斜腹。器底存切割线痕。口径 38.3、底径 19.7、高 9.5 厘米（图三七五，4；彩版一九三，1）。

Bb 型　10 件。同 Ba 型。敞口，方唇，内壁上腹部有一周凹槽。折上腹，折痕明显，平底。

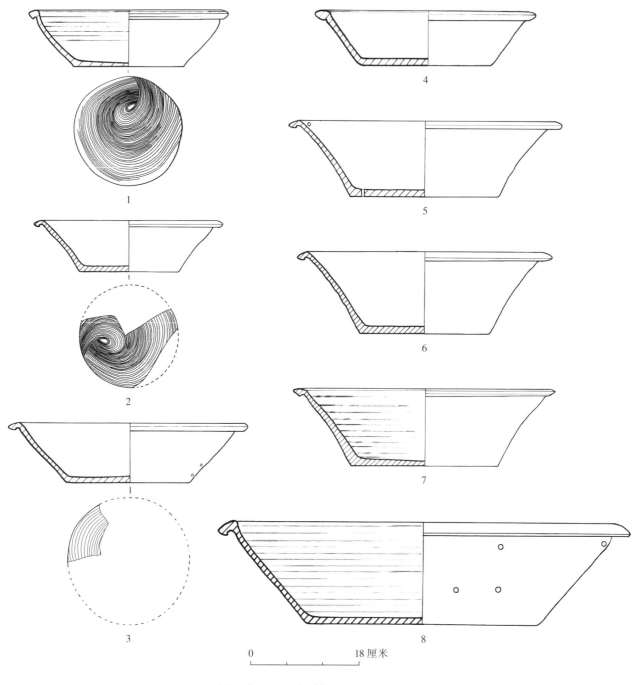

图三七四　辽金时期 Ac 型卷沿陶盆

1. T20707H2237：3　2. T20504H2051：5　3. T20604H2346：1　4. T20705②：6　5. T20407H2337：1　6. T20504H2051：8
7. T20603H2121：3　8. TG21706H2127：1

　　标本 T21005H2277：16，下腹斜收，底略凹。内壁上腹部饰数周横向暗纹，磨光，外壁有旋坯痕。口径 48.4、底径 29.2、高 11.6 厘米（图三七六，1；彩版一九三，2）。

　　标本 T20906③：19，下腹斜收，平底。内壁腹部以宽条暗纹为界，上部划半圆弧线互套的暗纹装饰，下部为不规则竖向折线纹，其上下到口沿、内底部均划横向暗纹，器底部有一个锔钉孔。口径 66.1、底径 37.2、高 18.4 厘米（图三七六，2；彩版一九三，3）。

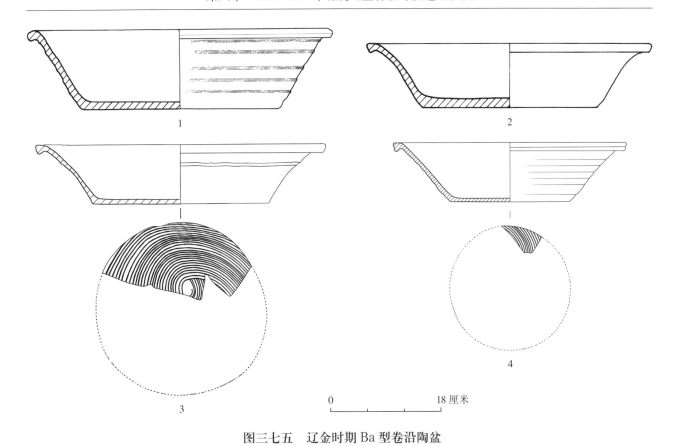

图三七五　辽金时期 Ba 型卷沿陶盆

1. T21006H2278：1　2. T20905③：1　3. T20705③：2　4. T20304③：27

标本 T20304H2319：1，下腹弧收，暗纹距离较宽，外壁有旋坯痕。口径 28.1、底径 12.1、高 8 厘米（图三七六，3；彩版一九三，4）。

标本 T21006H2309：3，下腹内凹，外壁有旋坯痕。口径 36.2、底径 15.5、高 10.7 厘米（图三七六，4；彩版一九三，5）。

标本 T20906③：7，下腹斜收微内凹，平底。口径 39.5、底径 20.7、高 10 厘米（图三七六，5；彩版一九三，6）。

标本 T21005H2277：6，下腹斜收。外壁有旋坯痕，壁包底。口径 37、底径 16.7、高 10.7 厘米（图三七六，6；彩版一九四，1）。

标本 T20203②：4，下腹弧收，平底。腹底与底相接处形成一周凹槽，应是底包壁制作时遗留。口径 35.7、底径 17.7、高 9.5 厘米（图三七六，7；彩版一九四，2）。

标本 T20606H2270：1，下腹斜收，平底内凹。外壁有旋坯痕，内壁饰数周横向暗纹旋转上升，暗纹距离较宽。口径 44、底径 17.7、高 16 厘米（图三七六，8；彩版一九四，3）。

标本 T21005H2277：48，下腹弧收，底略凹。器口沿面、内壁及内底饰数周横向暗纹，内底中央有三周凹弦纹，器底存切割线痕。口径 39.4、底径 28.2、高 9.9 厘米（图三七六，9；彩版一九四，4）。

标本 T20305②：9，下腹斜收，平底。口沿及内壁中上部饰数周横向暗纹，磨光。口径 42、底径 16.2、高 12.1 厘米（图三七六，10；彩版一九四，5）。

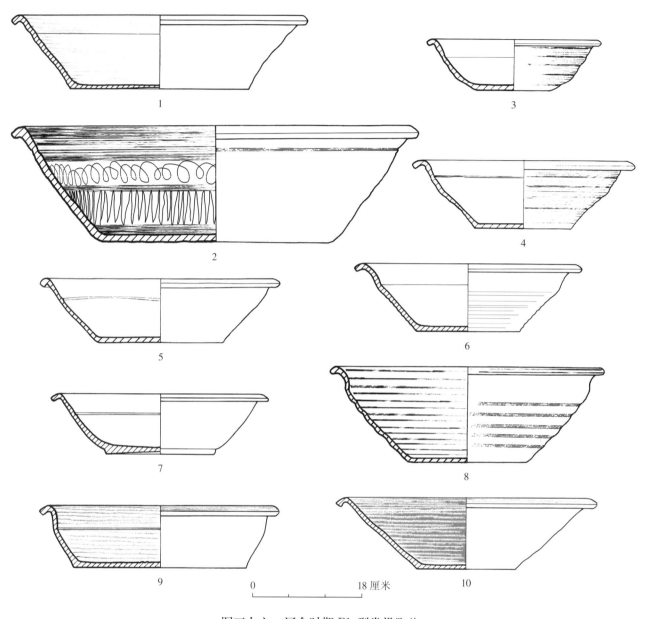

图三七六　辽金时期 Bb 型卷沿陶盆

1. T21005H2277：16　2. T20906③：19　3. T20304H2319：1　4. T21006H2309：3　5. T20906③：7　6. T21005H2277：6　7. T20203②：4
8. T20606H2270：1　9. T21005H2277：48　10. T20305②：9

　　Bc 型　2 件。直口微敛，大卷沿，沿面圆鼓，外沿下卷。上腹微鼓，弧腹，大平底。

　　标本 T20303②：16，外壁存旋坯痕，器底存切割线痕。口径 31.4、底径 23.1、高 10.7 厘米（图三七七，1；彩版一九四，6）。

　　标本 T20905②：9，内壁和口沿面饰数周横向暗纹，外壁存旋坯痕。口径 38.7、底径 29.8、高 10.3 厘米（图三七七，2；彩版一九五，1）。

　　C 型　7 件。沿面窄，沿圆鼓下卷，沿下与外壁相接处划出小间隙。口沿内侧与内壁转折无棱。敛口，圆唇，斜弧腹，平底。

　　标本 T20403H2008：5，下腹部内凹。口径 28.7、底径 16.9、高 9.8 厘米（图三七八，1；彩

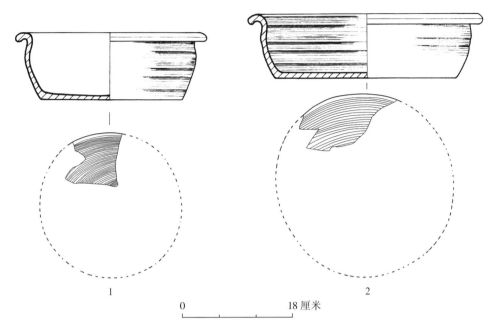

图三七七　辽金时期Bc型卷沿陶盆

1. T20303②：16　2. T20905②：9

版一九五，2）。

标本T20604H2124：4，下腹部略内凹。口径33、底径17.9、高15厘米（图三七八，2；彩版一九五，3）。

标本T20604②：4，器壁有一个钻孔。口径24、底径14.3、高9.4、孔径0.4厘米（图三七八，3；彩版一九五，4）。

标本T20506H2180：7，下腹部略内凹。口径27、底径13.5、高10厘米（图三七八，4；彩版一九五，5）。

标本T20304③：56，口沿厚实，弧腹。口径25.9、底径13.9、高7.1厘米（图三七八，5；彩版一九五，6）。

标本T20604H2124：7，腹壁近底部略内凹。口径26.5、底径15.2、高10.5厘米（图三七八，6；彩版一九六，1）。

标本T20204③：9，内壁和口沿面饰数周横向暗纹，弧腹。口径24.9、底径16.9、高6.2厘米（图三七八，7；彩版一九六，2）。

（2）平沿陶盆

33件。泥质灰陶，泥条盘筑，慢轮修整。根据器内口沿下方凸棱不同、沿面外缘凹槽不同分三型。

A型　7件。内壁口沿下方有凸棱，口沿面较宽平。沿内侧或下方又剔压一周凹槽，呈双棱状。

标本T20606H2202：8，敞口，斜腹，外壁腹中部内凹，平底。方唇沿内侧压印一周凹槽，呈双棱状，外壁划四周修整的凹弦纹，器壁下部有一及近底部各存一个铜钉孔。口径84.8、底径31.2、高28、孔径0.6、圆孔径0.8厘米（图三七九，1；彩版一九六，3）。

标本T20606H2202：1，敞口，方唇，斜腹，外壁腹中部内凹，近底部外撇，平底。沿内侧

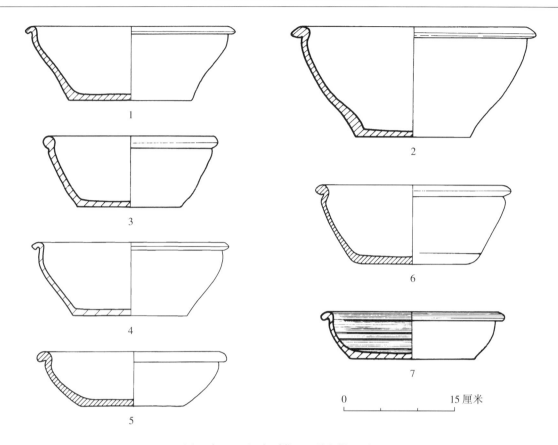

图三七八　辽金时期 C 型卷沿陶盆

1. T20403H2008：5　2. T20604H2124：4　3. T20604②：4　4. T20506H2180：7　5. T20304③：56　6. T20604H2124：7　7. T20204③：9

压印一周凹槽，呈双棱状，外壁划六周修整的凹弦纹，器底部有一个锔钉孔。口径 82.9、底径 32.4、高 30、孔径 0.6 厘米（图三七九，2；彩版一九六，4）。

　　标本 T20606 作坊 2001：2，敞口，方圆唇，斜腹，腹中部内凹，近底部外撇，平底。沿内侧压印一凹槽，器底部中间凿一圆洞。口径 79.1、底径 35.7、高 29.2、孔径 10.7 厘米（图三七九，3；彩版一九六，5）。

　　标本 T21005H2227：4，敞口，宽平沿，方唇，斜腹，平底。沿面内侧有一周凹弦纹，器壁存两个锔钉孔。口径 89.8、底径 40.5、高 33 厘米（图三七九，4；彩版一九六，6）。

　　标本 T20405③：6，敞口，宽口沿，斜腹，近底部略外撇，平底。沿面内侧压印一周细凹槽，内沿有一周凸棱，器壁存七个锔钉孔。口径 71.2、底径 31.2、高 27、孔径 0.4 厘米（图三七九，5；彩版一九七，1）。

　　标本 T21005H2277：35，敞口，宽平沿，口沿略下斜，方唇，斜腹，平底。沿面内外侧各压印一周凹槽，外侧较浅，器壁存七个锔钉孔。口径 89、底径 41、高 34.4 厘米（图三七九，6；彩版一九七，2）。

　　标本 T20705②：10，敞口，斜腹，平底。器壁上存五个锔钉孔。口径 70.2、底径 30.6、高 28.1、孔径 0.5 厘米（图三七九，7；彩版一九七，3）。

　　B 型　10 件。内壁口沿下方有凸棱，口沿面中央剔压一周凹槽，外侧微高，形成浅二层台。

　　标本 T20407②：6，敞口，方圆唇，上腹部略鼓，斜腹下收，平底。内壁滚印细小菱形网

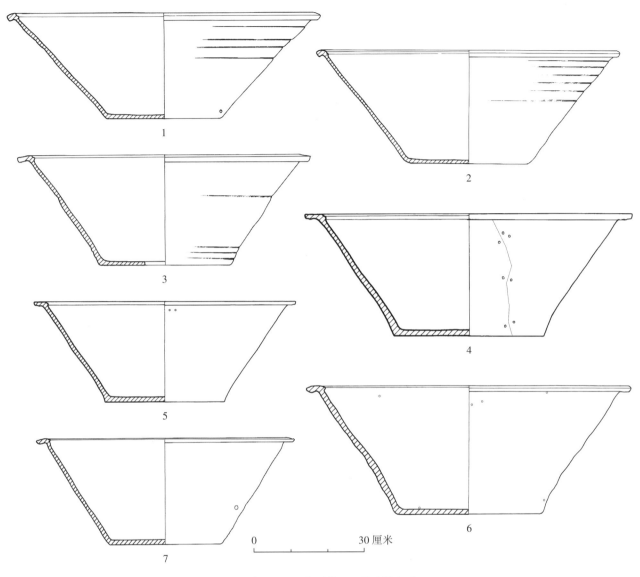

图三七九　辽金时期 A 型平沿陶盆

1. T20606H2202：8　2. T20606H2202：1　3. T20606 作坊 2001：2　4. T21005H2227：4　5. T20405 ③：6　6. T21005H2277：35
7. T20705 ②：10

格纹带七周，间距不等。口径 47.3、底径 18.2、高 18.5 厘米（图三八〇，1；彩版一九七，4）。

标本 T20906 ③：18，直口，圆唇，斜腹内凹，近底部外撇，平底。器底及内壁滚印菱形网状纹八周，其中器底存一周，外壁上部存旋坯痕，下部存修整时压印的宽凹槽。口径 49.7、底径 15.9、高 18.3 厘米（图三八〇，2；彩版一九七，5）。

标本 T20504H2043：1，敞口，下腹部有一周凹槽，平底。口沿内侧又压印一周凹槽，内壁滚印五周间距不等的三角形纹带。口径 38.9、底径 14.8、高 13.3 厘米（图三八〇，3；彩版一九七，6）。

标本 T20404H2329：6，敞口，圆唇，斜腹，平底。器底及内壁滚印短竖线夹长方形格纹带五周，器壁存四个铜钉孔。口径 50.3、底径 20.7、高 15.2、孔径 0.5 厘米（图三八一，1；彩版一九八，1）。

标本 T20605 ③：5，敞口，圆唇，器壁略向内凹，平底。内壁饰六周短竖线夹长方形格纹带。

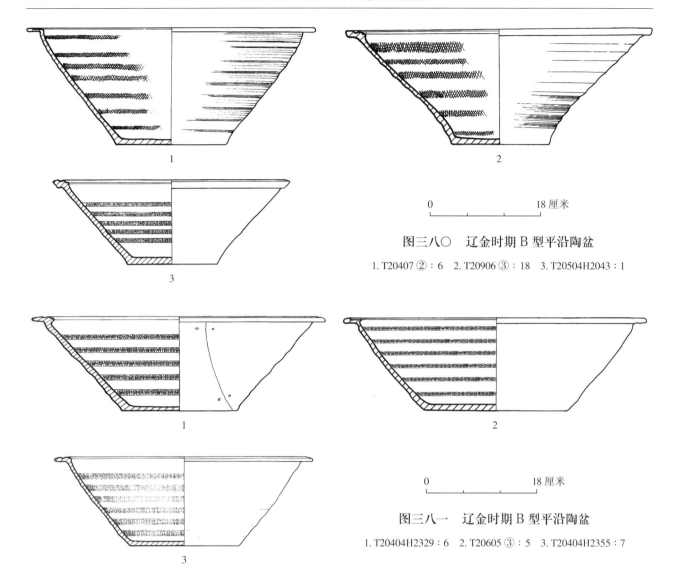

图三八〇　辽金时期 B 型平沿陶盆

1. T20407 ② : 6　2. T20906 ③ : 18　3. T20504H2043 : 1

图三八一　辽金时期 B 型平沿陶盆

1. T20404H2329 : 6　2. T20605 ③ : 5　3. T20404H2355 : 7

口径 49.4、底径 23.2、高 14.7 厘米（图三八一，2；彩版一九八，2）。

　　标本 T20404H2355 : 7，敞口，圆唇，弧腹，平底。内壁饰短竖线夹长方形格纹八周，其中器底存两周。口径 46.1、底径 22、高 14.8 厘米（图三八一，3；彩版一九八，3）。

　　标本 T21005H2277 : 13，敞口，下腹部内凹，底略凹。口沿面中央压印两周凹槽，内壁从内底中央旋转上升到腹壁有规律的菱形纹和水草之上的鱼相间的二方连续纹饰带，内底两周，腹壁五周，间距不等。口径 48、底径 20.1、高 15 厘米（图三八二，1；彩版一九八，4）。

　　标本 T21006H2308 : 1，敞口，方唇，斜腹，平底。口沿内侧压印一周凹槽，内壁饰滚印小方格纹六周。口径 44.3、底径 20.8、高 14.9 厘米（图三八二，2；彩版一九八，5）。

　　标本 T20404H2355 : 6，敞口，宽沿，腹部向内凹，平底。内壁滚印小方格纹饰七周，较随意，器壁有六个钻孔。口径 55、底径 23.5、高 17.1 厘米（图三八二，3；彩版一九八，6）。

　　标本 T20605 ③ : 4，敞口，方唇，斜腹，近底部外撇，平底。内壁滚印短竖线夹长方格纹三周，器壁有两个钻孔。口径 71.1、底径 30.6、高 25、孔径 0.5 厘米（图三八三；彩版一九九，1）。

　　C 型　16 件。内壁口沿下方有一周或两周凸棱，口沿面外端剔压一周凹槽，外端略上折。

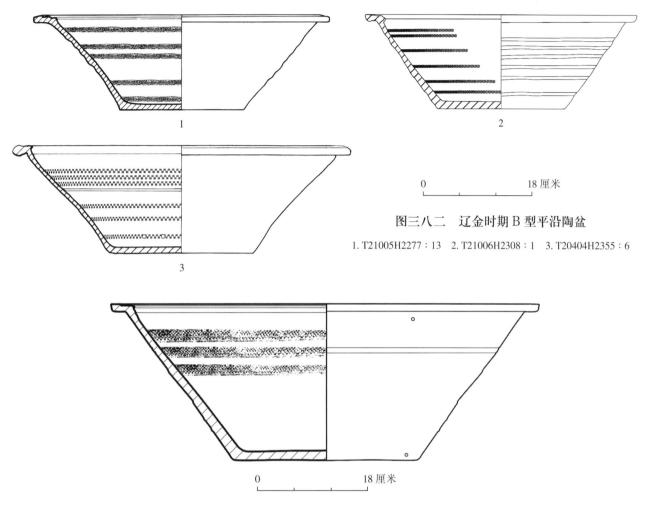

图三八二　辽金时期 B 型平沿陶盆

1. T21005H2277：13　2. T21006H2308：1　3. T20404H2355：6

图三八三　辽金时期 B 型平沿陶盆 T20605 ③：4

标本 T20607H2218：3，敞口微直，方唇，弧腹，凹底。口沿面磨光，内壁有数周旋转暗纹，外壁有旋坯痕，器底存切割线痕。口径 33.9、底径 18.8、高 8.1 厘米（图三八四，1；彩版一九九，2）。

标本 T20304 ②：45，敞口，斜腹，平底。口沿、内壁、底饰数周横向暗纹，器底存切割线痕。口径 41.9、底径 24.7、高 9.3 厘米（图三八四，2；彩版一九九，3）。

标本 T20603H2102：1，敛口，圆唇，上腹部略鼓，深弧腹，平底。口径 44.6、底径 19、高 21.2 厘米（图三八四，3；彩版一九九，4）。

标本 T20507 ③：10，直口，圆唇，深弧腹，上腹略内鼓，平底。口径 31.1、底径 16.8、高 15.6 厘米（图三八四，4；彩版一九九，5）。

标本 T20303 ②：1，直口，圆唇，上腹部略鼓，深弧斜腹，平底。沿面内侧压印一周细凹槽，器壁存两个铜钉孔。口径 53.6、底径 18.4、高 31.4、孔径 0.5 厘米（图三八四，5；彩版一九九，6）。

标本 T20604H2341：6，敞口，圆唇，腹中部略内凹，平底。器壁存五个钻孔。口径 68.4、底径 30.6、高 23.4 厘米（图三八五，1；彩版二〇〇，1）。

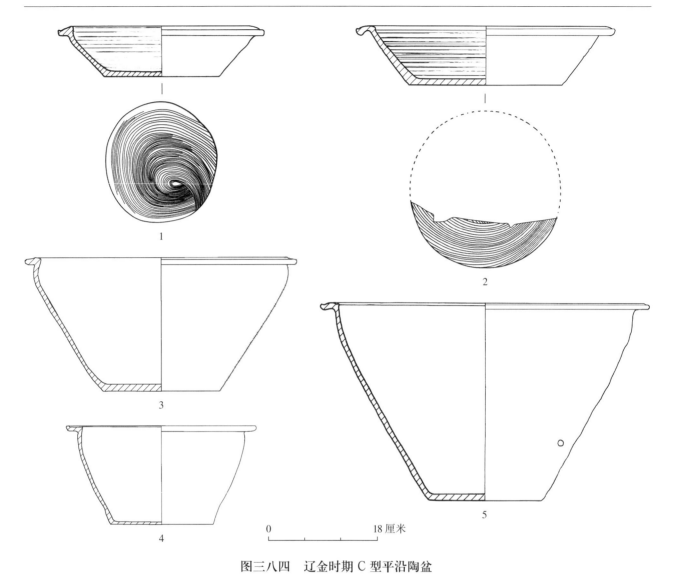

图三八四　辽金时期 C 型平沿陶盆

1. T20607H2218：3　2. T20304 ②：45　3. T20603H2102：1　4. T20507 ③：10　5. T20303 ②：1

　　标本 T20604H2341：3，侈口，圆唇，上腹部略内凹，下腹斜收，平底。口径 38.2、底径 19、高 12.1 厘米（图三八五，2；彩版二〇〇，2）。

　　标本 T20604H2150：7，敞口，圆唇，斜腹，腹中部内凹，平底。器壁存八个锔钉孔。口径 58.3、底径 20、高 22 厘米（图三八五，3；彩版二〇〇，3）。

　　标本 T20604H2124：12，敞口，圆唇，斜腹部内凹，平底。内壁有阴刻文字，仅存 1/3，不可辨识，器壁上有四个钻孔。口径 44.2、底径 18.1、高 18.6、孔径 0.5 厘米（图三八五，4；彩版二〇〇，4）。

　　标本 T20504H2047：9，敞口，口沿下斜，圆唇，斜直腹，平底。沿面内侧又压印一周细凹槽，器壁存一个锔钉孔。口径 43、底径 26.6、高 16.5、孔径 0.5 厘米（图三八五，5；彩版二〇〇，5）。

　　标本 T20204 ③：16，敞口，斜腹，腹中部略内凹，平底。器壁有两个锔钉孔。口径 69.9、

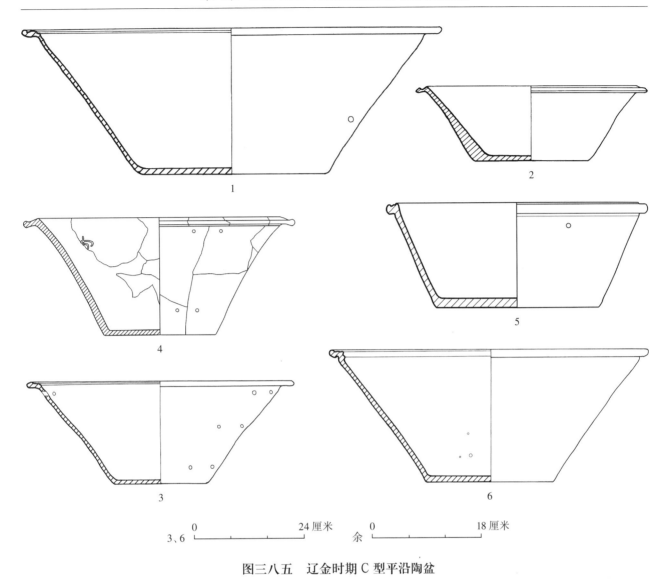

图三八五　辽金时期 C 型平沿陶盆

1. T20604H2341：6　2. T20604H2341：3　3. T20604H2150：7　4. T20604H2124：12　5. T20504H2047：9　6. T20204③：16

底径 27.9、高 28.3、孔径 0.5~0.8 厘米（图三八五，6；彩版二〇〇，6）。

标本 T21007H2282：3，敞口，圆唇，斜腹内凹，平底。内壁滚印菱形纹饰十六周，器底存一周。口径 52、底径 19、高 21.8 厘米（图三八六，1；彩版二〇一，1）。

标本 T20804G2001：5，敞口，圆唇，斜腹下部略内收，平底。内壁滚印菱形纹饰十四周，内底存两周，器壁有两个锔钉孔。口径 35.4、底径 12.7、高 14.4、孔径 0.5 厘米（图三八六，2；彩版二〇一，2）。

标本 T20603H2152：2，敞口，圆唇，斜腹，平底。内壁滚印菱形纹饰十二周，内底存一周，器壁存三个锔钉孔。口径 41.7、底径 15.7、高 18.6 厘米（图三八六，3；彩版二〇一，3）。

标本 T20906③：16，敞口，圆唇，弧腹，平底。内壁滚印"水草"形纹六到七周。口径 38.4、底径 14.5、高 12.9 厘米（图三八六，4；彩版二〇一，4）。

标本 T20503H2352：2，敞口，方圆唇，弧腹。外壁口沿下方有一纵向刻划文字"天长"。

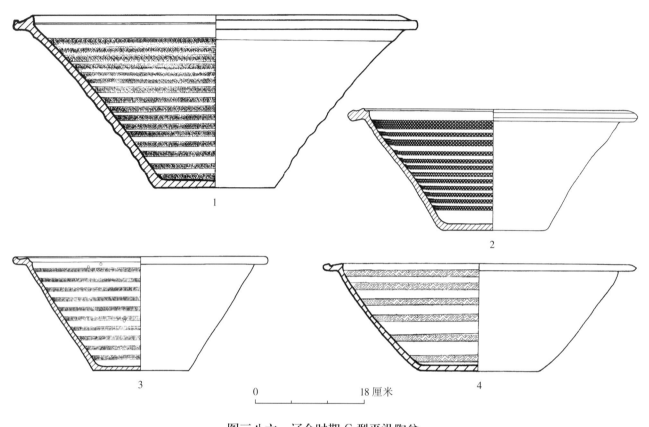

图三八六　辽金时期 C 型平沿陶盆

1. T21007H2282：3　2. T20804G2001：5　3. T20603H2152：2　4. T20906 ③：16

残高 15、残宽 21.6、残厚 1.2 厘米（图三八七，1；彩版二〇一，5）。

（3）敛口陶盆

9 件。泥质灰陶。敛口，根据唇部形制差异分三型。

A 型　6 件。外壁口沿下压印一周凹槽，肩部随口沿内敛，内唇尖圆，上腹鼓，下腹内收，底包壁，器底存切割线痕。

标本 T20606H2231：1，平底。口径 28.5、底径 17.5、高 10.5 厘米（图三八八，1；彩版二〇一，6）。

标本 T20403H2010：1，口沿、肩部和上腹部饰数周横向暗纹，并磨光，内底及内壁饰旋转上升的凹弦纹，内壁手法较轻，表现为横向暗纹，底部内凹。口径 21.5、腹径 24.7、底径 15.7、高 10.6 厘米（图三八八，2；彩版二〇二，1）。

标本 T20404H2340：3，平底。口沿、肩部和上腹饰数周横向暗纹并磨光，口径 29.8、腹径 32.4、底径 18.6、高 11.5 厘米（图三八八，3；彩版二〇二，2）。

标本 T20506H2172：2，平底。外沿、肩部及上腹部有磨光痕迹，内底、内壁饰数周横向暗纹。口径 28.5、腹径 29.5、底径 19.5、高 11 厘米（图三八八，4；彩版二〇二，3）。

标本 T20707H2212：2，圆唇，沿面圆鼓，上腹略鼓，弧腹，平底。沿内侧划有一周凹弦纹，外沿下卷呈卷沿状，器内外均饰数周横向暗纹，但磨损较重，外壁有磨光痕迹。口径 32.8、底径 19.7、高 19.2 厘米（图三八八，5；彩版二〇二，4）。

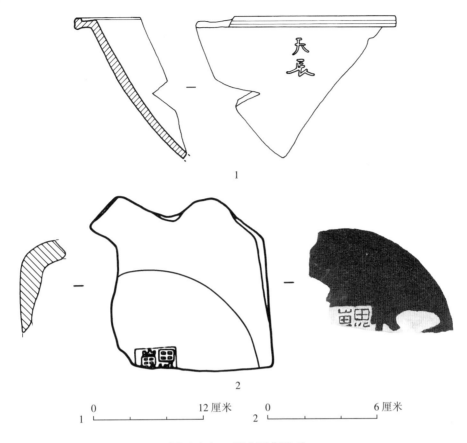

0 _____ 12 厘米
1

0 _____ 6 厘米
2

图三八七 辽金时期陶盆

1. C 型平沿陶盆 T20503H2352：2 2. 带文字盆底 T20307③：8

标本 T21005H2277：5，底部内凹。口沿、肩部和上腹部饰数周横向暗纹，并有磨光痕迹。口径 29.5、腹径 31、底径 19、高 10.6 厘米（图三八八，6；彩版二〇二，5）。

B 型 2 件。内唇部呈尖棱状。上腹鼓，下腹内收，底包壁，器底存切割线痕。

标本 T20505③：3，口沿下压印一周凹槽，肩部随口沿内敛，上腹部略鼓，中部略内凹，平底。口径 48.9、底径 22.5、高 15.9 厘米（图三八八，7；彩版二〇三，1）

标本 T21007②：3，外唇部呈斜方状，肩部微敞，弧腹，平底。口沿面及内壁饰数周横向暗纹，器壁有两个钻孔。口径 26.7、底径 14.9、高 8.2 厘米（图三八八，8；彩版二〇三，2）。

C 型 1 件。

标本 T20705H2240：2，内外唇均为圆唇，唇内卷与内壁形成一周凹槽。束颈，上腹鼓，下腹弧收，平底。口径 28.2、底径 11.3、高 12.5 厘米（图三八八，9；彩版二〇二，6）。

（4）敞口深腹盆

1 件。

标本 T20707①：1，泥质灰陶。敞口，折沿，圆唇，深腹，腹中部略内凹，平底。口沿下肩部对称置耳，两耳相间的腹底部一侧又置一耳。口径 23、底径 15.3、高 15.4 厘米（图三八九，1；彩版二〇三，3）。

带文字盆底 1 件。

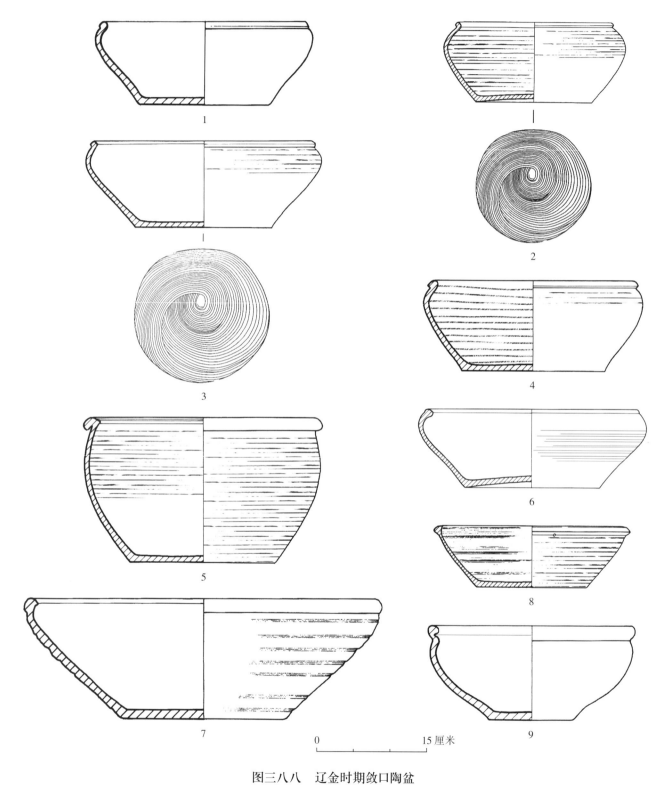

图三八八　辽金时期敛口陶盆

1~6. A 型 T20606H2231：1、T20403H2010：1、T20404H2340：3、T20506H2172：2、T20707H2212：2、T21005H2277：5　7、8. B 型 T20505③：3、T21007②：3　9. C 型 T20705H2240：2

标本 T20307 ③：8，盆底残片，内底压印"魏？"字。残长 9.2、残宽 8.2、残厚 1.1 厘米（图三八七，2；彩版二一〇，1）。

（5）陶盒

1 件。

标本 T20506H2163：5，子母口，斜直腹，下腹部弧收后腹底呈直筒状，底部略外撇，平底。口外部压印两周凹弦纹，外壁饰数周横向暗纹并磨光。口径 22.7、底径 17.7、高 11.4 厘米（图三八九，2；彩版二〇三，4）。

（6）陶盏

43 件。泥质灰陶。根据底部不同分为平底和实足底两型。

A 型 31 件。敞口，圆唇，个别尖圆唇，外壁底部略直呈实足底。

标本 T20305 ③：40，弧腹内凹。口径 7.1、底径 2.9、高 2.6 厘米（图三九〇，1；彩版二〇三，5）。

标本 TG21207 ②：4，弧腹。器底存切割线痕。口径 9.5、底径 4.5、高 3.3 厘米（图三九〇，2；彩版二〇四，1）。

标本 T20304 ③：13，口部内敞外直，尖圆唇，弧腹。内壁有旋转上升的修整刮痕，外壁有修整刮痕，器底存切割线痕。口径 7.4、底径 3.4、高 2.6 厘米（图三九〇，3；彩版二〇三，6）。

标本 T20305 ③：6，弧腹。器壁有修整刮痕。口径 10.8、底径 4.8、高 3.6 厘米（图三九〇，4；彩版二〇四，2）。

标本 T20304 ③：52，弧腹。口径 8.7、底径 3.2、高 2.8 厘米（图三九〇，5；彩版二〇四，3）。

标本 T20305 ③：7，弧腹。口径 9.5、底径 3.9、高 2.9 厘米（图三九〇，6；彩版二〇四，4）。

标本 T20405 ②：9，弧腹。口径 10.2、底径 4、高 3.1 厘米（图三九〇，7；彩版二〇四，5）。

标本 T20607H2218：21，弧腹。口径 9.3、底径 3.1、高 3.1 厘米（图三九〇，8；彩版二〇四，6）。

标本 T20607H2218：29，弧腹。口径 9.2、底径 4.4、高 3 厘米（图三九〇，9；彩版二〇四，7）。

标本 T20204 ③：6，弧腹。器底存切割线痕。口径 8.5、底径 3.6、高 2.7 厘米（图三九〇，

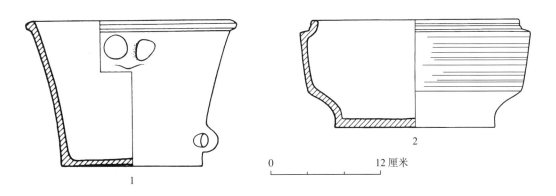

图三八九 辽金时期敞口深腹盆、陶盒

1. 敞口深腹盆 T20707 ①：1 2. 陶盒 T20506H2163：5

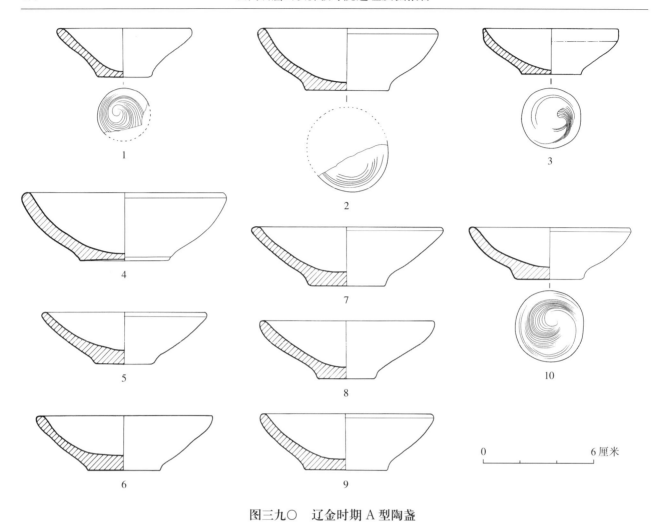

图三九〇　辽金时期 A 型陶盏

1. T20305 ③：40　2. TG21207 ②：4　3. T20304 ③：13　4. T20305 ③：6　5. T20304 ③：52　6. T20305 ③：7　7. T20405 ②：9
8. T20607H2218：21　9. T20607H2218：29　10. T20204 ③：6

10；彩版二〇四，8）。

标本 T20404H2355：12，弧腹。器底存切割线痕。口径 10、底径 4、高 3.6 厘米（图三九一，1；彩版二〇四，9）。

标本 T20607H2218：20，弧腹。器底存切割线痕。口径 10.3、底径 4.5、高 3.2 厘米（图三九一，2；彩版二〇五，1）。

标本 T21005H2277：9，敞口微直，弧腹。器壁有修整刮痕。口径 9.6、底径 4.4、高 3.2 厘米（图三九一，3；彩版二〇五，2）。

标本 T21005H2277：8，弧腹。内壁有旋转上升的修整刮痕，器底存切割线痕。口径 10、底径 4.7、高 3.2 厘米（图三九一，4；彩版二〇五，3）。

标本 TG213001 ③：1，尖圆唇，弧腹。口径 10.1、底径 4.4、高 3.5 厘米（图三九一，5；彩版二〇五，4）。

标本 T20506H2172：3，浅弧腹。器底存切割线痕。口径 9.3、底径 4.5、高 2.2 厘米（图三九一，6；彩版二〇五，5）。

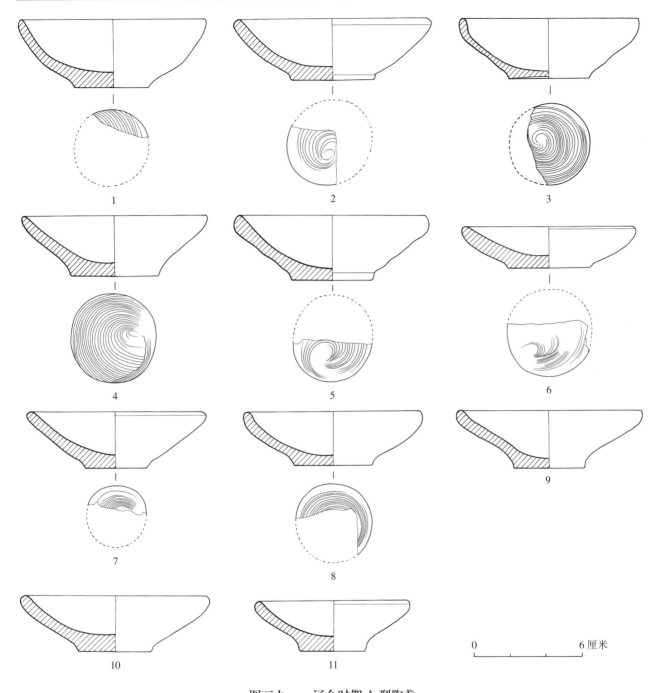

图三九一　辽金时期 A 型陶盏

1. T20404H2355：12　2. T20607H2218：20　3. T21005H2277：9　4. T21005H2277：8　5. TG213001 ③：1　6. T20506H2172：3　7. T20607H2218：18　8. T21005H2277：18　9. T21005H2277：43　10. T20807H2191：2　11. T20607H2218：22

　　标本 T20607H2218：18，斜腹。口径 9.5、底径 3.4、高 3 厘米（图三九一，7；彩版二〇五，6）。

　　标本 T21005H2277：18，弧腹。口径 9.4、底径 4.2、高 2.9 厘米（图三九一，8；彩版二〇五，7）。

　　标本 T21005H2277：43，弧腹。口径 9.9、底径 3.9、高 3 厘米（图三九一，9；彩版二〇五，

8）。

　　标本 T20807H2191：2，弧腹。口径 10、底径 4、高 3 厘米（图三九一，10；彩版二〇五，9）。

　　标本 T20607H2218：22，弧腹。口径 8.1、底径 3.5、高 2.7 厘米（图三九一，11；彩版二〇六，1）。

　　标本 T21006③：1，上腹略鼓，下腹斜收。口径 9.7、底径 4.1、高 3 厘米（图三九二，1；彩版二〇六，2）。

　　标本 T20607H2218：19，弧腹。口径 9.1、底径 3.4、高 2.8 厘米（图三九二，2；彩版二〇六，3）。

　　标本 T20304H2318：2，斜弧腹较薄。器壁有修整刮痕。口径 8.8、底径 5.4、高 2.5 厘米（图三九二，3；彩版二〇六，4）。

　　标本 TG21307H2304：1，斜腹。器壁及底有刮痕。口径 8.7、底径 2.6、高 2.9 厘米（图

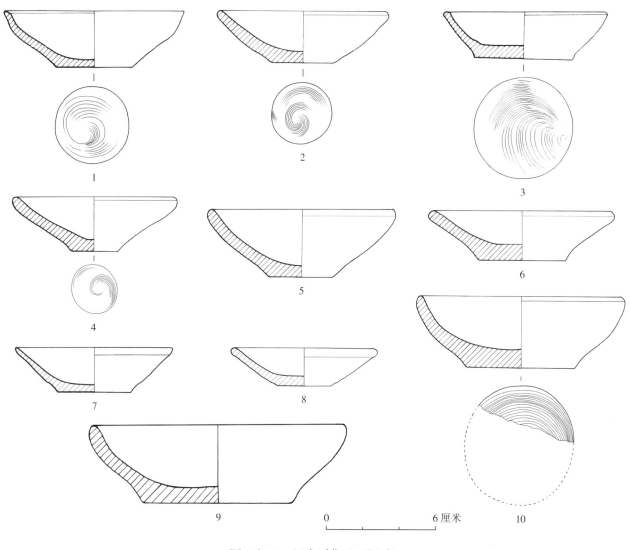

图三九二　辽金时期 A 型陶盏

1. T21006③：1　2. T20607H2218：19　3. T20304H2318：2　4. TG21307H2304：1　5. T20405②：11　6. T20605③：9　7. T20305②：1　8. TG002②：1　9. T20406②：28　10. T20304③：35

三九二，4；彩版二〇六，5）。

标本 T20405②：11，弧腹。口径 10、底径 3.4、高 3.6 厘米（图三九二，5；彩版二〇六，7）。

标本 T20605③：9，斜腹，底部外撇。口径 9.7、底径 4.7、高 2.6 厘米（图三九二，6；彩版二〇六，6）。

标本 T20305②：1，斜腹。口径 8.5、底径 3.6、高 2.4 厘米（图三九二，7；彩版二〇六，8）。

标本 TG002②：1，斜腹。口径 8、底径 2.8、高 2.3 厘米（图三九二，8；彩版二〇六，9）。

标本 T20406②：28，弧腹，近底部内凹。口径 13.8、底径 8.2、高 4.1 厘米（图三九二，9；彩版二〇七，1）。

标本 T20304③：35，弧腹。口径 11.1、底径 5.9、高 3.8 厘米（图三九二，10；彩版二〇七，2）。

B 型 12 件。敞口，圆唇，平底。

标本 T20404H2340：1，弧腹。口径 9.7、底径 4.2、高 3.2 厘米（图三九三，1；彩版二〇七，3）。

标本 T20504H2058：1，弧腹。口径 10、底径 5.6、高 3 厘米（图三九三，2；彩版二〇七，4）。

标本 T20805G2001：6，弧腹。口径 10.4、底径 5.2、高 2.7 厘米（图三九三，3；彩版二〇七，5）。

标本 TG213001H2378：26，尖圆唇，斜腹。口径 9.7、底径 3.8、高 3.3 厘米（图三九三，4；彩版二〇七，5）。

标本 T20804G2001：2，弧腹。口径 10、底径 5.5、高 3 厘米（图三九三，5；彩版二〇七，7）。

标本 T21005H2277：7，浅弧腹，壁较薄。口径 10、底径 4.5、高 2.5 厘米（图三九三，6；彩版二〇七，8）。

标本 T20707H2252：2，弧腹。器底存切割线痕。口径 10.7、底径 4.4、高 3.8 厘米（图三九三，7；彩版二〇七，9）。

标本 T21005H2277：54，厚唇，斜腹。口径 10.3、底径 4.2、高 3.4 厘米（图三九三，8；彩版二〇八，1）。

标本 T20607H2218：23，弧腹，底中部内凹。口径 8.7、底径 5.7、高 3.2 厘米（图三九三，9；彩版二〇八，2）。

标本 T20505H2160：1，唇部略厚，弧腹，底中部内凹。器底存切割线痕。口径 8.2、底径 4、高 2.8 厘米（图三九三，10；彩版二〇八，3）。

标本 T20605③：10，斜腹。口径 9.1、底径 4.2、高 2.8 厘米（图三九三，11；彩版二〇八，4）。

标本 T20604H2150：3，浅弧腹。口径 9、底径 4、高 2.3 厘米（图三九三，12）。

（7）盏托

4 件。泥质灰陶。

标本 T20607H2194：1，口外撇，圆唇，中部略内凹，斜弧腹，平底。外壁划横向暗纹。口径 14.6、底径 11、高 3.1 厘米（图三九四，1）。

标本 TG21207H2371：1，直口，圆唇，折肩，浅弧腹，平底。内底中央套小托，尖唇，圈底。

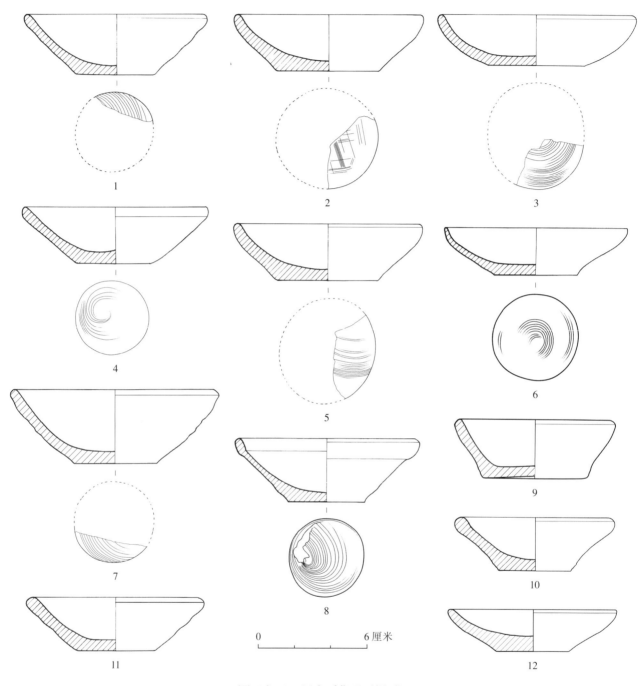

图三九三　辽金时期 B 型陶盏

1. T20404H2340：1　2. T20504H2058：1　3. T20805G2001：6　4. TG213001H2378：26　5. T20804G2001：2　6. T21005H2277：7
7. T20707H2252：2　8. T21005H2277：54　9. T20607H2218：23　10. T20505H2160：1　11. T20605 ③：10　12. T20604H2150：3

口径 12.5、底径 5.7、高 3.5、小盏口径 3.5、深 1.3 厘米（图三九四，2；彩版二〇八，5）。

标本 TG213001 ③：4，直口，圆唇，折腹，平底。内底中央套小托，尖唇，圜底。器底存切割线痕。口径 12.5、底径 6、高 3.4、小盏口径 5、深 1.1 厘米（图三九四，3）。

标本 T20606H2188：2，直口，圆唇，折肩，浅弧腹，平底。内底中央套小托，尖唇，圜底。器底存切割线痕。口径 12.2、底径 6.4、高 3.4、小盏口径 4.3、深 1.4 厘米（图三九四，4；彩版

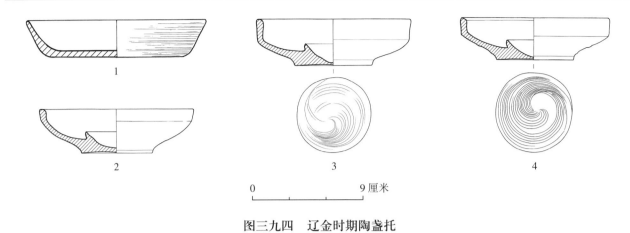

0　　　　　　9厘米

图三九四　辽金时期陶盏托

1. T20607H2194：1　2. TG21207H2371：1　3. TG213001③：4　4. T20606H2188：2

二〇八，6）。

（8）**陶碗**

7 件。泥质灰陶。型式各不相同。

标本 T20404H2025：2，敞口，圆唇，斜腹，平底。口径 17.8、底径 7.3、高 5.1 厘米（图三九五，1）。

标本 T20506H2180：1，敞口，圆唇，弧腹，实足底。外壁近底处有两周凹弦纹。口径 10.5、底径 4.6、高 4.3 厘米（图三九五，2；彩版二〇九，1）。

标本 T20404H2025：3，敞口，斜腹，平底。口沿内侧有一周凸棱，沿面中部压印一周方格纹，方唇外侧用指压出花边。口径 16.9、底径 9.7、高 6 厘米（图三九五，3；彩版二〇九，3）。

标本 T20604H2068：1，侈口，圆唇，弧腹，平底。内壁有旋转上升的修整刮痕，外壁亦有修整刮痕。口径 19.2、底径 8.5、高 7.2 厘米（图三九五，4；彩版二〇九，2）。

标本 T20605H2066：1，敞口，方唇，弧腹，平底。口径 11.6、底径 4.5、高 4.5 厘米（图三九五，5；彩版二〇九，4）。

标本 T20906H2249：6，敞口，尖圆唇，内腹弧，外下腹折，外底略凹。口径 11、底径 6.1、高 4.2 厘米（图三九五，6；彩版二〇九，5）。

标本 T20404H2025：6，侈口，圆唇，斜腹，平底。口径 22.9、底径 12.2、高 8.7 厘米（图三九五，7；彩版二〇九，6）。

（9）**釉陶碗**

1 件。

标本 T20504H2044：3，残存碗底，圈足。胎色红，胎质较坚。器内满施绿釉，外壁残存一点绿釉，施釉不及底。外底圈足内刻划"天长寺」枕"。残长 12.5、残宽 7.7、壁厚 1 厘米（图三九五，8；彩版二一〇，2）。

（10）**陶器盖**

11 件。泥质灰陶。因器型不同分五型。

A 型　4 件。碗状。

标本 T20405②：25，敞口，平沿，尖唇，弧腹，腹底部呈弧状，圜底。口沿内壁划一周凹

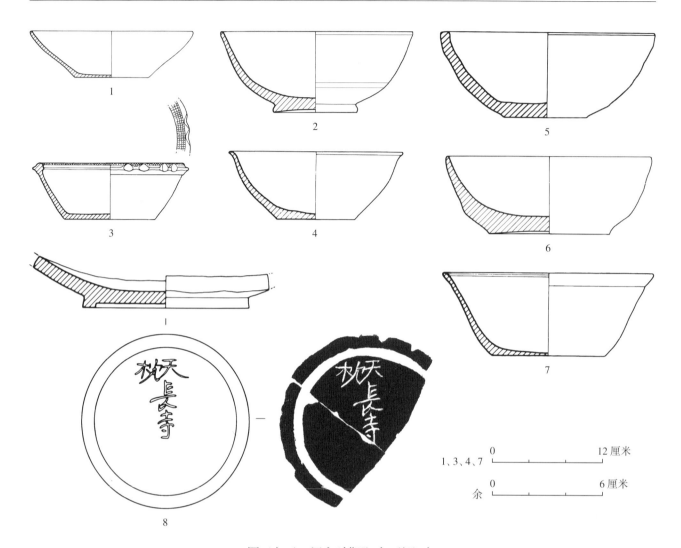

图三九五　辽金时期陶碗、釉陶碗

1~7.陶碗 T20404H2025：2、T20506H2180：1、T20404H2025：3、T20604H2068：1、T20605H2066：1、T20906H2249：6、T20404H2025：6
8.釉陶碗 T20504H2044：3

弦纹，器壁上有指捏的痕迹。口径 14.7、底径 6.5、高 4.3 厘米（图三九六，1；彩版二一一，1）。

　　标本 T20705②：4，敞口，沿外展，尖唇，弧腹，平底。内壁模印莲花纹饰。盖面直径 19.2、底径 10.3、高 5.2 厘米（图三九六，2；彩版二一一，2）。

　　标本 T20906H2249：3，敞口，沿上斜，尖唇，弧腹，腹底部呈弧状。沿面有两周凹弦纹，内壁模印花卉纹，外壁沿下有一周指压的痕迹。口径 16.6、底径 9.8、高 4.6 厘米（图三九六，3）。

　　标本 T20903H2272：2，敞口，弧腹，凹底。器口沿及内壁饰数周横向暗纹，残留红色痕迹，磨光。口径 11.8、底径 8.2、高 2.8 厘米（图三九六，7；彩版二一一，3）。

　　B 型　1件。覆碗状。

　　标本 T20303②：2，盖顶平，中央圆形捉手残缺，折肩，弧腹，底部口微敛，平沿。外沿面、外壁及盖面饰数周横向暗纹，并磨光。盖面直径 12.3、底径 21.3、残高 5.7 厘米（图三九六，4；彩版二一一，4）。

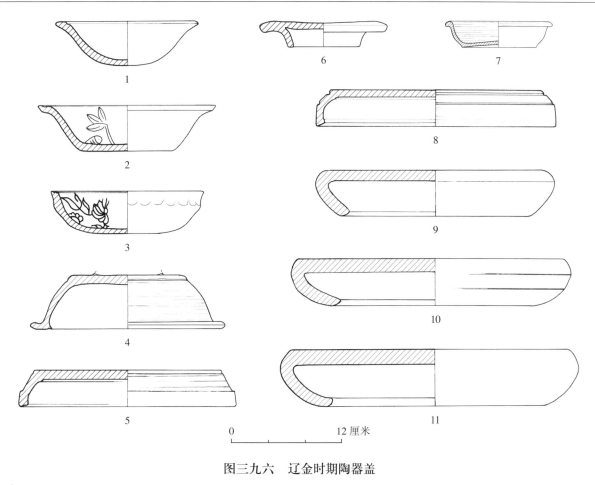

图三九六　辽金时期陶器盖

1~3、7. A 型 T20405 ② ：25、T20705 ② ：4、T20906H2249：3、T20903H2272：2　4. B 型 T20303 ② ：2　5、8. C 型 T20204 ③ ：17、
T20303H2325：3　6. D 型 T20507 ② ：4　9~11. E 型 T20303 ② ：24、T20305 ③ ：12、T20406 ② ：5

　　C 型　2 件。覆盆状，呈圆形，器身矮。器盖平，斜肩，直腹壁，底部内沿上斜。

　　标本 T20204 ③ ：17，盖顶面边缘压印一周凹槽，器盖内顶有一周凹弦纹，肩部与盖面和腹部相接处压各印一周凹槽。盖面直径 20.4、底径 23.4、高 3.9 厘米（图三九六，5；彩版二一一，5）。

　　标本 T20303H2325：3，盖顶边缘有一周凹弦纹，肩部有一周凹弦纹，器盖内顶有一周凹弦纹。盖面直径 23.1、底径 26.2、高 3.4 厘米（图三九六，8；彩版二一一，6）。

　　D 型　1 件。

　　标本 T20507 ② ：4，呈 π 形。盖顶平，盖身略呈筒形较顶部窄，且向内斜收。盖面直径 13.9、底径 7.7、高 2.5 厘米（图三九六，6；彩版二一二，1）。

　　E 型　3 件。盖顶平，呈圆形，器身向内斜收，呈倒 "八" 字状。

　　标本 T20303 ② ：24，盖面直径 26.1、底径 20.7、高 4.9 厘米（图三九六，9；彩版二一二，2）。

　　标本 T20305 ③ ：12，盖存少量切割线痕。盖面直径 29.1、底径 21.7、高 4.7 厘米（图三九六，10；彩版二一二，3）。

　　标本 T20406 ② ：5，盖面直径 30.4、底径 23.7、高 6 厘米（图三九六，11）。

　　（11）陶罐

　　8 件。多为泥质灰陶，轮制。仅 1 件夹砂陶。型式各不相同。

标本 T21007H2287：2，敛口，溜肩，肩部对称有两个桥形耳，鼓腹，腹下部略内凹，平底。口部外壁有三周阶梯状凸棱。口径 16.8、腹径 33.8、底径 13.7、高 32.1 厘米（图三九七，1；彩版二一二，4）。

标本 T20303H2325：7，敛口，弧肩，鼓腹，腹底部略凹。口部外壁有三周凸棱，肩部有一周不规整折线状几何暗纹，上腹部有数周横向暗纹。口径 22.4、腹径 38.5、底径 13.8、高 31.3 厘米（图三九七，2；彩版二一二，5）。

标本 T20303H2008：3，口残缺，弧肩，鼓腹，器底有一个大圆孔和五个钻孔。颈部以下罐身饰竖向戳印纹，颈下、肩、腹部各有一周 4~5 厘米宽的黑色磨光带把竖向纹饰抹掉。腹径

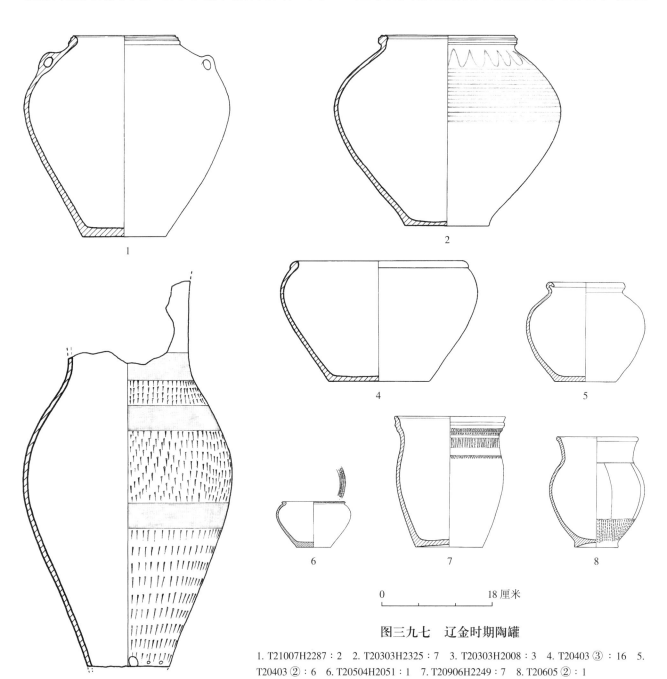

图三九七　辽金时期陶罐

1. T21007H2287：2　2. T20303H2325：7　3. T20303H2008：3　4. T20403 ③：16　5. T20403 ②：6　6. T20504H2051：1　7. T20906H2249：7　8. T20605 ②：1

34.4、底径 13.5、残高 61.6 厘米（图三九八，3；彩版二一三，6）。

标本 T20403 ③：16，敛口，圆唇，圆肩，上腹鼓，下腹斜收，平底。口径 29.1、腹径 32.2、底径 16.4、高 19.1 厘米（图三九七，4；彩版二一三，4）。

标本 T20403 ②：6，沿内卷，与内壁形成一周凹槽，圆唇，束颈，圆肩，鼓腹，平底。口径 12.1、腹径 19.4、底径 10、高 15.8 厘米（图三九七，5；彩版二一三，2）。

标本 T20504H2051：1，敞口，束颈，口沿面部压印栉齿纹，弧腹上鼓，平底。磨光。口径 10.5、底径 6.1、高 7.2 厘米（图三九七，6；彩版二一三，3）。

标本 T20906H2249：7，夹砂灰陶，泥条盘筑。侈口，微束颈，深弧腹，上腹微鼓，下腹斜收，凹底。唇下部饰一周凸弦纹，肩部压戳印两周点纹，肩压印一周竖线纹，上腹部压印一周点纹。口径 17.9、底径 10.8、高 20.8 厘米（图三九七，7；彩版二一三，5）。

标本 T20605 ②：1，大敞口，圆唇，直颈外展，弧肩，鼓腹，底部外撇，凹底。颈下部饰一周凸弦纹，腹部纵向饰八条瓜棱，下腹部压印栉齿纹，宽 4 厘米。磨光。口径 13、腹径 15.7、底径 7.2、高 17.6 厘米（图三九七，8；彩版二一三，1）。

（12）陶瓮

1 件。

标本 T20607H2204：2，直口，圆唇，圆肩，上腹鼓，下腹斜收，平底。肩部有两周附加堆纹。口径 70.2、腹径 99、底径 39、高 92 厘米（图三九八；彩版二一四，1）。

（13）陶瓶

4 件。泥质灰陶。型式各不相同。

标本 T20304 ③：8，小敞口，卷沿，圆唇，短束颈，溜肩，鼓腹，下部略收，平底。口部至腹部饰数周横向暗纹。口径 7.2、底径 9.2、高 43.2 厘米（图三九九，1；彩版二一四，4）。

标本 T20606H2199：1，口残，圆肩，鼓腹，平底。外壁饰数周横向暗纹。腹径 21.3、底径 16、高 21.9 厘米（图三九九，2；彩版二一四，2）。

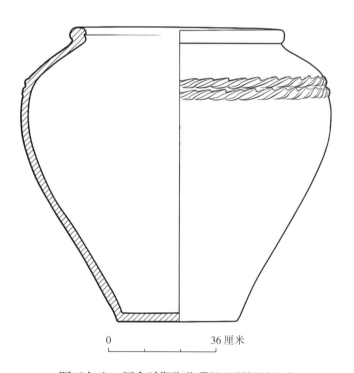

图三九八　辽金时期陶瓮 T20607H2204:2

标本 T20906H2249：8，盘口内壁侈，束颈，圆肩，上腹鼓，下部略内凹，底部稍外撇，平底微凹，底包壁。口沿面剔出一周三角形凹槽，器身存修整刮削痕。口径 10.5、腹径 15.6、底径 6.8、高 28 厘米（图三九九，3；彩版二一四，3）。

标本 T21005H2277：3，口残，细颈，溜肩，上腹鼓，弧腹，近底部外撇，凹底。器身饰数周横向暗纹。腹径 14.4、底径 8.7、残高 30.7 厘米（图三九九，4）。

（14）罐形器

1 件。

标本 T21005H2277：38，泥质灰陶。底部残，呈筒形。口微敛，平沿，颈微束，肩部微鼓，

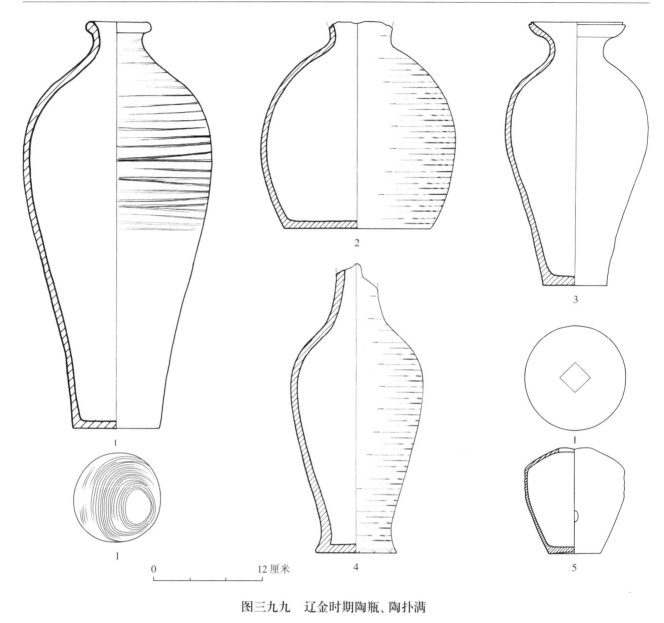

图三九九　辽金时期陶瓶、陶扑满

1~4.陶瓶 T20304 ③：8、T20606H2199：1、T20906H2249：8、T21005H2277：3　5.陶扑满 T21005H2277：34

下腹收，腹底又略外撇，底残缺。口外壁加厚突出一条宽棱，棱面内凹呈内弧状，内外壁有修整的痕迹，整体器型不明。口径 27、残高 19.2 厘米（图四〇〇，1；彩版二一五，1）。

（15）**陶甗**

2 件。

标本 T21005H2277：27，底部残。上部呈盆状，敛口，卷沿，圆唇，斜腹，下部收成直筒状。沿内侧与器壁间有一凸棱，沿内外侧各压印一周凹槽，外壁距口沿 2.2 厘米处饰一周附加堆纹，其下方压印两周浅凹槽，下部筒状处饰一周附加堆纹，内壁先饰数周横向暗纹，再划折线状暗纹。口径 53.5、残高 21、壁厚 1.2、附加堆纹宽 1.5、高 0.5 厘米（图四〇〇，3；彩版二一五，2）。

标本 T20204 ③：30，仅存部分口沿，器型同标本 T21005H2277：27，口径加大，壁面增厚，外壁口沿下存三周附加堆纹。残高 16.5、壁厚 2 厘米（图四〇〇，2）。

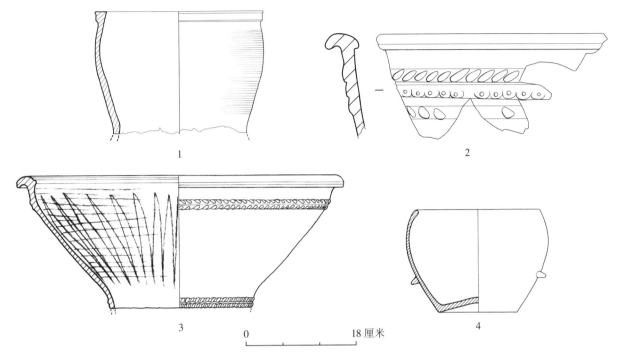

图四〇〇　辽金时期陶罐形器、陶甑、陶釜

1. 陶罐形器 T21005H2277：38　2、3. 陶甑 T20204 ③：30、T21005H2277：27　4. 陶釜 T20303H2324：1

（16）**陶釜**

1 件。

标本 T20303H2324：1，夹砂灰陶，泥条盘筑，慢轮修整。敛口，圆唇，鼓腹，凹底。腹下部对称设两个鋬。口径 23.5、腹径 28.5、底径 15.1、高 16.2 厘米（图四〇〇，4；彩版二一五，3）。

（17）**陶扑满**

1 件。

标本 T21005H2277：34，口部残。斜肩，弧腹上折，平底。残口径 2.5、底径 5.4、高 11 厘米（图三九九，5；彩版二一五，4）。

（18）**陶圈**

4 件。泥质灰陶。敛口，圆唇向内下斜，肩略鼓，下腹略收，底略外撇，中空。

标本 T20505 ③：2，肩部饰三周凹弦纹。口径 32.7、底径 33.9、高 14.2 厘米（图四〇一，1；彩版二一六，1）。

标本 T20505 ③：1，下腹内收，肩部饰三周凹弦纹。口径 26.2、底径 23.4、高 13.6 厘米（图四〇一，2）。

标本 T20606 ②：10，尖唇向内呈下斜状，肩部饰四周凹弦纹。口径 27.2、底径 34、高 15.8 厘米（图四〇一，3；彩版二一六，2）。

标本 T20303H2324：3，方唇向内呈下斜状，肩部饰两周凸弦纹。口径 32.2、底径 35.2、高 16.1 厘米（图四〇一，4；彩版二一六，3）。

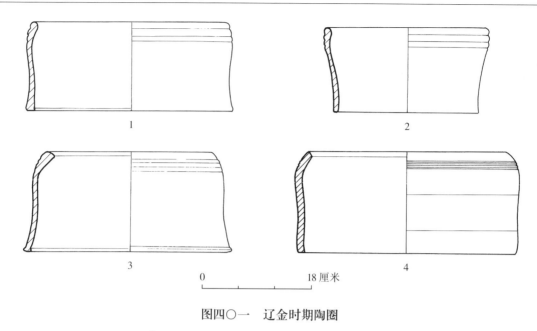

图四〇一　辽金时期陶圈

1. T20505③∶2　2. T20505③∶1　3. T20606②∶10　4. T20303H2324∶3

（19）陶砚台

4件。泥质灰陶。

标本T20607H2218∶5，残。复原平面呈方形，中央砚膛呈圆形。顶面较底面大，剖面呈倒梯形。沿方形轮廓划一周阴刻线，圆形轮廓也划一圈阴刻线。圆膛与方砚之间的角部凸雕一朵五瓣圆形花朵。底面拓印近圆形布纹点，排列较整齐。通体磨光呈黑色。残长12.8、残宽11.6、厚2.4、膛深0.9、布纹点直径约0.8厘米（图四〇二，1；彩版二一六，4）。

标本T21005H2277∶15，平面呈圆形，砚膛呈"几"字形，膛壁斜直。直径10、厚2.2、几形宽7.5厘米（图四〇二，2；彩版二一六，5）。

标本T20204③∶5，残半。残存部分平面呈簸箕状，中央小边缘大。砚膛呈圆角长方形，砚台倾斜向上，呈海棠花形，边缘划凹线形成边框，底部不平有手捏痕迹，内壁磨光。残长9.5、宽8.1、高3.4、砚膛长5.4、宽6.2、深2.2厘米（图四〇二，3；彩版二一六，6）。

标本T20307①∶6，残存方形一角。顶面沿方形轮廓划一周阴刻线，中央砚堂呈花瓣状，砚膛与方砚之间的角有突起的圆点及几何形纹样。底面中央凹进呈圆形，通体磨光呈黑色，胎呈灰色。残长7.9、残宽6.7、高2.5、砚堂深0.9、底面圆形深0.6厘米（图四〇二，4）。

（20）陶纺轮

6件。泥质灰陶，磨制。平面呈圆形，中间穿孔。

标本T21006②∶22，残。陶片磨制，胎色灰红。直径6、孔径0.7、厚1.4厘米（图四〇三，1；彩版二一七，1）。

标本T20505②∶5，瓦片磨制，通体磨光，胎体含砂量大。直径4.8、孔径1、厚2.2厘米（图四〇三，2；彩版二一七，2）。

标本T20806G2001∶14，残。瓦片磨制而成，通体磨光，一面残存布纹。直径7.4、孔径1.4、厚1.5厘米（图四〇三，3；彩版二一七，3）。

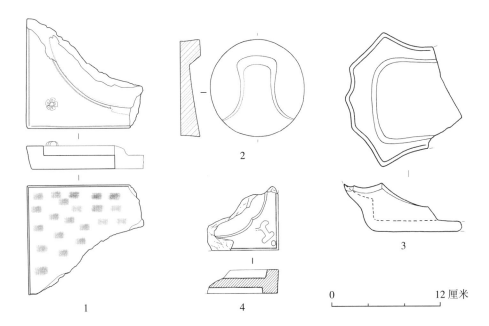

图四〇二　辽金时期陶砚台

1. T20607H2218：5　2. T21005H2277：15　3. T20204③：5　4. T20307①：6

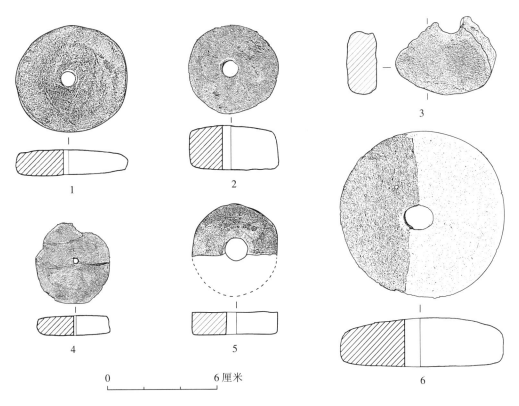

图四〇三　辽金时期陶纺轮

1. T21006②：22　2. T20505②：5　3. T20806G2001：14　4. TG21303③：3　5. T20903②：2　6. T20404H2330：1

标本TG21303③：3，陶片磨制。直径4、孔径0.2、厚1厘米（图四〇三，4；彩版二一七，4）。

标本T20903②：2，残。陶片磨制，胎色灰白。直径4.6、孔径1.2、厚1.2厘米（图四〇三，5；彩版二一七，5）。

标本T20404H2330：1，瓦片磨制而成，通体磨光，胎体含砂量大，中间厚，边缘薄。直径8.8、孔径1.5、厚2.5厘米（图四〇三，6；彩版二一七，6）。

（21）圆陶片

5件。

标本TG002②：2，用瓦片制作，正面光滑，背面有布纹，侧面磨光。直径6、厚2厘米（图四〇四，1；彩版二一七，7）。

标本T20905②：14，用瓦片制作，正面光滑，背面有布纹，侧面有凿痕。直径6.3、厚1.9厘米（图四〇四，2；彩版二一七，8）。

标本T20707①：4，边缘磨光，表面一面磨光，一面不平整。直径5.2、厚2厘米（图四〇四，3；彩版二一七，9）。

标本T20303③：33，用瓦片制作，正面光滑，背面有布纹，侧面磨光。直径4.9、厚1.6厘米（图四〇四，4；彩版二一八，1）。

标本T20804J2001：2，用残北魏文字瓦当制作，正面残存右上角"传"字和"+"形界格以及半个乳丁，背面和侧面磨光。直径6、厚1.8厘米（图四〇四，5；彩版二一八，2）。

（22）陶球

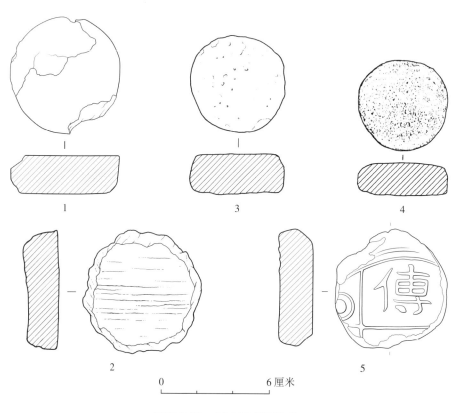

图四〇四 辽金时期圆陶片

1. TG002②：2 2. T20905②：14 3. T20707①：4 4. T20303③：33 5. T20804J2001：2

2件。泥质灰陶，捏制。

标本T20407②：4，外壁磨光。直径2.4厘米（图四○五，1；彩版二一八，3）。

标本T20307②：7，呈球形，通体压印排列整齐的小圆点。直径2.3厘米（图四○五，2；彩版二一八，4）。

（23）陶饰件

2件。

标本T20503③：1，泥质红陶，雕刻。残，呈弧形，底面平。外表面残存双层两个莲瓣，瓣尖向上翻卷，表面及底黏有石灰，顶部残。残长13.7、残宽8、残厚5.3厘米（图四○六，1）。

标本T20106②：3，泥质红陶，模制。残存下半部，中间为三条线组成X形的支架，中间束在一起。上部承托一圆形台（鼓？）。支架后站立一人，仅存脚和袍式下衣，左手于圆台之上，脚和支架踏于下部圆形台上。残高4.1、宽3.4、厚2.4厘米（图四○六，2；彩版二一八，5）。

（24）陶塔构件

4件。泥质灰陶，模制，合模而成，中空。六角形攒尖顶，顶部残，圆柱形塔身，圆形底座加大，底部斜收。

标本T20307③：4，高9、直径5.4厘米（图四○七，1；彩版二一九，1）。

标本T20304②：15，高8.6、直径5.2厘米（图四○七，2；彩版二一九，2）。

标本T20504H2074：4，高9、直径5.5厘米（图四○七，3；彩版二一九，3）。

标本T20603H2028：1，高8.8、直径5.4厘米（图四○七，4；彩版二一九，4）。

（25）柱座

2件。

标本TG210001②：1，由灰砖体磨成，平面呈圆形，中央穿圆孔，制作粗糙。直径10.8、高5.5、

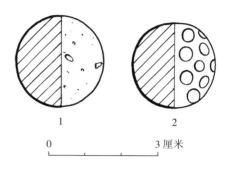

图四○五　辽金时期陶球

1. T20407②：4　2. T20307②：7

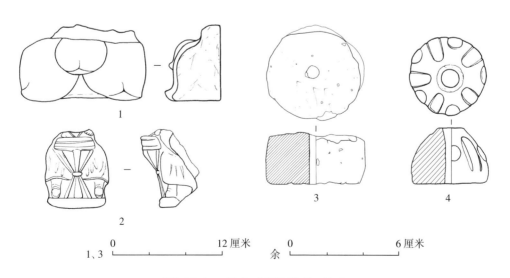

图四○六　辽金时期陶饰件、柱座

1、2陶饰件 T20503③：1、T20106②：3　3、4柱座 TG210001②：1、T20405②：5

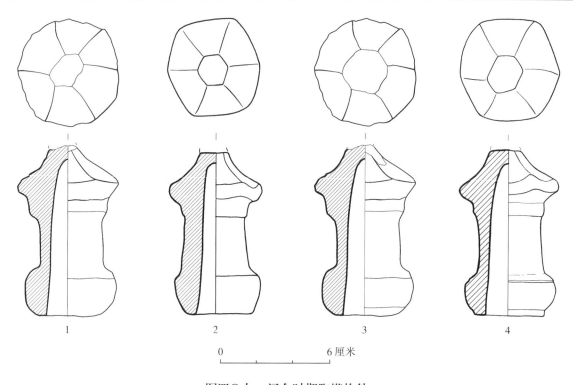

图四〇七　辽金时期陶塔构件

1. T20307③∶4　2. T20304②∶15　3. T20504H2074∶4　4. T20603H2028∶1

孔径 1.3 厘米（图四〇六，3）。

标本 T20405②∶5，黄色，雕刻，平面呈圆形，呈圆锥体状，上小下大，中间有圆形穿孔，平底。外壁等距离刻五条突起的圆角长棱，棱间夹突起的圆点。底径 4、高 2.9、孔径 1 厘米（图四〇六，4；彩版二一八，6）。

（26）陶坩埚

27 件。泥条盘筑。冶炼器具，器型有大有小。

大坩埚　26 件。夹砂灰褐陶，方圆唇，直壁，圜底，外壁有斜向手摸痕迹和烧流铁渣痕迹，内壁饰布纹，残存少量铁渣。

标本 T20706 炉 2015∶1，口径 14.2、高 29.4 厘米（图四〇八，1；彩版二二〇，1）。

标本 T20404 炉 2028∶1，口径 14.4、高 29.3 厘米（图四〇八，2；彩版二二〇，2）。

标本 T20606H2257∶12，口径 16、高 30.6 厘米（图四〇八，3；彩版二二〇，3）。

标本 T20606H2257∶11，口径 13.8、高 30.6 厘米（图四〇八，4；彩版二二〇，4）。

标本 T20706H2257∶18，口径 13.8、高 32 厘米（图四〇八，5；彩版二二〇，5）。

标本 T20706H2257∶8，口径 13.8、高 31.2 厘米（图四〇八，6；彩版二二〇，6）。

标本 T20606H2257∶19，口径 14.2、高 28.9 厘米（图四〇八，7；彩版二二〇，7）。

标本 T20505 炉 2005∶4，口径 14.3、高 29.5 厘米（图四〇八，8；彩版二二〇，8）。

标本 T20706H2257∶14，口径 15、高 32 厘米（图四〇八，9；彩版二二〇，9）。

标本 T20706H2257∶16，口径 14.2、高 31.2 厘米（图四〇八，10；彩版二二一，1）。

标本 T20706H2257∶15，口径 15、高 31.2 厘米（图四〇八，11；彩版二二一，2）。

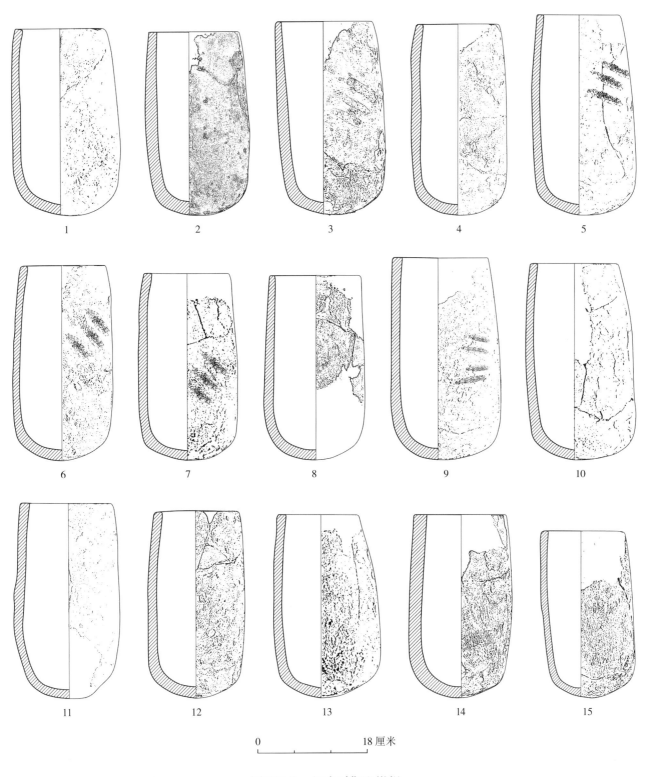

0　　　　　　18 厘米

图四〇八　辽金时期陶坩埚

1. T20706 炉 2015：1　2. T20404 炉 2028：1　3. T20606H2257：12　4. T20606H2257：11　5. T20706H2257：18　6. T20706H2257：8　7. T20606H2257：19　8. T20505 炉 2005：4　9. T20706H2257：14　10. T20706H2257：16　11. T20706H2257：15　12. T20706H2257：9　13. T20706H2257：17　14. T20404 炉 2025：1　15. T20606H2257：10

标本 T20706H2257：9，口径 13.3、高 29.5 厘米（图四〇八，12；彩版二二一，3）。

标本 T20706H2257：17，口径 14.8、高 28.2 厘米（图四〇八，13；彩版二二一，4）。

标本 T20404 炉 2025：1，口径 15、高 28.8 厘米（图四〇八，14；彩版二二一，5）。

标本 T20606H2257：10，口径 14.2、高 26.4 厘米（图四〇八，15；彩版二二一，6）。

标本 T20506H2162：3，口径 14.8、高 29.4 厘米（图四〇九，1；彩版二二一，7）。

0　　　　　　　　　　　　　18 厘米

图四〇九　辽金时期陶坩埚

1~11. 大坩埚 T20506H2162：3、T20506H2162：1、T20706H2257：7、T20706H2257：2、T20606H2257：13、T20706H2257：22、
T20706H2257：20、T20706H2257：21、T20706H2257：24、T20706H2257：23、T20706H2257：25　12. 小坩埚 T20706H2257：47

标本 T20506H2162：1，口径 14.8、高 28.8 厘米（图四〇九，2；彩版二二一，8）。

标本 T20706H2257：7，口径 14.3、高 29.4 厘米（图四〇九，3；彩版二二一，9）。

标本 T20706H2257：2，口径 15、高 30.4 厘米（图四〇九，4；彩版二二二，1）。

标本 T20606H2257：13，口径 14.8、高 29.4 厘米（图四〇九，5；彩版二二二，2）。

标本 T20706H2257：22，口径 15、高 31.2 厘米（图四〇九，6；彩版二二二，3）。

标本 T20706H2257：20，口径 15、高 27.6 厘米（图四〇九，7；彩版二二二，4）。

标本 T20706H2257：21，口径 15、高 31.2 厘米（图四〇九，8；彩版二二二，5）。

标本 T20706H2257：24，口径 15、高 29.9 厘米（图四〇九，9；彩版二二二，6）。

标本 T20706H2257：23，口径 15、高 29.2 厘米（图四〇九，10；彩版二二二，7）。

标本 T20706H2257：25，口径 14、高 32 厘米（图四〇九，11；彩版二二二，8）。

小坩埚 1 件。

标本 T20706H2257：47，夹砂灰褐陶，弧腹，圜底，外壁有烧流的痕迹。残高 6.7、壁厚 1.4 厘米（图四〇九，12；彩版二二二，9）。

2．瓷器

174 件。根据釉色分白釉、茶叶末釉、青釉、黑釉、酱釉。器形为碗、盘、盏、瓶、罐、钵、瓮、杯、洗。

白釉瓷器，142 件。因施化妆土，透明釉而呈白色，器形见有碗、盘、碟、盏、瓶、罐、器盖、钵、器底。

（1）白釉碗

78 件。根据口部变化分 A、B、C 三型。

A 型 60 件。敞口。根据唇部不同又分两亚型。

Aa 型 27 件。敞口，尖圆唇，足沿平切。施化妆土，内施满釉，外不及底。采用垫珠间隔，多件仰烧法。

标本 TG21206H2276：2，弧腹，高圈足，足墙较直，内外齐平。胎色泛白，胎质坚硬。釉色洁白，光亮。内底有十五处排列紧密的垫珠痕，外壁有旋坯痕和修整刮痕。外底中央有墨书"吕？"。口径 24.3、足径 7.8、高 9.2 厘米（图四一〇，1；彩版二二三，1）。

标本 T20805G2001：2，弧腹，圈足，足墙外撇，内高外低。胎色发红，胎质稍松。无化妆土，釉色呈灰黄，内壁有落柴灰形成的黑斑。口径 23.4、足径 6.8、高 7.5 厘米（图四一〇，2；彩版二二三，2）。

标本 T20106②：6，弧腹，圈足，足墙竖直，内高外低。胎色灰白，胎质较松，夹细小黑砂及气孔。釉色青白。内底残留一处垫珠痕。口径 21.2、足径 8、高 8.4 厘米（图四一〇，3；彩版二二三，3）。

标本 T20606②：6，弧腹，圈足，足墙略外撇，内高外低。胎色土黄，胎质稍坚。釉色黄白，外壁有流釉，内壁有惊釉现象和落柴灰形成的黑斑。内底有四处垫珠痕。口径 21.9、足径 7.9、高 7.4 厘米（图四一〇，4；彩版二二三，4）。

标本 T20705H2161：20，弧腹，圈足，足墙较直，内高外低。胎色土黄，胎质较坚。釉色青白，外壁有流釉现象。内底存五处垫珠痕。口径 23.4、足径 7.8、高 7.3 厘米（图四一〇，5；彩版二二三，5）。

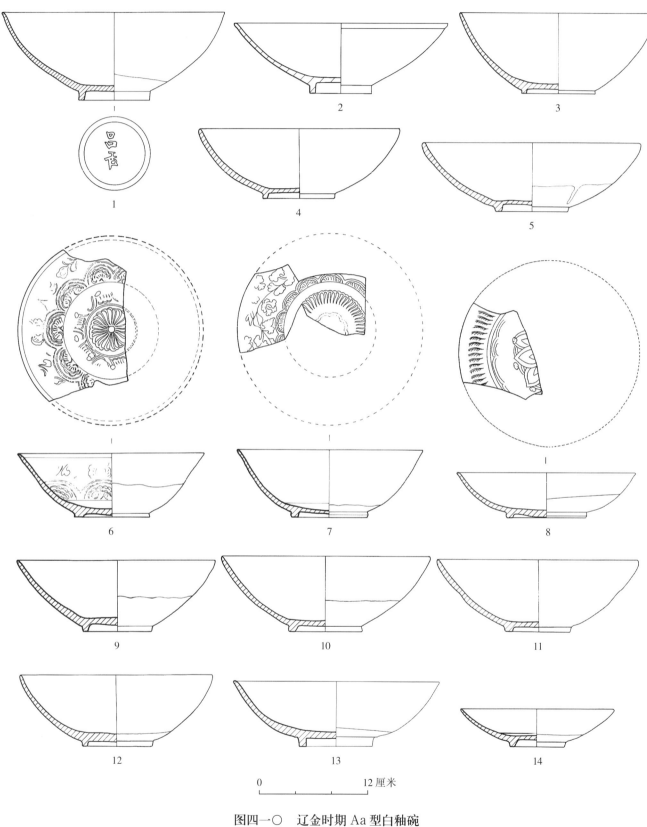

图四一〇　辽金时期 Aa 型白釉碗

1. TG21206H2276：2　2. T20805G2001：2　3. T20106 ②：6　4. T20606 ②：6　5. T20705H2161：20　6. TG21306H2304：2　7. T20304 ②：5
8. T20607H2218：4　9. T20606H2199：3　10. T20606H2240：1　11. T20605 ③：13　12. TG21505 ②：1　13. TG21206H2276：6
14. T20504 ②：10

标本TG21306H2304：2，尖唇，弧腹，圈足，足墙外撇，内高外低。胎色黄白，胎质稍坚。釉色黄白。内壁纹饰由上往下依次为口沿下部饰有一周凸弦纹，腹部压印两周花卉纹，内底外周依次压印一周凹弦纹、花卉纹、凸弦纹，内底中央印菊瓣纹饰。内底存四处垫珠痕。口径20.4、足径8.2、高6.8厘米（图四一○，6；彩版二二三，6）。

标本T20304②：5，弧腹，圈足，足墙略外撇。胎色黄白，胎质稍坚。釉色黄白。内壁腹部印有两周花卉纹，底部印有菊瓣纹，外壁有修整刮痕。口径20.3、足径8.3、高7.2厘米（图四一○，7；彩版二二四，1）。

标本T20607H2218：4，浅弧腹，圈足，足墙外撇，外高内低。胎色黄白，胎质稍坚。釉色黄白。器壁印有一周竖向水草纹饰，下腹部印有一周花卉纹饰，内底印有莲瓣纹饰。内底存三处垫珠痕。口径19.6、足径8.7、高4.8厘米（图四一○，8；彩版二二四，2）。

标本T20606H2199：3，弧腹，圈足，足墙较直，内高外低。胎色灰白，胎质较坚。施釉不均，釉色黄白。内底存五处垫珠痕。口径21.9、足径7.5、高7.5厘米（图四一○，9；彩版二二四，3）。

标本T20606H2240：1，弧腹，圈足，足墙略外撇，足墙略高。胎色黄白，胎质稍坚。釉色黄白。内底残留三处垫珠痕。口径22.8、足径8.1、高8厘米（图四一○，10；彩版二二四，4）。

标本T20605③：13，弧腹，圈足，内墙竖直，外墙略斜。胎色牙白，胎质稍坚。釉色牙白，釉面不甚光洁。内壁有开片现象，内底残留四处垫珠痕。口径21.8、足径7、高7.7厘米（图四一○，11；彩版二二四，5）。

标本TG21505②：1，弧腹，圈足，足墙略直，外墙略高。胎色灰白，胎质稍坚。釉色牙白。内底残存两处垫珠痕。口径21.2、足径7.7、高7.6厘米（图四一○，12；彩版二二四，6）。

标本TG21206H2276：6，弧腹，圈足，足墙竖直。胎色牙白，胎质较坚。釉色乳白。外壁沿下有数周慢轮修整痕迹。内底残留五处垫珠痕。口径22.4、足径8、高6.9厘米（图四一○，13；彩版二二五，1）。

标本T20504②：10，弧腹，圈足，足墙外撇，内高外低。胎色黄白，胎质稍松，釉色黄白。内壁近底部有一周凹弦纹。口径16.8、足径5.9、高4厘米（图四一○，14；彩版二二五，2）。

标本T20204H2001：1，弧腹，圈足，足墙竖直，内墙略高。胎色牙白，胎质稍坚。釉色黄白。内底残留四处垫珠痕。口径22.1、足径8.3、高6.6厘米（图四一一，1；彩版二二五，3）。

标本T20304H2003：5，弧腹，圈足，足墙外撇，内高外低。胎色牙白，胎质稍坚。釉色牙白。外壁唇下有一周凹弦纹。内底残留三处垫珠痕。口径22.8、足径8.6、高7.5厘米（图四一一，2；彩版二二五，4）。

标本T20105②：1，弧腹，足墙竖直，内高外低。胎色白，胎质稍坚。内外施满釉，釉色牙白。口径18、足径8.6、高5.5厘米（图四一一，3；彩版二二五，5）。

标本T20706H2182：2，花口，弧腹，圈足，足墙外撇，内高外低，足沿平切。胎色灰白，胎质稍坚。内外施满釉，釉色发青。内底有一周凸棱。口径20.2、足径8、高7.2厘米（图四一一，4；彩版二二五，6）。

标本T20204②：22，弧腹，圈足，足墙外撇，外高内低。胎色土黄，胎质稍坚，夹白砂和气孔。釉色泛黄，釉面光亮。内壁有开片现象，内底残留一处垫珠痕。口径17.9、足径7.7、高4.8厘米（图四一一，5；彩版二二六，1）。

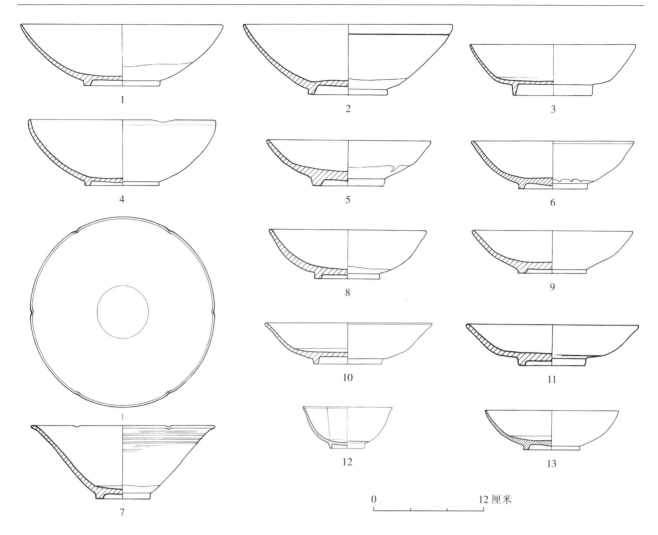

图四一一　辽金时期 Aa 型白釉碗

1. T20204H2001：1　2. T20304H2003：5　3. T20105②：1　4. T20706H2182：2　5. T20204②：22　6. T20403②：1　7. T20307②：3　8.
T20707H2251：1　9. T20403②：10　10. T20407②：7　11. T20204③：21　12. T20106②：7　13. T20304③：2

　　标本 T20403②：1，弧腹，圈足，足墙外撇，内外齐平。胎色泛黄，胎质稍疏。釉色泛黄，
釉面不甚光洁。内底可见一处垫珠痕。口径 17.7、足径 7.4、高 5.1 厘米（图四一一，6；彩版
二二六，2）。

　　标本 T20307②：3，花口，圆唇，斜腹，圈足，足墙竖直，内外齐平。胎色呈棕色，胎质稍疏，
夹有细小砂粒及气孔。釉色黄白，内壁施釉不均。外壁近口沿处饰四周凹槽。口径 20.5、足径 6.3、
高 7.4 厘米（图四一一，7；彩版二二六，3）。

　　标本 T20707H2251：1，弧腹，圈足，足墙外撇，外高内低。胎色灰白，胎质较坚。釉色泛黄。
内底有一处垫珠痕。口径 17、足径 7、高 5.2 厘米（图四一一，8；彩版二二六，4）。

　　标本 T20403②：10，弧腹，圈足，足墙外撇，足沿较宽、平切，内高外低。胎色黄白，胎
质稍坚。釉色泛黄。内底残留两处垫珠痕。口径 17.5、足径 7.4、高 4.7 厘米（图四一一，9；彩
版二二六，5）。

　　标本 T20407②：7，圆唇，弧腹，圈足，足墙竖直，内高外低，足沿平切。胎色砖红，胎质稍松。

足沿不施釉，釉色青白，外壁近底处有积釉现象。内壁近底处压印一周凹弦纹。内底残留两处垫珠痕。口径 18.3、足径 7.4、高 4.4 厘米（图四一一，10；彩版二二六，6）。

标本 T20204 ③：21，圆唇，弧腹，腹底微折，圈足，足墙竖直，外墙微圆，外高内低。胎色灰白，胎质稍坚，夹白砂和小黑砂。釉色泛黄。内壁腹底处压印一周凹弦纹，外壁近底处划一周凹弦纹。内底残留两处垫珠痕。口径 18.7、足径 7.2、高 4.3 厘米（图四一一，11；彩版二二七，1）。

标本 T20106 ②：7，花口略撇，尖圆唇，深弧腹，圈足，足墙竖直，足沿平切。胎色灰白，胎质较坚。内外施满釉，釉色灰白。内壁出筋，内底有一周凹弦纹，外壁近底处划两周凹弦纹。口径 9.8、足径 3.6、高 4.4 厘米（图四一一，12；彩版二二七，2）。

标本 T20304 ③：2，弧腹，圈足，足墙略外撇，内高外底。外底中央有乳凸。胎色砖红，胎质稍坚。釉色黄白、光亮。口径 14.5、足径 6.2、高 4.2 厘米（图四一一，13；彩版二二七，3）。

Ab 型　33 件。敞口，唇部加厚。据唇部变化分两式。

Ab 型 I 式　5 件。圆唇，带小平沿。唇下部与外壁处划凹弦纹一周，圈足，足墙外撇，内高外低或齐平。足沿平切。胎色黄白，胎质稍疏，夹黑白砂粒及小气孔。釉色泛黄，内施满釉，外不及底。内底存二～五处垫珠痕，采用垫珠间隔，多件仰烧法。

标本 T20307 ③：16，弧腹。釉面有开片现象。内底存三处垫珠痕及一周凹弦纹，器底存切割线痕。外底圈足内有墨书，字形不辨。口径 22.8、足径 8.9、高 6.9 厘米（图四一二，1；彩版二二七，4）。

标本 T20304 ②：2，弧腹，内底存五处垫珠痕，外壁及底有修整刮痕。口径 22.6、足径 9.6、高 7.5 厘米（图四一二，2；彩版二二七，5）。

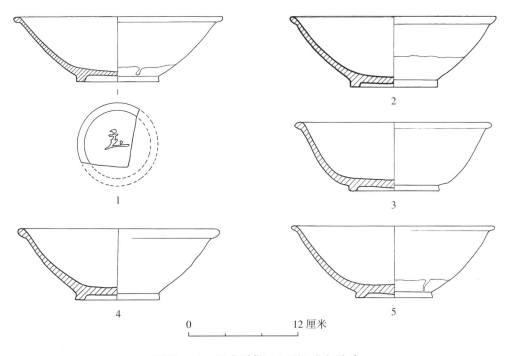

0　　　　　　　　12 厘米

图四一二　辽金时期 Ab 型 I 式白釉碗

1. T20307 ③：16　2. T20304 ②：2　3. T20204 ②：14　4. T20304 ②：3　5. T21006H2308：2

标本 T20204 ②：14，沿下略呈弧形，弧腹。器壁粗糙。内底存五处垫珠痕，采用垫珠间隔，多件仰烧法。口径 21.7、足径 9.8、高 7.3 厘米（图四一二，3；彩版二二七，6）。

标本 T20304 ②：3，弧腹。口径 22、足径 9.2、高 7.6 厘米（图四一二，4；彩版二二八，1）。

标本 T21006H2308：2，弧腹。内底存两处垫珠痕及开片现象。口径 22.5、足径 8.5、高 7.6 厘米（图四一二，5；彩版二二八，2）。

Ab 型Ⅱ式　28 件。敞口，唇部加厚，唇下压印一周凹弦纹。圈足，足墙多外撇，足沿平切，内施满釉，外不及底。内底有二～五处垫珠痕。个别有七、十处，采用垫珠间隔，多件仰烧法。

标本 T21005H2277：52，弧腹，足墙齐平。胎色土黄，胎质稍坚，夹黑砂。釉色黄白，较为光亮。内底残存两处垫珠痕及一周凹弦纹。口径 21.2、足径 8、高 7.2 厘米（图四一三，1；彩版二二八，3）。

标本 TG213001H2378：3，折腹，外足墙略高。胎色泛灰，胎质稍疏，夹黑白砂粒。釉色黄白，口部剥釉，外底刮釉、有乳凸。内底有五处垫珠痕。口径 17.9、足径 6.6、高 4.1 厘米（图四一三，2；彩版二二八，4）。

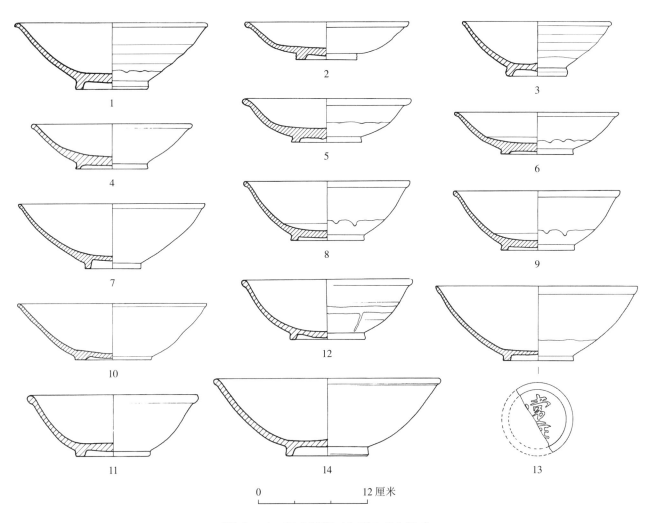

图四一三　辽金时期 Ab 型Ⅱ式白釉碗

1. T21005H2277：52　2. TG213001H2378：3　3. T21005H2277：2　4. T20204 ②：15　5. T20304 ③：10　6. T20304 ③：6　7. T20606H2185：3　8. T20304 ③：48　9. T20304 ②：49　10. T20506H2163：4　11. T20304 ③：47　12. T20304 ②：4　13. T20305 ③：19　14. T21005H2277：53

标本T21005H2277：2，弧腹，外足墙略高，足沿二次切削。胎色泛白，胎质稍疏，夹黑白砂粒。釉色泛黄，内底可见两处小垫珠痕及一周凹弦纹，器底存切割线痕及乳凸。口径16.2、足径6.6、高5.8厘米（图四一三，3；彩版二二八，5）。

标本T20204②：15，弧腹，外足墙略高。胎色黄白，胎体稍松，有气孔和黑砂。釉色泛黄。内底残留一处垫珠痕，内壁近底处有四周凹弦纹。口径17.5、足径7.8、高4.7厘米（图四一三，4；彩版二二八，6）。

标本T20304③：10，下腹微折，外足墙略高，足心有乳凸脐。胎色牙白，胎体稍坚。除足沿外，内外施透明釉，釉色牙白，外壁流釉。外壁有旋坯痕。口径18.4、足径7.6、高4.4厘米（图四一三，5；彩版二二九，1）。

标本T20304③：6，浅弧腹，内壁底有一周凹弦纹，外足墙略高。胎色泛黄，胎质稍坚，夹细小黑砂粒。釉色泛黄。器底及外壁有数周旋坯痕。内底有四处垫珠痕。口径17.9、足径7.9、高4.5厘米（图四一三，6；彩版二二九，2）。

标本T20606H2185：3，弧腹，足墙较直，内高外低。胎色泛黄，胎质稍坚。釉色泛白，釉面光洁。内底有七处垫珠痕。口径20.4、足径6.1、高6.9厘米（图四一三，7；彩版二二九，3）。

标本T20304③：48，弧腹。胎色土黄，夹黑砂和小气孔，胎质稍坚。釉色黄白。内壁有开片现象，内壁底有一周凹弦纹，内底有四处垫珠痕。口径18.2、足径8、高6.3厘米（图四一三，8；彩版二二九，4）。

标本T20304②：49，弧腹，内壁底有一周凹弦纹。土黄胎，夹细小黑砂、气孔，胎质稍坚，釉色泛黄。内底有四处垫珠痕，足沿残留三处。口径18.2、足径7.9、高6.3厘米（图四一三，9；彩版二二九，5）。

标本T20506H2163：4，斜腹，圈足低矮，足墙内高外底。胎色泛红，胎质较疏松。内施满釉，釉色黄白，外釉和化妆土脱落严重，露胎质，口沿处磨损也露出胎体。内底饰一周凹弦纹。口径20.7、足径8.3、高6厘米（图四一三，10；彩版二二九，6）。

标本T20304③：47，弧腹，足墙齐平。胎色黄白，胎质稍坚，夹黑砂。釉色泛黄，釉面不甚光洁，内底残留四处垫珠痕。口径18.7、足径8、高6.5厘米（图四一三，11；彩版二三〇，1）。

标本T20304②：4，弧腹，足墙齐平。胎色泛黄，胎质稍疏，夹黑砂粒及小气孔。釉色泛黄。内底可见三处垫珠痕，内壁底有一周凹弦纹，有开片现象，外壁有数周旋坯痕及修整刮痕。口径18.6、足径8.1、高6.4厘米（图四一三，12；彩版二三〇，2）。

标本T20305③：19，弧腹，足墙齐平。胎色牙白，胎质较细。釉色牙白，釉面不甚光洁。内底有四处垫砂痕，底足墨书"常住"两字。口径22、足径7.7、高7.9厘米（图四一三，13；彩版二三〇，3）。

标本T21005H2277：53，弧腹，足墙齐平，胎色灰白，胎质稍坚，夹黑砂、气孔。釉色泛黄。内底有两处垫珠痕。口径24.9、足径9、高8.2厘米（图四一三，14；彩版二三〇，4）。

标本T20304H2002：5，斜弧腹，足墙竖直，外高内低。胎色灰白，胎质较坚、细腻。无化妆土，釉色青白，光亮。内底有十处垫珠痕。口径22.4、足径7.6、高7.6厘米（图四一四，1；彩版二三〇，5）。

标本TG21206H2276：1，尖圆唇，弧腹，足墙较直，外高内低，足沿略平。胎色较白，胎质坚。内外施釉，圈足不施釉，釉色较白，釉面光亮。外壁有不规则修整的凹弦纹，内底存六个排列

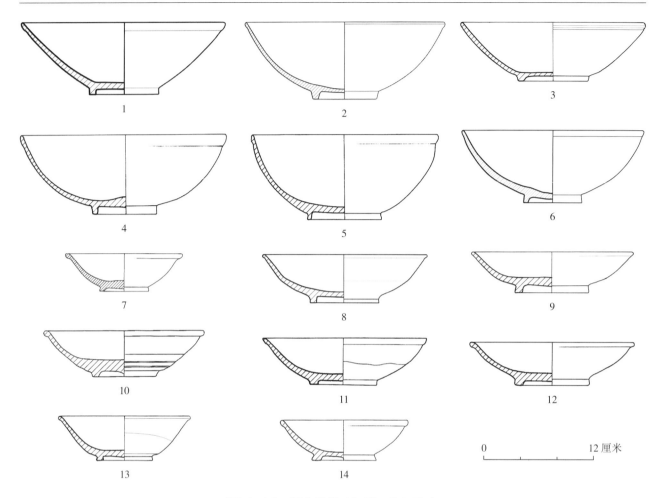

图四一四　辽金时期 Ab 型Ⅱ式白釉碗

1. T20304H2002：5　2. TG21206H2276：1　3. T20705H2240：7　4. T20806②：13　5. T20405②：16　6. T21006①：42　7. T20504②：2
8. T20705②：9　9. T20306②：1　10. T20905①：1　11. T20204②：2　12. T20204③：20　13. T20407②：16　14. T20707H2228：1

紧密的垫珠痕。口径 21.8、足径 7.6、高 8.4 厘米（图四一四，2；彩版二三〇，6）。

标本 T20705H2240：7，斜弧腹，外足墙略高。胎色泛红。内外施化妆土，外壁呈火蚀红，无釉。口径 20、足径 7.5、高 6.2 厘米（图四一四，3；彩版二三一，1）。

标本 T20806②：13，弧腹，足墙竖直，外高内低。胎色牙白，胎质稍坚。内外施满釉，釉色牙白。内底残留十处垫珠痕。口径 22.4、足径 7、高 8.4 厘米（图四一四，4；彩版二三一，2）。

标本 T20405②：16，圆弧腹，足墙竖直，内高外低。胎色牙白，胎质稍坚。釉色牙白，釉面光亮。内底残留一处垫珠痕。口径 20.3、足径 8、高 9 厘米（图四一四，5；彩版二三一，3）。

标本 T21006①：42，弧腹，足墙外撇，外高内低。胎色较白，胎质稍坚。圈足不施釉，釉色较白，釉面光亮。内底可见十处垫珠痕，外壁有数周旋坯痕。口径 19.9、足径 6.4、高 7.6 厘米（图四一四，6；彩版二三一，4）。

标本 T20504②：2，弧腹，足墙略外撇，足沿齐平。胎色土黄，胎质稍松，夹黑砂、气孔。釉色泛黄，外壁流釉。内底有四处垫珠痕。口径 12.8、足径 5.4、高 4 厘米（图四一四，7；彩版二三一，5）。

标本 T20705②：9，弧腹微折，足墙竖直，内高外低。胎色泛黄，胎质稍松，夹黑砂。釉色泛黄。内壁近底处有一周凹弦纹，内底残留一处垫珠痕。口径 18、足径 7.6、高 5 厘米（图四一四，8；彩版二三一，6）。

标本 T20306②：1，浅弧腹，下腹部略折，足墙外撇，内外齐平，足沿平切。胎色泛黄，胎质稍坚。内施满釉，外不及底，釉色泛黄，施化妆土。内底有大小两组垫珠痕共八处。口径 17.8、足径 8、高 4.3 厘米（图四一四，9；彩版二三二，1）。

标本 T20905①：1，浅弧腹。胎色泛黄，胎质较坚，夹细小砂粒。釉色黄白，釉面有细小开片。外壁下腹部有两周旋坯痕，内底可见四处垫珠痕。口径 17.5、足径 7、高 4.9 厘米（图四一四，10；彩版二三二，2）。

标本 T20204②：2，浅弧腹，足墙较直，内外齐平，足沿平切。胎色砖红，胎质稍疏，夹黑白砂粒。内施满釉，外不及底，釉色泛黄，施化妆土。内底有五处垫珠痕。口径 17.8、足径 7.2、高 5.1 厘米（图四一四，11；彩版二三二，3）。

标本 T20204③：20，弧腹，外足墙略高。胎色灰白，胎质稍坚。釉色黄白，外壁积釉厚，有爆釉现象。内底有两处垫珠痕。口径 18、足径 8、高 4.6 厘米（图四一四，12；彩版二三二，4）。

标本 T20407②：16，弧腹，足墙齐平。胎色砖红，胎质稍疏，夹黑白砂粒。釉色泛黄。内底存五处垫珠痕。口径 14.4、足径 6、高 5.1 厘米（图四一四，13；彩版二三二，5）。

标本 T20707H2228：1，弧腹，足墙外撇，外足墙略高。胎色泛红，内底可见两处垫珠痕。口径 13.8、足径 7.2、高 4.2 厘米（图四一四，14；彩版二三二，6）。

B 型　17 件。撇口，尖圆唇或圆唇，圈足，足墙多略外撇，内高外低，足沿平切，个别足墙竖直，内高外低，削足不规整。内施满釉，外不及底。多内底有三~七处垫珠痕，采用垫珠间隔，多件仰烧法，仅 1 件为匣钵烧制法。

标本 TG21309③：1，弧腹。胎色土黄，胎质较坚。釉色牙白，釉面光亮。内底有三处垫珠痕。口径 22.4、足径 8.6、高 7.2 厘米（图四一五，1；彩版二三三，1）。

标本 T20407③：1，斜腹。胎色灰白，胎质稍坚。内施白釉，外施透明釉至上腹部，釉面光亮。内外壁有修整刮痕。口径 21.5、足径 7.6、高 7 厘米（图四一五，2；彩版二三三，2）。

标本 T20905②：2，圆弧腹。胎色黄白，胎质稍疏，夹黑白砂粒。釉色黄白，釉面不甚光洁，外壁有流釉现象、修整刮痕。内底有两处垫珠痕。口径 21、足径 8.3、高 7.8 厘米（图四一五，3；彩版二三三，3）。

标本 T20405②：7，弧腹。胎色土黄，夹细小黑白砂，胎质疏松。釉色泛黄。内底残留两处垫珠痕。口径 22.4、足径 9.1、高 6.6 厘米（图四一五，4；彩版二三三，4）。

标本 T20705②：7，圆弧腹。土黄胎，夹细小黑白砂，胎质稍坚。釉色泛黄。内底残留两处垫珠痕。口径 22.8、足径 9.7、高 7.3 厘米（图四一五，5；彩版二三三，5）。

标本 T20607H2177：2，弧腹，足墙外撇，内高外低，足沿平切。胎色灰白，胎质坚硬。内外施釉，圈足和底不施釉，仅内壁施化妆土，外壁有流釉，釉色青白。外壁口沿处有一凹槽。匣钵烧制法。口径 18.4、足径 7.8、高 6 厘米（图四一五，6；彩版二三三，6）。

标本 T20304③：54，圆唇加厚，弧腹。胎色土黄，胎质稍疏，夹黑白砂粒及小气孔。釉色泛黄。内底残存三处垫珠痕。口径 23.2、足径 8.8、高 6.8 厘米（图四一五，7；彩版二三四，1）。

标本 T20506H2163：6，尖圆唇，斜腹，足墙较直，外高内低，削足不规整。胎质坚，夹细

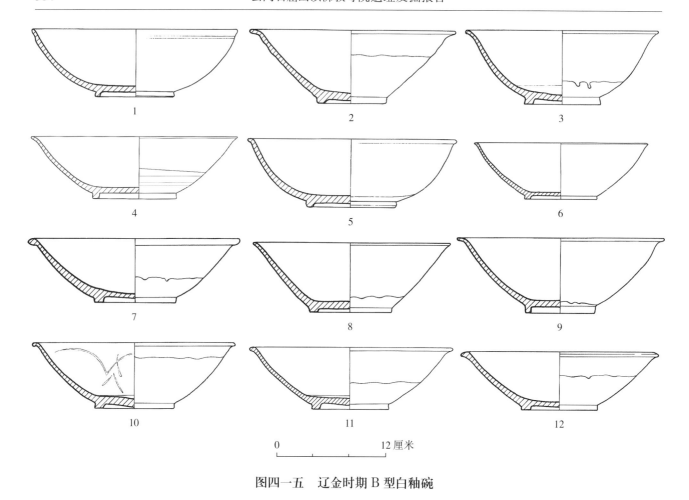

图四一五　辽金时期 B 型白釉碗

1. TG21309 ③：1　2. T20407 ③：1　3. T20905 ②：2　4. T20405 ②：7　5. T20705 ②：7　6. T20607H2177：2　7. T20304 ③：54
8. T20506H2163：6　9. T20303H2357：1　10. T20305 ③：2　11. T20204 ②：1　12. T20405 ②：1

小黑白砂。无化妆土。内底划凹弦纹一周。内底有四处垫珠痕。口径21.6、足径8.9、高7.3厘米（图四一五，8；彩版二三四，2）。

标本T20303H2357：1，圆唇，深弧腹。胎色泛灰，胎质稍疏，夹黑白砂粒及小气孔。釉色泛黄。外底圈足内有数周旋坯痕，内底残存两处垫珠痕。口径22.6、足径7.5、高8厘米（图四一五，9；彩版二三四，3）。

标本 T20305 ③：2，圆唇，弧腹。胎色黄白，胎质稍疏，夹黑白砂粒及小气孔。釉色泛黄，外仅口沿处施釉，釉面光亮。内底可见七处垫珠痕及一周凹弦纹，内壁有线刻的纹饰，外壁有数周旋坯痕及修整刮痕，底部乳凸有抹平的痕迹。口径22.2、足径8.7、高7.1厘米（图四一五，10；彩版二三四，4）。

标本 T20204②：1，弧腹，腹内底划一周凹弦纹。胎色灰白，胎质稍松，夹黑白砂粒。釉面光亮，口沿处有积釉现象。内底可见六处垫珠痕。口径22.2、足径8.4、高6.6厘米（图四一五，11；彩版二三四，5）。

标本 T20405②：1，圆唇，斜弧腹。胎色泛灰，胎质稍疏，夹黑白砂粒及小气孔。釉色泛黄，外施釉至口沿下部。内底残存三处垫珠痕。口径21.5、足径8.3、高6.2厘米（图四一五，12；彩版二三四，6）。

标本 TG21207H2371：3，斜腹。胎色泛灰，胎质稍疏，夹黑白砂粒。釉色泛黄。内壁刻划花卉纹饰，内底有七处垫珠痕。口径 21.3、底径 7.9、高 6.6 厘米（图四一六，1；彩版二三五，1）。

标本 T21005 ②：41，尖唇，圆腹，圈足，足墙较直，内外齐平，足沿微圆。通体施釉，釉色青白。内壁刻划萱草花纹。口径 22.4、足径 8.9、高 9 厘米（图四一六，2；彩版二三五，2）。

标本 T20106 ①：1，弧腹。胎色泛白，胎质稍坚。釉色泛白，釉面光亮。内外壁有数周修整刮痕，内底可见六处垫珠痕及一周凹弦纹，外底中央有墨书，字迹不辨。口径 21.6、足径 8.3、高 8.6 厘米（图四一六，3；彩版二三五，3）。

标本 T20204H2001：7，弧腹，足墙竖直，内高外低，削足不规整。胎色土黄，胎质稍坚，夹黑砂、气孔。釉色黄白，有积釉和流釉现象。内底有五处垫珠痕，外底中央有墨书，字迹不辨。口径 21、足径 8.2、高 7.6 厘米（图四一六，4；彩版二三五，4）。

标本 T20404H2017：1，斜弧腹。胎色较白，胎质稍坚。釉色黄白。内底有四处垫珠痕及一周凹弦纹。口径 16.2、足径 7.3、高 5.7 厘米（图四一六，5；彩版二三五，5）。

C 型　1 件。

标本 TG21303 ③：1，直口微敛，圆唇，深圆腹，圈足，足墙微撇，外低内高，足沿平切。

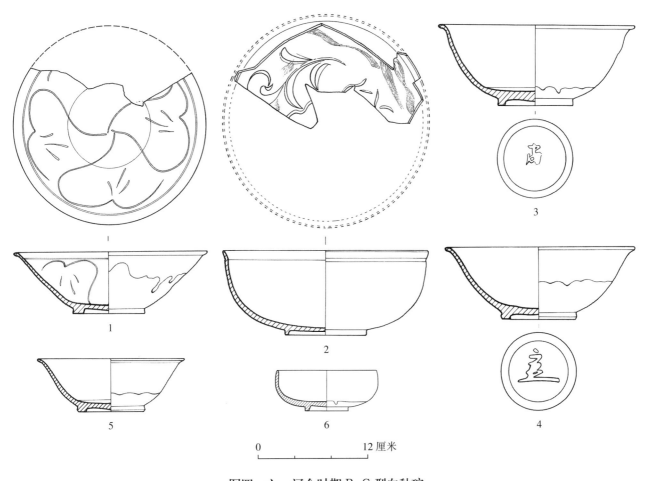

0　　　　　　　12 厘米

图四一六　辽金时期 B、C 型白釉碗

1~5. B 型 TG21207H2371：3、T21005 ②：41、T20106 ①：1、T20204H2001：7、T20404H2017：1　6. C 型 TG21303 ③：1

胎色灰白，胎质稍坚。内施满釉，外不及底，釉色呈灰白不均。口径10.9、底径4.4、高4.1厘米（图四一六，6；彩版二三五，6）。

（2）白釉盘

19件，根据口沿与腹部形制不同分三型。

A型　8件。敞口，圆唇，圈足，足墙竖直略外撇，多内高外低，足沿平切。内施满釉，外不及底，足沿不施釉。内底存垫珠痕，采用垫珠间隔，多件仰烧法。

标本TG21205①：1，折腹。胎色牙白，胎体坚硬。釉色牙白。内底残留五处垫珠痕。口径18.6、足径7.5、高3.5厘米（图四一七，1；彩版二三六，8）。

标本T20204①：1，窄沿，浅弧腹。胎色牙白，胎质稍坚，内外施釉，足沿不施釉，釉色牙白。口沿外有一周凹弦纹，内底残留有十一处垫珠痕。口径20.8、足径6.9、高4.1厘米（图四一七，2；彩版二三六，2）。

标本T20204③：8，窄沿，浅弧腹。胎色灰白，胎质稍坚。釉色灰白，光亮。内底有六处垫珠痕，近底处有一周凹弦纹，圈足底内有墨书"興王寶"，王字位于中央且字体较大，应是姓王名興寶。口径15.8、足径6.5、高3.4厘米（图四一七，3；彩版二三六，6）。

标本TG21001①：1，沿略宽，浅折腹。胎色泛黄，胎质较坚，釉色黄白。内底有一处垫珠痕。口径22.8、足径8.3、高3.5厘米（图四一七，4；彩版二三六，5）。

标本T20503②：3，沿略宽，浅弧腹。胎色牙白，胎质稍坚。釉色牙白。内壁近底部有一周凹弦纹。口径11.9、足径4、高2.5厘米（图四一七，5；彩版二三六，3）。

标本T20905H2260：6，窄沿，浅弧腹。胎色黄白，胎质较坚。釉色牙白，釉面光素无纹。内底有三处垫珠痕，圈足残存墨书"院"。口径19.8、足径7、高4.7厘米（图四一七，6；彩版二三六，7）。

标本T20106②：5，窄沿，浅弧腹。胎色灰白，胎质稍坚。釉色牙白。口径18.2、足径6.6、

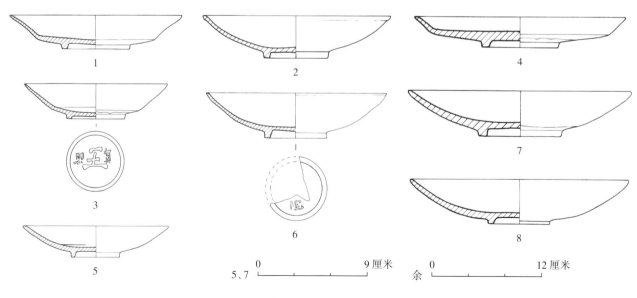

图四一七　辽金时期A型白釉盘

1. TG21205①：1　2. T20204①：1　3. T20204③：8　4. TG21001①：1　5. T20503②：3　6. T20905H2260：6　7. T20106②：5
8. T20705②：8

高 3.6 厘米（图四一七，7；彩版二三六，1）。

标本 T20705②：8，窄沿，浅弧腹。胎色灰白，胎质稍坚，夹细小黑砂。釉色青灰。内底残留一处垫珠痕。口径 24、足径 6.8、高 4.6 厘米（图四一七，8；彩版二三六，4）。

B 型　9 件。宽平沿，敞口，圆唇，圈足，足墙竖直，内略高外低或内外齐平，足沿平切。内外施釉，足沿不施釉。内底存垫珠痕，采用垫珠间隔，多件仰烧法。

标本 T21006②：8，弧腹。胎色牙白，胎质稍坚。釉色牙白，釉面光素无纹。内底残留有五处垫珠痕。口径 19.8、足径 7.3、高 4.5 厘米（图四一八，1；彩版二三七，1）。

标本 TG21206H2276：9，浅弧腹。胎色牙白，胎质稍坚。釉色牙白，光洁。内壁上残留一片灰色钙结合。口径 20.4、足径 6.9、高 4 厘米（图四一八，2；彩版二三七，2）。

标本 T20204②：12，弧腹。胎色牙白，胎质稍坚。釉色牙白。口沿外压印一周凹弦纹，内底残留有十一处垫珠痕。口径 20、足径 6.7、高 4.8 厘米（图四一八，3；彩版二三七，3）。

标本 T20607②：17，浅弧腹。胎色牙白，胎质稍坚。内施满釉，外不及底，釉色牙白，釉面不甚光洁，有杂质。内底存一处垫珠痕。口径 18.9、足径 6.5、高 4.1 厘米（图四一八，4；彩版二三七，4）。

标本 T21006②：7，弧腹。胎色灰白，胎质稍坚。釉色牙白。内底残留有四处垫珠痕。口径 19.6、足径 7.6、高 4.4 厘米（图四一八，5；彩版二三七，5）。

标本 T20806②：12，浅弧腹。胎色牙白，胎质稍坚。釉色牙白。内底残留四处垫珠痕。口径 19.3、足径 6、高 4.4 厘米（图四一八，6；彩版二三七，6）。

标本 T20606②：16，浅弧腹。胎色牙白，胎质稍坚。釉色牙白。内底残留两处垫珠痕。口径 20.5、足径 6.7、高 4.2 厘米（图四一八，7；彩版二三七，7）。

标本 T20105②：2，浅弧腹。胎色牙白，胎质稍坚。釉色牙白。内底残留两处垫珠痕。口径 20.8、足径 6.8、高 4 厘米（图四一八，8；彩版二三七，8）。

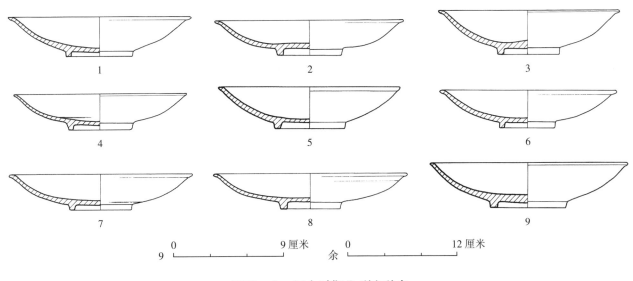

图四一八　辽金时期 B 型白釉盘

1. T21006②：8　2. TG21206H2276：9　3. T20204②：12　4. T20607②：17　5. T21006②：7　6. T20806②：12　7. T20606②：16
8. T20105②：2　9. T20807②：16

标本 T20807 ②：16，浅弧腹。胎色土黄，胎质较坚。内施满釉，外不及底，釉色牙白。内底有六处垫珠痕。口径 16.6、足径 6.1、高 3.6 厘米（图四一八，9；彩版二三八，1）。

C 型　2 件。敛口。

标本 TG21307H2286：1，花口内敛，斜腹，圈足。胎色泛红，夹细小砂粒。内施满釉，外不及底，釉色灰白。内底心及外底饰一周凹弦纹。口径 16.8、足径 5.7、高 3.4 厘米（图四一九，1；彩版二三八，2）。

标本 T21006 ①：41，圆唇，肩部略折，浅弧腹，圈足，足墙略直，内高外低，足沿平切。胎色灰白，胎质稍坚。内外施釉，足沿不施釉，釉色青白、光洁。内底有六处垫珠痕，外壁有修整刮痕。外底墨书"刘五圭"。口径 15.9、足径 5.8、高 4.1 厘米（图四一九，2；彩版二三八，3）。

（3）白釉碟

1 件。

标本 T20503 ③：9，芒口，口部略侈，圆唇，浅弧腹，底略凹。通体满釉，釉色泛白，光亮。内底部印有花卉纹饰，外底部外周有一周修整刮痕。口径 11.7、足径 7.7、高 2.2 厘米（图四一九，3；彩版二三八，4）。

（4）白釉盏

24 件。根据口沿形制不同分三型。

A 型　14 件。敞口。圈足，足墙多外撇，多数内高外低，足沿平切。内施满釉，外不及底。采用垫珠间隔，多件仰烧法。仅 1 件，为平底。

标本 T20607H2218：25，圆唇，弧腹，外足墙略高。胎色灰白，夹白砂粒，胎质稍疏。釉色泛黄，有"惊釉"现象。内底有一处垫珠痕。口径 9.5、足径 4.1、高 3.1 厘米（图四二〇，1）。

标本 T20406 ②：7，圆唇，弧腹。胎色灰白，夹白砂粒，胎质稍疏。釉色灰白，内壁落有柴灰，形成黑斑。口径 10.1、足径 3.8、高 2.8 厘米（图四二〇，2；彩版二三八，5）。

标本 TG213001H2378：2，尖圆唇，浅弧腹。胎色灰白，胎质稍坚，夹白色砂粒。釉色灰白，

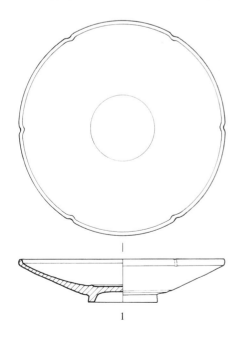

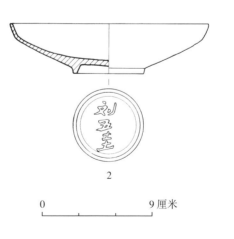

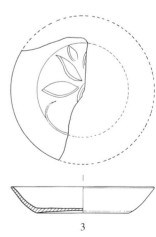

0　　　　　　　9厘米

图四一九　辽金时期 C 型白釉盘、白釉碟

1、2. C 型白釉盘 TG21307H2286：1、T21006 ①：41　3. 白釉碟 T20503 ③：9

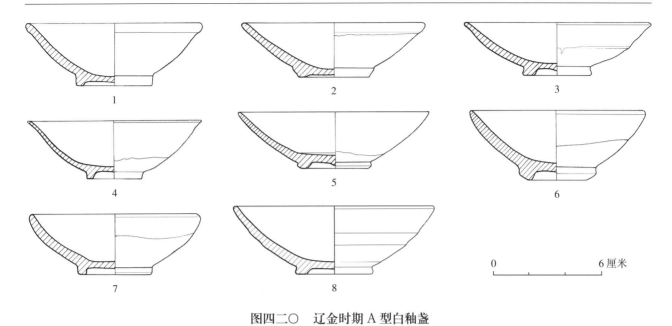

图四二〇　辽金时期 A 型白釉盏

1. T20607H2218：25　2. T20406②：7　3. TG213001H2378：2　4. TG213001H2378：1　5. TG215001②：1　6. T20607H2218：26　7. TG21206H2276：7　8. T20905②：1

光亮。内底略凸并有一周刮痕，外底有一乳凸。内底有三处垫珠痕。口径 10、足径 3.8、高 3 厘米（图四二〇，3；彩版二三八，6）。

　　标本 TG213001H2378：1，口微侈，尖唇，弧腹。胎色灰白，胎质稍坚。釉色灰白，光亮。内底略凸并有一周刮痕，外底有一乳凸。口径 9.6、足径 3、高 3.1 厘米（图四二〇，4；彩版二三九，3）。

　　标本 TG215001②：1，圆唇，弧腹。胎色灰白，胎质稍坚。釉色牙白。内底有一周凹弦纹及两处垫珠痕。口径 10.2、足径 3.4、高 3.1 厘米（图四二〇，5；彩版二三九，1）。

　　标本 T20607H2218：26，圆唇，弧腹。胎色土黄，夹白砂粒，胎质稍疏。内外施釉，釉色泛黄。口径 9.6、足径 4、高 2.8 厘米（图四二〇，6）。

　　标本 TG21206H2276：7，圆唇，弧腹，外足墙略高。胎色灰白，胎质较坚。内施满釉，外施釉至口沿处，釉色黄白，光亮，内壁有积釉和开片现象。内底有一处垫珠痕。口径 9.1、足径 4.4、高 3.1 厘米（图四二〇，7；彩版二三九，2）。

　　标本 T20905②：1，圆唇，弧腹，外足墙略高。胎色泛黄，胎体稍坚，有细小黑砂。釉色泛黄，有开片现象。口径 10.8、足径 4.2、高 3.6 厘米（图四二〇，8）。

　　标本 T20906H2249：2，圆唇，圆腹，足墙内高外低，足沿微圆。胎色泛黄，胎质稍疏，夹黑白砂粒。釉色黄白。内底有三处垫珠痕。口径 12.2、底径 4.3、高 4.3 厘米（图四二一，1；彩版二三九，4）。

　　标本 T21005①：1，圆唇，弧腹，圈足，足墙外撇，内高外低，足沿平切。胎色泛红，胎质较坚，夹黑白砂粒及气孔。内施满釉，外不及底，釉色黄白，施化妆土，釉面光洁。内底心略凸，外底有修整刮痕。口径 11.9、足径 4.8、高 4.1 厘米（图四二一，2；彩版二三九，5）。

　　标本 T21005H2277：41，圆唇，弧腹，圈足，足墙外撇，足沿平切，内外齐平，外底有乳凸。胎色土黄，胎质稍坚。内施满釉，外施半截釉，釉色黄白，有开片现象，施化妆土，釉面不甚光洁。

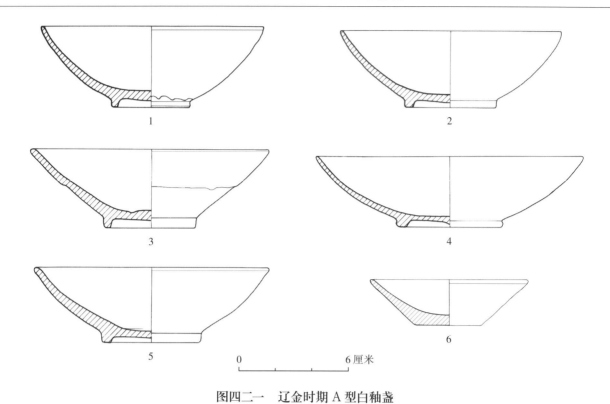

图四二一　辽金时期 A 型白釉盏

1. T20906H2249：2　2. T21005①：1　3. T21005H2277：41　4. T20603H2089：7　5. T20304③：7　6. T20607H2218：1

内底有一周凹弦纹。口径 13、足径 5、高 4.2 厘米（图四二一，3）。

标本 T20603H2089：7，圆唇，弧腹，圈足，外底心有乳凸脐，足墙外撇，内高外低。胎色白，胎质稍坚。内外施釉，足沿不施釉，釉色灰白，较为光亮。内底有一周凹弦纹及两处垫珠痕。口径 14.5、足径 5.6、高 3.7 厘米（图四二一，4）。

标本 T20304③：7，圆唇，浅弧腹，圈足，足墙外撇，外高内低，足沿平切。胎色泛黄，胎质稍坚。内施满釉，外不及底，釉色泛黄，施化妆土，釉面光亮，有开片现象。内底可见七处垫珠痕，器底黏有红色涂料。口径 12.8、足径 5.4、高 4 厘米（图四二一，5；彩版二三九，6）。

标本 T20607H2218：1，圆唇，斜腹，平底。胎色泛红。通体施透明釉。内底可见四处垫珠痕。口径 8.5、底径 3.5、高 2.4 厘米（图四二一，6；彩版二四○，1）。

B 型　8 件。敞口，唇部加厚。弧腹，圈足，足墙略外撇，多数内高外低，足沿平切，个别足墙竖直，内高外低，削足不规整。内施满釉，外不及底。内底有三～五处垫珠痕，采用垫珠间隔，多件仰烧法。

标本 T20406②：8，弧腹，足墙外撇，内高外低，足沿平切。胎色泛灰，夹黑白砂粒及气孔，胎质稍疏。釉色灰白，釉面不甚光洁，有"惊釉"现象。口径 10、足径 4.2、高 2.7 厘米（图四二二，1；彩版二四○，2）。

标本 T21003②：1，足墙竖直。胎色土黄，夹黑白砂，胎质稍疏，无釉。口径 9.9、足径 4.4、高 2.8 厘米（图四二二，2）。

标本 T20305③：3，足墙竖直。胎色灰白，胎质稍疏，夹黑白砂粒及小气孔。釉色黄白，釉面粗糙。口径 9、足径 3.7、高 3 厘米（图四二二，3；彩版二四○，3）。

标本 TG215001 ③：2，外底有乳凸，足墙略外撇。胎色灰白，夹细小黑白砂粒、气孔。釉色泛黄。内底有一处垫珠痕。口径 9.9、足径 4、高 2.6 厘米（图四二二，4；彩版二四〇，4）。

标本 T20607H2218：13，足墙竖直，外高内低，足沿平切。胎色泛黄，胎质稍坚，夹细小黑砂。釉色黄白，釉面不甚光洁。口径 10、足径 4、高 3 厘米（图四二二，5）。

标本 T20405 ②：2，胎色土黄，夹白砂，胎质稍坚。釉色泛黄，夹白色砂粒。口径 9.7、足径 4.2、高 2.8 厘米（图四二二，6；彩版二四〇，5）。

标本 T20307 ③：1，圆弧腹。胎色黄白，胎质稍疏，夹黑白砂粒及小气孔。釉色泛黄，釉面有开片现象。唇下部与器壁处划凹弦纹一周，内底有三处垫珠痕及一周凹弦纹。口径 12.6、足径 4.8、高 4 厘米（图四二三，1；彩版二四〇，6）。

标本 T20903 ②：3，圆弧腹。土黄胎，夹细小黑砂、气孔，胎质稍坚。釉色泛黄，釉面不甚光洁。内底残留一处垫珠痕。口径 13.5、足径 5.5、高 4.1 厘米（图四二三，2）。

C 型　2 件。

标本 T20304 ③：11，撇口，弧腹，圈足，外足墙直，内墙略外斜，内高外底。胎色灰白，

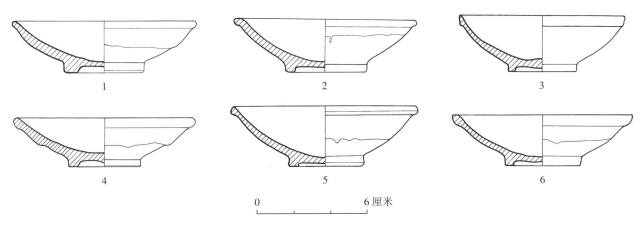

图四二二　辽金时期 B 型白釉盏

1. T20406 ②：8　2. T21003 ②：1　3. T20305 ③：3　4. TG215001 ③：2　5. T20607H2218：13　6. T20405 ②：2

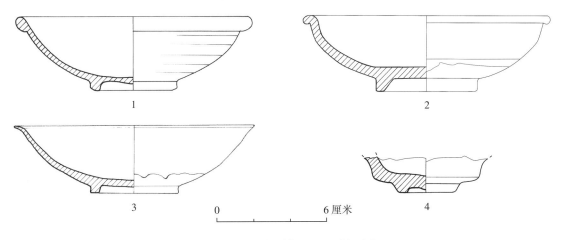

图四二三　辽金时期 B、C 型白釉盏

1、2. B 型 T20307 ③：1、T20903 ②：3　3、4. C 型 T20304 ③：11、T20607 ②：24

胎质坚硬。内外施透明釉，釉色灰白，施釉不均匀。外壁有旋坯痕。口径 12.9、足径 4.7、高 3.6 厘米（图四二三，3；彩版二四二，1）。

标本 T20607②：24，口部残缺。撇口，圈足。尖圆唇，折腹，外底有乳凸脐。胎白，胎质坚。内外施釉，足沿不施釉，釉色白，釉面光洁。口径 7.5、足径 3.1、高 2.3 厘米（图四二三，4；彩版二四二，2）。

（5）白釉小瓷瓶

12 件。细瓷。根据颈、腹部不同分两型，其中 4 件器物口颈残，无法分型。

A 型　7 件。侈口，圆唇，束颈，溜肩，鼓腹，平底。

标本 TG21205H2267：4，胎色灰，胎质稍疏，夹黑白砂粒。施透明釉至腹下部。口径 2.2、底径 2、高 4.5 厘米（图四二四，1；彩版二四一，1）。

标本 T20303②：10，胎色灰，胎质稍疏，夹黑白砂粒。施透明釉至腹下部。口径 2.3、底径 2.1、高 4.8 厘米（图四二四，2；彩版二四一，2）。

标本 T20304③：17，胎色灰白，胎质稍疏，夹黑白砂粒。釉色白中泛青，有开片现象。口径 2.4、底径 2.1、高 4.8 厘米（图四二四，3；彩版二四一，3）。

标本 T20606H2210：7，口部略残，底部残。胎色泛灰，胎质稍坚。仅施半截釉。口径 2.4、高 5.2 厘米（图四二四，4；彩版二四一，4）。

标本 T21005H2277：14，胎色灰，胎质稍疏，夹黑白砂粒。施透明釉仅至下腹部。口径 2.8、底径 2.1、高 6 厘米（图四二四，5；彩版二四一，5）。

标本 TG21205H2267：2，胎色黄白，胎质较坚。釉色黄白，仅施半截釉。口径 2.6、底径 2.1、高 5.7 厘米（图四二四，6；彩版二四一，6）。

标本 T20807②：3，尖唇。胎色黄白，胎质较坚。施釉至腹下部，有流釉现象，釉薄不均，

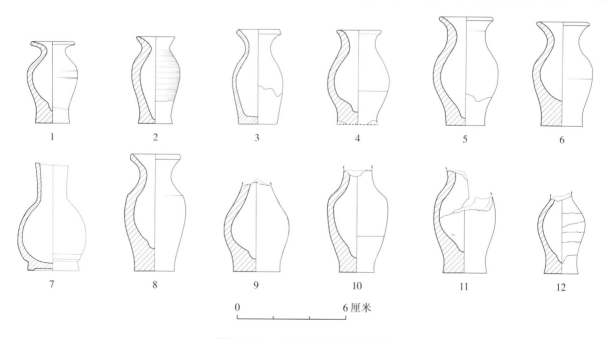

图四二四　辽金时期白釉小瓷瓶

1~6、8. A 型 TG21205H2267：4、T20303②：10、T20304③：17、T20606H2210：7、T21005H2277：14、TG21205H2267：2、T20807②：3
7. B 型 T20507②：2　9~12. 残瓶 TG21206H2276：4、TG21207H2371：2、TG21206H2276：5、12. TG21205H2267：3

白中泛青夹灰褐色。口径 2.6、底径 2.1、高 6.4 厘米（图四二四，8；彩版二四一，7）。

B 型　1 件。

标本 T20507②：2，口部残。长颈，溜肩，垂腹，圈足。胎色较白，胎质较坚。釉色较白，光亮，有开片现象，釉仅施到腹部。底径 2.9、残高 5.8 厘米（图四二四，7；彩版二四一，8）。

残白釉瓶 4 件。因口残，型式难辨。口部残，溜肩，鼓腹，平底。

标本 TG21206H2276：4，胎色泛黄。无釉。外壁部分通体熏黑。残高 5、底径 2.6 厘米（图四二四，9；彩版二四一，9）。

标本 TG21207H2371：2，胎色灰白，胎质较坚。釉色白中泛青，施釉至腹下部，有流釉现象。残高 5.2、底径 2 厘米（图四二四，10；彩版二四二，3）。

标本 TG21206H2276：5，口部及腹部残。胎色黄白，胎质较坚。釉色黄白，仅施半截釉。残高 5.6、底径 2.2 厘米（图四二四，11；彩版二四二，4）。

标本 TG21205H2267：3，胎色灰，胎质稍疏，夹黑白砂粒。施透明釉至腹下部，釉薄不均，呈黄褐色。残高 4.3、底径 1.9 厘米（图四二四，12）。

（6）白釉罐

5 件。细瓷，轮制。

标本 T20807②：2，直口，圆唇，圆肩，鼓腹，圈足。胎色泛黄，胎质稍坚。内不施釉，外施釉不到底，釉色白。外壁肩部至腹中部有三周凸棱，下腹有两周，不太明显。口径 7.3、底径 6.6、高 9.6、腹径 13 厘米（图四二五，1；彩版二四三，1）。

标本 T21006①：19，敛口，折沿，尖圆唇，鼓腹，平底。胎色土黄，胎质稍坚。内施满釉，外不及底，釉色泛黄，釉面不甚光洁，内壁施化妆土不均匀。口径 34.6、底径 17、高 20.5 厘米（图四二五，2；彩版二四三，2）。

标本 TG213001H2378：5，直口微敞，圆唇，直颈，斜肩，颈肩部对称附耳，蛋形腹，圈足。

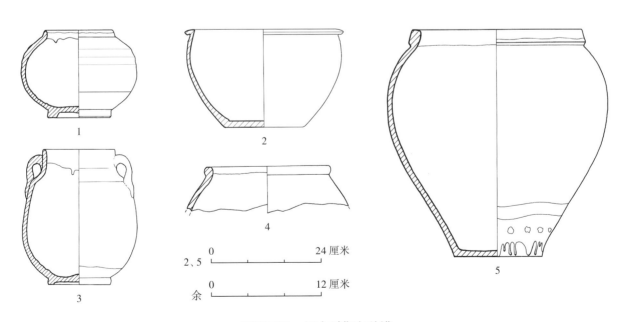

图四二五　辽金时期白釉罐

1. T20807②：2　2. T21006①：19　3. TG213001H2378：5　4. T20204③：35　5. T20507②：3

足墙竖直，外高内低，足沿平切。胎色灰白，胎质稍坚。内施釉至口沿处，外不及底，釉色黄白，光亮。内底略凸，内壁有数周修整刮痕，外底心有墨书题记，字迹模糊不辨。口径 8、底径 7、高 15.3 厘米（图四二五，3；彩版二四三，3）。

标本 T20204 ③：35，残。敞口，圆唇，溜肩。胎色黄白，胎质稍疏，夹黑砂粒及气孔。内施酱釉，外施白釉泛黄，口沿面部不施釉，芒口，内壁有流釉现象。口径 14、残高 5.2、厚 0.6 厘米（图四二五，4）。

标本 T20507 ②：3，敛口，方唇，束颈，圆肩，上腹鼓，下腹部内收，平底。胎色白，胎质坚硬，夹黑白砂粒，内施酱釉，外施白釉泛黄，沿上不施釉，外壁下腹部刮釉一周并流釉。器底有一钻孔，器底可见四处圆形支钉痕迹。口径 37.4、底径 19、高 48 厘米（图四二五，5；彩版二四三，4）。

（7）白釉器盖

1 件。

标本 T20305 ③：5，细瓷。平面呈圆形，盖顶面呈弧形，饰两周凸弦纹，肩部一周凹弦纹，盖身壁竖直。胎色灰白，胎质较细。釉色灰白，釉面光亮。复原直径 13.7、高 3.2、壁厚 0.3 厘米（图四二六，1；彩版二四二，5）。

（8）白釉钵

1 件。

标本 T20303H2320：9，敛口，尖唇，折颈，弧腹，小平底。胎色白，胎质细腻。釉色白，细腻润泽，内施满釉，外不及底。口径 13.6、底径 3.8、高 4.9 厘米（图四二六，2；彩版二四三，5）。

（9）白釉器底

1 件。

标本 T20304H2002：7，仅存残圈足底，内底施白釉，外底不施釉，残存墨书"上方"。复原足径 7.8、残高 1.4 厘米（图四二六，3；彩版二四二，6）。

茶叶末釉瓷，6 件。器形见碗、盏、炉。

（10）茶叶末釉碗

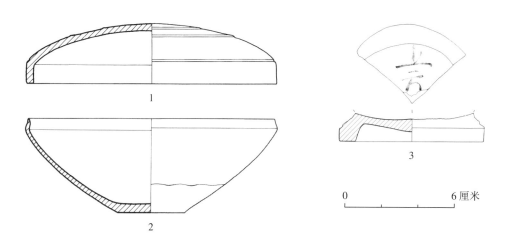

图四二六　辽金时期白釉器盖、钵、器底

1. 白釉器盖 T20305 ③：5　2. 白釉钵 T20303H2320：9　3. 白釉器底 T20304H2002：7

2 件。细瓷，轮制。

标本 T20204 ②：3，敞口，圆唇，弧腹，圈足，足墙竖直，外高内低，足沿平切。胎色黄白，胎质稍疏，夹小黑白砂粒。内施满釉，外不及底，釉色较深，口部不施化妆土。内底可见四处垫珠痕。口径 17.6、足径 7.4、高 6.4 厘米（图四二七，1；彩版二四四，1）。

标本 T20203 ②：3，敞口，圆唇，弧腹，圈足，足墙外撇，外高内低，足沿平切。胎色灰白，胎质稍疏，夹细小灰白砂、气孔。内施满釉，外不及底，釉色光亮，口沿处釉脱落，外壁积釉厚。口径 11.2、足径 5、高 4 厘米（图四二七，2；彩版二四四，2）。

（11）茶叶末釉盏

3 件。根据口部变化分 A、B 两型。

A 型　2 件。细瓷，轮制。敞口，圆唇。

标本 T20405 ③：10，斜腹，平底。胎色土黄，胎质稍疏。内施茶叶末釉，口沿和外壁不施釉。内底有一周凹弦纹。口径 9.9、底径 3.8、高 3.8 厘米（图四二七，3；彩版二四四，4）。

标本 T20505 ②：1，浅斜腹，平底。胎色土黄，胎质稍坚。内施茶叶末釉，口沿和外壁不施釉。口径 8.8、底径 4.6、高 2.8 厘米（图四二七，4；彩版二四四，3）。

B 型　1 件。

标本 T20403 ③：32，敛口，圆鼓腹，平底，胎色泛红，胎体稍坚，夹小黑砂。内施茶叶末釉，外及口沿不施釉。外壁有旋坯痕。口径 6.3、底径 3.8、高 2.1 厘米（图四二七，5；彩版二四四，5）。

（12）茶叶末釉行炉

1 件。

标本 T21007H2282：1，细瓷，轮制。敞口，卷沿，圆唇，折腹，内底平，束柄，平底足。

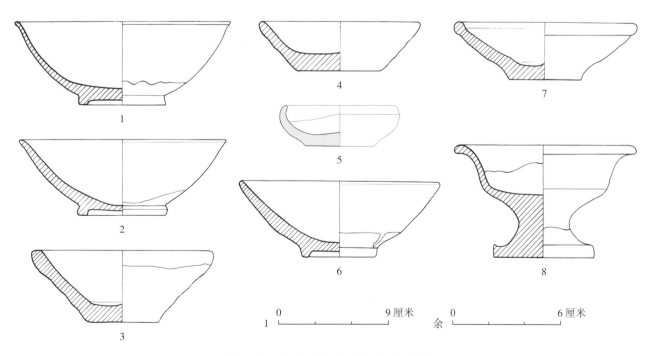

图四二七　辽金时期茶叶末釉、青釉瓷

1、2. 茶叶末釉碗 T20204 ②：3、T20203 ②：3　3、4. A 型茶叶末釉盏 T20405 ③：10、T20505 ②：1　5. B 型茶叶末釉盏 T20403 ③：32
6、7. 青釉盏 TG21207 ②：5、TG21206H2370：1　8. 茶叶末釉行炉 T21007H2282：1

胎色土黄，胎体较坚。内壁仅在卷沿处施釉，外壁施釉到柄处，施茶叶末绿釉，釉较厚。足底有修整刮痕。口径 10.2、底径 5.6、高 6 厘米（图四二七，8；彩版二四四，6）。

青釉瓷，2 件。器形仅见盏。

（13）**青釉盏**

2 件。

标本 TG21207②：5，敞口，圆唇，弧腹，圈足，足墙外撇，外高内低，足沿平切。胎色灰白，胎质稍疏。施化妆土，内施满釉，外不及底，釉色白中泛青，有开片现象。口径 11、足径 4、高 4 厘米（图四二七，6；彩版二四五，1）。

标本 TG21206H2370：1，圆唇内外凸，斜腹，小平底，底部略外撇。胎色灰白，夹黑砂和气孔，胎质稍疏。施化妆土，内施满釉至口沿处，外不施釉，釉色泛青，釉色光亮，内底有积釉、开片现象和乳凸。口径 9.7、底径 3.7、高 2.8 厘米（图四二七，7；彩版二四五，2）。

酱釉瓷，18 件。器形见有碗、瓮、杯、瓶、洗、盏、罐。

（14）**酱釉瓶**

2 件。

标本 T20204②：4，盘口，尖唇，弧肩，弧腹，下腹部内收，圈足。胎色泛红，胎质坚硬。唇部施釉并流釉，肩以下施满釉，内底心施釉，外底足无釉。肩下部存四处支钉痕，腹部有旋坯痕。口径 5.4、底径 9.7、高 41.2 厘米（图四二八，1；彩版二四五，5）。

标本 TG009H01：1，敞口，尖唇，弧肩，弧腹，下腹略收，圈足。胎色泛红，胎质稍疏，夹黑白砂粒。外壁肩部无釉，下部施酱釉，外底心施釉，外底足部无釉。肩下部至腹中部有旋坯痕，肩下部存三处支钉痕。口径 5.5、底径 9、高 38.7 厘米（图四二八，2；彩版二四五，6）。

（15）**酱釉碗**

1 件。

标本 TG21307H2286：3，细瓷。侈口，圆唇，圆腹，圈足，外墙竖直，内墙外斜，内外齐平，足沿平切。胎色砖红，胎质稍疏，夹黑白砂粒。内施黑釉，外不及底，内底不施釉，釉色光亮。口径 20、足径 7.8、高 10.4 厘米（图四二八，3；彩版二四五，3）。

（16）**酱釉杯**

1 件。

标本 T20406③：1，细瓷，轮制。直口，尖唇，深筒腹，圈足，足沿平切，内外齐平。胎色泛灰，胎质稍坚。内外施酱釉，色黑，足沿不施釉，釉面较为光亮。口径 7.5、足径 4.2、高 7.9 厘米（图四二八，4；彩版二四五，4）。

（17）**酱釉瓮**

1 件。

标本 T21206H2370：3，粗瓷，轮制。直口，厚方唇，束颈，弧肩，上腹鼓，下腹斜收，平底。胎色黄白，胎质较坚硬。内外施黑釉，下腹部刮釉一周，底部不施釉。口径 45.5、底径 20.3、高 62.5 厘米（图四二八，5；彩版二四六，1）。

（18）**酱釉洗**

1 件。

标本 T20804J2001：26，细瓷，轮制。敞口，圆唇外凸，腹中部略鼓，近底部略外撇，内底

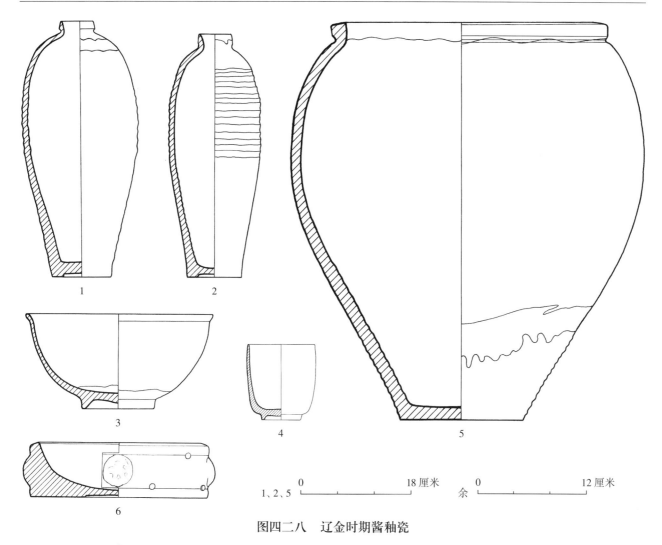

图四二八　辽金时期酱釉瓷

1、2.酱釉瓶 T20204 ②：4、TG009H01：1　3.酱釉碗 TG21307H2286：3　4.酱釉杯 T20406 ③：1　5.酱釉瓮 T21206H2370：3　6.酱釉洗 T20804J2001：26

中心凹。胎色灰白，胎质稍疏，夹黑白砂，有气孔。内外壁施釉，釉色黑亮，口沿和外底不施釉。内底有磨过后露出的气泡。外壁口沿下存一处乳丁纹饰，近底处存两处乳丁纹饰，中间有一类似兽面纹饰。口径 18.1、足径 19.2、高 6 厘米（图四二八，6；彩版二四六，3）。

（19）酱釉盏

11 件。敞口，弧腹，外壁底部较直，内壁圆弧。内施酱釉，口沿和外壁不施釉。

标本 T20307 ②：2，尖唇。胎色泛黄，胎质坚硬，夹黑白砂粒。釉面光亮。外部有一周修胎的痕迹。口径 9.5、底径 4.3、高 3.1 厘米（图四二九，1）。

标本 T20207 ②：2　圆唇。胎色土黄，胎质较坚。口径 8.3、底径 4、高 3.3 厘米（图四二九，2；彩版二四六，5）。

标本 T20607H2218：27，圆唇。胎色土黄，胎质稍疏，夹黑白砂粒，内底有一处垫珠痕。口径 10.6、底径 5.8、高 3.4 厘米（图四二九，3；彩版二四六，4）。

标本 T20504H2051：12，圆唇。胎色土黄，胎质较坚，夹黑砂。釉面不甚光洁。口径 8.8、底径 4.6、高 2.7 厘米（图四二九，4）。

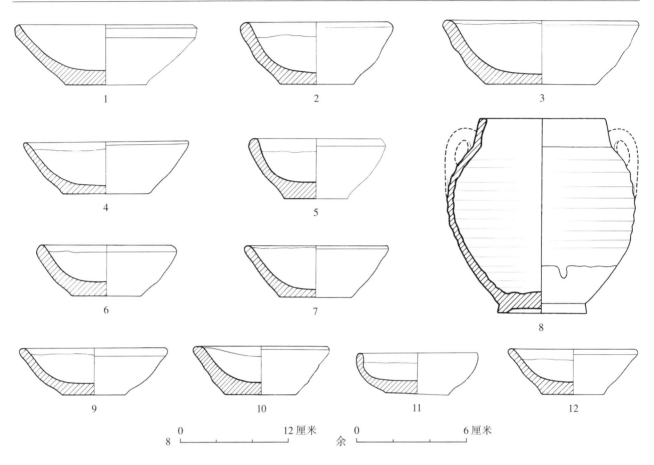

图四二九　辽金时期酱釉瓷

1~7、9~12. 酱釉盏 T20307②：2、T20207②：2、T20607H2218：27、T20504H2051：12、T20706②：1、T20407②：8、T20707H2250：1、
T20607②：29、T20706②：28、TG21503③：1、TG009H01：5　8. 酱釉罐 T20106②：4

　　标本 T20706②：1，圆唇。胎色泛黄，胎质坚硬，夹小黑砂。釉面光亮。口径 7.2、底径 3.5、高 3.1 厘米（图四二九，5；彩版二四六，6）。

　　标本 T20407②：8，圆唇。胎色灰，胎质较坚。釉色发黑。口径 7.7、底径 3.7、高 2.7 厘米（图四二九，6；彩版二四七，1）。

　　标本 T20707H2250：1，圆唇。胎色土黄，胎质较坚。口径 7.8、底径 3.6、高 2.7 厘米（图四二九，7）。

　　标本 T20607②：29，圆唇。胎色土黄，胎质稍坚。釉面不甚光洁。口径 8、底径 3.3、高 2.5 厘米（图四二九，9；彩版二四七，3）。

　　标本 T20706②：28，圆唇，斜弧腹。胎色灰白，夹黑白砂，胎质稍疏。釉色发黑。口径 7.3、底径 3.7、高 2.6 厘米（图四二九，10；彩版二四七，5）。

　　标本 TG21503③：1，圆唇，圆弧腹。胎色黄白，夹细小黑砂。釉面不甚光洁。口径 6.3、底径 3.5、高 2.1 厘米（图四二九，11；彩版二四七，4）。

　　标本 TG009H01：5，圆唇。胎色土黄，胎质较坚，夹细小黑砂。釉面光亮。口径 7.1、底径 3.6、高 2.6 厘米（图四二九，12；彩版二四七，2）。

（20）**酱釉罐**

1件。

标本 T20106②：4，敛口，方唇，溜肩，肩两部有耳，鼓腹，圈足。胎色黄白，胎质粗疏，夹黑白砂粒，胎体较重。内外施茶叶末釉，外不及底，釉面不甚平整，有流釉，存旋坯痕。口径 13.6、腹径 20.6、底径 9.5、高 20.4 厘米（图四二九，8；彩版二四六，2）。

素烧器 5件。器形见碗、罐、匣钵。

（21）**素烧碗**

4件。

标本 T20403H2016：1，敞口，卷沿，圆唇，圆腹，矮圈足。施陶衣。口径 18、底径 8.5、高 7.4 厘米（图四三〇，1；彩版二四七，6）。

标本 T20507H2063：3，敞口，卷沿，圆唇，圆弧腹，矮实足底。外壁口沿下划一周凹弦纹。口径 19.2、底径 9.2、高 6.6 厘米（图四三〇，2）。

标本 T20403H2008：4，敞口，尖圆唇，弧腹，矮实足底。内底有一周凹弦纹，外壁近底部有一周不规整凹弦纹，内外壁皆有修整时横抚的痕迹。口径 16.5、底径 7.9、高 7.5 厘米（图四三〇，3；彩版二四八，1）。

标本 T20603H2104：1，侈口，卷沿，圆唇，弧腹，矮实足底。口径 20、底径 10、高 7 厘米（图四三〇，4；彩版二四八，2）。

（22）**素烧罐**

1件。

标本 TG213001H2378：34，敞口，斜方唇，束颈，鼓腹，底残。胎色土黄，胎质稍疏，夹

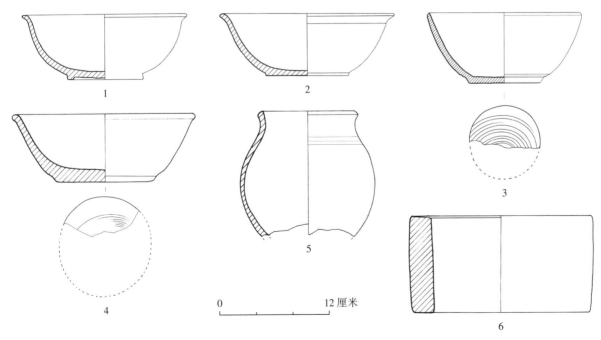

0　　　　　　　　　　　　12 厘米

图四三〇　辽金时期素烧器、匣钵

1~4. 素烧碗 T20403H2016：1、T20507H2063：3、T20403H2008：4、T20603H2104：1　　5. 素烧罐 TG213001H2378：34

6. 匣钵 T20607H2218：16

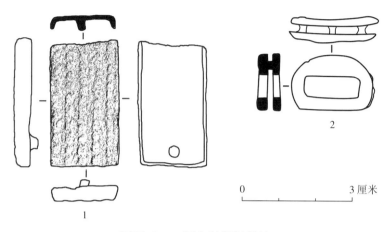

图四三一　辽金时期铜带饰

1. TG21207②：1　2. T20105②：8

黑白砂粒和气孔。颈肩部饰三周凹弦纹。口径 10、残高 13 厘米（图四三〇，5；彩版二四八，3）。

（23）匣钵

1 件。

标本 T20607H2218：16，高岭土烧制。直口，口沿略向内下斜，下腹部略向内收，中空。口径 19.5、底径 20.4、高 9.9 厘米（图四三〇，6；彩版二四八，4）。

3. 铜器

6 件。

（1）铜带饰

2 件。

标本 TG21207②：1，残。平面呈长方形，完整的三边内折。表面饰五道扭索纹，背面一端有钉。残长 3.3、宽 1.7、厚 0.2、槽深 0.1 厘米（图四三一，1；彩版二四八，5）。

标本 T20105②：8，平面呈椭圆形，一长边横齐，中开长方形眼，前后两片用三个铆钉相结。长 2.2、宽 1.5、厚 0.6、眼长 1.5、眼宽 0.6 厘米（图四三一，2）。

（2）铜钱

4 枚。

天圣元宝　2 枚。

标本 TG21207H2371：4，圆形方穿，正面铸"天圣元宝"楷书钱文，旋读，光背。直径 2.6、穿宽 0.7、肉厚 0.1 厘米（图四三二，1；彩版二四九，1）。

标本 T20106②：15，楷书。直径 2.5、穿宽 0.7、肉厚 0.1 厘米（图四三二，2；彩版二四九，2）。

元丰通宝　1 枚。

标本 T20604②：6，行书。直径 2.5、穿宽 0.6、肉厚 0.1 厘米（图四三二，3；彩版二四九，3）。

至道元宝　1 枚。

标本 T20805①：2，行书。直径 2.5、穿宽 0.6、肉厚 0.1 厘米（图四三二，4；彩版二四九，4）。

4. 铁器

2 件。

（1）铁钉

1 件。

标本 T20307③：25，四棱锥体，钉头残断，断面呈长方形。长 29.4、宽 3.7、厚 1.9 厘米（图四三三，1；彩版二五〇，1）。

（2）铁斧

1 件。

标本 TG21206H2370：2，平面呈长方形，顶面呈长方形，下端呈双刃平凿状，斧身一边竖直，

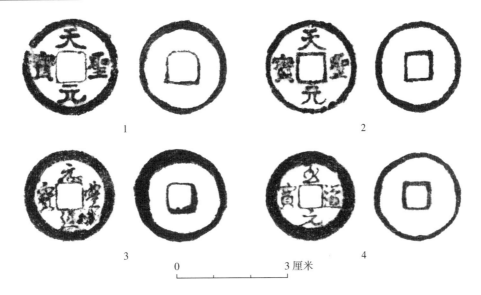

图四三二　辽金时期铜钱

1、2. 天圣元宝 TG21207H2371：4、T20106 ②：15　3. 元丰通宝 T20604 ②：6　4. 至道元宝 T20805 ①：2

一边呈弯弧状。斧身两侧面距顶面 1/3 处穿长方形孔，残存木痕。长 14、宽 5.5、厚 3.4、孔长 2.8、宽 1 厘米（图四三三，2；彩版二五〇，2）。

5. 石器

3 件。

（1）磨石

1 件。

标本 T20306H2003：1，青石质。通体磨制而成，磨痕明显。平面呈半梭形，顶面、底面光滑。长 10.8、宽 3.3、厚 1.5 厘米（图四三四，1；彩版二五〇，3）。

（2）石条

1 件。

标本 T20806G2001：16，青石质，黑灰色，四面柱体抹角，柱体通体磨光，两端存切割痕。长 4.6、宽 1、厚 0.9 厘米（图四三四，2；彩版二五〇，4）。

（3）石纺轮

1 件。

标本 T20904H2283：1，细砂岩磨制，通体磨光。直径 8.5、厚 1.2 厘米（图四三四，3；彩版二五〇，5）。

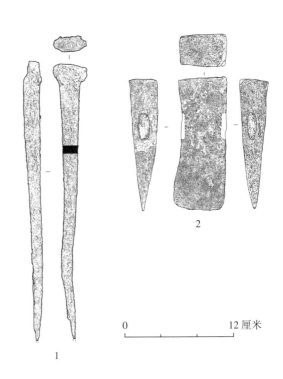

图四三三　辽金时期铁器

1. 铁钉 T20307 ③：25　2. 铁斧 TG21206H2370：2

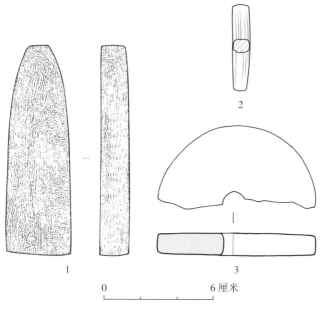

图四三四　辽金时期石器

1. 磨石 T20306H2003：1　2. 石条 T20806G2001：16　3. 石纺轮 T20904H2283：1

（2）莲花纹瓦当

1件。

标本 T20106①：2，残。泥质灰陶，模制。边轮低窄，破损严重。当心凸雕六点圆形花蕊，外花叶旋转盛开，残存四瓣，花瓣尖之间饰圆点，外饰一周凸棱。瓦当复原直径12.2、中心厚2.1、边轮宽1.3厘米（图四三五，3；彩版二五〇，7）。

五　明清时期

（一）建筑材料

陶质建筑材料

3件。有灰陶板瓦2件、瓦当1件。

（1）板瓦

2件。泥质灰陶，轮制。凹面有布纹，可见布纹接痕。凸面简单修整。两侧边只见切割线，破面未修整。

标本 T20906②：10，宽端平齐，窄端凹面切薄。瓦长31.2、宽21、厚2厘米（图四三五，1；彩版二五〇，6）。

标本 TG214001②：1，窄端平齐，呈圆弧形，宽端平齐。瓦长37、宽26.4、厚2.5厘米（图四三五，2）。

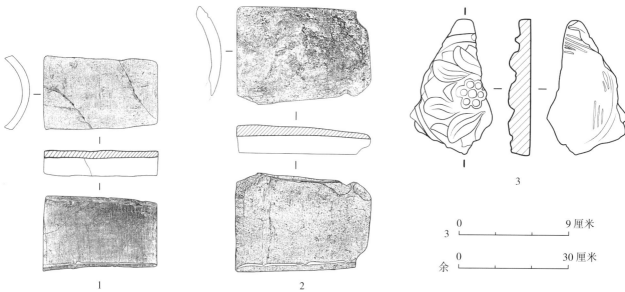

图四三五　明清时期板瓦、瓦当

1. 泥质板瓦 T20906②：10　2. 泥质板瓦 TG214001②：1　3. 莲花纹瓦当 T20106①：2

（二）生活生产用具

共出土遗物 13 件。

1. 瓷器

12 件。根据釉色分白釉、白釉褐彩、青花、酱釉、蓝釉五类。

白釉瓷，3 件，器形均为碗。

（1）白釉碗

3 件。细瓷，轮制。敞口，圆唇，弧腹，圈足，足沿平切。胎色略红，胎质稍坚。内施满釉，外不及底。内底存垫砂痕，采用垫砂间隔，多件仰烧法。

标本 T20106 ②：12，足墙略外撇，内外齐平。釉色灰白，外壁有流釉现象。内底有一周凹弦纹，残留三处垫砂间隔，口沿有两处垫砂痕。口径 16.2、足径 7.5、高 4.6 厘米（图四三六，1；彩版二五一，1）。

标本 T20407 ②：16，窄沿，弧腹，足墙略外撇，内高外低。胎色略红，胎质稍坚。釉色灰白，釉面不甚光洁。内底残留四处垫砂痕，足沿残留垫砂痕，外壁污浊，有烟熏痕迹。口径 14.3、足径 6.3、高 4.9 厘米（图四三六，2；彩版二五一，2）。

标本 T20405 ②：8，足墙外撇，内高外低。釉色青灰。内底残留两处垫砂痕，采用垫砂间隔，多件仰烧法。口径 16.1、足径 7.1、高 4.8 厘米（图四三六，4；彩版二五一，3）。

（2）白釉褐彩碗

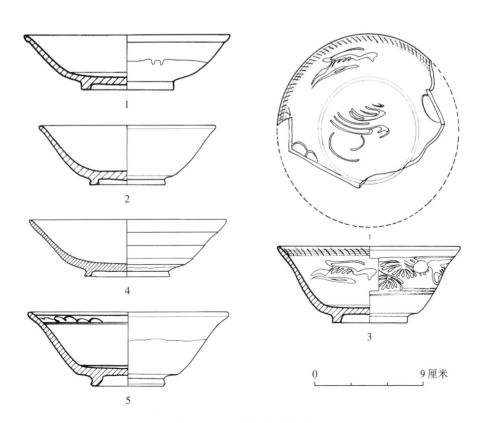

图四三六　明清时期瓷器

1、2、4. 白釉碗 T20106 ②：12、T20407 ②：16、T20405 ②：8　3、5. 白釉褐彩碗 T20407 ②：2、T20106 ②：18

2件。细瓷，轮制。

标本 T20407 ②：2，敞口，圆唇，斜弧腹，腹底部微折，圈足。胎色泛灰，胎质稍疏，夹细小砂粒。施化妆土，内施满釉，外不及底，釉色黄白。内壁口沿处饰褐彩弦纹相间网格，腹部绘鱼纹，内底绘一周弦纹，弦纹内绘褐彩纹饰，外壁褐彩描绘纹饰两周，内绘花卉纹，内底有朱书，字迹辨认不清。口径 14.7、足径 5.9、高 5.9、孔径 0.4 厘米（图四三六，3；彩版二五一，4）。

标本 T20106 ②：18，侈口，圆唇，斜弧腹，腹底部折，圈足。胎色泛红，胎质稍坚。仅口沿处施釉，内壁施化妆土，外壁上半截施化妆土。内壁口沿处褐彩弦纹内饰波浪纹，内底绘弦纹一周。口径 16.3、足径 5.9、高 6.1 厘米（图四三六，5；彩版二五一，5）。

（3）青花碗

4件。轮制。

标本 T20805 ①：10，敞口，圆唇，弧腹，腹底处微折，圈足。胎色青灰，胎质较坚。施化妆土，内施满釉，外不及底，釉色灰白。外壁绘短线纹。内底残留三处垫砂间隔。口径 17.5、足径 7.9、高 5.6 厘米（图四三七，1；彩版二五一，6）。

标本 T20407 ①：7，撇口，圆唇，弧腹，圈足。胎色灰白，胎质稍坚。施化妆土，内施满釉，

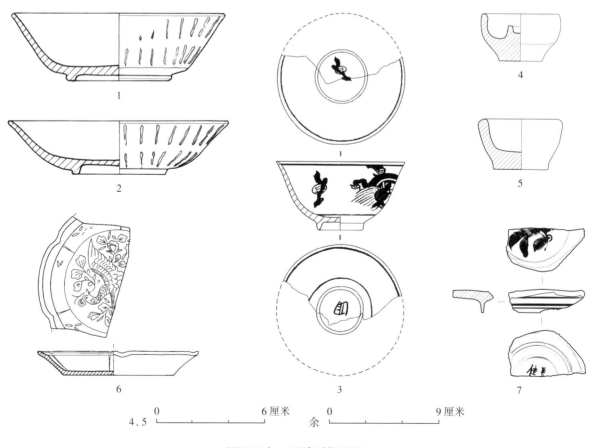

图四三七　明清时期瓷器

1~3、7.青花碗 T20805 ①：10、T20407 ①：7、T10101 ②：1、T20405 ②：3　4、5.酱釉盏 T20805 ②：6、TG212001 ②：1　6.孔雀蓝釉碟 T20807 ②：1

外施釉至足墙，釉色泛灰。外腹绘短线纹。内壁有旋坯痕，内底残留两处垫砂痕。口径17.8、足径7.5、高4.3厘米（图四三七，2）。

标本T10101②：1，侈口，尖唇，弧腹，圈足。胎细白，胎体坚致。内外施釉，釉色泛青，釉面光亮。内壁口沿处绘一周弦纹，内底绘两周弦纹，弦纹内青花描绘纹饰，外壁口沿处绘一周弦纹，外壁弦纹间绘螭龙纹，圈足上部绘两周深、浅弦纹，外底绘有花押款。口径10.2、足径3.8、高5.5厘米（图四三七，3；彩版二五二，1）。

标本T20405②：3，存圈足底。内底绘弦纹一周，弦纹内绘花叶纹，外壁底部绘弦纹，近圈足处绘两周弦纹，外底中央两周弦纹内残存"长""佳"两字。残长6.3、足径4、残高1.9厘米（图四三七，7）。

（4）酱釉灯盏

2件。

标本T20805②：6，敛口，圆唇，圆腹，平底。内底安圆条，用来安置灯捻。胎色灰白，胎体坚硬。内施满釉，外不及底，施茶叶末釉。口径4.4、底径2.4、高2.5厘米（图四三七，4；彩版二五二，2）。

标本TG212001②：1，敞口，圆唇，深腹，平底。胎色泛黄，胎体稍松。釉面不甚光洁。口径4.6、底径3、高2.6厘米（图四三七，5；彩版二五二，3）。

（5）孔雀蓝釉碟

1件。

标本T20807②：1，葵口，圆唇，口沿外端略上折，沿上有一周凹弦纹，斜腹较浅，平底。胎色黄白，胎质较坚。施孔雀蓝釉，釉面剥落。腹部存两条竖向出筋及花卉纹，出筋把花卉纹分隔开，内底压印凤鸟纹和花卉纹。口径12.9、足径9、高1.9厘米（图四三七，6；彩版二五二，4）。

2．铜器

铜钱

1枚。

乾隆通宝　1枚。

标本T20904②：1，直径2.5、穿宽0.7、肉厚0.05厘米（图四三八；彩版二五二，5）。

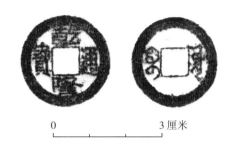

0　　　　　　　3厘米

图四三八　清代乾隆通宝
T20904②：1

第五节　几点认识

一　遗址时代

该遗址中遗迹主要有塔基、铸造井台、化铁炉、水井、台基和灰坑，塔基中心部分平面为方形，与2010年发掘的明军堡西部北魏寺院遗址出土塔基一致，塔基埋藏坑中发现佛教泥塑，为菩萨头像和佛身，形象与云冈石窟二期的接近，表明塔基中心部分的时代是北魏。塔基周边部分平面为八角形，是北魏以后补建的，形制与辽金塔基平面一致，证明其时代是辽金时期。铸造遗址和水井位于辽金地层，伴随出土器物亦为辽金特征，可证其时代为辽金时期。台基由砖所砌，砖乃典型沟纹砖，其时代无疑也为辽金时期。灰坑年代比较复杂，从地层和出土器物观察，有北魏、辽金、明清时期等特征，时代也当为北魏、辽金或明清时期。综合主要遗迹和出土器物看，该遗址的时代主要是北魏至辽金时期。

二 遗址性质

根据出土塔基遗迹和佛像残块，表明该遗址与佛教密切相关。就大同地区而言，现已发现北魏早期塔基4座[1]，北魏的塔图像约有一百二十余个[2]，还有曹天度石塔[3]、五台山南禅寺北魏石塔[4]、山西晋东南沁县南涅水[5]出土的北魏塔等，其平面均为方形。而辽金时期该地区塔的平面演变为八边形。如山西应县辽代木塔、山西灵丘觉山寺辽代舍利塔、大同市南郊塔山禅房寺的辽金砖塔、浑源圆觉寺的金代砖塔等，均是平面为八边形的塔。以上众多证据，证明这处遗址乃是一处北魏至辽金时期的佛教寺院遗址。

三 铸造遗址作用

铸造遗址与辽金寺院建设有密切关系。30个化铁炉环绕铸造井台，井台低于地面，这种布局以前没有见过，但是在《天工开物》中有相关记载，《天工开物·冶铸篇》说："凡造万钧钟与铸鼎法同。掘坑深丈几尺，燥筑其中如房舍，筵泥作模骨。用石灰、三合土筑，不使有丝毫隙拆，干燥之后牛油、黄蜡附其上数寸。油蜡分两，油居十八，蜡居十二。其上高蔽抵晴雨（夏月不可为，油不冻结）。油蜡墁定，然后雕镂书文、物象，丝发成就。然后舂筛绝细土与炭末为泥，涂墁以渐而加厚至数寸。使其内外透体干坚，外施火力炙化其中油蜡，从口上孔隙熔流净尽。则其中空处即钟鼎托体之区也……四面筑炉，四面泥作槽道，其道上口承接炉中，下口斜低，以就钟鼎入铜孔，槽旁一齐红炭炽围，洪炉熔化时，决开槽梗（先泥土为梗塞住），一齐如水横流，从槽道中枧注而下，钟鼎成矣。凡万钧铁钟与炉、釜，其法皆同，而塑法则由人省啬也。"[6]

由井台深度和直径观察，深度比书中记载要小，可知所铸的大型铸件高约2米，不是书中记载的高达一丈多的万均（斤）重的大钟，而应该是数千斤的一个铸件。这么重的铸件，又是在寺庙中，推测最有可能的就是铁钟。

---

[1]云冈山顶已发掘出3座塔基，参见刘建军：《云冈山顶佛塔基址发现及其相关问题》，《北魏平城研究文集》，山西人民出版社，2008年。云冈石窟研究院、山西省考古研究所、大同市考古研究所：《云冈石窟窟顶西区北魏佛教寺院遗址》，《考古学报》2016年第4期。另外在大同永固陵南面山下的北魏寺院遗址中，也有1座方形塔基。

[2]张华：《云冈石窟浮雕塔形浅议》，《文物世界》2003年第4期。

[3]史树青：《北魏曹天度造千佛石塔》，《文物》1980年第1期。

[4]李裕群：《五台山南禅寺旧藏北魏金刚宝座石塔》，《文物》2008年第4期。

[5]刘永生：《沁县南涅水石刻》，《山西考古四十年》，山西人民出版社，1994年，第313~318页。

[6]（明）宋应星：《天工开物》，中国社会出版社，2004年，第234页。

四　寺院名称

在该遗址明清灰坑出土一块陶碗足部残片（T20504H2044：3），足底有刻字，共四字，是"天长寺」枕"，分两列，刻于器物底部，右边"天长寺"三字由上至下，为一列，左侧与"天"平行，又有一个"枕"，单独成列，按习惯，应读为"天长寺」枕"。然而观察该器物，为辽金碗的足部，因此说它是"枕"，显然不对，应该是有别的意思。初步分析，四个刻字中，"天长寺"当属一词，表示一个寺院名称，"枕"当为另一个词，有另外含义。按照如此理解，可以进一步推测，此碗乃天长寺定制，所以在烧制前刻了寺名，以免混淆。值得注意的是，在该遗址另一个辽金灰坑出土一片带口沿灰陶盆残片（T20503H2352：2），外壁也刻有"天长"两字，自上往下排列。两次出现"天长"，其中一个明确有"天长寺"，不能不令人推测，"天长"应是一个佛寺的名称。两片陶片出土于该遗址，是纯属偶然，还是该寺院遗址就是"天长寺"遗址？

关于云冈诸寺的名称，金皇统七年（1147 年）《大金西京武州山重修大石窟寺碑》有记载，其曰："西京大石窟寺者，后魏之所建也。凡有十名：一通（示）[乐]，二灵岩，三鲸崇，四镇国，五护国，六天宫，七崇（教）福，八童子，九华严，十兜率。"[1]。此十寺中，没有"天长寺"。另据北京图书馆藏成化《山西通志》卷五："石窟十寺，在大同府城西三十五里，后魏时建，始于神瑞，终于正光，凡七帝，历百十有一年。其寺，一同升，二灵光，三镇国，四护国，五崇福，六童子，七能仁，八华严，九天宫，十兜率"。其中也不见"天长寺"。上述诸寺的修建年代和具体地点，学界尚不清楚。本次发掘出的佛寺遗址原为哪个寺院？仅凭目前资料，证据不足，难以认定。"天长寺"器物的发现，带来新的信息，进一步分析，或许它是十大寺某个寺院的别称，抑或是一个辽金史碑不载的寺院名称。今后还需要探讨的是，这个天长寺，是北魏已经存在的寺院，还是仅存在于辽金时期？

五　遗址价值

该遗址与 2010 年发掘的佛教寺院遗址相同，是云冈寺院的重要组成部分，它的发现有助于了解云冈寺院在北魏和辽金不同时代的布局、范围与繁盛程度。

塔基是该遗址最重要遗迹，内部夯土属于北魏遗迹，外部八角是辽金补建，形状不同，成为北魏至辽金寺院佛塔演变的物证。按照塔的建筑结构，有实心塔和空心塔之分。在该寺院遗址发掘的塔基，是一个外围轮廓为八角形，中部为北魏夯土的实心塔。

---

[1] 云冈十寺名称见于《大金西京武州山重修大石窟寺碑》，该碑早年佚失。20 世纪中叶，宿白先生在清人缪荃荪传抄的《永乐大典》天字韵《顺天府》条引《析津志》中发现该碑录文。见宿白：《"大金西京武州山重修大石窟寺碑"校注——新发现的大同云岗石窟寺历史材料的初步整理》，《北京大学学报（哲学社会科学版）》1956 年第 1 期。又见张焯：《〈大金西京武州山重修大石窟寺碑〉小议》，《云冈石窟编年史》，文物出版社，2006 年，第 435 页。雍正《山西通志》卷二十五《左云县》载："石窟十寺在县东九十里武周山云冈堡，后魏建，始神瑞，终正光，历百年而工始竣。其寺，一同升、二灵光、三镇国、四防国、五崇福、六童子、七能仁、八华严、九天宫、十兜率。孝文帝巫游幸焉，内有元时石佛二十龛，壁立千仞，面面如来，其他石窟千孔，佛像万尊。"雍正《山西通志》载十寺名称与成化《山西通志》略有不同，但基本承自成化《山西通志》。

　　该遗址铸造遗迹的发现很有价值，宋辽金时期的冶铁遗址发现很多，在河北省[1]、河南省[2]、北京市[3]、四川省[4]、黑龙江省[5]和辽宁省鞍山市[6]都有发现，作坊或大或小，遗迹保存或多或少，可惜均不太完整。云冈山顶铸造遗址保存比较完整，除了有化铁炉遗迹外，尚有鼓风器遗迹，它展示的铸造方法，与《天工开物》记载几乎相同，据铸铁炉内草木灰的时代，当为辽代早期[7]，远比《天工开物》成书时间早，表明早在辽代早期，已经有了《天工开物》记载的铸铁方法。辽金时代，平城为西京，西京独特的政治地位，使云冈石窟再度繁荣，云冈石窟有许多该时代补建和修葺的实物，有些碑刻也记载了该时期云冈石窟一带的规模和寺院情况，而此铸铁遗址，正是该时期佛教寺院再度繁荣的证据和写照。

————————

　　[1] 王荣耕：《邯郸地区冶铁遗址初步调查研究》，北京科技大学 2018 年博士学位论文。王启立、潜伟：《燕山地带部分辽代冶铁遗址的初步调查》，《广西民族大学学报（自然科学版）》2014 年第 1 期。

　　[2] 赵青云：《河南渑池县发现宋代铸铁钱遗址》，《考古》1960 年第 6 期。

　　[3] 刘乃涛：《北京市延庆区大庄科辽代矿冶遗址群水泉沟冶铁遗址》，《考古》2018 年第 6 期。解小敏：《对北京地区辽代冶铁考古研究的思考——由延庆水泉沟辽代冶铁遗址说起》，《北京文博文丛》2015 年第 1 期。

　　[4] 成都文物考古研究所、蒲江县文物管理所：《2007 年四川蒲江冶铁遗址试掘简报》，《四川文物》2008 年第 4 期。

　　[5] 黑龙江省博物馆：《黑龙江阿城县小岭地区金代冶铁遗址》，《考古》1965 年第 3 期。李延祥、佟路明、赵永军：《哈尔滨阿城东川冶铁遗址初步考察研究》，《边疆考古研究》2018 年第 1 期。

　　[6] 韩英：《鞍山地区辽金时期冶铁遗址及窖藏铁器研究》，《祖国：建设版》2013 年第 10 期。

　　[7] 刘培峰：《云冈石窟山顶铸造遗址初步研究》，见本报告附录二。

第七章　2011~2012 年寺院遗址墓葬发掘

第一节　东周墓葬

2012 年，在云冈石窟山顶北魏辽金时期佛教寺院遗址向北延伸探沟中，发现 1 座东周时期墓葬，编号 M2001。

M2001

位于发掘区西北部，西距明军堡东墙约 15 米。TG213001 东部及南部扩方处，开口于第③层下，打破生土，被 H2378 打破。

该墓地层堆积有三层，现以 TG213001 南壁剖面为例说明（图四三九）。

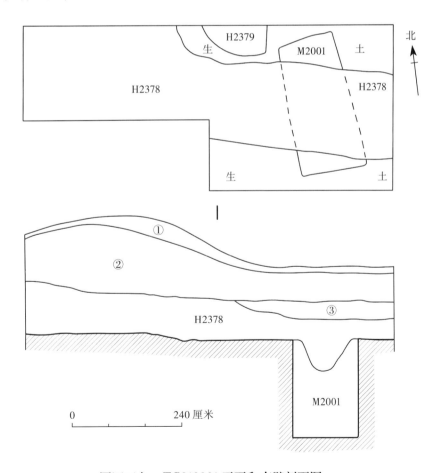

图四三九　TG213001 平面和南壁剖面图

（说明：第①层：现代耕土层，第②层：清明文化层，第③层：辽金文化层）

　　第①层：耕土层，褐色粉砂土，深 0.1~0.4 米。结构疏松，土壤包含物有大量植物根系和碎石子、少量细煤渣、料姜石、瓦片、陶片、瓷片等。叠压于此层下的有第②层。

　　第②层：黄褐色花土，深 0.75~1.65、厚 0.6~1.45 米。结构较致密，土壤包含物有植物根系、夯土碎块、细煤渣、少量料姜石、碎砂岩石块、瓦片等，出土遗物有筒板瓦残片、瓷片等，可辨器形有瓷碗。此层为明清文化层。叠压于此层下的有第③层和 H2378。

　　第③层：灰褐色粉砂土，深 0.9~1.55、厚 0.4 米。结构疏松，土壤包含物有大量的细煤渣或屑，少量的碎石块或粒等，出土遗物有筒板瓦残片、瓷片、陶片、屋脊构件残片等，可辨器形有瓷碗等。此层为辽金文化层。叠压于此层下的有 H2378、H2379、M2001 和生土。

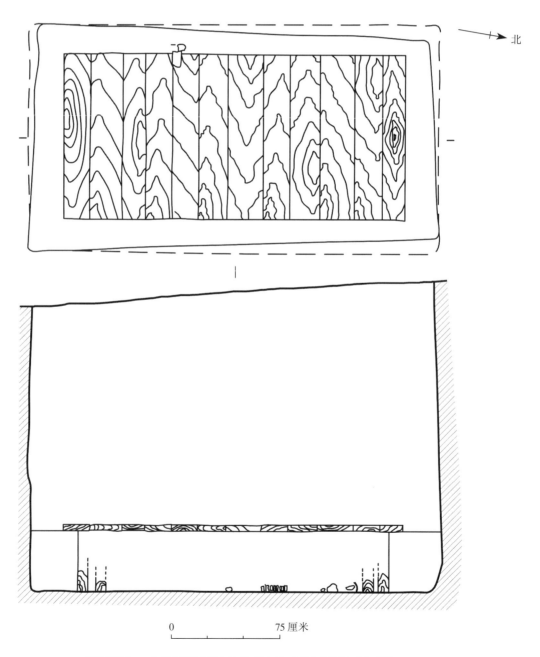

图四四〇　东周时期 M2001 椁盖板复原示意图和剖面图

　　该墓为竖穴土坑墓，平面接近长方形，墓口四边不规整，东边长 2.8、西边长 2.66、南边宽 1.5、北边宽 1.34 米。墓室底部向外扩 0~0.1 米宽，墓底长 2.8、宽 1.5、深 1.9~2.06 米。方向为北偏西 7°。墓室填土为黄花土，被盗扰。

　　棺长 1.9、宽 0.88 米，棺板厚 7 厘米。椁长 2.12、宽 1.06、高 0.4 米，板厚 7 厘米。椁盖板长 2.32、宽 1.1 米，每块板宽 0.16~0.24 米，板厚 4 厘米。熟土二层台，长 2.8、宽 0.36~0.46、高 0.4 米（图四四〇；彩版二五三，1）。

　　该墓人骨扰乱严重，仅存头骨碎片、腰椎、股骨等，墓主人性别、年龄不详（图四四一）。

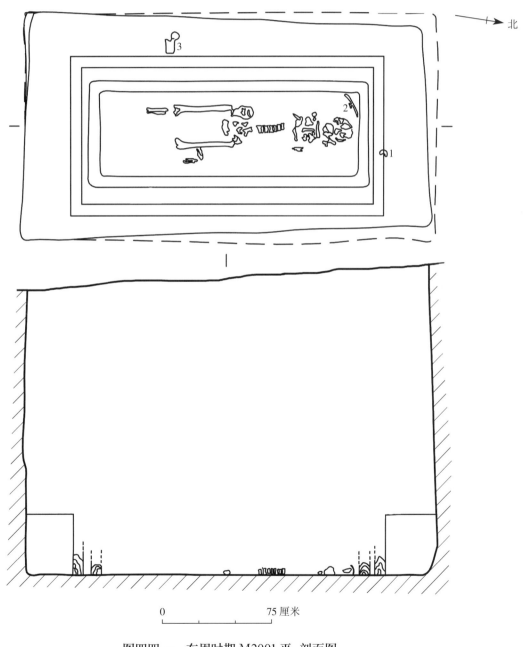

图四四一　东周时期 M2001 平、剖面图

1. 玉环　2. 铜带钩　3. 铁锛

随葬品有 3 件，残玉环、铜带钩（残）、铁锛（残）。

玉环　1 件。

标本 TG213001M2001：1，残。平面呈圆形。外径 3.6、内径 1.3、边轮宽 1.1、厚 0.5 厘米（图四四二，1；彩版二五三，2）。

铜带钩　1 件。

标本 TG213001M2001：2，呈长条形，钩首残，背面中央有钮，呈菌形。长 15.9、宽 0.8、厚 0.4~0.6、钮径 1.2、高 0.6 厘米（图四四二，2；彩版二五三，3）。

铁锛　1 件。

标本 TG213001M2001：3，残。锈蚀严重。正立面近长方形，侧立面上宽下窄呈 "V" 字形，上部中间有长方形空框，下部刃较钝。长 16.4、残宽 3.6~5.9、厚 0.3~3、上部空框残长 1.9~2.9、宽 1.4、深 8.4、边框厚 0.6 厘米（图四四二，3；彩版二五三，4）。

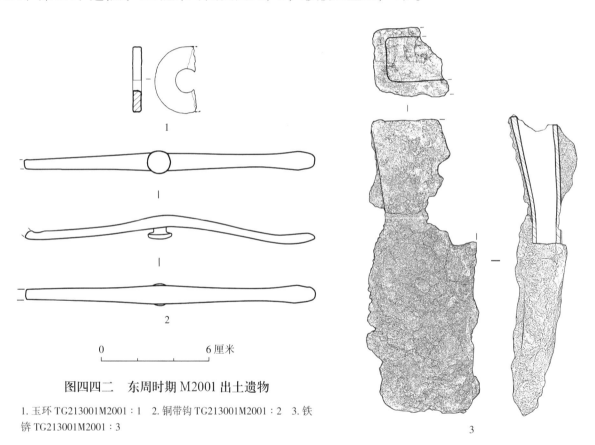

0　　　　　　　　　6 厘米

图四四二　　东周时期 M2001 出土遗物

1. 玉环 TG213001M2001：1　2. 铜带钩 TG213001M2001：2　3. 铁锛 TG213001M2001：3

第二节　辽金墓葬

2011 年，在云冈石窟山顶北魏辽金佛教寺院遗址发掘探方中，还发现 3 座辽金墓葬，均为瓮棺葬，编号 W2001、W2002 和 W2003。

1. W2001

位于 T20204 南部偏西，开口于第③层下，打破生土。

瓮棺坑平面呈长方形，直壁，平底。长 0.9、宽 0.74、深 0.46 米，壁面四周用石块或片石垒砌，内长 0.74、宽 0.54 米。片石长 16~40、宽 15~30、厚 0~8 厘米。坑中间放灰陶罐葬具残片。罐内填满白色土及骨灰（图四四三）。出土遗物除陶罐残片外，尚有铜钱 4 枚、玉环 1 件，可辨识铜钱有"宣和通宝""政和通宝""熙宁元宝"，另一枚因锈蚀严重，仅可辨读出"元□（通）宝"（图四四四）。

玉环　1 件。

标本 T20204W2001：1，残。平面呈圆形。外径 3.4、内径 1.6、边轮宽 0.9、厚 0.3 厘米（图四四四，1；彩版二五四，5）。

政和通宝　1 枚。

标本 T20204W2001：2，字迹清晰，"政"与"宝"之间有斜向裂缝。直径 2.7、穿宽 0.7、肉厚 0.1 厘米（图四四四，2；彩版二五四，1）。

宣和通宝　1 枚。

标本 T20204W2001：3，圆形方穿，正背面有圆郭，正面铸"宣和通宝"篆书钱文，对读。直径 2.4、穿宽 0.6、肉厚 0.1 厘米（图四四四，3；彩版二五四，2）。

熙宁元宝　1 枚。

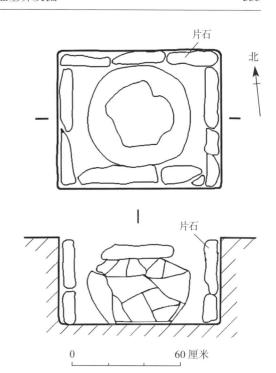

图四四三　辽金时期 W2001 平、剖面图

标本 T20204W2001：4，圆形方穿，正背面有圆郭，正面铸"熙宁元宝"篆书钱文。直径 2.3、穿宽 0.7、肉厚 0.05 厘米（图四四四，4；彩版二五四，3）。

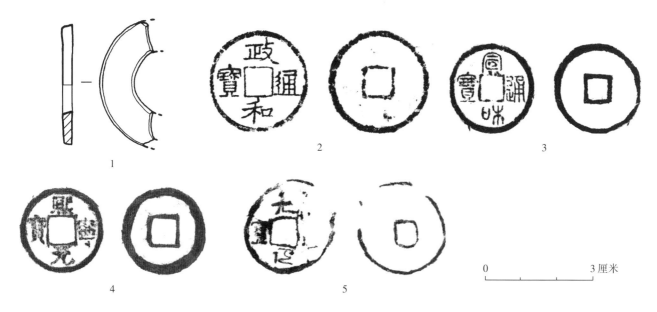

图四四四　辽金时期 W2001 出土遗物

1.玉环 T20204W2001：1　2.政和通宝 T20204W2001：2　3.宣和通宝 T20204W2001：3　4.熙宁元宝 T20204W2001：4　5.元□通宝 T20204W2001：5

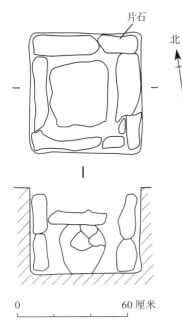

图四四五　辽金时期
W2002 平、剖面图

元□（通）宝　1 枚。

标本 T20204W2001：5，锈蚀严重。圆形方穿，字面锈蚀不清，仅辨"宝"字，年代不详，暗绿色。直径 2.5、穿宽 0.7、肉厚 0.05 厘米（图四四四，5；彩版二五四，4）。

2. W2002

位于 T20204 东南部及东隔梁下，开口于第③层下，被 H2001 叠压和打破。

瓮棺坑平面接近方形，直壁，平底。南北长 0.64、宽 0.6、深 0.46 米，壁面四周用石块和片石垒砌，内南北长 0.44、宽 0.4 米。片石长 17~36、宽 14~23、厚 0~5 厘米。坑中间放贴花黑釉罐葬具，口盖砂岩片石，罐内填满白色土及骨灰（图四四五）。出土残玉环 1 件、花钱 1 枚（图四四六）。

酱釉罐　1 件。

标本 T20204W2002：1，细瓷，轮制。直口，圆唇，溜肩，上腹鼓，下腹部略收，外底中央内凹呈圈足状。胎色泛黄，内壁施酱釉，内底外周刮釉一周。口下肩部和腹中部饰两周弦纹间隔的剔刻花纹饰，下腹部刮釉露胎一周，足底不施釉，内壁下腹部

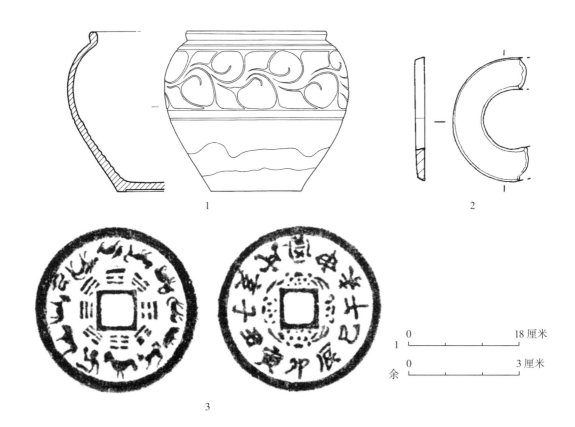

图四四六　辽金时期 W2002 出土遗物

1. 酱釉罐 T20204W2002：1　2. 玉环 T20204W2002：2　3. 花钱 T20204W2002：3

有数周旋坯痕。口径 23.1、腹径 30.3、底径 14.7、高 25.5 厘米（图四四六，1；彩版二五五，2）。

玉环 1 件。

标本 T20204W2002：2，残。平面呈圆形。外径 3.5、内径 1.7、边轮宽 0.9、厚 0.3 厘米（图四四六，2；彩版二五五，1）。

花钱 1 枚。

标本 T20204W2002：3，圆形方穿，一面方孔周围为八卦，外围为十二生肖，另一面为中央为花纹，外围为"子丑寅卯辰巳午未申酉戌亥"十二字。直径 4.5、穿宽 0.7 厘米（图四四六，3；彩版二五五，3）。

3. W2003

位于 T20205 西南部，开口于第③层下，打破生土。

瓮棺坑平面呈方形，直壁，平底。长宽各 0.5、深 0.5 米。坑中间放灰陶罐葬具，口盖砂岩片石，仅罐腹及以下部分完好，口沿、罐颈部残缺较多。片石长 30、宽 26、厚 8 厘米。罐内填满白色土及骨灰（图四四七）。

陶罐 1 件。

标本 T20205W2003：1，小直口，圆唇，鼓腹下收，平底。口径 13.2、腹径 27、底径 10.4、高 25.8 厘米（图四四八；彩版二五五，4）。

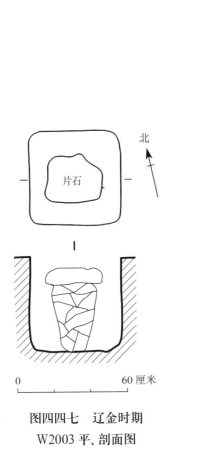

图四四七 辽金时期
W2003 平、剖面图

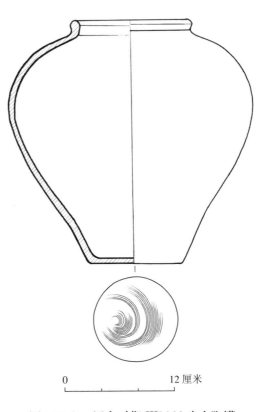

图四四八 辽金时期 W2003 出土陶罐
T20205W2003：1

第八章 1993年北魏佛教建筑遗址发掘

为了配合云冈石窟"八·五"保护维修工程，经国家文物局批准，由山西省考古研究所、云冈石窟文物研究所、大同市博物馆组成联合考古队于1993年7月5日至10月31日对云冈石窟第1~4窟的窟前遗址进行第二阶段考古发掘工作。期间根据当地群众反映，在云冈石窟东部围墙之外一处小山包的顶部发现有盗洞。为此，联合考古队进行了实地勘察，发现地表人为干扰痕迹明显，并在盗洞东南部扰土的附近发现了一些人工加固过的砂岩石块。1993年8月29日至9月16日对其进行抢救性考古发掘工作，发现这是一处北魏佛教建筑遗址。

第一节 遗址位置

该遗址位于大同市南郊区云冈镇云冈村北的云冈石窟山顶东部，地理坐标为北纬40°06′56.8″，东经113°08′01.0″（图二）。东距大同市约15千米，南距十里河约0.7千米。以建筑遗址的夯土台基中心定位，其正西方向271°，即为现在云冈石窟第1窟的位置，两者之间相距约300米（图四四九）。因为遗址的位置恰好正在小山包的顶部，又靠近山崖边缘地带，所以地表起伏比较大，因此形成了中部高高突起，东、北两侧为缓坡，西侧是缓坡状山体，而南侧10余米处即为山体断崖。据20世纪40年代照片资料可知，当时这部分断崖的崖壁上曾经有过小规模的营造窟龛活动[1]（彩版二五六），20世纪50年代修建109国道时将这些小型窟龛损毁。

该遗址的发掘先以小山包顶部为基点（即建筑基址最高处）开正南北和正东西方向探沟2条，清理之后发现地层十分简单，仅有两层，所以将2条探沟分割的4个区域，以探沟为界调整成10米×10米4个探方，编号为探方T9301~T9304，发掘面积约360平方米，发现北魏建筑遗址1座（图四五○；彩版二五七，1、2），出土建筑构件、石雕造像、生活用具等标本约230余件。

第二节 地层堆积

由于遗址所处位置为中部较高，东、南、西侧三面略低的小山包顶部，且南面为断崖。地层堆积相对简单：

第①层：黄土层，厚0.03~0.32米。为近现代扰土层。

第②层：粉褐色土层，厚0.05~1.30米。为北魏文化层。

---

[1]〔日〕京都大学人文科学研究所，水野清一、长广敏雄著，中国社会科学院考古研究所编译：《云冈石窟》第一卷，第一至四窟，科学出版社，2014年，第37页，图版2A。

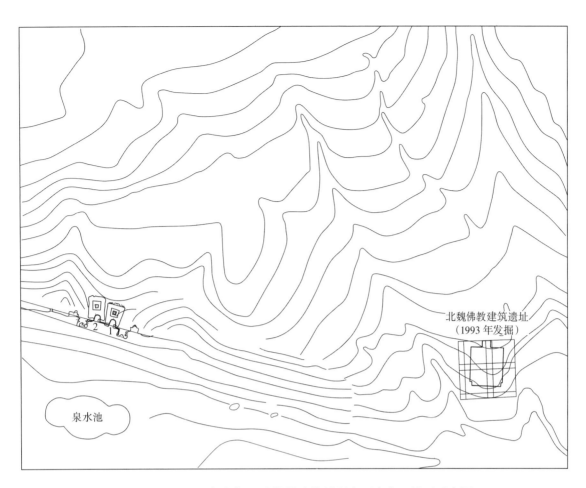

图四四九 1993 年东部北魏佛教建筑遗址与石窟位置关系示意图

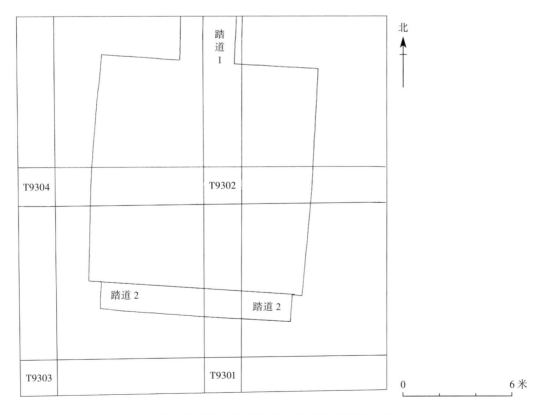

图四五〇 1993 年东部北魏佛教建筑遗址探方及遗迹平面分布图

现以 T9302、T9304 南壁剖面和 T9303、T9304 东壁剖面为例说明。

一　T9302、T9304 南壁剖面

第①层：黄色土，深 0.03~0.25 米。结构疏松，土壤包含物有少量植物根系、砂岩石块、瓦片等。土层薄厚不均匀，东侧较厚，西侧较薄，此层为近现代扰土层，靠近东端为耕土。叠压于该层下的有第②层、夯土台基和建筑遗迹。

第②层：粉褐色土，深 0.25~0.5、厚 0.1~1.20 米。结构致密，土壤包含物有少量木炭粒及植物根系等。由于遗址恰处于小山包的顶部，所以形成靠近夯土台基附近处的堆积较厚，而远离台基的东、西两侧向外逐渐变薄。夯土台基周围出土遗物有大量的筒瓦、板瓦、瓦当、建筑饰件等，夯土台基之上出土较多石刻造像残件及少许红烧土块。此层为北魏文化层。叠压于该层下的有夯土台基和上面中央方座（坛）外侧的地面及台基之外周围的地面（图四五一）。

二　T9303、T9304 东壁剖面

第①层：黄色土，深 0.05~0.32 米。结构疏松，土壤包含物有大量植物根系和少量砂岩石块、瓦片及近现代瓷片等。土层薄厚不均匀，南、北两端略厚，中间较薄，此层为近现代扰土层。叠压于该层下的有第②层、夯土台基和建筑遗迹。

第②层：粉褐色土，深 0.10~0.20、厚 0.05~1.00 米。结构较致密，土壤包含物有少量木炭粒及植物根系等。靠近夯土台基的南侧处堆积较厚，再向南逐渐变薄。台基的南侧出土遗物有较多筒瓦、板瓦、文字瓦当、建筑饰件等，夯土台基之上出土较多石刻造像残件，烧土中有少量陶片、墙皮、红烧土块等。此层为北魏文化层。叠压于该层下的有夯土台基和上面中央方座（坛）外侧的地面及台基之外周围的地面（图四五二）。

第三节　遗迹

这是一处典型的北魏佛教建筑遗址。目前清理发掘出土北魏建筑遗迹包括夯土台基、踏道、方座（坛）、墙体等（图四五三；彩版二五八，1、2），现依次分别予以记述。

一　建筑基址

位于云冈石窟山顶东部的山崖处，南面临近十里河的河谷，北面为缓坡状的山地，建筑遗址就分布在 T9301~T9304 内，由台基和踏道两部分组成（图四五三）。

（一）台基

1 座。编号 1993 台基 1。

1993 台基 1

坐北朝南，方向 186°，以台基南北轴线为基线。台基底平面近似于方形，其内部均以夯土

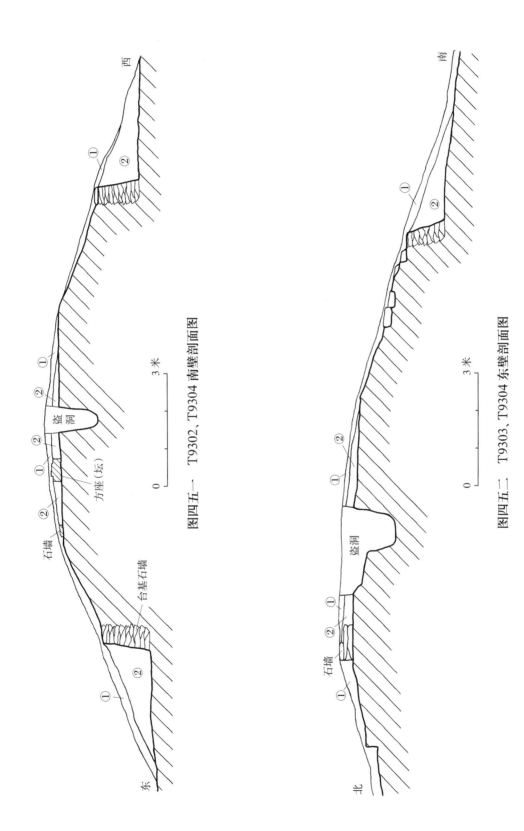

图四五一　T9302, T9304 南壁剖面图

图四五二　T9303, T9304 东壁剖面图

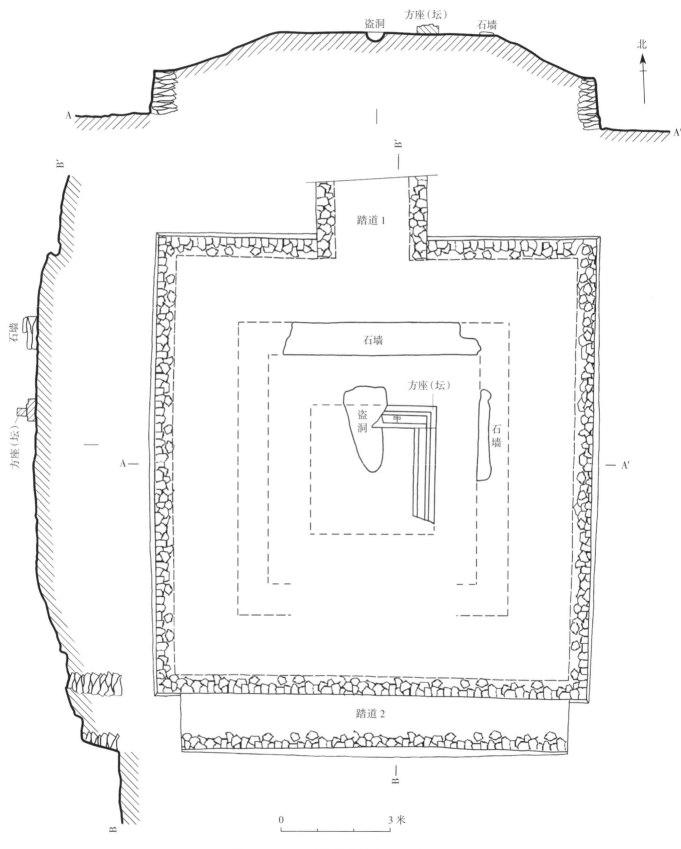

图四五三　北魏佛教建筑遗址平、剖面图

填筑，四周全部用石片包砌，四面墙体的底部中间微微向外凸出，且保存十分完整。东墙底边长 12.50、南墙底边长 12.15、西墙底边长 12.40、北墙底边长 12.25 米。台基的上部损毁比较严重，每面包石砌筑的墙体中部较高，达 1.35 米；两端（即四角）则较低，约 0.65 米。与此同时，每面墙体与地面并非完全垂直，从下至上微微向内倾斜，经过对东侧、西侧的包砌石墙测量可知，向内收分值均为 8°。包石砌筑的墙体均以砂岩石片垒砌，石墙的外面砌筑整齐，石墙的内侧参差不齐，石片之间缝隙则以褐色黏土填充，墙体厚约 0.60 米。

台基内夯土在发掘时未进行解剖，从当时台基中央发现的南北长 2.30、东西宽 1.15 米不规则平面的盗洞观察，在深达 1.52 米的壁面看到均由夯土构筑。2014 年 11 月 18 日通过调查暴露的台基内夯土发现：

第①层：黄褐色花土，厚约 0.20 米。结构致密。

第②、③层：均为杂土，厚各约 0.18 米。结构致密，含杂质较多，有白色砂石、鹅卵石等。

第④层：杂土，厚 0.40 米左右。结构致密，含大量白色砂石、鹅卵石等。

第⑤层：红褐色土，厚 0.70 米。结构致密。

第⑤层之下为地面，系夯筑过黑土。由于台基上部的四周墙体和夯土全部损毁，建筑的台明已经不存在，根据台基底部四边尺寸和墙体收分推测台明东西与南北尺度较为接近，约为 12.00 米左右正方形。

（二）踏道

踏道共有 2 条，分别位于台基的南侧和北侧。北侧编号为踏道 1，南侧编号为踏道 2。

（1）踏道 1

位于台基的北侧正中间。呈南北向，平面为长方形，南高北低，为斜坡状，仅清理了 1.60 米。踏道 1 的东西宽 3.05 米，上面被第①层耕土层扰乱破坏。踏道的内部以夯土填筑，东、西两侧面均为包石砌筑的墙体，砌筑方法与台基四周的包石砌墙基本相同。踏道内的夯土南面紧挨着台基内夯土填筑，虽然台基与踏道的两者夯土连成一体，但它们之间分界线十分清晰，说明夯土工程分两次修筑完成（彩版二五八，2）。同时，踏道 1 东、西两侧的包石墙体直接伸到台基的北面包石砌墙之内，且与其呈 90° 相连接，所以台基与踏道 1 的外面包石砌筑墙体二者连成一体。这说明了夯土台基与踏道 1 之间的结构关系（彩版二五九，1）。不过踏道 1 东侧包石砌筑墙体的上部被现代扰土坑破坏。

（2）踏道 2

位于台基的南侧，紧贴台基南面并用石片砌筑修成，呈东西向，平面为长方形，中间高、两端低，分别由东、西两侧向上可以攀登到建筑台基之上。整个踏道 2 全部用砂岩石片垒砌，南面的外侧墙体砌筑整齐，其内以石片填补，砌法与台基四周墙体基本相同，缝隙用褐色黏土填充。东、西两侧似为斜坡慢道状（彩版二五八，1）。东侧的斜坡慢道，西高东低，斜坡长度 4.8、宽 1.35~1.4、残高 0.13~1.35 米。台基外侧有一个现代扰坑。西侧的斜坡慢道与东侧斜坡慢道对称，东高西低，斜坡长度 5.2、宽 1.35~1.4、残高 0.25~1.1 米。踏道 2 与夯土台基并非同时一起砌筑，先砌筑夯土台基，然后紧依台基南侧砌筑了踏道 2，分两次完成，二者各为一体。从踏道 2 的布局和结构等推测，这样两侧斜坡慢道的设置，可能与该座建筑距离南面山崖较近有关。

台基四周的第②层北魏粉褐色土呈倾斜状堆积，靠近台基边沿地带堆积层比较厚，往外延伸逐渐变薄。东、南、西三面均向外延伸约 3.00~3.15 米，北面因考古发掘面积有限，只知道向外延伸了 1.60 米，具体情况不明。堆积层内出土了大量的北魏时期筒瓦、板瓦、瓦当、陶质建筑饰件和石雕门枕石等。台基周围的地表高度几乎接近，且在同一水平面上。地表比较平整，而且坚硬，根据 2014 年 8 月 18 日在台基外东侧和南侧考古钻探可知，这层地表厚约 1 厘米左右的硬土面就是台基周围的活动面。

二　建筑遗迹

夯土台基之上的中央只保留着该建筑基址的局部，整座建筑的台明亦已经损坏。发掘时只残存部分方座（坛）和周围一小部分墙体（图四五三）。

（一）方座（坛）

位于夯土台基上面的中央，现仅存建筑基座的东北角一部分遗迹。其全部用石块垒砌，外侧经过加工凿成的规整石条，内部填充大小不同的粗坯料石块。东面与北面墙体残存长度亦各不相同，分别为 3.15、1.75 米，两者相交为直角，而西面与南面已经全部损毁，根据残存遗迹与台基位置关系推测原来建筑基座平面呈方形，也即为方座（坛）样式。同时，残留的方座（坛）也似须弥座式样，只保存着束腰和下枋两部分构件（图四五四）。下枋为两层，东面和北面的下枋形制完全相同，制作方法也一致，加工方式采用同一块石料雕凿出成品。东面、北面下枋的总宽度和总高度一致，分别为 0.60、0.265 米。下枋分为两层，下高上低，分别为 0.22、0.045 米，逐层向内收缩 0.17、0.09 米，同时最上面凿有一条纵向凹槽，宽 0.23、深 0.01 米，这样可以将束腰石构件的下部嵌入其内，以便下枋与束腰相互连接。现在北面束腰构件仅存 2 块，均为长方形石块，形制相同。一块保存完整，另一块残缺，长度分别为 0.80、0.46 米，高与厚相同，均为高 0.22、厚 0.19 米。为了增加方座（坛）的稳固性，两块束腰构件相互连接用"腰铁（燕尾榫）"相固定，束腰构件上面的卯口长 0.22、宽 0.06、腰宽 0.03、深 0.02 米。整个方座（坛）下枋和束腰构件的外面雕饰十分平整，进行过"做细"处理（彩版二五九，2）。

（二）墙体

方座（坛）的外侧，东、北两侧均残存石砌墙体遗迹，均用不规则的石片和黄泥砌筑而成，墙体的内外两面都比较整齐。北面的墙体残存长 5.55、宽 0.8、高 0.36 米，距中央方座（坛）北面约 1.3 米。墙体内、外壁面均施以厚约 3 厘米泥背层，外侧墙面抹白灰地仗层，表面残存小块的赭红色彩（彩版二五九，3），其与出土的莲花建筑饰件上色彩相同，估计为墙壁施彩残留下的颜色。东面墙体仅保留北段很小一部分的内墙，墙体残长 2.42、宽 0.35 米，高不足 0.12 米，破

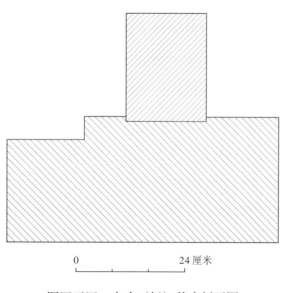

0 ———————————— 24 厘米

图四五四　方座（坛）基座剖面图

坏十分严重，砌筑方法与北墙相同。其靠近方座（坛）一侧比较平整，距离约为 1.15 米。东面墙体若向北延伸，与北面墙体形成直角。因此推测，方座（坛）的东、北两侧的外面墙体应为该建筑外檐墙。但台基四周的台明已经损毁。

值得注意的是方座（坛）与东面墙体之间和方座（坛）与北面墙体之间都保存着当时的活动面，并且处于同一水平面上。虽然，方座（坛）的西面、南面墙体已经破坏无存，不过，残损的方座（坛）西、南侧仍相对比较平整，略微低于方座（坛）东面和北面的高度。与此同时，方座（坛）的东、南、北三面均发现有第②层北魏红褐色烧土层堆积，特别是在方座（坛）和东、北两面墙体之间也出土了大量北魏石刻残件和少量陶片等，这些都是建筑倒塌之时形成的堆积，所以可以考虑确定这个平面就是方座（坛）周围的地面，其类似于云冈石窟塔庙窟的中心塔柱周围之地面。

上述方座（坛）周围的地面和台基四周的地面确定，可以从方座（坛）东面的地面测量至台基之下东侧的地面垂直高度约 2.3 米，估计这大概是建筑台基的高度。

第四节　遗物

出土遗物标本 230 件，主要有建筑材料、石雕造像、生活用品等。其中，建筑材料的板瓦、筒瓦、瓦当、莲花饰件、石刻造像等，主要出土于夯土台基之下的四周。石刻雕像的佛教人物造像、装饰纹样等和少量的生活用品的陶器残片等，主要出土于方座（坛）的周围。除大多数为北魏遗物外，只出土了隋代五铢铜钱一枚。

一　北魏时期

主要有建筑材料、石刻造像、生活用品三大类。

（一）建筑材料

共出土标本 147 件，可分为陶质和石质两类等。其中，陶质建筑构件板瓦 7 件、筒瓦 5 件、瓦当 70 件、莲花建筑饰件 50 件。石质建筑构件门枕石 7 件。其他构件 8 件。

1. 陶质建筑构件

132 余件。泥质灰陶或泥质红陶等。主要有板瓦、筒瓦、瓦当、莲花建筑饰件等。

（1）板瓦

7 件。泥质灰陶，胎质较硬，泥条盘筑。平面呈梯形，断面呈弧状。宽端的凸面有指压印痕，窄端全切，两侧面半切且有破面。凹面为布纹，凸面有绳纹拍打的痕迹。根据工艺和凹面涂刷颜色及是否压光分两型。

Ab 型　3 件。仅宽端凸面有手指压痕。凹面有纵向的木条压痕，表面涂黑并进行过刮压处理，似黑衣压光。

标本 T9301 ②：67，宽端残，中间厚，两端较薄。凹面不平且有明显的纵向木条压痕，粗布纹清晰，宽端处略向外展并逐渐变薄，凹面距宽端 13 厘米处有一条横向浅凹槽，系坯体泥条之间的衔接缝，表面涂黑并留有纵向刮压的痕迹。凸面略为平整，接近窄端处的绳纹拍痕比较集中，宽端有指压印痕，但局部残损。两侧面切痕较浅，宽约 0.7~0.9 厘米，破面亦未修整。复原后长 53.4、宽 37.2、厚 2.5 厘米（图四五五，1；彩版二六〇，1、2）。

　　标本 T9302 ②：18，残。瓦体宽端处逐渐变薄。凹面上得粗布纹较模糊，距宽端约 8 厘米处有一条横向浅凹槽，系泥条接缝，表面黑色较均匀，刮压的痕迹不甚明显。凸面较平整，有绳纹拍痕，宽端有指压印痕。复原后长 51.6、宽 36、厚 2.5 厘米（图四五五，2；彩版二六

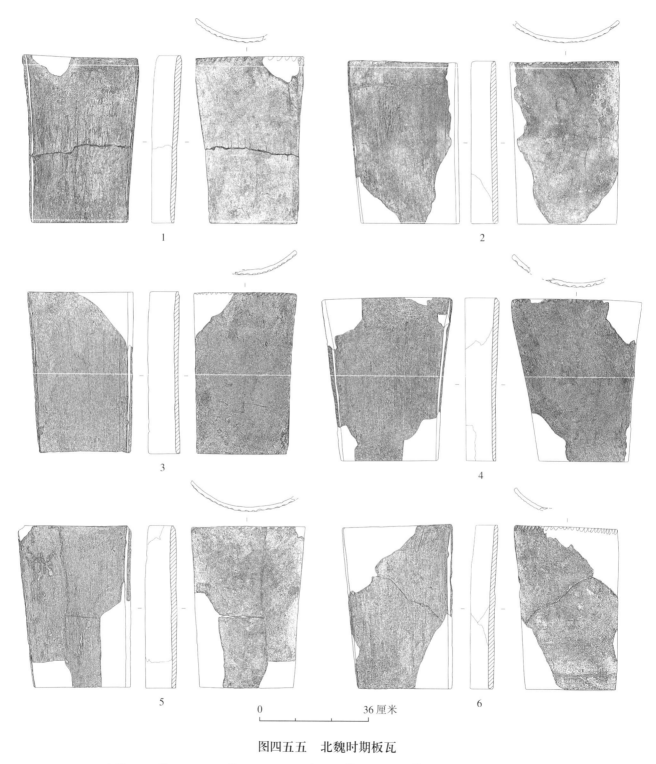

图四五五　北魏时期板瓦

1、2. Ab 型 T9301 ②：67、T9302 ②：18　3~6. Bb 型 T9304 ②：4、T9301 ②：69、T9301 ②：70、T9303 ②：5

〇，3、4）。

标本T9303②：4，残。凹处的粗布纹模糊，中间已经糟朽。凸面较平整，绳纹拍痕较多。侧面切痕浅，破面未修整。复原后长54、宽37、厚2.5厘米（彩版二六〇，5、6）。

Bb型　4件。仅宽端凸面有手指压痕。凹面纵向木条压痕明显，布纹较模糊，表面有很薄一层土黄色或白色涂料刷痕。有的窄端凸面有多条并列弦纹。

标本T9304②：4，残。瓦体薄厚较均匀，宽端处不外展，凹面上有很薄的一层土黄色涂料刷痕。凸面平整，绳纹拍痕较少，宽端有指压印痕，捺压较浅且密集。两侧面切痕较浅，破面未修整。复原后长52、宽34.5、厚2.5厘米（图四五五，3；彩版二六一，1、2）。

标本T9301②：69，残。瓦体薄厚较均匀，凹面有断续的横向浅凹槽，泥条宽约9.5厘米，上面有一层土黄色涂料刷痕。凸面较平整，中部有绳纹拍痕和一条横向刮痕，宽端有指压印痕，捺压较浅而疏朗。两侧面半切，破面未修整。复原后长52.5、宽40、厚2.5厘米（图四五五，4；彩版二六一，3、4）。

标本T9301②：70，残。瓦体宽端处外展。凸面平整，仅有一处绳纹拍痕，宽端有指压印痕，捺压较浅而疏朗。复原后长51.6、宽38.4、厚2.5厘米（图四五五，5；彩版二六一，5、6）。

标本T9303②：5，瓦体宽端较薄，中间与窄端稍厚。凹面有一层白色涂料刷痕。凸面平整，无拍痕，在距窄端约4.0厘米处并列四条弦纹。两侧面有切痕，破面未修整。复原后长52、宽36、厚2厘米（图四五五，6）。

（2）筒瓦

5件。泥质灰陶或泥质红陶，胎质较坚硬，泥条盘筑。断面均呈半圆弧形。瓦舌较长，略向前倾。凹面布纹较粗。根据胎质、加工工艺和凸面有无刷涂颜色及是否压光分两型。

A型　2件。泥质灰陶，胎质坚硬。凸面施黑色材料，经过刮压表面黑色呈竖条状且光滑，似黑衣压光。断面为半圆弧形。瓦舌前倾。内有布纹。

标本T9301②：64，完整，泥条盘筑。凸面的黑色刮压竖条痕迹明显，接近尾端处有绳纹拍痕，中间泥条比较清晰，泥条宽约4.0~5.0厘米。瓦舌平面呈梯形，向外逐渐变薄。两侧面切痕较小，宽约0.5~0.8厘米，破面未修整。瓦身长53、瓦径17.5、厚2.0、瓦舌长5厘米（图四五六，1；彩版二六二，1、2）。

标本T9302②：17，残。凸面的瓦脊及两侧的纵向黑色刮压竖条痕迹比较明显。两侧面切痕较深，宽1.0~1.5厘米，破面未修整。复原后瓦身长52.4、瓦径17.8、厚2.0、瓦舌长5厘米（图四五六，2；彩版二六二，3、4）。

B型　3件。泥质灰陶或泥质红陶，胎质坚硬。凸面经过刮压有黑色竖条纹，外面刷涂一层白色材料，或凸面经过刮压有黄色竖条纹，外表刷涂一层黄色材料。内有布纹。断面呈半圆弧形。

标本T9301②：65，残。凸面的刮压痕迹十分明显，且有少量绳纹拍痕，表面刷涂一层白色材料。两侧面切痕较深，约1.0厘米，破面未修整。复原后瓦身长53.2、瓦径17.3、厚2.0、瓦舌长5厘米（图四五六，3；彩版二六二，5、6）。

标本T9301②：80，完整。凸面中部有两处绳纹拍痕，表面有刮压痕迹，并刷涂不均匀的黄色材料且有结垢。凹面的尾端稍微抹薄，两侧面切痕约半，宽1~1.2厘米。瓦身长52.5、瓦径18、厚2.5、瓦舌长5厘米（图四五六，4；彩版二六三，1）。

标本T9301②：68，前后两端均残。泥质红陶，胎质较坚硬。凸面有刮压痕迹，表面刷涂

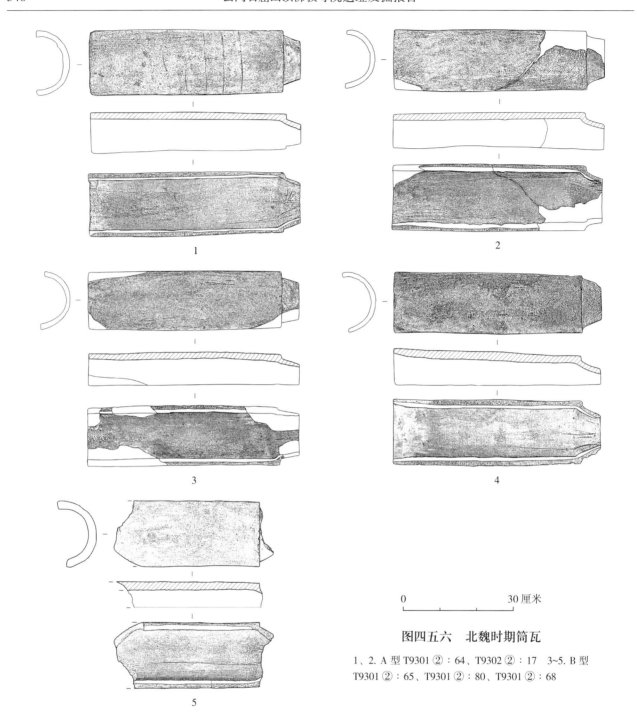

0 —————————— 30 厘米

图四五六　北魏时期筒瓦

1、2. A 型 T9301 ②：64、T9302 ②：17　3~5. B 型
T9301 ②：65、T9301 ②：80、T9301 ②：68

一层黄色材料。两侧面切痕深浅不一，宽 1~1.5 厘米，破面未修整。瓦身残长 40.5、瓦径 17.8、厚 2.3、瓦舌残长 4 厘米（图四五六，5；彩版二六三，2、3）。

（3）瓦当

70 余件，较完整 1 件。泥质灰陶，烧制紧密。"传祚无穷"瓦当分两型，本章均为 B 型。瓦当当面呈圆形，当心大乳丁加一周凸弦纹。当面以"井"字分隔，当心四面为"传祚无穷"四字，书体阳文近于篆隶之间，四角小乳丁加一周凸弦纹。边轮突起较高，内饰凸弦纹。

标本 T9301 ②：71，完整。当面仅"穷"字部分笔画变形且模糊，其余三字清晰。中间大乳丁高凸，周围一周凸弦纹十分清晰。四角小乳丁部分残损，周围一周凸弦纹模糊。背面连接少许残筒瓦。瓦当直径 15.6、厚 2.2、边轮宽 2 厘米（图四五七，1；彩版二六四，1）。

标本 T9302②：19，基本完整。仅"祚"字与大乳丁之间残缺一小角。"传祚无穷"四字字迹清晰，笔画坚挺有力，大、小乳丁圆凸高挺，周围一周凸弦纹较规整。背面与少许筒瓦连接。瓦当直径 16.6、厚 2.2、边轮宽 2 厘米（图四五七，2；彩版二六四，2）。

标本 T9303②：6，残。当面边轮残缺损接近 3/5。"传祚无穷"四字字迹清晰完整。仅"祚"字与"无"字之间的小乳丁残损，其他大、小乳丁规整，周围一周凸弦纹较清晰。瓦当厚 1.9、边轮宽 2.2 厘米（图四五七，3；彩版二六四，3）。

标本 T9301②：72，残。当面仅"无"字保存完整，字迹比较清晰，"穷"字缺损，"传、祚"两字残破。除"祚"与"无"两字间的下角小乳丁残缺外，其他大、小乳丁与凸弦纹较规整。瓦当直径 16.3、厚 2.0、边轮宽 2.0 厘米（图四五七，4；彩版二六四，4）。

标本 T9304②：2，残。当面边轮仅存 1/3，其余皆残缺。四字中仅"无"字残损一半，其余三字字迹较清晰。大、小乳丁高凸，周围一周凸弦纹规整。瓦当厚 1.9 厘米（图四五八，1；彩版二六四，5）。

标本 T9304②：3，残。当面"祚、穷"两字残损，仅"无"字清晰，"传"字模糊。现存大乳丁和一个小乳丁规整，周围凸弦纹亦清晰，另两个小乳丁模糊。瓦当直径 16、厚 2.1、边轮宽 2.0 厘米（图四五八，2；彩版二六四，6）。

标本 T9301②：73，残。少部分边轮残缺，当面字迹较模糊。当心大乳丁和其中两个小乳丁较规整，另两个小乳丁残破，周围凸弦纹较模糊。背面在中心偏下处划一条横直线，似为对接筒瓦时作为参照。瓦当直径 16、厚 2.2、边轮宽 2.2 厘米（图四五八，3；彩版二六五，1）。

标本 T9301②：74，残。仅存少许当面，背面有与筒瓦连接痕迹。当面"传"字保存完整，"无"字残半，残存两个小乳丁十分规整，周围的凸弦纹清晰。边轮宽 2.0 厘米（图四五八，4；彩版二六五，2）。

标本 T9302②：20，残。仅存少许当面，背面有与筒瓦连接的痕迹。当面"祚"字保存完整，现存一个小乳丁十分规整，周围凸弦纹清晰。边轮宽 1.9 厘米（图四五九，1；彩版二六五，3）。

标本 T9301②：75，残。仅存少许当面，背面与筒瓦连接处有数条划斜线。当面"祚"字保存完整，仅存一个小乳丁，周围凸弦纹残损。瓦当厚 2.2 厘米（图四五九，2；彩版二六五，4）。

标本 T9301②：76，残。残存部分当面，边轮缺损严重仅剩 1/6。当面除"祚"字残缺外，其他 3 字保存完好，字迹清晰。仅存当心大乳丁和两个规整的小乳丁，周围凸弦纹亦清晰。瓦当厚 1.9 厘米（图四五九，3；彩版二六五，5）。

标本 T9303②：7，残。当面缺损且粗糙，"祚"字残缺，其他字迹十分模糊。仅存当心的大乳丁和两个小乳丁也残损严重。瓦当与筒瓦相连接处夹角大于 90°。筒瓦残长 28、直径 16、厚 2.2、瓦当直径 16、厚 2.2、边轮宽 2.1 厘米（图四六〇；彩版二六五，6、二六六，1）。

（4）莲花建筑饰件

50 余件。泥质灰陶，模制。均为 Aa 型。底面呈圆形，平底覆盆状，上部中央稍微凸起为圆形，内穿方孔至底部，方孔为双层，上层大、下层小。方孔外饰六组双瓣莲花纹，莲瓣比较饱满。

标本 T9303②：3，较完整。莲瓣饱满，莲瓣间缝隙有土红色，其中一瓣稍有残缺。底面比较粗糙。底径 13、高 3.5、上面方孔边长 4、下面方孔边长 3.3 厘米，孔壁较直（图四六一，1；

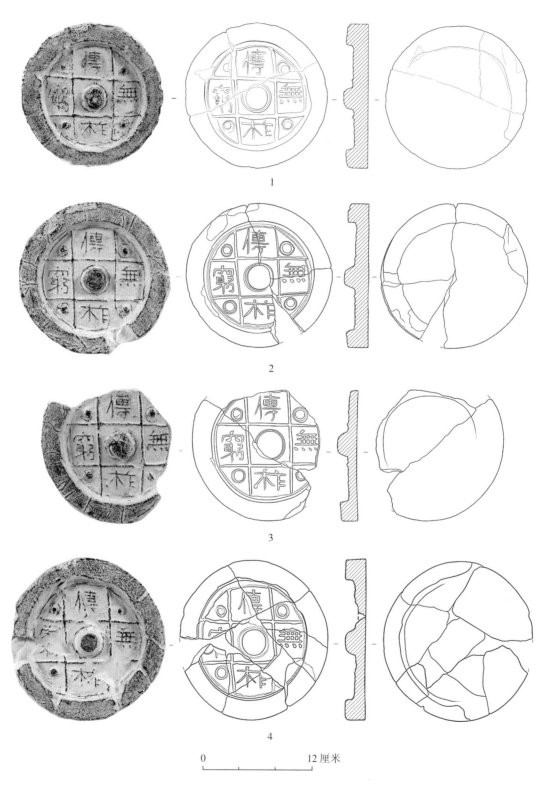

0　　　　　　　　　　　12 厘米

图四五七　北魏时期 B 型"传祚无穷"瓦当

1. T9301 ② : 71　　2. T9302 ② : 19　　3. T9303 ② : 6　　4. T9301 ② : 72

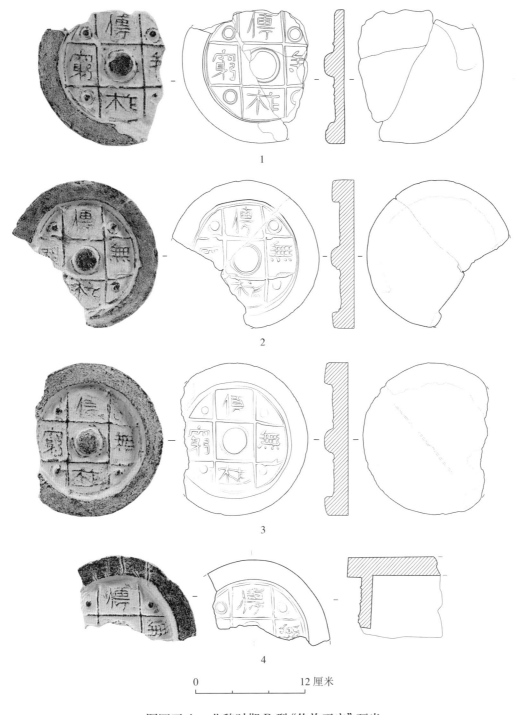

图四五八　北魏时期 B 型"传祚无穷"瓦当

1. T9304 ②：2　2. T9304 ②：3　3. T9301 ②：73　4. T9301 ②：74

彩版二六六，2）。

　　标本 T9302 ②：16，完整。莲瓣十分饱满，六组莲瓣及方孔内均涂有土红色，色彩保存较好。底面较平。底径 12.5、高 3.8、上面方孔边长 4.0、下面方孔边长 3.3 厘米，孔壁斜直（图四六一，2；彩版二六六，3）。

　　标本 T9301 ②：63，完整。莲瓣饱满，上面涂土红色，莲瓣凸出的表面稍有磨损。底径

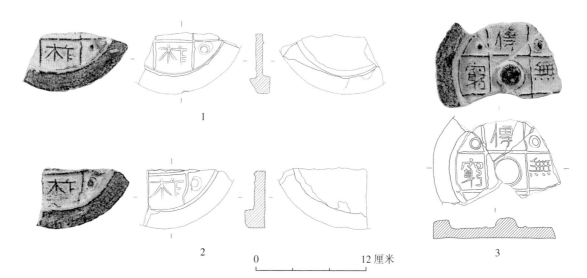

0 _____ 12 厘米

图四五九　北魏时期 B 型 "传祚无穷" 瓦当

1. T9302 ② : 20　2. T9301 ② : 75　3. T9301 ② : 76

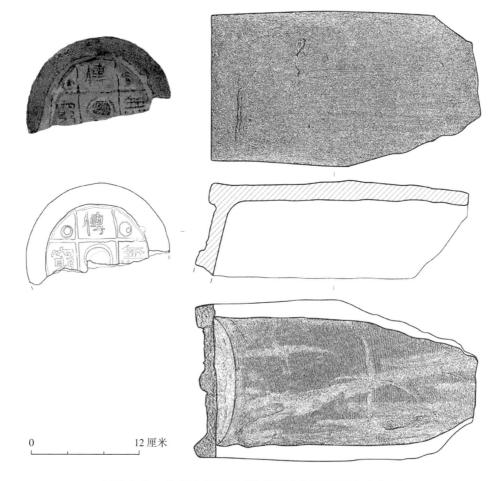

0 _____ 12 厘米

图四六〇　北魏时期 B 型 "传祚无穷" 瓦当 T9303 ② : 7

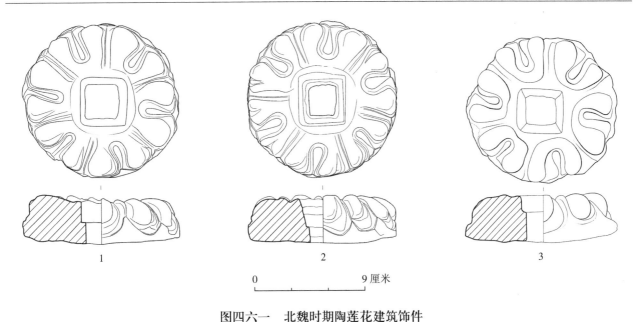

图四六一　北魏时期陶莲花建筑饰件

1. T9303 ②：3　2. T9302 ②：16　3. T9301 ②：63

12.5、高3.8、上面方孔边长4、下面方孔边长3.3厘米，孔壁较直（图四六一，3；彩版二六六，4）。

2. 石质建筑构件

（1）兽首门枕石

7件。均为黄砂岩质地。整个构件为长条形或长条弯曲形。前端以圆雕技法刻成兽首，中间为一条深槽，后端凿成方形或不规则形。前端的兽首双目圆睁，阔口露齿，门齿、臼齿呈板状，长舌外吐遮住下面的部分门齿或者舔上面门齿，上下两侧各露一颗獠牙，上唇部有波状虬须，两侧额为圆耳或尖圆耳，额上刻成莲瓣形状。眼、口、鼻、舌清晰，根据造型不同分为A、B两型。

A型　5件。长舌向外伸出，并遮住下面的部分门齿。

标本T9303 ②：1，前端雕成兽头，鼻子较高，额顶上饰莲瓣，双眼均呈圆形，圆耳。正面上门齿有六颗，排列整齐，外伸的舌头遮住下面的部分门齿，最外端上下各有一颗犬齿。两侧面上下臼齿均为三颗。中间凿有深槽，后部呈不规则形，底部中间高凸。长61、宽22.5、高25厘米（图四六二，1；彩版二六七，1、2）。

标本T9303 ②：2，前端的兽头雕刻与T9303 ②：1较为相似，中间横槽的中央有一小方孔，推测为支撑门框立颊卯口，长11、宽7、深2厘米。后部凿成方形。兽头圆目外凸，形象生动，眉梢微微上卷，两耳由后颚于外眼角部伸出，似圆形，末端稍有残损。长56.5、宽26、高22.5厘米（图四六二，2；彩版二六七，3、4）。

标本T9301 ②：61，前端的造型与T9303 ②：1基本相似。中间的横槽近似长方形，长26.5、宽19、深12厘米。后端凿成方形，有一条裂隙。兽头圆目外凸，眼上缘的眉梢上卷，两耳介于后颚与眉梢之间，似尖圆状。长57、宽26.5、高28.5厘米（图四六二，3；彩版二六七，5、6）。

标本T9302 ②：14，前端的造型与T9303 ②：1基本相似。中间的横槽近似长方形，长23.5、宽17、深10.5厘米，底部有一小方坑。后端凿成方形，缺一角。兽头圆目外凸，眼上缘

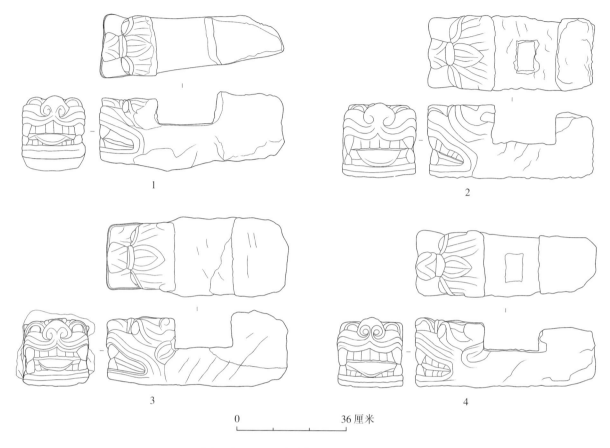

图四六二　北魏时期 A 型兽首门枕石

1. T9303 ② : 1　　2. T9303 ② : 2　　3. T9301 ② : 61　　4. T9302 ② : 14

的眉梢上卷，两耳介于后颚与眉梢之间，残。长56.5、宽26.5、高26.5厘米（图四六二，4；彩版二六八，1、2）。

标本 T9301 ② : 62，整体为长条弯曲形，前端的造型与 T9303 ② : 1 基本相似。中间的凹槽为不规则形，后端似三角形。兽头圆目外凸，眼上缘的眉梢上卷，两耳介于后颚与眉梢之间，似长圆状。长105、宽24、高30厘米（图四六三；彩版二六八，3）。

B 型　2件。长舌向外伸出微微上卷，仅舔触到上面的门齿。

标本 T9302 ② : 15，前端兽头的左侧上颚与下颚及犬牙均残损，造型与 A 型较为相似。两眼圆睁，双目凸显，鼻孔深陷，舌尖刚舔触到上门齿的局部，上面门齿残存五颗，下面门齿有十颗，排列整齐，保存完好。右侧上下各有一犬齿，两侧面的上下臼齿不分颗粒，连成一体。中间横槽近似方形。长20.5、宽20、深9.5厘米。底面的中间高凸，长54、宽25、高29厘米（图四六四，1；彩版二六八，4、5）。

标本 T9304 ② : 1，仅存前端的兽首，接近方形，中间与后端残缺。两目圆睁，阔口露齿，两侧有一对尖圆耳。上下门齿排列整齐，共有15颗，左右有对称一对犬齿，两侧面的臼齿不分颗粒，连成一体。舌头外伸，舌尖上舔着上齿，舌下面刻三角纹。残长28、宽28、高26厘米（图四六四，2；彩版二六九，1、2）。

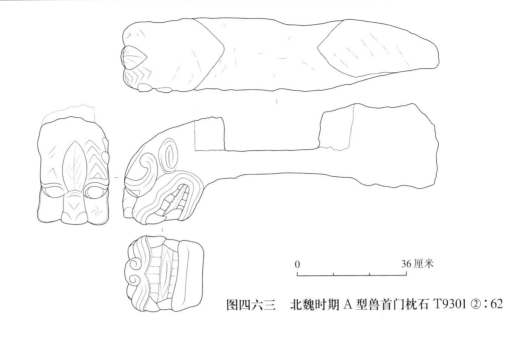

图四六三　北魏时期 A 型兽首门枕石 T9301 ②：62

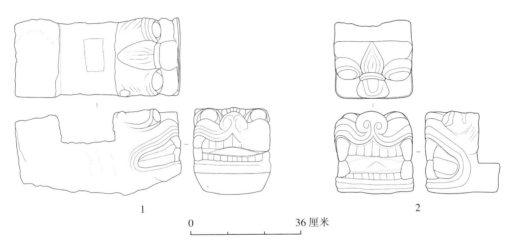

图四六四　北魏时期 B 型兽首门枕石

1. T9302 ②：15　2. T9304 ②：1

3．铁质构件

8 件。主要有铁泡钉、铁钉、铁条等。

（1）铁泡钉

1 件。

标本 T9301 ②：50，铁质。由圆形钉帽与方形铁钉组合而成，钉帽为半球形，中空，无沿。球面中部开孔，方形铁钉插入孔内进行铆固。铁钉现已弯曲，表面锈蚀严重，为板门上饰件。钉帽直径 5.5、高 1.5、厚 0.2、钉长 10、径 0.6 厘米（图四六五，1；彩版二六九，3）。

（2）铁钉

7 件。形制相同，铁质。钉身的断面皆为方形，前端方尖，后端呈扁平，大小不一，长短不等，有三种不同的规格。

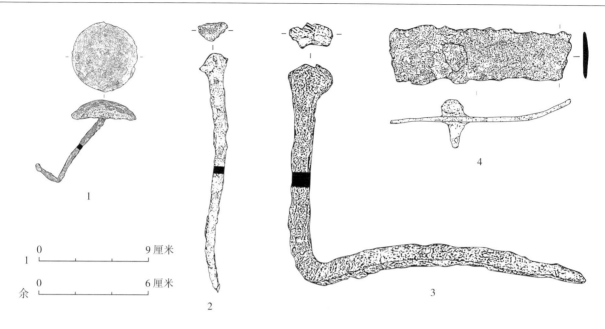

图四六五　北魏时期铁质构件

1. 泡钉 T9301 ②：50　2. 铁钉 T9301 ②：49　3. 铁钉 T9301 ②：51　4. 铁条 T9301 ②：81

标本 T9301 ②：51，长铁钉，钉身弯曲且锈蚀严重。通长 28.5、最大截面径 0.8 厘米 × 1 厘米（图四六五，3；彩版二六九，4）。

标本 T9301 ②：49，短铁钉，钉身稍弯曲且锈蚀，后端变形。通长 12.5、截面径 0.5 厘米（图四六五，2；彩版二六九，5）。

（3）铁条

若干件，铁质，长度 8~12.5 厘米，皆为残片。

标本 T9301 ②：81，残。似长条形，前端呈圆弧形或趋于方形，后端残断且上面留有铆钉，锈蚀比较严重。长 9.2、宽 2.6、厚 0.4 厘米（图四六五，4；彩版二六九，6）。

（二）石雕造像

共出土石刻残像 65 件。质地多为黄色砂岩，少量为粉色砂岩。主要有佛教人物造像残件和装饰纹样残件两类，出土位置多集中于台基上的塔座东面、北面回廊之间。

1. 造像残件

56 件。主要有佛、菩萨、力士、弟子、供养天人、千佛等尊像人物残件。除千佛龛像因较小保存比较完整之外，其他造像均残缺严重，仅存头、身、手和臂、腿和脚等局部，残像现无法拼接完整。根据造像内容和部位的区别，分为头部、身躯、手臂及脚足、千佛像龛类。

（1）头像

11 件。有菩萨、弟子、力士、飞天、魔众及其他头像。

1）菩萨头像

1 件。

标本 T9304 ①：1，黄砂岩质地，圆雕，完整。头戴三面宝冠，冠的正、侧面均饰莲花，莲花之间刻三叶忍冬纹。额头之上发髻中分。面相丰圆，长眉细目，鼻梁高直，嘴部轮廓分明，嘴角深陷，双耳垂肩。表情典雅文静，形象丰满圆润。高 27.6、宽 11.8、厚 14.8 厘米（图四六六，1；彩版二七〇，1、2）。

2）弟子头像

1 件。

标本 T9301 ②：3，黄细砂岩质地，圆雕，完整。头顶的额际线中部微微向下弯曲，面相丰圆，双目紧闭，长眉入鬓，鼻梁高直，嘴角微微上翘，两耳下垂。表情十分谦和、自然。高 12.5、宽 7.4、厚 6.8 厘米（图四六六，2；彩版二七〇，3）。

3）力士头像

3 件。粉砂岩或黄砂岩质地，高浮雕。

标本 T9301 ②：53，粉砂岩质地，由三块残石雕拼接而成，修复后基本完整，唯左额和左颊少许残缺。额头之上发髻中分，梳成细缕，面相方圆，五官集中，曲眉细目，鼻梁较高，嘴唇较薄且稍微突出，嘴角深陷。右颊残留土红色彩。高 13、残宽 10、厚 5 厘米（图四六七，1；彩版二七一，1）。

标本 T9301 ②：41，残。黄砂岩质地，仅存面部中间部位的一部分，左额及两颊皆以残缺。发髻中分，分成细缕，双目微闭，左眼仅存内眼角，细眉弯曲，眉头紧蹙，额间饰圆形白毫。鼻梁高直，鼻根处束结，嘴唇棱角分明惜嘴角残缺。头像表面敷以土红色彩。残高 12.5、宽 6.5、厚 3.5 厘米（图四六七，2；彩版二七〇，4）。

标本 T9301 ②：2，粉砂岩质地，面部多处裂隙已修复，保存基本完整。头梳逆发，面相方圆，双目圆睁，细眉弯曲，鼻梁宽直，嘴唇微凸，表面残留土红色彩。高 15.3、宽 13、厚 7.8 厘米（图四六七，3；彩版二七一，2）。

4）飞天头像

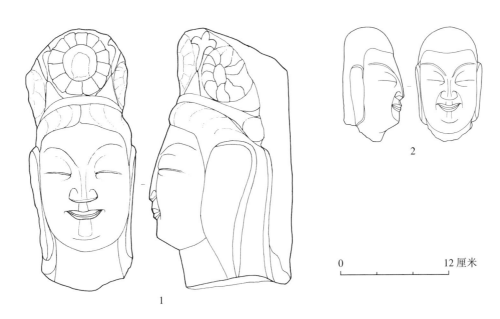

图四六六　北魏时期菩萨、弟子头像

1. 菩萨头像 T9304 ①：1　2. 弟子头像 T9301 ②：3

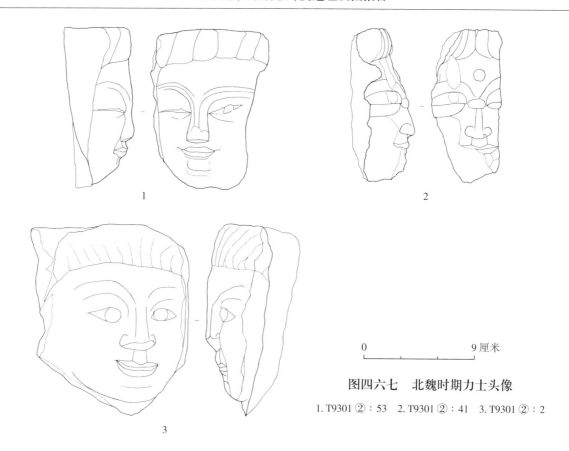

图四六七　北魏时期力士头像
1. T9301 ②：53　2. T9301 ②：41　3. T9301 ②：2

2 件。均为黄砂岩质地，高浮雕。

标本 T9301 ②：8，头部完整，背面与岩石连接一体，面相丰圆，头梳高髻，细眉长目，鼻梁高直，两耳垂肩，造型概括洗练。残石高 12.5、宽 18.1、厚 18.3 厘米，飞天头像高 11、宽 6 厘米（图四六八，1；彩版二七一，3）。

标本 T9302 ②：35，较完整，头梳大髻，面相丰圆，细眉弯曲，双目紧闭，鼻梁高直，小嘴微张。高 13、宽 7.2、厚 5.5 厘米（图四六八，2）。

5）魔众头像

3 件。

标本 T9301 ②：52，残。黄砂岩质地，高浮雕。长方形石块的上面有一个细腰卯口，正面存魔众头像及二人物身躯的局部。魔众头像完整。头为猴首，两眼圆凸，嘴含果物，形象生动有趣。前面存一人物右肩，背后有一人物上身。残石高 19.4、长 50.5、厚 16 厘米，魔众头高 18.5 厘米（图四六九，1；彩版二七二，3）。

标本 T9302 ②：31，黄砂岩质地，高浮雕。微向右侧，右脸及眼均残，头发一缕缕下垂，眉骨高挑，鼻梁高直，鼻根紧锁，左眼圆凸，嘴唇上撅，面部棱角分明，表情凶恶可怖，人物特征明显，头发上残留土红色彩。残高 13.5、宽 10、厚 3.9 厘米（图四六九，2；彩版二七二，2）。

标本 T9302 ②：2，残。黄砂岩质地，高浮雕。仅存额部及右眼。额头较高且有两道深皱细纹，眼较大，眼球呈圆形外凸，怒目圆睁，形象生动。残高 7.4、宽 6.8、厚 2 厘米（图四六九，3；彩版二七二，1）。

6）其他头像

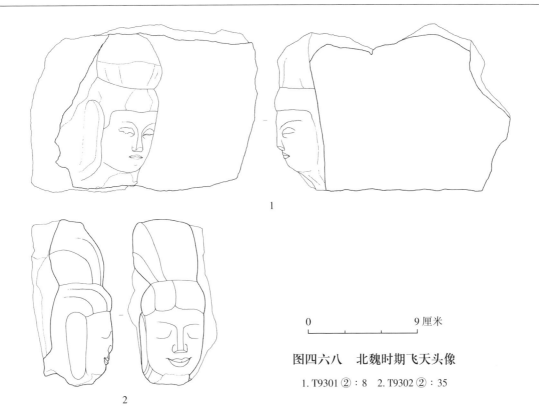

图四六八　北魏时期飞天头像

1. T9301 ② : 8　2. T9302 ② : 35

1件。

标本 T9301 ② : 39，残。粉砂岩质地，高浮雕，基本完整。右颊残缺，下颌较小，广额丰颐，双目紧闭，细眉弯曲，鼻梁较直但鼻尖残缺，小嘴深陷，嘴角略翘，唇部较薄。面部简洁概括，形象比较生动，但惜无法确定人物尊格。除左侧残留土红色彩外，其他表面均有一层灰色结垢。高 14、宽 14、厚 7.5 厘米（图四六九，4；彩版二七一，4）。

（2）身躯残件

26件。主要有佛、力士、飞天、供养天人、魔众及其他。

1）佛像等残件

2件。粉砂岩质地，高浮雕。

标本 T9301 ② : 32，残。仅为身躯左侧的一部分。左侧衣领线条清晰，左臂之上有四条弧形衣纹线，肩与颈之间残留着少许的衣领，似为佛像左肩残件。高 18、宽 9、厚 6.8 厘米（图四七〇，1；彩版二七二，4）。

标本 T9301 ② : 17，残。仅为左肩及臂的局部。左肩部和左臂上残存衣纹线，特别是内侧仍保留着斜搭下垂的衣领，其线条流畅，似为佛像左肩残件。胸和衣领及肘部等残留土红色彩。高 12.3、宽 7.2、厚 3.5 厘米（图四七〇，2；彩版二七二，5）。

2）力士残件

3件。黄砂岩或粉砂岩质地。

标本 T9301 ② : 11，残。黄砂岩质地，系石雕转角的一部分，A、B 两面均有雕刻。A 面像残存下身局部和左腿，系蹲姿，身穿犊鼻裤，左脚掌触地，脚腕处戴镯。可能为力士像。B 面像仅存右脚少许。残高 27.5、宽 32.8、厚 18 厘米（图四七一，1；彩版二七一，6）。

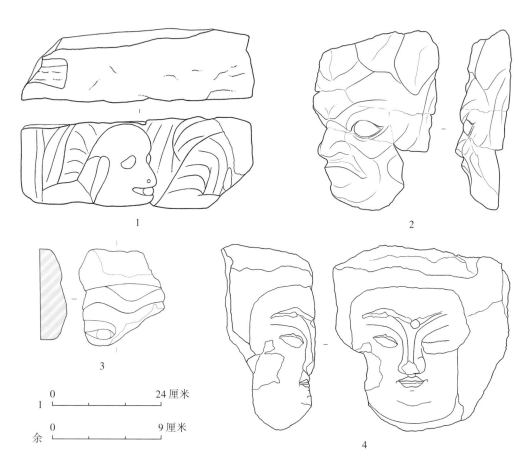

1

2

3

0　　　　　　　24厘米
1 ├─┼─┼─┼─┼─┼─┤

0　　　　　　　9厘米
余 ├─┼─┼─┼─┼─┤

4

图四六九　北魏时期魔众、其他人物头像

1~3.魔众头像 T9301 ②：52、T9302 ②：31、T9302 ②：2　4.其他头像 T9301 ②：39

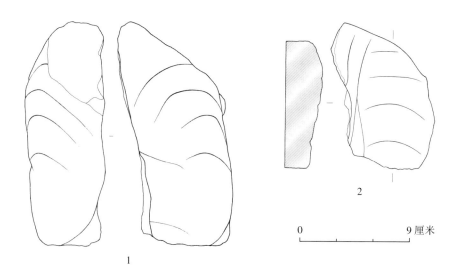

1

2

0　　　　　9厘米
├─┼─┼─┼─┤

图四七〇　北魏时期佛像身躯

1. T9301 ②：32　2. T9301 ②：17

标本T9301②：7，残。粉砂岩质地，为上身右侧一部分。胸部微隆且高挺，胸前残存项圈少许，右臂上伸高举，手腕戴镯，右手残缺。胸部涂土红色彩，表面有一层青灰色结垢。可能为力士像。高29、宽16、厚10.8厘米（图四七一，2；彩版二七三，1）。

标本T9302②：9，残。粉砂岩质地，亦为石雕转角的一部分。A、B两面各存造像一只手臂。其中，A面存少许头发，头梳逆发，左手上举作托物状，拇指与其他手指合拢，手指细长，腕部戴镯。B面仅残留右手臂局部，可识三指。A、B两面的手臂之上均残留土红色彩，表面存一层青灰色结垢。可能为力士像。高9.5、宽14、厚8.4厘米（图四七一，3）。

3）飞天残件

5件。粉砂岩质地，高浮雕。

标本T9301②：28，残。仅存上身左侧的一部分。左胸微微隆起，左肩部残留斜向上搭的帔帛，臂腕向下弯曲，戴臂钏，饰手镯。在帔帛及臂上敷土红色彩，似为飞天像上身左侧残件。高15.4、宽12.6、厚7.9厘米（图四七二，1；彩版二七三，6）。

标本T9301②：30，残。仅存上身左侧的一部分。上身袒裸，左臂上举，胸前存很小一部分项圈，手腕上饰镯，腋下残留土红色彩，表面有青灰色结垢，似飞天像上身左侧残件。高16、宽7.6、厚4.1厘米（图四七二，2；彩版二七三，2）。

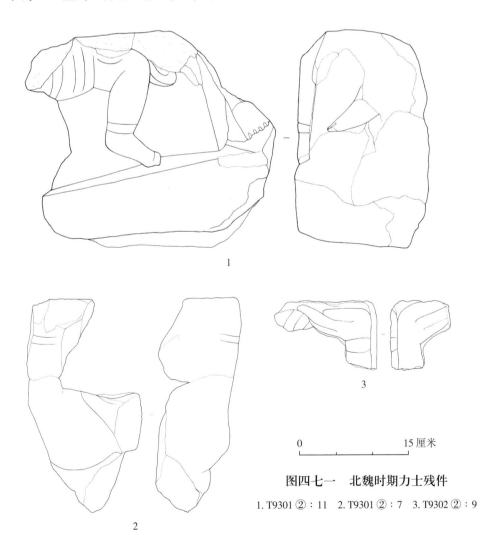

0 ——————— 15厘米

图四七一　北魏时期力士残件

1. T9301②：11　2. T9301②：7　3. T9302②：9

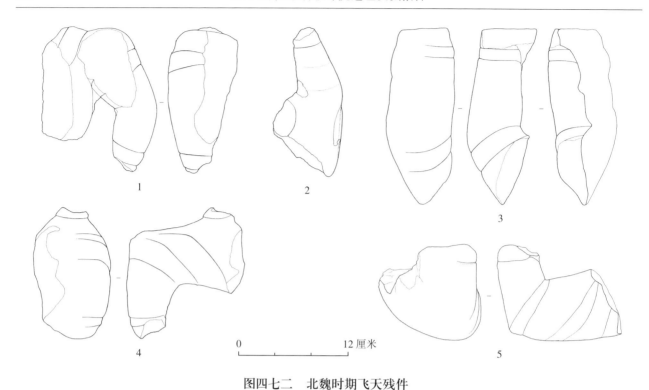

图四七二　北魏时期飞天残件

1. T9301②：28　2. T9301②：30　3. T9301②：33　4. T9301②：46　5. T9301②：29

　　标本T9301②：33，残存上身的右前臂。前伸上举，肘腕部搭帔帛，手腕上戴镯，手已残缺。臂上残留有土红色彩，表面有灰色结垢，局部有黑色烟熏痕迹，似飞天像的右手臂。残高19、宽7.5、厚6.5厘米（图四七二，3；彩版二七三，3）。

　　标本T9301②：46，残存上身的右臂。右臂前伸向下弯曲，臂上缠绕帔帛，线条流畅，手腕上戴镯。表面残留土红色彩，局部有灰色结垢。似为飞天像的右手臂。高14.3、宽13.3、厚8.3厘米（图四七二，4）。

　　标本T9301②：29，残存上身的右臂。右臂前伸上举，臂上缠绕帔帛，线条流畅，手腕上戴镯，残缺之手仅存一小部分手掌。表面残留土红色彩，局部有黑色结垢。似为飞天像的右手臂。残高10.3、宽13.6、厚11.2厘米（图四七二，5；彩版二七三，5）。

　　4）供养天残件

　　12件。黄砂岩质地或粉砂岩质地，高浮雕或圆雕。

　　标本T9301②：12，残，身躯基本完整。黄砂岩质地，高浮雕。胡跪状，右臂及右手残缺。上身袒裸，颈饰项圈，胸部丰满，右乳部残损，腹部微微凸起，上面刻有一个小三角，似肚脐，左手抚摩左膝。下穿长裙，衣纹线条流畅。人物形象优美，造型概括洗练，姿态优雅生动。高30.8、宽22、厚6厘米（图四七三，1；彩版二七一，5）。

　　标本T9302②：11，残。黄砂岩质地。上身基本完整。穿双领下垂大衣，双手置于胸前，共握一物，似供养状。衣纹线条流畅，简练概括。高11.3、宽15.2、厚3.5厘米（图四七三，2；彩版二七四，1）。

　　标本T9301②：95，残。黄砂岩质地。著圆领衣，仅存上身右侧局部，右手及臂也仅存轮廓。表面风化剥蚀严重。高16.2、宽10.5、厚4厘米（图四七三，3；彩版二七五，2）。

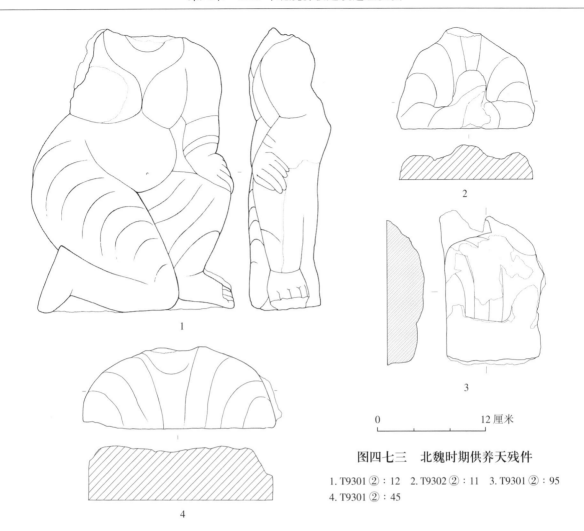

图四七三　北魏时期供养天残件

1. T9301 ②：12　2. T9302 ②：11　3. T9301 ②：95
4. T9301 ②：45

　　标本 T9301 ②：45，头残。黄砂岩质地。仅存胸部及双肩，穿双领下垂大衣，左、右两肩各有 3 或 4 条衣纹褶皱，线条自然流畅。残高 8.6、宽 21.4、厚 5.5 厘米（图四七三，4；彩版二七四，2）。

　　标本 T9301 ②：31，残。黄砂岩质地。仅存上身右部，作供养状，右手已残缺，衣纹线条流畅，呈阶梯状。高 11.6、宽 8.2、厚 2.4 厘米（图四七四，1；彩版二七五，1）。

　　标本 T9301 ②：47，残。粉砂岩质地。仅存上身局部，著 "V" 领衣，衣纹线清晰，双手合十于胸前，左肩、臂均已残损，右肘亦残缺。两手仅雕出轮廓，十分概括。高 10.5、宽 12.7、厚 5.7 厘米（图四七四，2；彩版二七四，4）。

　　标本 T9301 ②：43，残。粉砂岩质地，高浮雕。双手及右肩局部均已残缺。似 "V" 领衣，双手置于胸前，衣纹线条清晰可辨。高 11.7、宽 15、厚 8 厘米（图四七四，3；彩版二七四，5）。

　　标本 T9302 ②：34，残。粉砂岩质地。仅存上身左部，左手上举于胸前，作供养状。衣纹线似弧状，十分流畅。表面有烟熏痕迹。高 12、宽 8.6、厚 2.4 厘米（图四七四，4；彩版二七四，3）。

　　标本 T9301 ②：34，残。黄砂岩质地，高浮雕。仅存上身左侧。左肩部阶梯状衣纹，线条流畅。高 5.5、宽 8.4、厚 2 厘米（图四七五，1；彩版二七五，4）。

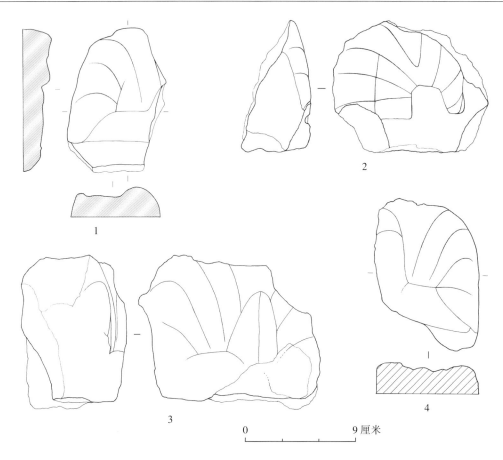

0　　　　　　　　　9厘米

图四七四　北魏时期供养天残件

1. T9301 ② : 31　2. T9301 ② : 47　3. T9301 ② : 43　4. T9302 ② : 34

标本 T9301 ② : 36，残。黄砂岩质地。浮雕，仅存下半身的局部，长跪状。臀部与腿部雕弧形衣纹线，自然流畅。残高16、宽16.5、厚5.8厘米（图四七五，2；彩版二七五，5）。

标本 T9301 ② : 44，残。砂岩质地，高浮雕。仅存上身左肩部，左肩衣纹线自然流畅。后面为平整的石壁，且有加工凿痕。石块残高13.4、宽9.3、厚6.0厘米。左肩高8.1、宽7、厚2厘米（图四七五，3）。

标本 T9301 ② : 35，残。细黄砂岩质地，圆雕。单体造像，仅存下半身一部分，胡跪状。左腿呈屈膝，脚部雕刻细腻，右腿跪于地，且与臀部均残损。衣裙呈 "U" 字形弧状衣纹，线条自然流畅，层次分明。脚踏方座，座高4厘米，表面雕刻十分粗糙。像残高28.8、宽18.5、厚9.2厘米（图四七五，4；彩版二七四，6）。

5）魔众残件

1件。

标本 T9301 ② : 18，残。黄砂岩质地，高浮雕。仅存下身右侧衣裙的一小部。下穿大裙，裙摆外张，右脚外撇，脚后跟残损，从衣着上看可能为魔王波旬像。高24、宽16.5、厚11.6厘米（图四七六，1；彩版二七五，6）。

6）其他残件

2件。

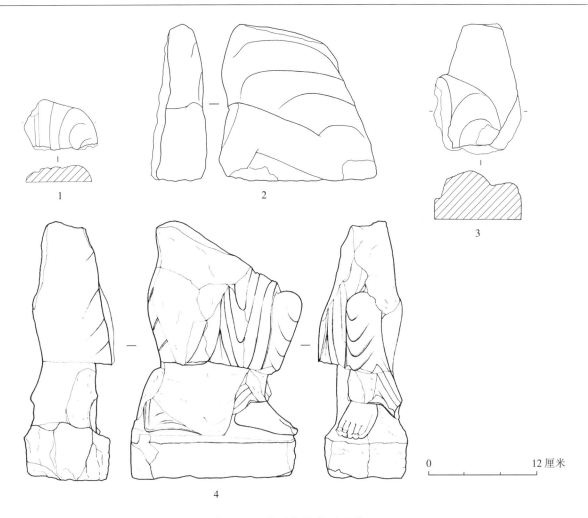

图四七五　北魏时期供养天残件

1. T9301 ② : 34　2. T9301 ② : 36　3. T9301 ② : 44　4. T9301 ② : 35

　　标本 T9301 ② : 5，粉砂岩质地，高浮雕。上身的右臂和下身的左腿残缺，右腿仅存局部。穿 "V" 领衣，腰间束带，衣纹线条流畅自然。左臂前伸手部已残，肘下和手腕处涂有土红色彩。高 26、宽 19、厚 12 厘米（图四七六，2；彩版二七五，3）。

　　标本 T9301 ② : 37，黄砂岩质地。仅存部位右腿。高 5.7、宽 6.8、厚 2.8 厘米。

　　（3）手和足残件

　　8 件。主要有佛或菩萨、供养天的手、足以及其他残件。

　　标本 T9301 ② : 42，残。黄砂岩质地，高浮雕。左手朝下，手掌稍微伸开，拇指与食指等四指相捻，四指微内屈，相握成持物之状，所持之物不明，食指局部残损。手指纤长，手背丰满，肌肤圆润。可能为菩萨像之左手。高 19.3、宽 21.5、厚 13 厘米（图四七七，1；彩版二七六，1）。

　　标本 T9301 ② : 16，残。黄砂岩质地，圆雕。右手掌心部朝外，四指并列且略微分开，手背后面的四指连成一体，掌心不存，拇指残损。可能为佛像或菩萨像说法的右手。高 13.4、宽 11.5、厚 5.3 厘米（图四七七，2；彩版二七六，2）。

　　标本 T9301 ② : 48，残。粉砂岩质地，浮雕。右手基本完整，仅存少许前臂。手前伸展，

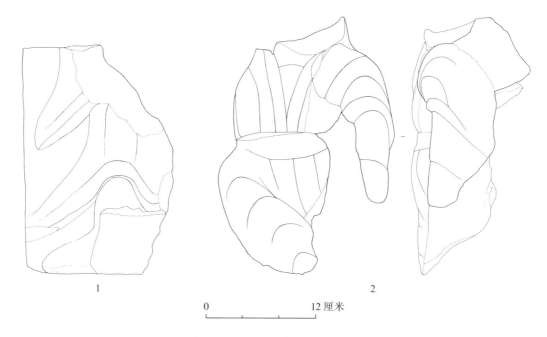

0 ————————— 12 厘米

图四七六　北魏时期魔众及其他像身躯

1. 魔众残件 T9301 ② ：18　　2. 其他残件 T9301 ② ：5

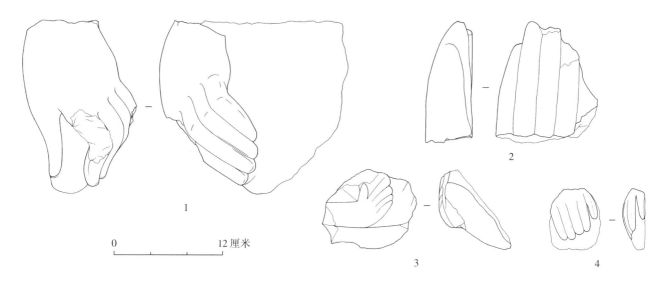

0 ————————— 12 厘米

图四七七　北魏时期佛、菩萨手部残件

1. T9301 ② ：42　　2. T9301 ② ：16　　3. T9301 ② ：48　　4. T9302 ② ：12

拇指与食指等四指握物朝上，四指并拢，食指修长。可能为菩萨像之右手。高 8.5、宽 10.4、厚8 厘米（图四七七，3；彩版二七六，4）。

　　标本 T9302 ② ：12，残。黄砂岩质地，浮雕。仅存右手局部手掌，手指修长，四指微拢，似持物状，所持之物不明。高 6.5、宽 5.7、厚 2.5 厘米（图四七七，4；彩版二七六，3）。

　　标本 T9302 ② ：5，残。粉砂岩质地，浮雕，仅存腰与右臂的局部。腰间束带，右手拇指、食指伸开且残损，其他三指握入掌心。残高 19.3、宽 19、厚 8.4 厘米（图四七八，1；彩版二七三，4）。

标本 T9301 ②：13，残。黄砂岩质地，高浮雕。仅存局部双手的手掌和左手腕处衣端少许袖口，手指全部残缺，双手合十，作供养状。高7.5、宽7.4、厚6厘米（图四七八，2）。

标本 T9302 ②：33，残。黄细砂岩质地，高浮雕。仅存右足及少许的裤角。脚长7.3、高4.2、厚2.8厘米（图四七八，3；彩版二七六，5）。

标本 T9301 ②：40，残。黄砂岩质地。仅存右脚，只雕出轮廓，未分趾。高10.3、宽12、厚7厘米。脚长7.9、宽5、厚3.5厘米（图四七八，4；彩版二七六，6）。

（4）千佛像龛残件

11件。砂岩质地，高浮雕。4件千佛龛像较完整，余皆为佛头身躯及龛楣的局部。完整的千佛龛像接近长方体，正面雕凿圆拱尖楣小龛，内刻坐佛，其他面均为粗坯凿痕。

标本 T9301 ②：84，仅一端残损，正面并列两个圆拱尖楣龛。龛内雕结跏趺坐佛，高肉髻，面相模糊，著通肩式和双领下垂式袈裟，双手相合于腿上且被袈裟遮住。方形龛柱，素面龛楣且较平。长30、高23、厚17厘米（图四七九，1；彩版二七七，1）。

标本 T9301 ②：78，正面残存上、下两层龛，各有4龛。上层龛楣残缺，下层仅存龛楣，皆为圆拱尖楣龛，素面楣面。上层龛内为结跏趺坐佛像，双手相合于腿上，有的为禅定印，有的被袈裟或衣角遮住，头部全部风化或残缺，身着通肩式或双领下垂式袈裟，相间排列。长56、高23、厚16.8厘米（图四七九，2；彩版二七七，2）。

标本 T9301 ②：77，两端均已残损。正面并列三个圆拱尖楣龛，龛内雕结跏趺坐佛，高16.8厘米，双手相合于腿上，头残，身躯严重风化。中间龛内坐佛著双领下垂式袈裟，两侧龛内坐佛著通肩式袈裟。方形龛柱，素面龛楣。长34.5、高23、厚18厘米（图四七九，3；彩版二七七，4）。

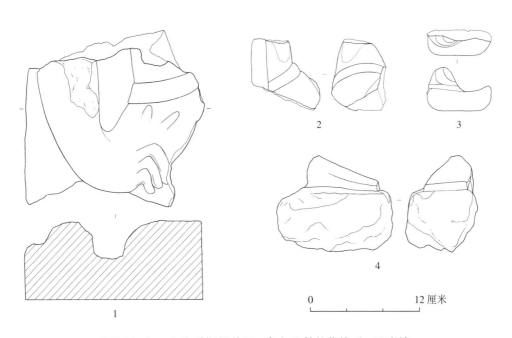

0   12厘米

图四七八 北魏时期供养天、魔众及其他像等手、足残件

1. 手臂残件 T9302 ②：5　2. 手残件 T9301 ②：13　3. 足残件 T9302 ②：33　4. 足残件 T9301 ②：40

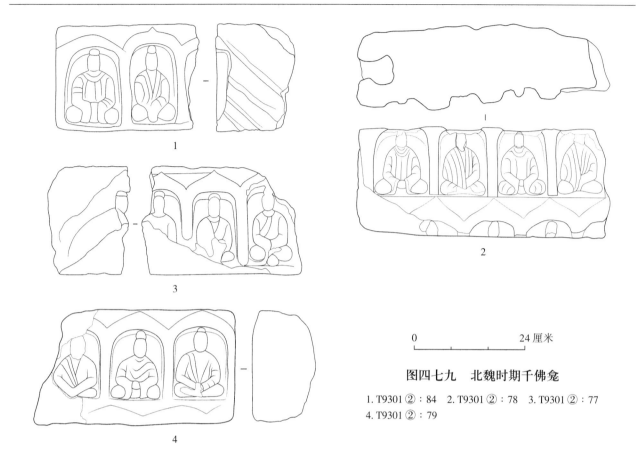

图四七九　北魏时期千佛龛
1. T9301 ② : 84　2. T9301 ② : 78　3. T9301 ② : 77
4. T9301 ② : 79

标本 T9301 ②：79，仅一端残损。正面上部三龛并列，龛内雕结跏趺坐佛，高 14.5 厘米，双手相合于腿上，残损严重。中间龛内坐佛著通肩式袈裟，两侧龛内坐佛著双领下垂式袈裟，相间排列。方形龛柱，素面龛楣。下端残留少许圆拱尖楣龛楣面。残石长 42、高 24、厚 14 厘米（图四七九，4；彩版二七七，3）。

标本 T9301 ②：118，仅存局部身躯，四肢皆残。著通肩袈裟。高 9、宽 11、厚 2.7 厘米。

标本 T9301 ②：19，仅存局部身躯及上肢，双膝皆残。著通肩袈裟，胸部阴刻衣纹线，两臂自然下垂。高 17.5、宽 14、厚 14 厘米。

标本 T9301 ②：9，仅存佛像头部，高约 3 厘米，面部五官模糊。高 5.5、宽 8.8、厚 4.7 厘米。

标本 T9301 ②：15，仅存两个相邻的局部龛楣，龛楣楣面较平，圆拱上刻阴线。高 13、宽 18、厚 6.5 厘米。

标本 T9301 ②：38，仅存两个相邻的局部龛楣，楣面平直。高 11、宽 13、厚 6 厘米。

标本 T9301 ②：10，仅存两个相邻的局部龛楣，楣面较平。高 10、宽 8.5、厚 3.5 厘米。

标本 T9301 ②：60，仅存两个相邻的局部龛楣，楣面较平。高 10、宽 8、厚 5.7 厘米。

2. 装饰纹样

9 件。黄砂岩质地，浮雕或高浮雕。主要有莲花瓣饰件、莲瓣纹饰带、三角纹饰带和山花蕉叶残件等。

（1）莲花建筑饰件

1 件。

标本 T9301 ②：20，残。黄砂岩质地，高浮雕。上为残缺的横枋局部，下为宝装双瓣莲花，丰肥饱满，莲瓣之上刻蔓草线纹，线条流畅。长 37、宽 23、高 20 厘米（图四八〇，1；彩版二七八，1）。

（2）莲瓣纹饰带

3 件。

标本 T9302 ②：3，黄砂岩质地，浮雕，长方形石块的正面雕莲瓣纹饰带，莲瓣纹一列三个，均为双瓣，十分饱满。其他面均为粗坯凿痕。高 16、宽 33、厚 11 厘米（图四八〇，2；彩版二七八，2）。

标本 T9301 ②：14，黄砂岩质地，浮雕，仅存两个莲瓣之间小部分莲瓣，余皆残损。残高 11、宽 12.5、厚 7 厘米。

标本 T9302 ②：6，黄砂岩质地。仅存一个莲瓣的局部莲瓣，余皆残。高 12、宽 11、厚 7.5 厘米。

（3）三角纹饰带

3 件。黄砂岩质地，浮雕。均为长方体块石，正面雕三角垂幔纹带，其他面均为粗坯凿痕或残断面。

标本 T9301 ②：94，正面上部为一列三角纹，前二后二，三角下垂的两斜边上刻阴线，下端四个折叠垂幔，用阴刻线施就。其他均为粗坯凿痕，上面左右两侧各有一个卯口。高 20、宽 33.6、厚 16.5 厘米（图四八一，1；彩版二七八，5）。

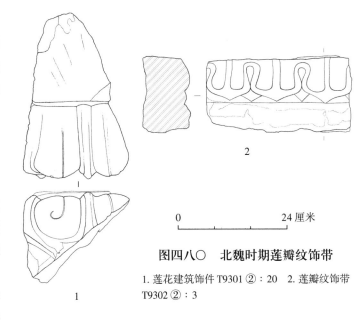

图四八〇　北魏时期莲瓣纹饰带

1. 莲花建筑饰件 T9301 ②：20　2. 莲瓣纹饰带 T9302 ②：3

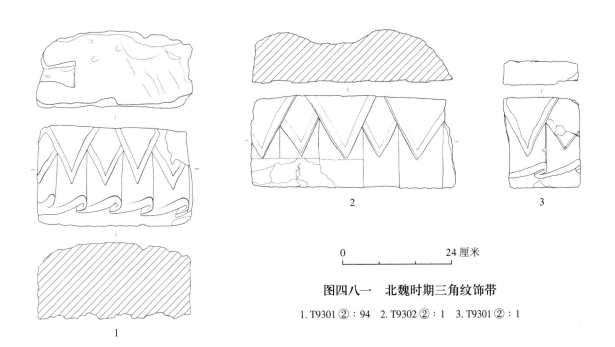

图四八一　北魏时期三角纹饰带

1. T9301 ②：94　2. T9302 ②：1　3. T9301 ②：1

标本 T9302 ②：1，一侧残缺，正面上部为一列三角纹，前三后二，三角下垂的两斜边上刻阴线，下端两个折叠垂幔，用阴刻线雕就。样式简洁，形象逼真。高20、宽44、厚10厘米（图四八一，2；彩版二七八，3）。

标本 T9301 ②：1，一侧残缺，正面上部为一列三角纹，前一后一，下端两个折叠垂幔。高19.4、宽16.5、厚4.8厘米（图四八一，3；彩版二七八，4）。

（4）山花蕉叶饰件

2件。黄砂岩质地，浮雕。

标本 T9302 ②：4，仅存局部方形檐部与山花蕉叶的一个角部。A、B两面檐部为素面且残损，上面仅保存高约3厘米山花蕉叶的很小一部分。高12、宽14.5、厚15厘米（图四八二，1；彩版二七九，3、4）

标本 T9302 ②：8，仅存局部方形檐部与山花蕉叶的一个角部。A、B两面的下部均为素面，上面残存高14厘米山花蕉叶的局部。A面山花蕉叶内侧叶瓣卷曲，线条流畅。B面山花蕉叶残损严重，内侧有细腰卯口。高23、宽25、厚22厘米（图四八二，3；彩版二七九，1、2）。

3．其他

方形檐部　8件。黄砂岩质地，均残，表面上残留红色颜料。

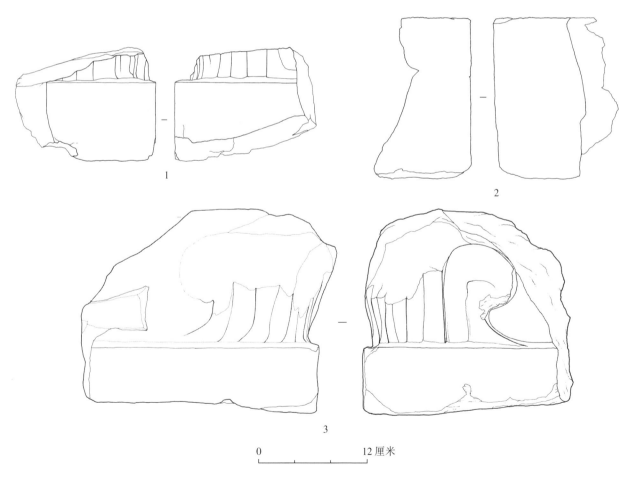

图四八二　北魏时期其他石雕造像

1、3.山花蕉叶饰件 T9302 ②：4、T9302 ②：8　2.方形檐部 T9301 ②：26

标本 T9301 ②：26，为方形檐部的建筑转角部分。A、B 两面十分平整，表面涂土红色彩。高 17、残宽 13、残长 10 厘米（图四八二，2）。

（三）生活用具

陶器

共 9 片。为陶罐、陶盆等残片。

（1）**陶盆**

均为口沿、壁、底部残片，饰方格印纹、凹旋纹、水波纹等。

盆口沿残片　2 件。

标本 T9301 ②：83，残。泥质黑灰陶。仅存折沿部分，口沿的唇部已残。壁厚 0.6 厘米（图四八四，1；彩版二八〇，2）。

标本 T9301 ②：82，残。泥质灰陶。为宽折沿外敞，口沿外卷呈圆形。壁厚 1 厘米（图四八四，2；彩版二八〇，1）。

盆壁残片　1 件。

标本 T9301 ②：86，残。泥质灰陶。内壁上为水波纹，中间为一组凹弦纹，下为两组方格印。外壁上为凹弦纹，下为一组方格印纹。壁厚 0.9 厘米（图四八三）。

盆底残片　1 件。

标本 T9301 ①：1，残。泥质灰陶。内底为两组方格印纹，为盆底残片。厚 0.7 厘米（图四八四，3；彩版二八〇，3）。

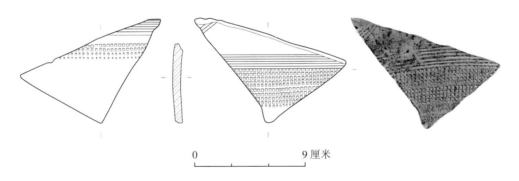

0　　　　　　　　　9 厘米

图四八三　北魏时期陶盆 T9301 ②：86

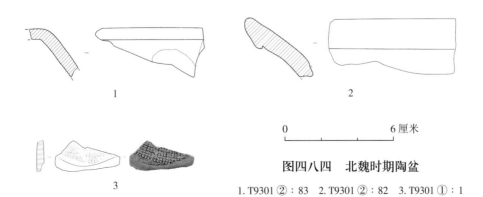

0　　　　　　6 厘米

图四八四　北魏时期陶盆

1. T9301 ②：83　2. T9301 ②：82　3. T9301 ①：1

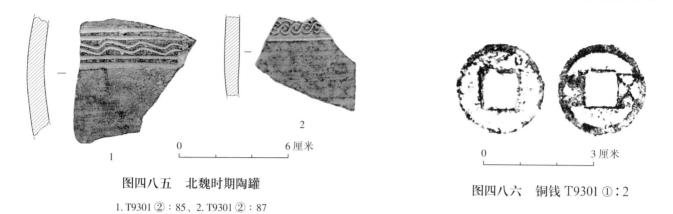

图四八五　北魏时期陶罐
1. T9301 ② : 85、2. T9301 ② : 87

图四八六　铜钱 T9301 ① : 2

（2）陶罐

2 件，罐肩部残片。泥质灰陶，外壁肩部有绹索印或旋纹和水波纹饰带。

标本 T9301 ② : 85，残。外壁肩部有一组旋纹和水波纹带。壁厚 0.9 厘米（图四八五，1；彩版二八〇，5）。

标本 T9301 ② : 87，残。外壁肩部有一组陶索印纹带。壁厚 0.8 厘米（图四八五，2；彩版二八〇，4）。

二　隋代遗物

铜器

只有五铢铜钱 1 枚。

铜钱

五铢　1 枚。

标本 T9301 ① : 2，基本完整。方孔圆钱。外郭较宽，约 0.2 厘米。"五"字上下两横平行，中间交叉二笔为斜直线，左侧添加一竖直线。"铢"字模糊不清。直径 2.4、穿宽 0.8、肉厚 0.1 厘米（图四八六；彩版二八〇，6）。

第五节　几点认识

该遗址位于云冈石窟山顶最东端，是目前经过科学发掘、保存信息量最为丰富和相对完整的一座建筑遗址。根据目前发现的建筑遗迹和出土文物等考古资料，对云冈石窟山顶东部北魏佛教建筑遗址结构形式、建筑年代以及功能作用等相关问题谈几点初步认识。

一　建筑形制和结构

该建筑遗址是研究北魏时期云冈石窟寺院建筑十分重要的实物资料。北魏时期重要建筑的台基一般修筑的比较坚固，现在发现的主要有 2010 年发掘的云冈山顶西区北魏佛教寺院的塔基遗迹，平面呈方形，塔基内为夯土和细砂土填筑，四周用石片包砌，是目前我国发现早期塔基之一[1]。20 世纪 80 年代发掘的平城之北方山思远佛寺遗址的塔基平面呈长方形，台基内用三合土和玄武岩碎石块分层夯筑，四周用玄武岩加工的石条错缝垒砌，制作工艺精细[2]。洛阳永宁寺遗址的木塔基座也为方形，基座边比地基外缘高出约 0.5 米，其地基采用就地挖坑、填土，分层夯筑而成，夯土地基高超过 2.50 米，由此建起构筑稳固可靠基础[3]。云冈山顶东部发掘的这座建筑基址的台基，平面亦为方形，台基内以夯土填筑，四周全部为石片包砌的墙体，台基的四面外侧比较整齐，砌墙的石片之间缝隙用褐色泥土填补，以便连接紧密。可见这座建筑台基与大同、洛阳北魏建筑相似，都修建了较大的夯土台基。

　　台基之上建筑遗迹仅存中央的方座（坛）东北角局部，东、北两面均保存部分石砌墙体。方座（坛）的东沿距台基东侧边缘距离 4.30 米，北沿距台基北侧边缘距离 4.40 米，推测其西沿和南沿与台基边缘距离估计大致相同，所以估计方座（坛）边长 3.2~3.4 米之间。值得注意是方座（坛）的两层下枋用同一块石料雕成，下高上低，上层内收，其断面似"台阶"状。下枋与束腰石构件连接处凿有凹槽的方法，充分地考虑了方座（坛）稳固功能。这种工程做法与 20 世纪末发现的云冈石窟第 20 窟前发现的石砌台基遗址和大同城南柳行里发现的北魏明堂遗址西门、南门石砌台基遗址的结构都十分相似[4]。如果从方座（坛）外立面观察：虽然其上枋无存，但是从两层下枋向上逐层叠涩，中间收缩束腰石的样式推测应为须弥座。而且，与此类似的须弥座在云冈洞窟中比较常见。一种是佛像的台座，即为营建一窟（龛）主像（单体或一组）的像座，所有的雕像、台座都与洞窟壁面连接；另一种是佛塔的底座，浮雕塔往往直接雕刻于洞窟壁面，而圆雕塔则位于洞窟地面中央，且与窟顶相连，第 1、2、6、11、39 窟，以及被认为未完成的第 3、4 窟等均为塔庙窟[5]，这是云冈石窟主要洞窟类型之一。

　　由于该建筑遗址台基上中央束腰须弥座局部已经损坏，究竟这是单体造像或者一组造像的坛座，还是佛塔的底座，具体情况不明。不过我们从出土的石雕造像残件可以找到一些线索，或许对分析究竟是造像的坛座，还是佛塔的底座有所帮助。首先，T9302 ②：8 和 T9302 ②：4 两件残损的山花蕉叶建筑构件值得研究者注意，因为这两件文物应该属于方形佛塔建筑顶部位置的角隅，其直角相邻的 A、B 两面均雕刻蕉叶图形，显然是佛塔建筑之物。其次，出土的佛、菩萨、弟子、力士、飞天、供养天人等大量残件均为高浮雕或浅浮雕人物像，系佛龛造像损毁之物，而有趣的 T9301 ②：52 这件人身兽头像，属于故事图中的魔众形象，这是云冈塔庙窟的中央塔柱上[6]和壁面上[7]比较多见造像内容之一。第三，除此之外千佛龛像和莲瓣纹与三角纹装饰带雕饰图样也引起关注：前者如 T9301 ②：84、T9301 ②：77、T9301 ②：78、T9301 ②：79

　　［1］云冈石窟研究院、山西省考古研究所、大同市考古研究所：《云冈石窟窟顶西区北魏佛教寺院遗址》，《考古学报》2016 年第 4 期，第 533~562 页。详情参见本书第五章第三节"北魏遗迹"塔基内容。

　　［2］大同市博物馆：《大同北魏方山思远佛寺遗址发掘报告》，《文物》2007 年第 4 期，第 4~26 页。

　　［3］中国社会科学院考古研究所：《北魏洛阳永宁寺——1979~1994 年考古发掘报告》，中国大百科全书出版社，1996 年，第 13 页。

　　［4］王银田、曹臣明、韩生存：《山西大同市北魏平城明堂遗址 1995 年的发掘》，《考古》2001 年第 3 期，第 26~34 页。刘俊喜、张志忠：《北魏明堂辟雍南门发掘简报》，见山西省考古学会、山西省考古研究所：《山西省考古学会论文集（三）》，山西古籍出版社，2000 年，第 106~112 页。

　　［5］〔日〕京都大学人文科学研究所，水野清一、长广敏雄著，中国社会科学院考古研究所编译：《云冈石窟》第一卷，第一至四窟，科学出版社，2014 年，文本第 29 页。

　　［6］〔日〕京都大学人文科学研究所，水野清一、长广敏雄著，中国社会科学院考古研究所编译：《云冈石窟》第一卷，第一至四窟，科学出版社，2014 年，文本第 46 页，图版解说 55。

　　［7］〔日〕京都大学人文科学研究所，水野清一、长广敏雄著，中国社会科学院考古研究所编译：《云冈石窟》第三卷，第六窟，科学出版社，2014 年，文本第 65、66 页，图版解说 105~111。

千佛龛列像的重层形式，一般多出现在洞窟壁面上，塔柱的雕刻上均未见到；后者 T9302 ② : 3 莲瓣纹条状装饰带，一般多为壁面多层龛像的上下层之间的装饰带，而 T9302 ② : 1 和 T9301 ② : 1 的三角纹条状装饰带，多用于洞窟壁面与窟顶交接处或者为塔顶部最上层，所以台基上面的东檐墙、北檐墙遗迹尽管残存的较少，但是作为整体建筑的不可分割部分。总之，在目前出土的文物十分有限的情况下，现在很难确定出土文物的具体位置，如果再结合台基上现存的方座（坛）遗迹进行综合考虑，选择方座或方坛难以排除其一，这是值得重视的一个现象。

无独有偶，在近年的云冈石窟之西鲁班窑石窟[1]保护维修工程中，配合洞窟加固对这处石窟进行了清理，发现了类似的情况，3 座洞窟平面均为椭圆形，壁面下层雕力士像，中间全部为千佛列像（龛），上端与窟顶交接处装饰三角纹的华盖。值得注意的是洞窟中央有方形须弥座（坛）[2]，可惜仅存束腰以下部分，其平面形制和中央方座结构都与云冈山顶东部的建筑遗址相似，因此我们推断云冈石窟山顶东部的这处地面建筑应为塔（坛）殿形制的建筑遗址。关于这个问题仍然需要更多的新资料进行讨论。

二 建筑遗址年代

根据这处遗址的文化堆积、建筑遗迹和出土文物，再结合云冈石窟的洞窟形制、造像内容和雕刻风格，推定云冈山顶东部建筑遗址营造时间为北魏二期后段[3]。具体原因如下：首先在造像方面，如 T9301 ② : 32 和 T9301 ② : 17 的两件残佛像，虽然仅保存着上半身，可衣纹线清晰可辨，尤其是左衣领上的折带纹雕饰处理手法十分明显，显然属于半袒右肩式或者为袒右肩式的佛衣袈裟，其样式从一期开始，延续到二期。T9304 ① : 1 为菩萨头像，头戴三面莲花宝冠，面相丰圆，两耳垂肩，这种菩萨头冠也是二期前段（太和十三年（489 年）前）菩萨造像比较常见的样式。同时，T9301 ② : 2、T9301 ② : 53、T9301 ② : 41 等三件力士头像，其面相方圆，逆发上竖，有的双目圆睁，有的眉间饰圆形白毫，眉头紧蹙，双目紧闭，也是云冈二期造像特征。值得注意的是属于方形塔身角隅 T9301 ② : 11 的力士像，A 面保留的下半身左腿，穿犊鼻裤、脚腕处戴钏，这类造像都是云冈二期太和十年（486 年）前后的造像特征[4]。

其次，云冈北魏佛塔的基座主要有方座和束腰座两种形式，洞窟内浮雕塔的实例最早出现于二期。方形塔座仍沿袭了天安元年（466 年）曹天度在平城地区单体佛教造像石塔的样

[1]〔日〕京都大学人文科学研究所，水野清一、长广敏雄著，中国社会科学院考古研究所编译：《云冈石窟》第十五卷，西方诸窟，文本第四章《西湾石窟与吴官屯石窟》，科学出版社，2016 年，第 60、61、88、89 页，图版解说 103~105。

[2] 郭静娜：《山西大同鲁班窑石窟调查报告》，《敦煌研究》2021 年第 3 期，第 69~78 页。

[3] 关于云冈石窟的洞窟编年问题，中日学者分歧较大。云冈二期第 1、2、5、6、7、8、9、10、11 至 13 窟等几组（座）大型洞窟的主要问题集中在考古学相对年代及其先后顺序上，但是宿白、水野清一、长广敏雄、冈村秀典等先生对洞窟的大致时间争议不大，都划定在北魏延兴元年至太和十八年（471~494 年）之间。关于云冈石窟分期问题参见宿白：《云冈石窟分期试论》，《中国石窟寺研究》，文物出版社，1996 年，第 76~88 页。原载《考古学报》1978 年第 1 期，第 25~38 页。〔日〕京都大学人文科学研究所，水野清一、长广敏雄著：《云冈造像顺序》，《云冈石窟》第十六卷，科学出版社，2016 年，第 1~5 页。〔日〕冈村秀典：《云冈石窟编年论》，京都大学人文科学研究所、中国社会科学院考古研究所编著《云冈石窟》第十七卷，第一至六窟，科学出版社，2018 年，第 1~50 页。

[4] 宿白：《云冈石窟分期试论》，《中国石窟寺研究》，文物出版社，1996 年，第 76~88 页。原载《考古学报》1978 年第 1 期，第 25~38 页。

式[1]，第 11 窟四壁和明窗浮雕的佛塔，方形基座或束腰式基座两种都在使用[2]，第 13 窟浮雕佛塔只有束腰式基座[3]，而第 5 窟和第 6 窟佛塔的塔座全部为束腰须弥式塔座的样式，值得注意是佛塔的束腰座样式反映了一段时期流行[4]。除上述浮雕佛塔之外，圆雕也出现在第 6 窟中心塔柱下层塔座[5]和上层四隅九层方塔基座上。这些都是云冈二期后段比较流行的佛塔实物。

另外，这处塔（坛）殿遗址还有大量的北魏时期陶质建筑构件遗物。如板瓦宽端凸面用手指捺压波状纹，黑衣压光筒瓦、灰陶筒瓦和红陶筒瓦上均刷涂一层土黄色材料。"传祚无穷"文字瓦当，书体在篆隶之间。莲花建筑饰件都雕饰成双瓣形式，丰硕饱满。等等，都有着十分显著的北魏平城时期建筑特点。

综上所述，云冈石窟山顶东部佛教建筑遗址的年代为北魏太和十三年至太和十八年（489~494年）之间，它是目前平城地区发现的唯——一座石雕砌筑与木结构建筑相结合，共为一体的地面佛教塔（坛）殿建筑实例。

三　北魏寺院布局形式

魏晋南北朝时期，塔通常含有寺院之意，汉文史料中也多有建塔即建寺的记载[6]。受到以供奉舍利的佛图（塔）为中心的印度佛寺影响，中国的佛寺制度在发展过程中吸收和借鉴了外来有益成分，也显示出自身所独有的特色。2010 年云冈石窟山顶西区发现一处北魏佛教寺院遗址，其布局为佛塔位于庭院中央，周围环绕回廊，回廊后为僧房，由塔与僧舍共同组成了一座早期佛寺，但这里不是礼佛区，而是僧侣的生活区或译经藏经之所[7]。换言之，此处即为北魏高僧昙曜等于北台（武州山）石窟寺内召集僧众译经的地方，似表明这就是公元 1147 年曹衍撰《大金西京武州山重修大石窟寺碑》记载中"复有上方一位石室数间，按《高僧传》云：孝文时天竺僧陁番（翻）经之地也"[8]。倘若此处推断无误，云冈山顶西区北魏佛寺当初设计集遵循了"犹依天竺旧状而重构之"的原则，在罽宾寺院制度的基础上，把塔院与僧院合二为一，甚或直接

[1]史树青：《北魏曹天度造千佛石塔》，《文物》1980 年第 1 期，第 68~71 页。韩有富：《北魏曹天度造千佛石塔塔刹》，《文物》1980 年第 7 期，第 65 页。

[2]云冈石窟文物保管所：《中国石窟·云冈石窟》二，图版说明 81、91、94、97，文物出版社，1994 年。〔日〕京都大学人文科学研究所、中国社会科学院考古研究所编译：《云冈石窟》第十九卷，第十一至十六窟，科学出版社，2018 年，图版解说 7、30。〔日〕京都大学人文科学研究所，水野清一、长广敏雄著，中国社会科学院考古研究所编译：《云冈石窟》第八卷，科学出版社，2016 年，文本第 21~26 页，图版解说 6、8、9、14、34、67A~D。张焯主编：《云冈石窟全集》第九卷，青岛出版社，2017 年，图版 221、222、223、224、230、231。

[3]〔日〕京都大学人文科学研究所、中国社会科学院考古研究所编著：《云冈石窟》第十八卷，第十一至十六窟，科学出版社，2018 年，图版解说 119。

[4]云冈石窟文物保管所：《中国石窟·云冈石窟》一，文物出版社，1994 年，图版说明 48、49、90、113。〔日〕京都大学人文科学研究所、中国社会科学院考古研究所编著：《云冈石窟》第十七卷，第一至六窟，科学出版社，2018 年，图版说明 108、109A、109B。

[5]〔日〕京都大学人文科学研究所，水野清一、长广敏雄著，中国社会科学院考古研究所编译：《云冈石窟》第三卷，科学出版社，2014 年，图版解说 138。

[6]宿白：《东汉魏晋南北朝佛寺布局初探》，《魏晋南北朝唐宋考古文稿辑丛》，文物出版社，2011 年，第 230~247 页。原文载《庆祝邓广铭教授九十华诞论文集》，河北出版社，1997 年，第 31~49 页。

[7]云冈石窟研究院、山西省考古研究所、大同市考古研究所：《云冈石窟窟顶西区北魏佛教寺院遗址》，《考古学报》2016 年第 4 期，第 533~562 页。

[8]宿白：《〈大金西京武州山重修大石窟寺碑〉校注》，《中国石窟寺研究》，文物出版社，1996 年，第 52~75 页。原文载《北京大学学报·人文科学版》1956 年第 1 期，第 71~84 页。

采纳类似毕钵罗早期寺院之布局，浮图（佛塔）居中建造，僧房周匝设置，这应是天竺僧伽蓝中国化的最初尝试[1]。

　　云冈石窟山顶东部的这座建筑遗址，其南面距离山体现存崖壁仅约 10 余米，该崖壁不仅20 世纪 60 年代云冈维修工程时曾经在这里进行过采石[2]，而且在距崖壁南面约 20 米处左右即为 20 世纪 50 年代修筑的 109 国道，当时修建公路时也对山体断壁崖面进行过修整，故其崖壁形成已久，直到现在仍作为景区的消防通道继续使用。根据调查，20 世纪 109 国道的修建是依原有古代交通要道拓展修筑而成的，北魏时期该处山体断崖的崖壁上雕凿着四个三期小龛[3]，并且其山顶之上即为 20 世纪 90 年代发现的这处北魏建筑遗址。目前云冈石窟山顶经过考古发掘可以确定的北魏佛教寺院建筑遗址有三处[4]，无论是寺院的规划选址，还是建筑的空间营造都有许多相似之处，诸如佛塔建筑普遍靠近整个寺院南部，这似乎说明当初在设计时特别注重寺院的空间布局，同时也考虑了山下石窟寺院的礼拜场所和山上僧侣生活居所两者之间关系的营造，更进一步证实了郦道元《水经注》记载"山堂水殿，烟寺相望"描述[5]。

　　那么，云冈石窟山顶东部北魏佛教建筑遗址虽然远离了现存云冈主体窟群，但是这处佛教建筑遗址的位置紧邻山体的断崖，与 2009 年和 2011 年两次在云冈山顶上发现的北魏佛教寺院遗址的布局相似。同样也是山下的崖壁上开凿窟龛，寺院建筑修建在山顶边缘地带的布局特征。如果再考虑目前发现的这座建筑遗址，在台基南、北两侧分别设置了专门踏道，当然南面踏道 2设置为东西方向结构方式，充分考虑受前面山体断崖的空间限制，以方便僧侣、信众登上佛教建筑进行宗教活动，那么台基的北面设置了呈南北方向踏道 1，估计并非是一座孤立的单体建筑，但是具体情况究竟如何有待于将来考古发掘之后再进行深入研究。

　　[1]李崇峰：《从犍陀罗到平城：以寺院布局为中心》，《佛教考古：从印度到中国》上册，上海古籍出版社，2014 年，第 267~288 页。

　　[2]根据当时参加云冈石窟工程维修人员的叙述，20 世纪 60 年代曾经在这里进行过大量采石工程，所采集的石料都为修补洞窟之用。

　　[3]〔日〕京都大学人文科学研究所，水野清一、长广敏雄著，中国社会科学院考古研究所编译：《云冈石窟》第一卷，第一窟~第四窟，科学出版社，2014 年，文本第 37 页，图版解说 2A。

　　[4]云冈石窟窟项目前发现可以确定为北魏时期佛教寺院遗址的主要有三处：西部窟群的山顶北魏佛教寺院遗址简报有云冈石窟研究院、山西省考古研究所、大同市考古研究所：《云冈石窟窟顶西区北魏佛教寺院遗址》，《考古学报》2016 年第 4 期，第 533~562 页。中部窟群的山顶北魏佛教寺院遗址简报有山西省考古研究所、云冈石窟研究院、大同市考古研究所：《云冈石窟窟顶二区北魏辽金佛教寺院遗址》，《考古学报》2019 年第 1 期，第 109~163 页。东部的山顶北魏佛教寺院遗址即为本章报告，云冈研究院、山西省考古研究院、大同市博物馆：《云冈石窟山顶东部北魏佛教建筑遗址发掘报告》，《石窟寺研究》第 11 辑，科学出版社，2021 年，第 1~50 页。以上三处遗址详细情况参见本书。

　　[5]刘建军：《新中国云冈石窟的考古发现》，《中国文化遗产》2007 年第 5 期，第 86~93 页。刘建军：《云冈山顶佛塔基址发现及其相关问题》，《北魏平城研究文集》，山西人民出版社，2008 年，第 269~277 页。〔日〕向井佑介：《云冈石窟的佛塔意匠》，京都大学人文科学研究所、中国社会科学院考古研究所编译：《云冈石窟》第十九卷，科学出版社，2018 年，文本第 1~19 页。

附录一　山西大同地区出土建筑瓦构件的科技分析

中国科学院上海光学精密机械研究所科技考古中心

一　实验方法

1. 便携式能量色散型 X 射线荧光光谱仪（pXRF）

本次测试采用中国科学院上海光学精密机械研究所科技考古中心的便携式能量色散型 X 射线荧光光谱分析仪（pXRF），仪器型号为 OURSTEX 100FA。该仪器采用金属钯（Pd）作为 X 射线靶材，X 射线管激发电压最高可达 40kV，最大功率为 50W，辐照到样品表面的 X 射线焦斑直径约为 2.5mm。设备主要由四个单元组成，分别是探测单元、高压单元、控制单元和数据处理单元（PC）。定量分析方法为校准曲线法或工作曲线法，即根据已知化学成分的标准参考样品来制作线性校准曲线或工作曲线，此种方法具有简单且准确度高的优点[1]。针对陶胎样品的定量分析，利用中国科学院上海硅酸盐研究所古陶瓷研究中心提供的一套陶胎标准样品作为标准样品建立胎体中主次量组分，包括 Na_2O、MgO、Al_2O_3、SiO_2、K_2O、CaO、TiO_2、Fe_2O_3 和常见微量元素 P、Cr、Mn、Cu、Zn、Pb、Rb、Sr 等工作曲线。主次量组分及部分微量元素的工作曲线如图 1 所示。针对低温釉层，选取了 PbO 含量较高的光学玻璃及少量国际玻璃标准样品作为参考样品，建立工作曲线，典型组分（PbO，BaO，SiO_2，CaO）的工作曲线如图 2 所示[2]。陶瓷胎体工作曲线已经在宁波市东钱湖郭童岙窑址出土瓷器样品[3]和广西合浦汉晋墓出土陶器[4]的测试中得到成功应用。

2. 超景深光学显微镜

实验采用日本基恩士公司生产的 VHX-5000 型光学显微镜，配备有两种型号的光学显微镜头，可实现 20 倍至 1000 倍的显微观察。同时还具有自动对焦、全幅对焦、深度合成、多角度观察、超高分辨率和高清晰度显示、三维合成、实时及三维测量等先进功能。

3. 共焦激光显微拉曼光谱仪（Raman）

激光拉曼测试采用 LabRAM XploRA 便携式激光共焦拉曼显微光谱仪对样品进行测试。本实验采用 532nm 激发波长，50 倍长焦物镜，光栅参数为 1800gr/mm。空间分辨率横向好于 1μm，

[1] S. Liu, Q. H. Li, F. X. Gan, P. Zhang, Characterization of some ancient glass vessels fragments found in Xinjiang, China, using a portable energy dispersive XRF pectrometer, X-Ray Spectrom., 2011, 40, 364-375.

[2] J. Q. Dong, Q. H. Li, S. Liu. The native development of ancient Chinese glassmaking: a case study on some early lead-barium-silicate glasses using a portable XRF spectrometer. X-Ray Spectrometry. 2015, 44: 458-467.

[3] 刘松等：《宁波市东钱湖郭童岙窑址瓷器样品分析测试报告》，《郭童岙——越窑遗址发掘报告》附录，科学出版社，2013 年。

[4] 刘松等：《合浦东汉晚期至三国墓葬出土陶器测试分析报告》，《2009~2013 年合浦汉晋墓发掘报告》附录二，文物出版社，2016 年。

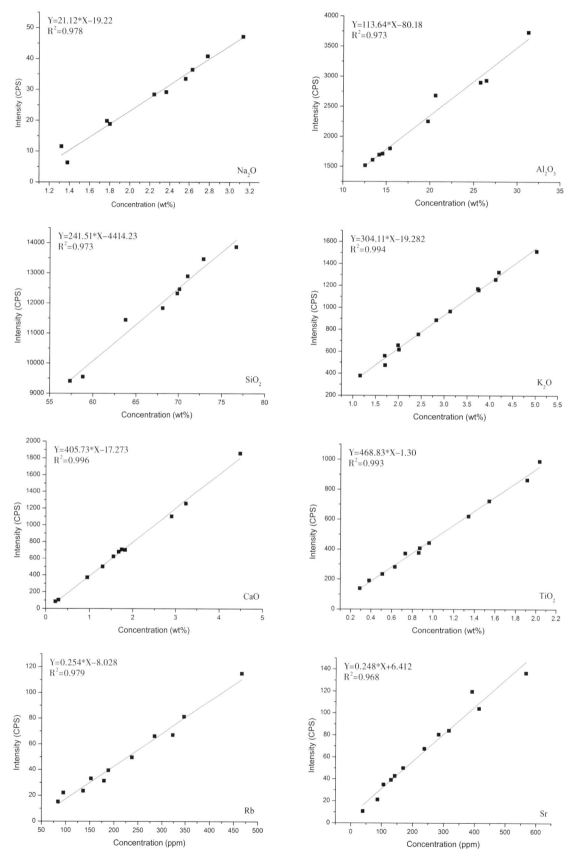

图 1　陶瓷胎体化学成分定量分析的典型工作曲线

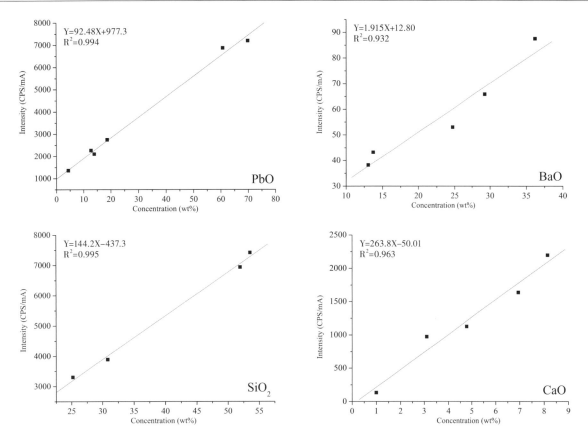

图 2　铅钡和铅硅酸盐玻璃中 PbO、BaO、SiO_2 和 CaO 的工作曲线

纵向好于 2μm。拉曼频移范围为 70~4000cm^{-1}；光谱分辨率 ≤ 2cm^{-1}；光谱重复性 ≤ ±0.2cm^{-1}。每次测定样品前均应采用单晶 Si 标样对激光拉曼光谱进行校正。本光谱仪在中国古代玻璃、玉器及陶瓷等硅酸盐质文物研究中均得到了成功应用，体现出了仪器的优良性能[1]。

4．光学相干层析成像仪（OCT）

实验采用的是中国科学院上海光学精密机械研究所科技考古中心的扫频型 OCT 系统，主要由高速扫频激光（HSL）光源（中心波长为 1315~1340nm，最大功率为 50mW）、干涉仪（日本 santec 公司 IVS2000 型）、测量臂和电脑组成。本系统已经成功应用于中国古代陶瓷器无损分析研究[2]。

二　样品信息

所分析样品共计 8 件[3]，样品照片见图 3（彩版二八一），时代有北魏、辽金，详见表 1。

［1］Zhao H X, Li Q H, Liu S, Fu X G. Characterization of microcrystals in some ancient glass beads from china by means of confocal Raman microspectroscopy. Journal of Raman Spectroscopy, 2013, 44(4): 643-649.

［2］董俊卿、李青会、严鑫:《基于 OCT 成像技术对常见陶瓷文物断面结构的无损分析》,《自然杂志》2015 年第 5 期, 第 325~331 页。

［3］本报告分析样品编号中 YG 表示云冈石窟, CCC 表示操场城。

北魏釉陶板瓦 10YGT510 ④：160　　　　　　北魏釉陶板瓦 10YGT510 ④：208

北魏灰陶筒瓦 11YGT20607 ④：19　　　　　　北魏灰陶板瓦 11YGT20607 ④：21

辽金琉璃筒瓦 11YGT20304 ③：76　　　　　　北魏瓦钉 08CCCT611 ①：31

北魏灰陶板瓦 08CCCT112 ③：19　　　　　　北魏釉陶板瓦 08CCCYWT107 ③：47

图 3　山西大同出土建筑瓦构件的正反面照片

表 1　山西大同出土建筑瓦构件的基本情况表

	样品编号	名称	时代	出土地点	出土时间
1	10YGT510 ④：160	釉陶板瓦	北魏	云冈	
2	10YGT510 ④：208	釉陶板瓦	北魏	云冈	
3	11YGT20607 ④：19	灰陶筒瓦	北魏	云冈	2011 年
4	11YGT20607 ④：21	灰陶板瓦	北魏	云冈	
5	11YGT20304 ③：76	琉璃筒瓦	辽金	云冈	
6	08CCCT611 ①：31	瓦钉	北魏	操场城	
7	08CCCT112 ③：19	灰陶板瓦	北魏	操场城	2008 年
8	08CCCT107 ③：47	釉陶板瓦	北魏	操场城三号遗址	2008 年

三　分析结果

1．主要化学成分分析结果

8 件样品胎体、表面及釉层的化学成分定量分析结果如表 2 所示。由表 2 可知，这些样品的胎体主要化学组分为氧化硅（SiO_2），分布范围为 51.85wt%~71.82wt%，其次为氧化铝（Al_2O_3）、氧化钙（CaO）和氧化铁（Fe_2O_3），分布范围分别为 6.84wt%~22.27wt%、4.76wt%~16.09wt% 和 2.88wt%~8.43wt%。内、外表层的主要化学成分与胎体相似，相对而言，灰黑色表层中含有较高的氧化铁（Fe_2O_3），灰白色表层中含有较高的氧化钙（CaO），氧化钙可能与方解石或其他含钙的矿物有关。不少样品中含有一定量的氧化硫（SO_3），如琉璃筒瓦样品 11YG-YTW（内表面）、板瓦样品 08CCC-BW（黑色釉下灰白层、胎体和外表灰色），SO_3 含量分别为 3.24wt%、2.38wt%、4.44wt% 和 5.02wt%，且均含有一定量的 CaO，其中板瓦样品 08CCC-BW 中 CaO 含量最高（分别为 39.65wt%、54.68wt% 和 16.09wt%），可能与硫酸钙和方解石有关。但含有较高 CaO（达 34.67wt%）的黑筒瓦样品 11YG-HTW 的内表面中 SO_3 含量仅为 0.77wt%，这可能与方解石有关。

此次分析的施釉瓦片的釉层均属于高铅釉体系，其主要化学组分为氧化硅（SiO_2）和氧化铅（PbO），含量分布范围分别为 16.89wt%~20.76wt% 和 22.20wt%~62.61wt%，次要化学成分为氧化铁（Fe_2O_3）、氧化铝（Al_2O_3）和氧化钙（CaO）等，含量分布范围分别为 0.66wt%~8.04wt%、1.98wt%~11.09wt% 和 0.19wt%~15.68wt%。另外，琉璃筒瓦 11YG-YTW 样品的绿色釉面中还含有 2.44wt% 的氧化铜（CuO），且 Fe_2O_3 含量较低，不足 1wt%，明显低于其他样品。其中氧化铁和氧化铜是釉层中的着色剂，分别呈棕色（黄色）和绿色。值得注意的是，釉板瓦样品 T510④：160 的外表土黄色釉面中的 CaO 含量远远高于其他样品的釉面，但 PbO 含量明显低于其他样品。由于 S 的 Kα 线与 Pb 的 Mα 线存在谱线重叠，受本实验采用的 pXRF 的分辨率局限，在样品中含有较高 Pb 的情况下，无法识别是否含有 S，结合无釉样品中检测出硫（S）的情况，不排除该测试点含有一定量 S 的可能性。

2．显微形貌分析结果

对这 8 件样品进行取样打磨抛光处理，进而进行显微形貌观察，分析结果见图 4~11（彩版二八二、二八三）。结果显示，这些瓦片胎体一般都比较细腻，偶见白色、深色、棕色、黑色

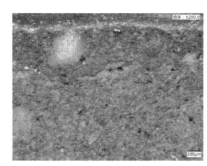

（a）T510④：160-1　　　　　（b）T510④：160-2　　　　　（c）T510④：160-3

图 4　北魏釉陶板瓦样品 T510④：160 的显微照片

表2 山西大同出土北魏、辽金建筑瓦构件的 pXRF 化学成分分析结果

样品编号	名称	测试部位	Na₂O wt%	MgO wt%	Al₂O₃ wt%	SiO₂ wt%	P₂O₅ wt%	K₂O wt%	CaO wt%
10YGT510④：160-1	釉陶板瓦	内表棕色釉面	1.29	0.94	4.42	27.2	0.23	N.D.	5.03
10YGT510④：160-2	釉陶板瓦	外表土黄色釉面	0.96	2.04	11.09	35.65	0.06	2.16	15.68
10YGT510④：160-2	釉陶板瓦	胎体	1.39	3.04	13.51	57.15	0.04	1.90	13.94
10YGT510④：208-1	釉陶板瓦	棕色釉面	1.81	3.47	13.83	60.45	0.09	1.87	10.04
10YGT510④：208-2	釉陶板瓦	胎体	1.81	3.47	13.83	60.45	0.09	1.87	10.04
11YGT20607④：19-1	灰陶筒瓦	青灰色表面	1.34	4.75	17.47	57.33	N.D.	2.18	9.28
11YGT20607④：19-2	灰陶筒瓦	内表面	1.77	N.D.	1.57	58.33	N.D.	0.87	34.67
11YGT20607④：19-3	灰陶筒瓦	胎体	1.88	2.87	11.98	60.80	0.09	2.24	12.65
11YGT20607④：2-1	灰陶板瓦	黑色表面	1.74	2.65	9.12	75.23	N.D.	0.7	6.02
11YGT20607④：2-2	灰陶板瓦	外表面灰白面	1.48	1.40	6.26	72.96	0.02	0.57	12.69
11YGT20607④：2-3	灰陶板瓦	胎体	1.80	N.D.	6.84	71.82	N.D.	0.96	13.59
11YGT20304③：76-1	琉璃筒瓦	绿色釉面	0.98	0.27	2.23	65.29	0.19	N.D.	0.19
11YGT20304③：76-2	琉璃筒瓦	内表面	1.61	N.D.	12.85	70.48	N.D.	1.78	6.85
11YGT20304③：76-3	琉璃筒瓦	胎体	1.47	0.05	22.27	64.17	N.D.	2.47	4.76
08CCCT611①：31-1	瓦钉	黑色表面	2.07	3.94	17.36	56.28	N.D.	2.55	11.04
08CCCT611①：31-2	瓦钉	胎体	1.96	3.72	14.13	58.21	0.05	2.61	10.83
08CCCT112③：19-1	灰陶板瓦	黑色表面	1.44	2.99	25.26	57.62	N.D.	4.36	3.43
08CCCT112③：19-2	灰陶板瓦	黑色釉下灰白层	2.08	N.D.	5.90	44.73	N.D.	1.51	39.65
08CCCT112③：19-3	灰陶板瓦	外表灰色	1.42	N.D.	2.51	33.52	0.24	0.59	54.68
08CCCT112③：19-4	灰陶板瓦	胎体	1.06	N.D.	8.56	59.14	N.D.	2.35	16.09
08CCCT107③：47-1	釉陶板瓦	外表棕色釉	0.99	0.19	1.98	16.89	14.42	0.39	7.28
08CCCT107③：47-2	釉陶板瓦	内表黄色釉	1.54	1.3	6.08	36.35	0.14	0.34	5.51
08CCCT107③：47-3	釉陶板瓦	胎体	1.78	3.60	14.38	62.83	0.18	2.50	5.70

注：Trace 表示此种组分为微量元素，Major 表示此种元素为主次量组分。

TiO$_2$	Fe$_2$O$_3$	SO$_3$	MnO	CuO	PbO	Cr	Mn	Ni	Cu	Zn	Rb	Sr	Sn	Ba	Pb
wt%	wt%	wt%	wt%	wt%	wt%	μg/g	μg/g	μg/g	μg/g	μg/g	μg/g	μg/g	μg/g	μg/g	μg/g
0.25	3.16		0.64	0.12	56.72	22	Major	22	143	29	N.D.	2	N.D.	21	Major
0.23	8.04		1.81	0.08	22.20	48	Major	N.D.	119	164	12	120	N.D.	43	Major
0.39	8.43	0.21	Trace	Trace	Trace	188	627	4	N.D.	45	96	276	4	417	890
0.39	8.05		0.47	0.09	62.61	26	Major	4	92	73	N.D.	0	N.D.	33	Major
0.39	8.05		Trace	Trace	Trace	157	612	30	2	22	82	281	11	653	2198
0.78	6.69		0.17	Trace	N.D.	56	Major	N.D.	204	81	102	278	N.D.	38	78
0.04	1.98	0.77	Trace	Trace	Trace	56	395	13	N.D.	6	57	134	N.D.	96	27
0.26	7.16	0.07	Trace	Trace	Trace	187	704	37	N.D.	26	98	308	10	452	49
0.62	3.82		0.09	Trace.	N.D.	79	Major	N.D.	54	9	30	143	N.D.	31	72
0.11	3.51	1.00	Trace	Trace	Trace	250	349	N.D.	N.D.	32	74	214	N.D.	394	81
0.20	4.72	0.07	Trace	Trace	Trace	87	364	4	N.D.	2	65	130	N.D.	180	40
0.09	0.66		0.02	2.44	27.65	24	Major	46	Major	43	N.D.	7	N.D.	31	Major
0.81	2.39	3.24	Trace	N.D.	Trace	46	269	11	N.D.	42	88	223	N.D.	368	400
1.12	2.88	0.81	Trace	N.D.	Trace	66	267	118	N.D.	17	131	316	7	595	178
0.8	5.86		0.09	Trace	N.D.	176	Major	14	156	45	92	327	N.D.	31	26
0.37	8.13	0.07	Trace	Trace	Trace	217	689	4	42	73	125	379	20	825	33
0.32	4.53		0.06	Trace	N.D.	67	Major	N.D.	119	134	80	214	N.D.	35	150
0.06	3.69	2.38	Trace	N.D.	Trace	122	364	75	N.D.	92	94	226	8	402	123
0.03	2.01	5.02	Trace	N.D.	Trace	132	530	240	N.D.	71	88	300	20	458	18
0.32	8.06	4.44	Trace	N.D.	Trace	155	548	N.D.	N.D.	81	94	232	19	607	46
0.18	3.13		0.39	0.16	53.98	N.D.	Major	9	345	76	N.D.	14	N.D.	41	Major
0.29	5.17		1.12	0.13	42.03	6	Major	N.D.	119	4	N.D.	40	N.D.	48	Major
0.43	8.46	0.15	Trace	Trace	Trace	168	675	10	76	31	106	284	N.D.	526	628

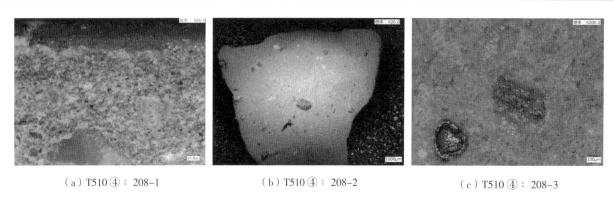

（a）T510④：208-1　　　　（b）T510④：208-2　　　　（c）T510④：208-3

图 5　北魏釉陶板瓦样品 T510 ④：208 的显微照片

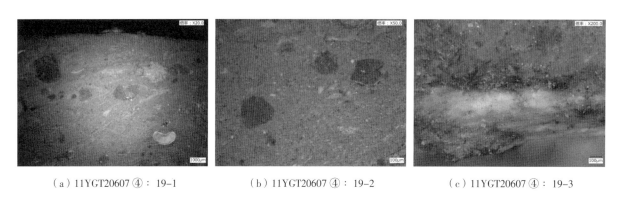

（a）11YGT20607④：19-1　　　（b）11YGT20607④：19-2　　　（c）11YGT20607④：19-3

图 6　北魏灰陶筒瓦样品 11YGT20607 ④：19 的显微照片

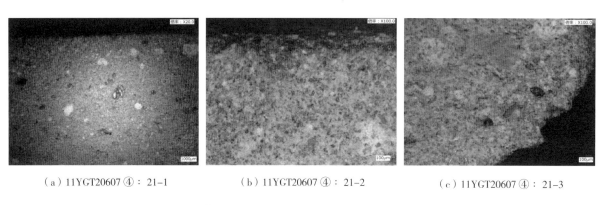

（a）11YGT20607④：21-1　　　（b）11YGT20607④：21-2　　　（c）11YGT20607④：21-3

图 7　北魏灰陶板瓦样品 11YGT20607 ④：21 的显微照片

（a）11YGT20304③：76-1　　　（b）11YGT20304③：76-2　　　（c）11YGT20304③：76-3

图 8　辽金琉璃筒瓦样品 11YGT20304 ③：76 的显微照片

颗粒。施釉瓦片的釉层和胎体之间无明显的过渡层，相对而言，辽金的绿色琉璃筒瓦釉层比北魏釉陶板瓦略厚，前者约 200 微米（μm），如图 8a（彩版二八三，1a）所示。后者釉层较薄，约 70~150 微米（μm），其中釉板瓦样品 T510 ④：160 的釉层和釉瓦样品 08CCCT107 ③：47 的内层釉最薄，约 80 微米（μm），如图 4a（彩版二八二，1a）、4b（彩版二八二，1b）和 11b（彩版二八三，4b）所示。釉瓦样品 08CCCT107 ③：47 的外层釉和釉板瓦样品 T510 ④：208 较厚，厚度分别约为 80~150 微米（μm），如图 5a（彩版二八二，2a）和 11a（彩版二八三，4a）所示。北魏黑色瓦片的外表黑色层非常薄，与胎体的显微结构十分相似，基本无法分辨出外表黑色层，如图 6a（彩版二八二，3a）和图 7a（彩版二八二，4a）所示。但通过对北魏黑板瓦样品 11YGT20607 ④：21 和板瓦样品 08CCCT112 ③：19 的断面显微结构观察，黑色层应该

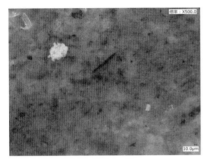
（a）08CCCT611 ①：31-1

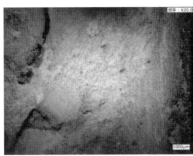
（b）08CCCT611 ①：31-2

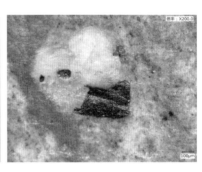
（c）08CCCT611 ①：31-3

图 9　北魏瓦钉样品 08CCCT611 ①：31 的显微照片

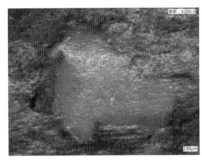
（a）08CCCT112 ③：19-1

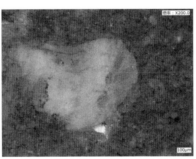
（b）08CCCT112 ③：19-2

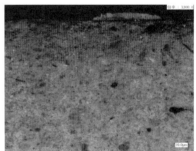
（c）08CCCT112 ③：19-3

图 10　北魏灰陶板瓦样品 08CCCT112 ③：19 的显微照片

（a）08CCCT107 ③：47-1（内侧）

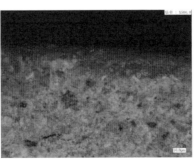
（b）08CCCT107 ③：47-2（外侧）

（c）08CCCT107 ③：47-3（断面胎体）

图 11　北魏釉陶板瓦样品 08CCCT107 ③：47 的显微照片

是由表及里渐渐渗透（见图7b（彩版二八二，4b）和图10c（彩版二八三，3c））。

3. 显微拉曼分析结果

在显微形貌观察的基础上，采用显微拉曼光谱仪对8件样品中典型区域的断面及个别表面进行微区物相分析，结果显示，这些瓦片样品的主要物相为钠长石（albite）、石英（quartz）、锐钛矿（anatase）、硬石膏（硫酸钙，anhydrite）和碳（carbon），个别样品如瓦钉08CCCT611①：31含有赤铁矿（hematite），灰陶板瓦11YGT20607④：21含有金红石（rutile）。

（1）釉陶板瓦样品T510④：160的主要物相为锐钛矿（主要拉曼峰在146、386、480、627cm^{-1}附近，见图12a）和石英（主要拉曼峰在120、194、260、353、458cm^{-1}附近，见图12b）。

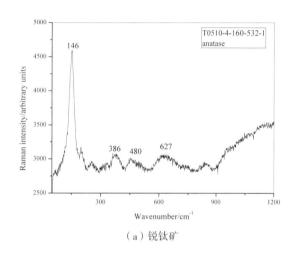 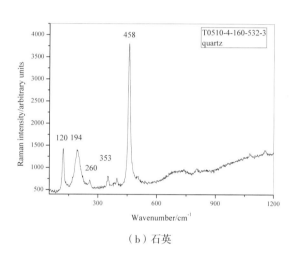

（a）锐钛矿　　　　　　　　　　　　　　　　（b）石英

图12　北魏釉陶板瓦样品T510④：160的拉曼图谱

（2）釉陶板瓦样品T510④：208的主要物相为钠长石、锐钛矿、石英及硫酸钙，其中157、286、404、474、503、759和1097cm^{-1}附近为钠长石的拉曼振动峰（见图13a），147、394、512、636cm^{-1}附近为锐钛矿的拉曼振动峰（见图13b），459cm^{-1}附近为石英的拉曼振动峰（见图13b），而487、628、671、1016、1156cm^{-1}附近为硫酸钙的拉曼振动峰（见图13c）。

（3）灰陶筒瓦样品11YGT20607④：19的主要物相为硫酸钙（见图14a）、锐钛矿（见图14b）、石英（见图14c）及碳（主要拉曼峰在1347和1581cm^{-1}附近，见图14c），该样品白色表面的主要物相方解石（主要拉曼峰在1083cm^{-1}附近，见图14d）。

（4）灰陶板瓦样品11YGT20607④：21的主要物相为石英（见图15a）和金红石，金红石的主要拉曼峰在137、231、441和603cm^{-1}附近（见图15b），该样品的黑色表面仅检测到石英的拉曼峰（见图15c）。

（5）琉璃筒瓦11YGT20304③：76样品的主要物相为锐钛矿（见图17a）和碳（见图17b）。

（6）瓦钉08CCCT611①：31的主要物相为石英（见图16a）和赤铁矿，赤铁矿的主要拉曼峰在209、268和379cm^{-1}附近（见图16b）。

（7）板瓦样品08CCCT112③：19的主要物相为硫酸钙（见图18a）、石英（见图18b）和钠长石（见图18b），该样品表面深黑色的主要物相为碳黑（见图18c）。

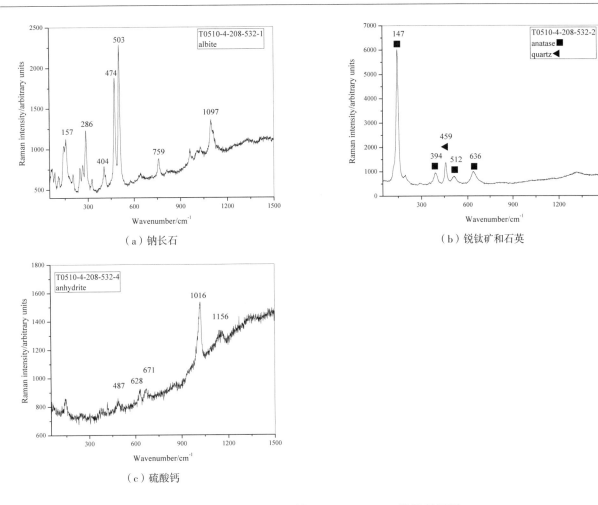

（a）钠长石　　　　　　　　　　　　（b）锐钛矿和石英

（c）硫酸钙

图 13　北魏釉陶板瓦样品 T510 ④：208 的拉曼图谱

（8）釉瓦样品 08CCCT107 ③：47 的主要物相为钠长石（见图 19a 和图 19b）和石英（见图 19a）和碳（见图 19b）。

结合 pXRF 化学成分分析结果，含有较高 CaO 和 SO_3 的样品中与硬石膏相关，而含有较高 CaO 且几乎不含 SO_3 的样品与方解石有关。研究表明，锐钛矿转化为金红石的相变温度在 750~950℃之间，而方解石分解成恒 CaO 和 CO_2 的温度在 900℃左右[1]。据此推测含有锐钛矿的釉板瓦样品 T5104：160 和 T510 ④：208 及琉璃筒瓦样品 11YGT20304 ③：76 的烧成温度低于 950℃，而含有金红石的灰陶板瓦样品 11YGT20607 ④：21 的烧成温度高于 950℃，含有方解石的灰陶筒瓦样品 11YGT20607 ④：19 的炒成温度低于 900℃。结合显微结构分析以及以往相关研究成果，推测外表灰黑层可能是表层采用了渗碳工艺所致[2]。

4.OCT 断面结构分析结果

实验过程中参考高铅玻璃和普通硅酸盐对釉面和其余部位部分测试时分别取折射率为 1.79

［1］Claudia Pelosi, Ilaria Montini, Eliasbetta Mattei, et al. Study of decorated pottery fragments by means of micro-Raman and other techniques. In: Andrea Macchia, Ernesto Borrelli, Luigi Campanella. Youth in Conservation of Cultural Heritage Proceedings. Rome, 2008:250-253.

［2］李文杰、黄素英：《浅说大溪文化陶器的渗碳工艺》，《江汉考古》1985 年第 4 期，第 46~51 页。

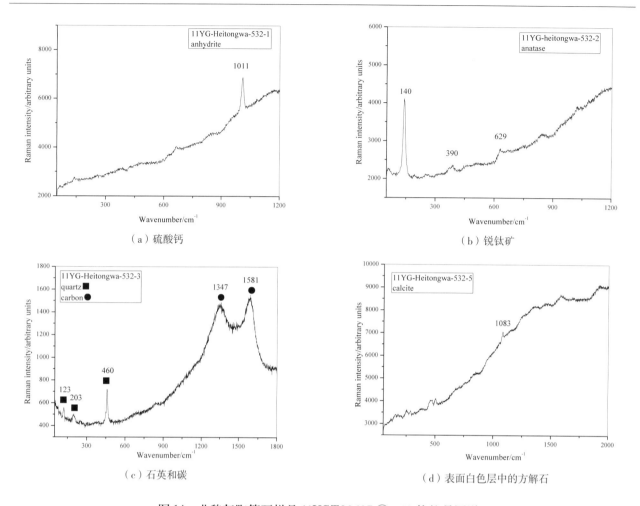

（a）硫酸钙　　　　　　　　　　　　　（b）锐钛矿

（c）石英和碳　　　　　　　　　　　　（d）表面白色层中的方解石

图 14　北魏灰陶筒瓦样品 11YGT20607④：19 的拉曼图谱

和 1.50。分析结果见图 20~27（彩版二八四~二八六），图中第一条亮线为空气与胎体表面或釉层表面之间的界限。由分析结果可以看出，这些瓦片的胎体一般较为致密，在 OCT 图像中呈现出灰白色衬度的强散射相，个别胎体如北魏黑筒瓦样品 11YGT20607④：19 和板瓦样品 08CCCT112③：19 中可能存在较大的颗粒，使得散射相不太均匀（见图 22a（彩版二八四，3a）和图 26a（彩版二八六，1a））。从釉层的 OCT 图像可以看出，北魏釉陶板瓦的外层棕色釉层略薄，厚度约 70~150 微米（μm），胎釉分界线明显（图中第二条亮线）（见图 20b（彩版二八四，1b）和 21b（彩版二八四，2b）），但北魏釉陶板瓦样品 08CCCT107③：47 外侧深棕色釉层略厚，约 150 微米（μm）左右，且透明度稍差，釉层中呈现弱散射相，但胎釉分界线仍清晰可见（见图 27b（彩版二八六，2b）），而内侧釉层则比较薄（见图 27c（彩版二八六，2c）），与釉板瓦样品的外侧釉层相似。而辽金釉瓦样品 11YGT20304③：76 的绿色釉层略厚，在 200 微米（μm）左右，且釉层透明度较差，釉层弱散射相明显，虽然胎釉分界线可见，但有中断（见图 24b（彩版二八五，2b））。

　　无釉样品的表层存在一定差异，如黑筒瓦样品 11YGT20607④：19 的灰色表层和北魏黑板瓦样品 11YGT20607④：21 的黑色表层对光的散射较强，对光存在一定的吸收，散射和吸收相不均，表层的散射相都明显弱于胎体（见图 22a（彩版二八四，3a）和图 23b（彩版二八五，

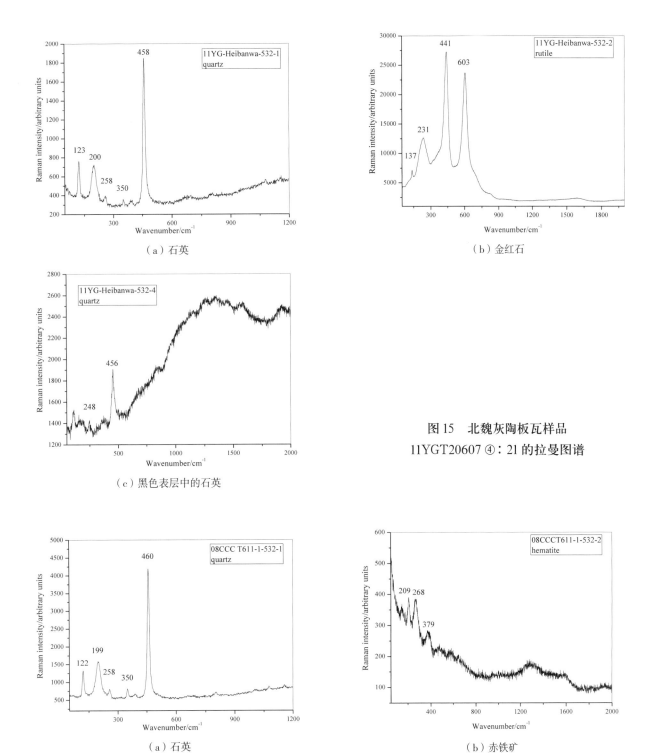

（a）石英

（b）金红石

（c）黑色表层中的石英

图 15　北魏灰陶板瓦样品
11YGT20607 ④：21 的拉曼图谱

（a）石英

（b）赤铁矿

图 16　北魏瓦钉样品 08CCCT611 ①：31 的拉曼图谱

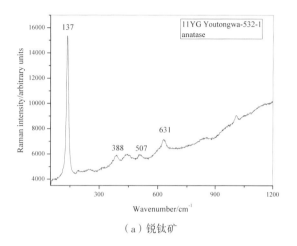

（a）锐钛矿

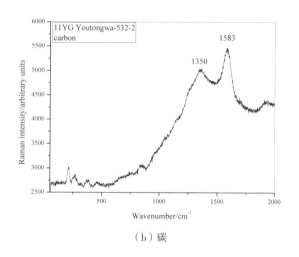

（b）碳

图 17　辽金琉璃筒瓦 11YGT20304 ③：76 的拉曼图谱

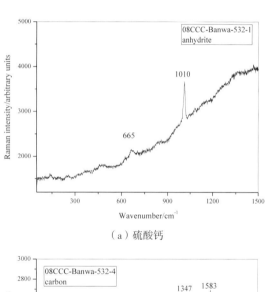

（a）硫酸钙

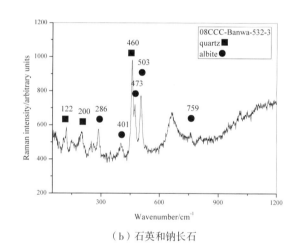

（b）石英和钠长石

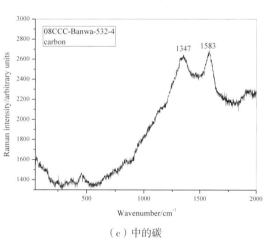

（c）中的碳

图 18　北魏板瓦样品 08CCCT112 ③：19 的拉曼图谱

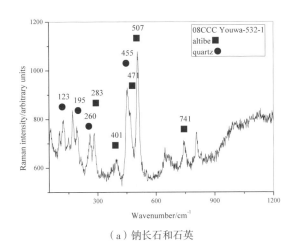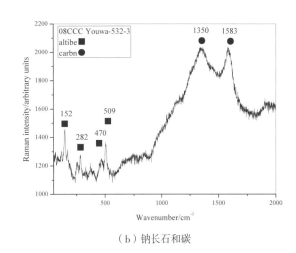

（a）钠长石和石英　　　　　　　　　　　　　（b）钠长石和碳

图 19　北魏釉陶板瓦 08CCCT107 ③：47 的拉曼图谱

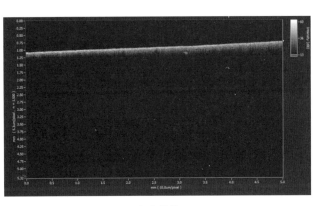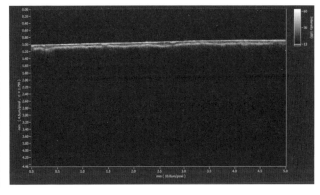

（a）胎体　　　　　　　　　　　　　　　　（b）棕色釉面

图 20　北魏釉陶板瓦 T510 ④：160 的 OCT 图像

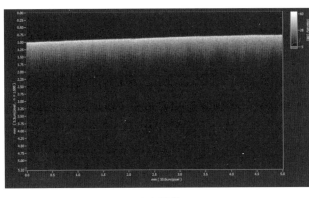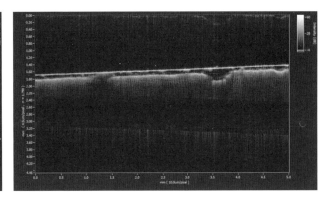

（a）胎体　　　　　　　　　　　　　　　　（b）釉面

图 21　北魏釉陶板瓦样品 T510 ④：208 的 OCT 图像

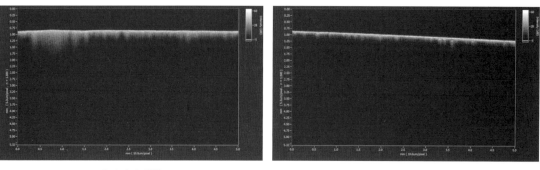

（a）灰色胎体　　　　　　　　　　　　　　　　（b）外侧灰色表面

图 22　北魏灰陶筒瓦样品 11YGT20607 ④：19 的 OCT 图像

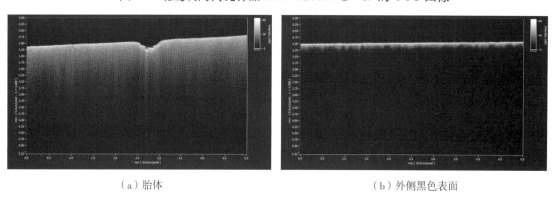

（a）胎体　　　　　　　　　　　　　　　　（b）外侧黑色表面

图 23　北魏灰陶板瓦样品 11YGT20607 ④：21 的 OCT 图像

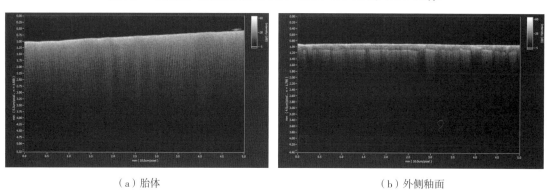

（a）胎体　　　　　　　　　　　　　　　　（b）外侧釉面

图 24　辽金琉璃筒瓦样品 11YGT20304 ③：76 的 OCT 图像

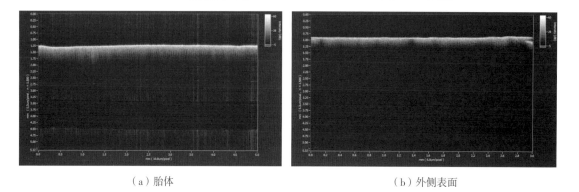

（a）胎体　　　　　　　　　　　　　　　　（b）外侧表面

图 25　北魏瓦钉样品 08CCCT611 ①：31 的 OCT 图像

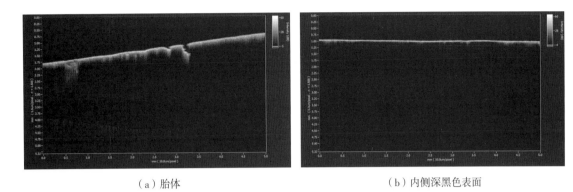

（a）胎体　　　　　　　　　　　　　（b）内侧深黑色表面

图 26　北魏板瓦样品 08CCCT112 ③：19 的 OCT 图像

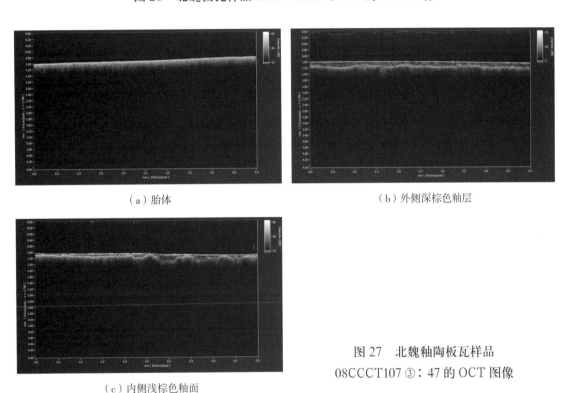

（a）胎体　　　　　　　　　　　　　（b）外侧深棕色釉层

图 27　北魏釉陶板瓦样品
08CCCT107 ③：47 的 OCT 图像

（c）内侧浅棕色釉面

1b））。北魏瓦钉样品 08CCCT611 ①：31 的黑色表面层对光存在弱吸收，对光学散射较强，在 OCT 图像中呈现出浅灰色衬度（见图 25b（彩版二八五，3b）），但不及胎体对光的散射强（见图 25a（彩版二八五，3a））。板瓦样品 08CCCT112 ③：19 内侧表面的深黑色层与灰色胎体对比鲜明，深黑色层对光的吸收较强，在 OCT 图相中呈现出黑色衬度（见图 26b（彩版二八六，1b））。

四　小结

综合以上分析认为：

1.这批瓦片样品分为两种类型，施釉瓦片的釉层体系属于高铅低温釉，棕色和绿色釉的着色剂分别为铁离子和铜离子。釉瓦的釉层都比较薄，一般在 70~200 微米之间，相对而已，辽金琉璃瓦的略厚于北魏釉陶瓦。

2. 北魏灰陶板瓦、黑筒瓦表面的灰黑色层的主要矿物组成和胎体十分接近。但表层中存在碳黑且含有较高的氧化铁（Fe_2O_3），系其呈灰黑色的主要原因，均未检测出其他矿物颜料和植物油。通过显微结构和拉曼分析结果，结合以往相关研究成果，推测可能是灰黑色瓦片的表层应该是采用了渗碳工艺所致，隐约可见黑色由表及里渗透，且逐渐减弱，烧成之后，表层可能经过磨光处理。

3. 这些瓦片胎体的主要矿物组成主要为黏土矿物，包括石英、锐钛矿（金红石）、硬石膏、钠长石和赤铁矿，而内侧表层白色物质的主要物相为方解石。

4. 根据锐钛矿和金红石在高温下相变特征推测，含有锐钛矿的釉陶板瓦样品10YGT510④：160 和 10YGT510④：208 及琉璃筒瓦样品 11YGT20304③：76 的烧成温度低于 950℃，而含有金红石的灰陶板瓦样品 11YGT20607④：19 的烧成温度高于 950℃，含有方解石的灰陶筒瓦样品 11YGT20607④：19 的烧成温度不高于 900℃。

参与分析测试工作的人员有董俊卿、王亚伟、赵虹霞、刘松、李青会。

执笔：董俊卿。

附录二　云冈石窟山顶铸造遗址初步研究

刘培峰

云冈铸造遗址出土了目前所见保留最为完整的坩埚炉，是化铁炉，从遗址调查、工匠访谈和文献总结的结果来看，山西传统坩埚冶炼技术中炼铁与化铁工艺基本相同，所以对该遗址化铁坩埚炉的调查与研究有助于理解这一时期坩埚炉的结构，并进一步认识当时的坩埚冶铸技术。

一　年代测定

云冈铸造遗址的年代判定是该遗址发掘与研究过程中的一个主要难题，由于遗址在山顶，后期的文化层相对较薄，因而在发掘初期曾以为该遗址的年代为明代，后经发掘者多方分析后初步断定是辽金。

为了更加准确地判定遗址年代，从 26 号化铁炉底和井台风道内找到部分"木炭"，经北京大学第四纪年代测定实验室测定，结果如下：

通过表 1 中测年数据可知，26 号炉底部的样品是石炭，这可以证实化铁炉所用燃料为煤。

表 1　云冈铸造遗址碳 –14 测年数据

实验室编号	送样日期	样品	原编号	出土地点及层位	年代（B.P）	误差	碳 –13
BA121653	2012–10–29	木炭（柴草）	YGM–01	井台西南风道底部	1125	25	–22.51231
BA121654	2012–10–29	木炭	YGM–02	26 号炉底部	38380	270	–24.31936

铸造井台小圆环底部风道内的木炭从外形看是柴草燃烧后留下的，还部分保留原柴草形状，由于柴草的生长时间较短，也不可能长时间存放，所以用这种木炭测的年代更加接近于遗址实际年代。经树轮校正该遗址年代为，890AD（11.1%）905AD，910AD（57.1%）970AD，860AD（95.4%）990AD。与历史朝代相对应该是在后唐、后晋或辽早期。

该遗址中 30 个化铁炉，经过观察和比对，我们对化铁炉进行了编号（图 1），以西北部第一个有两个鼓风器座的为 1 号，其他按顺时针顺序依次编号，圆圈之外靠近塔基的两个由东往西分别编为 29、30 号。

图 1　化铁炉编号方法

二　结构特征

发掘出的 30 个炉都是长方形地下坑式炉，长 106~125、宽 54~76 厘米（以渣壁连接线为边线，无特别说明时，下同）。炉子主体部分由内墙壁围成的炉膛和内墙壁之上的砂石壁构成，炉前有风口通过风道与炉外相通。30 个炉中 29 个炉的风道基本保存，而炉外与风道相连接的鼓风器座却只有四个能够看到，其他都被破坏了。内墙壁一般由两层或三层砖砌成（也有用石片和夯土的），高 9~22、宽 17~19 厘米。内墙壁围出了长 82~96、宽 30~40 厘米的炉膛。在内墙壁顶部放砂石成为炉壁，第一层砂石与砖同向摆放，砂石底层的内边压在内墙壁顶部砖块的一半到三分之一处。因为大部分炉的上部炉壁被破坏，现在很难估计原来的高度，从最高的 3 号

图 2　3 号炉外形

炉来看有 46 厘米高。砂石内壁又分为两部分，内墙壁以上有一段砂石内壁上没有渣，再往上则都附有炉渣，以 3 号炉（图 2）为例，无渣内壁高 16~20 厘米，附渣内壁高 38 厘米。

风口都建在内墙壁第一层砖之上，两边放两层条砖（瓦片、石片），其上盖大片石为顶盖，中间形成长方形的风口。风口截面呈方形斜向上通向炉外地表。从现在的地表来看，砂石炉壁内部附有厚约 2~13 厘米不等的炉渣，且上部炉渣较薄，下部较厚，作为炉壁的砂石大小不等，小的只有 5 厘米宽，大的有 30 多厘米宽，它们参差不齐地嵌在土中。

三　建炉技术

虽然现有的三十个炉在结构上有一定差别，特别是包含风口的炉前内墙壁构造方面，但总的来说这些炉在建造技术上是大体相同的。在此前提下，有些炉可以作为样本来具体分析当时的建炉技术，特别是 4 号炉，因为被旁边后代的灰坑破坏，现在只留下纵向的半个炉，而且炉后部基本裸露，这是一个很好的解剖样本；还有 24 号炉由于只剩下内墙壁，可以通过它分析如何在炉底砌内墙。

分析建炉技术首先要搞清楚炉与当时地面的关系，这关系到炉是否完全建在地下。从现在发掘后的地面来看，有些炉是完全在地下的，有些是部分露出地表。但是现在发掘出的地表已经被后代破坏，很难判断当时的相互关系。现在可做参照物来帮助判断当时地表与炉的高低关系的是地表风道和鼓风器座，因为从现存的炉外风道与鼓风器座来看，没有在坑内鼓风的迹象，所以说当时的地表应该与炉外风道相平。以这个标准来分析，现在有炉外风道的五个炉可以反映当时的炉与地表关系。

以 2 号炉（图 3）为例，炉前砂石壁的最高点高出炉外风道表层约 17 厘米。需要考虑的是现在 2 号炉的高度并不是其原来的高度，因为从表面的炉壁可以看出炉壁被破坏过，表层炉壁与黏结的炉渣有断口。在这些炉中相对断口较少的是 3 号炉，它的几乎没有断口的有渣炉壁高

约 30~38 厘米。2 号炉炉前部分最高的渣层为 26 厘
米，最低处为 21 厘米。取 3 号炉渣层的最小值来算，
2 号炉当时的高度约高出地表 17 + 4=21 厘米。以此
方法推算分别得出，9 号炉高出原地表 35 厘米，10
号炉高出原地表 23 厘米，26 号高出原地表 20.5 厘米。
这样看来当时的炉有 20.5~35 厘米的部分是高出地表
的。由此可见，这些炉都是半地下的。

现结合 4 号炉剖面（图 4）分析结果及 24、25
号炉的情况来介绍筑炉技术。

图 3　2 号炉炉外风道与炉的相对关系

第一步：在地下挖坑，长、宽比内墙壁外边略
大，长至少 122 厘米，宽至少
76 厘米（以 24 号炉为例，该
炉的内墙外边较准确），深约
（30~47）+（20~25）厘米（此
范围是从 2、9、10 和 26 几个
炉离当时地表的深度加垫底的
土石）。从 4 号炉的解剖情况
来看，辽金时期挖炉时打穿了
下面的北魏房址。

图 4　4 号炉纵剖面与后部

第二步：坑挖好后，把挖
出的碎砖瓦垫到底部（从 4 号
炉看高约 13~15 厘米），再
往上面填土并夯实（夯土厚约
7~10 厘米）（图 4）。

第三步：用长约 36~37、
宽约 17~19 厘米，厚 4.6~5 厘
米的砖（以上为三种砖的测量
数范围）在坑底沿边铺一圈砖，
中间空出 86.5×38 平方厘米的
空地作为炉底。

图 5　24 号炉残留内墙壁与 25 号炉炉壁

第四步：用砂土和的泥抹在砖上，然后再铺一到两层砖，构成内墙壁，同时在炉前做出风口（上
文已述）。

第五步：内墙壁垒成后，在其顶上再放砂石炉壁。但砂石炉壁并不是把内墙壁顶完全覆盖，
而是只压住其顶部一半。以 25 号炉（图 5）的一处炉壁断裂处可以看出，砂石宽约 29 厘米，内
墙壁顶宽为 19 厘米。砂石的 9 厘米压在了内墙壁顶的外侧，余下的 20 厘米压在了外面的土层上。
砂石层共砌 50~63 厘米（以 2 号炉为例），层数根据砂石的薄厚而定。露出地表部分的砂石炉
壁需要用土围起来，以保温。

四　鼓风器分析

　　该遗址所用鼓风器是考古发掘之后面对的一个主要问题，因为有 4 座炉还留有鼓风器座，但是并没有任何鼓风器本体的遗迹。另一方面，该遗址所处的时代比较特别，因为风箱是否在宋代就已经发明并应用于冶炼还是一个有争议的问题。因此，对这里所用鼓风器的探讨需要从多个角度考虑。

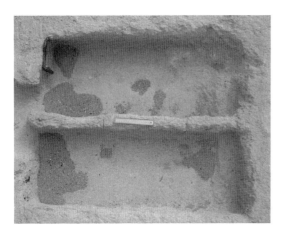

图 6　1 号炉鼓风器座

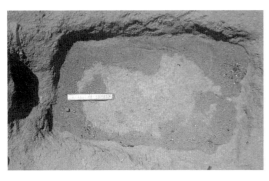

图 7　26 号炉鼓风器座

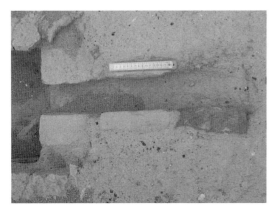

图 8　19 号炉风道

　　发掘出的炉有四个存有鼓风器座，分两类：单座和双座。其中 26 号炉是单座，1、2 和 10 号炉是双座（图 6）。26 号炉（图 7）的鼓风器座呈不规则梯形坑，高 75.5 厘米，两腰向外呈圆弧状，靠近风道的上底为 40 厘米，下底为 48 厘米，上底中间开 12 厘米宽的口子与风道相连。整个座深约 10 厘米。

　　鼓风器座是双座的炉中，10 号的鼓风器座只剩一多半，1 号、2 号的比较完整。所有鼓风器座都是地下挖坑而成，不同的是 26 号的单座是直接挖坑，以土断面为边；而双座的三个都是先挖坑，在土断面内贴厚 7~8 厘米的土坯为边，中间也用土坯一分为二。用土坯围成的两个长方形面积大体上为 93 厘米 × 35 厘米，深 9~13 厘米。每个鼓风器座前部都有宽 8.5~14 厘米的口与风道相连接，后部都有 3~15 厘米宽的缓坡。

　　风道连接风口与鼓风器，用土和砖相结合砌成。由于炉的主体在地下，而鼓风器在地上，所以风道都有一定的倾斜度。现已发掘的 30 座炉中，17、18 和 19 号炉（图 8）的风道保存较好，且基本露出地表，测算出的角度更加准确。通过测算 17 号炉风道的倾角约为 13°，18 号炉约 16°，19 号炉约 16°。由于 17、18 号炉的风口都低于炉的内墙壁（19 号炉看不清），为了进行对比再测算出风口高于内墙壁的 6 号炉和 10 号炉，前者风道的倾角是 13°，后者是 28°。同样也算出风口与内墙壁相平的 12 号炉与 24 号炉的风道倾角，前者是 23°，后者是 12°。由于不具备具体测量的条件，通过风道内外的高度来计算其倾角会有一定误差，但从以上分析来看，风口的高低与风道倾角的大小没有一定关系。从平均值来看，风道倾角是 17°。

　　从出土化铁炉的长方形鼓风器座来看，比较符合双作用活塞式风箱（以下简称风箱）的特征，但是，传统风箱都是垂直于其拉杆方向出风的，而这里的鼓风器座与炉在一条直线上（图9）。从风箱的结构来看，箱内所附方形管（图9中D），前后两口（M、N）与箱内相通，中间有一个向外的风口（G），风口内部有一个活阀（V）。当中间的扇风板（B）向前运动时，风从方形管（D）的后口（M）中进入，活阀（V）向后移，风从风口（G）中吹出；当扇风板（B）向后拉时，风从方形管（D）的前口（N）中进入，活阀（V）向前移，风吹出。方形管的方向与扇风板的运动方向是平行的，所以它可以安装在风箱的左下方或右下方，却不能装在后面。

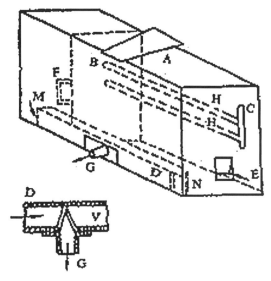

图9 风箱结构图

因而，从出风方向与拉杆方向相同的风箱是不符合风箱的结构原理的。从目前公认最早记载风箱的著作《天工开物》中所绘12个风箱图来看，也全部是出风方向与拉杆方向垂直（图10）。

从风道的角度来看，如上文所述，平均倾角为17°，如果用风箱来鼓风的话倾斜的风道与水平方向的风箱出风口很难连接成直线，需要有拐角的风管，而这样的话，在沿程阻力相同的情况下，相当于增加了局部阻力，会使能量损失，不利于气流的流动，使气流流动到相同位置会需要更多的能量，从而降低原来的风压。在山西晋城地区的冶铸方炉中用风箱鼓风时，连接风箱与炉底的通风道是直的。所以，从风道来看使用风箱鼓风的可能性较小。符合倾斜风道特点的是木扇，因为木扇绕着顶部横梁旋转运动，根据作用力与反作用力原理，当木扇被提起向风道内鼓风时，气流会受到木扇给的垂直于木扇表面的作用力，木扇与水平方向夹角小于90°，气流会受到向斜下方运动的力，因而风道做成斜向下，有利于气流通过，减少气流通过风道入口处所受到

图10 《天工开物》所绘风箱

的局部阻力。从这一点来看，无论是风箱和皮囊都较难满足。从实地调查和访谈来看，阳泉木扇坩埚炼铁的通风道就是斜的。而且通过文献研究发现与云冈同属晋北的保德县用木扇鼓风的方炉通风道也是斜的。

综合以上分析，通过风箱的结构、云冈鼓风器座与炉的方位可以排除当时使用风箱的可能，从倾斜的风道、方形的鼓风器座及方位几个方面可以推测当时使用的是木扇，而且木扇在宋代已经广泛应用，更何况晋北的坩埚炉本来就有使用木扇的传统。

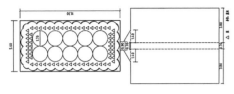

图 11　云冈化铁炉平面图

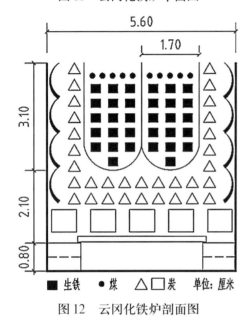

图 12　云冈化铁炉剖面图

五　熔炼技术分析

化铁炉内所放坩埚数量及摆放方法是一个涉及操作过程的问题。化铁炉的尺寸决定了其中所放坩埚的数量，以1号炉为例，长方形的炉长约113、宽约56厘米，内壁渣层厚约2~9厘米，如果以渣层平均厚度5.5厘米来计算，炉长剩余102、宽剩余45厘米。按出土最为完整的坩埚来计算，其中部最大外径约为17厘米，并排两个坩埚之间不留空隙，在炉内（图11）纵向放两个坩埚，横向放五个，共放10个坩埚。纵向两边各空出5.5厘米的空隙，横向两边各空出8.5厘米。装炉的时候，坩埚不能挨近炉壁，否则靠近炉壁的边受热过少，四周的空隙都要填满小炭块。

熔炼的过程中要求炉内各处温度尽量保持平衡，这样才能受热均匀，各个坩埚内的铁也能够尽量在同一时间段熔化，满足这一要求的因素较多，包括鼓风、燃料和操作等，其中鼓风是前提和基础。首先，从上文对风道和风口的分析来看，斜向鼓入的风基本到达炉膛的中心位置，这样可以达到前后风力均匀的效果。其次，炉条之下的炉膛面积与之上的坩埚分布面积也有很大关系，如上文对炉膛面积的分析，其长度、宽度和面积与10个坩埚两两相连所占面积略大或相同，保证每个坩埚都在风力所及的范围内；另一方面，这样的结构也能保证必要的风压，如果炉膛过大则会降低风压。

对于形成无渣内壁问题，从剖面图（图12）来看，内墙壁之上放炉条，两者之间的空间为炉膛。炉条与内墙壁顶上摆放大块炭，之上再放小块炭，再上面放坩埚。由于从下面鼓风，火势向上，放大炭块部分的温度不如上面高，不能像上面一样把砂石质炉壁烧流，形成渣层，所以在砂石炉壁下部有无渣内壁。

六　小结

通过碳-14测年可判定该遗址的年代在辽早期，也可以判定熔炼所用燃料是煤。炉的结构为判定鼓风器的类型提供了证据，结合对相关鼓风器结构、性能的分析，可以推测当时采用木扇鼓风。

云冈铸造遗址化铁炉的半地下结构有利于炉内保温，斜向的风道可以让风直达炉膛中心，不仅可以实现炉内温度均匀，而且保证必要的风压，从炉内遗迹可知当时已经有了非常成熟的操作方法，这些技术完全保留在了近现代的传统工艺中。可以说云冈化铁炉已经达到了非常完善的程度，具有承前启后的作用和地位。而且，从技术的角度推测，云冈辽代化铁坩埚炉完全可以用来炼铁。

附录三　武州塞考

徐国栋

　　"塞"这个词在《康熙字典》中的解释其中一条是指"边界上险要的地方"，"关塞之置，内以察奸佞，外以御寇敌，大易所谓设险守国者也。"[1]在古代边防上具有重要意义，它是防止敌人进攻，保卫国家的天然屏障，起着"一夫当关，万夫莫开"的作用。

　　为配合云冈石窟窟顶防水工程，经国家文物局批准，由山西省考古研究所、云冈石窟研究院、大同市考古研究所组成云冈考古队，于2010年发掘了云冈石窟窟顶西区北魏佛教寺院建筑遗址。2008年，在该寺院遗址发掘之前，考古队曾在窟顶遗址区勘探试掘，出土了许多战国时期的遗物，如绳纹陶片和骨角器等。根据文物遗存特点，可判断为战国时期遗存，结合史料，该遗址位置与史书中记载的武州塞有某些联系，所以在此对这一古老的边塞进行一些探讨。

　　武州塞是山西北部一处很著名的关塞，它在战国秦汉时期抵御北方的匈奴发挥了重要作用。

　　对于武州塞的具体位置，史书中并没有给予一个明确的区域范围，只是很模糊地说明在晋北一带，所以最终造成一些争议。目前，关于历史上武州塞地理位置的认识有以下几种观点：

1. 武州塞在马邑

　　《水经注》引《晋太康地记》："昔秦人筑城于武周塞内，以备胡，城将成而崩者数矣。有马驰走一地周旋反复。父老异之，因依以筑城，城乃不崩，遂名马邑。"干宝的《搜神记》以及《元和郡县图志》等都对这一说法有所提及，由此，有人认为马邑即是武州塞的位置，马邑城应在武州塞的范围之内。

2. 武州塞在左云

　　此种观点从清代《山西通志》[2]中得来，"左云县：秦武州塞地，汉为武州县治，隶雁门郡。王莽改曰桓州。"所以后来有不少人认为现在的左云县城就是武州塞[3]。

3. 武州塞在云冈

　　这种观点与云冈石窟有密切关系，《魏书》中对云冈的开凿有这样的描述："昙曜白帝，于京城西武州塞，凿山石壁，开窟五所，镌建佛像各一。高者七十尺，次六十尺，雕饰奇伟，冠于一世。"云冈石窟所处的山脉为武州山，石窟前的河被称之为武州河（川），云冈石窟曾经也被叫作武州山石窟。因为其独特的地理位置和环境特点，所以云冈和武州塞有了密切的联系。

[1]（明）李侃修，（明）胡谧纂：《山西通志》，山西省史志研究院、中华书局，1998年，第109页。
[2]（清）王轩等纂修：《山西通志》卷二十八，中华书局，1969年，第1778页。
[3]见大同市门户网站 http://www.zuoyun.gov.cn/zyxrmzf/zygk/202007/909b77ae0b824425a4f1dcc9266fac51.shtml

4. 武州塞在今五寨 [1]。

《辽史》中有"魏置神武县。唐末置武州。后唐改毅州。重熙九年复武州，号宣威军" [2] 的记载，及至后来的史书记载中部分认为武州塞即此地。

从以上史料记载中无法分辨出武州塞的具体位置，可谓各有各的道理，众说纷纭。先抛弃这些纷争，可以试着一点一点地从史料中寻找线索，再结合当今的考古发现，也许会解决这千年来的争议。追根溯源，从武州塞建立的时间说起。

一　武州塞设立的时间

对于武州塞的记载最早出自《史记》，《史记》中记载了汉武帝元光元年王恢诱匈奴单于入武州塞的事迹。及至后来的史书中均有所提及，但对其年代的设立并没有说明。《辽史》中记载为赵惠文王时期所置，"武州，宣威军，下，刺史。赵惠王置武州塞。魏置神武县。唐末置武州。后唐改毅州。重熙九年复武州，号宣威军。" [3] 关于赵惠王置武州塞一说因为在其他史书中并没有提及，所以该种说法目前尚无法证实。然而，《水经注》和《元和郡县图志》中均引用《晋太康地记》中的说法"秦人筑城于武州塞内" [4]，《史记正义》中也引用此说。《史记·高祖本纪》中也有"七年，匈奴攻韩王信马邑"的记载 [5]，这说明马邑在西汉之前已经存在。综合这些只言片语的记载分析可知，武州塞应该设立于秦代之前的战国时期。

武州塞所处地理位置属于雁北地区，在战国时期属于赵国的国境范围。赵国对雁北地区的开辟始于赵武灵王时期，"而赵武灵王亦变俗胡服，习骑射，北破林胡、楼烦。筑长城，自代并阴山下，至高阙为塞。而置云中、雁门、代郡" [6]，武州塞即是当时雁门郡的辖制范围。

二　从史书中的探讨

武州塞因武州山而得名，史书中对此关塞的记载还是很多的，但大多是间接提及，很少正面讨论。最早提到此关塞的即是《史记》。《史记·匈奴列传》 [7] 《史记·韩长孺列传》 [8] 均有记载，另外《汉书·窦田灌韩传》 [9] 和《汉书·匈奴传》 [10] 中也均提到了武州塞，而且这几处记载均为同一件事情，即汉武帝元光元年王恢诱匈奴单于入武州塞的事迹。

《汉书·窦田灌韩列传》中对此事迹记载的稍详细：单于爱信，以为然而许之。聂壹乃诈斩死罪囚，县其头马邑城下，视单于使者为信，曰："马邑长吏已死，可急来。"于是单于穿塞，

[1] 见山西省文物局网站"中武州城遗址"条 http://wwj.shanxi.gov.cn/e/action/ShowInfo.php?classid=296&id=18977
[2] （元）脱脱等：《辽史》卷四十一《地理志五》，中华书局，1974年，第514页。
[3] （元）脱脱等：《辽史》卷四十一《地理志五》，中华书局，1974年，第514页。
[4] "昔秦人筑城于武周塞内，以备胡，城将成而崩者数矣。有马驰走一地周旋反复。父老异之，因依以筑城，城乃不崩，遂名马邑。"最早出自《晋太康地记》，被《水经注》等引用。
[5] （汉）司马迁：《史记》卷八《高祖本纪》，中华书局，1973年，第384页。
[6] （汉）司马迁：《史记》卷一百十《匈奴列传》，中华书局，1973年，第2885页。
[7] （汉）司马迁：《史记》卷一百十《匈奴列传》，中华书局，1973年，第2905页。
[8] （汉）司马迁：《史记》卷一百八《韩长孺列传》，中华书局，1973年版，第2861页。
[9] （东汉）班固：《汉书》卷五十二《窦田灌韩传》，中华书局，1983年，第2403、2404页。
[10] （东汉）班固：《汉书》卷九十四《匈奴传》，中华书局，1983年，第3765页。

将十万骑入武州塞。

当是时，汉伏兵车骑材官三十余万，匿马邑旁谷中。卫尉李广为骁骑将军，太仆公孙贺为轻车将军，大行王恢为将屯将军，太中大夫李息为材官将军。御史大夫安国为护军将军，诸将皆属。约单于入马邑纵兵。王恢、李息别从代主击辎重。于是单于入塞，未至马邑百余里，觉之，还去。语在《匈奴传》。塞下传言单于已去，汉兵追至塞，度弗及，王恢等皆罢兵。

到了北朝时期，北魏平城时代，其都城平城即今大同市，与武州塞的位置较近。《魏书》和《北史》中均有关于武州塞的记载。这两部史书提及武州塞的同时均提到了武州山石窟，也即是今天的云冈石窟。

《魏书·释老志》中记载了云冈石窟的开凿：

昙曜白帝，于京城西武州塞，凿山石壁，开窟五所，镌建佛像各一。高者七十尺，次六十尺，雕饰奇伟，冠于一世。[1]

《魏书·显祖纪》中：

秋八月，（慕容）白曜攻历城。丁酉，行幸武州山石窟寺。戊申，皇子宏生，大赦，改年。[2]

《北史·魏本纪》中记载了孝文帝时期几次武州山和武州山石窟寺的巡幸：

（延兴五年五月）丁未，幸武州山。

（太和元年）五月，车驾祈雨于武州山。

（太和六年三月）辛巳，幸武州山石窟寺，赐贫老衣服。[3]

《北史·齐本纪》中有这样的记载：

二年十二月，阿至罗别部遣使请降，神武帅众迎之，出武州塞，不见，大猎而还。[4]

到了隋唐时期，武州塞作为一地名被继续使用。《隋书》《旧唐书》和《新唐书》中均有关于武州塞的记载。

《隋书·音乐志》中记载有一种与武州塞有关的音乐作品：

第十五，汉《上邪》改名《平瀚海》，言蠕蠕尽部落入寇武州之塞，而文宣命将出征，平殄北荒，灭其国也。[5]

《旧唐书·地理志》中有一处关于武州塞的记载：

善阳并汉定襄地，有秦时马邑城、武周塞。后魏置桑干郡。隋为善阳县。

马邑　秦汉旧名，久废。开元五年，分善阳县于大同军城置。[6]

《新唐书·循吏列传》中有一处武州塞作为军事要塞的描述：

卢钧节度太原，表宙为副。是时，回鹘已破诸部，入塞下，剽杀吏民。钧欲得信重吏视边，宙请往。自定襄、雁门、五原，绝武州塞，略云中，逾句注，遍见酋豪，镌谕之。[7]

到了辽金时期，武州塞的边防地位仍十分重要，《辽史》和《金史》中对此均有专门的记录。

《辽史·地理志》中有武州条：

[1]（北齐）魏收：《魏书》卷一百一十四《释老志》，中华书局，1974年，第3037页。

[2]（北齐）魏收：《魏书》卷六《显祖纪》，中华书局，1974年，第128页。

[3]（唐）李延寿：《北史》卷三《魏本纪》，中华书局，1974年，第91~98页。

[4]（唐）李延寿：《北史》卷六《齐本纪》，中华书局，1974年，第227页。

[5]（唐）魏征等：《隋书》卷十四《音乐志》，中华书局，1973年，第330页。

[6]（后晋）刘昫等：《旧唐书》卷三十九《地理志》，中华书局，1975年，第1487页。

[7]（北宋）欧阳修、宋祁：《新唐书》卷一百九十七《循吏传》，中华书局，1975年，第5631页。

武州，宣威军，下，刺史。赵惠王置武州塞。魏置神武县。唐末置武州。后唐改毅州。重熙九年复武州，号宣威军。[1]

《金史·地理志》中仍然有武州的专门记载：

武州，边，下，刺史。大定前仍置宣威军。户一万三千八百五十一。县一：宁远。[2]

到了明清时期，尤其是明代，该区域的军事地位仍十分重要，不过，边塞逐渐成为长城和堡子等防御设施。

从这些史书中看，武州塞作为一处边塞重地在中国历史上延续了很长时间。在这很长的历史阶段，其名称也出现了变化。两汉时期，武州塞之名还是统一的，但到了汉后北朝时期，武州衍生为"武周"的现象出现。一个值得注意的现象是在我国的二十四史中，除了《旧唐书》，武州都写作"武州"，但在一些历史地理书籍中，"武州"与"武周"同时出现。

《水经注》是我国古代一部重要的历史地理类书籍，它对后期的历史地理书籍和地方志有重要影响。《水经注·漯水》对武州塞周边武州山和武州川水有很详细生动的描述：

桑干水又东南流，水南有故城，东北临河。又东南，右合漯水，乱流枝水南分。桑干水又东，左合武周塞水，水出故城，东南流出山，迳日没城南，盖夕阳西颓，戎车所薄之城故也。东有日中城，城东又有早起城，亦曰食时城，在黄瓜阜北曲中。其水又东流，右注桑干水。

如浑水又东南流迳永固县，县以太和中，因山堂之目以氏县也。右会羊水，水出平城县之西苑外武周塞……

如浑水又南，与武州川水会，水出县西南山下，二源翼导，俱发一山，东北流，合成一川，北流迳武州县故城西，王莽之桓州也。又东北，右合黄水，水西出黄阜下，东北流，圣山之水注焉。水出西山，东流注于黄水。黄水又东注武州川，又东历故亭北，右合火山西溪水……

武州川水又东南流，水侧有石祇洹舍并诸窟室，比丘尼所居也。其水又东转迳灵岩南，凿石开山，因岩结构，真容巨壮，世法所希。山堂水殿，烟寺相望，林渊锦镜，缀目新眺。川水又东南流出山，《魏土地记》曰：平城西三十里武州塞口者也。自山口枝渠东出入苑，溉诸园池苑。有洛阳殿，殿北有宫馆。一水自枝渠南流东南出，火山水注之。水发火山东溪，东北流出山，山有石炭，火之，热同樵炭也。又东注武州川，迳平城县南，东流注如浑水。[3]

从《水经注》中可以发现介绍同一件事物时出现了"武州"和"武周"相混用的现象。这种现象在以后的历史地理及方志书籍中都有出现。然而，历史地理中对此记载较详细，但这种详细的记录使得这种争议渐渐明朗化，不再有以前的那种模糊性。

明代纂修的《山西通志》把武州塞与武州山的关系分割开来，武州山与武州川均写作"武周"，而武州塞仍为"武州"，此"武州"与"武周"似是指两个事物，不再是《水经注》那样的同种事物混淆。

武周山，在大同府城西二十里，武周川水出焉。

武周川，出武周山西白羊山溪谷中，引为石渠，流经府城南十五里，东南合如浑水，故又名合河，入桑干，一名黑河。

［1］（元）脱脱等：《辽史》卷四十一卷《地理志五》，中华书局，1974年，第514页。

［2］（元）脱脱等：《金史》卷二十四《地理志》，中华书局，1975年，第568页。

［3］（北魏）郦道元著，陈桥驿校证：《水经注校证》卷十三《漯水》，中华书局，2013年，第298~303页。

武州城，在岢岚州北一百十里，朔州西一百五十里。周围五里二百步，本赵武州塞。[1]

到了清代，这两种观点得到了进一步发展，出现在了不同的历史地理书籍中。

清代纂修的《山西通志》中认为左云县为武州塞地，且武州塞为一个大的区域范围而不是一小块儿地方。

左云县——秦武州塞地，汉为武州县治，隶雁门郡。

武州塞为今朔平全境。《晋地道记》："秦人筑城武州塞内，名马邑城。此在府南。"《魏土地记》："平城西三十里有武州塞口。此在府东。"《水经注》："羊水出平城县之西苑外武州塞。此在府北。汉元光二年，王恢诱匈奴入马邑，遂入武州塞是也。"《辽史》以为赵惠文王置塞，虽无可证，要其立县不始于汉，而自东汉县城南徙，历代不复经营，城邑之可考者寥寥也。旧《志》以县在汉为陶林、沃阳、马邑三县境，北魏为善无、沃阳、参合三县地，无大参差，而竟不知即为武州故县。又谓唐会昌中于北齐紫河镇置宣德县，左云地得其半。案：以宣德为唐置，《辽志》云尔，其故城在大同西北八十里之拒墙堡界，连助马路，即金、元之宣宁县也，亦非隋紫河镇。[2]

《光绪怀仁县新志》也支持清《山西通志》的观点：

其水又东流，注桑干河。盖古武周塞，地势辽阔，盘踞数千百里，北至大同之武周川，南尽怀仁之黄花岭北。诸水虽支派各别，而均谓之武周塞水。[3]

然而，《读史方舆纪要》中对于武州塞却有另外一种观点，与明代《山西通志》相类似。

武州城，（朔）州西百五十里，南去岢岚州百十里。战国时赵之武州塞也，汉为武州县，属雁门郡。武帝元光二年王恢诱匈奴入马邑，匈奴遂入武州塞，未至马邑百余里，知汉有伏兵，还出塞。后汉末县废。后讹为武周。魏主焘破柔然、高车，敕勒诸部皆来降，其部落附塞下而居，自武州塞以西谓之西部，以东谓之东部，依漠南而居者谓之北部。崔浩曰："平城首西百里有武州城，恐非汉之故城矣。"……《续通考》："善阳县有武周塞。"辽于此置神武县，属朔州，重熙九年置武州治焉，亦曰宣威军。金人省县入州，元因之，明初废。其故城周五里有奇，镇西卫分军戍此，为屯留堡。志云：武州有八馆地，辽置馆舍于此，因名。宋靖康初夏人因金人内侵，乘虚画取河外武州等八馆地，即此。[4]

同样持此观点的还有《雍正朔州志》和清代的《云中郡志》。

武州城，在（朔州）境西，本赵武州塞，汉为雁门郡武州县，晋改县曰新城，后唐李克用生神武州即此，辽金为武州。[5]

武州城：朔州西一百五十里，本赵武州塞，汉改为县，属雁门郡。晋改为新城，后唐李克用生此。金为武州，治宁远县。[6]

纵观武州地名的演变和发展，可知在辽代之前，武州的地理位置还是比较一致的，即《史记》《汉书》《魏书》《北史》《旧唐书》《新唐书》中所载的武州塞都为同一处地方。《辽史》《金

[1]（明）李侃修，（明）胡谧纂：《山西通志》，山西省史志研究院、中华书局，1998年，第338页。

[2]（清）王轩等纂修：《山西通志》卷二十三~三十，中华书局，1969年，第1778~1780页。

[3]（清）李长华修，（清）姜利仁纂：《光绪怀仁县新志》卷二，见《中国地方志集成·山西府县志辑》，凤凰出版社、上海书店、巴蜀书社，2005年，第270页。

[4]（清）顾祖禹撰，贺次君、施和金点校：《读史方舆纪要》，中华书局，2005年，第2037~2038页。

[5]（清）汪嗣圣修：《雍正朔州志》，《中国方志丛书·华北地方》第410号，成文出版社有限公司，第201页。

[6]（清）胡文烨纂：《云中郡志》卷二，山西省新闻出版局内部图书准印证（1988）字第25号，第57页。

史》中武州所在地宣威军则与之前的武州不同。辽金时期的武州在今山西五寨县，与之前的武州塞差距较大。然而，一些史书和方志提此武州即说为故武州塞地应是被地名误导所致。

　　武州作为地名在我国具有悠久的历史，而且在历史上仍在不断变化着。首先是"州"被演变为"周"，这种文字上的改变似乎是武州演变的源流，直至今天，原来的武州山和武州河仍被写作"武周山"和"武周河"。

　　其次，随着历史的发展，一些其他地方相继被取名武州，这种状况在南北朝时期尤其明显。这个时期山西繁峙、湖南常德等地均被叫作武州。如《隋书·地理志》中"有东魏武州及吐京、齐、新安三郡，寄在城中"[1]，此武州即今繁峙。《陈书·世祖本纪》中有"甲子，分荆州之天门、义阳、南平、郢州之武陵四郡，置武州。其刺史督沅州，领武陵太守，治武陵郡。"[2]此武州为今常德。唐朝时期曾改武都郡等地为武州，河北宣化也被叫作武州，《辽史·地理志》有这段记载"归化州，雄武军，上，刺史。本汉下洛县。元魏改文德县。唐升武州，僖宗改毅州。后唐太祖复武州，明宗又为毅州，潞王仍为武州。晋高祖割献于辽，改今名。"[3]可见当时地名变化的反复无常。从史书上看，尽管武州地名变化无常，但武州和武州塞是分开的，武州塞仍为以前的关塞，地理位置并没有变化。

　　到了辽金时期，在武州置宣威军、刺史，此时的武州在今山西五寨。此时武州地名仍然在变化，但武州塞的位置开始有了改变。《辽史》中记载武州的同时也认为武州为故武州塞地。这种改变开启了后来关于武州塞地理位置争议的先河，所以后来的史书和地方志中都会有不同的观点，有的甚至相互杂糅。

三　对武州塞区域位置的历史学分析

　　尽管史书中对武州塞的记载间接而零散，但关于其区域位置还是可以发现出大致轮廓的。

　　武州山即是今大同西部的系列山脉，其中有武州河东西向穿过，武州塞之名应出自此处。明代《山西通志》中对武周山有这样的记载"武周山，在大同府城西二十里，武周川水出焉。"[4]《史记》和《汉书》中均记载了汉武帝时期的事件"单于入汉长城武州塞。未至马邑百余里。"从此条可知，武州塞应在汉长城和马邑之间。关于雁北地区汉长城的位置，《左云县志》[5]中载"左云的汉长城段，从张家场乡猪八洼村起，分南北两支，北支经长城岭、小厂子、后辛庄村达宁鲁堡，长12千米；南支经张家场、田村、施家村向北延伸至宁鲁堡与北支会合，长20千米。会合后，沿五路山向西延伸。其延伸部分成为明长城的基础"。对于这段长城遗迹，笔者曾经对左云张家场乡长城岭村的长城段做过调查（图1、2），长城轮廓清晰，绵亘数千米，长城为东西向延伸，残高约2、宽约3米，坍塌严重，部分区段成缓坡状，上面长满杂草。该段长城距离其南边的十里河（流经武州川）约5千米。

　　马邑建设于秦朝，两汉时期位置没有变化，汉末大乱，北方少数民族趁机南下侵边，许多

[1]（唐）魏征等：《隋书》卷三十《地理志》，中华书局，1973年，第852页。
[2]（唐）姚思廉：《陈书》卷三《世祖本纪》，中华书局，1982年，第50页。
[3]（元）脱脱等：《辽史》卷四十一《地理志》，中华书局，1974年，第510页。
[4]（明）李侃修，（明）胡谧纂：《山西通志》，山西省史志研究院、中华书局，1998年。
[5]左云县志编纂委员会：《左云县志》，中华书局，1999年，第676页。

图1　左云县张家场乡境内的汉长城遗迹　　　　图2　左云县张家场乡境内的汉长城遗迹

郡县南迁。建安末，魏武帝北征，集荒郡之人又立马邑县，属新兴郡。晋改属雁门郡。今天的马邑古城位置当与古代大致相同。《史记》中所说"未至马邑百余里"从今天来看应该在今左云范围内。从《史记》中来看，匈奴南下侵边，未至马邑百余里，而今马邑以北百余里的区域应是武州塞的范围。

《水经注》引用《魏土地记》曰："平城西三十里，武周塞口者也"，还有"（浑水）右会羊水，水出平城县之西苑武州塞"。从此判断，武州塞应该为一面积较大的范围区域，而不是一个小地方。纵观这些史书，清代王轩纂修的《山西通志》对武州塞的说明还是比较到位的，"武州塞为今朔平全境"，清代的朔平府为今朔州加左云一带，面积宽广。"雍正三年，于（右）卫置朔平府，并置右玉县，为府治，改左云、平鲁二卫为左云县、平鲁县，以大同府之朔州及所属之马邑县，并边外新设之归化城理事厅同来属。乾隆二年，移将军驻绥远城。六年，以归化厅隶归绥道。十五年，并旧属之宁朔、怀远二所为宁远厅，仍隶于府。嘉庆元年，裁马邑县，并入朔州为乡。光绪十年，改宁远厅隶归绥道。于是领县三，州一：右玉、朔州、左云、平鲁。"[1]清代李长华、姜利仁纂修的《光绪怀仁县新志》也赞同这一观点，"盖古武周塞，地势辽阔，盘踞数千百里，北至大同之武周川，南尽怀仁之黄花岭北。诸水虽支泒各别，而均谓之武周塞水。"[2]作为大区域范围的武州塞，似乎也是对一些史书记载上的印证。

四　当前考古发现上的证据

考古学是通过历史遗存实物资料来研究古代历史的一门学科，它有很大的科学性。我国考古学的前身为金石学，在其研究的过程中一直起着证经补史的作用。20世纪初，随着西方考古方法理念的引入，考古学有了本质上的变化和发展，但其传统的"证经补史"功效依然在文化研究中起着重大作用。由于我国历史文化的延续性，历史时期的许多事迹、人物、地理等内容

［1］（清）王轩等纂修：《山西通志》卷二十八，中华书局，1969年。

［2］（清）李长华修，（清）姜利仁纂：《光绪怀仁县新志》卷二，见《中国地方志集成·山西府县志辑》，凤凰出版社、上海书店、巴蜀书社，2005年，第270页。

都已囊括进了史书，但是，浩如烟海的史料有时候并没有能够使事物清晰展现，相反却因为多种描述而变得模糊不清，这时候，考古学便能够发挥其独特作用。

2007 年，笔者在左云进行长城资源调查时，在县城东北侧古城村十里河边的一烽火台旁发现一处面积较大的遗址区，遗址区位于十里河的南岸，紧靠河边。遗址区面积约有 5000 平方米。地表散落着大量的陶片，器形有罐、盆、甑、豆等（图 3~5）。陶片外的纹饰多为绳纹，也有弦纹、附加堆纹等。另外，该遗址表面还散落有许多瓦片，瓦片中板瓦居多，筒瓦少见。板瓦凸面饰粗绳纹，凹面有方格纹，方格纹有长方形和菱形两种样式。

从该遗址表面的遗物来看，其年代应不晚于汉代，而发现的大量瓦片则说明该遗址应为一处有着大量建筑物的遗址，很有可能为一处古城。这些瓦片与大同市区操场城遗址发掘出土的汉代瓦片质量和样式相似，但又有一些小的差别，操场城遗址出土的汉代瓦片中筒瓦居多，而该遗址发现的瓦片中板瓦居多。在遗址的西侧有一南北向的墙体建筑遗迹（图 6），轮廓清晰，但坍塌严重，北侧有一明代烽火台。从该遗址沿着十里河往东，很快就会到达云冈。关于这处遗址，《左云县志》认为是春秋时北狄白羊族所修建的古城遗址，为白羊部落指挥中心，汉元帝竟宁元年重修后为武州县城，明洪武四年，先后为大同都卫、大同行都指挥使司、镇朔卫驻地[1]。从遗址的陶片质地和器物类型来看应该为汉代遗物，所以，遗址性质应为一处汉代古城遗址（图 7）。

2008 年，云冈研究院为做西部窟顶的防渗工程，需要对西部窟顶进行考古钻探。这次共钻探约 2000 平方米的面积，结果发现了一片面积较大的遗址区。钻探工作结束后，紧接着对遗址区域进行发掘，发掘工作从 2008 年 7 月初开始一直延续到了 10 月。

这次对云冈窟顶的发掘，共分了四个发掘区（图 8、9）。发现了一些夯土遗迹，夯层不均匀，厚 5~24 厘米，较粗糙，包含有许多沙砾。在二区发现了大面积的灰土区，灰土中夹杂有许多灰陶片，这些陶片夹砂和泥质均有，陶胎较粗糙，器形可分辨的数量较多的有罐、盆、豆、甑等日常用的器形，另外还出土有一些鬲等袋足或三足器形。这些陶片外侧大部分饰绳纹，有的绳纹很粗，如那些夹砂陶片上的纹饰，另外还有弦纹、附加堆纹、锥刺纹等。该区域除了出土有这些陶片外，还出土了一些骨器和角器。

云冈窟顶二区出土的这些遗物带有明显的早期特点，这从出土的陶片质地纹饰上可以看出，陶胎比左云古城村遗址要粗糙，另外出土的袋足器型则可以反映出其年代应该较早，可能早于汉代。这些遗迹和遗物特点以前在云冈是没有发现的，同样在左云古城村遗址和操场城遗址汉代文化层中也没有发现。所以说，这次云冈西部窟顶的考古发掘具有重要的意义，它至少证明了在云冈石窟开凿前的汉代或汉代以前，窟顶位置处就有人的活动，且数量可观。

这两处地点的考古调查和发掘有以下几点要素：左云古城村的遗址从地面散落的陶片来看应该比云冈窟顶遗址二区的陶片要晚；左云古城村遗址地面散落的瓦片从纹饰与质地上来看与大同操场城遗址出土的汉代瓦片相似或相同。大同操场城遗址为北魏平城时代的宫殿建筑遗址，在北魏文化层下方叠压着汉代文化层[2]，史书记载也是汉平城县城的位置，西汉时期建。云冈窟顶遗址出土的大量早期陶片，不管从陶质上还是从陶片纹饰上判断应属于战国时期遗物，另外，出土的一些鬲等早期器形陶片更证实其年代要早于汉代。

[1] 左云县志编纂委员会：《左云县志》，中华书局，1999 年，第 678 页。
[2] 山西省考古研究所等：《大同操场城北魏建筑遗址发掘报告》，《考古学报》2005 年第 4 期，第 485~511 页。

图 3　左云古城村遗址散落的陶片

图 4　左云古城村遗址散落的陶片

图 5　左云古城村遗址散落的陶片

图 6　左云古城村遗址南北向的墙体遗迹

图 7　左云古城村遗址

图8　云冈顶部全貌

图9　云冈石窟窟顶遗址

　　左云古城村遗址西北侧紧靠十里河，遗址的部分已被河水冲刷毁坏。《水经注·㶟水》中有武州川水"北流径武州县故城西，王莽之桓州也"[1]的记载，此处的武州县故城指的是汉代建立的武州县城。所以，左云古城村遗址很可能就是汉武州县城遗址。

　　武州塞设立于战国时期，云冈窟顶遗址出土的大量战国陶片似乎与武州塞有某种联系。云冈窟顶地势险要，武周河从山下绕过，山顶较平坦，站在山顶可以俯视整个河谷地区，并能看到远方的辽阔地带，是一个绝佳的军事要地。所以，在窟顶发现陶片并不奇怪，但其军事意义重大，可能为一军事据点。

　　结合史书记载，战国之前的雁北地区人烟稀少，为游牧民族占据。到了战国赵武灵王时期，雁北地区才得到了开发。"赵武灵王亦变俗胡服，习骑射，北破林胡、娄烦。筑长城，自代并阴山下，自高阙为塞。而置云中、雁门、代郡"，武州塞很可能设立于此时。从云冈窟顶遗址发掘出土的陶片来看，它们带有明显的中原地区文化色彩，不应该是游牧民族遗物。另外，大面积聚集的遗存说明当时的人数应该不少，遗址位于云冈山顶，其位置特点说明其军事意义应大于生活意义。《水经注》中描述云冈石窟的位置时说到"平城西三十里，武周塞口者也"，在云冈窟顶发现的大面积遗存可能是武州塞的一个关口遗址。

五　结语

　　武州塞是我国历史上一个古老而著名的边塞，在千年的历史长河中，武州作为地名也在不断发生变化，从而导致了武州塞地理位置的模糊性。从前面的探讨分析中可知武州塞作为一处大的区域范围的可能性似乎更大，因为这样才会与史书中的记载相印证，同时也能给一些争议找到合理的解释。云冈石窟窟顶遗址的发掘对武州塞的研究有重要意义，《魏书》中明确地记载了云冈石窟的地理位置"京城西武州塞"，《水经注》中也有"平城西三十里，武周塞口者也"的明确描述。北魏平城遗址即在今大同操场城区域，其与云冈的直线距离有14.6千米，这正好与《水经注》中的武州塞口相一致。所以云冈窟顶遗址的发掘对武州塞的研究具有不容忽视的意义。然而，毕竟年代久远，一些重要的史实还有待进一步的考证和研究。

　　[1]（北魏）郦道元著，陈桥驿校证：《水经注校证》卷十三《㶟水》，中华书局，2013年，第302页。

后 记

　　2008年，云冈石窟山顶考古项目启动，斗转星移，13年匆匆流逝。回想初来乍到，情况不明，颇感棘手。主要是在世界文化遗产地做考古，虽然与有荣焉，却责任较大。几番考量，制定诸多措施。其一，预定发掘高标准，做好现场安全防护，严防惊吓游客。其二，对应世界文化遗产地和5A景区环境，不搞封闭发掘，做成开放型考古工地，游人、学者和学生可随时参观。其三，工地细分为发掘区、瓦片存放区、土方堆放区，三个区域一个标准，干净整洁。其四，加强工地管控，出土建筑材料，按探方编号，平整码放。其五，考古工地回填，采用保护性回填，因地制宜，发掘的3处遗址，针对各处特点，采取不同回填保护方式，既科学易行，又便于二次发掘。五年的田野考古发掘工作，成果丰硕，北魏辽金遗址尚在意中，东周遗址却属意外之喜。山顶遗址自成一体，为展示山顶遗址各时代全貌和源流演变，1993年发掘成果也一并刊行。

　　发掘保护不易，整理报告也难，谨遵二字真言，一个"恒"字，一个"韧"字。整理编写中，酸甜苦辣，喜怒哀闷，轮番品尝。幸赖诸位同仁道心唯坚，淡然名利，考古报告终于告竣，交付出版社。更有意义的是，通过整理报告过程，年轻考古人才成长起来，一批绘图员崭露锋芒。

　　这项工作耗时多年，参加人员众多，按惯例将有关人员记录如下：

一、考古发掘人员

　　2008年：张庆捷、黄继忠、刘贵斌、吕金才、冀保金、牛秀平、李全贵、徐国栋、秦艳兰、郝丽君、刘洪斌、刘建军、王秀玲、高勇。

　　2009年：张庆捷、黄继忠、吕金才、冀保金、冀晋东、李全贵、刘建军、王秀玲、李白军、江伟伟。

　　2010年：张庆捷、黄继忠、吕金才、冀保金、渠传祥、冀晋东、李白军、江伟伟、许进智、张国权。

　　2011年：张庆捷、张焯、陈悦新、吕金才、冀保金、渠传祥、冀晋东、任建光、文莉莉、谷敏、张洁、江伟伟、王鹏（彩版二八七）。

　　2012年：张庆捷、张焯、吕金才、冀保金、渠传祥、冀晋东、任建光、文莉莉、谷敏、张洁、江伟伟、王鹏。

　　1993年：王克林、解廷琦、曹臣明、王雁卿、李树云、李雪芹、刘建军。

二、报告整理人员

　　器物拼复：冀保金、吕金才、冀晋东。

　　器物修复：张俊才、张明菊。

　　摄影：吕金才、员新华、张海雁、张旭云、刘洪斌。

绘图：刘欢、王娜、兰静、赵晓丹、江伟伟、郭靖、陈洪萍、吴洁、高振华、宁波、李根、刘沛瑶。

线图、彩版整理编辑：刘贵斌、冀晋东、王娜、赵晓丹、刘欢、侯瑞、吴洁、安瑾煜、张天宇、白雪、郭靖、邰力钟、张晓娟、靳浩琛、张轩鑫、丰帆。

文字与线图校对：高泽康、杨远。

三、报告编写人员（具体分工如下）

序言：张焯。

第一、二章：张庆捷。

第三章：张庆捷、王雁卿、刘贵斌。

第四章：张庆捷、冀保金、白曙璋、冀晋东。

第五章：遗址概况、地层、遗迹部分：张庆捷、冀保金、冀晋东；出土建筑材料、石质遗物部分：刘建军、吴娇；出土陶器、瓷器和金属器部分：王雁卿、谷敏、马静。

第六章：遗址概况、地层、遗迹部分：张庆捷、冀保金、冀晋东；出土建筑材料、石质遗物和出土佛教泥塑部分：刘建军、吴娇；出土陶器、瓷器和金属器部分：王雁卿、谷敏、马静。

第七章：张庆捷、冀保金、冀晋东。

第八章：刘建军、文莉莉、赵嫱、郭静娜、关晓磊。

附录：分别为中国科学院上海光学精密机械研究所科技考古中心董俊卿、景德镇陶瓷大学艺术文博学院刘培峰、邯郸市博物馆徐国栋等撰写。

后记：张庆捷。

需要说明，编写报告期间，整理出两篇考古发掘简报发表于《考古学报》，因情势有变，且疏于核对，难免名称或数据与本报告有所出入，请以本报告为准。为读者造成的不便，敬请诸君谅解。

最后，感谢大同文物局、云冈研究院各位领导的支持。

感谢云冈石窟数字化中心给予的多项帮助，特别给我们提供了他们新制的扫描图。

感谢所有参加本考古项目的考古队员、工人、整理编写人员、修复绘图摄影人员、审稿专家杭侃、李裕群、田建文、曹臣明先生以及文物出版社责任编辑，正是由于大家的辛勤工作，本报告才得以如期完成。

张庆捷谨识

云冈石窟山顶佛教寺院遗址发掘报告 下

云 冈 研 究 院
山西省考古研究院　编著
大同市考古研究所

文物出版社

Excavation Report of Buddhist Temple Ruins at Hilltop of Yungang Grottoes (III)

by

Yungang Academy

Shanxi Provincial Institute of Archaeology

Datong Municipal Institute of Archaeology

Cultural Relics Press

彩版目录

1. 发掘探方

2. T102南壁剖面

彩版一　2008年山顶早期遗址第1地点

1. T105南壁剖面

夯土底线
夯土上口线
夯土基槽线
夯土底线
夯土基槽线

2. 东周夯土遗迹

彩版二 2008年山顶早期遗址第1地点遗迹

1. TG101北壁剖面

2. G101

3. H101

彩版三　2008年山顶早期遗址第1地点遗迹

1.战国时期陶豆盘T106③：1

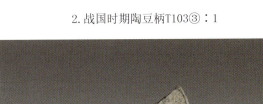

2.战国时期陶豆柄T103③：1

3.战国时期陶豆座T101H101：1

4.战国时期陶甑底T101③：2

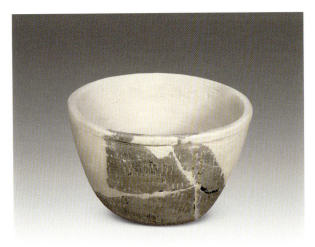

5.汉代陶钵T101③：1

6.辽金时期陶盆T102②：1

彩版四　2008年山顶早期遗址第1地点出土遗物

1. 发掘探方

2. T205

彩版五　2008年山顶早期遗址第2地点

1. T203南壁

2. T206南壁

彩版六　2008年山顶早期遗址第2地点地层堆积

1. T209南壁

2. T212南壁

彩版七　2008年山顶早期遗址第2地点地层堆积

1. H245

2. H212

3. H221

4. H211

5. H213

6. H215

彩版八　2008年山顶早期遗址第2地点春秋晚期灰坑

1. H232

2. H237

3. H248

4. H249

5. H206

6. H207

彩版九　2008年山顶早期遗址第2地点春秋晚期灰坑

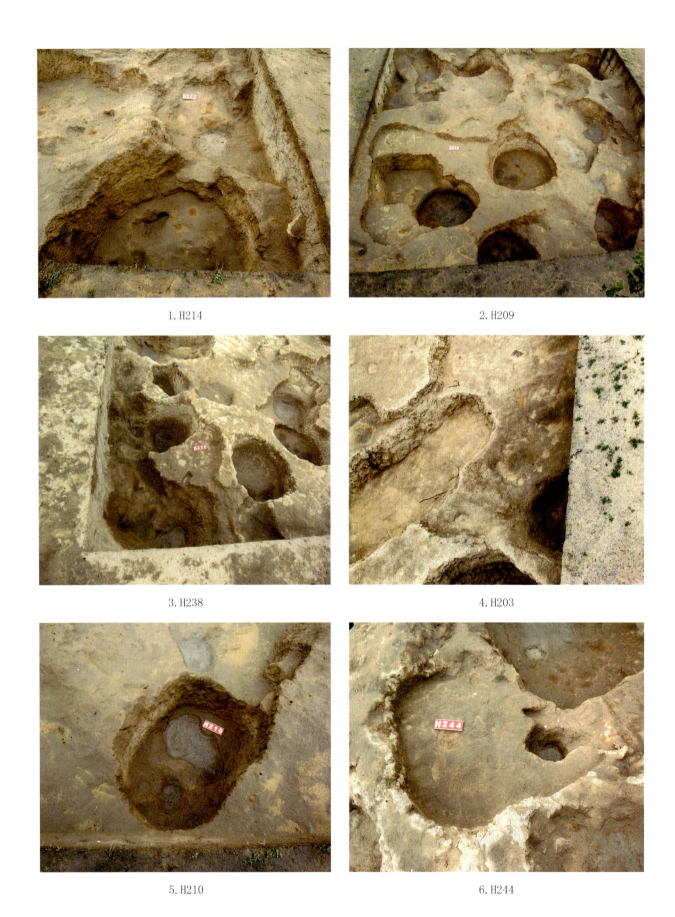

1. H214

2. H209

3. H238

4. H203

5. H210

6. H244

彩版一〇　2008年山顶早期遗址第2地点春秋晚期、战国早期灰坑

1. H223

2. H236

3. H201

4. H202

5. H205

6. H216

彩版一一　2008年山顶早期遗址第2地点战国早期灰坑

1. H224

2. H226

3. H243

4. H233

5. H239

6. H227

彩版一二　2008年山顶早期遗址第2地点战国早期、中晚期灰坑

1. H204

2. H222

3. H228

4. H231

5. H246

6. H247

彩版一三　2008年山顶早期遗址第2地点战国中晚期灰坑

1. T210西壁

2. T211西壁

彩版一四　2008年山顶早期遗址第2地点明清时期遗迹

1.仰韶晚期彩陶罐T202H204：6

2.春秋晚期陶鬲T206H209：7

3.春秋晚期陶鬲T209H238：3

4.春秋晚期陶鬲T208H245：7

5.春秋晚期陶鬲T208H245：9

6.春秋晚期陶罐T208H245：6

彩版一五　2008年山顶早期遗址第2地点出土陶器

1.陶釜T206H209：6

2.陶釜T203H203：7

3.陶釜T208H245：10

4.陶盆T206H209：5

5.陶盆T206H214：3

6.陶盆T208H245：2

彩版一六　2008年山顶早期遗址第2地点出土春秋晚期遗物

1. 平盘豆T208H245：3

2. 平盘豆T208H245：4

3. 鼎盖T206H203：9

4. 陶钵T203H203：8

5. 陶纺轮T209H248：1

6. 铜刀币T204H207：1

彩版一七　2008年山顶早期遗址第2地点出土春秋晚期遗物

1. 春秋晚期骨镞T206H203：1

2. 春秋晚期骨铲T206H203：5

3. 春秋晚期蚌镰T206H203：3

4. 战国早期Aa型陶鬲T203H201：4

5. 战国早期Aa型陶鬲T204G201④：26

6. 战国早期Aa型陶鬲T208H244：3

彩版一八　2008年山顶早期遗址第2地点出土春秋晚期、战国早期遗物

1. Ab型T209H224：1

2. Ab型T206H210：2

3. Ab型T205H205：59

4. Ab型T209H223：1

5. Ac型T204G201③：32

6. B型T205H216：4

彩版一九　2008年山顶早期遗址第2地点出土战国早期陶鬲

1. 鬲足T203H201：1

2. 鬲足T210H233：11

3. 鬲足T204G201④：23

4. 陶甗T202H205：53

5. 陶甗T205H205：62

6. 陶甗T202H205：68

彩版二〇　2008年山顶早期遗址第2地点出土战国早期陶器

1. 陶釜T202H205：60

2. 陶釜T208H243：12

3. 陶釜T208H243：13

4. 陶釜T205H216：3

5. 三足陶罐T209H224：2

彩版二一　2008年山顶早期遗址第2地点出土战国早期陶器

1. A型T203H201：3   2. Ab型T206H210：3

3. B型T205H205：48   4. B型T202H205：49

5. B型T202H205：50   6. B型T202H205：51

彩版二二　　2008年山顶早期遗址第2地点出土战国早期陶罐

1. B型陶罐T202H205：64

2. B型陶罐T206H210：1

3. 陶盆T202H205：54

4. 陶盆T202H205：55

5. 陶盆T205H205：58

6. 陶盆T205H205：63

彩版二三　2008年山顶早期遗址第2地点出土战国早期陶器

1. 陶盒盖T207H233：8

2. 陶盖豆T202H205：45

3. 三足器T210H233：10

4. 陶甄T202H205：47

5. 陶支钉T202H205：25

6. 铜镞T202H205：1

彩版二四　2008年山顶早期遗址第2地点出土战国早期遗物

1. A型T205H205：42

2. A型T205H205：43

3. B型T205H205：40

4. B型平盘豆T210H233：9

彩版二五　2008年山顶早期遗址第2地点出土战国早期陶豆

1. A型石杵T205H205：21　　　　2. A型石杵T205H205：33　　　　3. A型石杵T205H205：15

4. B型石杵T207H233：7　　　　5. C型T205H205：17　　　　6. 石斧T202H205：16

7. 石凿（锛）T202H205：14　　　　8. 石镰T205H205：36　　　　9. 石锥T208H226：2

彩版二六　2008年山顶早期遗址第2地点出土战国早期石器

1. 石纺轮T205H205：37　　　2. 石纺轮T205H216：1　　　3. 石圭T205H205：27

4. 石圭T205H205：13　　　5. 石饰件T210H233①：2　　　6. 圆柱体石器T205H205：34

7. 圆形石片T205H205：19　　　8. 骨铲T205H205：28　　　9. 牙饰件T203H205③：3

彩版二七　2008年山顶早期遗址第2地点出土战国早期遗物

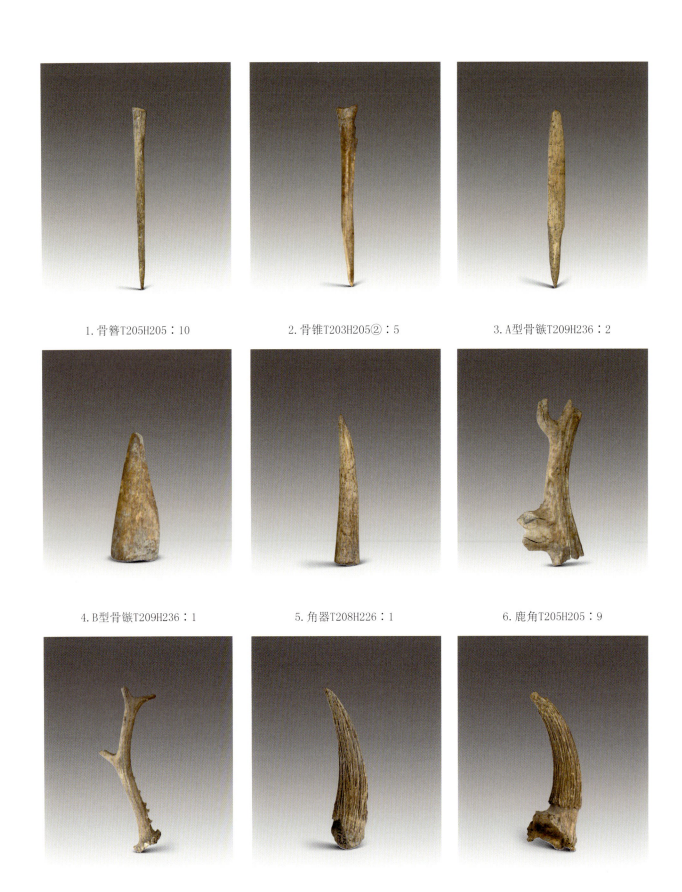

1. 骨簪T205H205：10　　　　2. 骨锥T203H205②：5　　　　3. A型骨镞T209H236：2

4. B型骨镞T209H236：1　　　　5. 角器T208H226：1　　　　6. 鹿角T205H205：9

7. 鹿角T208H226：3　　　　8. 羊角T205H205：20　　　　9. 羊角T204H205：30

彩版二八　2008年山顶早期遗址第2地点出土战国早期遗物

1. 战国早期A型蚌镰T205H205：12　　2. 战国早期A型蚌镰T208H243：1　　3. 战国中晚期陶罐T203H204：10

4. 战国中晚期陶纺轮T208H227：1　　5. 战国中晚期陶纺轮T212G201①：4　　6. 战国中晚期陶珠T207G201③：14

7. 战国中晚期圆陶片T201①：3　　8. 战国中晚期陶支钉T208H231：1　　9. 战国中晚期石纺轮T201①：4

彩版二九　2008年山顶早期遗址第2地点出土战国早期、中晚期遗物

1. 战国中晚期石斧T202H204：5　　　2. 战国中晚期石刀T210G201③：12　　　3. 战国中晚期石耳T208H227：2

4. 战国中晚期石匕T210①：1　　　5. 战国中晚期石环T204G201④：15　　　6. 战国中晚期石球T212G201③：13

7. 明清时期瓷碗T207G201①：8　　　8. 明清时期白瓷碟T207①：1　　　9. 明清时期铜钱T201①：2

彩版三〇　2008年山顶早期遗址第2地点出土战国中晚期、明清时期遗物

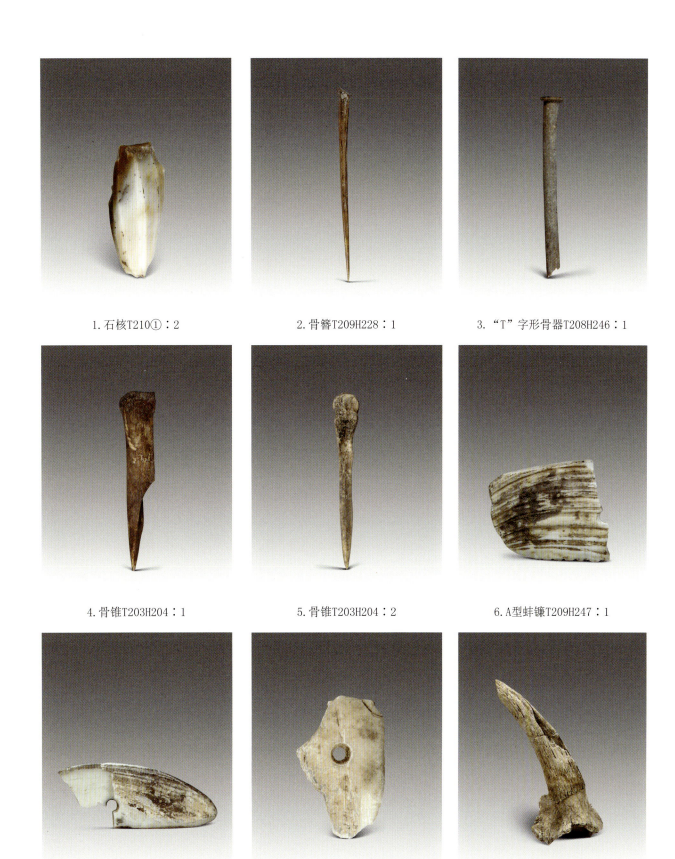

1. 石核T210①：2　　　　　2. 骨簪T209H228：1　　　　　3. "T"字形骨器T208H246：1

4. 骨锥T203H204：1　　　　　5. 骨锥T203H204：2　　　　　6. A型蚌镰T209H247：1

7. B型蚌镰T202①：1　　　　8. B型蚌镰T204G201⑤：19　　　　9. 羊角T203H204：9

彩版三一　2008年山顶早期遗址第2地点出土战国中晚期遗物

1. 发掘探方

2. T301西壁

彩版三二　2008年山顶早期遗址第3地点

1. TG301

2. TG301东壁

彩版三三　2008年山顶早期遗址第3地点遗迹

1. 战国时期陶釜T301②夯土②：1　　　　2. 战国时期陶罐T304G301：2

3. 战国时期陶豆盘T303②：3　　　　4. 战国时期陶豆座T303②：4

5. 战国时期蚌镰T301④：1　　　　6. 汉代筒瓦残片T304G301：1

彩版三四　2008年山顶早期遗址第3地点出土遗物

1. 板瓦T301④：18凸面

2. 板瓦T301④：18凹面

3. 筒瓦T301④：19凸面

4. 筒瓦T301④：19凹面

5. 压带条T301④：15凸面

6. 压带条T301④：15凹面

彩版三五　2008年山顶早期遗址第3地点出土北魏建筑材料

1. "□祚无穷"瓦当T301④：14

2. 陶莲花建筑饰件T301④：13

3. 陶盆T301④：12

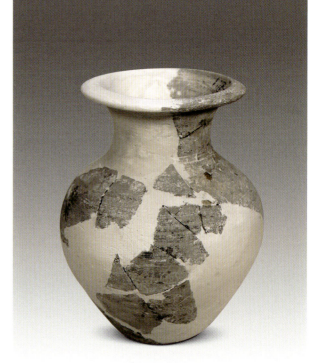

4. 陶球T301④：25

5. 陶罐T304④：1

彩版三六　2008年山顶早期遗址第3地点出土北魏遗物

1. 发掘探方

2. T401东壁剖面

彩版三七　2008年山顶早期遗址第4地点

1. TG401西壁剖面

2. H401

3. H402

彩版三八　2008年山顶早期遗址第4地点明清时期遗迹

1. H403

2. H405

3. H406

彩版三九　2008年山顶早期遗址第4地点明清时期灰坑

1. 战国时期陶罐口沿T402H402③：1　　2. 战国时期陶盆口沿T402H402②：5　　3. 北魏釉陶板瓦残片T401H401③：3

4. 北魏陶莲花建筑饰件T401H401①：1　　5. 辽金时期陶罐T402②夯土①：1　　6. 辽金时期白釉盆T402②夯土①：2

7. 辽金时期黑釉碗T401H401①：2　　8. 辽金时期瓷瓮T402H402①：1　　9. 明清时期白釉碟T401H401：3

彩版四〇　2008年山顶早期遗址第4地点出土遗物

1.发掘探方（由东向西）

2.发掘探方（由东向西）

彩版四一　2009～2010年北魏佛教寺院遗址

1. 未扩方前发掘场景（由北向南）

2. T519东壁剖面

彩版四二　2009～2010年北魏佛教寺院遗址

1. T520南壁

2. T524北壁

彩版四三　2009～2010年北魏佛教寺院遗址

彩版四四　2009～2010年北魏佛教寺院遗址

彩版四五　2009～2010年北魏佛教寺院遺址北魏遺迹

1. F3、F4

2. F5

彩版四六　2009～2010年北魏佛教寺院遗址房屋遗迹

1. F6、F7

2. 北魏房屋墙面
红色彩绘遗迹

彩版四七　2009～2010年北魏佛教寺院遗址房屋遗迹

1. F11、F12

2. F13、F14、F15

彩版四八　2009～2010年北魏佛教寺院遗址房屋遗迹

1. F16、F17

2. F18、F19

彩版四九　2009～2010年北魏佛教寺院遗址房屋遗迹

2. H515

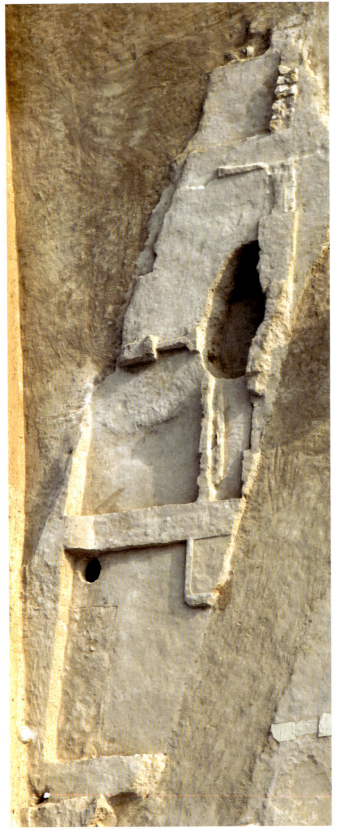

1. F20、F21、F22

彩版五〇　2009～2010年北魏佛教寺院遗址房屋遗迹

1. 2010塔基1

2. 2010塔基1东壁

彩版五一　2009～2010年北魏佛教寺院北魏塔基遗迹

1. 陶窑遗迹（由南向北）

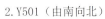

2. Y501（由南向北）

3. Y502（由南向北）

彩版五二　2009～2010年北魏佛教寺院遗址北魏陶窑遗迹

1. F1、F2

2. 小路

3. H516

彩版五三　2009～2010年北魏佛教寺院遗址辽金遗迹

1. 东周陶支钉T529④：24

2. 半两T524③：13

3. 北魏A型釉陶板瓦T511④：65

4. 北魏A型釉陶板瓦T507④：15

5. 北魏B型釉陶板瓦T510④：3

6. 北魏B型釉陶板瓦T510④：34

彩版五四　2009～2010年北魏佛教寺院遗址出土东周、北魏遗物

1.B型釉陶板瓦T510④：1

2.C型釉陶板瓦T510④：17

3.Aa型灰陶板瓦T516④：25

4.Aa型灰陶板瓦T516④：4

5.Ab型灰陶板瓦T516④：70

6.Ba型灰陶板瓦T526④：31

彩版五五　2009～2010年北魏佛教寺院遗址出土北魏板瓦

1. Ba型T512④：38

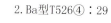

2. Ba型T526④：29

3. Bb型T512④：26

4. Bb型T529④：34

5. Bb型T529④：34宽端

彩版五六　2009～2010年北魏佛教寺院遗址出土北魏灰陶板瓦

1. A型T516④：26凸面

2. A型T516④：26凹面

3. B型T527④：20凸面

4. B型T527④：20凹面

5. B型T514④：2凸面

6. B型T514④：2凹面

彩版五七　2009～2010年北魏佛教寺院遺址出土北魏灰陶筒瓦

1. T525④：1

2. T518④：7

3. T519④：25

4. T501Y502②：7

5. T528④：6

6. T524南扩方④：17

彩版五八　2009～2010年北魏佛教寺院遗址出土北魏"传祚无穷"瓦当

1. T518④：9

2. T511④：4

3. T507④：7

4. T517南扩方④：10

5. T511④：21

6. T525④：2

彩版五九　2009～2010年北魏佛教寺院遗址出土北魏"传祚无穷"瓦当

1. 兽面纹瓦当T521④：3

2. Aa型莲花纹瓦当T524④：111

3. Aa型莲花纹瓦当T524南扩方④：2

4. Ab型莲花纹瓦当T529④：48

5. B型莲花纹瓦当T524④：43

6. C型莲花纹瓦当T501Y502①：8

彩版六〇　2009～2010年北魏佛教寺院遗址出土北魏瓦当

1.莲花化生瓦当T517南扩方④：68

2.莲花化生瓦当T524南扩方④：28

3.Aa型陶莲花建筑饰件T522④：6

4.Aa型陶莲花建筑饰件T517南扩方④：24

5.Aa型陶莲花建筑饰件T516④：2

6.Ab型陶莲花建筑饰件T528③：11

彩版六一　2009～2010年北魏佛教寺院遗址出土北魏瓦当、陶莲花建筑饰件

1.Ab型陶莲花建筑饰件T508④：8

2.Ab型陶莲花建筑饰件T518④：4

3.Ab型陶莲花建筑饰件T2010DY采：1

4.B型陶莲花建筑饰件T527④：8

彩版六二　2009～2010年北魏佛教寺院遗址出土北魏莲花建筑饰件

1. 带退台陶构件T501②：14正面

2. 带退台陶构件T501②：14背面

3. 带退台陶构件T516④：75正面

4. 带退台陶构件T516④：75背面

5. 带瓦舌陶构件T516④：74侧面

6. 带瓦舌陶构件T516④：74背面

7. 带瓦舌陶构件T511④：50侧面

8. 带瓦舌陶构件T511④：50背面

彩版六三　2009～2010年北魏佛教寺院遗址出土北魏建筑材料

1. 覆斗形陶构件T508④：4

2. 方柱形陶构件T516④：92

3. 石柱T527④：7

4. 不规则柱础石T525④：27

5. 不规则柱础石T525④：27底面

彩版六四　2009～2010年北魏佛教寺院遗址出土北魏建筑材料

1. A型T502④：1

2. A型T508④：24

3. B型T512④：4

4. B型T508④：23

5. B型T517④：11

6. B型T527④：14

彩版六五　2009～2010年北魏佛教寺院遗址出土北魏石莲花建筑饰件

1. 交脚菩萨T528G501：25

2. 胁侍菩萨T524南扩方④：11

3. 胁侍菩萨T525④：9正面

4. 胁侍菩萨T525④：9背面

5. 胁侍菩萨T522④：4正面

6. 胁侍菩萨T522④：4背面

彩版六六　2009～2010年北魏佛教寺院遗址出土北魏石雕造像

1. 供养菩萨T525②：16

2. 背光T522②：23

3. 背光T519④：39正面

4. 背光T519④：39背面

5. 背光T522②：22正面

6. 背光T522②：22背面

彩版六七　2009～2010年北魏佛教寺院遗址出土北魏石雕造像

1. 背光T525④：42

2. 塔刹残件T517南扩方④：84

3. 塔檐残件T522④：5

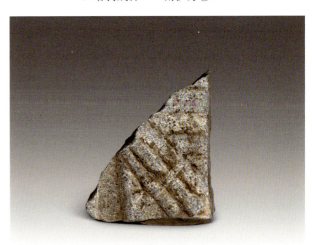

4. 塔檐残件T521南扩方④：10

5. 须弥塔座T515④：9

6. 石龟T512④：16

彩版六八　2009～2010年北魏佛教寺院遗址出土北魏石雕造像

彩版六九　2009～2010年北魏佛教寺院遗址出土北魏浅浮雕石板T512④：64

1. 双面造像龛T515④：55正面　　　　　　　　　2. 双面造像龛T515④：55背面

3. 装饰纹带T518②：13　　　　　4. 石板T512④：47　　　　　5. T516④：53

6. T529④：17　　　　　　　　　7. T515④：1　　　　　　　　8. T526③：34

彩版七〇　2009～2010年北魏佛教寺院遗址出土北魏石雕造像

1. 残片T529④：117　　　　　　　　　2. 残片T510④：211

3. 残片T524④：122　　　　　　　　　4. A型T516④：8

5. A型T503④：2　　　　　　　　　6. A型T511④：2

彩版七一　2009～2010年北魏佛教寺院遗址出土北魏陶盆

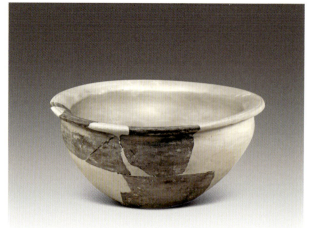

1.A型T508④：1

2.Ba型T508④：21

3.Ba型T529④：2

4.Ba型T508④：27

5.Ba型陶T501Y501②：1

6.Ba型T519④：16

彩版七二　2009～2010年北魏佛教寺院遗址出土北魏陶盆

1.Ba型T519③：15

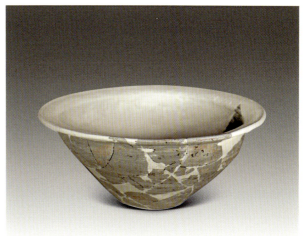

2.Ba型T512④：71

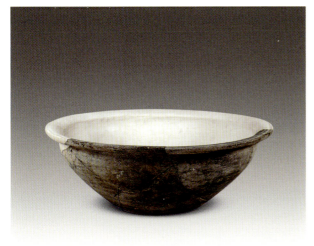

3.Ba型T512④：11

4.Ba型T515④：59

5.Bb型T515④：4

6.Bb型T501Y501②：3

彩版七三　2009～2010年北魏佛教寺院遗址出土北魏陶盆

1.Bb型陶盆T516④：9   2.Bb型陶盆T515④：2

3.Bc型陶盆T514④：27   4.A型陶罐T512④：2

5.A型陶罐T512④：1   6.A型陶罐T529④：86

彩版七四　2009～2010年北魏佛教寺院遗址出土北魏陶器

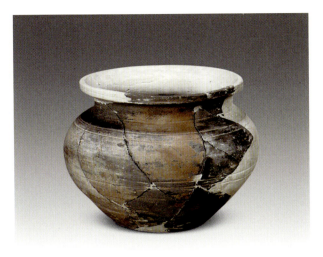

1. A型T508④：2

2. A型T512④：73

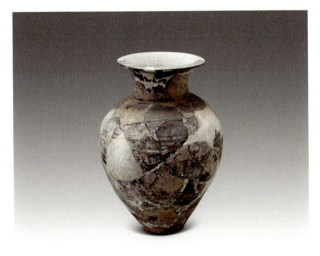

3. Ba型T515④：11

4. Ba型T528④：48

5. Ba型T504④：24

6. Ba型T512④：3

彩版七五　2009～2010年北魏佛教寺院遺址出土北魏陶罐

1. Ba型T515④：48

2. Ba型T523③：27

3. Ba型T512④：53

4. Bb型T514④：26

5. Bb型T508④：19

6. 特殊口部T511④：73

彩版七六　2009～2010年北魏佛教寺院遺址出土北魏陶罐

1. 口部残缺陶罐T525④：40

2. 口部残缺陶罐T501Y501②：25

3. 口部残缺陶罐T501Y501②：24

4. 有纹饰陶罐残片T504④：26

5. 有纹饰陶罐残片T504④：27

6. 有纹饰陶罐残片T529④：116

彩版七七　2009～2010年北魏佛教寺院遗址出土北魏陶罐

1. T502④：15

2. T529④：114

3. T529④：115

4. T508④：30

5. T508④：31

6. T508④：32

彩版七八　2009～2010年北魏佛教寺院遗址出土北魏有纹饰陶罐残片

1. T516④：1

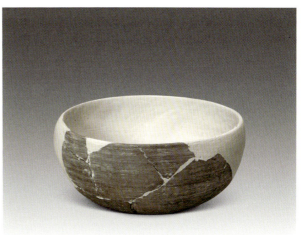

2. T504④：5

3. T508④：26

4. T501Y501②：2

5. T512④：54

6. T529④：111

彩版七九　2009～2010年北魏佛教寺院遗址出土北魏陶钵

1.陶钵T514④：1

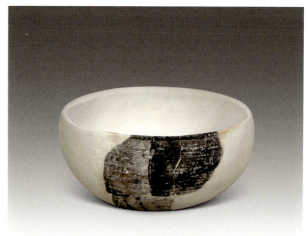

2.陶钵T508④：28

3.陶钵T504④：28

4.陶钵T503④：1

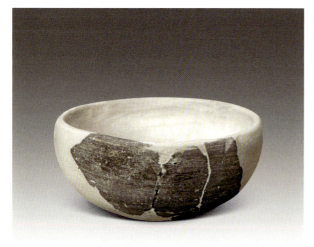

5.陶钵T504④：7

6.陶碗T504④：1

彩版八〇　2009～2010年北魏佛教寺院遗址出土北魏陶器

1. 陶壶T511④：72

2. 陶壶T512④：56

3. 釉陶壶T504④：25

4. 陶瓮T527④：9

5. 陶器盖T528④：4

6. 陶器盖T504④：2

彩版八一　2009～2010年北魏佛教寺院遗址出土北魏陶器

1.陶杯T508④：3

2.陶灯T511④：83

3.陶构件T511④：84

4.陶纺轮T511④：12

5.陶纺轮T517南扩方④：92

6.陶纺轮T524③：15

彩版八二　2009～2010年北魏佛教寺院遗址出土北魏陶器

1. T527④：1

2. T504④：6

3. T529④：25

彩版八三　2009～2010年北魏佛教寺院遺址出土北魏帶字陶片

1.青釉碗

2.青釉瓷器底T504④：30

3.圆柱状铜器T514②：33

4.铜镞T525③：5

5.铜镞T517③：5

彩版八四　2009～2010年北魏佛教寺院遗址出土北魏遗物

1. 铁钉T502④：14　　　　2. 铁钉T524③：10　　　　3. 铁犁铧T518③：12

4. 铁犁铧镜T528④：21　　5. 铁犁铧镜T528④：59　　6. 铁犁铧镜T518③：13

7. 铁犁铧镜T528③：14　　8. 不知名铁器T528③：9　　9. 不知名铁器T528④：23

彩版八五　2009～2010年北魏佛教寺院遗址出土北魏铁器

1. T529④：23

2. T515④：49

3. T529④：22

4. T529④：64

5. T504④：4

6. T529④：18

彩版八六　2009～2010年北魏佛教寺院遺址出土北魏A型石雕柱座

1. B型T514④：17　　　　　2. B型T512④：35　　　　　3. B型T517南扩方④：48

4. B型T529④：16　　　　　5. B型T512④：30　　　　　6. B型T512④：17

7. C型T512④：10　　　　　8. C型T527④：3　　　　　9. C型T512④：9

彩版八七　2009～2010年北魏佛教寺院遺址出土北魏石雕柱座

1. 石研磨器T519④：50

2. 磨石T529④：112

3. 石槽T514④：6

4. 石环T515④：10

5. 石夯T514③：5

6. 不知名石器T519②：2

彩版八八　2009～2010年北魏佛教寺院遗址出土北魏石器

1.Ca型檐头板瓦T523③：1　　　　　　　　2.Ca型檐头板瓦T519③：3

3.A型筒瓦T519③：4　　　　　　　　4.B型筒瓦T523③：8

5.A型莲花纹瓦当T525②：14　　　　　　6.兽面纹瓦当T524③：29

彩版八九　2009～2010年北魏佛教寺院遗址出土辽金时期建筑材料

1. T519③：8

2. T522③：2

3. T526③：2

4. T519③：9

5. T519③：6

6. T519③：11

彩版九〇　2009～2010年北魏佛教寺院遗址出土辽金时期Ac型卷沿陶盆

1.C型卷沿陶盆T509H507：1　　　　　　2.C型卷沿陶盆T519③：34

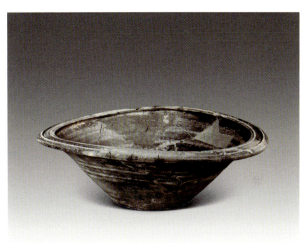

3.B型平沿陶盆T519③：5　　　　　　4.B型平沿陶盆T519③：10

5.B型平沿陶盆T522③：1　　　　　　6.B型平沿陶盆T519③：7

彩版九一　2009～2010年北魏佛教寺院遗址出土辽金时期陶盆

1.B型平沿陶盆T526③：36

2.B型平沿陶盆T523③：5

3.C型平沿陶盆T523③：29

4.陶罐T519③：1

5.陶器盖T519③：2

6.陶罐T523③：6

彩版九二　2009～2010年北魏佛教寺院遗址出土辽金时期陶器

1. T523③：10

2. T519③：26

3. T523③：15

4. T523③：12

5. T523③：9

6. T519③：66

彩版九三　2009～2010年北魏佛教寺院遗址出土辽金时期陶罐

1.陶罐T519③：65　　　　　　　　　　2.陶器盖T522③：9

3.陶器盖T523③：11　　　　　　　　　4.花口陶碗T528③：1

5.陶甑T522③：10

彩版九四　2009～2010年北魏佛教寺院遗址出土辽金时期陶器

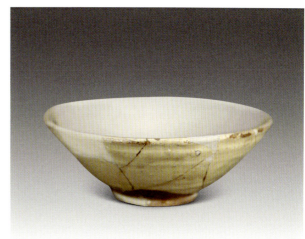

1.Aa型碗T519③：25　　　　　　　　　2.Ab型Ⅱ式碗T519③：67

3.B型碗T523③：16

4.B型碗T523③：14　　　　　　　　　5.行炉T526③：30

彩版九五　2009～2010年北魏佛教寺院遗址出土辽金时期白釉器

1. 茶叶末釉盏T517H511：82

2. 茶叶末釉盏T526②：38

3. 绿釉平沿器T511③：74

4. 绿釉碗底T523③：28

5. 酱釉洗T522②：6

6. 素烧罐T520③：15

彩版九六　2009～2010年北魏佛教寺院遗址出土辽金时期瓷器

1. T523③：19

2. T519①：3

3. T519②：1

彩版九七　2009～2010年北魏佛教寺院遗址出土开元通宝

1. 铁铃 T518③：1

2. 铁釜 T528③：8

3. 铁钥匙 T511③：1

5. 石罐 T518③：29

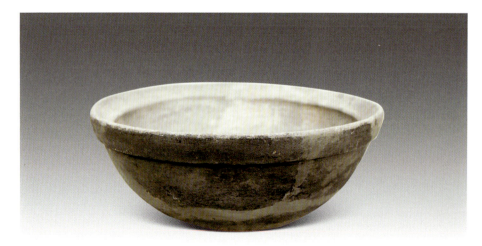

4. 石釜 T523③：7

彩版九八　2009～2010年北魏佛教寺院遗址出土辽金时期遗物

1.陶器足T518H512：1

2.白釉碗T517①：1

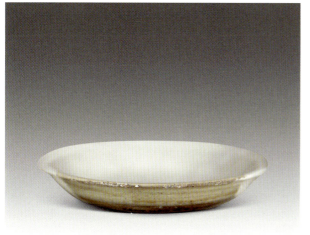

3.白釉碟T524H513：109

4.白釉褐彩碗T528③：39

5.白釉褐彩碗T514②：2

6.道光通宝T527H515：39

彩版九九　2009～2010年北魏佛教寺院遗址出土明清时期遗物

彩版一〇〇 2011～2012年北魏至辽金佛教寺院遗址发掘前原貌（由北向南）

彩版一〇一 2011~2012年北魏至辽金佛教寺院遗址发掘探方（由东向西）

1. 发掘探方（由西向东）

2. 发掘探方（由东向西）

彩版一〇二 2011~2012年北魏至辽金佛教寺院遗址发掘探方

彩版一〇三　2011年云冈石窟东区佛教寺院遗址出土主要遗迹（由东向西）

1. 发掘现场（由北向南）

2. 北部探沟（由南向北）

彩版一〇四　2011～2012年北魏至辽金佛教寺院遗址发掘现场

1. T20204北壁剖面

2. T20405东壁剖面

彩版一〇五 2011～2012年北魏至辽金佛教寺院遗址

1. T20705东壁剖面

2. T20605南壁剖面

彩版一〇六 2011～2012年北魏至辽金佛教寺院遗址

1. T20805北壁剖面

2. T20607西壁剖面

彩版一〇七 2011～2012年北魏至辽金佛教寺院遗址

1. 2011塔基1顶部

2. 2011塔基1局部

彩版一○八　2011～2012年北魏至辽金佛教寺院遗址北魏塔基1

1. 柱础石3

2. 埋藏坑2001

彩版一〇九　2011～2012年北魏至辽金佛教寺院遗址北魏遗迹

1. 2011塔基2东侧

2. 2011塔基2南侧

彩版一一〇　2011～2012年北魏至辽金佛教寺院遗址塔基2

1. 2011塔基2西侧

2. 2011塔基2北侧

彩版一一一　2011～2012年北魏至辽金佛教寺院遗址塔基2

1. 2011塔基2里的木杆拉筋

2. 包砌塔基片石墙

3. 2011塔基2踏道

彩版一一二　2011～2012年北魏至辽金佛教寺院遗址塔基2

1. 铸造遗迹全景

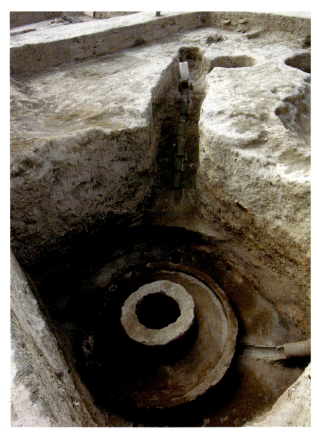

2. 铸造井台

彩版一一三　2011～2012年北魏至辽金佛教寺院遗址铸造工场

1. 发掘过程

2. 铸造井台全景

彩版一一四　2011~2012年北魏至辽金佛教寺院遗址铸造井台

1. 铸造井台底部俯视

2. 铸造井台底部侧视

彩版一一五　2011～2012年北魏至辽金佛教寺院遗址铸造井台

1. 化铁炉2001

2. 化铁炉2002

3. 化铁炉2004

彩版一一六　2011～2012年北魏至辽金佛教寺院遗址辽金化铁炉

1.化铁炉2003

2.化铁炉2005

彩版一一七　2011～2012年北魏至辽金佛教寺院遗址辽金化铁炉

1. 化铁炉2006

3. 化铁炉2008

2. 化铁炉2007

4. 化铁炉2009

彩版一一八　2011～2012年北魏至辽金佛教寺院遗址辽金化铁炉

1. 化铁炉2010

2. 化铁炉2012

3. 化铁炉2011

4. 化铁炉2013

彩版一一九　2011～2012年北魏至辽金佛教寺院遗址辽金化铁炉

1. 化铁炉2014

2. 化铁炉2015

彩版一二〇　2011～2012年北魏至辽金佛教寺院遗址辽金化铁炉

1. 化铁炉2016

2. 化铁炉2017

3. 化铁炉2018

彩版一二一　2011～2012年北魏至辽金佛教寺院遗址辽金化铁炉

1. 化铁炉2019

2. 化铁炉2020

3. 化铁炉2022

彩版一二二 2011～2012年北魏至辽金佛教寺院遗址辽金化铁炉

1. 化铁炉2021

2. 化铁炉2023

彩版一二三　2011～2012年北魏至辽金佛教寺院遗址辽金化铁炉

1. 化铁炉2024

2. 化铁炉2025

3. 化铁炉2026

彩版一二四　2011～2012年北魏至辽金佛教寺院遗址辽金化铁炉

1. 化铁炉2027

2. 铁炉2028

3. 化铁炉2029

4. 化铁炉2030

彩版一二五　2011～2012年北魏至辽金佛教寺院遗址辽金化铁炉

1. 石墙

2. 水井 J2001

彩版一二六　2011～2012年北魏至辽金佛教寺院遗址辽金时期遗迹

1. 2011台基1（由南向北）

2. 陶窑Y2001

彩版一二七 2011～2012年北魏至辽金佛教寺院遗址辽金时期遗迹

1. G2001

2. H2013

3. H2040

彩版一二八　2011～2012年北魏至辽金佛教寺院遗址辽金时期遗迹

1. H2061

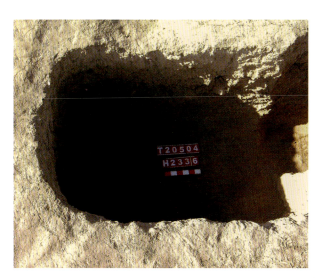

2. H2336

3. H2151

4. H2099

5. H2065

彩版一二九　2011～2012年北魏至辽金佛教寺院遗址辽金时期灰坑

1. H2227

2. H2093

3. H2007

4. H2011

5. H2018

6. H2022

彩版一三〇　2011～2012年北魏至辽金佛教寺院遗址辽金时期灰炕

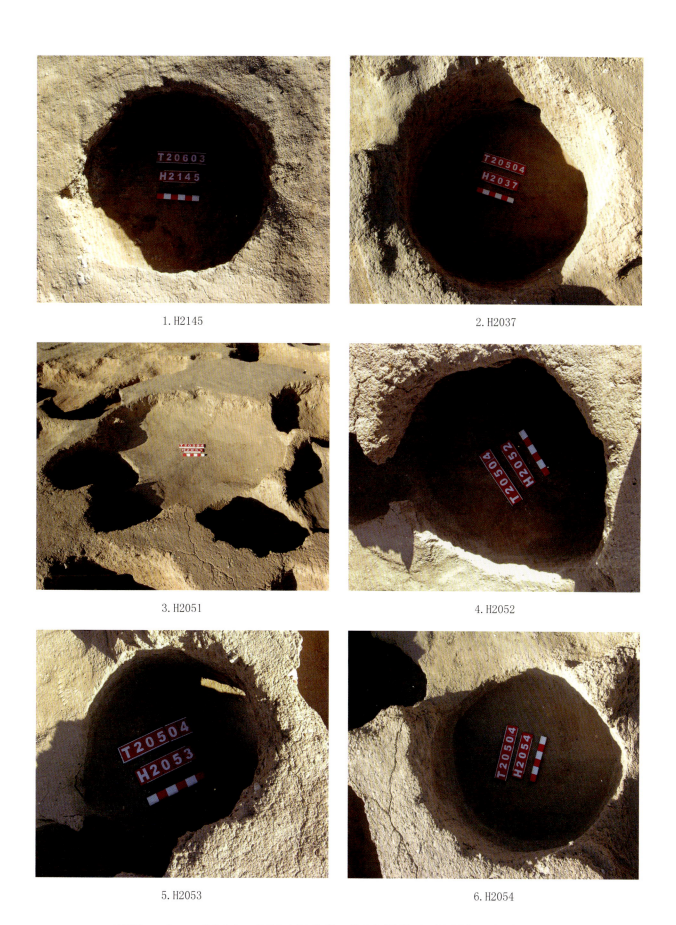

1. H2145

2. H2037

3. H2051

4. H2052

5. H2053

6. H2054

彩版一三一　2011～2012年北魏至辽金佛教寺院遗址辽金时期灰坑

1. H2047

2. H2100

3. H2159

4. H2160

5. H2169

6. H2164

彩版一三二　2011～2012年北魏至辽金佛教寺院遗址辽金时期灰炕

1. H2185

2. H2166

3. H2165

4. H2176

5. H2187

6. H2209

彩版一三三　2011～2012年北魏至辽金佛教寺院遗址辽金时期灰坑

1. H2213

2. H2216

3. H2103

4. H2154

5. H2153

6. H2353

彩版一三四　2011～2012年北魏至辽金佛教寺院遗址辽金时期灰坑

1. H2249

2. H2121

3. H2137

4. H2122

5. H2126

6. H2125

彩版一三五　2011～2012年北魏至辽金佛教寺院遗址辽金时期灰炕

1. H2101

2. H2081

3. H2150

4. H2265

5. H2016

6. H2019

彩版一三六　2011～2012年北魏至辽金佛教寺院遗址辽金时期灰炕

1. H2024

2. H2060

3. H2131

4. H2133

5. H2328

6. H2193

彩版一三七　2011～2012年北魏至辽金佛教寺院遗址辽金时期灰炕

1. H2155

2. H2234

3. H2146

4. H2162

5. H2008

彩版一三八　2011～2012年北魏至辽金佛教寺院遗址辽金时期灰坑

1. H2025

2. H2043

3. H2329

4. H2171

5. H2196

6. H2039

彩版一三九　2011～2012年北魏至辽金佛教寺院遗址辽金时期灰炕

1. 辽金时期H2194

2. 辽金时期H2104

3. 辽金时期H2223

4. 辽金时期H2044

5. 明清时期H2027

6. 明清时期H2041

彩版一四〇　2011～2012年北魏至辽金佛教寺院遗址辽金、明清时期灰坑

1. H2202

2. H2262

3. H2317

4. H2300

5. H2324

6. H2003

彩版一四一　2011～2012年北魏至辽金佛教寺院遗址明清时期灰坑

1. H2357

2. H2020

3. H2354

4. H2036

5. H2030

6. H2035

彩版一四二　2011～2012年北魏至辽金佛教寺院遗址明清时期灰炕

1. H2087

2. H2086

3. H2062

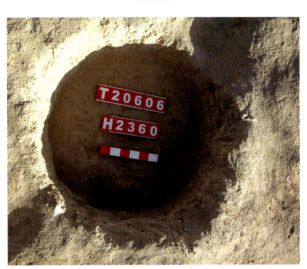

4. H2360

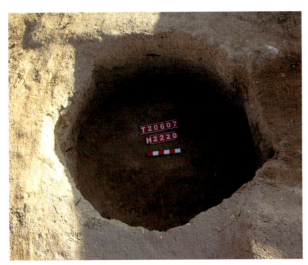

5. H2220

6. H2214

彩版一四三　2011～2012年北魏至辽金佛教寺院遗址明清时期灰坑

1. H2315

2. H2316

3. H2362

4. H2261

5. H2296

6. H2282

彩版一四四　2011～2012年北魏至辽金佛教寺院遗址明清时期灰坑

1. H2299

2. H2287

3. H2361

4. H2031

5. H2092

6. H2355

彩版一四五　2011～2012年北魏至辽金佛教寺院遗址明清时期灰坑

1. H2097

2. H2252

3. H2272

4. H2284

5. H2246

6. H2289

彩版一四六　2011～2012年北魏至辽金佛教寺院遗址明清时期灰坑

1. 明清时期H2313

2. 明清时期H2310

3. 明清时期H2281

4. 明清时期H2301

5. 近现代H2343

6. 近现代H2088

彩版一四七　2011～2012年北魏至辽金佛教寺院遗址明清、近现代灰炕

1. H2004

2. H2346

3. H2364

4. H2278

5. H2230

6. H2182

彩版一四八　2011～2012年北魏至辽金佛教寺院遗址近现代灰炕

1. 石杵TG21507②：1

2. 石杵TG21503③：2

3. 石杵T21006H2313：4

4. 鹿角器T20504H2047：3

7. 片状骨器T20305H2003：3

5. 片状骨器T20603H2125：1

6. 片状骨器T20604H2080：2

8. 片状骨器T20604H2087：1

彩版一四九　2011～2012年北魏至辽金佛教寺院遗址出土东周时期骨器

1.绳纹长条砖T20607H2218：32   2.Aa型板瓦T20807H2365：3

3.板瓦T20905H2262：7   4.Ba型板瓦T20607④：6   5.Bb型板瓦T20607④：1

7.筒瓦TG2④：1凸面

6.板瓦T20606H2368：8   8.筒瓦TG2④：1凹面

彩版一五〇　2011～2012年北魏至辽金佛教寺院遗址出土北魏建筑材料

1. Aa型T20807H2365：8

2. Aa型T20607③：4

3. Aa型T20607④：5

4. Aa型T20605③：16

5. Ab型T20603H2102：6

6. B型T20604②：1

彩版一五一　2011～2012年北魏至辽金佛教寺院遗址出土北魏"万岁富贵"瓦当

1. A型 "传祚无穷" 瓦当 T20503③：5   2. A型 "传祚无穷" 瓦当 T20303H2325：2

3. A型 "传祚无穷" 瓦当 T20404③：9   4. B型 "传祚无穷" 瓦当 T20304①：1   5. 莲花纹瓦当 T20504H2047：2

6. 兽面纹瓦当 T20505H2057：1   7. Aa型莲花建筑饰件 T20504H2052：1   8. Ab型莲花建筑饰件 T20303H2002：2

彩版一五二　2011～2012年北魏至辽金佛教寺院遗址出土北魏瓦当

1. 兽首门枕石T20306③：4

2. 兽首门枕石T20206③：1

3. 兽首门枕石T20306③：2塔基内

4. 兽首门枕石T20704③：3

5. 覆盆式柱础石T20206③：6

6. 覆盆式柱础石T20206③：5

彩版一五三　2011～2012年北魏至辽金佛教寺院遗址出土北魏石质建筑材料

1. T20304③：21

2. T20607④：12

3. T20607④：7

4. T20607④：8

5. T20607④：11

6. T20607④：10

彩版一五四　2011～2012年北魏至辽金佛教寺院遗址出土北魏石莲花建筑饰件

1.莲花建筑构饰件T20506③：3

2.莲花建筑构饰件T20403H2012：1

3.莲花建筑构饰件T20403H2013：2

4.A型莲瓣纹建筑构件T20306③：11

5.A型莲瓣纹建筑构件T20306③：12

6.B型莲瓣纹建筑构件T20303②：8

彩版一五五　2011～2012年北魏至辽金佛教寺院遗址出土北魏莲花建筑构饰件、莲瓣纹建筑构件

1. 交脚菩萨T20905②：3

2. 菩萨T20304③：58

3. 背光T20905②：4

4. 石龟T20607④：9

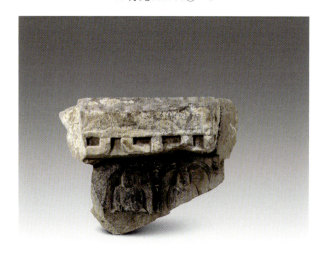

5. A型石塔残件T20905②：5A面

6. A型石塔残件T20905②：5B面

彩版一五六　2011～2012年北魏至辽金佛教寺院遗址出土北魏石雕造像

1. A型T20106②：2

2. A型T20204③：7

3. B型T20304③：16

4. B型T20504③：2

5. B型T20906③：4

彩版一五七　2011～2012年北魏至辽金佛教寺院遗址出土北魏石塔残件

1. 山花蕉叶T20306②：14

2. 山花蕉叶T20905②：7

3. 山花蕉叶T20206②：3

4. 忍冬纹装饰带T20406②：2

5. 龙身残件T20604H2041：2

6. 龙身残件T20705H2161：1

彩版一五八 2011～2012年北魏至辽金佛教寺院遗址出土北魏纹样雕刻

1. T20306③：17 2. T20306③：14 3. T20306③：18

4. T20306③：9 5. T20306③：16 6. T20306③：7

7. T20304②：19 8. T20606H2271：2 9. T20406③：2

彩版一五九　2011～2012年北魏至辽金佛教寺院遗址出土北魏其他石刻

1. Aa型T20206埋藏坑2001：7

2. Aa型T20206埋藏坑2001：14

3. Ab型T20206埋藏坑2001：22

4. A型T20206埋藏坑2001：8

彩版一六〇　2011～2012年北魏至辽金佛教寺院遗址出土北魏泥塑头像

1. B型头像T20206埋藏坑2001：12　　　　2. B型头像T20206埋藏坑2001：23

3. 身像T20206埋藏坑2001：9　　　　4. 身像T20206埋藏坑2001：11

彩版一六一　2011～2012年北魏至辽金佛教寺院遗址出土北魏泥塑

1. 身像T20206埋藏坑2001：13　　　　　　　　　　2. 身像T20206埋藏坑2001：10

3. 身像T20206埋藏坑2001：15　　　4. 身像T20206埋藏坑2001：24　　　5. 手部残块T20206埋藏坑2001：21

6. 右臂残块T20206埋藏坑2001：20　　　7. 腿部残块T20206埋藏坑2001：16　　　8. 束帛龛柱T20206埋藏坑2001：18

彩版一六二　2011～2012年北魏至辽金佛教寺院遗址出土北魏泥塑

1.陶罐T20504H2053：2

2.石夯T20303②：6

3.石夯T20404H2340：4

4.石钵T20305③：8

5.石盆T20405③：30

6.石盆T20306③：1

7.石磨盘T20305③：32

8.石器T20704③：2

彩版一六三　2011～2012年北魏至辽金佛教寺院遗址出土北魏遗物

1.陶盏T20403H2010：3

2.A型白釉碗T20807G2001：13

3.A型白釉碗T20605③：12

4.A型白釉碗T20804②：1

5.B型白釉碗T20606H2268：6

6.C型白釉碗T20404H2340：2

彩版一六四　2011～2012年北魏至辽金佛教寺院遗址出土隋唐时期遗物

1. 白釉盏T20906H2249：1

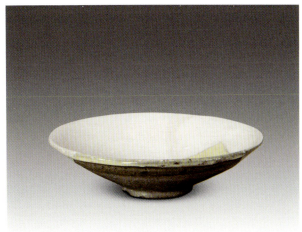

2. 白釉盏T20304③：9

3. 绿釉碗T20403③：2

4. A型复色釉碗T20806②：1

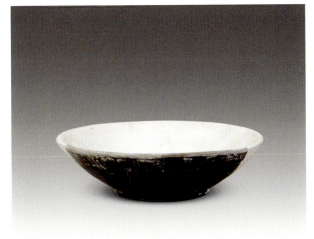

5. A型复色釉碗T20805H2264：1

6. A型复色釉碗T20606H2358：1

彩版一六五　2011～2012年北魏至辽金佛教寺院遗址出土隋唐时期瓷器

1.A型复色釉碗T20607H2177：6

2.B型复色釉碗T20605③：15

3.B型复色釉碗T20805G2001：9

4.B型复色釉碗T20305H2176：4

5.黄釉罐T20707H2212：22

6.黄釉罐T20707H2212：19

彩版一六六　2011～2012年北魏至辽金佛教寺院遗址出土隋唐时期瓷器

1. 五铢T20407③：22

2. 五铢T20604②：15

3. 开元通宝T20403②：11

彩版一六七　2011～2012年北魏至辽金佛教寺院遗址出土铜钱

1. T20105②：12

2. T20303②：12

3. TG21207H2373：1

4. T20604H2093：1

彩版一六八　2011～2012年北魏至辽金佛教寺院遗址出土开元通宝

1.沟纹长条砖T20406③：9　　　　2.沟纹方砖TG21205H2285：1

3.板瓦TG21205H2367：5　　　　4.板瓦T20807H2365：2

5.A型琉璃檐头板瓦T20305③：11　　　　6.B型琉璃檐头板瓦T20804J2001：11

彩版一六九　2011～2012年北魏至辽金佛教寺院遗址出土辽金时期建筑材料

1. Aa型T20806②：5

2. Aa型T20806②：3

3. Ab型T20605H2095：7

4. Ab型T20304②：34

5. Ac型T20605炉2029：1

6. Ad型TG213001H2379：4

彩版一七〇　2011～2012年北魏至辽金佛教寺院遗址出土辽金时期陶质檐头板瓦

1. Ba型T20807③：9

2. Ba型T20806②：36

3. Ba型T20906②：51

4. Bb型T20603H2049：6

5. Ca型T20504H2040：1

6. Cb型T21006①：10

彩版一七一　2011～2012年北魏至辽金佛教寺院遗址出土辽金时期陶质檐头板瓦

1. T20406②：3

2. T20804J2001：4

3. TG009H01：3

4. T21005②：17

5. T20304②：18

6. T20806②：2

彩版一七二　2011～2012年北魏至辽金佛教寺院遗址出土辽金时期琉璃筒瓦

1.A型TG213001H2378：10凸面　　　　　　　2.A型TG213001H2378：10凹面

3.B型T20906②：15凸面　　　　　　　4.B型T20906②：15凹面

5.B型T20807G2001：8凸面　　　　　　　6.B型T20807G2001：8凹面

彩版一七三　2011～2012年北魏至辽金佛教寺院遗址出土辽金时期灰陶筒瓦

1. 琉璃莲花纹瓦当TG21503③：5

2. 琉璃莲花梵字瓦当T21006②：11

3. 琉璃莲花梵字瓦当TG213001①：2

4. A型兽面纹瓦当T20604②：3

5. A型兽面纹瓦当T20607H2218：31

6. 兽面纹瓦当范TG213001H2378：6

彩版一七四 2011～2012年北魏至辽金佛教寺院遗址出土辽金时期瓦当及瓦当范

1. Ba型T21006②：14　　　　　　　　　2. Ba型T20906②：7

3. Ba型T20704②：8　　　　　　　　　4. Bb型T20705②：24

5. Bc型T20905②：12　　　　　　　　　6. Bd型TG009H01：2

彩版一七五　2011～2012年北魏至辽金佛教寺院遗址出土辽金时期B型兽面纹瓦当

1.C型兽面纹瓦当T20705②：12　　　　　　2.D型兽面纹瓦当T20506③：9

3.E型兽面纹瓦当T20407①：3　　　　　　4.兽首衔环瓦当T20407③：6

5.兽首衔环瓦当T20404H2329：2　　　　　　6.兽首衔环瓦当T21007②：1

彩版一七六　2011～2012年北魏至辽金佛教寺院遗址出土辽金时期瓦当

1.A型莲花化生瓦当T20305③：16

2.A型莲花化生瓦当T20605H2095：4

3.A型莲花化生瓦当TG213001H2379：2

4.B型莲花化生瓦当T20405②：17

5.迦陵频伽瓦当T20303H2003：4

6.迦陵频伽瓦当T20105②：6

彩版一七七　2011～2012年北魏至辽金佛教寺院遗址出土辽金时期瓦当

1. A型莲花纹瓦当TG21503③：3

2. A型莲花纹瓦当T20507②：1

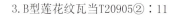

3. B型莲花纹瓦当T20905②：11

4. C型莲花纹瓦当T20807G2001：15

5. 十字花卉纹瓦当T20704H2055：7

6. 十字花卉纹瓦当T20905H2262：2

彩版一七八　2011～2012年北魏至辽金佛教寺院遗址出土辽金时期瓦当

1.琉璃压带条T21005②：18凸面

2.琉璃压带条T21005②：18凹面

3.琉璃压带条T20804J2001：8

4.琉璃压带条T20307②：24

5.A型陶质压带条T20806②：7

6.B型陶质压带条T20806②：9

彩版一七九　2011～2012年北魏至辽金佛教寺院遗址出土辽金时期压带条

1. 平口条T21005②：3

2. 平口条T20605H2096：4

3. 平口条T21005②：38

4. 平口条T21005②：34

5. 琉璃脊兽残件T21005②：58

6. 琉璃脊兽残件T20906②：50

彩版一八〇　2011～2012年北魏至辽金佛教寺院遗址出土辽金时期建筑材料

1. 兽头犄角残件T21005②：60

2. 兽头犄角残件T20607H2218：39

3. 鸱吻残件T20305②：29

4. 垂兽T20304②：62

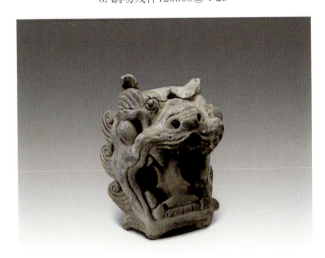

5. 垂兽T20804J2001：29

6. 垂兽T20804J2001：30

彩版一八一　2011～2012年北魏至辽金佛教寺院遗址出土辽金时期建筑材料

1. 垂兽T20304③：14

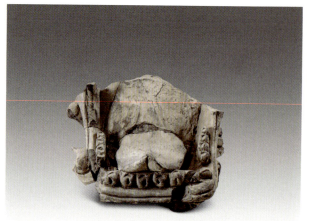

2. 垂兽T20604②：5

3. 垂兽T20804J2001：31

4. 建筑残件T20203②：6

5. 建筑残件T20304②：63

6. 琉璃宝顶T20506H2112：1

彩版一八二　2011～2012年北魏至辽金佛教寺院遗址出土辽金时期建筑材料

1. 琉璃建筑饰件T20607H2218：6

2. 雀替T20305③：30正面

3. 雀替T20305③：30背面

4. 雀替T20304③：31正面

5. 砖斗T20303②：37

6. 单面鱼形建筑饰件TG213001H2378：31

7. 单面龙形建筑饰件T20303②：36

彩版一八三　2011～2012年北魏至辽金佛教寺院遗址出土辽金时期建筑材料

1. T20303③：8

2. TG213001H2378：32

3. T20304③：30

4. T20303②：3

5. T20304③：28

6. TG213001H2378：8

彩版一八四　2011～2012年北魏至辽金佛教寺院遗址出土辽金时期Aa型卷沿陶盆

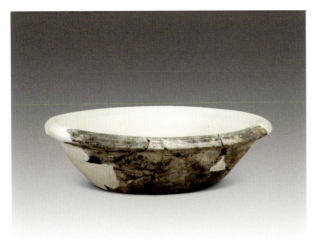

1. T20303H2002：17

2. T20303②：13

3. T20305②：10

4. TG213001H2378：11

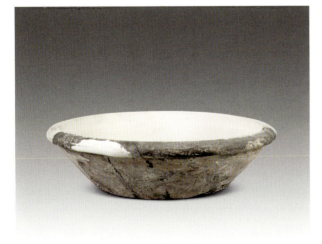

5. T20303③：2

6. T20303③：1

彩版一八五　2011～2012年北魏至辽金佛教寺院遗址出土辽金时期Aa型卷沿陶盆

1. T20407②：3

2. T20607H2218：15

3. T20304②：12

4. TG213001H2378：9

5. T20304③：40

6. T20606H2360：2

彩版一八六　2011～2012年北魏至辽金佛教寺院遗址出土辽金时期Aa型卷沿陶盆

1. T20704H2065：5

2. T20204③：10

3. T20707H2228：3

4. T20304③：29

5. T20304③：14

6. T20304③：32

彩版一八七　2011～2012年北魏至辽金佛教寺院遗址出土辽金时期Aa型卷沿陶盆

1. T20303②：28

2. T20304③：25

3. T20303②：14

4. T20303③：1

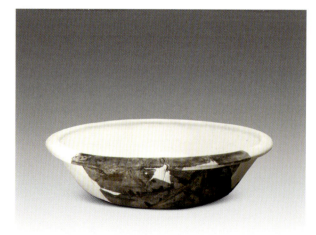

5. T20606H2201：1

6. T20606H2202：7

彩版一八八　2011～2012年北魏至辽金佛教寺院遗址出土辽金时期Aa型卷沿陶盆

1. Aa型T20303②：20

2. Ab型T20906H2249：9

3. Ab型T20203H2325：1

4. Ab型T20304H2325：5

5. Ab型T20404H2107：5

6. Ab型T21005H2277：11

彩版一八九　2011～2012年北魏至辽金佛教寺院遗址出土辽金时期A型卷沿陶盆

1. T20707②：2

2. T20607H2218：14

3. T21005H2277：12

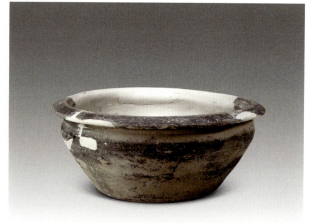

4. T20405③：3

5. T20303②：26

6. T21005H2277：10

彩版一九〇　2011～2012年北魏至辽金佛教寺院遗址出土辽金时期Ab型卷沿陶盆

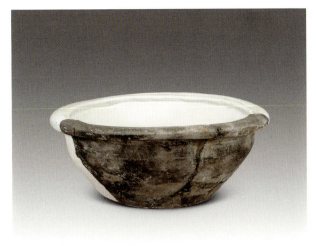

1. Ab型T20605②：3

2. Ac型T20707H2237：3

3. Ac型T20504H2051：5

4. Ac型T20604H2346：1

5. Ac型T20705②：6

6. Ac型T20407H2337：1

彩版一九一　2011～2012年北魏至辽金佛教寺院遗址出土辽金时期A型卷沿陶盆

1. Ac型T20504H2051：8

2. Ac型T20603H2121：3

3. Ac型TG21706H2127：1

4. Ba型T21006H2278：1

5. Ba型T20905③：1

6. Ba型T20705③：2

彩版一九二　2011～2012年北魏至辽金佛教寺院遗址出土辽金时期卷沿陶盆

1. Ba型T20304③∶27

2. Bb型T21005H2277∶16

3. Bb型T20906③∶19

4. Bb型T20304H2319∶1

5. Bb型T21006H2309∶3

6. Bb型T20906③∶7

彩版一九三　2011～2012年北魏至辽金佛教寺院遗址出土辽金时期B型卷沿陶盆

1. Bb型T21005H2277：6

2. Bb型T20203②：4

3. Bb型T20606H2270：1

4. Bb型T21005H2277：48

5. Bb型T20305②：9

6. Bc型T20303②：16

彩版一九四　2011～2012年北魏至辽金佛教寺院遗址出土辽金时期B型卷沿陶盆

1. Bc型T20905②：9

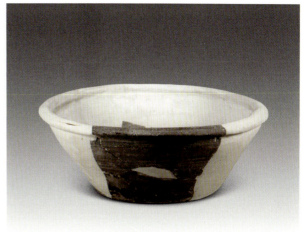

2. C型T20403H2008：5

3. C型T20604H2124：4

4. C型T20604②：4

5. C型T20506H2180：7

6. C型T20304③：56

彩版一九五　2011～2012年北魏至辽金佛教寺院遗址出土辽金时期卷沿陶盆

1.C型卷沿陶盆T20604H2124：7　　　　　　　2.C型卷沿陶盆T20204③：9

3.A型平沿陶盆T20606H2202：8　　　　　　　4.A型平沿陶盆T20606H2202：1

5.A型平沿陶盆T20606作坊2001：2　　　　　　6.A型平沿陶盆T21005H2227：4

彩版一九六　2011～2012年北魏至辽金佛教寺院遗址出土辽金时期陶盆

1. A型T20405③：6

2. A型T21005H2277：35

3. A型T20705②：10

4. B型T20407②：6

5. B型T20906③：18

6. B型T20504H2043：1

彩版一九七　2011～2012年北魏至辽金佛教寺院遗址出土辽金时期平沿陶盆

1. T20404H2329：6

2. T20605③：5

3. T20404H2355：7

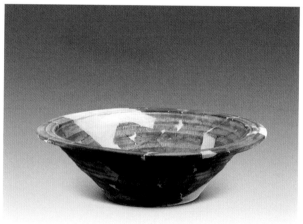

4. T21005H2277：13

5. T21006H2308：1

6. T20404H2355：6

彩版一九八　2011～2012年北魏至辽金佛教寺院遗址出土辽金时期B型平沿陶盆

1. B型T20605③∶4

2. C型T20607H2218∶3

3. C型T20304②∶45

4. C型T20603H2102∶1

5. C型T20507③∶10

6. C型T20303②∶1

彩版一九九　2011～2012年北魏至辽金佛教寺院遗址出土辽金时期平沿陶盆

1. T20604H2341∶6　　　　　　　　2. T20604H2341∶3

3. T20604H2150∶7　　　　　　　　4. T20604H2124∶12

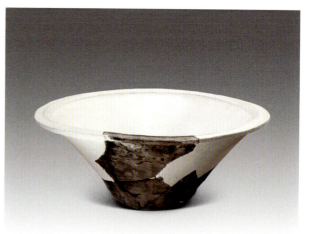

5. T20504H2047∶9　　　　　　　　6. T20204③∶16

彩版二〇〇　2011～2012年北魏至辽金佛教寺院遗址出土辽金时期C型平沿陶盆

1.C型平沿陶盆T21007H2282：3

2.C型平沿陶盆T20804G2001：5

3.C型平沿陶盆T20603H2152：2

4.C型平沿陶盆T20906③：16

5.C型平沿陶盆T20503H2352：2

6.A型敛口陶盆T20606H2231：1

彩版二〇一　2011～2012年北魏至辽金佛教寺院遗址出土辽金时期陶盆

1. A型T20403H2010：1

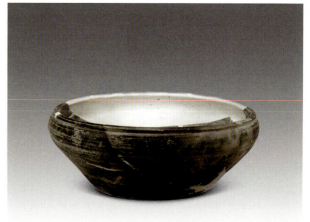

2. A型T20404H2340：3

3. A型T20506H2172：2

4. A型T20707H2212：2

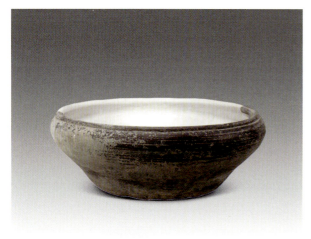

5. A型T21005H2277：5

6. C型T20705H2240：2

彩版二〇二　2011～2012年北魏至辽金佛教寺院遗址出土辽金时期敛口陶盆

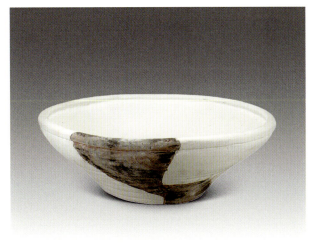

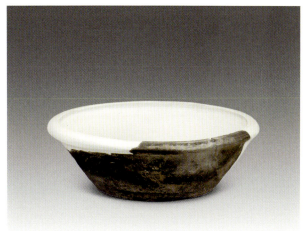

1. B型敛口陶盆T20505③：3

2. B型敛口陶盆T21007②：3

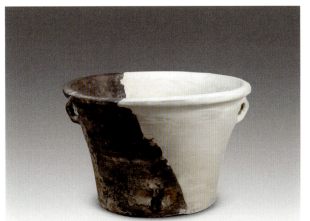

3. 敞口深腹盆T20707①：1

4. 陶盒T20506H2163：5

5. A型陶盏T20305③：40

6. A型陶盏T20304③：13

彩版二〇三　2011～2012年北魏至辽金佛教寺院遗址出土辽金时期陶器

1. TG21207②：4   2. T20305③：6   3. T20304③：52

4. T20305③：7   5. T20405②：9   6. T20607H2218：21

7. T20607H2218：29   8. T20204③：6   9. T20404H2355：12

彩版二〇四　2011～2012年北魏至辽金佛教寺院遗址出土辽金时期A型陶盏

1. T20607H2218：20   2. T21005H2277：9   3. T21005H2277：8

4. TG213001③：1   5. T20506H2172：3   6. T20607H2218：18

7. T21005H2277：18   8. T21005H2277：43   9. T20807H2191：2

彩版二〇五　2011～2012年北魏至辽金佛教寺院遗址出土辽金时期A型陶盏

1. T20607H2218：22　　　　2. T21006③：1　　　　3. T20607H2218：19

4. T20304H2318：2　　　　5. TG21307H2304：1　　　　6. T20605③：9

7. T20405②：11　　　　8. T20305②：1　　　　9. TG002②：1

彩版二〇六　2011～2012年北魏至辽金佛教寺院遗址出土辽金时期A型陶盏

1. A型T20406②：28　　　2. A型T20304③：35　　　3. B型T20404H2340：1

4. B型T20504H2058：1　　　5. B型T20805G2001：6　　　6. B型TG213001H2378：26

7. B型T20804G2001：2　　　8. B型T21005H2277：7　　　9. B型T20707H2252：2

彩版二〇七　2011～2012年北魏至辽金佛教寺院遗址出土辽金时期陶盏

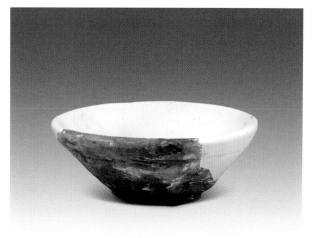

1. B型陶盏T21005H2277：54

2. B型陶盏T20607H2218：23

3. B型陶盏T20505H2160：1

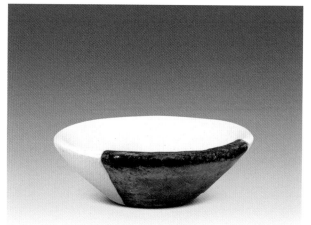

4. B型陶盏T20605③：10

5. 盏托TG21207H2371：1

6. 盏托T20606H2188：2

彩版二〇八　2011～2012年北魏至辽金佛教寺院遗址出土辽金时期陶器

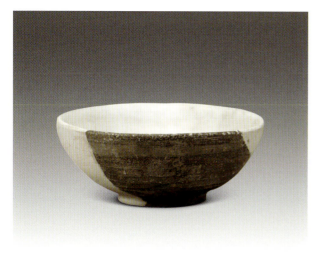

1. T20506H2180：1

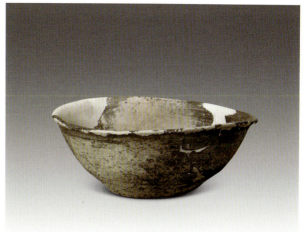

2. T20604H2068：1

3. T20404H2025：3

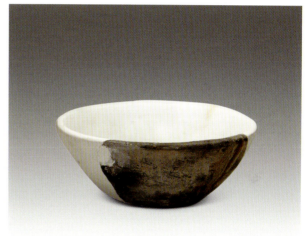

4. T20605H2066：1

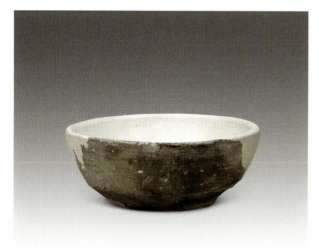

5. T20906H2249：6

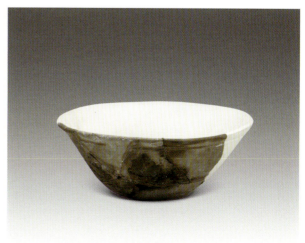

6. T20404H2025：6

彩版二〇九　2011～2012年北魏至辽金佛教寺院遗址出土辽金时期陶碗

1. 带文字盆底T20307③：8

2. 釉陶碗T20504H2044：3

彩版二一〇　2011～2012年北魏至辽金佛教寺院遗址出土辽金时期陶器

1.A型T20405②：25

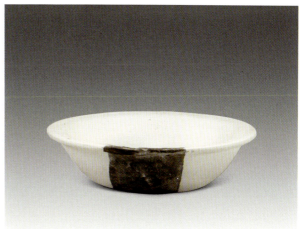

2.A型T20705②：4

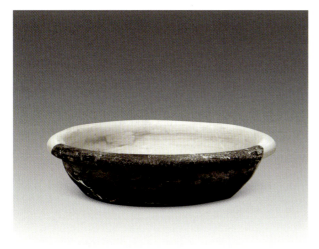

3.A型T20903H2272：2

4.B型T20303②：2

5.C型T20204③：17

6.C型T20303H2325：3

彩版二一一　2011～2012年北魏至辽金佛教寺院遗址出土辽金时期陶器盖

1. D型陶器盖T20507②：4

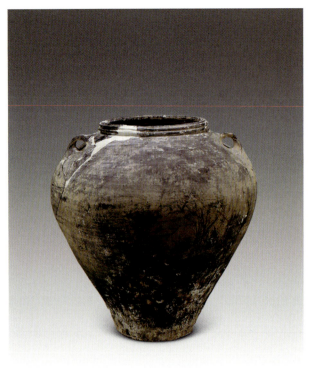

4. 陶罐T21007H2287：2

2. E型陶器盖T20303②：24

3. E型陶器盖T20305③：12

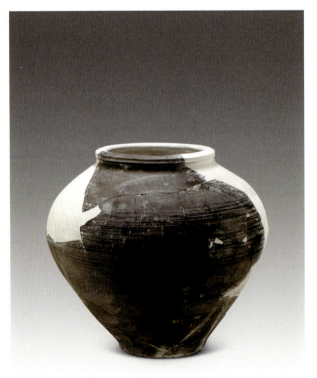

5. 陶罐T20303H2325：7

彩版二一二　2011～2012年北魏至辽金佛教寺院遗址出土辽金时期陶器

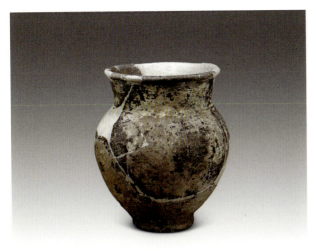

1. T20605②：1

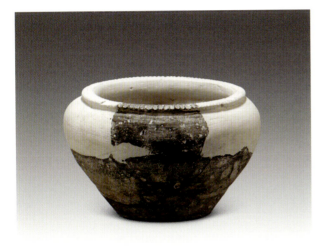

2. T20403②：6

3. T20504H2051：1

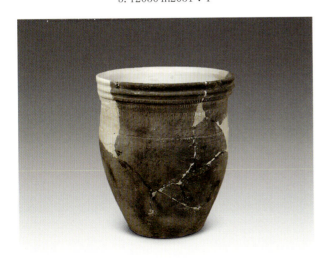

4. T20403③：16

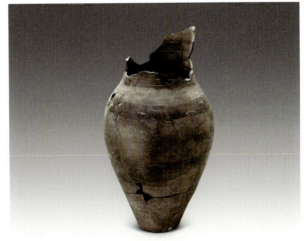

5. T20906H2249：7

6. T20303H2008：3

彩版二一三　2011～2012年北魏至辽金佛教寺院遗址出土辽金时期陶罐

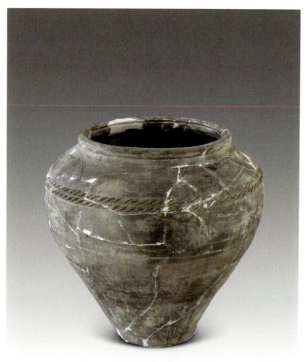

1.陶瓮T20607H2204：2

2.陶瓶T20606H2199：1

3.陶瓶T20906H2249：8

4.陶瓶T20304③：8

彩版二一四　2011～2012年北魏至辽金佛教寺院遗址出土辽金时期陶器

1. 罐形器T21005H2277：38

2. 陶甗T21005H2277：27

3. 陶釜T20303H2324：1

4. 扑满T21005H2277：34

彩版二一五　2011～2012年北魏至辽金佛教寺院遗址出土辽金时期陶器

1. 陶圈T20505③：2

2. 陶圈T20606②：10

3. 陶圈T20303H2324：3

4. 砚台T20607H2218：5

5. 砚台T21005H2277：15

6. 砚台T20204③：5

彩版二一六 2011～2012年北魏至辽金佛教寺院遗址出土辽金时期陶器

1. 陶纺轮T21006②：22　　　2. 陶纺轮T20505②：5　　　3. 陶纺轮T20806G2001：14

4. 陶纺轮TG21303③：3　　　5. 陶纺轮T20903②：2　　　6. 陶纺轮T20404H2330：1

7. 圆陶片TG002②：2　　　8. 圆陶片T20905②：14　　　9. 圆陶片T20707①：4

彩版二一七　2011～2012年北魏至辽金佛教寺院遗址出土辽金时期陶器

1. 圆陶片T20303③：33

2. 圆陶片T20804J2001：2

3. 陶球T20407②：4

4. 陶球T20307②：7

5. 陶饰件T20106②：3

6. 柱座T20405②：5

彩版二一八　2011～2012年北魏至辽金佛教寺院遗址出土辽金时期陶器

1. T20307③：4

2. T20304②：15

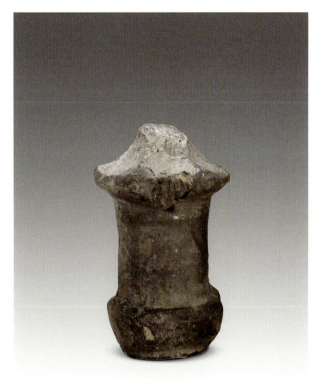

3. T20504H2074：4

4. T20603H2028：1

彩版二一九　2011～2012年北魏至辽金佛教寺院遗址出土辽金时期陶塔构件

1. T20706炉2015：1   2. T20404炉2028：1   3. T20606H2257：12

4. T20606H2257：11   5. T20706H2257：18   6. T20706H2257：8

7. T20606H2257：19   8. T20505炉2005：4   9. T20706H2257：14

彩版二二〇　2011～2012年北魏至辽金佛教寺院遗址出土辽金时期陶坩埚

1. T20706H2257：16

2. T20706H2257：15

3. T20706H2257：9

4. T20706H2257：17

5. T20404炉2025：1

6. T20606H2257：10

7. T20506H2162：3

8. T20506H2162：1

9. T20706H2257：7

彩版二二一　2011～2012年北魏至辽金佛教寺院遗址出土辽金时期陶坩埚

1. T20706H2257：2

2. T20606H2257：13

3. T20706H2257：22

4. T20706H2257：20

5. T20706H2257：21

6. T20706H2257：24

7. T20706H2257：23

8. T20706H2257：25

9. 小坩埚T20706H2257：47

彩版二二二　2011～2012年北魏至辽金佛教寺院遗址出土辽金时期陶坩埚

1. TG21206H2276：2

2. T20805G2001：2

3. T20106②：6

4. T20606②：6

5. T20705H2161：20

6. TG21306H2304：2

彩版二二三　2011～2012年北魏至辽金佛教寺院遗址出土辽金时期Aa型白釉碗

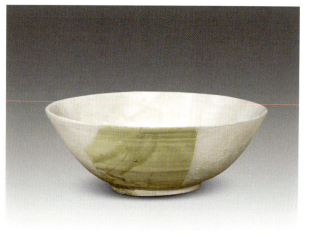

1. T20304②：5

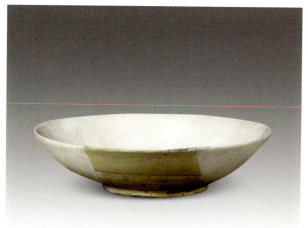

2. T20607H2218：4

3. T20606H2199：3

4. T20606H2240：1

5. T20605③：13

6. TG21505②：1

彩版二二四　2011～2012年北魏至辽金佛教寺院遗址出土辽金时期Aa型白釉碗

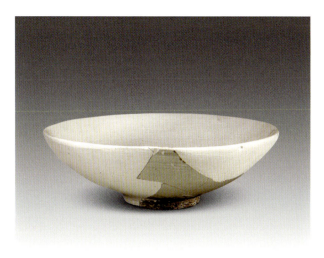

1. TG21206H2276：6

2. T20504②：10

3. T20204H2001：1

4. T20304H2003：5

5. T20105②：1

6. T20706H2182：2

彩版二二五　2011～2012年北魏至辽金佛教寺院遗址出土辽金时期Aa型白釉碗

1. T20204②：22

2. T20403②：1

3. T20307②：3

4. T20707H2251：1

5. T20403②：10

6. T20407②：7

彩版二二六　2011～2012年北魏至辽金佛教寺院遗址出土辽金时期Aa型白釉碗

1. Aa型T20204③：21

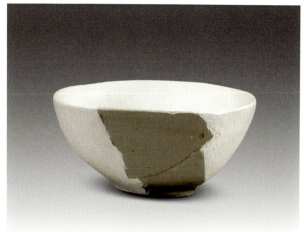

2. Aa型T20106②：7

3. Aa型T20304③：2

4. Ab型Ⅰ式T20307③：16

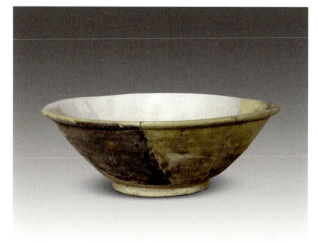

5. Ab型Ⅰ式T20304②：2

6. Ab型Ⅰ式T20204②：14

彩版二二七　2011～2012年北魏至辽金佛教寺院遗址出土辽金时期A型白釉碗

1.Ab型Ⅰ式T20304②：3

2.Ab型Ⅰ式T21006H2308：2

3.Ab型Ⅱ式T21005H2277：52

4.Ab型Ⅱ式TG213001H2378：3

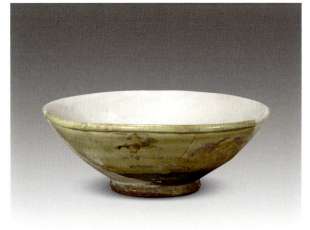

5.Ab型Ⅱ式T21005H2277：2

6.Ab型Ⅱ式T20204②：15

彩版二二八　2011～2012年北魏至辽金佛教寺院遗址出土辽金时期Ab型白釉碗

1. T20304③：10

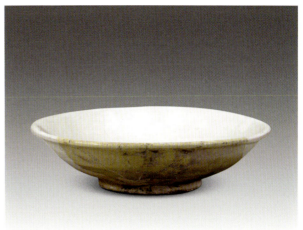

2. T20304③：6

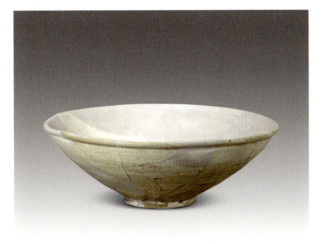

3. T20606H2185：3

4. T20304③：48

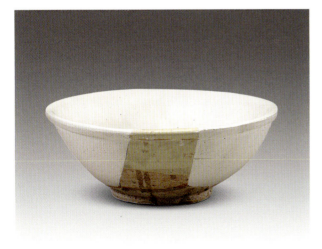

5. T20304②：49

6. T20506H2163：4

彩版二二九　2011～2012年北魏至辽金佛教寺院遗址出土辽金时期Ab型Ⅱ式白釉碗

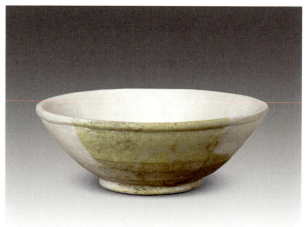

1. T20304③：47   2. T20304②：4

3. T20305③：19   4. T21005H2277：53

5. T20304H2002：5   6. TG21206H2276：1

彩版二三〇　2011～2012年北魏至辽金佛教寺院遗址出土辽金时期Ab型Ⅱ式白釉碗

1. T20705H2240：7

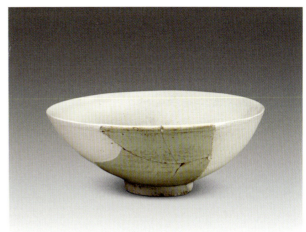

2. T20806②：13

3. T20405②：16

4. T21006①：42

5. T20504②：2

6. T20705②：9

彩版二三一 2011～2012年北魏至辽金佛教寺院遗址出土辽金时期Ab型Ⅱ式白釉碗

1. T20306②：1

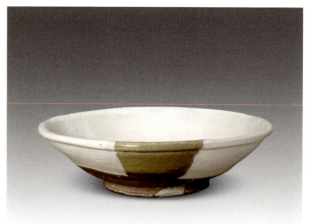

2. T20905①：1

3. T20204②：2

4. T20204③：20

5. T20407②：16

6. T20707H2228：1

彩版二三二　2011～2012年北魏至辽金佛教寺院遗址出土辽金时期Ab型Ⅱ式白釉碗

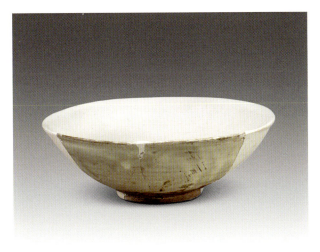

1. TG21309③：1

2. T20407③：1

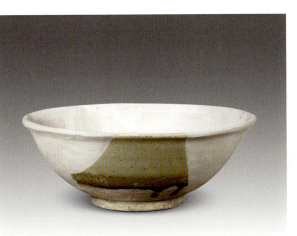

3. T20905②：2

4. T20405②：7

5. T20705②：7

6. T20607H2177：2

彩版二三三　2011～2012年北魏至辽金佛教寺院遗址出土辽金时期B型白釉碗

1. T20304③：54

2. T20506H2163：6

3. T20303H2357：1

4. T20305③：2

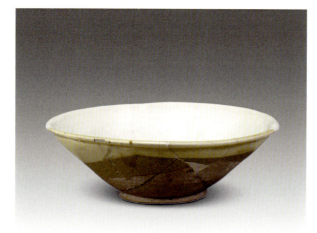

5. T20204②：1

6. T20405②：1

彩版二三四　2011～2012年北魏至辽金佛教寺院遗址出土辽金时期B型白釉碗

1. B型TG21207H2371：3

2. B型T21005②：41

3. B型T20106①：1

4. B型T20204H2001：7

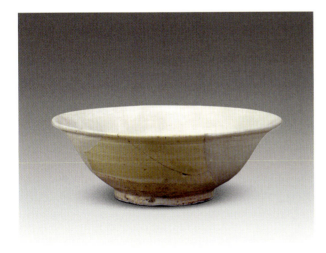

5. B型T20404H2017：1

6. C型TG21303③：1

彩版二三五　2011～2012年北魏至辽金佛教寺院遗址出土辽金时期白釉碗

1. T20106②：5

2. T20204①：1

3. T20503②：3

4. T20705②：8

5. TG21001①：1

6. T20204③：8

7. T20905H2260：6

8. TG21205①：1

彩版二三六　2011～2012年北魏至辽金佛教寺院遗址出土辽金时期A型白釉盘

1. T21006②：8
2. TG21206H2276：9

3. T20204②：12
4. T20607②：17

5. T21006②：7
6. T20806②：12

7. T20606②：16
8. T20105②：2

彩版二三七　2011～2012年北魏至辽金佛教寺院遗址出土辽金时期B型白釉盘

1. B型盘T20807②：16

2. C型盘TG21307H2286：1

3. C型盘T21006①：41

4. 碟T20503③：9

5. A型盏T20406②：7

6. A型盏TG213001H2378：2

彩版二三八　2011～2012年北魏至辽金佛教寺院遗址出土辽金时期白釉瓷器

1. TG215001②：1　　　　　　　　　　2. TG21206H2276：7

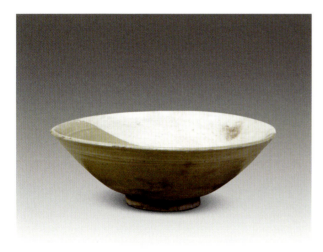

3. TG213001H2378：1　　　　　　　　　4. T20906H2249：2

5. T21005①：1　　　　　　　　　　6. T20304③：7

彩版二三九　2011～2012年北魏至辽金佛教寺院遗址出土辽金时期A型白釉盏

1. A型T20607H2218：1

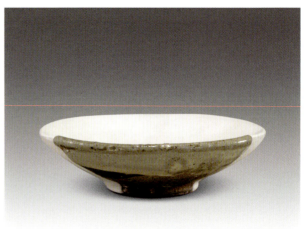

2. B型T20406②：8

3. B型T20305③：3

4. B型TG215001③：2

5. B型T20405②：2

6. B型T20307③：1

彩版二四〇　2011～2012年北魏至辽金佛教寺院遗址出土辽金时期白釉盏

1. A型TG21205H2267：4　　2. A型T20303②：10　　3. A型T20304③：17

4. A型T20606H2210：7　　5. A型T21005H2277：14　　6. A型TG21205H2267：2

7. A型T20807②：3　　8. B型T20507②：2　　9. TG21206H2276：4

彩版二四一　2011～2012年北魏至辽金佛教寺院遗址出土辽金时期白釉小瓷瓶

1. B型盏T20304③：11

2. C型盏T20607②：24

3. 残瓶TG21207H2371：2

4. 残瓶TG21206H2276：5

5. 器盖T20305③：5

6. 器底T20304H2002：7

彩版二四二　2011～2012年北魏至辽金佛教寺院遗址出土辽金时期白釉瓷器

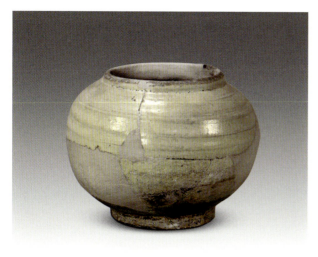

1. 罐T20807②：2

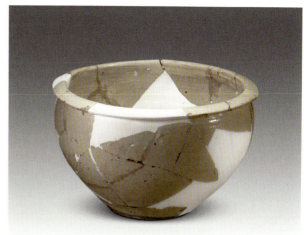

2. 罐T21006①：19

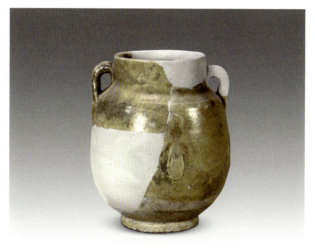

3. 罐TG213001H2378：5

4. 罐T20507②：3

5. 钵T20303H2320：9

彩版二四三　2011～2012年北魏至辽金佛教寺院遗址出土辽金时期白釉瓷器

1. 碗T20204②：3

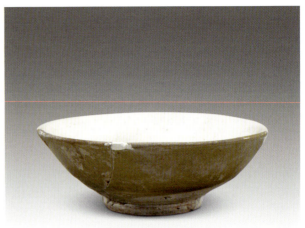

2. 碗T20203②：3

3. A型盏T20505②：1

4. A型盏T20405③：10

5. B型盏T20403③：32

6. 行炉T21007H2282：1

彩版二四四　2011～2012年北魏至辽金佛教寺院遗址出土辽金时期茶叶末釉瓷器

1. 青釉盏TG21207②：5

2. 青釉盏TG21206H2370：1

3. 酱釉碗TG21307H2286：3

4. 酱釉杯T20406③：1

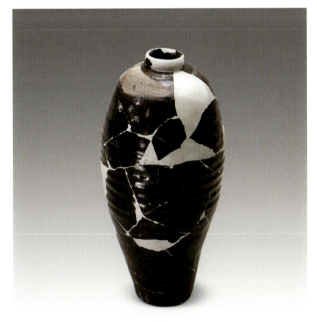

5. 酱釉瓶T20204②：4

6. 酱釉瓶TG009H01：1

彩版二四五　2011～2012年北魏至辽金佛教寺院遗址出土辽金时期瓷器

1. 瓮TG21206H2370：3

2. 罐T20106②：4

3. 洗T20804J2001：26

4. 盏T20607H2218：27

5. 盏T20207②：2

6. 盏T20706②：1

彩版二四六　2011～2012年北魏至辽金佛教寺院遗址出土辽金时期酱釉瓷器

1. 酱釉盏T20407②：8   2. 酱釉盏TG009H01：5

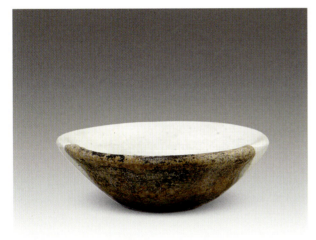

3. 酱釉盏T20607②：29   4. 酱釉盏TG21503③：1

5. 酱釉盏T20706②：28   6. 素烧碗T20403H2016：1

彩版二四七　2011～2012年北魏至辽金佛教寺院遗址出土辽金时期瓷器

1. 素烧碗T20403H2008：4

2. 素烧碗T20603H2104：1

3. 素烧罐TG213001H2378：34

4. 匣钵T20607H2218：16

5. 铜带饰TG21207②：1

彩版二四八　2011～2012年北魏至辽金佛教寺院遗址出土辽金时期遗物

1. 天圣元宝TG21207H2371：4

2. 天圣元宝T20106②：15

3. 元丰通宝T20604②：6

4. 至道元宝T20805①：2

彩版二四九　2011～2012年北魏至辽金佛教寺院遗址出土辽金时期铜钱

1.辽金铁钉T20307③：25　　　　2.辽金铁斧TG21206H2370：2　　　　3.辽金磨石T20306H2003：1

4.辽金石条T20806G2001：16　　　　　　　5.辽金石纺轮T20904H2283：1

6.明清板瓦T20906②：10　　　　　　　7.明清莲花纹瓦当T20106①：2

彩版二五〇　2011～2012年北魏至辽金佛教寺院遗址出土遗物

1. 白釉碗T20106②：12

2. 白釉碗T20407②：16

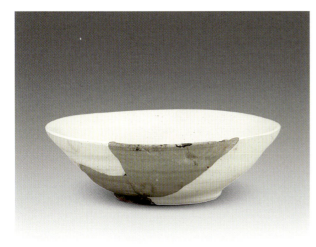

3. 白釉碗T20405②：8

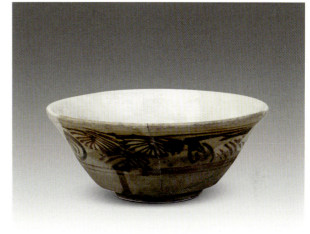

4. 白釉褐彩碗T20407②：2

5. 白釉褐彩碗T20106②：18

6. 青花碗T20805①：10

彩版二五一　2011～2012年北魏至辽金佛教寺院遗址出土明清时期遗物

1.青花碗T10101②：1

2.酱釉盏T20805②：6

3.酱釉盏TG212001②：1

4.孔雀蓝釉碟T20807②：1

5.乾隆通宝T20904②：1

彩版二五二　2011～2012年北魏至辽金佛教寺院遗址出土明清时期遗物

1. M2001

2. 玉环TG213001M2001：1

3. 铜带钩TG213001M2001：2

4. 铁锛TG213001M2001：3

彩版二五三　2011～2012年寺院遗址M2001

1. 政和通宝T20204W2001：2

2. 宣和通宝T20204W2001：3

3. 熙宁元宝T20204W2001：4

4. 元□通宝T20204W2001：5   5. 玉环T20204W2001：1

彩版二五四　2011～2012年寺院遗址W2001出土遗物

1.玉环T20204W2002：2

2.酱釉罐T20204W2002：1

3.花钱T20204W2002：3

4.陶罐T20205W2003：1

彩版二五五　2011～2012年寺院遗址W2002、W2003出土遗物

彩版二五六　20世纪40年代断崖面上小型窟龛及山顶东部发掘前原貌
（水野清一等著《云冈石窟》第一卷）

1.发掘现场（由北向南）

2.发掘现场（由东北向西南）

彩版二五七　1993年山顶东部北魏佛教建筑遗址发掘现场

1. 佛教建筑遗迹及南侧踏道2遗迹

2. 夯土台基之上的北侧外檐墙体建筑遗迹及北侧踏道1遗迹

彩版二五八　1993年山顶东部北魏佛教建筑遗址遗迹

1. 夯土台基的北侧包石墙体与踏道1东侧包石墙体遗迹关系

2. 夯土台基之上的方座（坛）结构及现代盗洞

3. 土台基上的北侧外檐墙体外壁彩绘

彩版二五九　1993年山顶东部北魏佛教建筑遗址遗迹

1. T9301②：67凸面

2. T9301②：67凹面

3. T9302②：18凸面

4. T9302②：18凹面

5. T9303②：4凸面

6. T9303②：4凹面

彩版二六〇　1993年山顶东部北魏佛教建筑遗址出土北魏Ab型板瓦

1. T9304②：4凸面

2. T9304②：4凹面

3. T9301②：69凸面

4. T9301②：69凹面

5. T9301②：70凸面

6. T9301②：70凹面

彩版二六一　1993年山顶东部北魏佛教建筑遗址出土北魏Bb型板瓦

1. A型T9301②：64凸面　　　　　　　　2. A型T9301②：64凹面

3. A型T9302②：17凸面　　　　　　　　4. A型T9302②：17凹面

5. B型T9301②：65凸面　　　　　　　　6. B型T9301②：65凹面

彩版二六二　　1993年山顶东部北魏佛教建筑遗址出土北魏筒瓦

1. T9301②：80凸面

2. T9301②：68凸面

3. T9301②：68凹面

彩版二六三　　1993年山顶东部北魏佛教建筑遗址出土北魏B型筒瓦

1. T9301②：71

2. T9302②：19

3. T9303②：6

4. T9301②：72

5. T9304②：2

6. T9304②：3

彩版二六四　1993年山顶东部北魏佛教建筑遗址出土北魏瓦当

1. T9301②∶73

2. T9301②∶74

3. T9302②∶20

4. T9301②∶75

5. T9301②∶76

6. T9303②∶7正面

彩版二六五　1993年山顶东部北魏佛教建筑遗址出土北魏瓦当

1. 瓦当T9303②：7侧面

2. 莲花建筑饰件T9303②：3

3. 莲花建筑饰件T9302②：16

4. 莲花建筑饰件T9301②：63

彩版二六六　1993年山顶东部北魏佛教建筑遗址出土北魏遗物

1. T9303②：1正面

2. T9303②：1侧面

3. T9303②：2正面

4. T9303②：2侧面

5. T9301②：61正面

6. T9301②：61侧面

彩版二六七　1993年山顶东部北魏佛教建筑遗址出土北魏A型兽首门枕石

1. A型T9302②：14正面　　　　　　　　　　2. A型T9302②：14侧面

3. A型T9301②：62侧面

4. B型T9302②：15正面　　　　　　　　　　5. B型T9302②：15侧面

彩版二六八　1993年山顶东部北魏佛教建筑遗址出土北魏兽首门枕石

1. B型兽首门枕石T9304②：1正面

2. B型兽首门枕石T9304②：1侧面

3. 铁泡钉T9301②：50

4. 铁钉T9301②：51

5. 铁钉T9301②：49

6. 铁条T9301②：81

彩版二六九　1993年山顶东部北魏佛教建筑遗址出土北魏遗物

1. 菩萨T9304①：1正面　　　　　　　　　　2. 菩萨T9304①：1侧面

3. 弟子T9301②：3　　　　　　　　　　4. 力士T9301②：41

彩版二七〇　　1993年山顶东部北魏佛教建筑遗址出土北魏石雕头像

1. 力士 T9301②：53

2. 力士 T9301②：2

3. 飞天 T9301②：8

4. 其他头像 T9301②：39

5. 供养天 T9301②：12

6. 力士 T9301②：11

彩版二七一　1993年山顶东部北魏佛教建筑遗址出土北魏石雕造像

1.魔众T9302②：2　　　　　　　　　　　2.魔众T9302②：31

3.魔众T9301②：52

4.佛像T9301②：32　　　　　　　　　　5.佛像T9301②：17

彩版二七二　1993年山顶东部北魏佛教建筑遗址出土北魏石雕残件

1. 力士T9301②：7

2. 飞天T9301②：30

3. 飞天T9301②：33

4. 手臂T9302②：5

5. 飞天T9301②：29

6. 飞天T9301②：28

彩版二七三　1993年山顶东部北魏佛教建筑遗址出土北魏石雕残件

1. T9302②：11

2. T9301②：45

3. T9302②：34

4. T9301②：47

5. T9301②：43

6. T9301②：35

彩版二七四　1993年山顶东部北魏佛教建筑遗址出土北魏石雕供养天身躯残件

1. 供养天T9301②：31

2. 供养天T9301②：95

3. 其他像T9301②：5

4. 供养天T9301②：34

5. 供养天T9301②：36

6. 魔众T9301②：18

彩版二七五　1993年山顶东部北魏佛教建筑遗址出土北魏石雕残件

1. 手T9301②：42

2. 手T9301②：16

3. 手T9302②：12

4. 手T9301②：48

5. 足T9302②：33

6. 足T9301②：40

彩版二七六　1993年山顶东部北魏佛教建筑遗址出土北魏石雕手足残件

1. 千佛像龛T9301②：84

2. 千佛像龛T9301②：78

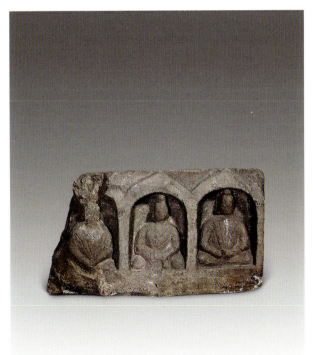

3. 千佛像龛T9301②：79

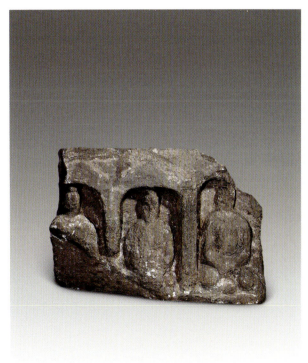

4. 千佛像龛T9301②：77

彩版二七七　1993年山顶东部北魏佛教建筑遗址出土北魏石雕残件

1.莲花建筑饰件T9301②：20　　　　　　　　　2.莲瓣纹饰带T9302②：3

3.三角纹饰带T9302②：1

4.三角纹饰带T9301②：1　　　　　　　　　5.三角纹饰带T9301②：94

彩版二七八　1993年山顶东部北魏佛教建筑遗址出土北魏石雕装饰纹样

1. T9302②：8A面

2. T9302②：8B面

3. T9302②：4A面

4. T9302②：4B面

彩版二七九　1993年山顶东部北魏佛教建筑遗址出土北魏石雕山花蕉叶饰件

1. 北魏陶盆T9301②：82

2. 北魏陶盆T9301②：83

3. 北魏陶盆T9301①：1

4. 北魏陶罐T9301②：87

5. 北魏陶罐T9301②：85

6. 隋代五铢T9301①：2

彩版二八〇　1993年山顶东部北魏佛教建筑遗址出土北魏、隋代遗物

1. 北魏釉陶板瓦10YGT510④：160　　　　　2. 北魏釉陶板瓦10YGT510④：208

3. 北魏灰陶筒瓦11YGT20607④：19　　　　　4. 北魏灰陶板瓦11YGT20607④：21

5. 辽金琉璃筒瓦11YGT20304③：76　　　　　6. 北魏瓦钉08CCCT611①：31

7. 北魏灰陶板瓦08CCCT112③：19　　　　　8. 北魏釉陶板瓦08CCCYWT107③：47

彩版二八一　山西大同出土建筑瓦构件的正反面照片

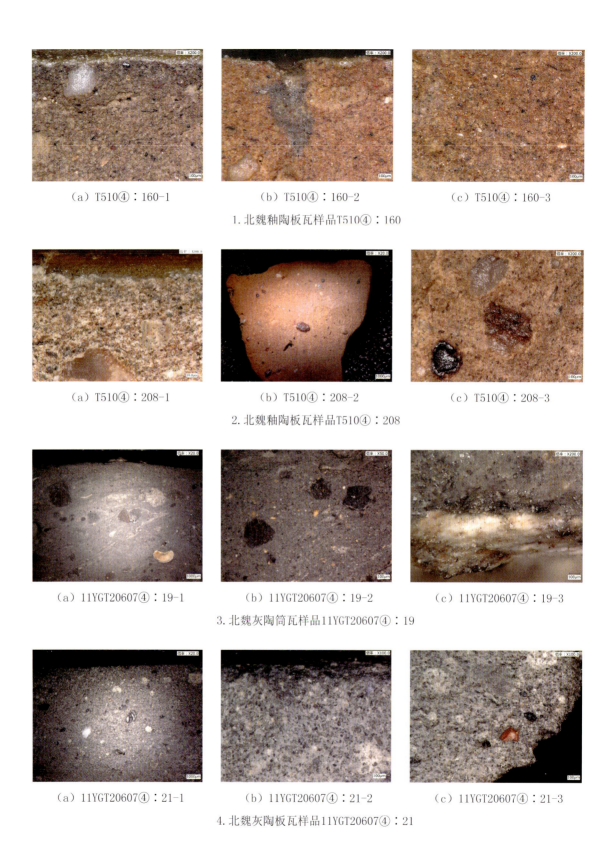

（a）T510④：160-1　　　　　　　（b）T510④：160-2　　　　　　　（c）T510④：160-3

1.北魏釉陶板瓦样品T510④：160

（a）T510④：208-1　　　　　　　（b）T510④：208-2　　　　　　　（c）T510④：208-3

2.北魏釉陶板瓦样品T510④：208

（a）11YGT20607④：19-1　　　　（b）11YGT20607④：19-2　　　　（c）11YGT20607④：19-3

3.北魏灰陶筒瓦样品11YGT20607④：19

（a）11YGT20607④：21-1　　　　（b）11YGT20607④：21-2　　　　（c）11YGT20607④：21-3

4.北魏灰陶板瓦样品11YGT20607④：21

彩版二八二　　山西大同出土建筑瓦构件显微照片

（a）11YGT20304③：76-1　　　　　（b）11YGT20304③：76-2　　　　　（c）11YGT20304③：76-3

1. 辽金琉璃筒瓦样品11YGT20304③：76

（a）08CCCT611①：31-1　　　　　（b）08CCCT611①：31-2　　　　　（c）08CCCT611①：31-3

2. 北魏瓦钉样品08CCCT611①：31

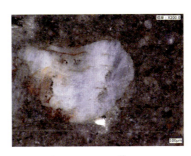
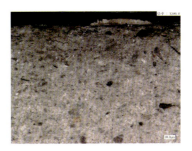

（a）08CCCT112③：19-1　　　　　（b）08CCCT112③：19-2　　　　　（c）08CCCT112③：19-3

3. 北魏灰陶板瓦样品08CCCT112③：19

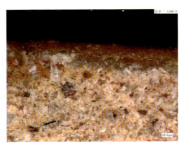

（a）08CCCT107③：47-1（内侧）　　（b）08CCCT107③：47-2（外侧）　　（c）08CCCT107③：47-3（断面胎体）

4. 北魏釉陶板瓦样品08CCCT107③：47

彩版二八三　　山西大同出土建筑瓦构件显微照片

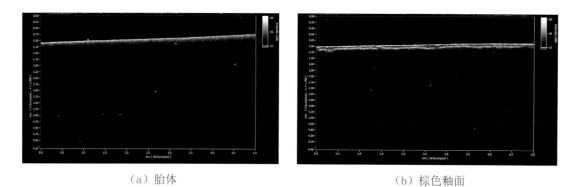

（a）胎体　　　　　　　　　　　　　　　（b）棕色釉面

1.北魏釉陶板瓦T510④：160

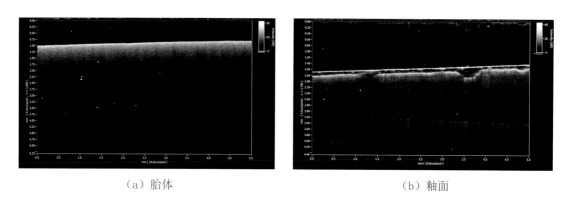

（a）胎体　　　　　　　　　　　　　　　（b）釉面

2.北魏釉陶板瓦样品T510④：208

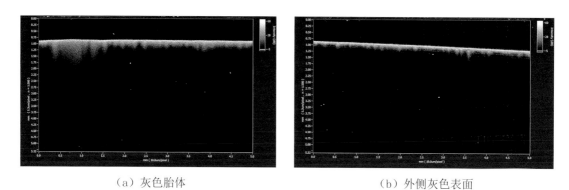

（a）灰色胎体　　　　　　　　　　　　（b）外侧灰色表面

3.北魏灰陶筒瓦样品11YGT20607④：19

彩版二八四　山西大同出土建筑瓦构件OCT图像

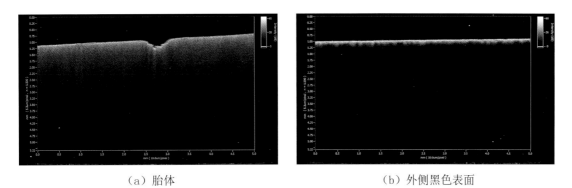

（a）胎体　　　　　　　　　　　（b）外侧黑色表面

1. 北魏灰陶板瓦样品11YGT20607④∶21

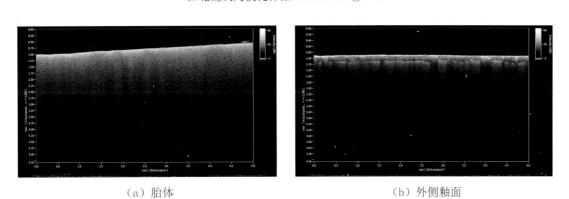

（a）胎体　　　　　　　　　　　（b）外侧釉面

2. 辽金琉璃筒瓦样品11YGT20304③∶76

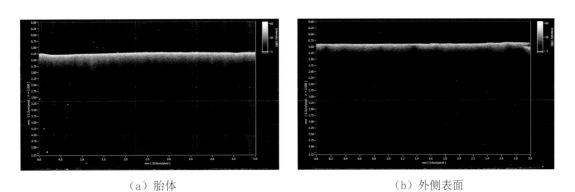

（a）胎体　　　　　　　　　　　（b）外侧表面

3. 北魏瓦钉样品08CCCT611①∶31

彩版二八五　山西大同出土建筑瓦构件OCT图像

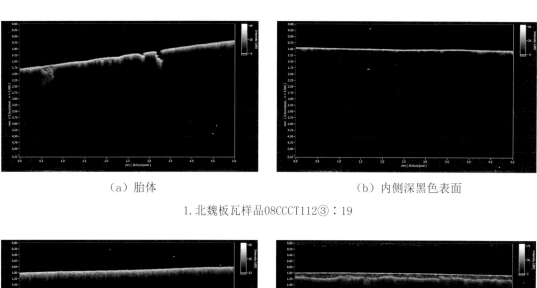

（a）胎体　　　　　　　　　　　　　（b）内侧深黑色表面

1.北魏板瓦样品08CCCT112③：19

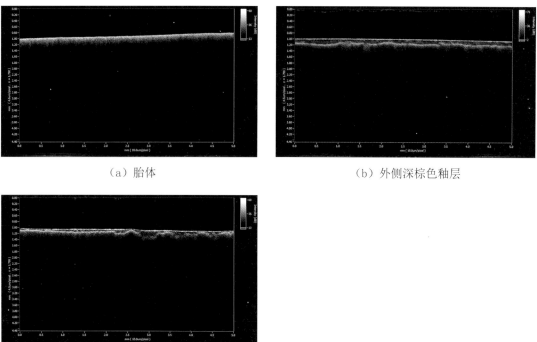

（a）胎体　　　　　　　　　　　　　（b）外侧深棕色釉层

（c）内侧浅棕色釉面

2.北魏釉陶板瓦样品08CCCT107③：47

彩版二八六　山西大同出土建筑瓦构件OCT图像

彩版二八七 2011年参与遗址发掘的考古队队员现场合影